로버트 맥키의 스토리

STORY:

Substance, Structure, Style and the Principles of Screenwriting

by Robert McKee

로버트 맥키의 스토리

시나리오 어떻게 쓸 것인가 1

STORY

로버트 맥키
고영범·이승민 옮김

ROBERT MCKEE

민음인

차례

제4부 **작가의 작업**

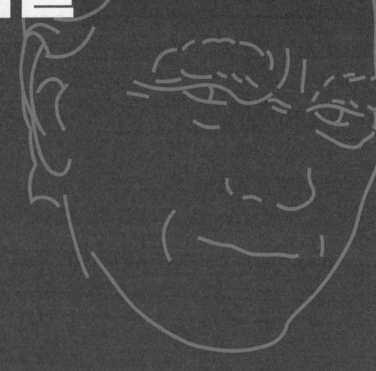

제1부

작가와 이야기라는 예술

이야기는 삶의 도구다.

— 케네스 버크

STORY

일러두기 ────────────────────────────────

1. 본문에서는 단행본으로 출간된 경우 『』, 그 외 작품에는 「」로 표기하였으며,
   책 뒤편에 실린 부록에서는 '영화' '소설' 'TV시리즈' '희곡' 등의 장르로 구
   분했습니다.
2. 부록에 작품 소개, 인명 원어 표기가 수록되어 있습니다.

서론

이 책은 규칙이 아니라 원칙에 관한 것이다.

규칙은 '반드시 이런 방법으로 해야 한다.'고 말한다. 원칙은 '이런 방법이 효과가 있으며…… 기억이 미치는 한 항상 그래 왔다.'고 말한다. 이 둘 사이에는 중대한 차이가 있다. 당신의 작품은 잘 만들어진 작품을 본뜬 것이 아니라 우리의 예술을 구현해 내는 원칙들 속에서 잘 만들어진 것이어야 한다. 경험이 많지 않고 초조해하는 작가들은 규칙에 복종한다. 반항적이고 학교라는 틀을 거치지 않은 작가들은 규칙을 쳐부순다. 예술가들은 형식을 장악한다.

이 책은 공식이 아니라 영속적이고 보편적인 형식에 관한 것이다.

상업적인 성공을 위한 모범 사례와 절대 안전한 이야기의 모델들이 있다는 통념은 어처구니없는 것이다. 트렌드물, 리메이크, 속편을 막론하고 할리우드에서 만들고 있는 영화들 전체를 놓고 보았을 때 발견하는 것은 어떤 정해진 교본이 아니라 엄청나게 다양한 방식으로 구성된 이야기들이다. 더 이상 「다이 하드」를 놓고 이 영화가 「우리 아빠 야호」, 「할리우드 스토리」, 「라이언 킹」, 「이것이 스파이널 탭이다」, 「행운의 반전」, 「위험한 관계」, 「사랑의 블랙홀」, 「라스베이거스를 떠나며」 같은 영화들, 또는 소극에서 비극에 이르기까지 수없이 많은 장르, 부속 장르에 속하는 수천 편의 다른 뛰어난 영화들에 비해 훨씬 더 전형적인 할리우드 영화라고 말할 수는 없다.

이 책은 여섯 대륙 모든 관객을 감동시키고 수 세기에 걸쳐 다시 만들어질 만한 작품을 만드는 것을 추구한다. 할리우드에서 먹다 남긴 찌꺼기를 데워 먹는 요리법을 적은 책 따위를 누가 필요로 하겠는가. 우리에게 필요한 것은 우리 예술에 숨겨진 교의와 잠재된 재능을 해방시켜 주고 이끌어 줄 수 있는 원칙의 재발견이다. 어떤 원형적인 특성을 품고 있는 영화는 할리우드, 파리, 홍콩, 그 어디에서 만들든 관계없이 영화로부터 또 다른 영화로, 한 세대로부터 다른 세대로 이어지는 즐거움의 총체적이고 영속적인 연쇄 반응을 촉발하는 계기가 된다.

이 책은 전형이 아니라 원형에 관한 것이다.

원형적인 이야기는 현실의 구체성으로부터 보편적인 인간 경험을 들어 올린 후 그 내부를 개성적이고 독특한 문화적 특성을 담고 있는 표현으로 감싼다. 전형적인 이야기는 이에 반대되는 경향을 가지고 있어서 내용과 형식 모두의 빈곤에 허덕인다. 전형적인 이야기는 그 내용을 협소하고 특수한 문화적 경험으로 제한한 후 낡고 몰개성적인 일반성으로 포장한다.

예를 들어 보자. 스페인에는 한 집안의 딸들이 결혼할 때는 반드시 나이 순서대로 해야 한다는 풍습이 있었다. 엄격한 가부장제의 가족 질서, 아무런 힘이 없는 엄마, 결혼할 가능성이 전혀 없어 보이는 큰딸, 그로 인해 오랫동안 고통받는 작은딸의 이야기를 다룬 영화는 스페인이라는 나라 안에서라면 그 시절을 기억하고 있는 사람들에게 감동적일 수 있겠지만, 스페인 바깥에 사는 관객들에게는 쉽사리 와 닿지 않을 것이다. 그래서 이 이야기의 공감대가 한정될 것을 염려한 작가는 과거에 관객들에게 잘 먹히던 친숙한 배경과 인물, 그리고 사건들을 끌어들인다. 그리고 결과는? 세계는 이런 종류의 상투성에 대해서는 훨씬 더 냉담하다.

그러나 다른 한편으로 볼 때 만약 작가가 소매를 걷어붙이고 나서서 이 이야기에서 어떤 원형을 발견해 내기만 한다면, 이 억압적인 관습은 전 세계적인 성공을 거둘 수 있는 소재가 될 수도 있다. 원형적인 이야기는 그 상황과 인물들을 아주 희귀하게 설정해서 하나하나의 세부적인 사항들로부터 도저히 눈을 떼기 어렵게 만드는 한편, 이야기의 전개 과정에서는 어떤 사람에게든 너무나 진실하게 와 닿는 갈등을 풀어내기 때문에 한 문화권에서 다른 문화권으로 옮겨 다니는 것이 가능해진다.

라우라 에스키벨의 『달콤 쌉싸름한 초콜릿』에서는 모녀가 의존성의 요구 대 독립성, 영속성 대 변화, 자신 대 타자들 등 어느 가정에서나 익숙한 문제들을 놓고 충돌한다. 그러나 가정과 사회, 그 안의 다양한 관계들과 행태들에 대한 에스키벨의 묘사는 너무나 풍부하고 이전에는 한 번도 묘사된 적이 없을 정도의 세세함을 갖추고 있어서, 우리는 이전에는 알지도 못했고 상상하지도 못했던 세계에 매혹당해 그 인물들 속으로 걷잡을 수 없이 빨려들게 된다.

전형적인 이야기가 집 안에 머무른다면 원형적인 이야기는 여행한다. 찰리 채플린에서 잉마르 베리만에 이르기까지, 사뤼야지트 레이에서 우디 앨런에 이르기까지, 영화사상 이야기 구성의 대가들은 항상 어김없이 우리가 고대하던 양면성을 가진 만남을 안겨 준다.

첫째, 우리가 모르는 세계의 발견이 바로 그것이다. 이야기의 내용이 얼마나 내밀한 것이든 서사적인 것이든, 당대적인 것이든 역사적인 것이든, 구체적인 것이든 환상적인 것이든 관계없이 뛰어난 예술가들이 보여 주는 세계는 항상 예외 없이 어딘가 이국적이고 낯선 면모로 우리에게 충격을 안겨 준다. 마치 탐험가가 숲속을 헤치고 나아가는 것처럼 우리는 눈을 크게 뜬 채 아직 아무도 손대 보지 못한 세계, 모든 상투성이 배제되고 모든 평범한 것들이 특별한 의미를 갖게 되는 세계 속으로 나아가게 되는 것이다.

둘째, 일단 이 낯선 세계 안에 들어가고 나면 우리는 그 안에서 우리 자신을 발견하게 된다. 등장인물들과 그들이 겪고 있는 갈등의 가장 깊은 곳에서 우리는 우리 자신의 인간성을 발견한다. 우리가 영화를 보러 가는 것은 새롭고 매혹적인 세계 속으로 들어가 처음에는 너무나도 나와 달라 보이지만 가슴 깊은 곳에서는 결국 우리와 똑같은 또 다른 인간이 되어 살아 보기 위한 것이고, 또한 우리가 매일 부닥치는 생활의 현실을 조명해 주는 가공의 현실을 살아 보기 위한 것이다. 우리가 원하는 것은 인생으로부터 탈출하기가 아니라 인생을 발견하기며, 신선하고 실험적인 방법으로 우리의 정신을 사용하여 감성을 유연하게 하고 즐기고 배우며 매일의 일상에 깊이를 더해 가는 것이다. 이 두 가지의 즐거움을 세상에 던져 줄 원형적인 힘과 아름다움을 지닌 영화를 길러 내고자 하는 목적에서 이 책은 쓰였다.

이 책은 지름길이 아니라 철저함에 관한 것이다.

아이디어에서 시작해 탈고에 이를 때까지 시나리오 한 편을 끝내는 데는 소설 한 편을 쓰는 정도의 시간이 필요하다. 영상을 다루는 작가와 산문을 다루는 작가는 똑같은 밀도의 세계와 인물, 이야기를 다룬다. 그러나 단지 종이에 쓰인 시나리오에 여백이 훨씬 많다는 이유로, 시나리오 쓰기는 소설 쓰기보다 쉽고 빨리 끝낼 수 있는 종류의 일이라는 오해를 종종 받는다. 그러나 삼류 소설가들이 손이 따라가 주는 최대한의 속도로 지면을 메워 가고 있을 때, 시나리오 작가들은 가장 적은 수의 낱말을 가지고 최대한의 것을 표현해 내기 위해 머릿속에서 무자비하게 편집에 편집을 거듭한다. 블레즈 파스칼은 언젠가 친구에게 한정 없이 긴 편지를 한 통 쓰고 난 후 추신에 짧은 편지를 쓸 만한 시간이 없었노라고 사과하는 글을 덧붙인 적이 있다. 파스칼이 그랬던 것처럼 시나리오 작가들은 가장 중요한 것은 경제성이며, 간결함이야말로 시간을 요하는 것이고, 뛰어남이란 곧 참을성을 의미한다는 사실을 배운다.

이 책은 창작의 신비성이 아니라 현실성에 관한 것이다.

예술의 진실에 관한 비밀을 지키기 위해서 어떤 식의 책략이 있었던 적은 없다. 이미 23세기 전 아리스토텔레스가 『시학』을 쓴 이후로 이야기의 '비밀'은 거리에 들어선 도서관만큼이나 공공연하게 사람들에게 드러나 있었다. 이야기 구성 기법 중에서 난해한 것은 하나도 없다. 오히려 첫눈에 보기에는 영화를 위한 이야깃거리를 만들어 내는 일이 거의 거저라고 할 정도로 쉬워 보인다. 그러나 중심을 향해 다가가면 다가갈수록, 그리고 이야기가 설득력을 갖도록 장면 하나하나를 만들려고 하면 할수록, 시나리오 쓰기는 점점 산 넘어 산이 되어 가는데, 알다시피 스크린에는 숨을 곳이 한 군데도 없기 때문이다. 소설가가 작가 자신의 목소리를 사용하고, 극작가가 독백을 사용할 수 있는 것과 달리, 만약 극화된 장면의 순수성으로 우리를 감동시킬 수 없다면, 시나리오 작가는 자신의 글 뒤에 자신을 숨길 수 없다.

시나리오 작가는 설명적이거나 감성적인 언어를 사용해 논리상의 결점, 불투명한 동기, 아무런 색감도 없는 감정을 부드럽게 덮어 버리고는 독자에게 무엇을 생각하고 어떻게 느끼라고 간단하게 주문할 수도 없다.

카메라는 모든 잘못된 것들에게는 치명적인 엑스레이 기계다. 카메라는 인생을 몇 배로 확대해서 보여 주며 우리가 혼란과 당혹감 속에서 다 때려치우고 싶어질 때까지 이야기의 전개 과정 중 모든 취약하고 유치한 구석을 샅샅이 발가벗겨 낸다. 그러나 단단히 결심하고 공부하다 보면 이러한 당혹감들은 사라지게 된다. 시나리오 창작 과정은 이상한 일들로 가득 차 있긴 하지만 해결할 수 없는 미스터리는 아니다.

이 책은 시장 상황을 어림짐작해 보기 위한 것이 아니라 예술 형식에 정통하기 위한 것이다.

어떤 작품이 잘 팔리고 어떤 작품이 안 팔릴지, 아니면 어떤 작품이 대실패가 될지는 아무도 가르쳐 줄 수 없다. 왜냐하면 아무도 모르기 때문이다. 할리우드 히트작을 생산해 냈던 것과 똑같은 상업적 계산으로 만든 영화들이 대실패를 기록하는 반면, 상업적 예언자들이 절대로 사용해서는 안 된다고 열거한 사항을 그대로 다 써서 만들어 낸 듯한 어두운 분위기의 드라마들, 「보통 사람들」, 「우연한 방문객」, 「트레인스포팅」은 소리 소문도 없이 국내외의 매표소를 점령하고 있다. 우리의 예술 형식에서 보장되어 있는 것은 아무것도 없다. 그렇기에 어떤 식의 '돌출 행동'을 '끝까지 밀고 나가' '창조적 혼선'을 빚어낼 것인가를 두고 그토록 많이들 고민하는 것이다.

이러한 두려움들에 대한 솔직하고 할리우드다운 대답은, 당신의 작품이 좋기만 하다면 에이전트를 고용한 후 작품을 팔고 그 작품이 제대로 만들어져서 스크린 위에 펼쳐지는 것을 지켜보게 되리라는 것이다. 그러나 그 지점에 이르기 전에 당신이 지난해 성공을 거뒀던 작품의 복제품을 헐값에 생산해 내는 일을 하게 된다면, 매년 할리우드에 수천 편씩 굴러다니는 아주 상투적인 표현들로 점철된 이야기들을 생산해 내는, 재능이 떨어지는 작가군에 소속되고 말 것이다. 그러니 이런 해괴한 문제들로 번민을 거듭하기보다는 뛰어난 재능의 성취를 위해 당신이 지닌 모든 정력을 쏟아붓는 것이 좋다. 에이전트에게 보여 준 당신의 작품이 아주 뛰어나고 당신만의 독창성이 있을 경우, 그들은 당신을 대행하는 권한을 따내기 위해 치열한 경쟁도 마다하지 않을 것이다. 당신이 고용한 에이전트는 제대로 된 이야깃거리에 목이 마른 제작자들 사이에서 전쟁을 방불케 하는 경합을 불러일으킬 것이며, 그중의 승자는 당신에게 황당할 정도의 거액을 지불하게 될 것이다.

그보다 더 중요한 것은 일단 제작에 들어갔을 때 당신의 시나리오가 훌륭한 완성품이라면 놀라울 정도로 적은 간섭만을 받게 될 거라는 사실이다. 다양한 개인들이 잘못 모였을 경우에 잘 쓰인 대본을 망칠 가능성이 전혀 없다고 보장할 수는 없지만, 할리우드에서 가장 재능이 뛰어난 배우들과 감독들은 자신들의 경력이 훌륭한 대본에 좌우된다는 사실을 잘 알고 있다는 점 또한 잊지 말아야 한다. 그러는 한편 이야깃거리를 향한 할리우드의 게걸스러운 먹성 때문에 채 무르익지도 않은 대본이 선정되어 촬영장에서 수정을 강요당하는 일도 종종 일어난다. 자신의 작품에 확신이 있는 작가들은 초고를 팔지 않는다. 그들은 자신들의 작품이 가능한 한 바로 연기자와 감독들이 작업을 시작할 수 있을 정도가 될 때까지 고쳐 쓰기를 거듭한다. 잘 마무리되고 무르익은 작품이 그 자체로 완전함을 보여 주는 반면 채 마무리되지 않은 작품은 간섭만을 초래할 뿐이다.

이 책은 관객을 경멸하기 위한 것이 아니라 존경하기 위한 것이다.

재능 있는 작가들이 나쁜 작품을 쓸 때는 보통 한두 가지 이유가 있다. 어떤 생각을 꼭 드러내야겠다고 강박 관념에 눈이 멀어 있든가, 그렇지 않으면 꼭 표현해 내고 싶은 어떤 감정 상태에 휘둘리고 있는 경우다. 재능 있는 작가들이 좋은 작품을 써내게 될 때는 대개 다음과 같은 이유가 있다. 관객을 감동시키겠다는 욕망이 작가를 움직이는 것이다.

여러 해에 걸쳐 연기와 연출을 거듭해 오는 동안 나는 관객들과 그들이 보여 주는 반응의 능력에 경외심을 가져 왔다. 마치 마술이라도 부리는 것처럼 가면이 벗겨져 드러난 맨얼굴들은 상처받기 쉽고 또한 쉽게 받아들일 태세가 되어 있는 모습을 보여 준다. 영화를 보러 가는 사람들은 자신들의 감정을 보호하려 하지 않는다. 그보다는 오히려, 심지어는 그들의 연인들도 전혀 알아채지 못하는 방법으로 눈앞의 이야기꾼을 향해 그들의 마음을 열어 놓고 웃음과 눈물, 공포, 분노, 자비심, 열정, 사랑, 그리고 미움을 받아들인다. 이 의식은 종종 그들을 탈진시키기까지 한다.

관객들은 놀라울 정도로 민감할 뿐만 아니라, 어두운 극장 안으로 들어가 자리에 앉게 될 때쯤에는 지능 지수가 25점가량 향상된다. 영화를 보러 갔을 때 당신이 보고 있는 영화보다 자신이 훨씬 현명하다고 느끼는 일이 자주 있지 않은가? 영화의 등장인물들이 움직이기도 전에 그들이 어떤 행동을 취할지 알아채지 않는가? 영화가 한참 진행되고 있을 때 이미 결말이 어떻게 될지 알아채지 않는가? 관객들은 단순히 영리한 정도가 아니라 대부분 영화보다 훨씬 더 영리하다. 작가는 스크린 반대편으로 넘어온 뒤에도 이 사실을 잊어서는 안 된다. 작가가 할 수 있는 최선의 일은, 집중도가 높은 관객들의 날카로운 수용 능력을 넘어서기 위해 그가 능통해 있는 모든 기법을 활용하는 것이다.

관객들의 반응과 예견력에 대한 이해 없이는 어떤 영화도 성공할 수 없다. 작가는 자신의 전망을 제대로 표현하면서 동시에 관객들의 욕망을 충족시켜 주는 방법으로 이야기를 구성해야 한다. 관객은 다른 요소들과 더불어 이야기를 어떻게 구성할 것이냐를 결정 짓게 하는 영향력을 지닌다. 왜냐하면 관객이 없다면 창조적인 행위 자체가 지향점 없는 것이 되기 때문이다.

이 책은 복제가 아니라 독창성에 관한 것이다.

독창성이란 남다른 소재의 선택이라는 내용과 특이한 화법의 조형이라는 형식의 결합을 말한다. 내용(정황, 인물, 아이디어)과 형식(사건들의 선택 및 조절)은 서로에 대해 요구하고 영감을 주고 영향을 미친다. 작가는 한 손에는 내용, 다른 손에는 형식에 대한 능숙함이라는 도구를 갖고 이야기를 조각해 나간다. 작가가 이야기의 실체를 다시 다듬어 가는 동안 이미 전개되기 시작한 이야기는 스스로를 재조형해 들어간다. 작가가 이야기의 외형을 가지고 노는 동안 형식의 지적이고 감성적인 핵심이 진화하기 시작하는 것이다.

이야기의 관건은 무엇을 말할 것인가 하는 데에만 있는 것이 아니라 어떻게 말할 것인가 하는 데에도 있다. 만약에 이야기의 내용이 상투적이라면 이야기의 형식 역시 상투적이게 될 것이다. 그러나 작가의 시각이 심오하고 독창적이라면 이야기의 외형 역시 독창적이게 될 것이다. 그리고 그와 반대로 이야기의 내용이 관습적이고 예측 가능하다면 그 내용은 사람들에게 익숙한 행동을 보여 줄 수 있는 전형적인 형식을 요구할 것이다. 거꾸로 이야기의 형식이 창의적이라면 배경 상황과 인물, 아이디어들 역시 그 형식을 충족시킬 만큼 참신해야 할 것이다. 작가는 형식에 들어맞도록 이야기를 풀어 나가고 이야기의 내용적 구성을 뒷받침하기 위해 형식을 다시 손질한다.

그러나 절대로 독창성을 얻기 위해 기이한 시도를 하는 실수를 저질러서는 안 된다. 오직 남과 색다르게 보이기 위해 색다른 방식을 택하는 것은 상업적인 요구를 노예적으로 수용하는 것만큼이나 공허할 뿐이다. 소중한 이야깃거리는 대개 몇 달, 경우에 따라 몇 년에 걸쳐 사실들과 기억들, 상상력을 모으는 노력 끝에야 만들어진다. 진지한 작가라면 누구도 이렇게 해서 얻은 자신의 관점을 빤한 공식 안에 가둬 버리거나 전위적인 파편 조각들로 하찮게 흐트러뜨리는 짓은 하지 않을 것이다. 이른바 잘 만들어진 공식이 이야기가 생생하게 담고 있는 육성을 질식시킨다면, 이른바 예술 영화의 기벽은 언어 장애를 일으키게 만든다. 마치 어린이들이 단지 재미로 물건들을 깨뜨리고 주의를 끌기 위해 땡깡을 부리는 것처럼 너무나도 많은 영화 작가들이 단지 '이것 좀 봐요, 난 이런 것도 할 수 있어요!' 하고 소리치기 위해 치기 어린 재주를 부리곤 한다. 노련한 예술가는 절대로 자기 자신에게로 사람들의 주의를 끌지 않으며, 현명한 예술가라면 단지 관습을 깨뜨리겠다는 이유만으로는 그럴 만한 여지가 있는 어떤 일도 절대로 하지 않는다.

호턴 푸트, 로버트 알트만, 존 카사베츠, 프레스턴 스터지스, 프랑수아 트뤼포, 그리고 잉마르 베리만 같은 대가들의 개성은 너무나 강렬해서, 그들이 쓴 세 쪽짜리 시놉시스는 마치 그들의 유전자처럼 그들 자신과 일치한다. 위대한 시나리오 작가들은 그들의 개성적인 이야기 전개 방식으로 인해 남들과 구별되는데, 그들의 이야기는 그들 자신의 시각이나 통찰력으로부터 분리될 수 없을 뿐만 아니라 가장 깊은 의미에서 그들의 시각이나 통찰력 그 자체이기도 하다. 그들은 모든 요소가 하나의 독창적인 시나리오로 녹아드는 순간까지 형식에 관한 선택들(주인공의 수, 전개 호흡, 갈등 수위, 속도 조절 등)을 실질적인 내용에 관한 선택들(상황, 인물, 아이디어 등)과 병치시키기도 하고 대립시키기도 하면서 가지고 논다.

그러나 만약에 그들의 작품에서 내용을 추려 잠시 옆으로 떼어 내고 작품을 구성해 나가고 있는 순수한 패턴만을 주의 깊게 살펴본다면, 우리는 마치 가사를 뺀 노래처럼 또는 기본 골격을 빼내고 남은 형체처럼 그들의 이야기 디자인이 의미들로 가득 충전되어 있음을 알게 될 것이다. 작가에 의해 이루어지는 사건의 선정과 수정은 그 자체가 개인적·정치적·환경적·정신적인 것들을 포괄하는 모든 차원의 사실성들 간의 상호 관계 맺음을 위한 가장 주된 은유다. 등장인물들의 성격이라든가 사건이 일어나는 지역 등의 표면을 한 꺼풀 벗기고 나면 이야기의 구조는 그 자신만의 우주관, 즉 이 세계에서 어떤 종류의 사건들이 왜 일어나는가 하는, 사건들의 심층 구조와 동인(動因)을 간파해 내는 작가의 안목을 드러낸다. 그 안목은 인생의 숨겨진 질서를 읽어 내는 작가의 지도다.

우디 앨런, 데이비드 마멧, 쿠엔틴 타란티노, 루스 프라워 자브발라, 올리버 스톤, 윌리엄 골드먼, 장이머우, 노라 에프론, 스파이크 리, 스탠리 큐브릭, 당신이 영웅으로 삼고 있는 사람이 누구일지라도 당신이 그들을 존경하는 이유는 그들의 세계가 유일무이한 것이기 때문이다. 이 작가들이 군계일학으로 두드러져 보이는 것은 그들이 다른 사람들과는 전혀 다른 내용을 선택하기 때문이고, 다른 사람들과는 전혀 다른 방법으로 형식을 구성해 내기 때문이며, 나아가 이 두 가지, 즉 내용과 형식을 누가 보아도 알 수 있는 자기만의 스타일로 조형해 내기 때문이다. 내가 당신에게서 원하는 것도 바로 이것이다.

그러나 당신에 대한 나의 기대는 적성이나 기능 이전의 어떤 것에 닿아 있다. 나는 위대한 영화를 갈망한다. 지난 20여 년이 넘는 기간 동안 나는 여러 편의 좋은 영화들과 몇몇의 아주 좋은 영화들을 보아 왔지만 압도적인 힘과 아름다움을 지닌 영화는 정말로 본 적이 드물다. 아마 문제는 내게 있을지도 모른다. 내가 너무 지쳐 있는 것일지도 모른다. 그러나 그렇지 않다. 적어도 아직은 아니다. 나는 아직도 예술이 삶을 변화시킨다는 것을 믿는다. 그러나 내가 또한 알고 있는 것은, 만약 당신이 이야기라는 오케스트라에 사용되는 모든 악기를 제대로 연주하지 못한다면, 당신의 상상 속에 어떤 음악이 자리 잡고 있더라도, 당신은 오로지 그 오래된 똑같은 곡만을 중얼거리도록 운명 지워져 있다는 사실이다. 내가 이 책을 쓴 것은 당신이 각종 기교를 자유롭게 구사할 수 있도록 힘을 북돋워 주고, 인생에 관한 당신만의 독특한 관점을 표현할 수 있도록 당신을 자유롭게 해 주며, 당신의 재능을 관습적인 수준 이상으로 끌어올려서 탁월한 내용과 구조, 그리고 스타일을 갖춘 영화를 만들 수 있도록 하고자 함이다.

1장
이야기의 문제점들

이야기의 쇠락

상상해 보라. 이 지구상의 어느 하루 동안 이야기책의 책장들은 넘어가고, 연극이 공연되며, 영화가 상영되고, TV 연속극과 코미디가 끊임없이 흐르고, 신문과 방송 뉴스들이 스물네 시간 쉬지 않고 계속되며, 침대에 든 아이들에게는 잠자리의 이야기가, 술집에서는 온갖 허풍이, 인터넷에서는 뒷담화들이 끊이지 않고 이어진다. 이야기를 향한 인간의 욕망은 채워질 줄 모른다. 이야기는 우리가 가진 가장 다산성의 예술 형식일 뿐만 아니라 우리가 깨어 있는 동안 수행하는 일, 놀이, 식사, 운동 등 모든 활동에 필적할 만한 비중을 가지는 일상 활동이다. 우리는 잠자는 시간만큼이나 오랫동안 이야기를 말하고 또 듣는다. 심지어는 잠을 자는 동안에도 꿈을 꾼다. 왜일까? 도대체 왜 우리는 우리 인생의 그렇게도 많은 부분을 이야기들 속에서 보내는 걸까? 왜냐하면 비평가 케네스 버크가 말한 대로 이야기는 우리 삶의 도구이기 때문이다.

우리는 아리스토텔레스가 오래전 『윤리학(Ethics)』에서 제기했지만 아직도 새삼스러운 질문에 대한 대답을 찾으면서 하루하루를 보낸다. 인간은 어떻게 자신의 인생을 살아야 할 것인가? 그러나 그 대답은, 우리가 소유한 것들이 우리 꿈에 걸맞은 것이 되도록, 머릿속 생각이 열정과 융합되도록, 그리고 욕망이 현실로 변하도록, 기를 쓰고 사느라 흘려보낸 시간들 뒤로 숨어서 우리를 교묘히 피해 간다. 우리는 흐르는 시간 속으로 위태롭게 쓸려 들어가는 열차와 함께 휩쓸려 가고 있다. 만약 우리가 어떤 모범과 의미를 찾기 위해 뒤로 몸을 뺄라치면 삶은 마치 스스로 대상을 지각하고 반응하는 통일적 구조물(Gestalt)처럼 가볍게 튀어 오른다. 처음에는 심각하게, 그러고는 우스꽝스럽게. 처음에는 조용하게, 다음에는 미친 듯이 날뛰며. 의미심장하게, 그러고는 곧 아무런 의미 없이. 우리가 스스로 인생을 조종해 보려고 온갖 노력을 다하는데도 모든 개인적 사건들은 수시로 우리의 인생을 휘몰아 간다. 바깥세상에서 일어나는 중대한 사건들은 아예 우리의 조종 능력 바깥에 머물러 있다.

전통적으로 인류는 서로에 관한 내밀한 통찰력을 통해 결합하여 생명력 있는 의미를 만들어 내는 네 가지 지혜들, 즉 철학, 과학, 종교, 예술로부터 아리스토텔레스가 제기한 질문에 대한 대답을 찾아왔다. 그러나 오늘날 시험에 통과하려는 목적 없이도 헤겔이며 칸트를 읽는 사람이 어디 있는가? 한때 가장 위대한 해설자였던 과학은 복잡함과 당혹함으로 삶의 참모습을 왜곡시키고 있다. 냉소를 머금지 않고서 경제학자나 사회학자,

정치가들의 말을 들어줄 수 있는 사람이 누가 있는가? 종교는 많은 이들에게 위선을 가리기 위한 공허한 의식이 되고 말았다. 전통적인 이념들에 대한 믿음이 사라져 가면서 우리는 아직도 여전히 우리가 믿고 있는 것을 향해 돌아서게 된다. 이야기의 예술이 바로 그것이다.

오늘날 세계는 마치 기갈이라도 든 것처럼 어마어마한 양의 영화, 소설, 연극, TV 드라마들을 소비하고 있어서, 모든 종류의 이야기 예술들은 인류가 혼돈으로부터 질서를 찾고 인생에 대한 내밀한 시각을 얻기 위해 필요로 하는 영감의 가장 주된 원천이 되었다. 이야기를 향한 우리의 욕구는 삶의 어떤 모범을 포착하기 위한 인간의 근원적인 요구를 반영하는데, 그 요구는 단순히 지적인 활동에 그치는 것이 아니라 가장 개인적이고 정서적인 경험 안에 자리 잡고 있다. 극작가 장 아누이의 표현에 따르자면 "허구는 인생에 형식을 부여한다."

어떤 사람들은 이야기를 향한 이러한 갈망을 단순히 엔터테인먼트로, 삶에 대한 탐구가 아니라 그것으로부터의 탈출로만 이해한다. 그러나 설령 그렇다고 하더라도 엔터테인먼트란 도대체 무엇인가? 엔터테인먼트를 즐긴다는 것은 지적으로나 정서적으로 만족스러운 결말에 도달하게 하는 이야기의 의식에 푹 빠져든다는 것을 의미한다. 영화 관객에게 엔터테인먼트란 어두운 방 안에 앉아서 이야기의 의미와 그 의미가 불러일으키는 강렬한 감정, 심지어 가끔은 그 의미가 깊어져 가면서 불러일으키는 고통스러운 감정, 그리고 결국에 가서는 이러한 다양한 감정들을 궁극적으로 만족시켜 주는 정서적인 경험을 얻기 위해 스크린에 주의를 집중시키는 의식을 말한다. 「고스트버스터즈」처럼 히타이트(Hittite)의 악령과 싸워 이기는 황당무계한 기업가들의 승리에 관한 것이든 「샤인」처럼 자기 내부의 악을 섬세하게 분해시키는 것이든, 또는 「붉은 사막」처럼 등장 인물들 사이의 융화에 관한 것이든 반대로 「컨버세이션」처럼 그들 사이의 분열에 관한 것이든, 모든 잘 만든 영화, 소설, 연극들은 그것들이 만들어 내는 온갖 형태의 희극과 비극을 통해 관객들에게 영향력 있는 의미들로 충전된 신선한 삶의 유형을 보여 줌으로써 엔터테인먼트를 제공한다. 관객들이 극장 입구에 도달했을 때 자신의 문제들을 모두 집어 던지고 현실로부터 탈출하고자 할 뿐이라는 통념, 그 뒤로 후퇴하는 것은 예술가의 책임 의식을 비겁하게 방기하는 짓일 뿐이다. 이야기는 현실로부터 도망쳐 나오는 수단이 아니라 오히려 우리를 싣고 현실을 찾아 나서는 추진체며, 실존의 무정부적인 상태로부터 질서를 찾아내려는 우리의 가장 진지한 노력이다.

그러나 나날이 그 영향력이 커져 가는 매체들이 우리에게 국경과 언어의 장벽을 넘어 수억의 사람들에게로 이야기를 내보낼 기회를 부여하지만, 전반적으로 이야기의 질은 낮아지는 추세다. 이따금 훌륭한 작품을 보거나 읽을 기회가 없는 건 아니지만, 대부분 경우에 우리는 좋은 작품을 찾아 신문 광고, TV 프로그램 안내 책자, 비디오 가게 등을 뒤지는 일, 소설을 반쯤 간신히 읽다가 내려놓는다거나 연극 중간의 휴식 시간에 극장을 빠져나오는 일, '그래도 촬영은 괜찮았어.'라고 스스로 달래며 실망에 차서 영화관을 빠져나오는 일 따위에 넌더리가 날 지경이다. 이야기라는 예술은 쇠퇴의 길에 들어서 있고, 2300년 전에 아리스토텔레스가 지적했듯이 이야기의 질이 떨어지기 시작하면 그 결과는 타락으로 나타난다.

전개 과정에 흠이 있고 난삽해지는 이야기는 본질 대신 구경거리를, 진실 대신에 속임수를 대체해 넣을 수밖에 없게 된다. 이야기가 약하면 멀어져 가는 관객들의 시선을 붙잡기 위한 궁여지책으로 수억의 돈을 쏟아부어 야단법석을 떨어 대는 식으로 전락한다. 할리우드에서 만들어 내는 영상들은 날이 갈수록 점점 더 거창하고 터무니없어져 가고, 유럽에서 나오는 영상들은 점점 더 장식적으로 바뀌어 간다. 배우들의 연기는 점점 더 과장되고 추잡하고 폭력적으로 바뀌어 간다. 음악과 음향 효과는 눈에 띄게 더 소란스러워져 간다. 전체적인 효과는 서서히 괴기스러움을 향해 가고 있다. 솔직하고도 힘 있는 이야기 없이 문화는 진화해 나갈 수 없다. 겉만 번지르르한 채 속은 텅 빈 사이비 이야기들만 반복적으로 경험한 사회는 쇠락하고 만다. 인간 심리와 사회의 음침한 구석들에 신선한 빛을 뿌려 줄 진실한 풍자와 비극, 드라마, 그리고 희극이 필요하다. 그렇지 못할 경우 윌리엄 버틀러 예이츠가 경고했던 대로 "중심은 더 이상 지탱해 내지 못한다."

매년 할리우드에서는 400~500편에 이르는 영화들을 제작하고 배급한다. 문자 그대로 하루 한 편인 셈이다. 그중 몇몇은 괜찮지만 대다수는 그저 그렇거나 아니면 그보다 못한 작품들이다. 이런 태작들이 넘쳐나는 데 대해서는 속물근성을 가진 제작자들이 작품의 제작 여부를 결정하기 때문이라고 비난하고픈 유혹이 항상 있다. 그러나 「플레이어」의 한 장면을 다시 한번 돌이켜 보자. 팀 로빈스가 연기한 할리우드의 제작자는 자신에게 수많은 적이 있는데, 이는 1년에 2만 편이 넘는 시나리오를 받아들이면서도 실제로 제작하는 영화는 12편에 불과하기 때문이라고 설명한다. 이 대사는 현실과 정확하게 일치한다. 대형 영화사의 스토리 담당 부서들은 훌륭한 영화가 될 만한 이야기를 찾기 위해 수천수만의 시나리오와 트리트먼트, 소설, 그리고 희곡 들을 세밀히 검토한다. 또는 그보다 더 자주 평균작보다는 나은 작품으로 발전시킬 수 있을 만한 가능성을 가진 이야깃거리를 찾는다.

1990년대에 이르러 할리우드에서 대본 구성에 들인 돈은 연간 5억 달러를 넘어서는데, 이중 약 4분의 3은 작가들에게 결국에는 만들어지지도 않을 영화를 다시 고쳐 쓰거나 일정한 계약 조건에 따라 지불되는 금액으로 지출되었다. 5억 달러에 이르는 투자와 스토리 담당 부서 직원들의 끝없는 노력에도 불구하고 할리우드는 현재 만들어 내고 있는 영화의 수준을 넘어서는 이야기들을 찾아내지 못하고 있다. 믿기 어려운 사실이지만, 매년 우리가 스크린을 통해 보고 있는 것이 지난 몇 년간 쓰인 최고의 시나리오들을 적절하게 반영해 낸 결과물들이다.

그러나 많은 시나리오 작가들은 이러한 거리의 진실(Downtown Fact)을 바로 보지 못한 채 할리우드가 자신들의 재능을 알아주지 못한다고 확신하면서 자신이 만들어 낸 환상 속에 은둔하고 있다. 아주 드문 예외가 있긴 하지만 사람들에게 알려지지 않은 천재란 신화일 뿐이다. 최고 수준의 시나리오 작가 중 놀고 있는 사람은 없다. 아직 영화로 만들어지지 않았다면 최소한 계약상의 조건에 의한 집필은 하고 있다. 일정한 수준에 도달한 이야기를 내놓을 수 있는 작가에게 영화판이란 항상 판매자가 주도권을 쥐는 시장이다. 여태까지 그래 왔고 앞으로도 항상 그럴 것이다. 할리우드는 매년 수백 편의 영화를 소화해 낼 수 있는 안정적인 국제적 사업망을 가지고 있고, 바로 그 이유로 인해 영화들은 만들어질 것이다. 이 중 대부분은 개봉하여 몇 주간 상영되다가 간판을 내리고 조용히 잊혀져 갈 것이다.

할리우드는 그저 살아남는 데 그치지 않고 오히려 번창할 것이다. 사실상 경쟁 상대가 없기 때문이다. 상황이 항상 이랬던 것은 아니다. 신사실주의(Neo-realism) 부흥기로부터 해서 뉴웨이브(New Wave)의 물결이 고조되던 시기에 이르기까지, 북미의 영화관에는 할리우드의 아성에 도전하는 천재적인 유럽 대륙 영화인들의 작품들이 넘쳐났다. 그러나 이들 대가들이 사망하거나 은퇴하고 난 후 지난 25년 동안 유럽 영화는 질적으로 서서히 쇠퇴해 가고 있다.

오늘날 유럽 영화인들은 자신들이 관객을 끌지 못하는 것은 배급업자들의 음모 때문이라고 비난하고 있다. 그러나 그들의 선배들인 장 르누아르, 잉마르 베리만, 페데리코 펠리니, 루이스 부뉴엘, 안제이 바이다, 앙리 조르주 클루조, 미켈란젤로 안토니오니, 알랭 레네의 작품들은 전 세계에 걸쳐 상영되었다. 체계상 그때와 달라진 것은 없다. 아직도 엄청난 숫자의 관객들이 할리우드산이 아닌 영화를 찾고 있으며, 그들의 애정 또한 여전히 대단하다. 배급업자들은 과거나 지금이나 변함없이 한 가지 동기를 가지고 움직인다. 바로 돈이다. 변한 것이 있다면 요즘의 '작가(Auteur)'들은 그들의 전 세대 작가들처럼 힘을 가진 이야기를 만들어 내지 못한다는 것이다. 마치 자부심으로 가득 찬 인테리어 디자이너들처럼 인상적이고 현란한 영상을 만들어 내기는 하지만 그게 전부다. 결과적으로 한때 유럽 천재들의 태풍이 몰아치던 자리에는 오늘날 무미건조한 영화의 껍데기들만 남았고, 그렇게 해서 남겨진 진공 상태를 할리우드 영화가 채운 것이다.

오히려 이제는 아시아 영화들이 북미와 전 세계를 돌아다니면서 수백만 관객을 즐겁게 하고 국제적으로 집중적인 조명을 받고 있다. 그 이유는 단 하나, 아시아의 영화인들이 내놓는 이야기가 뛰어나다는 사실 때문이다. 할리우드 바깥에 있는 영화인들은 배급업자들을 속죄양으로 삼는 대신에 아시아로 눈을 돌려 볼 일이다. 그곳에는 이야기를 건네려는 열정과 그 이야기들을 아름답게 만들어 낼 수 있는 기능을 갖춘 예술가들이 있다.

기능의 상실

이야기라는 예술은 세계에서 가장 주도적인 문화적 힘이며, 영화라는 예술은 이야기라는 거대 산업의 가장 주도적인 매체다. 세계의 관객들은 시간과 돈을 바칠 준비가 되어 있지만 여전히 이야기에 목말라한다. 왜냐고? 노력이 부족해서가 아니다. 미국 작가 조합(The Writers Guild of America)의 대본 등록 서비스 센터에는 매년 3만 5000편이 넘는 제목들이 상재된다. 전 미국에 걸쳐 매년 수십만 편의 시나리오가 쓰이지만 그중 수준작이라고 할 만한 것은 그야말로 한 줌에 불과하다. 거기에는 많은 이유가 있겠지만 그중 가장 두드러진 이유를 꼽아 보자면 요즘 시나리오 작가 지망생들은 너무나 성급하게도 시나리오 집필에 필요한 기술을 배우지도 않은 채 타자기 앞으로 달려간다는 것이다.

만약 어떤 이의 꿈이 음악을 작곡하는 것이라고 했을 때, 그저 '그동안 교향곡도 참 엄청나게 많이 들었지. 게다가 난 피아노도 칠 줄 알잖아……. 이번 주말에 한 곡 써 보지, 뭐.' 하는 식으로 접근해 볼 수 있을까? 천만에. 그러나 많은 수의 시나리오 작가들이 바로 이런 식의 태도로 작품을 쓰기 시작한다. '그동안 영화 참 엄청나게 많이 봤지. 괜찮은 것도

있었고 후진 것도 있었고……. 국어는 항상 A학점이었지. 이번 방학 때 한 편 써 볼까…….'

만약 교향곡을 작곡하고 싶은 사람이 있다면, 그 사람은 당연히 음악 학교에 가서 교향곡이라는 장르에 집중해서 이론과 실기를 공부할 것이다. 몇 년간 열심히 공부한 후에야 지식과 창의력을 한데 모으고 용기를 내서 실제로 곡을 쓰는 모험을 감행할 것이다. 너무나도 많은 시나리오 작가 지망생들이 좋은 시나리오 한 편을 써내는 것은 교향곡을 작곡하는 것만큼이나, 아니 때로는 그보다도 더 어려운 일이라는 사실에 대해 그럴지도 모른다는 의심조차 해 보지 않는다. 좋은 시나리오를 쓰는 일이 어려운 까닭은, 작곡가들은 음표들의 수학적 순수성에 근거해 작곡을 하는 반면에 시나리오 작가들은 인간 본성이라고 이름 붙여진 혼돈 속으로 파고들어 가야 하기 때문이다.

초보자는 순전히 자기 자신의 경험에만 의존한 채, 과거 경험과 여태 보아 왔던 영화들 속에서 무언가 말할 거리와 말할 방법을 찾게 되리라는 기대만으로 뛰어들고 본다. 그러나 이때의 경험이란 과대 평가된 것이다. 물론 우리가 원하는 작가는 인생으로부터 도망치지 않고 깊이 있는 인생을 살며 치밀하게 인생을 관찰하는 사람이다. 이것이 꼭 필요한 조건이기는 하지만 절대로 충분하지는 않다. 대부분 작가들에게, 그들이 독서나 연구 활동을 통해 얻어 낸 지식은 자신들의 경험에 버금가거나 그보다 우월하며, 더군다나 그 경험이란 것이 검증되지 않은 것일 경우에는 더욱 그러하다. 가장 중요한 것은 자기화된 지식이다. 인생과 인생에 대한 우리의 대응과 그에 대한 깊이 있는 반성을 더해 이루어지는.

초보자가 기능적인 면에서 저지르는 실수는, 그가 접해 온 소설이나 영화, 연극의 이야기적인 요소들을 무의식적으로 흡수해 왔다는 데 있다. 그는 시나리오를 쓰는 동안, 자신이 여태 읽어 왔고 보아 온 것들이 합쳐져서 이루어진 어떤 유형을 모범으로 삼아 자신의 작업을 그에 일치시켜 나간다. 제대로 된 교육 과정을 거치지 않은 작가들은 이를 일컬어 본능이라고 하지만 사실은 단순한 습관, 그것도 견고하게 한계 지워진 습관일 뿐이다. 그는 자기 마음속에 만들어져 있는 표준을 모방하거나 아니면 그에 반항하는 전위 예술가로 자신을 상상하거나 그 둘 중 하나일 뿐이다. 그러나 막연히 더듬으며 앞으로 나아가는 것이나 무의식적인 반복을 통해 각인된 이런 표준에 대항하여 싸우는 것은 어떤 식으로든 기술이라고는 말할 수 없다. 이렇게 되면 그 방향이 상업적인 영화냐 예술관 영화냐에 관계없이 상투성이라는 장애물로 가득 찬 시나리오를 향해 가게 된다.

이런 식의, 되면 되고 아니면 아니라는 식의 태도가 항상 있어 왔던 것은 아니다. 지난 수십 년 동안 시나리오 작가들은 대학에서의 공부나 독학, 연극이나 소설 창작의 경험, 할리우드 영화사들의 도제식 체계, 아니면 이런 방법들의 다양한 조화를 통해 그들의 기능을 숙달시켜 왔다.

금세기 초에 이르러 미국의 몇몇 대학은 작곡가나 화가들이 그들이 필요로 하는 기능의 핵심을 학교에서 배운 것처럼, 작가들 역시 그에 준하는 교육을 받아야 한다는 사실을 깨달았다. 그런 흐름 속에서 윌리엄 아처, 케네스 로, 존 하워드 로슨 같은 학자들은 극작법이나 산문작법 같은 분야에 관한 탁월한 책들을 썼다. 그들의 방법론은 본질적인 것이어서 욕망이라는 주된 근육의 움직임에서 나오는 끌어당기는 힘, 대립에서 발생하는 에너지, 전환점, 뼈대, 전개, 위기 등 이야기를 안으로부터 거꾸로 뒤집어 보여 주었다. 작가들은 학력의 고하를 막론하고 이런 책들을 통해 그들의 예술을 발전시켜 나가 광란의 20년대로부터 저항의 60년대를 지나 영화, 소설, 무대에 걸쳐 미국적 이야기의 황금시대라고 일컫는 시대에 이르기까지 반세기를 보냈다.

그러나 지난 25년 동안에 걸쳐 미국 대학들의 문학 창작 교육 방법론은 본질적인 것에서 외형적인 것으로 조정되었다. 문학 이론의 조류들은 교수들을 이야기의 원천으로부터 떼어 내어 언어, 기호, 텍스트 등 바깥으로부터 보는 이야기로 몰아갔다. 그 결과, 몇몇 주목할 만한 예외를 빼놓고는 현세대의 작가들은 이야기의 핵심적인 원칙이라는 측면에서 교육이 부족해졌다.

외국의 시나리오 작가들은 그나마 그들의 기능을 연마할 만한 기회조차도 더 적었다. 유럽의 대학은 창작을 배워서 할 수 있다는 사실을 모든 측면에서 부정하기 때문에 그 결과, 유럽의 대학 교과 과정에는 문학 창작이 포함된 적이 한 번도 없다. 유럽에는 물론 세계에서 가장 뛰어난 미술 학교와 음악 학교들이 포진해 있다. 왜 어떤 예술 장르는 교육이 가능하고 어떤 장르는 불가능하다는 것인지 이해할 수가 없다. 그보다 더 심한 것은 모스크바와 바르샤바를 제외한 다른 영화 학교들에서는 시나리오 창작에 대한 경멸이 심한 나머지 최근까지도 교육 과정에서 제외시켜 왔다는 사실이다.

예전 할리우드 스튜디오 체계에 대해서는 여러 가지 언급이 가능하겠지만, 경력이 풍부한 이야기 편집자에 의해 감독되는 도제식 작가 양성 제도에 대해서는 그 공을 평가해 줘야만 한다. 그러나 그 시대는 이미 지나갔다. 이따금 도제 제도를 다시 실행하는 스튜디오가 없는 건 아니지만 황금시대를 복구하려는 그 열의 속에 한 가지 잊혀진 것이 있다면, 도제 제도를 실행하기 위해서는 대가(Master)가 먼저 있어야 한다는 사실이다. 오늘날의 스튜디오의 우두머리들은 능력 있는 사람을 알아볼 줄은 알지만 그중 재능 있는 작가를 예술가로 키울 만한 재간과 인내심이 있는 사람은 드물다.

이야기가 쇠락해 가고 있는 마지막 이유는 상당히 깊은 곳에 자리 잡고 있다. 문제는 가치관이다. 가치관은 우리 예술의 영혼 속에 자리 잡고 있다. 작가는 어떤 것이 가치 있는 인생인가, 나를 희생시킬 만한 가치가 있는 일은 무엇인가, 어떤 것이 추구할 필요가 없는 것인가, 정의나 진실의 의미는 무엇인가 등, 근원적인 가치들이 받아들여지는 방식을 중심으로 하여 이야기를 구성한다. 몇십 년 전만 해도 작가와 사회는 대충 이러한 질문들에 동의하고 있었지만, 지금 우리가 사는 사회는 날이 갈수록 점점 더 윤리 및 도덕에 관한 냉소주의와 상대주의, 그리고 주관주의로 기울어 가치관의 커다란 혼란 속으로 빠져들어 가고 있다. 가족이 분해되고 성별 간 대립은 심화되어 가는 상황에서 어느 누가, 예를 들어 사랑의 본성을 이해한다고 느낄 수 있겠는가? 그리고 설령 작가 자신은 어떤 확신을 품고 있다고 하더라도 점점 더 회의적으로 되어 가는 관객들에게 과연 어떻게 자신의 신념을 표현해 보이겠는가?

가치의 이러한 쇠락은 그에 상응하는 이야기의 쇠락을 불러일으켰다. 과거의 작가들과는 달리 오늘날의 작가들은 아무것도 짐작할 수 없다. 오늘날의 작가들은 우선 사람 안으로 깊이 파고들어 가서 새로운 내밀한 시각을 발견하고 가치와 의미를 새롭게 정련한 다음, 점점 더 불가지론 속으로 빠져들어 가는 세계에 대한 자신의 해석을 표현할 수 있는 이야기의 매개체를 만들어 내야 한다. 쉬운 일이 아니다.

절박한 이야기

로스앤젤레스로 이사하고 나서 나 역시 많은 작가 지망생들이 택하는 직업, 즉 남의 글을 읽는 직업을 택했다. 내가 한 일은 UA 스튜디오와 NBC 방송국에서 영화나 TV용으로 제출되는 대본들을 분석하는 것이었다. 첫 100~200편에 대한 분석을 마치고 나자, 대본 분석 보고서를 먼저 써 놓고 나중에 작가의 이름과 제목만을 적어 넣어도 아무 문제가 없으리라는 생각이 들었다. 내가 여러 차례에 걸쳐서 쓰고 또 썼던 보고서는 바로 이런 것이다.

장면 묘사가 괜찮음. 연기로 나타낼 수 있는 대화들. 흥분시키는 순간이 몇 번 있고 감정을 자극하는 순간 또한 몇 번 있음. 전체적으로 보아 단어 선정이 적절함. 그러나 이야기는 형편없음. 첫 서른 쪽은 전시용으로 덩치만 잔뜩 불려 놓은 채 엉금엉금 기어가고 있고 나머지 부분에서도 전혀 제 발로 일어서지 못하고 있음. 주요 줄거리는, 굳이 줄거리라고 할 만한 게 있다면 편리한 우연과 약한 동기들에 버무려진 말장난일 뿐임. 두드러지는 주인공이 없음. 중심 플롯에 직접 연관되지는 않으나 대신 서브플롯을 형성할 수도 있는 긴장 관계들도 전혀 그렇게 발전하지 못하고 있음. 등장인물들은 외형적으로 드러나 보이는 것 이상으로 깊어지지 못함. 단 한순간도 등장인물들의 내면세계나 그들이 사는 사회에 대한 통찰력을 보여 주지 못함. 빤한 이야기에다 허약한 줄거리, 아무런 지향점도 없이 흩어져 버리고 마는 상투적인 사건들로 이루어진 생명력 없는 조합물. 통과.

그러나 다음과 같은 보고서는 한 번도 써 본 적이 없다.

뛰어난 이야기! 첫 쪽부터 나를 꽉 붙들고 놓아 주지 않음. 제1장은 서서히 고조되다가 갑작스럽게 극점으로 올라서면서 뛰어난 실력으로 중심플롯과 서브플롯을 직조해 나감. 깊이 있는 등장인물들이 탁월한 방법으로 드러남. 이 사회에 대한 놀라운 통찰력이 드러남. 나를 웃기고 또 울림. 제2장의 극점으로의 이행이 워낙 감동적이어서 이야기가 모두 끝난 줄 알았음. 그러나 이 작가는 제2장의 불꽃이 꺼지고 남은 잿더미로부터 뛰어난 힘과 아름다움, 마력을 가진 제3장을 창조해 냄. 그러나 무려 270쪽에 달하는 이 대본은 문법적으로 최악이며 다섯 단어마다 철자법상의 오류가 있음. 대사는 하도 꼬여 있어서 로런스 올리비에라 할지라도 제대로 읽어 내지 못할 정도임. 장면 묘사는 카메라에 대한 지시, 지문, 그리고 철학적인 소견들과 뒤범벅되어 섞여 있음. 심지어 이 대본은 규정된 대본 작성 양식도 지키지 않고 있음. 한눈에 보기에도 전문적인 작가는 아님. 통과.

만약에 내가 이런 식의 보고서를 썼더라면 아마도 실업자가 되었을 것이다.

내가 일하던 사무실에 걸려 있는 명패에는 '대사 담당 부서'나 '장면 묘사 담당 부서'라고 쓰여 있지 않다. 거기에는 '스토리 담당 부서'라고 쓰여 있다. 좋은 이야기는 좋은 영화를 가능케 하는 반면, 설득력을 획득하지 못한 시나리오는 재앙을 보장하는 것이나 마찬가지다. 이런 근본적인 차이점을 파악하지 못하는 평자라면 해고를 당해도 마땅할 것이다. 말하기 어려운 대사에 장면 묘사는 엉성하면서도 이야기 자체는 뛰어난 대본을 만나는 경우는 실제로는 무척 드물다. 그보다는 오히려 이야기의 구성이 뛰어나면 뛰어날수록 영상은 더욱 선명하게 부각되고 대사들은 더욱 예리해진다. 그러나 진전이 더디고 그릇된 동기가 부여되어 있고, 불필요한 등장인물들이 있으며, 이야기를 통해 드러나야 하는 의미가 텅 비어 있거나 이야기 자체에 허점이 있다면, 이런 식의 이야기상의 문제점들은 재미없고 지루한 대본의 근본적인 원인이 된다.

문장을 잘 쓰는 재능만으로는 충분치 않다. 이야기를 제대로 전달할 수 없다면 작가가 몇 달 동안이나 공을 들여 빚어낸 아름다운 영상들이나 세련된 대사들마저도 백지가 쓰레기로 변하는 데 기여할 뿐이다. 작가들이 세상을 위해 창조해야 하고 또한 세상이 작가들로부터 원하는 것은 이야기다. 지금이나 앞으로도 영원히. 수많은 작가가 빈약한 이야기 위에 장식적인 대사나 잘 치장된 장면 묘사 등으로 사치를 부리면서 왜 자신들의 대본이 영화화되지 않을까 의아해하는 동안, 문장을 쓰는 재능은 부족하지만 이야기를 전달하는 능력은 뛰어난 다른 작가들은 자신의 꿈이 영상 위에 펼쳐지는 것을 바라보는 깊은 즐거움을 누린다.

한 작품이 완전히 끝났을 때 작가가 투여한 전체 노력의 약 75퍼센트는 이야기를 구성하는 데에 바쳐진다. 이 이야기의 등장인물들은 과연 어떤 사람들인가? 그들이 원하는 것은 무엇인가? 그들은 왜 그걸 원하는 걸까? 그들은 어떤 방법으로 그걸 성취하게 될까? 그들을 가로막는 것은 무엇인가? 그 결과 어떤 일들이 벌어지는가? 이러한 커다란 질문들에 대한 대답을 찾고 그것을 이야기로 구성해 나가는 것이 작가들이 감당해 내야 하는 창조적 임무다.

이야기를 구성해 나간다는 것은 작가의 성숙도와 통찰력, 사회와 자연,

그리고 인간의 본모습에 대한 지식의 정도를 측정하는 것과 마찬가지다. 이야기는 선명한 상상력과 강력한 분석적 사고력을 동시에 요구한다. 이때 자기표현이라는 문제는 논쟁거리도 되지 못한다. 모든 이야기는 의식적으로건 무의식적으로건 자신들을 창조한 작가들의 정직함과 부정직함, 현명함과 어리석음 등을 정직하게 반영해 내어, 그들의 인간성 또는 그것의 상실을 드러낸다. 이러한 두려움과 비교한다면 대사를 써 내려가는 행위는 달콤한 휴식이라고 할 수 있다.

이제 작가는 이런 원칙들을 단단하게 부여잡고 이야기를 풀어 나간다……, 그러고는 곧 얼어붙는다. 이야기란 대체 무엇인가? 이야기에 대해 생각하려면 음악을 생각해 보면 된다. 우리는 평생 음악을 들어 왔다. 우리는 음악에 맞추어 춤을 출 수도 있고 따라 부를 수도 있다. 우리는 우리가 음악을 이해하고 있다고 생각한다. 우리 스스로 음악을 작곡해 보려는 시도를 해 보게 된다. 그 결과 피아노에서 흘러나온 소리가 고양이를 놀래어 쫓아내기 전까지는.

만약에 「텐더 머시스」와 「레이더스」 두 영화가 모두 영사막 위에서 아름답게 전달된 이야기들이라고 가정한다면(실제로 그러하다.) 그 둘이 가지고 있는 공통점은 도대체 무엇일까? 만약에 「한나와 그 자매들」과 「몬티 파이튼의 성배」가 둘 다 아주 재미있게 전달된 뛰어난 코미디라고 했을 때(실제로 그러하다.) 이 두 작품이 우리를 건드리는 지점은 어디인가? 「크라잉 게임」을 「우리 아빠 야호」와, 「터미네이터」를 「행운의 반전」과, 「용서받지 못한 자」를 「음식남녀」와 비교해 보라. 아니면 「완다라는 이름의 물고기」와 「개를 문 사나이」, 「누가 로저 래빗을 모함했나?」와 「저수지의 개들」을 비교해 보라. 수십 년 전으로 돌아가 「현기증」과 「8과 1/2」, 「페르소나」, 「라쇼몽」, 「카사블랑카」, 「탐욕」, 「모던 타임스」, 「전함 포템킨」 등을 각각 비교해 보라. 이 모든 뛰어난 시나리오들은 서로 거의 완전히 다르지만 모두 공통된 결과를 만들어 낸다. 관객들은 극장을 떠나면서 이렇게 소리치게 된다. "정말 대단한 이야기야!"

장르와 스타일의 바다에 빠져서 헤매다 보면 '이 많은 종류의 영화가 다 이야기라고 인정받고 있는 걸 보니 나 역시 아무렇게나 쓰면 이야기가 될 수 있겠다.'고 믿게 될 수도 있다. 그러나 우리가 주의 깊게 이야기들의 표면을 벗기고 깊이 들여다본다면 그 가장 깊은 곳에는 모든 이야기가 공유하고 있는 어떤 것이 있음을 알게 된다. 각각의 작품은 이야기라는 보편적인 예술 형식이 각각 다른 방식으로 구현된 모습들이다. 각각의 작품은 이 보편적인 형식을 독특한 방법으로 형상화해 내지만 제각각인 작품들의 핵심적인 형식은 동일하다. 관객이 '정말 대단한 이야기야!'라는 반응을 보일 때 이 반응은 이 깊은 형식에 대한 것이다.

여러 분야의 예술들은 각각의 핵심적인 형식에 의해 드러난다. 교향곡에서 힙합에 이르기까지 음악을 단순한 소음이 아닌 음악으로 성립되게끔 하는 것은 그 저변에 흐르는 어떤 음악적 형식이다. 한 폭의 캔버스가 단순한 끼적거림이 아니라 미술 작품이 될 수 있는 것은, 모사적이건 추상적이건 그것에 시각 예술의 핵심적인 어떤 원칙이 있기 때문이다. 마찬가지로 호메로스로부터 잉마르 베리만에 이르기까지 그들의 작품을 단순한 초상화나 콜라주에 머무르게 하지 않고 이야기로 만들어 주는 것은 그것들의 보편적인 형식이다. 모든 문화권과 시대를 거쳐 오는 동안 이 천부(天賦)의 형식은 끊임없는 다양성을 지녀 왔지만 바뀌지 않았다.

그러나 형식이 공식을 의미하는 것은 아니다. 맛있는 케이크에는 정확한 조리법이 있지만 성공적인 영화를 위한 시나리오의 조리법이란 존재하지 않는다. 이야기의 형식은 그 신비성이나 복잡성, 변형 가능성 등이 너무나도 풍부하기에 간단한 공식으로 축소될 수가 없다. 오직 바보들이나 그런 짓을 시도할 것이다. 그보다 작가라면 이야기의 형식을 포착해야 한다. 이것은 피할 수 없는 작업이다.

잘 말해진 훌륭한 이야기

훌륭한 이야기란 말할 만한 가치가 있는 이야기, 즉 세계가 듣고 싶어하는 이야기를 의미한다. 이런 이야기를 찾아내는 것은 작가의 외로운 임무다. 이 작업은 재능에서 시작된다. 작가는 다른 사람은 아무도 생각조차 해 보지 못한 방법으로 이런저런 삶의 요소들을 한데 결합시켜 내는 창조적인 능력을 타고나야 한다. 그리고 난 후 자신이 창조해 낸 인물들과 세계에 대한 깊은 이해를 통해 배가되는 인간 본성과 사회에 대한 신선한 통찰력에서 비롯된 전망(Vision)을 자신의 작품에 불어넣어야 한다. 이러한 모든 것, 그리고 핼리 버넷과 휘트 버넷이 그들의 뛰어난 소책자에서 밝히고 있듯이 풍성한 사랑이 있어야 한다.

이야기에 대한 사랑, 즉 작가의 전망은 이야기를 통해서만 표현될 수 있다는 믿음, 등장인물들이 실제 사람보다 훨씬 더 사실적일 수 있다는 믿음, 그리고 가공의 세계가 실제의 그것보다 훨씬 근원적이라는 믿음이 있어야 한다. 극적인 것에 대한 사랑, 즉 돌연한 사건들의 놀라움과 인생을 송두리째 바꿔 놓는 사실들에 매혹당해야 한다. 진실에 대한 사랑, 즉 작가로 하여금 평생 인생의 모든 진실에 대해서 그 가장 깊은 비밀의 동기에 이르기까지 질문을 던져야 한다는 천형을 지도록 만드는 믿음이 있어야 한다. 인간에 대한 사랑, 즉 고통받고 있는 영혼에 기꺼이 동감하여 그들의 내부로 들어가 그들의 눈을 통해 세상을 보려는 사랑이 있어야 한다. 감각에 대한 사랑, 즉 육체적인 것만이 아니라 내면적인 감각에 대해서도 열려 있으려는 욕망이 있어야 한다. 꿈에 대한 사랑, 즉 단순히 그 끝이 어디인지 가 보고 싶다는 이유만으로도 상상의 고삐를 늦추지 않는 즐거움을 알아야 한다. 유머에 대한 사랑, 즉 삶의 균형을 회복시켜 주는 여유를 아껴 놓는 기쁨을 알아야 한다. 언어에 대한 사랑, 즉 소리와 그것들이 주는 감각, 문장의 구성과 그 의미에 대한 탐구가 주는 재미를 알아야 한다. 이중성에 대한 사랑, 즉 삶 속에 감춰져 있는 이중성을 감지해 내는 능력과 사물들의 본질은 겉으로 보이는 것과 다를 수도 있다고 생각하는 건강한 의구심이 있어야 한다. 완전함에 대한 사랑, 즉 완전하다고 느끼는 순간에 도달하기까지 쓰고 또 고쳐 쓰는 열정이 있어야 한다. 독창성에 대한 사랑, 즉 대담하게 독창성을 추구하며 조소를 당할 때도 침착하게 대처할 수 있어야 한다. 아름다움에 대한 사랑, 즉 좋은 작품을 소중히 여기고 나쁜 작품을 싫어하며 그 둘 사이의 차이를 아는 내밀한 감각이 있어야 한다. 자기 자신에 대한 사랑, 즉 남들에게서 끊임없이 인정받지 않아도 견딜 수 있으며 자기 자신이 진정한 작가라는 것에 대해 추호도 의심하지 않을 수 있는 힘이 있어야 한다. 그리고 작가는 작품을 쓰는 행위를 사랑해야 하고 외로움을 견뎌 낼 줄 알아야 한다.

그러나 훌륭한 이야기나 뛰어난 등장인물들, 자신의 열정과 용기, 그리고 창조적인 재능으로 만들어지는 세계에 대한 사랑만으로는 아직도 충분치 않다. 작가의 목표는 훌륭한 이야기이면서 동시에 잘 쓰인 이야기라야 한다.

작곡가가 작곡상 원칙들에 뛰어나야 하듯이 작가 역시 이야기를 구성하는 데 필요한 원칙들에 정통해야 한다. 이러한 기능(Craft)은 단순히 기계적인 것도 눈속임도 아니다. 그것은 작가가 자신과 관객 사이에 재미의 음모를 창조하기 위해 사용하는 기술들의 총합체다. 기능이란 관객을 좀더 깊이 있게 참여시키고, 그 참여를 유지시키고, 궁극적으로 그들의 참여에 대해 감동과 의미 있는 경험으로 보상하기 위해 작가가 사용하는 모든 수단의 총합을 말한다.

기능이 없다면 설령 최고의 작가라 할지라도 방금 자신의 머리에서 나온 첫 아이디어를 재빨리 포착해 놓고는 '이게 제대로 된 건가?' '혹시 쓰레기는 아닌가?' '만약 쓰레기라면 어떻게 하지?' 등등의 끔찍한 질문들에 대해 속수무책인 채로 자기 작품 앞에 앉아 있을 수밖에 없을 것이다. 이런 끔찍한 질문들에만 의식이 붙잡혀 있다 보면 무의식의 활동조차 차단당하게 된다. 그러나 주어진 대상에 대해 의식이 기능을 수행하기 시작하면 차단되어 있던 자발성 또한 표면으로 드러나게 된다. 능숙한 기능이 무의식을 해방시키는 것이다.

작가가 보내는 하루의 흐름은 어떤 것인가? 우선 작가는 자신의 상상속 세계로 들어간다. 등장인물들이 말하고 행동하기 시작할 때 작가는 쓴다. 그다음에 작가가 할 일은 무엇인가? 작가는 자신의 환상 밖으로 빠져나와 자신이 쓴 것을 읽어야 한다. 그러면 작품은 어떻게 읽어야 하는가? 작가는 자기의 작품을 분석해야 한다. '이 부분은 괜찮은가? 이게 말이 되나? 왜 안 돼? 잘라 내야 하나? 덧붙여야 하나? 순서를 바꿔 봐?' 쓰는 일과 읽는 일, 창조와 비판, 충동과 논리, 우뇌와 좌뇌, 다시 상상하고 다시 쓰고······ 이것이 작가다. 그리고 다시 써낸 작품의 수준, 즉 완전함에 다가갈 가능성은 작가가 작품의 불완전성을 수정할 수 있도록 안내해 주는 기능의 역할에 달려 있다. 예술가는 절대로 충동적인 욕망의 변덕스러움에 휘둘리지 않는다. 그는 능동적으로 자신의 기능을 닦으면서 아이디어와 본능의 조화를 창조해 낸다.

이야기와 삶

지난 여러 해 동안 내가 보아 온 대부분의 실패한 시나리오들에는 전형적이고도 지속적인 두 가지의 유형이 있었다. 첫 번째는 '개인적인 이야기' 유형의 나쁜 시나리오다.

배경은 사무실. 우리의 주인공에게는 한 가지 문제가 있다. 충분히 승진할 만한 자격이 있는 데도 제외된 것이다. 화가 난 그녀는 부모의 집을 찾아가지만, 아버지는 이미 치매에 걸려 있고 어머니는 어떻게 대처해야 할지 몰라 허둥대고 있다. 그녀는 다시 자신의 아파트로 돌아와 게으른 데다가 저만 아는 룸메이트와 싸움을 벌인다. 게다가 데이트에 나가서는 남자 친구와 제대로 손발이 맞지도 않는다. 그녀가 요즘 다이어트를 하고 있다는 사실을 까맣게 잊은 채 무심한 남자 친구가 아주 고급 프랑스 식당으로 데려간 것이다. 다시 사무실로 돌아왔을 때 그녀는 놀랍게도 승진을 하게 되지만······ 그러나 새로운 문제들이 발생한다. 그녀는 부모의 집으로 가서 아버지의 문제를 해결하지만 이번에는 어머니가 위태로워진다. 집에 돌아와서는 룸메이트가 자기 몫의 방세도 내지 않은 채 그녀의 TV까지 훔쳐서 달아나 버린 것을 알게 된다. 게다가 그녀는 남자 친구와도 헤어지고 그 충격으로 냉장고를 싹쓸이하다시피 하여 체중이 3킬로그램이나 불어난다. 그러나 자기 자신을 다시 추스린 그녀는 승진을 기회로 삼아 회사에서 두각을 나타내고, 가족이 모여 마음과 마음을 맞대고 옛날의 단란했던 시절로 돌아간 저녁 식사 자리에서는 어머니의 위태로운 마음도 다 치유된다. 새로 들어온 룸메이트는 방세를 매달 기한이 되기 한 주 전에 은행 보증 수표로 지불할 정도로 꼼꼼한 성격의 보물단지일 뿐만 아니라 그녀에게 새로운 남자 친구를 소개해 주기까지 한다. 우리는 지금 95쪽까지 읽었다. 나머지 25쪽에서는 우리의 주인공이 다이어트에 집중해서 빼어난 몸매를 가지게 되는 과정을 보여 주는데, 이 부분은 주인공과 새로운 남자와의 사랑이 피어나는 동안 슬로모션으로 데이지 꽃밭 사이를 뛰어가는 모습을 통해 묘사된다. 마침내 우리의 주인공은 그녀의 가장 중대한 결정에 직면하게 된다. (결혼을) 할 것이냐, 말 것이냐? 시나리오는 그녀가 자신만의 공간을 가지겠다고 결정하는 눈물겨운 절정에 도달하면서 끝을 맺는다.

두 번째는 '상업적인 성공을 보장하는' 유형의 나쁜 시나리오다.

공항에서 수하물이 엇바뀌면서 한 컴퓨터 소프트웨어 영업사원이 '현재의 인류 문화를 영원히 끝장내 버릴 수 있는 어떤 것'을 소유하게 된다. 그 '현재의 인류 문화를 영원히 끝장내 버릴 수 있는 어떤 것'은 매우 자그마한 물건이다. 구체적으로 말하자면, 그 물건은 아무것도 모르는 불행한 주인공의 주머니에 들어 있는 볼펜 속에 감춰져 있어서 이 주인공은 수십 명이 넘는 등장인물들의 추적 대상이 되는데, 이 추적자들은 하나같이 이중 아니면 삼중으로 정체를 위장한 채, 하나같이 동서의 양쪽 진영 모두를 위해 일하고 있고, 또한 하나같이 냉전 시대부터 서로를 알아 왔으며, 하나같이 이 주인공을 죽이려 하고 있다. 이 시나리오는 자동차 추격전, 총격전, 아슬아슬한 탈출, 폭발로 가득 차 있다. 무엇인가를 부수거나 사람들을 쏘아죽이는 장면이 아닐 경우에는 주인공이 이중 삼중의 신분을 지닌 추적자들 중 도대체 누구를 믿어야 할지 찾아내려 애쓰는, 아무런 움직임 없이 대사로 가득 찬 장면에 할애되고 있다. 이 시나리오는 온갖 종류의 폭력과 수백만 달러짜리 특수 효과가 동원된 채 끝을 맺는데, 그동안 주인공은 '현재의 인류 문화를 영원히 끝장내 버릴 수 있는 어떤 것'을 마침내 파괴하고 인류를 구하게 된다.

'개인적인 이야기'는 구조가 덜 짜여져 있고, 삶에 대한 통찰력 부족으로 인해 단면적인 초상에 그친다. 이 작품의 작가는 일상생활에 대한 작가의 관찰이 정확하면 정확할수록 현실에서 일어나고 있는 일들에 대해 좀 더 정확하게 보고할 수 있고, 따라서 더욱더 진실한 이야기를 할 수 있다고 믿는다. 그러나 실은 현실에서 일어나고 있는 일들을 분 단위로 세밀하게 관찰한다고 해도, 이때 얻는 진실이란 사소한 진실일 뿐이다. 더욱 큰 진실은 현상의 배후, 표면의 안쪽, 저 깊은 곳에서 사실성과 뒤섞인 채, 또는 그것을 찢어발기면서 관찰될 수 없는 대상으로 존재하고 있다. 이 작가는 실질적이고 눈에 보이는 것들만 바라보고 있기 때문에 삶의 진실에 대해서는 눈이 멀어 있는 것이다.

반면에 '상업적인 성공을 보장하는' 시나리오는 지나치게 복잡한 구조와 지나치게 많은 등장인물로 말초 감각에 융단 폭격을 퍼붓지만 이 역시 우리의 삶과는 아무런 관계가 없다. 이 작가는 엔터테인먼트란 것을 동역학으로 잘못 이해하고 있다. 이 작가는 아마도 이야기 자체와는 아무런 관계없이 속도감 있는 액션과 현기증 나는 화면만 충분히 집어넣으면 관객들이 신나하리라고 생각하는 모양이다. 하긴 컴퓨터 영상 합성으로 만들어진 영화들이 매년 여름 성수기의 대부분을 차지하는 것을 보면 이 작가의 생각이 완전히 틀린 것만은 아닐지도 모른다.

이런 종류의 구경거리들이 상상력의 자리를 액션의 재현으로 대체하고 있다. 이런 영화들에서 이야기란, 여태까지 한 번도 볼 수 없었던 특수 효과들이 관객들을 거대한 회오리바람 한가운데나 공룡의 입속, 또는 미래의 대재앙 속으로 끌고 가기 위한 사소한 구실이 될 뿐이다. 사실상 이러한 화려한 곡예를 담은 구경거리들은 서커스에서와 같은 흥분을 불러일으킬 수 있다. 그러나 이런 흥분은 놀이 공원에서 탈것을 타는 것처럼 쉽게 사라지는 종류의 것이다. 영화의 역사가 되풀이해서 보여 주듯이 이런 종류의 전율은 유행하기가 무섭게 '이미 볼 만큼 봤다.'는 무감동 속으로 가라앉고 만다.

거의 10여 년마다 새로워지는 기술들은 볼거리를 더 풍성하게 하겠다는 단 하나의 목적으로 만들어진 변변치 않은 영화를 한 무더기씩 낳는다. 영화의 발명은 실제 상황의 깜짝 놀랄 만한 재현이 가능하다는 이유로 사람들을 흥분시켰고, 그 이후 수년에 걸쳐 하잘것없는 이야기들이 많이 만들어졌다. 그러나 이 새 기술이 적당히 무르익으면서 무성 영화는 아주 매력적인 예술 형식으로 자리를 잡았고, 곧이어 녹음 분야의 발전으로 현실의 좀 더 실감 나는 재현이 가능해지면서 무성 영화 또한 사라지게 되었다. 1930년대 초기의 영화는 관객들이 배우들의 대화를 듣기 위해 재미없는 이야기도 기꺼이 감수하며 일시적인 퇴보를 보였다. 유성 흑백 영화는 그 후 점차 성장하면서 아름다움과 힘을 동시에 갖게 되었지만 곧 이은 총천연색 영화, 입체 영화, 와이드 스크린, 그리고 최근의 컴퓨터 합성 영상 등의 발명에 의해 사라졌다.

컴퓨터 합성 영상은 영화를 향한 저주도, 그렇다고 해결책도 아니다. 이 것은 다만 이야기의 팔레트에 새로운 색상을 한 가지 더한 것일 뿐이다. 컴퓨터 합성 영상은 우리가 상상할 수 있는 모든 것을, 그것도 상당히 만족할 만하게 표현할 수 있게 해 준다. 「포레스트 검프」나 「맨 인 블랙」에 서처럼 컴퓨터 합성 영상이 상당히 강력한 이야기를 위해 사용되는 경우, 특수 효과 자체는 그것 자체에 주의를 끌지 않은 채 이야기 뒤로 가려지 면서 한순간을 훨씬 더 풍성하게 만들어 준다. 그러나 상업적인 작가는 특수 효과의 볼거리에만 빠진 나머지, 보이는 영상 너머에 존재하는 충실 한 내용을 갖춘 인간적 진실에 의해서만 오래 남는 작품이 만들어질 수 있다는 사실을 간파해 내지 못한다.

인물의 초상이나 볼거리에만 집착하는 작가들, 아니 모든 작가들은 이 야기와 삶의 관계를 정확하게 이해해야 한다. 이야기는 삶에 관한 은유라 는 사실을.

이야기를 쓰는 사람은 매일매일의 생활, 내면생활과 밖으로 드러나는 생활, 그리고 꿈과 행동을, 언어보다는 일련의 사건들로 구성된 시로 써 내는 예술가라는 점에서 삶을 다루는 시인이라고 할 수 있다. 그는 두 시 간에 걸친 사건들의 은유를 통해 이렇게 말한다. 인생이란 바로 이런 것 이다! 그러므로 이야기란 삶의 진실을 발견해 내기 위해 삶으로부터 추 상화된 것이되 구체적인 삶의 감각을 보존하고 있어야 한다. 바꿔 말하자 면, 이야기란 반드시 삶의 모습을 담고 있어야 하지만 아무런 깊이나 의 미가 없는 보통 삶의 단순한 복사판이어서는 안 된다는 것이다.

인물을 다루는 작가들은, 사실들은 중립성을 띤다는 점을 생각해야 한다. '하지만 그건 실제로 일어났던 일이란 말이야.'라고 하는 것은 어떤 사건을 이야기에 포함시키기 위한 가장 약한 구실일 뿐이다. 모든 일이 일어날 수 있다. 상상할 수 있는 모든 일이 일어날 수 있다. 실제로는 상상할 수 없는 일들조차 일어난다. 그러나 이야기란 실제로 일어나는 일들의 세계가 아니다. 사소한 실제 사건들은 우리를 진실 근처에도 데리고 가지 못한다. 실제로 일어나는 일들은 진실이 아니라 사실일 뿐이다. 진실이란 무슨 일이 일어나는가에 대한 우리의 생각 그 자체다.

'잔 다르크의 생애'로 알려진 일련의 사건들에 대해 생각해 보자. 지난 몇 세기에 걸쳐 뛰어난 작가들이 이 여인의 생애를 무대에, 종이에, 영사막 위에 수없이 옮겨 왔고 각각의 잔 다르크는 모두 독특한 인물이었다. 장 아누이의 잔 다르크는 영적인 인물이었고, 조지 버나드 쇼의 잔 다르크는 재치가 있었고, 베르톨트 브레히트의 잔 다르크는 정치적인 인물이었고, 칼 테오도르 드레이어의 잔 다르크가 고통받는 인물이었는가 하면, 할리우드가 그려 낸 잔 다르크는 낭만적인 전사였다. 셰익스피어는 그녀를 당시 영국인들의 시각대로 위험한 정신병자로 그렸다. 이 모든 작품에서 잔 다르크는 똑같이 성령의 지시를 받고 군대를 일으켜 영국군을 패퇴시킨 뒤 화형을 당한다. 잔 다르크에게 일어나는 사건은 항상 동일하지만, 그녀의 삶의 진실에 작가들이 어떻게 의미를 부여하는가에 따라 장르가 변하는 것이다.

그와 마찬가지로 볼거리가 많은 대본을 쓰는 작가들은 추상 또한 가치 중립적이라는 사실을 깨달아야 한다. 내가 말하는 추상이란 그래픽 디자인 측면에서의 계획, 시각적 효과, 색상의 정도, 소리의 원근감, 편집 리듬

같은 것을 일컫는다. 이러한 것들은 그 자체로서는 아무런 의미도 가지지 않는다. 여섯 개의 서로 다른 장면을 똑같은 방식으로 편집한다고 했을 때 나오는 결과는 눈에 띄게 서로 다른 여섯 개의 장면이다. 영화의 미학이란 이야기의 생생한 내용을 표현해 내기 위한 수단일 뿐 절대로 그것 자체가 목적이 될 수 없다.

능력과 재능

인물의 초상 또는 화려한 영상을 주로 다루는 작가들은 이야기를 짜는 데 약할지 모르지만 그들 나름대로 한두 가지 점에서 특별한 능력을 가지고 있을 수 있다. 사실을 보고하는 데 주력하는 작가들 중에는 감각적인 능력, 즉 개인적인 감각적 경험을 독자에게 전달하는 능력을 가진 경우가 종종 있다. 실제로 일어난 일을 보고 듣는 그들의 능력은 너무나도 정확하고 생생해서, 독자들은 그들이 그려 내는 이미지의 선명한 아름다움에 가슴 설레는 충격을 받을 수 있다. 그런가 하면 화려한 액션을 주로 쓰는 작가들의 경우, 관객들을 있는 그대로의 세계에서 있을 수 있는 일들의 세계로 끌어올릴 뛰어난 상상력을 지닌 경우가 종종 있다. 그들에게는 불가능하다고 받아들여지는 일들을 기상천외한 확실성으로 바꿔 놓는 능력이 있다. 그들 모두에게는 심장을 뛰게 만드는 능력이 있다. 예민한 감수성과 생생한 상상력이라는 이 두 가지의 재능은 모두 부러워할 만한 것임에 틀림없지만, 좋은 결혼과 마찬가지로 하나가 다른 하나를 북돋워 줘야 한다. 하나만 있을 경우 설 자리를 잃게 된다.

사실성(Reality)의 한쪽 끝이 사실이라면 그 반대쪽 끝은 순수한 상상의 세계다. 그리고 무한히 다양한 허구의 가능성들이 이 두 지점 사이를 가득 채우고 있다. 이 가능성들 사이에서 균형을 잡으면 강력한 이야기가 된다. 만약 한 작가의 작품이 이 두 지점 중 어느 한쪽으로 치우쳐 있다면 그는 자신의 인생을 조화롭게 유지하려는 노력을 해야 할 것이다. 작가는 이러한 다양한 창작의 가능성 안에 자신을 위치시켜야 한다. 보는 것, 듣는 것, 느낌들에 대해 좀 더 예민해지되 상상력과의 균형을 유지하면서. 인간은 왜 그리고 어떻게 살아 나가는가 하는 문제에 대한 자기만의 시각을 표현하고 독자를 감동시키기 위해, 작가는 자신의 통찰력과 본능을 모두 활용해 두 가지 대별되는 지점을 모두 파고들어 가야 한다.

마지막으로 감수성과 상상력이라는 두 가지의 '능력'이 창작을 위한 필수적인 전제 조건이라면, 창작 행위 그 자체를 위해서는 두 가지의 '재능'이 반드시 있어야 한다. 그러나 이 두 가지 재능이 반드시 서로 연관되어 있는 것은 아니다. 이들 중 한 가지에 엄청난 재능을 가지고 있다고 해서, 그것이 다른 한 가지에 약간이라도 영향을 미친다는 보장은 전혀 없다.

첫 번째는 문학적 재능이다. 이것은 평상적인 언어를 좀 더 높고 표현이 풍부한 형식으로 변환시켜서 좀 더 선명하게 세계를 묘사하고 사람들의 육성을 포착해 내는 재능을 의미한다. 그러나 문학적인 재능이란 흔히 볼 수 있는 재능이다. 전 세계 어디에나 있는 문학계에는 각각 최소한 수백 명의 작가가 일상적인 언어에서 시작해 뭔가 뛰어난 한 차원 위의 세계를 만들어 내는 재능을 가지고 있다. 그들은 문학적인 면에서 볼 때 아름다운, 그중의 소수는 아주 뛰어난 작품을 쓴다.

두 번째는 이야기에 관한 재능이다. 삶 자체를 좀 더 강력하고 선명하고 의미 있는 경험의 세계로, 창조적으로 변환시키는 재능을 말한다. 이 재능은 우리의 일상을 구성하는 본질적인 요소들을 찾아내어 삶을 풍성하게 해 주는 이야기로 재구성해 낸다. 순수하게 이야기에 관한 재능만을 가진 사람은 무척 드물다. 매년 오직 본능에만 의지해서, 자신이 어떻게 그런 이야기를 하는지, 무슨 이야기를 하고 있는지, 어떻게 하면 더 잘할 수 있을 것이라는 생각조차도 하지 않은 채 이야기를 쏟아 낼 때마다 빼어난 이야기를 할 수 있는 작가가 과연 있을까? 타고난 천재는 아마도 한 번쯤 뛰어난 작품을 써낼 수 있겠지만 완벽함과 다작이 병행되는 것은 절대로 훈련 없이 의욕만으로 이루어질 수 있는 일이 아니다.

문학적인 재능과 이야기에 관한 재능은 서로 뚜렷이 다를 뿐만 아니라 아무런 연관도 없다. 왜냐하면 이야기란 남들에게 이야기되기 위해 반드시 글로 쓰여야 하는 것은 아니기 때문이다. 이야기는 사람들이 서로 의사소통하는 모든 방법을 통해 표현될 수 있다. 연극, 노랫말, 영화, 오페라, 무언극, 시, 춤 등은 각자 독특한 맛이 있는 아주 뛰어난 이야기 형식들이다. 그러나 시대에 따라 이들 중 어느 하나가 뚜렷하게 앞으로 나선다. 16세기에는 그것이 연극이었고, 19세기에는 소설이었다면, 20세기는 이 모든 형식을 포괄하는 영화가 그 역할을 담당한다. 영화에서 가장 강력하고 빼어난 순간에는 아무런 언어적 묘사나 대사에 의한 연기를 필요로 하지 않는다. 그 순간은 순수하고 고요한 영상만으로 이루어진다. 문학적 재능의 재료는 언어지만 이야기에 대한 재능이 재료로 삼는 것은 삶 그 자체다.

기능은 재능을 극대화시킨다

이야기에 대한 재능이 드물다고 하지만 선천적으로 그런 재능을 가지고 있는 것처럼 보이는 사람을 만나는 일은 꽤 자주 있다. 그런 거리의 이야기꾼들에게는 이야기를 한다는 것이 마치 미소를 짓는 것만큼이나 수월해 보인다. 예를 들어 직장 동료들이 커피 머신 주변에 모여들면 자연스럽게 이야기가 시작된다. 이야기는 사람들의 접촉을 가능하게 해 주는 주요한 유통 수단이다. 대여섯 명의 사람이 한데 모이고 보면 그들 중 반드시 하나쯤은 이런 재능을 가진 사람이 있게 마련이다.

오늘 아침 우리의 이야기꾼이 그녀의 동료들에게 '내가 오늘 아침 어떻게 아이들을 학교 버스에 태웠는지' 이야기한다고 생각해 보자. 새뮤얼 테일러 콜리지가 노래한 고대의 선원처럼 그녀의 이야기는 사람들의 주의를 끈다. 그녀는 사람들을 자신의 주술 속으로 끌어들이고, 사람들로 하여금 커피잔을 들고 입을 딱 벌린 채 그녀를 떠나지 못하게 만든다. 그녀는 자신의 이야기를 구성하고 정점을 향해 끌어올린 후 서서히 풀어 나가는 동안 최고조의 긴장을 유지하다가 폭발력 있는 마지막 장면으로 이야기의 끝을 맺으면서 사람들을 웃거나 울게 만든다. "그렇게 해서야 그 코흘리개 녀석들을 간신히 버스에 태울 수 있었어." 이렇게 이야기가 끝날 때에야 그녀의 동료 직원들은 만족스럽게 뒤로 기대면서 "맞아, 우리 애들도 꼭 그래." 하고 중얼거리는 것이다.

이제 이야기의 순서가 그녀의 옆에 있던 사내에게로 돌아갔다고 해 보자. 그는 지난 주말 어머니가 돌아가신 가슴 아픈 이야기를 시작하지만……, 그가 이야기하는 방식은 사람들을 금세 지루하게 만든다. 그의 이야기는 "관 속에 들어가 있는 어머니의 모습은 너무나 평화로워 보였어." 하는 식으로, 사건의 표면에만 머무른 채 사소한 세부 사항과 상투적인 표현만을 장황하게 반복할 뿐이다. 이미 그의 이야기에 관심을 잃은 사람들은 그의 이야기가 반도 끝나기 전에 그의 슬픈 사연에 무심해진 채 커피를 마시는 일 쪽으로 관심을 돌리게 된다.

사람들에게 사소한 소재에 대한 것이지만 아주 재미있는 이야기와, 소재는 뛰어나지만 재미없는 이야기 중 하나를 고를 기회를 준다면 누구나 다 전자를 고를 것이다. 이야기의 대가들이 사소한 소재에서 삶을 끄집어낼 줄 아는 재능을 가진 반면에, 그런 재능이 부족한 작가들은 뛰어난 소재조차 평이한 것으로 전락시킨다. 이야기를 끌어낼 수 있는 능력이 없다면 설령 부처 같은 심오한 통찰력을 갖고 있는 작가라 할지라도 그가 하는 이야기는 분필 조각같이 메마른 것이 될 수밖에 없다.

이야기에 관한 재능을 근원적인 것이라고 했을 때 문학적인 재능은 이차적이긴 하나 필수적이다. 이 원칙은 영화나 TV에서는 절대적이고, 연극이나 소설에서도 대부분의 희곡 작가나 소설가가 인정하는 것보다 훨씬 더 진실에 가깝다. 이야기에 관한 재능이 드문 것이긴 하지만 당신도 어느 정도는 그 재능을 지니고 있을 것이다. 전혀 재능이 없다면 욕망도 생기지 않을 것이기 때문이다. 당신의 임무는 당신이 가진 재능으로부터 가능한 모든 창의성을 끌어내는 것이다. 이야기하기에 관해 당신이 알고 있는 모든 기능을 다 발휘해야만 재능과 이야기의 결합을 이루어 낼 수 있다. 기능이 없는 재능이란 엔진이 없는 연료와 같다. 타오르기는 신나게 잘 타오르지만 아무것도 이루어 내지 못하는 것이다.

제2부

이야기의
구성 요소

아름답게 표현된 이야기는 구조와 배경, 인물, 장르
그리고 아이디어가 매끄럽게 녹아 들어간
교향악 같은 유기체다.
이들 간의 화음을 얻으려면 작가는 이야기를 구성하는
요소들을 오케스트라의 악기들로 이해하고 연구해야 한다.
처음에는 따로따로,
그러고는 합주를 해 가면서.

STORY

2장
구조의 스펙트럼

이야기 구성의 용어들

어떤 등장인물이 작가의 상상 속에 등장할 때 그 인물은 이야기로 전개될 만한 수많은 가능성을 함께 가져온다. 원한다면 작가는 그 인물이 태어나기 전부터 이야기를 시작해서 그가 죽어서 사라질 때까지의 일들을 따라다닐 수도 있다. 한 등장인물의 인생은 그가 실제 인물로서 누릴 수만 시간들, 복잡하고도 다양한 층위를 가진 시간들을 포괄한다.

순간에서 영원에 이르기까지, 머릿속의 미소(微小) 공간에서 우주 공간에 이르기까지, 모든 등장인물의 인생에 관한 이야기는 예외 없이 백과사전처럼 다양한 가능성을 제공한다. 대가는 이들 중 다만 몇 순간을 골라내지만 그것을 통해 삶 전체의 이야기를 들려준다.

사람의 내면에서부터 시작하고 싶다면 작가는 주인공의 정신생활 내부에 이야기를 설정하여 꿈과 생시에 주인공의 생각과 감정을 이야기할 수 있다. 또는 주인공과 가족, 친구, 연인과의 사이에서 일어나는 개인적인 갈등의 수준으로 이야기의 배경을 끌어올릴 수도 있다. 이야기를 사회적인 기구들의 차원으로 확대한다면 주인공과 학교, 직업, 교회, 법률적 체계 간의 문제를 배경으로 할 수도 있다. 이야기를 더 확대한다면 주인공을 위험한 도시의 거리, 치명적인 질병, 시동이 걸리지 않는 차, 한계에 다다른 시간 등 주변 환경들에 맞서 싸우게 할 수도 있다. 또는 이 모든 층위를 섞어 놓을 수도 있다.

그러나 삶에 관한 이야기가 벌어지는 이 복잡한 공간은 반드시 그 이야기가 이야기되는 곳이어야 한다. 극영화를 구성하려면, 작가는 부글부글 끓어오르면서 넘쳐 나오는 삶에 관한 이야기를 겨우 두 시간 남짓이라는 짧은 시간 속으로 축소해 넣고 모든 것을 표현해 내야 한다. 그러니 어떤 이야기가 잘 이야기되었을 때에는 그 효과가 없을 리가 없다. 어떤 영화를 보고 온 친구들에게 그 영화에 대해 물을 때 그들이 종종 삶에 관한 이야기라는 틀 안에서 그 영화의 이야기를 묘사한다는 것을 생각해 본 적이 있는가?

"기가 막히던데! 어떤 소작인 집안에서 자라난 사람에 대한 이야기야. 아주 어릴 때부터 다른 가족들하고 같이 땡볕 밑에서 농사를 지었어. 학교 성적은 별로였지. 새벽부터 일어나서 김도 매고 해야 되니까. 그런데 누가 이 꼬마한테 기타를 하나 선물하면서 인생이 달라지는 거야. 기타를 배우고 그러다가 작곡을 하게 되고……, 결국 농사일을 때려치우고 집에서 달아나서는 도시의 술집에서 연주하는 걸로 하루하루 벌어먹게 되지. 그러다가 목소리가 아주 고운 예쁜 여자를 하나 만나서 사랑에 빠지고 함께 활동을 시작하고 그러다가 갑자기 유명해져. 그런데 문제는 항상 이 여자만 주목을 받는다는 거야. 정작 노래를 쓰고 편곡하고 하면서 그 여자를 받쳐 주는 건 이 남자인데도 사람들은 이 여자만 보러 온단 말이야. 그 여자 그늘 속에서만 살다가 이 남자는 술주정뱅이가 되지. 결국 그 여자는 이 남자를 차 버리고, 남자는 거리를 헤매다가 완전히 밑바닥까지 떨어지고 말지. 어느 날 아침에 정신을 차려 보니까 먼지만 풀풀 날리는 중서부 어디의 싸구려 모텔인데, 돈도 없지, 친구도 없지, 그야말로 어디에 전화 걸 동전 한 푼조차 없는 거야. 하긴 동전이 있다고 해도 전화 걸 데도 없었지만."

다시 말하자면 위의 이야기 「텐더 머시스」는 주인공의 탄생부터 이야기된 셈이다. 그러나 위에 이야기된 내용은 영화에는 전혀 들어 있지 않다. 「텐더 머시스」는 로버트 듀발이 연기한 맥 슬레지가 저 밑바닥에서 깨어난 시점부터 시작한다. 그 후에 이어지는 두 시간은 그 시점에서부터 이어지는 슬레지의 다음 한 해 동안의 인생에 할애될 뿐이다. 그러나 슬레지의 미래에 대한 전망을 읽게 되는 마지막 장면에 이르기까지 장면들이 이어지는 동안, 관객들은 슬레지의 과거에 있었던 모든 일과 그 한 해에 슬레지에게 일어난 중요한 사건들을 전부 알게 되는 것이다. 시나리오 부문에서 오스카상을 탄 호턴 푸트의 이 작품은 페이드 인에서 시작해서 페이드 아웃으로 끝날 때까지, 출생으로부터 시작해서 죽음에 이르기까지 한 남자의 일생을 사실상 모두 보여 주고 있다.

구조

작가는 삶에 관한 이야기의 거대한 흐름으로부터 몇 가지를 골라내야 한다. 허구의 세계는 한가한 백일몽이라기보다는 영화라는 상품을 재단해 낼 만한 옷감을 골라내는 일을 해야 하는 영세 공장에 더 가깝다. 그러나 막상 '어떤 것을 골라냈는가?' 하고 물었을 때 단 두 사람의 작가도 같은 대답을 하지 않는다. 어떤 작가가 인물의 성격을 선택할 때 다른 이들은 액션이나 싸움 또는 분위기, 영상, 대화 등을 선택한다. 그러나 이들 중 어떤 요소도 그것 하나만으로는 이야기를 구성하지 못한다. 영화란 순간적인 갈등이나 활동, 개성이나 서정성, 재치 있는 대사나 상징 등을 모아 만들어진 것이 아니다. 작가가 찾는 것은 위에 말한 모든 것과 그 이상의 것들을 포함하는 일련의 사건들이다.

구조(STRUCTURE)란 등장인물의 삶의 이야기로부터 선택된 일련의 사건들을 말한다. 이때 삶의 이야기는 삶에 대한 어떤 특정한 관점을 나타내고 어떤 특정한 감정을 불러일으키기 위한 목적으로 구성된다.

사건이란 사람들에 의해 일어나고 사람들에게 영향을 미침으로써 결국 등장인물을 구체적으로 규정한다. 사건은 배경과 이미지, 행동, 대화 속에 자리 잡는다. 또한 사건은 등장인물과 관객들에게 동일한 감정을 갖도록 하는 갈등을 바탕으로 한다. 그러나 사건은 단순히 선택되는 것이 아니라 구성되는 것이다. 이때 구성된다는 것은 음악에서 작곡이 가지는 의미와 같다. 무엇을 포함할 것인가? 무엇을 제외시킬 것인가? 어디에 위치시킬 것인가?

이 질문들에 대답하려면 사건의 목적이 분명해야 한다. 사건들은 무엇을 위해 구성되는가? 첫 번째 목적은 작가의 감정을 표현하려는 것이겠지만, 이것이 관객의 감정을 고양시키는 것이 되지 못할 경우에는 자기만족에 지나지 않게 된다. 두 번째 목적은 작가의 관념을 표현하는 것이 될 수 있을 것이다. 그러나 관객이 이를 따라가지 못할 경우에 유아론에 머물고 말 위험이 있다. 따라서 사건의 구성에는 이중적인 전략이 따라야 한다.

사건

사건이란 변화를 의미한다. 창문 밖이 말라 있었는데 낮잠을 한숨 자고 일어나 보니 젖어 있다면, 그새 어떤 사건이 일어났다는 것을 짐작할 수 있다. 비가 온 것이다. 이로 인해 세계는 마른 상태에서 젖은 상태로 변화되었다. 그러나 날씨가 바뀐 것만으로는 영화를 만들 수 없다. 이런 영화를 시도해 본 사람이 없는 것은 아니지만. '이야기적 사건'은 특정한 의미를 띤 것이어야 한다. 의미 있는 변화가 일어나려면 무엇보다 등장인물에게 사건이 일어나야 한다. 누군가가 쏟아지는 빗속에 흠뻑 젖어 있는 풍경은 단순히 비에 젖은 거리에 비해 특정한 의미를 지닌다.

> **이야기적 사건**(STORY EVENT)은 등장인물의 삶의 조건에 의미 있는 변화를 일으키며, 이 변화는 가치의 변화라는 형태로 경험되고 표현된다.

의미 있는 변화를 일으키기 위해 작가와 관객은 가치라는 개념 속에서 각각 표현하고 또 반응해야 한다. 이때 가치란 가족적 가치를 운운할 때의 협소한 윤리적 의미와는 다르다. 이야기적 가치란 그보다는 관념이 가장 확대되어 있는 상태를 일컫는다. 가치란 이야기 예술의 영혼과도 같다. 궁극적으로 이야기 예술이란 가치의 수용을 표현하기 위한 것이다.

이야기적 가치(STORY VALUES)는 인간 경험의 보편적인 성격을 말한다. 이 보편적인 성격은 긍정으로부터 부정으로, 부정으로부터 긍정으로, 한 순간으로부터 다른 순간으로 옮겨다닌다.

예를 들어 보자. 삶/죽음(긍정/부정)은 이야기적 가치다. 마찬가지로 사랑/미움, 자유/속박, 진실/거짓, 용기/비열, 충성/배반, 지혜/어리석음, 강함/약함, 흥분/지루함 같은 것들도 마찬가지다. 서로 언제든지 대립항으로 옮아갈 수 있는 양면적 성격을 가진 경험 모두가 바로 이야기적 가치다. 이야기적 가치는 선/악과 같은 윤리적 대립항으로 구성될 수도 있지만 희망/절망의 경우처럼 극단적으로 대립되는 성격의 경험으로 구성될 수도 있다.

우리가 혹독한 가뭄을 겪고 있던 1980년대 동아프리카 지역에 있다고 가정해 보자. 이때 우리의 가치는 생존/죽음의 위기에 걸려 있다. 부정적인 것에서 시작해 보자. 이 끔찍한 기아는 한 번에 수천 명씩의 인명을 앗아 가고 있다. 그러나 만약에 비가 내린다면, 이 열대의 비는 대지 위에 초목을 움 틔워 동물들에게 초원을 마련해 줄 것이고 사람들에게는 생명을 되돌려 줄 것이다. 이때의 비는 부정을 긍정으로, 즉 죽음을 삶으로 바꿔 주는 의미 있는 일이 된다.

그러나 이 사건의 의미가 아무리 강력한 것이라고 하더라도 아직 이야기적 사건은 되지 못한다. 왜냐하면 이 사건은 우연히 일어난 것이기 때문이다. 동아프리카에 열대성 비가 내렸다는 것은 충분히 개연성 있는 우연이고, 어떤 이야기에건 우연한 사건을 수용할 만한 여유가 있긴 하지만, 이러한 우연적 사건에 의해서만 이야기가 구성될 수는 없다. 그 사건이 아무리 가치의 변화를 일으켰다고 해도.

이야기적 사건은 등장인물의 삶의 상황에 의미 있는 변화를 일으킨다. 이 변화는 가치의 변화라는 형태로 표현되고 경험되며 **갈등(CONFLICT)이라는 과정을 통해 얻어진다.**

가뭄의 세계로 다시 돌아가 보자. 스스로 '강우사(Rainmaker)'라고 자처하는 한 사나이가 이 속으로 들어온다. 이 인물은 아직 한 번도 실현시켜 본 적은 없지만 스스로 비를 불러올 수 있다고 믿는 강한 자기 믿음과, 자기가 바보거나 미치광이일지도 모른다는 의심 사이에 깊이 갈등하고 있다. 그는 한 여자를 만나 사랑에 빠지지만, 그녀가 그를 신뢰하려고 노력하다가 실패하고, 결국 그가 사기꾼이거나 아니면 그보다 더한 인간일 수도 있다는 확신을 갖고 그를 떠나 버리면서 깊은 상처를 받는다. 그는 이 사회와 강한 갈등을 겪고 있다. 그를 마치 구세주처럼 떠받들면서 따르는 이들이 있는가 하면, 돌로 쳐서 마을 밖으로 내쫓으려 하는 이들도 있다. 마지막으로 그는 뜨거운 바람, 구름 한 점 없는 하늘, 메마른 대지 등과 같은 자연계와도 타협 불가능한 갈등을 겪고 있다. 만약에 이 사람이 자신을 둘러싸고 있는 모든 사회적·자연적 갈등들을 극복하고 구름 한 점 없는 하늘에서 비를 불러올 수 있다면, 이 경우 마른하늘에서 몰아쳐 오는 폭풍우는 분명 장관일 뿐만 아니라 풍부한 의미를 가지게 될 것이다. 왜 냐하면 이때의 변화는 갈등으로부터 촉발된 변화이기 때문이다. 필자가 위에서 묘사한 것은 리처드 내시가 자신의 원작 희곡으로부터 시나리오 로 각색한 「레인메이커」다.

장면

일반적인 영화에서 작가는 '장면'이라는 말로 흔히 쓰이는 40~60개 정 도의 이야기적 사건을 선택하게 된다. 소설가의 경우 60개를 넘어가는 경 우도 있고 희곡 작가의 경우 40개를 넘기는 경우가 드물다.

> **장면(SCENE)**이란, 연속적인 시간과 공간 속에서 일정한 가치로 채워져 있는 등장인물의 삶의 정황을 갈등을 통해 변화시키는 행동을 말한다. 이때 변화는 최소한 한 가지 이상의 가치에 대하여 보편적으로 인정받 을 수 있을 정도의 강도를 가진 것이어야 한다. 이상적으로 보자면 모든 장면은 이야기적 사건이다.

써 내려간 각 장면을 주의 깊게 들여다보고 질문을 던져 보자. 지금 이 순간 등장인물의 생애에서 어떤 가치가 기로에 서 있는가? 사랑? 진실? 무엇인가? 그 가치는 이 장면의 절정에서 어떤 식으로 충전되어 있는가? 긍정적인가? 부정적인가? 두 가지가 모두 섞여 있는가? 메모를 해 두자. 다음에는 장면이 끝나는 부분으로 넘어가서 다시 질문을 던져 보자. 지금 가치는 어떻게 부여되어 있는가? 긍정인가? 부정인가? 양자인가? 메모를 하고 비교해 보자. 만약 장면의 끝에서 제기한 질문의 답이 시작 부분에서 제기한 질문의 답과 같다면 이제는 아주 중요한 질문을 다시 한번 던져 볼 필요가 있다. 이 장면이 이 대본 속에 들어 있는 이유는 도대체 무엇인가?

만약에 일정한 가치를 지닌 한 등장인물의 생애가 한 장면의 처음에서 끝까지 아무런 변화 없이 그대로 남아 있다면, 그 장면에서는 의미 있는 아무런 사건도 일어나지 않았다는 이야기가 된다. 그 장면에서도 대사와 행동이 있었음에는 틀림없지만 가치를 변화시키는 아무 사건도 일어나지 않은 것이다. 즉 이 장면은 사건으로 성립하지 않는다.

그렇다면 이런 장면이 이야기 안에 들어 있는 이유는 무엇인가? 그 대답은 거의 확실하다. 해설을 위해 있는 것이다. 인물, 상황, 배경 등에 대한 정보를 주기 위한 것이 이 장면의 존재 이유다. 그러나 만약에 이 장면의 목적이 단지 해설이라는 기능에만 제한되어 있다면, 잘 훈련된 작가는 이 장면을 미련 없이 버리고 해설의 기능은 영화의 다른 부분들에 적절히 안배할 것이다.

변화가 일어나지 않는다면 장면이라고 인정할 수 없다. 이것이 가장 이상적이다. 작가는 모든 장면마다 등장인물의 삶의 가치가 긍정에서 부정으로, 부정에서 긍정으로 변화되도록 해야 한다. 이 원칙을 고수하는 일이 어렵기는 하겠지만 불가능하진 않다.

「다이 하드」, 「도망자」, 「어둠의 표적」에서는 아주 분명하게 이 원칙이 준수되고 있다. 「남아 있는 나날」이나 「우연한 방문객」에서는 이 원칙이 표면에까지 분명하게 드러나지 않지만, 여전히 엄격히 지켜지고 있다. 차이가 있다면, 액션 장르에서는 자유/예속, 정의/불의 같은 공공의 가치들이 대상이 되고, 교육적인 장르에서는 자기 발견/자기기만 같은 내적 가치나 의미 있음/공허함 같은 삶의 가치들이 대상이 된다는 정도다. 그러나 이러한 장르상의 차이를 넘어서는 보편적인 원칙이 있다. 그것은 바로 어떤 장면이 진정한 사건이 되지 못할 때는 잘라 내야 한다는 것이다. 예를 들어 보자.

크리스와 앤디는 서로 사랑하는 사이로 현재 같이 살고 있다. 그들은 어느 날 아침 사소한 말다툼을 시작한다. 두 사람의 의견 차이는 부엌에서 서둘러 아침 준비를 하는 동안 더욱 벌어진다. 차고에 가서 차를 함께 타고 출근을 하면서 싸움은 더욱 거칠어진다. 차가 고속 도로에 접어들었을 때 둘 사이의 언쟁은 실제 폭력으로까지 이어진다. 앤디는 차를 갓길에 대고 차에서 내리고는 절교를 선언한다. 이 일련의 행동과 장소들은 한 장면을 만들어 낸다. 이 장면은 한 쌍의 연인을 긍정적인(서로 사랑하면서 같이 사는) 가치로부터 부정적인(싸우고 갈라서는) 가치로 옮겨 간다.

네 번에 걸친 장소의 이동, 즉 침실에서 부엌, 차고, 고속 도로로의 이동은 카메라 위치의 이동일 뿐 장면의 이동이라고는 할 수 없다. 처음 말다툼이 벌어질 때는 위기가 닥쳐오는 것을 실감할 수 있지만 아직 어떤 가치가 위기에 처하지는 않는다. 말다툼이 이어지는 동안에도 두 연인은 함께 머물면서 여전히 서로 사랑하고 있는 사이라고 여겨지기 때문이다. 그러나 앤디의 행동이 전환점에 이르렀을 때, 즉 차문을 세게 닫고 나서 "이젠 끝이야!"라고 선언했을 때 두 사람의 인생은 완전히 뒤집어지고 행위가 극적 행동으로 전환되며 단순한 밑그림이 하나의 장면으로 완성된다. 이야기적 사건이 벌어진 것이다.

일반적으로 일련의 행동들이 제대로 된 장면을 구성하는지 알아보려면 이런 질문을 해 보면 된다. 이 장면은 한 단위의 시간과 공간 안에서 쓰일 수 있었을까? 위의 예에서는 그렇다고 대답할 수 있다. 침실에서 시작된 두 사람의 말다툼은 침실에서 고조된 후 침실 안에서 관계를 끝낼 수도 있다. 수도 없이 많은 관계가 침실에서 끝장나니까. 아니, 그 장소가 부엌이나 차고가 될 수도 있고 이 영화처럼 고속도로 선상이 아닌 사무실 엘리베이터 내부가 될 수도 있다. 극작가는 무대라는 제약이 있기 때문에 한 단위의 시간과 공간 안에서 사건을 끝내려고 할 것이고, 반면에 소설가나 시나리오 작가는 앞으로 쓰일 장면들의 전제를 설정하기 위해 여러 군데로 시간과 공간을 이동시켜 갈 것이다. 이 작품의 경우 크리스의 가구에 대한 취향, 앤디의 운전 습관 등이 드러난다. 이 장면은 사실상 다른 장면, 예를 들어 다른 한 쌍의 연인들의 장면과 더불어 교차 편집될 수도 있다. 표현상의 변형은 무한대로 가능하지만 그 어떤 경우에도 이 장면은 사랑하는 사람들이 헤어지는 이야기적 사건이라는 뚜렷한 성격을 가진다.

비트

한 장면을 구성하는 가장 작은 단위 요소를 비트라고 한다.

> **비트(BEAT)**는 행동/반응이라는 행위의 교환을 일컫는다. 비트가 변화를 가지고 반복되는 과정에서 장면이 구성된다.

'연인들이 헤어지는 장면'을 자세히 들여다보자. 알람이 울리면서 크리스는 앤디를 지분거리고 앤디는 그에 걸맞은 반응을 보인다. 옷을 입는 동안 지분거림은 빈정거림으로 바뀌고 두 사람은 서로에게 험담을 건 넨다. 부엌으로 자리를 옮기고 나서 크리스는 "내가 떠나고 나면 넌 아주 비참한 꼴이 될걸……." 하고 협박하지만 앤디는 "제발 그렇게 돼 봤으면 좋겠다."고 응수한다. 차고에서 정말로 앤디가 자기를 떠날 수도 있다고 느낀 크리스는 그에게 애원하지만 앤디는 크리스를 비웃음거리로 만들어 버린다. 마침내 속력을 내어 달리고 있는 차 속에서 크리스는 앤디를 주먹으로 친다. 싸움이 벌어지고 앤디는 차를 세운 뒤 코피를 흘리면서 차에서 뛰쳐나와 "이젠 끝이야!" 하고 외치며 차문을 쾅 닫는다. 크리스는 충격에 빠진 채 차 안에 앉아 있다.

이 장면은 대략 6개의 비트로 구성되어 있다. 서로를 괴롭히기, 험담을 주고받기, 위협하기와 똑같이 되받아치기, 애원하기와 비웃기, 폭력의 행사, 그리고 그에서 비롯된 결별의 선언 등 여섯 가지의 서로 확연히 구별되는 행동/반응의 변화가 일어나면서 장면의 전환점까지 이어진다. 평이하게 시작된 두 사람의 관계는 앤디의 결정과 실천에 의해 파국에 이르고, 크리스는 충격에 빠져 멍하게 남아 있게 되는 것이다.

시퀀스

비트가 모여 장면을 구성하고 여러 개의 장면이 모여 시퀀스를 구성한다. 제대로 구성된 모든 장면은 일정한 가치를 부여받고 있는 등장인물의 삶의 조건을 변화시킨다는 공통점이 있지만, 그 변화의 정도는 장면에 따라 다를 수 있다. 한 시퀀스의 주도적 장면은 같은 시퀀스 내의 다른 장면들에 비해 좀 더 강력하고 결정적인 변화를 야기시킨다.

시퀀스(SEQUENCE)란 일반적으로 2~5개의 장면들로 구성되며 선행한 어떤 개별적인 장면보다도 강력한 영향력을 만들어 낸다.

세 개의 장면으로 구성된 다음의 시퀀스를 예로 들어 보자.

설정▶중서부 지방에서 주목할 만한 경력을 쌓아 온 한 여성에게 한 중견 사원 구인 업체로부터 연락이 온다. 이 여성은 뉴욕에 있는 회사에 자리를 얻기 위해 면접을 본다. 만약 그녀가 그 자리를 얻는다면 경력상 큰 도약의 계기가 될 것이다. 그녀는 그 자리를 무척 원하지만 아직 결과를 알 수 없다.(부정적) 그녀는 여섯 명의 최종 경쟁자들 중 하나다. 이 회사의 경영진은 이 자리가 워낙 외부와 많이 접촉하는 자리이기 때문에, 마지막 결정을 내리기 전에 여섯 명의 경쟁자들을 업무 외적인 자리에서 다시 한번 살펴보기로 하고 그들 모두를 맨해튼의 동부 지역에서 열리는 파티에 초대한다.

장면 1▶맨해튼 서부 지역의 호텔. 우리의 주인공이 저녁의 파티를 위해 준비하고 있다. 이때 위기에 처해 있는 가치는 자신감/자신 없음이다. 오늘 저녁을 성공적으로 보내기 위해서는 자신감이 필요하지만 반대로 자꾸 자신 없어지는 걸 어쩔 수 없다.(부정적) 주인공이 방 안을 왔다 갔다 하는 동안 속에서는 두려움이 똬리를 튼다. 애당초 뉴욕에 온 게 큰 실수였고 뉴욕 사람들이 자기를 산 채로 잡아먹어 버릴 거라는 생각만 든다. 가방에서 이 옷 저 옷을 꺼내 걸쳐 보지만 바꿔 입을 때마다 먼젓번 것보다 더 한심해 보일 뿐이다. 게다가 파마를 한 머리는 이상하게 엉켜 있다. 머리와 옷 때문에 골머리를 썩이다가 그녀는 공연히 망신만 당하기 전에 가방을 싸서 떠나기로 결심한다.

그때 갑자기 전화벨이 울린다. 어머니에게서 온 전화다. 어머니는 행운을 빌어 줌과 동시에 자신의 외로움과 혼자 남겨지는 것에 대한 두려움을 이야기해 주인공에게 죄책감을 심어 주려고 한다. 주인공 바바라는 전화를 끊고 나서 고향에 있는 거대한 백상어보다는 뉴욕의 피라냐들이 훨씬 낫다는 사실을 깨닫는다. 이 자리를 잡아야만 한다! 바바라는 스스로도 놀랄 정도로 멋지게 전에는 한 번도 시도해 보지 않았던 옷을 차려입고 장신구를 걸친다. 엉망이었던 머리도 기적적으로 자리를 잡는다. 바바라는 거울 앞에 서서 마지막으로 자신의 모습을 점검한다. 매혹적인 외모에다 눈은 자신감으로 빛난다.(긍정적)

장면 2▶ 호텔 입구. 천둥 번개가 치면서 비가 쏟아져 내린다. 시골에서 온 바바라는 처음 호텔에 들어갈 때 문지기에게 5달러의 팁을 주는 걸 몰랐기 때문에 문지기 역시 바바라를 위해 이 쏟아지는 빗속에 뛰어 들어가 택시를 잡아 줄 생각 같은 건 하지 않는다. 게다가 비 오는 날의 뉴욕에서 택시를 잡기란 쉬운 일이 아니다. 바바라는 여행자용 지도를 펼쳐 들고 어떻게 해야 할지 궁리한다. 호텔이 있는 맨해튼 서부의 80가에서 59가의 센트럴 파크 남단을 돌아 다시 맨해튼 동부의 80가에 있는 파티 장소까지 가려면 도저히 제시간에 도착하지 못할 것이다. 그래서 그녀는 뉴욕시에서 절대 금기로 되어 있는 일을 감행하기로 결심한다. 밤에 센트럴 파크를 횡단하려는 것이다. 이 장면은 이제 삶/죽음의 새로운 가치로 이행한다.

그녀는 머리에 신문지를 뒤집어쓰고는 죽음을 무릅쓴 채 어둠 속으로 뛰어든다.(부정적) 천둥 번개가 내려치는 가운데 그녀는 비가 오나 눈이 오나 항상 그 자리에 모여서 밤중에 공원을 가로질러 가는 멍청이를 기다리고 있는 깡패들에게 걸려든다. 그러나 그녀가 태권도를 괜히 배워 둔 것이 아니었다. 그녀는 턱뼈에 금이 가고 이빨을 콘크리트 바닥에 갈아 가면서도 있는 힘을 다해 싸워 깡패들을 뚫고 살아서 공원을 빠져나간다.(긍정적)

장면 3▶ 맨해튼 동부 지역의 고급 아파트, 거울이 붙어 있는 입구. 이제는 사회적 성공/사회적 실패가 위기에 처한 가치가 된다. 그녀는 간신히 살아남았다. 그러나 거울을 보니 그 안에는 물에 빠진 생쥐가 들어 있다. 신문지는 머리카락에 달라붙어 있고 옷은 깡패들의 피에 푹 젖어 있다. 그녀가 가졌던 자신감은 의심과 공포를 지나 자신에게 닥친 사회적 재앙(부정적)에 의해 야기된 절망 속으로 정신없이 곤두박질친다.(부정적)

택시가 다른 후보자들을 싣고 도착한다. 다들 아무 문제 없이 택시를 잡아타고 왔고, 다들 나무랄 데 없는 멋쟁이들이다. 그들은 중서부에서 온 이 낙오자에게 동정을 표하면서 그녀를 부축해서 엘리베이터에 함께 오른다.

파티 장소에 도착한 그들은 바바라의 젖은 머리를 닦아 주고 전혀 어울리지 않는 옷을 구해다가 갈아입혀 주는데, 바로 이런 이유 때문에 바바라는 그날 저녁 내내 사람들의 주목을 끈다. 바바라는 어차피 다 틀렸다고 생각했기 때문에 아무런 가식 없이 자신도 놀랄 정도로 거의 뻔뻔스럽게 있는 그대로의 자신을 다 드러내 보인다. 그녀는 사람들에게 그날 공원에서 있었던 사건에 대해 이야기할 뿐만 아니라 그 일에 대해 농담을 하기까지 한다. 사람들은 기가 막혀서 입을 딱 벌리는가 하면 웃음을 터뜨리기도 한다. 그날 저녁이 끝나갈 무렵, 회사의 경영진들은 누구에게 그 자리를 맡겨야 할지 확신을 얻게 된다. 공원에서 그렇게 끔찍한 일을 겪고도 이처럼 태연하고 멋있게 이야기할 줄 아는 사람이야말로 그들이 원하던 사람인 것이다. 그 자리가 바바라에게

주어지면서 그날 저녁은 그녀에게 개인적·사회적인 영광의 자리가 된다.(두 가지 면에서 다 긍정적)

각 장면에서 가치들은 변화를 일으킨다. **장면 1**의 경우 자신 없음에서 자신감으로. **장면 2**의 경우 죽음에서 삶으로, 또한 자신감에서 절망으로. **장면 3**의 경우 사회적 재난에서 사회적 영광으로. 그러나 이 세 장면들은 하나의 시퀀스를 이루면서 좀 더 큰 하나의 가치를 향해 집중되는데, 그 것은 바로 자리(직장)다. 시작 부분에서 주인공은 원하는 자리를 갖고 있지 못하다. **장면 3**은 이 시퀀스의 절정을 이루는데, 그 이유는 이 장면의 사회적 승리가 곧 주인공에게 자리를 안겨 주는 것이 되기 때문이다. 그녀의 관점에서 보자면 이 '자리'야말로 그녀가 목숨을 걸 만한 이유가 있는 가치다.

각각의 시퀀스의 성격에 맞는 이름을 붙여서, 그 시퀀스가 왜 한 영화 안에 존재해야 하는지를 명확하게 해 놓는 작업은 작가에게 도움이 된다. 앞에서 예로 든 자리(직장)를 잡는 시퀀스의 목적은 주인공을 구직에서부터 취직으로 전환시킨다. 이 목적은 인사 담당자와의 인터뷰를 다룬 한 장면으로도 성취될 수 있다. 그러나 단순히 '그녀에게는 그럴 만한 자격이 있다.'고 이야기하는 수준을 넘어서기 위해서는 주인공의 내적인 성격, 그녀와 어머니의 관계, 뉴욕이라는 도시, 회사라는 조직체 등에 대한 통찰력을 보여 주는 극적인 시퀀스를 만들어 낼 필요도 있는 것이다.

장

몇 개의 장면들이 모여서 좀 더 강력한 시퀀스를 구성하고 몇 개의 시퀀스가 모여서 장(場)을 구성한다. '장'은 등장인물의 삶의 가치에 대해 좀 더 주요한 반전을 불러일으킨다. 어떤 일반적인 한 장면과 시퀀스에서 절정을 야기시키는 장면, 그리고 한 장에서 절정을 야기시키는 장면들 사이의 차이점은 각 장면이 야기시키는 변화의 정도에 있다. 좀 더 구체적으로 말하자면 등장인물의 삶과 그들이 맺고 있는 관계, 세계 속에서의 위치 또는 이 모든 요소가 결합되어 있는 것들에 대해 한 장면이 야기시키는, 긍정적 또는 부정적인 변화와 그 변화가 지닌 영향력의 정도에 그 차이가 있다.

> **장(ACT)**이란 절정을 이루는 장면을 향해 집중되어 있는 일련의 시퀀스들이 모여 구성된 극적 단위를 말한다. 이때의 절정을 이루는 장면은 앞서 있던 어떤 시퀀스나 장면보다도 강력한 영향력을 가지면서 가치들의 주된 반전을 야기시키는 역할을 한다.

이야기

이야기는 일련의 장들로 구성된 가장 큰 극적 구조물이다. 이야기는 하나의 거대한 사건 그 자체다. 이야기의 앞부분에서 등장인물의 삶이 처해 있는 상황의 가치와 마지막 부분의 그것을 비교해 보면, 하나의 조건으로부터 전혀 다른 조건으로 옮겨 가는 삶의 거대한 변화를 그대로 드러내는 영화의 모양을 발견하게 될 것이다. 이때 마지막 변화는 반드시 절대적이고 취소할 수 없는 것이어야 한다.

한 장면에서 일어난 변화는 되돌이킬 수 있다. 앞서 예를 들었던 두 연인은 다시 결합할 수도 있다. 사람들이 사랑에 빠졌다가 갈라섰다가 다시 결합하는 일은 실제로 항상 일어나는 일이다. 시퀀스도 돌이킬 수 있다. 어렵게 직장을 잡은 중서부 출신의 우리의 주인공은 결국 자신의 일이 싫어져서 고향으로 돌아갈 수도 있다. 장의 절정 역시 돌이킬 수 있다. 「이티」 제2장 부분의 절정처럼 죽었던 등장인물이 나중에 다시 살아날 수도 있다. 안 될 게 뭔가? 죽어 가는 사람을 살려 내는 것은 요즘의 병원에서는 흔한 일이다. 다시 말해 장면과 시퀀스, 그리고 장에 이르는 동안 작가는 각각 사소하고 웬만하고 그리고 결정적인 가치의 변화를 만들어 내지만, 이 변화들은 모두 돌이킬 수 있는 것들이다. 그러나 마지막 장의 절정에 이르면 이런 돌이킴은 용납되지 않는다.

이야기의 절정(STORY CLIMAX): 이야기는 일련의 장들로 구성된다. 이 일련의 장들은 절대적이고 취소 불가능한 변화를 불러일으키는 마지막 장의 절정 또는 이야기의 절정까지 밀고 올라간다.

이야기의 가장 작은 요소가 제 역할을 해야만 이야기 전체가 지닌 목적을 달성할 수 있다. 모든 대사와 해설 하나하나가 등장인물의 행동을 전환시키거나 배경 상황을 설정하는 것이 되도록 해야 한다. 하나하나의 비트가 장면을 구성하고, 장면들이 모여 시퀀스를 구성하고, 시퀀스들이 모여 장을 구성하고, 장들이 모여 절정에 이르기까지 이야기를 구성하도록 해야 한다.

중서부 시골 출신의 주인공을 자기 불신으로부터 자기 확신으로, 위험에서 생존으로, 사회적 재앙으로부터 성공으로 각각 전환시킨 각 장면들은 주인공을 '무직으로부터 직업을 얻는 것'으로 전환시키는 하나의 시퀀스를 구성한다. 절정을 향해 가는 이야기의 곡선을 그려 보자면, 전체 이야기상의 도입부에 해당하는 이 시퀀스는 '무직으로부터 회사의 사장이 되기까지'를 그려 내는 제1장의 절정에 필요한 일련의 시퀀스들을 설정하는 역할을 한다고 볼 수 있다. 제1장의 절정은 또한 주인공이 회사 내 치열한 경쟁의 과정에서 동료들로부터 배신당하는 내용을 그린 제2장을 설정한다. 제2장의 절정에서 주인공은 이사회에 의해 해임당하고 거리로 내동댕이쳐진다. 상황이 이렇게 반전되면서 주인공은 경쟁사로 들어가 자신이 사장이었을 때 알고 있던 회사의 기밀들을 활용해 빠른 속도로 최고 경영진에까지 오르고 전에 근무하던 회사에 통쾌한 보복을 감행하기 시작한다. 이 이야기의 장들은 주인공을 성실하고 낙천적이며 정직하던 젊은 전문인으로부터 잔인하고 냉소적이며 부패한, 노련한 기업 전사로 탈바꿈시킨 뒤 이 영화의 절대적이고 취소 불가능한 결말에까지 밀고 나가도록 구성한다.

이야기 삼각형

어떤 부류의 문학적 그룹들에서 '플롯'은 상업주의에 오염된 더러운 단어 취급을 받는다. 그러나 그로 인해 손해를 보는 것은 우리 자신이다. 왜냐하면 플롯이란 시간을 경과해 가면서 이야기를 직조해 내는 사건들의 내적 지속성과 내적 연관성의 속성을 드러내는 아주 적확한 단어이기 때문이다. 특별한 영감 없이 좋은 영화가 탄생하는 법은 없지만 다른 한편으로 좋은 대본이 우연한 영감만으로 쓰일 수는 없다. 우연히 떠오른 소재가 우연 그대로 남아 있는 한 절대로 대본으로 발전할 수 없다. 작가는 영감에 의해 떠오른 것들을 다듬고 또 다듬어서 마치 그 영화가 작가의 본능적이고 자연스러운 창의성에 의해 탄생된 것처럼 보이게 만들지만 사실 그 안에는 엄청난 비자연적인 노력이 숨어 있다.

> **플롯(PLOT)**을 짠다는 것은 이야기의 위험 지형 속을 헤매고 다니다가 수많은 미로를 만났을 때 단 하나의 확실한 통로를 선택한다는 것을 의미한다. 플롯은 사건들에 대한 작가의 선택이며 시간 속에 그것들을 직조해 넣는 일을 말한다.

어떤 사건을 포함할 것인가? 어떤 것을 제외할 것인가? 그리고 어떤 사건을 어떤 사건 다음에 배치할 것인가? 사건들에 대한 명확한 선택이 이루어져야 한다. 작가는 이 선택을 훌륭하게 해내기도 하고 변변찮게 해내기도 한다. 그리고 그 결과로 나타나는 것이 플롯이다.

「텐더 머시스」의 시사회가 열렸을 때 어떤 평자들은 이 영화가 플롯이 없는 영화라고 묘사했고, 바로 그 이유 때문에 이 영화를 높이 평가했다. 그러나 「텐더 머시스」에는 플롯이 있을 뿐만 아니라, 그것도 영화사상 가장 복잡한 지형을 관통하는 빼어난 플롯이 들어 있다. 이 영화는 주인공의 마음속에서 벌어지는 이야기를 담고 있다. 이 영화에서 주인공은 바로 자신의 태도 속에서 삶과 자기 자신을 향한 심오하고도 돌이킬 수 없는 혁명적인 변화를 경험한다.

이런 이야기는 소설가들에게는 아주 자연스럽고 다루기 쉬운 종류의 것이다. 삼인칭 화법을 사용하건 일인칭 화법을 사용하건, 소설가는 곧장 주인공의 생각과 감정 속으로 파고들어 가 주인공의 내적 풍경 속에서 일어나는 이런저런 단상들을 극화시켜 내기만 하면 된다. 그러나 시나리오 작가에게 이런 종류의 이야기는 다루기가 무척 까다롭고 조심스럽다. 카메라를 배우의 머릿속으로 집어넣어 주인공의 생각을 촬영할 수는 없는 노릇이다. 그런 시도를 하는 이가 전혀 없는 것은 아니지만. 시나리오 작가는 주인공이 스스로를 설명하는 대사나 주인공에 대한 해설을 동원하지 않고도, 어떤 식으로든 주인공이 보여 주는 행동의 외면만을 통해서 주인공의 내적 상태를 관객들에게 설명해 낼 수 있어야 한다. 존 카펜터가 말했듯이 "영화란 정신적인 것을 물질화시키는 일"이다.

주인공의 거대한 내적 변화의 시작을 보여 주기 위해 호턴 푸트는 슬레지가 자신의 인생에 대한 허무감의 늪에 빠져 있는 장면으로 영화를 시작한다. 그는 가족, 직업, 심지어는 이 세계, 미래, 기타 등등 아무것도 더 이상 믿지 않기 때문에 술로 서서히 자신을 죽여 간다. 이 이야기를 풀어 나가면서 푸트는 감동적인 사랑, 위대한 성공, 아니면 종교에 심취하는 것과 같은, 어떤 압도적인 경험에 의해 삶의 의미를 되찾는다는 식의 상투성을 피해 나간다. 그 대신에 푸트는 한 사나이가 사랑, 음악, 영혼의 다양하고 세밀한 끈들을 가지고 사소하지만 의미 있는 삶을 엮어 가는 과정을 보여 준다. 마침내 슬레지는 조용한 내적 변화를 거쳐 삶이란 살아 볼 만한 가치가 있는 것이라는 사실을 깨닫는다.

이 섬세한 작품의 플롯을 잡기 위해 호턴 푸트가 얼마큼의 땀과 고통을 투자했는지 우리로서는 단지 짐작만 해 볼 수 있을 뿐이다. 장면 하나를 빠뜨린다든지, 불필요한 장면을 집어넣는다든지, 사건들의 배열을 약간 잘못한다든지 하는 사소한 실수 하나만으로도 맥 슬레지의 내면 여행은 카드로 만든 탑처럼 무너져 내리게 된다. 단지 한 장의 카드를 빼냈을 뿐인데도. 이렇게 봤을 때 플롯이란 고강도의 긴장이나 급격한 반전, 충격적인 사건의 전개만을 의미하지는 않는다. 그보다는 오히려 세심하게 사건들을 선정하고 사건이 발생하는 방식을 시간의 경과와 함께 드러내 보여야만 한다. 이처럼 조형과 구성이라는 맥락에서 봤을 때 모든 이야기는 플롯을 바탕으로 한다.

아크플롯, 미니플롯, 안티플롯

사건들을 구성하는 방식에는 무한한 변형이 가능하지만 그 근본 방식에는 일정한 한계가 있다. 서로 다른 이야기의 방식들은 크게 보아 삼각형을 구성하면서 이야기라는 예술 형식에 서로 다른 세 가지의 형식 구성 가능성을 제공한다. 이 삼각형 내부의 공간은 작가의 세계의 총체로서, 진실성과 삶의 방식에 대한 작가의 다양한 사고가 이 안에서 존재하게 된다. 이 우주 안에서 당신의 위치를 알고 싶다면, 이 우주가 어떤 식으로 구성되어 있는지 연구해 보고, 그 구성 원칙과 현재 진행하고 있는 작품을 비교해 보면서, 그와 유사한 생각을 가진 다른 작가들이 위치하고 있는 곳으로 가 보면 될 것이다.

이야기 삼각형의 정점에는 고전적 설계를 구성하는 원칙들이 위치하고 있다. 이 원칙들은 진정한 의미에서 고전적이라 할 수 있다. 동서고금을 막론하고 모든 사회에 근본적이고 불변하는 이야기 구성의 원칙으로 받아들여지는 것들이다. 약 4000년 전, 『길가메시 서사시』가 사상 처음으로 문자화된 이야기 문학으로 열두 개의 점토판 위에 새겨졌을 때 이야기의 고전적 설계 원칙들은 이미 완전하고 아름다운 형태로 드러나고 있었다.

이야기의 고전적 설계(CLASSICAL DESIGN)란 자신의 욕망을 충족시키기 위하여 주로 외부의 저항 세력과 맞서 싸우는 활동적인 주인공을 중심으로 이야기를 구성하는 것을 말한다. 이때 주인공의 활동은 연속적인 시간을 통해서, 연속적이고 인과적으로 연결되는 허구적 사실성 속에서, 절대적이고 돌이킬 수 없는 변화로 마감되는 마지막 순간까지 지속된다.

이러한 불변의 원칙을 나는 아크플롯(Archplot)이라고 부른다. 사전적 의미에서 '아크(arch)'란 '동종의 다른 것들보다 우월한'이라는 뜻이다.

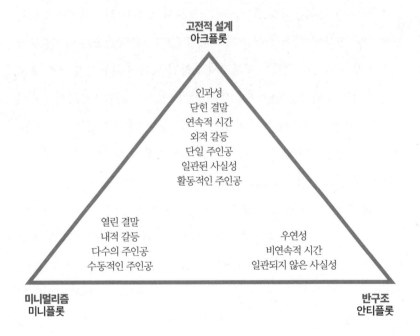

고전적 설계
아크플롯

인과성
닫힌 결말
연속적 시간
외적 갈등
단일 주인공
일관된 사실성
활동적인 주인공

열린 결말
내적 갈등
다수의 주인공
수동적인 주인공

우연성
비연속적 시간
일관되지 않은 사실성

미니멀리즘
미니플롯

반구조
안티플롯

그러나 아크플롯이 이야기의 외형을 설정하는 유일한 방법은 아니다. 삼각형의 왼쪽 구석에는 미니멀리즘의 여러 가지 유형이 설정되어 있다. 미니멀리즘이라는 말이 설명하듯이 이 경우 작가는 고전적인 설계에서 시작하되 아크플롯의 특징적인 내용들을 축소, 축약시킨다. 나는 이 변형을 미니플롯(Miniplot)이라고 부른다. 그러나 미니플롯은 이야기가 아크플롯의 경우와 마찬가지로 일정한 원칙을 가지고 전개되어야 한다는 점에서 플롯이 없는 것과는 구별된다. 그보다는 오히려 미니플롯은 일반적인 관객들이 이야기의 전달에 만족할 만한 고전적인 아크플롯의 요소를 모두 갖추되 그 내용을 경제적이고 단순화시키려고 노력한다.

삼각형의 오른쪽은 안티플롯(Antiplot)으로서, 소설에 있어서 반소설이나 누보로망, 연극에 있어서 부조리극에 해당한다. 안티플롯은 아크플롯을 축소한 것이 아니라 뒤집은 것으로서 전통적 형식에 대한 반항을 통해 형식적 원리들에 질문을 던지거나 또는 아예 이미 존재하는 형식적 원리를 조롱하고자 한다. 안티플롯을 사용하는 작가들은 대개 자신의 '혁명적인' 야망을 드러내고 싶어 하기 때문에, 그들의 영화 역시 자의식 과잉의 떠들썩한 것이 되는 경향이 있다.

아크플롯은 세계 영화의 필수적인 양식이자 모든 것이 혼합되어 있는 것이다. 지난 백 년 동안 그것은 국제적인 관객을 끌어들인 대형 영화들을 만들어 냈다. 그 세월을 슬쩍 둘러보면 이렇다. 「대열차 강도」(미국/1903), 「폼페이 최후의 날」(이탈리아/1913), 「칼리가리 박사의 밀실」(독일/1920), 「탐욕」(미국/1924), 「전함 포템킨」(러시아/1925), 「M」(독일/1931), 「톱 햇」(미국/1935), 「위대한 환상」(프랑스/1937), 「아이 양육」(미국/1938), 「시민 케인」(미국/1941), 「밀회」(영국/1945), 「7인의 사무라이」(일본/1954), 「마티」(미국/1955), 「제7의 봉인」(스웨덴/1957), 「허슬러」(미국/1961), 「2001: 스페이스 오디세이」(미국/1968), 「대부 2」(미국/1974), 「도나의 선택」(브라질/1976), 「완다라는 이름의 물고기」(미국/1988), 「빅」(미국/1988), 「국두」(중국/1990), 「델마와 루이스」(미국/1991), 「네 번의 결혼식과 한 번의 장례식」(영국/1994), 「샤인」(호주/1996).

이 영화들은 아크플롯을 사용한 이야기의 많은 예시 중 실로 일부분에 불과하다.

미니플롯은 이처럼 다양하지는 않지만 마찬가지로 세계적으로 통용되고 있다. 「북극의 나누크」(미국/1922), 「잔 다르크의 수난」(프랑스/1928), 「품행 제로」(프랑스/1933), 「전화의 저편」(이탈리아/1946), 「산딸기」(스웨덴/1957), 「뮤직 룸」(인도/1958), 「붉은 사막」(이탈리아/1964), 「잃어버린 전주곡」(미국/1970), 「클레르의 무릎」(프랑스/1970), 「감각의 제국」(일본/1976), 「텐더 머시스」(미국/1983), 「파리, 텍사스」(서독/프랑스/1984), 「희생」(스웨덴/프랑스/1986), 「정복자 펠레」(덴마크/1987), 「어린이 도둑」(이탈리아/1992), 「흐르는 강물처럼」(미국/1992), 「인생」(중국/1994), 「셸 위 댄스」(일본/1997) 등이 그것이다. 미니플롯에는 또한 「웰페어」(미국/1975) 같은 다큐멘터리도 포함된다.

안티플롯의 예는 좀 더 드문데 대부분 유럽에서 제2차 세계 대전 이후에 만들어졌다. 「안달루시아의 개」(프랑스/1928), 「시인의 피」(프랑스/1930), 「오후의 올가미」(미국/1943), 「달리고, 뛰고, 조용히 서는 영화」(미국/1959), 「지난해 마리앙바드에서」(프랑스/1961), 「8과 1/2」(이탈리아/1963), 「페르소나」(스웨덴/1966), 「주말」(프랑스/1967), 「교사형」(일본/1968), 「광대들」(이탈리아/1970), 「몬티 파이튼의 성배」(영국/1975), 「욕망의 모호한 대상」(프랑스/스페인/1977), 「배드 타이밍」(영국/1980), 「천국보다 낯선」(미국/1984), 「특근」

(미국/1985), 「하나의 Z와 두 개의 O」(영국/네덜란드/1985), 「웨인즈 월드」(미국/1992), 「중경삼림」(홍콩/1994), 「로스트 하이웨이」(미국/1997). 안티플롯에는 또한 콜라주 형식으로 구성된 다큐멘터리(Documentary-cum-collage) 작품들, 예를 들어 알랭 레네의 「밤과 안개」(프랑스/1955), 「코야니스카시」(미국/1983) 같은 작품들도 포함된다.

삼각형 내부의 형식적인 차이점들

닫힌 결말 vs 열린 결말

아크플롯은 닫힌 결말, 즉 이야기 속에서 제기되었던 모든 질문에 대한 대답이 이루어지고 불러일으킨 모든 감정이 충족되는 결말을 갖는다. 관객들은 완결되고 닫힌 경험을 안고 극장을 떠난다. 미심쩍은 것도 전혀 없고 충분히 만족스러운 상태로.

반면에 미니플롯은 종종 그 결말을 열린 상태로 놓아 둔다. 이야기를 통해 제기된 문제의 대부분은 대답을 찾지만 한두 가지 질문은 영화가 끝난 뒤에도 해결되지 않은 채 관객의 몫으로 남기도 한다. 이야기가 전개되는 과정에서 불러일으킨 감정의 대부분은 충족되지만 이 역시 관객의 몫으로 남는 부분이 있게 된다. 이처럼 미니플롯의 경우 물음표로 이야기를 마치는 경우가 종종 있지만, 그렇다고 해서 열린 결말이라는 것이 이야기를 중간에 뚝 끊어 버리고 모든 것을 진행 중인 상태로 놔둔다는 것을 의미하지는 않는다. 남겨진 질문들은 반드시 대답 가능한 것이어야 하고, 남겨진 감정은 또한 해소될 수 있는 것이어야 한다. 결말에 앞서 진행되었던 사항들에서, 결말을 맺는 것이 가능할 정도의 제한된 열림의 가능성만을 남겨 놓아야 한다는 것이다.

> **닫힌 결말**에서 이야기의 절정은 절대적이고 되돌릴 수 없는 변화를 수반하기 때문에, 이야기 속에서 제기되었던 모든 질문에 대한 해답을 얻게 되며 관객들의 감정 역시 충족된다.
> **열린 결말**에서는 이야기의 절정에서 대답되지 않은 질문이 한두 가지 남게 되며 관객의 감정 역시 완전히 충족되지 않을 수 있다.

「파리, 텍사스」의 절정에서 아버지와 아들은 재결합하게 된다. 그에 따라 그들의 미래는 안정되며 그들의 행복을 향한 관객들의 소망 역시 충족된다. 그러나 남편/아내, 그리고 엄마/아들의 관계는 해결되지 않은 채 남는다. '이 가족이 앞으로 함께 지낼 수 있을까? 만약 그렇게 된다면 그 생활의 내용은 어떻게 될 것인가?' 하는 질문들에 대한 대답은 열려 있는 것이다. 이 질문들에 대한 대답은 영화가 끝난 후 관객 개개인의 생각 속에서 따로 얻어질 것이다. 만약 어떤 관객이 그들 가정의 행복을 소망하되 그 소망대로 되지 않을 것 같다고 생각할 경우 그날 저녁은 그 사람에게 우울한 저녁이 될 것이다. 그러나 그들 가정이 앞으로 잘 살 것이라고 스스로 설득할 수 있다면 즐거운 마음으로 극장을 빠져나오게 될 것이다. 미니멀리스트 작가들은 의도적으로 관객에게 이런 결정적인 마지막 순간을 남겨 놓는다.

외적 갈등 vs 내적 갈등

아크플롯은 외적 갈등에 중점을 둔다. 등장인물들이 심각한 내적 갈등을 겪는 경우도 종종 있지만, 그보다는 인물들 간의 관계에서 비롯되는 갈등, 사회 기관들과의 갈등 또는 현실 세계의 물리적 힘들과의 갈등 등이 더욱 강조된다. 그와 반대로 미니플롯에서는 주인공이 가족, 사회, 환경 등 외부 조건들과 심각한 외적 갈등을 경험하고 있다 하더라도 주인공 내부의 생각과 감정, 의식과 무의식 속에서 일어나는 내적 갈등이 더욱 강조된다.

「매드 맥스 2」와 「우연한 방문객」의 주인공을 비교해 보자. 전자의 경우에 멜 깁슨이 연기한 매드 맥스는 자기만족만 아는 이기적인 인간으로부터 희생적인 영웅으로 내적인 변모를 일으키지만, 정작 이야기의 강조점은 한 부족의 생존에 있다. 후자의 경우 윌리엄 허트가 연기한 여행 작가는 재혼을 하면서 한 외로운 소년이 필요로 하던 아버지가 되어 주는 외적인 변화를 겪지만, 이야기의 강조점은 그 자신의 영혼의 소생에 놓여 있다. 아무런 감정도 느끼지 못하는 목석같은 사람으로부터 자유롭게 사랑하고 느낄 수 있는 한 사람으로의 변모가 이 영화의 주된 변화의 축이다.

단일 주인공 vs 다수의 주인공

고전적인 이야기들에는 남자건 여자건 아이건 단 한 사람의 주인공만이 그 이야기의 중심에 들어 있다. 하나의 주된 이야기가 영화의 상영 시간 전체를 장악하며 그 이야기의 주인공이 핵심적인 역할을 한다. 그러나 만약 작가가 한 영화를 여러 개의 상대적으로 작은 이야기로 나누고 각각의 이야기들에 따로따로 주인공들을 부여하면, 그 결과로 기복이 심하고 속도가 빠른 아크플롯의 구성이 축소, 축약되고 그로 인해 한 이야기 속에 다양한 플롯들을 지닌 미니플롯이 탄생하게 된다. 이러한 경향은 1980

년대 이후 보편적인 것이 되었다.

전형적인 아크플롯으로 구성된 「도망자」에서 카메라는 해리슨 포드가 연기한 주인공을 벗어나는 법이 없다. 이 구성에서는 카메라가 곁눈질을 할 틈도 없으며 다른 서브플롯이 스며들 여유도 없다. 그런 반면에 「우리 아빠 야호」의 경우에는 최소한 여섯 가지의 이야기에 여섯 명의 주인공이 서로 잘 맞물려 있다. 아크플롯을 사용한 경우처럼 이 여섯 명의 등장인물이 겪고 있는 갈등은 대체적으로 보아 모두 외적인 것들이다. 이 등장인물 중 아무도 「우연한 방문객」에서처럼 깊은 내적 갈등과 변화를 겪지 않는다. 그러나 이들 가족이 겪는 갈등이 관객들의 감정을 여러 갈래로 잡아끄는 데다 각각의 이야기에 약 15~20분 정도의 상영 시간만이 주어지기 때문에 이처럼 다양한 설계는 이야기를 전체적으로 부드럽게 만들고 있다.

이러한 이야기의 설계 방식은 「인톨러런스」(미국/1916), 「그랜드 호텔」(미국/1932), 「어두운 유리를 통해」(스웨덴/1961), 「바보들의 배」(미국/1965) 등을 거쳐 최근에 이르러서는 「숏 컷」, 「펄프 픽션」, 「똑바로 살아라」, 「음식남녀」 등에서 다양하게 구사되고 있다.

활동적인 주인공 vs 수동적인 주인공

아크플롯의 단일 주인공은 계속해서 고조되는 긴장과 변화 속에서 활동적이고 역동적으로 자신의 욕망을 추구해 나간다. 미니플롯의 주인공은 활동성이 전혀 없는 것은 아니지만 상대적으로 수동적이다. 일반적으로 이러한 수동성은 「우연한 방문객」의 경우처럼 주인공에게 강력한 내적 갈등을 부여하거나 「정복자 펠레」처럼 주인공의 주변에 극적인 사건을 많이 배치함으로써 보상된다.

> **활동적인(ACTIVE) 주인공**은 자신의 욕망을 추구하기 위해 주변의 사람
> 들과 세계의 직접적인 갈등 속으로 뛰어든다.
> **수동적인(PASSIVE) 주인공**은 내적으로 자신의 욕망을 추구하면서 외적
> 으로는 비활동적으로 보이며 자신의 본성과 관련된 갈등을 가지고 있다.

「정복자 펠레」의 주인공 펠레는 어른들이 주도하는 세계에 속해 있는 청소년의 신분이기 때문에 자연히 스스로 선택의 여지가 별로 없이 수동적일 수밖에 없다. 그러나 이 영화의 작가 빌레 아우구스트는 펠레가 세계로부터 소외되어 있는 상황을 오히려 잘 활용해서 유아 살해를 범하는 불륜의 연인들, 바람을 피운 남편을 거세시키는 여인, 두들겨 맞아 백치가 된 노동자 봉기의 지도자 등, 그를 자기 주변에서 일어나는 비극적인 사건들을 관찰하는 인물로 만들어 낸다. 작가가 아이의 시각에서 이야기하기 때문에 이러한 폭력적인 사건들은 화면 밖에서 또는 먼 거리에서 이루어지며 따라서 관객들은 사건의 발생 원인은 잘 모르는 채 결과만을 목격하게 된다. 이런 식의 이야기 설계는 지나치게 감상적이거나 과다 노출이 되어 버릴 수도 있었던 소재들을 부드럽게 완화시킨다.

연속적 시간 vs 비연속적 시간

아크플롯은 어떤 한 시점에서 시작하여 대개 연속적인 시간의 순서대로 중간중간을 생략하기도 하면서 진행하다가 결국 시작보다 시간적으로 진전된 지점에서 결말을 맺는다. 회상 기법이 사용될 경우에도 관객들

이 일시적으로 변한 사건 배열의 시간적 순서를 받아들일 수 있도록 사용된다. 반면에 안티플롯에서는 어떤 일련의 사건들이 연속된 시간 속에서 일어났는지 파악하기 어렵게, 때로는 불가능하게 하기 위해 종종 시간을 엇갈리게 뒤섞어 놓거나 파편화시킨다. 장 뤽 고다르는 그의 미학 이론에서 영화에는 반드시 시작과 중간과 끝이 있어야 하지만 반드시 순서대로 있을 필요는 없다고 말한 바 있다.

연속적(LINEAR) 시간에서는 회상 기법이 사용되든 그렇지 않든 관객이 파악할 수 있는 방식으로 사건의 진행이 배열된다.

비연속적(NONLINEAR) 시간에서는 사건이 시간적 순서와 관계없이 마구잡이로 진행되거나 시간적 순서를 불분명하게 하면서 진행되기 때문에 관객들은 사건의 선후 관계를 파악하기 어렵다.

그 형식에 어울리게 「배드 타이밍」이라고 이름 붙인 영화에서 한 정신 분석 의사(아트 가펑클)는 오스트리아에서 휴가를 보내던 중 한 여자(테레사 러셀)를 만나게 된다. 영화의 첫 3분의 1 정도까지는 두 사람의 연애의 초기 단계를 보여 주는데, 장면 사이사이에 그들 사이의 관계가 한창 진행되고 있을 때와 끝날 때의 모습이 끼어든다. 영화의 가운데 3분의 1 부분에서는 한창 진행 중인 두 사람의 관계를 다룬 장면이 여기저기 흩어져 있고, 그 사이사이에 두 사람 관계의 초기 단계와 마지막 단계가 삽입되어 있다. 마지막 3분의 1 부분에는 두 사람 관계의 마지막 나날을 그린 장면들이 주를 이루지만, 이 부분 역시 초기 단계와 진행 중인 시절의 모습들이 곳곳에 삽입되어 있다. 이 영화는 시간(屍姦) 장면으로 끝난다.

「배드 타이밍」은 '운명으로서의 성격'이라는 고대로부터의 관념을 현대적으로 재해석한 작품이다. 고대로부터의 관념에서 운명이란 곧 한 사람의 정체성이고, 한 사람의 인생의 결론은 가족이나 사회, 환경, 주어진 기회 등이 아닌, 그 사람의 성격이 가진 독특한 특성에 의해 결정된다는 관념을 지니고 있다. 「배드 타이밍」의 반구조적인 이야기 설계 방식은 시간을 이리 뒤집고 저리 뒤집고 하면서 등장인물들을 그들을 둘러싼 현실 세계로부터 떼어 놓는다. 그 연인들이 어떤 주말에 잘츠부르크에 갔고 그 다음 주말에는 비엔나에 갔느냐 말았느냐, 점심은 어디에서 먹고 저녁은 어디에서 먹었느냐, 이런저런 일들을 놓고 말다툼을 했느냐 말았느냐 하는 것들은 아무런 차이도 불러일으키지 않는다. 오직 문제가 되는 것은 그들의 성격에 들어 있는, 서로를 죽이는 화학 작용이다. 이 두 연인은 서로를 만나는 순간 그들의 기괴한 운명을 향한 돌이킬 수 없는 막차를 타게 된 것이다.

인과성 vs 우연성

아크플롯은 이 세계에서 어떤 일들이 일어나는지, 하나의 원인이 어떻게 특정한 효과를 일으키는지, 이 효과는 또한 어떻게 해서 다른 효과를 불러일으키는 또 하나의 원인이 되는지 등에 주목한다. 고전적인 이야기 설계 방식에서는 삶이 가질 수 있는 무한한 관계의 가능성들을 눈에 보이게 빤한 것으로부터 불가해한 것까지, 아주 작고 긴밀한 것으로부터 대서사에 이르는 것까지, 개인의 신분에서부터 국제적인 정보의 영역에 이르기까지, 그 정도에 따라 분류해 놓는다. 이 분류표에서는 모든 것이 하나의 사슬로 연결되어 있어 제대로 파악할 경우 등장인물의 삶에 의미를 부여하는 인과성의 네트워크가 적나라하게 드러난다. 그와 반대로 안티플롯에서는 우연성이 인과성을 대신하는 경우가 종종 있으며, 사건이나 사물들의 무작위적인 충돌이나 만남이 인과성의 흐름을 깨고 삶의 파편화, 의미 없음, 부조리성 등으로 이어진다는 점이 주로 강조된다.

동기가 부여되어 있는 하나의 행동은 어떤 극적인 효과를 유발시키며, 이렇게 유발된 효과는 또 다른 효과의 원인이 된다. 이처럼 사건들 간의 연쇄 작용 속에서 다양한 차원의 갈등이 하나의 연쇄 고리로 연결되어 사실성의 내적 연관성을 확보하는 가운데 이야기의 절정까지 이르게 된다. 이 과정을 주도하는 것이 바로 **인과성**(CAUSALITY)이다.
동기가 확실치 않은 하나의 행동은 하나의 극적 사건을 일으키나, 그 사건이 또 다른 효과의 원인이 되지는 않는다. 따라서 이야기는 여러 개의 분절된 에피소드로 구성되어 존재의 단절성을 표현하면서 열린 결말을 갖게 된다. **우연성**(COINCIDENCE)은 이러한 허구의 세계를 주도하는 원리다.

「특근」에서 한 젊은 사내(그리핀 던)는 맨해튼의 커피숍에서 우연히 만난 한 여자와 데이트를 하기로 약속한다. 그 여자가 살고 있는 소호의 아파트로 가던 중 그가 가지고 있던 단 한 장의 20달러짜리 지폐가 택시 창문 밖으로 날려 간다. 그는 창고를 개조한 그 여자의 아파트에서 아직 작업 중인 기괴한 조각 작품에 자기가 잃어버린 것으로 보이는 20달러짜리가 스테이플러로 박혀 있는 것을 발견한다. 그의 데이트 상대인 여자는 갑자기 이미 계획되어 있던 자살을 감행한다. 지하철을 탈 돈도 없어 소호 지역에 고립된 그는 도둑으로 오인되어 그 동네 자율 방범대원들에게 쫓겨 다니는 신세가 된다. 계속해서 등장하는 미치광이 같은 인물들과 넘쳐 올라오는 변기 등으로 인해 탈주에 실패하던 그는 어느 조각 작품 속에 숨는다. 그런데 진짜 도둑놈들이 그것을 훔쳐서 트럭에 싣고 달아나다가 트럭의 문이 열려서 그가 문서 작성자로 일하는 회사의 정문 앞에 출근 시간에 맞춰 떨어뜨리고 나서야 간신히 빠져나오게 된다. 그는 신이 가지고 놀고 있는 당구대 속의 당구알처럼, 마침내 당구대의 주머니 속으로 떨어지는 그때까지 아무런 개연성 없이 이리저리 튕겨 다닌 것이다.

일관되는 사실성 vs 일관되지 않은 사실성

이야기는 삶의 은유다. 이야기는 실제의 사건들 너머에 있는 삶의 핵심으로 우리를 인도한다. 그러므로 사실성을 이야기에 일대일로 적용하는 것은 잘못된 것이다. 작가들이 창조해 내는 여러 가지 세계들은 각각의 내적인 인과율에 지배당한다. 아크플롯은 일관되는 사실성 속에서 펼쳐지지만, 이 경우에 사실성이란 실제성을 의미하지는 않는다. 심지어 가장 자연주의적으로 묘사되는, 일상적인 삶을 그리는 미니플롯의 경우조차 삶은 추상화되고 정제된다. 각각의 허구적인 사실성은 그 안에서 일어나는 사건들의 방식 하나하나를 독창적으로 구축해 낸다. 아크플롯에서는 이와 같은 규칙들을 무시할 수 없다. 설령 약간 별나 보이더라도.

일관되는 사실성이란 인물들과 세계 사이의 관계 방식을 설정해 내는 허구적 장치로서, 이야기의 전 과정을 통해 지속적으로 유지되는 이 관계에 의해서만 의미는 창조될 수 있다.

예를 들면 '판타지'로 분류되는 모든 영화는 이 사실성의 별난 규칙들이 엄격하게 적용되는 아크플롯을 따르고 있다. 「누가 로저 래빗을 모함했나」에서 사람 등장인물이 잠겨 있는 문을 향해 만화 등장인물인 로저를 몰아가는 상황을 생각해 보자. 로저는 갑자기 이차원으로 변해 몸을 납작하게 만들어서는 문 밑의 틈으로 미끄러져 들어가 탈출한다. 사람은 닫혀 있는 문에 가서 부딪친다. 그럴 수도 있다. 그러나 문제는 이것이 앞으로 이야기의 규칙이 된다는 데 있다. 즉 어떤 사람 등장인물도 로저를 잡을 수 없는데, 그 이유는 로저가 언제든지 이차원의 평면으로 둔갑해서 달아날 수 있기 때문이라는 것이다. 앞으로 진행되는 장면에서 로저가 붙잡히게 하고 싶으면 작가는 사람이 아닌 등장인물을 고안해 내거나 앞서의 추적 장면을 다시 쓰는 수밖에 없다. 일단 이야기의 인과율을 만들어 내고 나면 아크플롯을 사용하는 작가는 스스로 창조해 낸 규범 안에서 작업해야 한다. 그러므로 일관되는 사실성이란 내부적으로 일관성을 유지하는 세계를 말하며, 그 안에서 진실하다.

일관되지 않는 사실성이란 상호 작용의 방식을 뒤섞어 놓아 하나의 이야기에 들어 있는 여러 가지 에피소드를 각각 다른 종류의 사실성들에 근거하게 함으로써 이야기의 부조리성을 드러내게끔 하는 설정이다.

안티플롯에 다만 하나의 규칙이 있다면 모든 규칙을 깨뜨려야 한다는 것이다. 장 뤽 고다르의 「주말」에서 파리 출신의 한 쌍의 연인은 보험금을 타내기 위해 늙은 친척 아주머니를 살해하기로 한다. 친척 아주머니가 사는 시골집으로 가던 도중에 현실보다는 환각에 가까운 사고가 일어나 그들의 빨간색 스포츠카가 부서진다. 별 수 없이 이 연인들이 잘 단장된 그늘진 골목길을 터벅터벅 걸어가고 있는데 느닷없이 에밀리 브론테가 19세기의 영국으로부터 20세기의 프랑스의 길거리로 날아와 자신의 소설『폭풍의 언덕』을 읽는다. 이 연인들은 에밀리 브론테가 눈앞에 보이는 것이 싫어서 라이터를 꺼내 에밀리 브론테의 페티코트에 불을 붙여 그녀를 바짝 태우고는……, 계속해서 걸어간다.

고전 문학의 따귀를 올려붙인 것일까? 그럴지도 모르지만 이런 장면은 다시 보이지 않는다. 이 영화는 시간 여행에 대한 것이 아니다. 단 한 번 에밀리 브론테를 제외하고는 누구도 과거나 미래로부터 날아오지 않는다. 규칙은 깨어지기 위해서 만들어진 것이다.

아크플롯을 꼭대기에서부터 뒤집어 버리고자 하는 욕망은 금세기 초엽부터 있어 왔다. 아우구스트 스트린드베리, 에른스트 톨러, 버지니아 울프, 제임스 조이스, 사뮈엘 베케트, 그리고 윌리엄 버로스 등의 작가들은 예술가와 외부 세계의 연결 고리를 끊어 놓고, 그로 인해서 예술가와 대다수의 감상자 사이도 끊어 놓을 필요를 느꼈다. 표현주의, 다다이즘, 초현실주의, 의식의 흐름, 부조리극, 반소설, 그리고 반구조적 영화들은 기술적인 면에서는 다를지 몰라도 같은 종류의 결과를 공유하고 있다. 예술가의 선택에 의해서만 감상자가 받아들여지는 예술가의 사적인 세계로의 후퇴가 바로 그것이다. 그들의 세계 안에서는 사건들이 시간적 순서를 무시한 채 발생하고 우연적이고 파편화되어 있고 혼돈에 빠져 있을 뿐만 아니라 등장인물들 역시 이해 가능한 심리 상태 속에서 활동하지 않는다. 정상이라고도 비정상이라고도 말하기 어려운 이 등장인물들은 의도적으로 모순되거나 눈에 띄게 상징적으로 그려진다.

이런 방식으로 만든 영화들은 '있는 그대로의 삶'보다는 '그렇게 생각되는 삶'에 대한 은유다. 이런 작품들은 사실성이 아니라 작가의 관념 세계를 반영한다. 그리고 그렇게 함으로써 이야기 설계의 한계치를 교육적이고 관념화된 구조까지 밀고 나간다. 그러나 「주말」의 안티플롯처럼 일관되지 않은 사실성을 활용할 경우에도 일종의 통일성은 있다. 작품이 잘 만들어졌을 때는 그 영화가 작가의 정신이 가 닿아 있는 주관적인 상태를 잘 표현해 주고 있다고 느끼게 된다. 그 영화가 아무리 앞뒤가 맞지 않는다고 해도 이런 종류의 수용 가능성이 있어서 관객들은 기꺼이 미로 속으로 걸어 들어갈 마음을 먹게 되는 것이다.

여태까지 이야기한 일곱 가지 항목들의 상호 대립성과 대조성은 그다지 견고한 것도 급격한 것도 아니다. 열려 있음/닫혀 있음, 수동성/능동성, 일관된 사실성/일관되지 않은 사실성 등등의 각 대립항 내부에는 거의 무한할 정도의 정도차가 존재한다. 이야기를 만들어 낼 수 있는 다양한 가능성들은 위 도표의 삼각형의 여기저기에 자리할 수 있으며, 형식의 순수성을 지닌 극소수의 영화들만이 삼각형의 각 극단에 자리 잡는다. 삼각형의 각 변은 구조적인 선택을 보여 주는 스펙트럼으로서, 작가들은 이 변을 따라 자신의 이야기를 이동시키면서 각각의 극단들에 섞여 들어가거나 그들로부터 차용해 올 수 있다.

「사랑의 행로」와 「크라잉 게임」은 아크플롯과 미니플롯의 중간쯤에 위치한다. 이 두 이야기는 좀 더 수동적이고 고립된 주인공을 다루며, 서브플롯으로 활용된 사랑 이야기가 해결되지 않은 채로 남는다는 점에서 열린 결말의 형식을 취한다. 이 두 편 중 어느 하나도 「차이나타운」이나 「7인의 사무라이」 같은 고전적 설계 방식을 택하지 않고, 그렇다고 「잃어버린

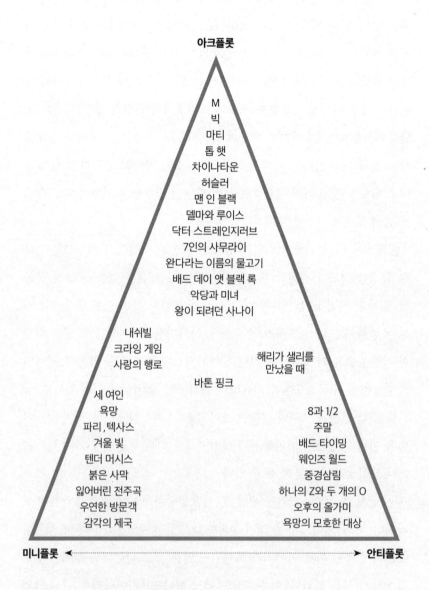

아크플롯

M
빅
마티
톱 햇
차이나타운
허슬러
맨 인 블랙
델마와 루이스
닥터 스트레인지러브
7인의 사무라이
완다라는 이름의 물고기
배드 데이 앳 블랙 록
악당과 미녀
왕이 되려던 사나이

내쉬빌
크라잉 게임
사랑의 행로

해리가 샐리를
만났을 때

바톤 핑크

세 여인
욕망
파리, 텍사스
겨울 빛
텐더 머시스
붉은 사막
잃어버린 전주곡
우연한 방문객
감각의 제국

8과 1/2
주말
배드 타이밍
웨인즈 월드
중경삼림
하나의 Z와 두 개의 O
오후의 올가미
욕망의 모호한 대상

미니플롯 ◄------------------► 안티플롯

전주곡」나 「그린 파파야 향기」 같은 미니멀리스트적 방식을 취하지도 않는다.

다수의 플롯을 채택한 영화들 또한 아크플롯과 미니플롯의 중간쯤에 위치한다. 이 형식의 대가인 로버트 알트만의 작품들은 다양한 가능성을 보여 준다. 이런 형식을 가진 작품들은 각각의 플롯들이 아크플롯 쪽으로 강하게 기울면서 강력한 외적인 결과를 향해 통합될 경우 견고한 형식이 될 수도 있고(「내쉬빌」), 각각의 플롯들이 미니플롯 쪽으로 기울어 각 플롯의 진행이 완만해지면서 액션이 좀 더 플롯 내부로 제한될 때에는 부드러운 형식이 되기도 한다.(「세 여인」)

어떤 영화는 유사 안티플롯이 되기도 한다. 예를 들어 노라 에프론과 롭 라이너가 「해리가 샐리를 만났을 때」를 만들면서 모방 기록 영화(Mockumentary) 장면들을 삽입했을 때 이 영화의 전체적인 사실성에는 의문이 생겨났다. 노년에 이른 부부들이 과거를 회상하면서 자신들이 어떻게 처음에 만났는가를 이야기하는 인터뷰 장면들은 사실은 작가가 정교하게 써서 배우들이 연기한 것이다. 이러한 거짓 사실성들은, 이런 장치가 없었으면 전통적인 사랑 이야기가 되었을 이야기 속에 끼어들어 가면서 이 영화를 사실성의 측면에서 일관되지 않고 자기 반영적인 풍자극의 영역으로 밀고 나갔다.

「바톤 핑크」 같은 영화는 세 극단의 특성을 다 취하면서 삼각형의 가운데에 위치한다. 이 영화는 뉴욕 출신 희곡 작가(단일 주인공)가 할리우드에 와서 자리를 잡으려고 애쓰는 과정(외적인 힘에 맞서는 활동적인 갈등)으로 시작된다―아크플롯. 그러나 핑크(존 터투로)는 호텔 방에서 스스로를 고립시킨 채 글을 쓰려고 하지만 단 한 줄도 써내지 못하면서 점점 더 고립되어 간다(내적 갈등)─미니플롯. 이야기가 점점 환상적으로 진행됨에 따라 관객들은 무엇이 실제로 일어나는 일이고 무엇이 환상인지 점차 분별하기 어려워지고,(일관되지 않은 사실성) 결국은 아무것도 신뢰할 수 없는 지경에 이른다(파편화된 시간적·인과적 질서)─안티플롯. 핑크가 바다를 노려보는 장면으로 끝나면서 이 영화는 열린 결말을 가지고 있는 것 같지만, 그가 할리우드에서 두 번 다시 글을 쓰지 않으리라는 것은 명백해 보인다.

변화 vs 정체

삼각형 안에 위치한 영화들에서는 등장인물의 삶에 분명한 변화가 일어난다. 그러나 「남편들」처럼 극단적인 미니플롯을 채택한 작품에서는 그 변화가 등장인물의 가장 깊은 곳의 내적인 갈등을 통해 일어나기 때문에 사실상 겉으로는 드러나지 않는다. 안티플롯의 극단에 이른 작품에서의 변화는 현실의 경계를 완전히 무시하는 코미디로 나타날 수도 있다. 「몬티 파이튼의 성배」에서처럼. 그러나 이 두 경우에서는 이야기의 흐름과 등장인물들의 삶이 어떤 방향으로든 변화하고 있다.

이 삼각형 아래로 내려오면 이야기는 흐름을 갖지 않고 그 자리에 머문다. 영화의 마지막 부분에서 등장인물의 삶의 가치는 시작 부분의 가치와 거의 완전히 똑같다. 이야기는 핍진할 수도 부조리할 수도 있는 인물의 초상 속으로 스며든다. 나는 이 영화들을 논플롯(Nonplot)이라고 부른다. 이런 종류의 영화들은 관객들에게 정보를 주기도 하고 감동시키기도 하고 그들만의 수사학이나 형식적인 구조를 가지고 있지만 아무런 이야기도 들려주지 않는다. 그러므로 이들은 이야기의 삼각형을 벗어나 느슨하게 서사라고 분류되는 부류에 포함된다.

아크플롯

멀티플롯

몬티 파이튼의
성배

남편들

| 미니플롯 | 변화 | 안티플롯 |

정체

숏 컷
움베르토 D
얼굴들
네이키드
라스베이거스를 떠나며

— 논플롯 —

남성, 여성
지난해 마리앙바드에서
부르주아의 은밀한 매력
유럽횡단특급

「움베르토 D」, 「얼굴들」, 「네이키드」처럼 일상의 한 단면을 잘라서 보여 주는 작품들에서, 우리는 이 영화들의 주인공이 외롭고 문제투성이인 삶을 살고 있다는 것을 알게 된다. 그들은 더욱 심한 고통에 의한 시련을 겪기도 하고 영화의 마지막에 이르러서는 그보다 더한 고통도 맞이할 준비가 된 채 삶의 고통 속으로 되돌아간다. 「숏 컷」에서 각 개인들의 삶은 각각의 이야기 속에서 변화를 겪지만, 마침내 살인과 자살이 이 영화 속 풍경의 자연스러운 일부로 보일 때까지 영화 구석구석에 스며든 채 이 영화를 지탱하는 것은 영혼 없는 불안이다. 논플롯의 세계 안에서는 아무런 변화도 일어나지 않지만 우리는 이를 통해 냉정한 통찰력을 얻게 된다.

어쩌면 우리 안에서 변화가 일어날 수도 있고.

반구조적인 논플롯 역시 순환적 양식을 따라가긴 하지만, 대신에 이야 기를 전혀 자연주의적이지 않은 방법으로 부조리와 풍자를 통해 뒤바꿔 놓는다. 「남성, 여성」(프랑스/1966), 「부르주아의 은밀한 매력」(프랑스/1972), 「자유의 환영」(프랑스/1974)은 부르주아의 성과 정치의 기괴함을 조롱하는 장면들에서 서로 연결되는데, 시작 부분의 맹인 바보들은 영화가 끝날 무 렵이 되어서도 역시 변함없이 맹인인 데다 바보들이다.

이야기 설계의 정치학

이상적인 세계라면 정치와 예술이 서로 아무런 관계를 맺지 않을 것이 다. 그러나 현실 세계는 양자가 서로로부터 분리될 수 없다. 다른 분야와 마찬가지로 이야기의 삼각형 안으로도 정치학은 어김없이 숨어든다. 취 향의 정치학, 영화제와 상들의 정치학, 그리고 가장 중요한 것으로 예술 성 대 상업적인 성공의 정치학이 있다. 그리고 다른 모든 정치적인 상황 들과 마찬가지로 진실은 각 극단에 이르렀을 때 가장 크게 왜곡된다. 우 리는 각자 이야기 삼각형 안의 어느 지점엔가에 자기 주소지를 두고 있 다. 위험한 것은 개인적이라기보다는 이념적인 이유로 인하여 자기의 주 소지를 떠나 삼각형 안의 어느 한 극단의 지점에 가서 이야기를 설계하려 는 욕망을 갖게 될 수도 있다는 것이다. 사실상 마음 깊은 곳에서는 그런 종류의 작업을 신뢰하지 않음에도 말이다. 그러나 영화를 둘러싼, 때때로 겉만 번지르르한 논쟁들을 주의 깊게 들여다보면 자신의 길을 잃지 않을 수도 있다.

지난 수년간 영화의 가장 일차적인 정치적 주제는 '할리우드 영화' vs '예술 영화'에 관한 것이었다. 이 용어들 자체는 상당히 오래되었지만 두 파의 당원들은 매우 당대적이고 목소리 또한 높다. 전통적으로 이 논쟁은 고예산 vs 저예산, 특수 효과 vs 예술가적 화면 구성, 스타 시스템 vs 앙상블 연출(Ensemble Acting), 사적인 재정 조달 vs 정부 지원, 그리고 고용 감독 vs 작가 감독 등의 용어들을 통해 이루어져 왔다. 그러나 이런 논쟁 뒤에 숨어 있는 것은 삶에 대해 근본적으로 대립되는 두 개의 서로 다른 시각 이다. 가장 중요한 전선은 이야기 삼각형의 밑변에 걸쳐 뻗어 있다. 변화 vs 정체가 바로 그것으로, 작가에게는 심오한 함축을 담고 있는 철학적 모 순이다. 용어 정의부터 시작해 보자.

'할리우드 영화'라는 개념에는 「행운의 반전」, 「사랑과 슬픔의 맨해튼」, 「드럭스토어 카우보이」, 「할리우드 스토리」, 「살바도르」, 「허공에의 질 주」, 「블루 벨벳」, 「밥 로버츠」, 「JFK」, 「위험한 관계」, 「피셔 킹」, 「똑바로 살아라」, 「에브리원 세즈 아이 러브 유」 등은 포함되지 않는다. 이 밖에도 이런 종류의 영화가 많이 있지만 이들은 할리우드 스튜디오들이 제작하 여 국제적인 성공을 거둔 작품들이다. 「우연한 방문객」은 전 세계에서 2억 5000만 달러를 벌어들여 대부분의 액션 영화들의 수입을 앞질렀지만, 이 역시 할리우드 영화의 개념에는 포함되지 않는 영화다. '할리우드 영화' 라는 개념이 지니는 정치적 의미는 특수 효과가 주도하는 30~40편 정도 와 그에 버금가는 수의 로맨스 코미디로 좁혀지는데, 이는 할리우드에서 매년 생산되는 영화의 절반에 훨씬 못 미치는 숫자다.

넓게 보자면 '예술 영화'란 할리우드 밖에서 생산된 영화들로 특히 외 국에서 만들어진 영화들, 그중에서도 유럽에서 만들어진 영화들을 일컫는다. 매년 서유럽에서 만들어지는 영화의 수는 대략 400편을 넘는데 이는 할리우드에서 만들어지는 것보다 많은 분량이다. 그러나 이들 중 대다수를 차지하는 잔혹한 액션 영화, 포르노그래피, 엎어지고 깨지고 하는 코미디들은 예술 영화와 거리가 멀다. 예술가들이 모여 앉아 주고받는 말인 '예술 영화'(예술 소설이니 예술 연극이니 하는 표현들을 한번 상상해 보라. 이게 얼마나 싱거운 말인지)는 「바베트의 만찬」, 「일 포스티노」, 「개를 문 사나이」처럼 대서양을 건너올 수 있었던 뛰어난 영화들에만 제한적으로 적용된다.

할리우드에서 영화를 만드는 사람들은 삶이 바뀔 수 있다는 가능성, 특히 더 좋아지는 방향으로 바뀔 수 있다는 가능성에 대해 지나칠 정도로(어찌 보면 바보스러울 정도로) 낙관적인 경향이 있다. 그리고 결과적으로 이러한 삶에 대한 전망을 표현하기 위해 대부분의 경우 긍정적인 결말을 이끌어내는 아크플롯에 의존하게 된다. 그런가 하면 할리우드 밖의 영화인들은 삶의 변화에 대해 지나칠 정도로(어찌 보면 너무 멋을 부린다고 할 정도로) 비관적이어서 삶에는 아예 어떤 종류의 변화도 존재하지 않는다고 보거나 변화가 있을 경우에는 더 악화되는 방향으로 변화된다고 설교하는 경향이 있다. 결과적으로 이런 종류의 변화 없음/변화의 쓸데없음, 의미 없음, 또는 파괴적인 영향을 표현하기 위하여 일정한 플롯이 없는 초상이나 부정적인 결말을 보이는 극단적인 미니플롯, 안티플롯 등이 많이 쓰이게 된다.

물론 분명히 예외는 있지만 이런 종류의 이분법은 신구의 이 두 대륙을 가르고 있는 바다보다 더 사실적이고 깊다. 미국은 정체된 여러 문화의 감옥들로부터 탈출해 온, 끊임없는 변화를 추구하는 자들의 사회다. 미국인들은 자신에게 걸맞은 어떤 것이든 찾아내기 위해 끊임없이 변화를 시도한다. 미국인들은 하나의 위대한 사회상을 만들어 내기가 무섭게 다시 그것을 해체시킨다. 반면에 구대륙의 사람들은 지나간 여러 세기 동안의 혹독한 경험을 통해 어떤 종류의 사회적인 변화는 전쟁과 기아, 혼돈을 불러일으킬 수도 있다는 것을 배웠다.

그 결과, 두 사회는 이야기에 대해 양극단의 견해를 가지게 되었다. 할리우드 영화의 천부적인 낙관성(긍정적인 변화를 향해 무조건적이진 않으나 뚜렷한 지향성을 가진다는 의미에서) vs 예술 영화의 천부적인 비관성(인간 조건이 개선되지 않으리라는 견해에 대해 무조건적이진 않으나 뚜렷한 지향성을 가진다는 의미에서)의 대립이 바로 그것이다. 할리우드 영화들은 너무나도 자주 진실성보다는 상업적인 이유 때문에 전향적인 결말을 요구한다. 그런가 하면 예술 영화들은 너무나도 자주 진실성보다는 멋을 부리기 위해 어두운 면에 집착하는 경향이 있다. 그러나 진실은 언제나 그렇듯이 이 둘 사이의 어딘가에 자리한다.

내적 갈등에 초점을 맞추고 있는 예술 영화들은 주로 교육 정도가 높은 사람들의 관심을 잡아끈다. 내적인 세계는 교육 정도가 높은 사람들이나 많은 시간을 보내는 공간이기 때문이다. 그러나 예술 영화를 만드는 사람들은 이런 관객들을 종종 과대평가하는 경향이 있다. 완전히 자기 안에만 사로잡혀 있는 사람일지라도 항상 내적 갈등을 향한 욕구만을 갖고 있는 것은 아니다. 그보다 더 큰 문제는 이들이 영사막에 내보일 수 없는 것들을 표현하는 자신들의 능력을 과대평가한다는 사실이다. 똑같은 동전의 반대 면으로, 할리우드 영화를 만드는 사람들은 관객들이 극 중 인물의 성격, 사상, 감정 등에 대해 가지는 관심을 과소평가한다는 문제가 있다. 그리고 그보다 더 큰 문제는 자신들이 액션 장르이면서도 상투적이지 않은 영화를 만들 수 있다고 스스로를 과대평가한다는 사실이다.

할리우드 영화들은 뻔한 결말과 상투성을 가지도록 요구당하는 경우가 종종 있기 때문에, 관객들의 주의를 붙들어 놓기 위해서는 연출자가 「제5 원소」처럼 다양한 변화의 효과와 관객의 예상 수위를 넘어가는 액션들로 보충해 줄 필요가 있다. 마찬가지로 이야기의 흐름이 아주 약하거나 심지어 아예 없는 예술 영화들도 연출자는 그를 보완할 방법을 마련해야 한다. 이 경우에는 두 가지 가능성이 있다. 정보를 많이 주거나, 아니면 정서적인 자극을 주는 것이다. 정치적인 논쟁, 철학적인 명상, 또는 자신들의 감정에 대한 세밀한 묘사를 주 내용으로 하는 대사로 가득 찬 장면이 전자의 경우라면, 관객의 감각을 즐겁게 해 줄 만한 풍성한 세트와 촬영, 음악 등은 후자의 경우에 해당한다. 「잉글리시 페이션트」에서는 이 두 가지 방법이 모두 사용되었다.

이 두 가지 종류의 영화들을 둘러싼 재원 조달, 배급, 시상 등의 시시한 정치적 싸움 뒤에는 세계에 대한 상반된 전망을 반영하는 아크플롯 vs 미니플롯 또는 안티플롯의 대립으로 대변되는 깊은 문화적 단절이 자리 잡고 있다. 작가는 그때그때 쓰고 있는 이야기에 따라 이야기의 삼각형 안에서 어느 곳으로나 움직일 수 있지만 대부분 작가들은 그 속의 어느 한 곳에서 좀 더 편안함을 느낀다. 당신 역시 어느 곳에 주로 자리 잡고 있을 것인지 정치적인 선택을 해야 한다. 이 장의 나머지 부분을 심사숙고해 본다면 선택에 도움이 될 것이다.

작가는 글 쓰는 일을 통해 생활을 해결해야 한다

한 주에 마흔 시간씩 일하면서 글을 쓰는 일도 가능하긴 하다. 그렇게 살아온 작가들도 수없이 많다. 그러나 일정한 시점에 도달하면 피로감이 몰려오고 집중도가 떨어지고 창의력은 무너지고 그만두고 싶다는 유혹에 시달리게 된다. 이렇게 되기 전에 글을 써서 먹고 살 수 있는 길을 마련해 놓는 것이 좋다. 영화, TV, 연극, 출판 등의 영역에서 재능 있는 작가의 생존은 다음과 같은 사실에 대한 작가 자신의 자각과 더불어 시작된다. 즉 자신이 설계한 이야기가 이야기 삼각형의 정점에 있는 아크플롯으로부터 점차 미니플롯, 안티플롯, 논플롯을 향해 미끄러져 내려갈수록 자신의 관객/독자의 수는 점차 적어진다는 것이다.

이런 경향은 작품의 질과는 아무런 관계도 없다. 이 삼각형의 각 구석에는 우리가 사는 이 불완전한 세계를 완전하게 조명해 주는 명작들이 자리를 잡고 있다. 관객이 줄어드는 것은 그보다는 다음의 이유들 때문이다. 대부분 사람들은, 인생에는 완전하고 취소 불가능하고 닫힌 결말이 있으며, 자신들의 갈등의 주원인은 자신들 외부에 있으며, 자기 자신이야말로 자기 삶에 있어서 유일한 활동적인 주인공이며, 자신의 삶은 연속적인 시간 속에서 지속적이고 인과적인 내적 연관성을 지닌 사실성에 근거해 유지되고 있으며, 모든 사건은 바로 이 사실성 안에서 이해될 수 있고 의미 있는 이유를 가지고 일어난다고 믿는다. 우리의 가장 오랜 조상이 처음 자신의 힘으로 피워 놓은 불을 바라보면서 '나는 존재한다.'는 생각을 품었던 그 순간 이후, 이것이 바로 인간이 세계와 그 안에 살고 있는 자신을 보아 온 방법이다. 고전적인 이야기 설계는 인간 정신의 거울이다.

고전적인 설계는 기억과 예감, 모두에 대한 본보기다. 우리가 과거를 돌이켜 볼 때, 일어났던 사건들을 반구조적인 방법으로 바라보는가? 미니멀리스트적인 방법으로 바라보는가? 그렇지 않다. 우리는 개별적인 사건들을 기억 속에서 불러내어 아크플롯에 근거해 그 기억들을 재구성해 낸 뒤에야 선명하게 과거를 되살릴 수 있다. 우리가 앉아서 미래의 희망에 대한 백일몽을 꾸고 있을 때, 그 꿈들은 미니멀리스트적인가? 반구조적인가? 그렇지 않다. 우리는 우리의 환상과 꿈을 아크플롯의 틀에 맞게 녹여 낸다. 고전적인 설계는 인간의 지각 체계의 시간적·공간적·인과적 유형을 드러낸다.

고전적인 이야기 설계 방식이 서구인들의 시각인 것만은 아니다. 수천년 전부터 서아시아에서 자바를 거쳐 일본, 중국에 이르기까지, 아시아의 이야기 작가들은 아크플롯의 방식 안에서 그들의 이야기를 전개시켜 왔다. 아시아의 영화가 널리 알려지면서 드러났듯이, 아시아의 시나리오 작가들은 서양에서 사용된 것과 같은 고전적 설계의 원칙들을 채용해 그들만이 지닌 풍자와 기지를 훨씬 더 풍요롭게 만들고 있다. 아크플롯은 고대의 것도 현대의 것도 아니며, 서양의 것도 동양의 것도 아니다. 모든 인류에 공통된 것이다. 관객은 이야기가 지루하고 자신에게 의미 없어지기 시작한다고 판단하면 바로 등을 돌린다. 이것은 지적이고 예민한 사람이라면 그 사람의 사회적 배경에 관계없이 누구나 다 마찬가지다. 대다수 사람들은 안티플롯의 비연속적인 사실성과 미니플롯의 내면화된 수동성, 그리고 논플롯의 변화 없는 순환성 등을 자기가 살고 있는 삶에 대한 은유로서 인정하지 못한다. 이야기가 삼각형의 바닥으로 가까워질수록 관객층은 자신들의 삶의 사실성을 가끔씩 한번 비틀어 보고 싶어 하는 소수의 영화 애호가 지식인들로 좁아진다. 이들은 분명히 열성적이고 새로운 것에 도전하는 사람들임에 틀림없으나 아주 적은 수의 관객층이다.

관객 수가 적어지면 분명히 제작 예산도 줄어든다. 이것은 법칙이다. 알랭 로브그리예는 1961년에 「지난해 마리앙바드에서」를 썼고, 1970년대와 80년대를 통해 안티플롯의 아주 명민한 수수께끼 같은 작품들을 써 왔다. 그 작품들은 삶에서 일어나는 일보다는 주로 글쓰기의 예술 자체에 대한 것이다. 나는 언젠가 그처럼 비상업적인 작품들을 무슨 수로 계속 만들 수 있었는지 그에게 물어 본 적이 있다. 그는 한 작품에 75만 달러 이상을 써 본 적이 한 번도 없고, 앞으로도 그러리라고 말했다. 그의 관객은 고정적이기는 하지만 미미한 숫자일 뿐이다. 이처럼 극도로 낮은 제작비만을 쓰기 때문에 투자자들은 배가 넘는 이익을 남기면서 여전히 그에게 연출 자리를 허락하는 것이다. 그러나 그의 제작비가 200만 달러를 넘어서게 된다면 투자자들은 입고 있는 옷도 날릴 것이고, 연출자는 그 자리를 날리게 될 것이다. 로브그리예는 자기만의 전망을 갖고 있을 뿐 아니라 실용적이기도 했다.

만약에 당신이 로브그리예처럼 미니플롯이나 안티플롯 계열의 작품을 쓰기를 원하고, 저예산으로도 기꺼이 제작에 나설 제작자를 구해서 그 정도의 예산만 가지고도 만족스럽게 작업할 수 있다면 그것도 좋다. 그렇게 하라. 그러나 그 시나리오가 만약 할리우드를 위한 것이라면 저예산용의 대본은 설 자리가 없다. 경험이 많은 제작자들이라면 당신의 반구조적인, 또는 미니멀리스트적인 대본을 읽고 나서 당신이 이미지를 다루는 솜씨에 찬사를 보내긴 하겠지만 제작에 관여하지는 않으려고 할 것이다. 왜냐하면 이야기의 아귀가 맞지 않는 작품에는 관객이 붙지 않는다는 것을 그동안의 경험을 통해 충분히 배웠기 때문이다.

할리우드에서 웬만한 규모의 영화 제작비는 수천만 달러를 넘어서기 때문에, 제작비는 물론 다른 투자처에 비해 나은 이익을 남기려면 상당한 규모의 관객을 동원해야 한다. 도대체 어떤 투자자가 기껏해야 영화제나 몇 군데 돌고 나서 필름 보관 창고에 처박히게 될 영화를 만들겠다고 건물 한 채 값을 투자하겠는가? 할리우드에서 어떤 대본을 가지고 영화를 찍겠다고 나설 때는 이런 엄청난 위험 부담을 벌충할 만한 무엇인가가 그 대본 안에 틀림없이 들어 있다. 달리 말하자면 그 대본은 아크플롯 쪽에 가까이 가 있다는 것이다.

작가는 고전적인 형식에 통달해야 한다

본능적으로건 공부에 의해서건 뛰어난 작가들은 미니멀리즘이나 반구조주의가 독립된 형식이라기보다는 고전적 형식에 대한 반작용이라는 사실을 파악해 낸다. 미니플롯과 안티플롯은 둘 다 아크플롯에 근거한다. 미니플롯은 아크플롯을 축소한 것이고, 안티플롯은 아크플롯에 반대되는 것이다. 아방가르드는 대중적이고 상업적인 예술에 대항하다가 그 자신이 대중화되고 상업화되면 스스로를 공격하기 시작한다. 만약 논플롯의 예술 영화들에 관객이 몰리기 시작하면 아방가르드는 다시 그에 저항하여 할리우드가 그런 종류의 영화들에 팔려 버렸다고 비난하면서 고전적 형식을 다시 자신의 형식으로 설정할 것이다.

형식성/자유, 좌우 대칭/비대칭 사이의 이와 같은 순환은 그리스의 극장들만큼이나 오래된 것이다. 예술의 역사는 곧 재생의 역사다. 기성 세대의 예술은 적당한 시기가 되면 그 자신이 기성 세대가 되어 버릴 아방가르드에 의해 분쇄당하고, 이미 기성 세대가 되어 버린 아방가르드는 자신들이 분쇄한 예술 형식으로 무장한 새로운 아방가르드에 의해 또다시 공격당한다. 흑인들의 속어로 성행위를 뜻하던 로큰롤은 전후 백인 음악에 대항하는 아방가르드로서 나타났다. 그러나 이제 로큰롤은 음악의 귀

족일 뿐만 아니라 교회 음악으로까지 쓰이고 있다.

진지하게 안티플롯을 차용하는 시도는 이제 유행에서 멀어졌을 뿐만 아니라 농담거리가 되었을 정도다. 어두운 풍자의 기법은 「안달루시아의 개」로부터 「주말」에 이르기까지 반구조적인 작품들을 관통해 온 주요 기법이었지만, 카메라를 향해 직접 이야기를 건네는 수법이라든가, 비연속적인 사실성이라든가, 고정되어 있지 않은 결말 등은 이제는 소극(笑劇)적인 장치 정도로만 쓰일 뿐이다. 밥 호프와 빙 크로즈비의 영화 「모로코 가는 길」에서 사용된 안티플롯 개그는 후에 「블레이징 새들스」나 '몬티 파이튼' 작품들, 「웨인즈 월드」 등에서도 사용되었다. 한때는 위험하고 혁명적으로 보였던 이야기의 기법들이 이제는 이빨이 다 빠지고 매력적으로 보이기까지 하는 것이다.

위대한 이야기꾼들이 항상 알고 있던 것처럼 작가라면 누구나 다 사회적 배경과 교육 정도를 불문하고 의식적으로건 본능적으로건 고전적인 예견을 가지고 이야기의 의식에 참여하게 된다. 그러므로 오늘날 미니플롯이나 안티플롯이 제 기능을 할 수 있도록 하려면 이러한 예견을 염두에 두고 그것과 더불어, 또는 그것에 대항하여 작업해야 한다. 고전적인 형식을 분쇄해 버리건 변형시켜 버리건 주의 깊게 창조적으로 그 과정을 수행해야만, 예술가는 관객들로 하여금 미니플롯을 통해 숨겨져 있는 내적 삶을 받아들이게 하거나 안티플롯에서 삶의 부조리성을 받아들이게끔 인도할 수 있는 것이다. 그러나 작가가 그 형식을 이해하지 못하면 어떻게 그것을 창조적으로 축소시키거나 뒤집어 버릴 수 있겠는가?

이야기 삼각형의 극단적인 구석 자리에서 성공적인 작품을 써낼 수 있었던 작가들은 삼각형 꼭대기에서부터 작업을 시작해야 한다는 사실을 잘 알고 있었고, 고전적인 형식의 작품을 써내는 것으로 작가의 경력을 쌓기 시작했다. 잉마르 베리만은 미니멀리즘 계열의 「침묵」이나 반구조적인 작품 「페르소나」를 쓰기 전 20여 년에 걸쳐 사랑 이야기와 사회, 역사 드라마들을 쓰고 연출했다. 펠리니 역시 미니플롯 작품인 「아마코드」와 안티플롯의 「8과 1/2」 등의 모험을 하기 전에 「이 비텔로니」와 「길」을 만들었다. 고다르 역시 「주말」을 만들기 전에 「네 멋대로 해라」를 만들었다. 로버트 알트만 역시 영화를 만들기 전 「보난자」 같은 TV 시리즈에서 이야기꾼의 재능을 완성시켰다. 대가들은 아크플롯의 기법을 제일 먼저 연마했다.

나는 「페르소나」 같은 첫 작품을 쓰고 싶어 하는 젊은 욕망을 충분히 이해한다. 그러나 아방가르드에 가담하고 싶은 욕망은 이전의 모든 예술가가 그랬던 것처럼 고전적인 형식을 충분히 연마한 다음으로 미뤄 둬야 한다. 여태까지 많은 영화를 보아 왔기 때문에 고전적인 형식에 대해서는 잘 안다는 식으로 자신을 속이지 말기 바란다. 오직 자기 손으로 써낸 후라야 자신이 그 형식을 얼마나 잘 이해하고 있는지 알게 될 것이다. 작가는 자신의 지식이 왼쪽 뇌에서 오른쪽 뇌로 이동해 가는 순간까지, 지적인 자각이 살아 있는 기능으로 변화할 때까지 자신의 기능을 연마해야 한다.

작가는 자신이 쓰고 있는 작품을 신뢰해야 한다

콘스탄틴 스타니슬랍스키가 자신의 배우들에게 물었다. 당신이 사랑하는 것은 당신 안에 존재하는 예술인가, 아니면 예술 안에 존재하는 당신인가? 작가들도 자신이 선호하는 글쓰기 방식에 대해 질문을 던져 봐야 한다. 내 시나리오들은 왜 이 삼각형 안의 어느 한구석에만 위치하는가?

삶에 대한 나의 시각은 어떤 것인가?

작가가 창작해 내는 하나하나의 이야기는 모두 관객에게 이렇게 말을 건넨다. '나는 삶이란 이런 것이라고 믿는다.'라고. 작가의 열정적인 신념이 대본 속에 매 순간 들어차 있지 않으면 독자들은 금세 그것이 가짜라는 것을 눈치챈다. 만약 미니멀리즘 계열의 작품을 쓰고 있다면 이 형식이 지니는 의미를 완전히 신뢰하고 있는 상태에서 쓰고 있는 것인가? 다시 말해 삶에 변화란 없으며 있다 하더라도 미미할 뿐이라는 점을, 경험을 통해 확신하는가? 반(反)고전주의적인 작품을 쓰고자 한다면 과연 삶은 무의미한 순간들의 연속일 뿐이라고 확신하고 있는가? 이런 질문들에 대한 작가의 대답이 확고하게 긍정적이라면, 생각한 대로 미니플롯이나 안티플롯의 작품을 써 내려가고 그 작품들이 영화로 만들어질 수 있도록 모든 노력을 다해야 할 것이다.

대다수 사람들에게는 위 질문들에 대한 정직한 대답은 '아니다'이다. 그러나 반구조적인, 특히 미니멀리즘 계열의 작품은 '피리 부는 사나이'처럼 젊은 작가들을 매혹시킨다. 왜냐고? 나는 대부분 작가들이 이들 형식이 가지고 있는 본질적인 의미 때문에 이들에게 끌리는 것은 아니라고 생각한다. 그보다는 오히려 이러한 형식들이 보여 주는 어떤 외형적인 모습에 원인이 있다고 생각한다. 다른 말로 하자면 일종의 정치학인 것이다. 문제는 안티플롯이나 미니플롯이 무엇인가에 있는 것이 아니라 그들이 무엇과 대립하고 있는가 하는 것이다. 그들은 할리우드와 대립한다.

젊은 작가들은 할리우드와 예술은 대립 관계라고 배워 왔다. 그런 이유 때문에 예술가로 인정받기를 원하는 초보자들은 단지 '할리우드적인' 작품을 피하고자 '예술적인' 작품을 쓰는 함정에 빠진다. 그는 상업주의의 오명을 피하기 위해 닫힌 결말, 활동적인 등장인물들, 연대기적 구성, 그리고 인과적 관계 등을 피해 가게 된다. 그리고 그 결과로 허세와 거짓이 그의 작품을 죽이게 되는 것이다.

이야기란 에드문트 후설이 '객관적 상관성(Objective Correlative)'이라고 표현한, 작가가 관객에게 심어 놓고 싶어 하는 감정과 생각의 총화, 즉 작가의 사상과 열정의 총화다. 상업 영화를 여전히 염두에 두고 있으면서도 한편으로는 상업주의의 오염을 피하기 위해 기묘한 선택만을 거듭하다 보면 결국 신경질적인 발작증의 문학적 등가물이 결과물로 나올 뿐이다. 마치 권위적인 아버지의 그늘에 묻혀 사는 어린아이의 절망적인 반항처럼, 젊은 작가는 단지 파괴의 욕망을 충족시키기 위해 상업 영화의 규범들을 때려 부순다. 그러나 가부장을 향한 분노에 찬 부정이 곧 창의성을 의미하는 것은 아니다. 오히려 그것은 주의를 끌기 위해 비행을 저지르는 것과 같을 뿐이다. 단지 남과 달라 보이기 위해 유별난 짓을 하는 것은 상업 영화의 문법을 노예처럼 따라 해서 성공을 거두는 것만큼이나 공허한 일이다. 작가는 자신이 확신하는 것만을 써야 한다.

3장
구조와 설정

상투성과의 전쟁

요즘처럼 작가 노릇 하기가 까다로웠던 때는 일찍이 없었을 것이다. 이
야기에 묻혀 살고 있는 요즘의 관객과 몇 세기 전의 관객을 한번 비교해
보라. 빅토리아 시대에 살았던 교양인들이 한 해에 몇 번이나 극장에 갔
을까? 대가족에다 식기 세척기도 없던 시대에 살면서 소설을 읽을 시간
은 얼마나 있었을까? 대부분의 초창기 미국인들이 이야기를 읽고 듣는
데 할애한 시간은 아마도 한 주에 대여섯 시간쯤 되었을 텐데, 이 정도는
요즘 우리가 하루에 들이는 시간과 비슷하다. 현대 관객이 한 새로운 작
가의 작품을 마주하고 있을 때쯤이면 그 관객은 이미 수만 시간 분량의
TV, 영화, 책, 연극 등을 접하고 난 뒤다. 어떻게 해야 그 관객이 한 번도

들어 본 적이 없는 이야기를 만들어 낼 수 있을까? 어디에 가야 진정한 의미에서 독창적인 이야기를 찾아낼 수 있을까? 어떻게 해야 상투성과의 전쟁에서 이길 수 있을까?

상투성(Cliché)은 관객이 어떤 작품에 대해 불만을 가지게 되는 가장 근원적인 이유다. 상투성은 사람들의 무지를 통해 전염되는 전염병처럼 모든 종류의 이야기 매체에 만연되어 있다. 처음 시작되는 순간부터 이미 결말을 예견할 수 있기 때문에 지겨울 수밖에 없었던 소설이나 영화를 우리는 너무나 많이 보아 왔고, 이미 너무나 많이 보아 왔던 상투적인 인물이나 장면들 때문에 불만스러웠던 적 또한 한두 번이 아니다. 전 세계에 걸쳐 만연해 있는 이 유행병의 원인은 단순 명확하다. 모든 상투성의 근원을 추적해 올라가다 보면 단 한 가지의 원인에 도달하게 된다. 작가가 자신이 쓰고 있는 이야기 안의 세계를 제대로 모르고 있다는 것이다.

이런 작가들은, 사실은 그렇지 못하면서도 어떤 허구의 세계에 대해 자신들이 충분한 지식을 가지고 있다는 가정하에서 상황을 설정하고 대본을 써 내려가기 시작한다. 그리하여 막상 구체적인 소재들에 대해 생각하기 시작했을 때에는 아무것도 건져 내는 것이 없게 된다. 그러면 이때 이들이 취하는 행동은 무엇인가? 자신의 설정과 비슷한 영화, TV 프로그램, 소설, 그리고 연극들을 찾아본다. 이들은 다른 작가들의 작품으로부터 장면과 대사, 등장인물 일부를 취해 자기 작품 안으로 끼워 넣는다. 결국 어디에선가 본 적이 있는 장면, 들어 본 적이 있는 대사, 만난 적이 있는 인물들이 그의 작품을 채운다. 결국 그들은 남이 먹다 남긴 찌꺼기를 데워서 보기에는 그럴듯하지만 맛은 뻔한 음식을 내놓을 수밖에 없게 되는데, 이는 그들의 타고난 재능이 아무리 뛰어나다고 하더라도 그들이 다루는 이야기의 세계에 대한 깊은 이해가 부족하기 때문이다. 이야기에서 다뤄지는 세계에 대한 통찰력과 지식은 작품의 독창성과 탁월함을 위한 근본적인 요소다.

설정

이야기의 설정(SETTING)에는 네 가지의 차원이 있다. 시대 배경, 기간, 장소, 갈등의 정도.

시간의 첫 번째 차원은 **시대 배경**(Period)이다. 이야기의 시대 배경이 현대인가? 역사 속의 어느 한때인가? 가상의 미래인가? 아니면 드물긴 하지만 「동물 농장」이나 「워터십 다운」처럼 구체적인 시기를 알 수 없고 내용과 큰 관계도 없는 환상적인 어떤 배경인가?

기간(Duration)은 시간의 두 번째 차원이다. 등장인물이 활동하는 동안 얼마만큼의 시간이 경과하는가? 몇십 년? 몇 년? 몇 달? 며칠? 드물긴 하지만 두 시간에 걸친 저녁 식사에 대한 두 시간짜리 영화 「앙드레와의 저녁 식사」처럼 이야기 속의 시간과 상영 시간이 일치하는가?

또는 여전히 드문 경우로 「지난해 마리앙바드에서」처럼 시간의 흐름을 무시간성(Timelessness) 안으로 녹여 내는 것인가? 교차 편집, 오버랩, 반복, 그리고 슬로모션 등을 활용해서 상영 시간보다 이야기 속의 시간을 짧게 만드는 것도 상상할 수 있다. 이런 기법만으로 장편 극영화 전체를 만들려고 했던 사람은 없었지만 몇몇 뛰어난 시퀀스의 경우는 있다. 그중에서 가장 유명한 것은 「전함 포템킨」의 '오데사의 계단' 시퀀스다. 오데사의 군중을 향한 차르 군대의 탄압은 계단의 꼭대기에서 아래까지 내려올 동안의 겨우 이삼 분에 걸친 것이었지만, 화면에서는 그 공포의 시간이 실제보다 다섯 배가량 연장되었다.

장소(Location)는 이야기의 물리적 차원을 말한다. 이야기의 구체적인 지리적 배경은 어디인가? 어떤 마을인가? 그곳의 어떤 거리들인가? 그 거리들의 어떤 건물들인가? 그 건물들 안의 어떤 방들인가? 어느 산꼭대기인가? 어느 사막 너머인가? 어느 행성을 향한 여행인가?

갈등의 정도(Level of Conflict)는 이야기의 인간적인 차원이다. 설정에는 이야기의 물리적이거나 시간적인 영역뿐만 아니라 사회적 영역도 포함된다. 갈등의 정도는 우리 사회의 구성과 마찬가지로 수직적이다. 어떤 갈등이 사회적 기관의 문제로 외화되어 있건 개인적인 문제로 내화되어 있건 관계없이 한 사회의 정치적·경제적·이념적·생물학적 그리고 심리학적 권력은 시대적 배경, 풍경, 의상만큼이나 사건들의 외형을 규정 짓는다. 그러므로 각기 다양한 갈등의 정도를 안고 있는 인물들을 등장시키는 것 역시 이야기 설정의 한 부분이다.

이야기가 어떤 종류의 갈등에 초점을 맞추고 있는가? 등장인물의 내적인, 심지어는 무의식 속의 갈등인가? 아니면 개인들 간의 갈등으로 한 단계 올라와 있는가? 아니면 그보다도 더 넓고 높게 사회 내의 기구들과의 투쟁으로 올라와 있는가? 또는 그보다 더 넓게 자연의 힘에 대항하는 투쟁으로 올라와 있는가? 무의식으로부터 우주에 이르기까지, 그리고 삶에 대한 여러 차원에 걸친 경험을 통해서 한 이야기는 이들 중 하나 또는 몇 가지 수준의 갈등의 정도의 조합으로 설정된다.

구조와 설정의 관계

이야기의 설정은 이야기의 가능성을 예민하게 규정하고 제한한다.

어떤 이야기의 설정이 허구라고 해서 마음속에 떠오르는 아무것이나 다 그 안에 집어넣을 수는 없다. 어떤 세계에서든, 그 상상의 세계가 아무리 황당한 곳이라 하더라도 일정한 종류의 사건들만이 가능성과 개연성을 가진다.

만약 한 이야기의 배경을 로스앤젤레스 서부 지역의 대저택으로 설정한다면, 그 저택의 주인들이 사회적인 부정에 저항하기 위해 가로수가 늘어선 자기 동네에서 폭동을 일으키는 모습을 보여 줄 수는 없다. 기금 모금을 한답시고 한 끼에 1,000달러씩 받는 저녁 식사에 참석하는 모습은 몰라도. 만약 그 이야기가 로스앤젤레스 서부 지역의 빈민가를 배경으로 한다면, 이 지역의 시민들은 한 끼에 1,000달러씩 하는 만찬에 참석하는 것보다는 변화를 부르짖으며 거리로 나서는 쪽을 선택할 것이다.

> 이야기는 반드시 개연성의 내적 법칙에 따라야 한다. 그러므로 작가의 사건 선택은 자신이 창조해 낸 세계가 부여하는 개연성과 가능성에 제한받는다.

모든 허구의 세계들은 각각 자기만의 독특한 우주를 형성하면서, 그 안에서 발생하는 모든 일들의 원인과 방법에 대해 자기만의 규칙을 부여한다. 그 설정이 사실적인 것이든 기괴한 것이든 한번 어떤 원칙이 성립되고 나면 그 원칙은 바꿀 수 없다. 사실은 모든 장르 중에서도 판타지야말로 구조 면에서 봤을 때 가장 엄격하고 인습적이다. 우리는 판타지 작가에게 현실로부터의 엄청난 비약을 기대하지만, 또 그 반면에 꽉 짜여진 개연성과 필연성을 요구한다. 「오즈의 마법사」가 대표적인 예다. 그런가 하면 오히려 사실주의 계열의 작품들에서 논리적인 비약이 허용되는 경우가 종종 있다. 예를 들어 「유주얼 서스펙트」의 경우, 이 작품의 작가 크리스토퍼 맥퀴리는 정신 의학에서 이야기하는 자유 연상의 법칙 안에서 아주 과감한 비개연성을 끌어낸다.

이야기는 무에서 창조되는 것이 아니라 이미 역사와 인간 경험 속에 존재하고 있던 질료들로부터 성장해 나오는 것이다. 첫 이미지를 보는 그 순간부터 관객은 작가가 만들어 낸 가공의 세계를 조사하기 시작하여, 불가능성에서 비롯된 가능성, 비개연성에서 비롯된 개연성들을 추려 낸다. 관객들은 또한 의식적으로든 무의식적으로든 작가가 창조해 낸 특정한 세계 안에서 일어나는 사건들의 내용과 방식들을 이해하기 위해 그 세계의 법칙들을 알고 싶어 한다. 작가는 개인적으로 어떤 종류의 설정을 선택하고 그 설정 안에서 작업하는 방식을 통해 스스로 자신의 가능성과 한계를 창조한다. 이러한 속박을 고안해 냄으로써 작가는 반드시 준수해야 하는 계약에 스스로 묶이는 셈이 된다. 일단 관객이 작가의 사실성의 법칙을 포착하고 난 후에 작가가 자신의 법칙을 깨뜨리는 것을 보게 되면, 관객은 그 작품이 비논리적이고 설득력 없는 것으로 판단해서 그 작품을 거부하게 된다.

이렇게 보면 설정이 상상력에 대한 제약으로 여겨질 수도 있다. 나는 작가들이 작품을 발전시켜 나가는 단계에서 이러한 제약으로부터 벗어나기 위해 구체적인 설정을 피하려고 발버둥치는 걸 보고 종종 놀라곤 한다. "설정이 무엇입니까?" 내가 물을 때 작가들은 "미국이오." 하고 씩씩

하게 대답한다. "좀 공허한 것 같은데요. 염두에 두고 있는 어떤 지역이 있나요?" "그거, 별 상관 없을 것 같은데요. 아주 전형적인 미국 이야기거든요. 이혼에 대한 이야기예요. 이것보다 더 미국적인 이야기가 있나요? 루이지애나, 뉴욕, 아이다호, 어디로 설정해도 아무 문제 없어요." 그러나 당연히 문제가 된다. 남부 소도시의 이혼과 수백만 달러가 걸린 뉴욕의 재판 사이에는 거의 유사점이 없으며, 이들 중 어느 하나도 중부 지방의 감자 농장 지대에서 일어난 간통 사건과는 닮은 점이 없다. 어느 지역에서나 일어날 수 있는 이야기란 없다. 정직한 이야기는 단 하나의 시간과 공간만을 근거지로 한다.

창조적 한계의 원칙

한계란 절대적으로 중요한 것이다. 잘 짜인 이야기를 향한 첫걸음은 좁고 잘 알아볼 수 있는 세계를 창조하는 것이다. 예술가란 선천적으로 자유를 추구하는 존재이기 때문에, 구조와 설정의 관계가 창조적인 선택을 제한한다는 원칙에 작가들은 수긍하지 못한다. 그러나 자세히 들여다보면 이처럼 긍정적인 관계가 없다는 것을 알게 될 것이다. 이야기의 설계에 부과되어 있는 이 구속은 창의성을 금하는 것이 아니라 오히려 그것을 부추기는 것이다.

모든 뛰어난 이야기들은 좁고 잘 알아볼 수 있는 세계 안에서 일어난다. 어떤 허구의 세계를 자세히 들여다보면, 언뜻 보기에는 아무리 넓어 보이는 세계라도 사실은 상당히 좁다는 것을 발견할 것이다. 『죄와 벌』의 세계는 현미경으로 들여다보는 세계다. 『전쟁과 평화』의 세계는 혼란기의 러시아를 배경으로 하지만, 서로 연관되어 있는 가족들의 몇몇 인물을 둘러싼 이야기에 초점을 맞추고 있다. 「닥터 스트레인지러브」는 러시아를 향해 날아가고 있는 요새인 잭 리퍼 장군의 사무실과 미국 국방성의 전시 상황실을 배경으로 한다. 이 이야기는 핵무기에 의한 전 지구적 소멸에 관한 것이지만, 설정 자체는 세 군데의 장소와 여덟 명의 주요 인물로 제한되어 있다.

이야기 속에서 창조되는 세계는 그것을 창조한 한 작가의 정신이 충분히 감쌀 수 있고, 마치 신이 자신이 창조한 세계를 잘 아는 것과 같을 정도의 깊이와 세밀함을 가질 수 있도록 좁아야 한다. 내 어머니는 늘 이렇게 말씀하시곤 했다. "제비 한 마리가 떨어지는 것도 하느님은 다 알고 계신단다." 작가가 창조해 낸 세계에서는 제비 한 마리도 그가 모르는 사이에 떨어져서는 안 된다. 작품의 탈고가 끝날 무렵이 되었을 때 작가는 자신이 창조해 낸 세계에 대해, 등장인물들의 식사 습관에서 시작해 그 세계의 구월의 날씨에 이르기까지 어느 누가 던지는 어떤 질문들에 대해서도 즉각적으로 대답할 수 있도록 깊이 있고 세밀하게 꿰고 있는 지식을 가지고 있어야 한다.

그 '좁은' 세계는 그렇다고 해서 하찮은 세계를 의미하는 것은 아니다. 예술이란 세계로부터 떼어 낸 조그마한 조각을 품고 있되, 그 작은 조각이 그 순간 세계에서 가장 중요하고 매력 있는 것으로 보이도록 품고 있는 것이다. 이 경우 '좁다'는 것은 잘 알 수 있는 것이라는 의미다.

'꿰고 있는 지식'이란 작가의 세계 안에 존재하는 사소한 틈바구니까지 주의를 기울여야 한다는 뜻은 아니다. 그것은 모든 의미 있는 사항들에 대한 지식을 의미한다. 불가능한 주문처럼 들릴지는 모르지만 최고의 작가들은 매일매일 이 경지에 도달한다. 「외침과 속삭임」의 시간, 공간, 또는 인물에 대한 어떤 질문을 던져야 잉마르 베리만을 곤경으로 몰아넣을 수 있겠는가? 「글렌게리 글렌 로스」를 쓴 데이비드 마멧의 경우에는? 또 「완다라는 이름의 물고기」를 쓴 존 클리스의 경우에는? 뛰어난 예술가들이 자신들의 이야기에 삶의 여러 모습을 덧씌워 나갈 때 그 행위 하나하나에 뚜렷한 목적 의식을 가지고 있는 것은 아니지만, 어느 차원에선가 그들은 그 모든 모습을 자기 안으로 빨아들인다. 위대한 작가들은 안다. 그러므로 그들의 작품은 알 만한 세계 속에서 이루어지는 것이다. 공허한 세계는 아무리 복잡하게 확대되어도 부박할 뿐이며 거기에서 얻는 지식이란 자연히 표면적일 수밖에 없다. 깊고 넓은 지식을 가능하게 해 주는 것은 제한된 범주의 세계와 한정되어 있는 숫자의 등장인물들이다.

'설정 vs 이야기' 관계에는 이런 아이러니가 들어 있다. 다루는 세계가 넓어질수록 세계에 대한 작가의 지식은 엷어지고, 그에 따라서 작가의 창조적 선택의 폭이 좁아질수록 이야기의 상투성은 늘어나게 된다. 다루는 세계가 좁을수록 그 세계에 대한 작가의 지식은 완전한 것이 되고 작가의 창조적 선택의 폭은 넓어진다. 그리고 그 결과 상투성과의 전쟁에서 승리를 거두면서 완벽하게 독창적인 이야기를 얻게 되는 것이다.

연구 조사

이 전쟁에서 이길 수 있는 열쇠는 시간과 노력을 들여 지식을 얻어 내는 연구 조사(Research)에 있다. 나는 다음과 같은 세 가지 방법을 제안한다. 기억에 대한 연구, 상상력에 의한 연구, 사실에 대한 연구 조사가 바로 그

것이다. 하나의 이야기를 쓰기 위해서는 일반적으로 이 세 가지의 연구 방법이 모두 필요하다.

기억

잠시 의자에 기대앉아 스스로에게 물어보자. '내가 겪었던 일들 중에 이 등장인물의 삶에 영향을 끼칠 만한 일이 있었던가?'

지금 자신의 경력을 띄울 수도 완전히 끝장내 버릴 수도 있는 중요한 발표를 앞두고 있는 한 중년의 회사 중역에 대한 이야기를 쓰고 있다고 가정해 보자. 한 인간으로서, 그리고 직장인으로서 그의 인생이 지금 기로에 놓여 있다. 그는 지금 두려움에 떨고 있다. 두려움이란 게 어떤 느낌이던가? 서서히 어렸을 때의 기억이 되살아온다. 무슨 일 때문이었는지는 생각나지 않으나 어머니가 나를 붙박이 옷장 안에 가둬 놓고 집을 나가서는 다음 날까지 돌아오지 않던 일이 기억난다. 깜깜한 어둠이 목을 조여 오던 그때의 그 오랫동안 공포에 떨던 시간들을 되살려 보자. 이 이야기의 등장인물도 그런 감정을 느낄까? 만약에 그렇다고 판단한다면 그 옷장 안에서의 하루 밤낮에 대해 아주 선명하게 묘사해 보자. 막연하게 알고 있다고 생각하지만 종이 위에 써 내려가기 전까지는 알고 있는 것이 아니다. 연구란 백일몽이나 꾸고 앉아 있는 것이 아니다. 아주 개인적인 과거를 들춰내고 다시 체험하고 그 내용 그대로를 종이 위에 써 보자. 머릿속에 있을 때에는 기억에 지나지 않지만 일단 종이 위에 써 놓고 나면 작업에 필요한 지식이 된다. 이제 그때의 그 공포를 온몸에 느끼면서 아주 솔직하고 근사한 장면을 써 내려가자.

상상력

잠깐 뒤로 기대어 질문을 던져 보자. '이 인물의 매일매일 일상적인 삶의 모습은 어떤 걸까?'

내 작품의 등장인물들이 물건을 사러 다니고 성관계를 맺고 기도를 하는 등의 모습들, 내 이야기와는 직접적으로 관계가 있을 수도 없을 수도 있는 장면들을 아주 선명하고 구체적으로 그려 보자. 스스로 만들어 낸 상상력의 세계에 완전히 몰입되어 내가 그려 낸 인물과 그의 공간이 마치 언젠가 만난 적이 있는 사람, 가 본 적이 있는 장소처럼 느껴지도록. 기억이 우리에게 삶의 커다란 덩어리들을 던져 준다면 상상력은 꿈과 경험의 사소한 편린들을 전해 준다. 그리고 이 작은 조각들은 자기 안에 숨겨져 있던 연결 고리들을 찾아내어 이윽고 전체를 구성하게 된다. 이 연결 고리들을 찾아내고 장면이 머릿속에 그려지는 순간, 바로 써 내려가야 한다.

사실

글을 쓰다가 더 이상 한 줄도 쓸 수 없는 벽에 부딪쳐 본 적이 있는가? 무시무시한 경험이다. 그렇지 않은가? 고문과 같은 시간이 며칠 동안이나 계속되는데 단 한 줄도 쓸 수가 없다. 나가서 창고 청소라도 해 볼까 하는 생각도 든다. 책상 위를 다시 정돈하면 좀 나아질까 싶어, 혹시 내가 돌아 버린 게 아닐까 생각하게 될 때까지 그짓을 계속하게 된다. 나는 그 치료 방법을 알고 있다. 그러나 그 치료 방법은 정신과 의사를 찾아가는 게 아니라 도서관으로 향하는 것이다.

글을 더 이상 쓸 수 없게 된 것은 더 이상 할 말이 없어졌기 때문이다.

재능이 나를 버린 게 아니다. 할 말만 있다면, 설령 그렇게 하고 싶다고 해도 글쓰기를 멈출 수 없을 것이다. 재능은 죽어 없어지는 것이 아니다. 다만 그것을 유지시켜 줄 지식이 고갈되면서 기아로 인한 혼수상태에 빠지게 될 뿐이다. 가지고 있는 재능이 제아무리 뛰어나더라도 무식한 사람이 글을 쓸 수 없는 것과 같다. 재능은 사실에 대한 지식과 아이디어들에 자극받아야 한다. 연구하라. 재능에 영양을 공급하라. 연구 조사는 상투성과의 전쟁에서 살아남는 길일 뿐 아니라 작가의 공포와 그것의 사촌인 우울증을 극복할 수 있는 유일한 방법이다.

예를 들어 가정극 계열에 속하는 작품을 쓰고 있다고 가정해 보자. 나는 한 가족 안에서 자라났고 나 자신이 가족을 거느리고 있을 수도 있다. 살아오면서 여러 가족을 보아 왔고 또한 여러 가족을 상상해 볼 수 있다. 그러나 만약에 도서관에 가서 가족 생활의 여러 동력에 관한 뛰어난 저작들을 읽어 보면 다음과 같은 두 가지 중요한 사항을 확인하게 된다.

첫째, 삶을 통해 경험적으로 배운 모든 것들에 대해 좀 더 확신을 갖게 될 것이다. 읽어 나가는 책의 매 쪽에서 내 가족의 모습을 발견할 것이다. 나의 개인적 경험이 보편성을 갖고 있다는 이 발견이야말로 아주 중요한 것이다. 나의 이야기에 공감하는 관객이 있으리라는 것을 의미하기 때문이다. 나는 단한 가족의 이야기를 할 뿐이지만, 가족이라는 사회 형식이 존재하는 모든 곳에 살고 있는 관객들은 나의 이야기를 이해할 수 있다. 내가 나의 가족 생활에서 경험한 경쟁과 유대, 신의와 배신, 고통과 기쁨 같은 것들은 세상의 모든 가족들이 다 경험하는 것들이다. 나는 내가 느끼는 나만의 감정들을 표현하지만 관객 한 사람 한 사람 모두는 그 느낌을 자기의 것으로 받아들일 것이다.

둘째, 내가 아무리 많은 가족 안에서 살아 봤고 아무리 많은 가족을 관찰했고, 나의 상상력이 아무리 선명한 것이라고 할지라도 가족의 본질에 대한 나의 지식은 나의 경험이라는 유한한 공간 안에 제한되어 있다. 그러나 도서관에서 다른 이들의 경험을 접하는 동안, 사실에 근거한 이와 같은 연구 조사는 당신의 공간을 전 세계적인 것으로 확대시켜 줄 것이다. 여러 저작들이 보여 주는 강력한 통찰력에 놀라는 가운데, 다른 경로에서는 얻을 수 없었던 가족에 대한 깊은 이해에 도달하게 되는 것이다.

기억과 상상력, 그리고 사실에 기반한 연구 조사를 하고 나면 작가들이 신비주의적으로 표현하길 좋아하는 어떤 현상이 뒤따라오는 경우가 종종 있다. 등장인물들이 저절로 살아나와 스스로의 의지로 선택하고 행동하면서 작가의 손이 겨우겨우 따라잡을 정도의 속도로 전환점을 창조해 내고 다시 진행해 나가다가 다시 전환점을 만들면서 스스로를 쏟아 낸다는 것이다.

이 '처녀 출산(Virgin Birth)'은 작가들이 빠져들고 싶어 하는 아주 매력적인 자기기만의 상태인데, 어쨌든 이야기가 저절로 써진다는 것은 소재에 대한 작가의 지식이 그 순간 포물선의 극점에 도달해 있다는 사실을 보여 준다. 그 순간 작가는 자기만의 작은 우주의 신이 되어 자신의 손끝이 채 가닿기 전에도 모든 것이 생성되는 창조의 순간에 대해 놀라워하지만, 사실 이 모든 것은 그동안의 지난한 노력에 대한 보상이다.

그러나 스스로 경계하자. 연구 조사가 재료를 제공해 주긴 하지만 그것이 창의성을 대체하지는 못한다. 등장인물과 배경 설정에 대한 생물학적·심리학적·물리학적·정치학적·역사학적인 연구 조사는 필수적이긴 하지만 그들이 어떤 사건의 창조를 향해 집중되어 있지 않는 한 그 모든 것은 무의미하다. 이야기란 서술형으로 이어지는 집적된 정보가 아니라 의미가 집약된 절정을 향해 관객을 몰아가는 사건들의 설계를 의미한다.

그보다 더 중요한 것은 연구 조사가 작업을 지연시키는 역할을 해서는 안 된다는 것이다. 너무나 많은 초보 작가들이 실제로 쓰지는 않으면서 연구 조사에만 몇 년의 시간을 보낸다. 연구 조사란 상상력과 창의력이라는 괴물을 먹이는 먹이일 뿐 그것 자체로 완성되는 것은 아니다. 게다가 연구 조사를 통해 시퀀스를 만들어 낼 수 있는 것도 아니다. 작가가 작업을 할 때 일단 사회학적·생물학적·역사학적 연구 조사 결과를 노트에 빽빽이 적어 넣은 다음에야 이야기를 풀어 나가기 시작하는 것은 아니다. 창의적이면서도 이성적인 경우는 퍽 드물다. 발명과 탐험은 기존의 경로를 변형시키면서 전개된다.

심리 스릴러물을 쓰고 있다고 가정해 보자. 작가는 대개 '만약에 이렇다면⋯⋯' 하는 데에서 글을 시작한다. 만약에 어떤 정신과 의사가 의사로서의 직업 윤리를 어기고 자신의 환자와 사랑에 빠진다면 어떤 일이 일어날 것인가? 이 질문에 흥미를 느끼게 되면서 작가는 이런 질문을 던질 것이다. 이 의사는 어떤 사람인가? 환자는? 아마도 이 환자는 군인으로 전투에서 받은 충격 때문에 기억 상실증에 걸린 긴장병 환자일 수 있다. 그런데 이 의사는 왜 이 환자에게 빠져들까? 가능성을 하나하나 탐색하고 분석해 가다 보면 다음과 같은 추측에 도달할 수도 있다. 즉 의사는 자신의 치료로 인해 거의 기적적으로 환자가 치료되는 걸 보면서 사랑에 빠진다는 것이다. 의사가 최면을 걸자 항상 동공이 열린 채 얼어붙어 있던 환자의 마비 상태가 풀리면서 원래의 아름답고 천진한 성격이 드러나고 의사는 그에게 빠져든다.

이런 전환은 실제로 일어나기에는 너무나 동화 같은 이야기이기 때문에 작가는 생각의 방향을 바꾼다. 연구 조사가 더 진행되면서 작가는 이른바 '성공적인 정신 분열증'이라는 개념을 알아낸다. 어떤 정신 질환자는 놀라울 정도의 지능과 의지력을 가지고 있어서 주변의 인물들, 심지어는 자신을 치료하는 의사에게도 아주 수월하게 자신의 병세를 숨길 수 있다는 것이다. 그렇다면 우리 이야기 속의 환자가 이런 인물이 될 수는 없을까? 우리의 의사가 자신이 치료했다고 믿고 있는 미치광이와 사랑에 빠질 수는 없을까?

새로운 아이디어들이 이야기 속에 심어지면서 이야기와 등장인물들은 성장하기 시작한다. 그리고 이야기가 성장하면서 질문들도 자라나고, 그 질문들은 좀 더 많은 연구 조사를 요구하게 된다. 창의성과 연구는 서로에게 영향을 미치고 요구하면서 이야기가 스스로 자기 모습을 갖추고 완성되어 생명력을 가질 때까지 밀고 당기는 관계를 유지한다.

창조적인 선택들

훌륭한 작품은 하나의 이야깃거리만 가지고는 만들어지지 않는다. 최소한 다섯 가지, 아니 아마도 열 가지에서 스무 가지 정도의 이야깃거리가 필요하다. 실제로 사용 가능한 것보다 훨씬 더 많은 재료가 있어서 아주 독창적이고 등장인물과 배경에 딱 들어맞는 것을 골라낼 수 있어야 한다. 배우들이 서로를 칭찬할 때 자주 사용하는 표현은 '당신의 선택이 마음에 든다.'는 것이다. 배우들은 어떤 동료 배우가 특별히 아름다운 순간에 도달하고 있는 것을 알아챈다. 이 순간이 가능한 것은 그 배우가 촬영 전에 리허설을 하면서 똑같은 장면을 이미 수십 번이나 해 보았고 그중에 가장 완벽한 한순간을 선택했기 때문이다. 이런 것은 작가들에게도 마찬 가지다.

> **창의성(CREATIVITY)**이란 어떤 것을 포함시키고 어떤 것을 제외시킬지를 결정하는 창의적 선택을 의미한다.

맨해튼의 동부 지역을 배경으로 하는 로맨틱 코미디를 쓰고 있다고 가 정해 보자. 작가는 그의 등장인물들이 만날 수 있는 완벽한 순간을 포착 하기 위해 이 두 사람 각자의 삶을 살핀다. 그러던 중 갑작스럽게 영감이 떠오른다. "그렇지! 독신자들이 많이 모이는 술집, P. J. 클라크에서 만나 면 되겠군!" 안 될 거야 없다. 작가의 머릿속에 들어 있는 뉴욕의 부유한 독신자들의 모습이 그럴진대, 독신자들이 많이 모이는 술집에서의 만남 이란 충분히 가능한 일이다. 그러나 이젠 안 된다. 왜냐고? 너무나 상투적 이기 때문이다. 「존과 메리」에서 더스틴 호프먼과 미아 패로가 만날 때만 해도 이 아이디어는 아주 참신했지만 그 이후 너무나도 많은 영화, 연속 극, 시트콤에서 이런 식의 만남이 있었던 것이다.

그러나 기술적으로 세련된 작가들은 이런 종류의 상투성을 치유하는 방법 또한 잘 알고 있다. 그것은 '맨해튼 동부 지역에 사는 남녀가 만나 는' 장면을 다섯 편, 열 편, 또는 열다섯 편 정도 그려 내 보는 것이다. 왜 냐고? 경험이 풍부한 작가들은 이른바 영감이라는 것을 전혀 믿지 않기 때문이다. 대부분의 경우 영감이란 작가의 머릿속의 맨 꼭대기에서 찰랑

거리고 있던 아이디어가 떠오른 것을 말하는데, 이처럼 의식의 표면에 머물러 있는 것들은 다른 사람들의 영화나 소설들에서 본 것들이게 마련이다. 월요일에 어떤 아이디어가 떠올랐을 때에는 그렇게 좋아 보이던 것이, 하룻밤 자고 나서 화요일에 다시 살펴보면 그 상투성 때문에 구역질이 날 지경이 되는 이유가 바로 그 때문이다. 진정한 영감이란 좀 더 깊은 곳으로부터 온다. 좀 더 느슨한 상상력을 가지고 다양한 실험을 해 보자.

첫째, 독신자들이 모이는 술집. 상투적이지만 가능한 선택지 중 하나다. 아직 버리지는 말자.

둘째, 파크 애비뉴. 남자 주인공이 몰고 가던 BMW의 타이어가 터진다. 정장을 차려입은 남자 주인공은 차를 옆으로 대어 놓고 대책 없이 서 있다. 이때 여자 주인공이 오토바이를 타고 오다가 그를 불쌍히 여긴다. 그녀가 남자의 차에서 비상 타이어를 꺼내 바퀴를 바꾸는 동안 남자는 여자가 필요로 하는 공구들을 건네주는 등 보조 역할을 하다가……, 어느 순간 두 사람의 눈길이 만나 불꽃이 튄다.

셋째, 화장실. 여자 주인공은 회사에서 주최한 크리스마스 파티에서 너무 술을 많이 마신 나머지 남자 화장실에 가서 토한다. 남자 주인공은 화장실 바닥에 쓰러져 있는 여자 주인공을 발견한다. 그는 다른 사람들이 들어오지 못하도록 화장실의 문을 잠그고 여자 주인공을 추슬러 준다. 그는 밖이 조용해진 걸 확인하고 나서 그녀를 살짝 내보내 하마터면 크게 창피할 뻔했던 일을 면하게 해 준다.

가능한 장면들의 항목은 이런 식으로 계속 더해질 수 있다. 모든 항목을 세세하게 묘사할 필요는 없다. 문제는 적당한 아이디어를 찾는 것이니 만큼 일어나는 사건들에 대한 대략적인 묘사만으로도 충분하다. 등장인 물들과 배경에 대한 이해만 충분하다면 이런 장면들을 열댓개 만들어 내는 것은 그리 어렵지 않을 것이다. 그중 최상이라고 여겨졌던 아이디어를 가지고 씨름하다가 지치면 다음과 같은 질문들을 염두에 두면서 이미 만들어 놓은 항목들을 검토해 보자. 어떤 장면이 내 등장인물들에게 가장 진실한가? 그들이 살고 있는 세계에 비추어 가장 진실한 장면은 어떤 것인가? 다른 영화에서 한 번도 본 적이 없는 장면은 어떤 것인가? 이렇게 해서 선택된 장면이 바로 대본에 쓰일 수 있는 장면이다.

그러나 만약에 모든 항목을 다 검토해 보고, 또 각 항목들이 나름대로의 미덕을 가지고 있다는 것을 확인한 후에도, 여전히 처음에 떠오른 아이디어가 옳았다고 판단될 경우에는 어떻게 할 것인가? 상투적이건 말건, 두 남녀가 독신자들이 모이는 술집에서 만나는 것이야말로 그들의 성격과 환경에 비추어 훨씬 더 적절하다고 판단된다면 말이다. 이럴 땐 어떻게 해야 하나? 자신의 직감을 믿고 따르되 새로운 항목들을 구성해 보자. 독신자들이 모이는 술집에서 만나는 것도 수십 가지의 다른 방법이 가능하다. 이전의 어떤 작가들보다도 그 장소에 대해 잘 알게 될 때까지 함께 나가서 어울리며 그곳에 모이는 군중을 잘 살펴보고 적극적으로 관계를 맺어 가면서 연구해 보라.

이렇게 해서 만들어진 항목들을 검토해 가면서 똑같은 질문을 던져 보자. 어떤 식의 만남이 등장인물들과 그들의 세계에 가장 진실할 것인가? 어떤 만남의 방식이 이전의 영화에서는 볼 수 없었던 것인가? 당신의 대본이 영화로 만들어져서 카메라가 독신자들이 주로 모이는 술집을 향해 이동해 들어가기 시작할 때 관객들의 첫 반응은 "어이구, 또 저런 술집이야?" 하는 것일는지도 모른다. 그러나 막상 술집의 문을 열고 들어가 그 안에서 벌어지는 일들을 제대로 보여 주기만 한다면, 관객들은 입을 딱 벌린 채 고개를 끄덕거리면서 중얼거릴 것이다. "바로 저거야! 별자리가 뭐냐는 둥 최근에 읽은 책이 뭐냐는 둥 하는 것보다는, 저런 쪽팔림과 아슬아슬함이 핵심이지. 정말 실제하고 똑같군."

만약에 완성된 시나리오에 여태까지 쓴 장면들이 하나도 걸러지지 않은 채 거의 다 들어가 있고, 탈고 과정에서도 대사를 다듬는 정도에 그쳤다면, 그 시나리오는 거의 틀림없는 실패작이라고 볼 수 있다. 아주 솔직히 들여다본다면, 우리가 아무리 뛰어난 재능을 가졌다 하더라도 우리가 써낸 작품의 대부분은 우리가 쓸 수 있는 최고 수준에 못 미친다는 것을 인정할 수밖에 없다. 그러나 만약에 연구 조사를 거치면서 하나의 장면에 대해 열 가지, 심지어는 스무 가지의 가능성을 마련해 놓고 그중에서 최고 수준에 도달한 10퍼센트를 향한 선택만 제대로 해낼 수 있다면, 모든 장면들은 빛을 발할 것이고 전 세계가 당신의 천재성 앞에 넋을 잃고 앉아 있게 될 것이다.

작가가 스스로의 어리석음을 광고하고 다니는 사치를 부리기 전에는 관객들이 작가의 실패작을 볼 기회가 없다. 천재성이란 살아 있는 비트와 장면들을 창조해 낼 수 있는 힘뿐만 아니라 격이 있는 취향과 판단력, 그리고 불필요한 요소들을 추려 내고 진부함과 자만, 거짓 따위를 단호히 제거해 낼 의지력 또한 포함하고 있는 것이다.

4장

구조와 장르

영화의 장르

수만 년에 걸친 화톳불 가에서의 구전 시대, 4000년 동안의 문자 시대, 2500년 동안의 연극 시대, 100년 동안의 영화 시대, 80년에 걸친 TV의 시대를 겪는 동안 이야기꾼들은 셀 수 없이 많은 세대에 걸쳐 놀라울 정도로 다양한 형태의 이야기들을 직조해 냈다. 이렇게 쏟아져 나온 창작물들을 공통된 특성에 따라 분류하기 위하여 다양한 체계가 고안되었고 '장르'라는 명칭하에 분류되었다. 그러나 모든 체계들은 각기 다른 이야기적 요소를 분류 기준으로 삼았기 때문에 당연히 각 체계별로 장르의 내용과 수가 달라졌다.

아리스토텔레스는 극을 '결말 부분에서의 가치 vs 이야기 설계 방식'으로 구분함으로써 처음으로 장르라는 개념을 정리하였다. 그에 따르면 이야기란, 긍정적인 또는 부정적인 가치로 채워져 끝나게 된다. 그리고 이 두 가지의 방식은 또한 각자 간단한 설계(전환점이나 관객을 놀라게 하는 장치 없이 평이하게 끝나는)나 복잡한 설계(주인공의 삶에 일어나는 주요 반전을 중심으로 절정이 생기는)의 방식을 택할 수 있다. 그 결과 네 가지의 기본적인 장르가 탄생한다. 간단한 비극, 간단한 희극, 복잡한 비극, 복잡한 희극이 그것이다.

그러나 지난 몇 세기에 걸쳐 이와 같은 장르 체계의 경계가 점차 뒤섞이거나 팽창하면서 아리스토텔레스가 천명한 체계의 명백성은 사라졌다.

요한 볼프강 폰 괴테는 주제의 내용에 따라 극을 사랑, 복수 등등의 일곱 가지로 구분했다. 조르주 폴티는 자신이 얘기하는 '서른여섯 가지의 극적 상황'에서 추려 낸, 그에 버금가는 수의 서로 다른 정서의 목록을 만들었으나, 그가 만들어 낸 '사랑을 위해 저지른 불가피한 범죄'나 '이상을 위한 자기희생' 따위의 분류들은 실제로 사용하기에는 너무나도 막연하다. 기호학자인 크리스티앙 메츠는 모든 영화의 편집을 자신이 '신태그마(Syntagmas)'라고 명명한 여덟 가지의 가능성으로 축약시키고 나서 모든 영화를 '거대한 신태그마(La Gran Syntagma)' 안에서 도식화하려고 했으나 예술을 과학으로 전환시키려던 그의 노력은 바벨탑처럼 붕괴하고 말았다.

그 반면에 신아리스토텔레스주의자인 노먼 프리드먼은 다시 한번 구조와 가치에 근거해 윤곽을 잡은 체계를 개발했다. 우리가 알고 있는 교육적 플롯, 회복의 플롯, 각성의 플롯 등이 그것이다. 주인공의 정신 또는 윤리적 천성 안에서 일어나는 심도 있는 변화를 이끌어 내는 내적 갈등의 차원, 바로 여기에서 이야기가 전개되는 정교한 형식들은 그가 분류해 낸 것들이다.

학자들이 장르의 체계와 정의를 놓고 논쟁을 벌이고 있는 한편, 관객들은 이미 장르에 관한 한 전문가들이다. 관객들은 평생 동안 영화를 보면서 얻은 복합적으로 구성된 예감으로 무장한 채 극장에 들어선다. 이처럼 장르에 대해 세련된 관객들은 작가들에게는 다음과 같은 면에서 중대한 도전이 된다. 우선 작가가 장르에 대한 관객들의 기대를 만족시키지 못할 경우에는 그들의 혼란과 불만족에 직면하게 될 것이다. 그러나 다른 한편으로, 관객들이 품고 있는 참신하고 예기치 못한 순간에 대한 또 다른 기대를 충족시키지 못할 경우 관객들은 금방 지루해할 것이다. 관객의 이러한 이율배반성을 동시에 충족시키기 위해서는 작가가 장르에 관해 관객들보다 훨씬 더 깊이 알고 있어야 한다.

아래에 적어 놓은 것은 시나리오 작가들이 사용하고 있는 장르와 부속 장르의 체계다. 이 체계는 이론이 아니라 실제 창작 과정에서 정리되어 나온 것으로 이야기의 주제와 설정, 역할, 사건, 가치의 상이성에 기초하고 있다.

● **러브 스토리**: 이것의 부속 장르인 '친구에 의한 구원(Buddy Salvation)'은 친구들 사이의 우정이 사랑을 대체한다. 「비열한 거리」, 「패션 피시」, 「로미와 미셸」 등.

● **공포 영화**: 이 장르는 다음의 세 개의 부속 장르로 구분된다. 우선 '괴기(怪奇)'의 경우 공포의 원인이 외계로부터 날아온 어떤 존재나 과학에 의해 만들어진 괴물 미치광이처럼 기상천외하지만 여전히 이성적인 설명의 대상이 되는 경우를 말한다. 두 번째는 '초자연'에 관한 경우로, 공포의 근원이 영혼의 영역에 있는 비이성적인 현상인 경우를 말한다. 마지

막으로 '초(超)괴기'에서는 관객들이 두 가지의 서로 다른 가능성 사이에서 끊임없이 상상하도록 만든다. 「세입자」, 「늑대의 시간」, 「샤이닝」 등.

● **현대 서사극**(개인 대 국가의 대립): 「스파르타쿠스」, 「스미스 씨 워싱턴에 가다」, 「혁명아 자파타」, 「1984」, 「래리 플린트」

● **서부극**: 이 장르와 이 안에 포함되는 부속 장르의 진화 과정에 대해서는 윌 라이트의 『여섯 자루의 총과 사회(Six Guns and Society)』에 명석하게 설명되어 있다.

● **전쟁 영화**: 전쟁이라는 상황은 종종 사랑 이야기 등을 비롯한 다른 장르들의 배경 설정이 되곤 하지만, 전쟁 영화란 특히 전투에 관한 것이다. 주된 부속 장르로는 호전 영화와 반전 영화가 있다. 최근의 영화들은 일반적으로 전쟁에 반대하는 입장을 취하지만, 지난 몇 세기 동안에 걸쳐 만들어진 전쟁 영화의 대부분은 전쟁을 가장 끔찍하게 묘사하는 영화에서조차 은연중에 전쟁을 미화시켜 왔다.

● **성장의 플롯**: 성장 영화라고도 한다. 「스탠 바이 미」, 「토요일 밤의 열기」, 「위험한 청춘」, 「빅」, 「밤비」, 「뮤리엘의 웨딩」

● **회복의 플롯**: 이 장르에서 이야기 곡선은 악당이었던 주인공이 선한 인간이 되는 윤리적 변화를 따라 움직인다. 「허슬러」, 「로드 짐」, 「드럭스토어 카우보이」, 「쉰들러 리스트」, 「프로메제」

● **징벌의 플롯**: 이 장르에서는 원래 선한 인간이었던 주인공이 악당으로 변화했다가 처벌당하게 된다. 「탐욕」, 「시에라 마드레의 보석」, 「메피스토」, 「탐욕」, 「폴링 다운」

● **시험의 플롯**: 의지력과 포기하고픈 유혹 간의 대립을 다룬다. 「노인과 바다」, 「폭력 탈옥」, 「피츠카랄도」, 「포레스트 검프」

● **교육적 플롯**: 이 장르에서는 삶과 사람들 또는 자기 자신에 대한 주인공의 시각이 부정적인(무방비할 정도로 천진한, 불신하는, 숙명론적인, 자기혐오적인) 것으로부터 긍정적인(현명한, 신뢰하는, 낙관적인, 자기 충족적인) 것으로 이행해 가는 깊은 변화가 이야기의 뼈대를 이룬다. 「해럴드와 모드」, 「텐더 머시스」, 「겨울 빛」, 「일 포스티노」, 「그로스 포인트 블랭크」, 「내 남자 친구의 결혼식」, 「셸 위 댄스」

● **각성의 플롯**: 세계에 대한 전망이 긍정적인 것으로부터 부정적인 것으로 심각한 변화를 겪는다. 「미세스 파커」, 「일식」, 「도깨비불」, 「위대한 개츠비」, 『맥베스』

어떤 장르들은 그 범주가 너무 넓고 복잡하여 여러 가지 부속 장르의 변형들로 채워진다.

● **코미디**: 패러디, 풍자, 시트콤, 로맨틱 코미디, 스크루볼(screwball), 소극, 블랙 코미디 등의 부속 장르들이 포함되는데 극 중 대상(관료적인 우둔함, 상류 계급의 틀에 박힌 격식, 청소년들의 구애 등등)과 그것들을 웃음거리로 삼는 정도(부드럽게, 신랄하게, 치명적으로)에 따라 달라진다.

● **범죄극**: 이 장르의 부속 장르는 극 중 인물 누구의 관점에서 범죄를 바라보느냐에 따라 다양하게 구성된다. 살인 미스터리(수사관들 중 중심인물의 관점), 계획 범죄(범죄자 중 중심인물의 관점), 수사(형사의 관점), 갱스터(갱 단원의 관점), 스릴러 또는 복수극(희생자의 관점), 법정(변호사의 관점), 신문(기자의 관점), 첩보(스파이의 관점), 감옥(죄수의 관점), 누아르(부분적으로 범죄자이고 또한 수사관이며 또 다른 면으로는 팜므 파탈의 희생자이기도 한 주인공의 관점).

● **사회극**: 이 장르에서는 빈곤, 교육 제도, 전염병, 사회적 약자, 반사
회적 반항과 같은 사회적 문제들을 찾아낸 후 그 치유 방법을 보여 주는
것으로 이야기를 끌어 나간다. 이 장르에는 특성이 뚜렷한 몇 가지의 부
속 장르가 있다. **가족극**(가족 내부의 문제), **여성 영화**(직업 대 가족, 연인 대 자녀 간
의 문제 같은 딜레마들), **정치극**(정치권의 부패), **환경극**(환경을 구하기 위한 투쟁), **의료
극**(신체적 질병과의 투쟁), **사이코 드라마**(정신적 질병과의 투쟁).

● **액션/모험**: 이 장르에서는 폭발적인 액션과 과감한 행동을 보여 주
기 위한 동기를 부여하기 위해 종종 전쟁 영화나 정치극 등 다른 장르의
특성들을 차용해 온다. 액션/모험 영화가 운명, 안하무인의 오만함, 영혼
같은 것들과 결합될 경우에는 「왕이 되려던 사나이」 같은 초(超)모험이라
는 부속 장르가 된다. 그리고 만약에 자연 환경이 대립의 근원이 될 경우
에는 「얼라이브」, 「포세이돈 어드벤처」 같은 재난/생존 영화가 된다.

아주 넓게 보자면 거대 장르들은 다른 독립적 장르들을 주관하는 설정
이나 연기 스타일, 영화 제작 기술의 범주 밖에서 만들어진다. 이 거대 장
르들은 다른 기초적인 장르들이나 그들의 부속 장르들, 또는 이들이 결합
되어 만들어진 장르들이 그 안에서 다 함께 거처를 마련할 수 있는 거대
한 호화 주택과도 같다.

● **역사극**: 역사는 이야기 소재의 마르지 않는 원천으로 모든 형식의
상상 가능한 이야기를 포용한다. 그러나 이 역사라는 보물 상자는 다음
과 같은 경고문으로 봉해져 있다. 과거의 것은 반드시 현재화되어야 한
다. 시나리오 작가는 자신의 사후에 재발견되기를 바라는 시인이 아니다.

시나리오 작가는 바로 오늘의 관객과 만나야 한다. 그러므로 역사를 가장 잘 활용하고, 또 영화의 배경을 구태여 과거 속에 설정하여 수백만 달러의 예산을 추가로 사용하는 데 대해 정당한 변명 거리를 찾으려면, 현재를 보여 주는 투명한 유리로서 역사를 활용해야 한다.

현대의 대립 관계들의 상당수는 너무나 끔찍하고 여러 가지 요소가 복잡하게 얽혀 있어서 오늘날의 사회를 그대로 배경으로 설정하다 보면 관객들을 소외시키기 십상이다. 일정한 시간적인 거리를 설정해 놓았을 때 이런 식의 복잡한 문제들이 훨씬 명확하게 보이는 경우가 종종 있다. 역사극은 과거를 잘 손질한 뒤 현대에 대한 거울로 만들어 내어 오늘날 우리에게 닥친 고통스러운 문제들인 인종차별(「영광의 깃발」)이나 종교적인 분쟁(「마이클 콜린스」), 그리고 모든 종류의 폭력들, 특히 그중에서도 여성에 대한 폭력(「용서받지 못한 자」) 등을 분명하게 드러내면서도 그 끔찍함들을 참고 바라볼 수 있도록 해 준다.

크리스토퍼 햄프턴의 「위험한 관계」를 살펴보자. 장식적인 복장과 신랄한 재담들이 오가는 프랑스를 배경으로 비극적인 결말을 맺는 사랑과 증오를 다룬 이 이야기는 상업적으로 실패할 만한 요인은 모두 갖춘 것처럼 보인다. 그러나 이 영화는 직접적으로 언급하기에는 너무나 민감한 주제인 '싸움으로서의 구애'라는 근대적인 적의의 양식을 집중적으로 조명하여 거대한 규모의 관객을 발견해 냈다. 햄프턴은 두 세기 전, 즉 성의 정치학이 성적인 우위를 점하려는 투쟁으로 전개되고 사랑보다는 공포와 의혹이 상대방 성에 대한 주요 감정이었던 시대로 거슬러 올라간다. 고색창연한 설정임에도 관객들은 몇 분 지나지 않아 그 부패한 귀족들에게 아주 친밀한 감정을 갖게 된다. 그들은 곧 우리 자신인 것이다.

● **전기**: 역사극의 사촌이라고 할 수 있는 이 장르는 한 시대보다는 개인에게 초점을 맞춘다. 그러나 단순한 연대기에 그쳐서는 절대로 전기라고 할 수 없다. 한 개인이 태어나서 죽기 전까지의 생애 동안 무언가 흥미로운 일을 했다는 사실은 학문적인 관심사의 영역 안에 머물고 말 뿐이다. 전기 작가는 마치 소설을 쓰듯이 있었던 일들을 해석하고 대상이 된 인물의 삶의 의미를 찾아낸 뒤 그를 그의 삶이라는 장르의 주인공으로 등장시켜야 한다. 이와 같은 원리에서 「젊은 링컨」은 죄가 없는 피고를 변호하는 법정극의 주인공이 되고, 「간디」는 근대 서사극의 영웅이 되며, 「맨발의 이사도라」가 각성의 플롯에 굴복하게 되는가 하면, 「닉슨」은 처벌의 플롯으로 인해 고통받게 되는 것이다.

이러한 단서들은 부속 장르인 자서전에도 적용된다. 이건 영화란 자기가 잘 아는 주제를 다뤄야 한다고 생각하는 감독들은 이미 잘 알고 있는 사실이다. 사실 그래야 마땅하다. 그러나 자전적인 영화들은 그들이 내세웠던 가장 중요한 가치, 즉 '스스로에 관한 앎'을 결여하는 경우가 종종 있다. '스스로를 돌아보지 않는 삶은 살 가치가 없다.(The unexamined life is not worth living.)'는 말이 진실을 함축하고 있다고 한다면, '제대로 살아 보지 않은 삶은 돌아볼 가치가 없다.(The unlived life isn't worth examining.)'는 말 또한 진실을 담고 있다. 「빅 웬즈데이」가 좋은 예가 될 수 있다.

● **다큐드라마**: 역사극의 육촌쯤 된다고 할 수 있는 다큐드라마는 과거

보다는 당대의 사건들을 주로 다룬다. 「알제리 전투」라는 시네마 베리테 (Cinema Verité) 작품에 의해 한번 고무된 이후 다큐드라마는 TV에서 유행하는 장르가 되었다. 때때로 강력한 힘을 발휘하기도 하지만 다큐멘터리적인 가치를 제대로 지니고 있지 못한 경우가 자주 있다.

● **모방 기록 영화**(Mockumentary): 이 장르는 실제로 일어났던 일을 다루는 다큐멘터리나 기억에 근거를 두고 있는 자전적인 이야기처럼 구성되지만 실은 철저한 허구다. 이 장르는 관료화된 사회 기구들을 풍자하기 위해 사실에 근거한 영화 만들기를 전복시킨다. 「이것이 스파이널 탭이다」에서 다루는 로큰롤 무대의 이면, 「펠리니의 로마」의 가톨릭 교회, 「젤리그」의 중산층의 도덕관, 「개를 문 사나이」의 TV 저널리즘, 「밥 로버츠」의 정치, 「투 다이 포」에서 표현해 내는 아둔한 미국적 가치 등을 예로 들 수 있다.

● **뮤지컬**: 오페라에서 파생된 것으로 이 장르에서는 등장인물들이 노래와 춤을 통해 자신들의 이야기를 풀어낸다. 이 장르는 많은 경우 사랑 이야기이지만 무대용으로 각색된 「선셋 대로」처럼 필름 누아르일 수도 있고, 「웨스트 사이드 스토리」처럼 사회극일 수도 있으며, 「올 댓 재즈」처럼 징벌의 플롯이 있는가 하면, 「에비타」처럼 전기도 있다. 사실상 어느 장르든 뮤지컬이라는 형식 안에서 소화될 수 있고 뮤지컬 코미디라는 장르를 통해 풍자될 수도 있다.

● **공상 과학**: 폭압과 혼돈이 지배하는 기술의 암흑 시대로 전형화되는 가상의 미래 속에서 공상 과학 작가들은 종종 사회에 대항해서 싸우는 인간을 그리는 현대 서사극과 액션/모험극을 결합시키곤 한다. 「스타워즈」 삼부작과 「토탈 리콜」이 대표적이다. 그러나 지나간 역사와 마찬가지로

미래 또한 어떤 장르든 성립될 수 있는 배경이 된다. 예를 들어 안드레이 타르콥스키는 「솔라리스」에서 각성의 플롯의 내적 갈등을 드러내기 위해 이 장르를 활용하였다.

● **스포츠**: 스포츠는 등장인물의 변화에 결정적인 역할을 한다. 이 장르는 「달라스의 투혼」 같은 성장의 플롯, 「상처뿐인 영광」 같은 회복의 플롯, 「19번째 남자」 같은 교육적 플롯, 「분노의 주먹」 같은 징벌의 플롯, 「불의 전차」 같은 시험의 플롯, 「장거리 주자의 고독」 같은 각성의 플롯, 「덩크 슛」 같은 친구에 의한 구원, 「그들만의 리그」 같은 사회극 등의 장르들을 자연스럽게 수용한다.

● **판타지**: 이 장르에서 작가는 자연 세계와 초자연 세계의 법칙들을 마음대로 뒤섞기도 하고 헝클어뜨리기도 하면서 시간과 공간, 그리고 물질의 세계를 마음대로 가지고 논다. 이 장르가 지닌 초현실적인 특성으로 인해 주로 액션 장르가 많지만 「사랑의 은하수」 같은 사랑 이야기, 「동물 농장」 같은 정치극/비유, 「만약」 같은 사회극, 「이상한 나라의 앨리스」 같은 성장의 플롯 등도 있다.

● **애니메이션**: 이 장르를 지배하는 것은 보편적인 변화의 법칙이다. 어떠한 것도 다른 어떤 것으로 변화할 수 있다. 판타지나 공상과학의 경우와 마찬가지로 애니메이션 역시 「벅스 버니」 등의 만화 소극 같은 액션 장르나 「아서왕 이야기」, 「노란 잠수함」 같은 초모험, 그리고 만화 영화라는 속성상 자연스럽게 형성되는 유년 관객들을 위한 「라이언 킹」, 「인어 공주」 등의 성숙의 플롯 등이 주요 내용이 된다. 그러나 동부 유럽이나 일본의 애니메이션들이 보여 주듯이 이 장르 자체에는 어떤 제약도 없다.

마지막으로 장르란 이른바 상업적인 작가들만의 관습이자 관심사일 뿐
이며 진지한 예술은 이처럼 일반화될 수 없다고 믿는 이들을 위해 한 가
지만 더 추가하기로 하자.

● **예술 영화**: 장르를 벗어난 작품을 쓴다는 아방가르드적인 생각은 천
진난만한 것이다. 진공 상태에서 작품을 쓸 수 있는 사람은 없다. 수천 년
에 걸친 이야기 예술의 역사를 거친 지금, 여태 쓰인 이야기들 중 어느 것
과도 전혀 닮은 점이 없는 이야기란 존재하지 않는다. 예술 영화는 미니
멀리즘과 반구조(Antistructure)라는 두 가지의 부속 장르로 대별되는 전통적
인 장르로 성장해 왔다. 이 두 장르는 구조와 세계관에 있어서 각기 정형
화된 관습들을 가지고 있다. 역사극의 경우와 마찬가지로 예술 영화는 사
랑 이야기, 정치극 등 다른 기초 장르들을 포괄하는 상위 장르다.

이 정도면 상당히 포괄적인 목록이기는 하지만, 모든 요소가 망라된 확
정적인 목록을 만들기란 불가능하다. 왜냐하면 하나의 장르는 다른 장르
와 합쳐지거나 영향을 받으면서 성격상 중첩되는 부분이 있기 때문이다.
장르란 정체되거나 굳어 있는 것이 아니다. 끊임없이 진화하고 유동하는
성격을 가지되 그 성격을 파악하고 작업할 수 있을 정도만큼의 형태를 갖
추고 있다. 작곡가가 어떤 일정한 음악 장르의 한 악장의 흐름을 조절하
는 것과 비슷하다고 할 수 있다.

우선 모든 작가들은 자기 이야기의 장르를 파악해야 하고 그 다음으로
그 장르를 활용하는 방식을 연구해야 한다. 이 두 가지의 임무를 벗어날
수 있는 길이란 없다. 우리는 누구나 다 장르에 근거해서 쓴다.

구조와 장르의 상관 관계

각각의 장르는 이야기 설계에 각자의 독특한 규칙을 강조한다. 추락의 결말을 갖는 각성의 플롯에서는 절정 부분에 모든 가치가 집중되어 있고, 사랑 이야기에서는 반드시 남자가 여자를 만나는 일이 일어나고, 범죄 이야기에서 범죄자는 어떤 역할을 하도록 되어 있다는 것 등이 바로 그것이다. 관객들은 이러한 규칙들에 대해 이미 잘 알고 있으며 그 규칙들이 충실히 이행될 것을 기대한다. 결과적으로 관객들이 장르에 대해 이미 가지고 있는 지식과 예견력을 상상하면서 이야기를 구성해야 하기 때문에 어떤 장르를 선택한다는 것은 하나의 이야기 안에서 무엇이 가능하고 무엇이 불가능한지를 분명하게 결정지어 준다는 것을 의미한다.

장르상의 규칙이란 각각의 개별적인 장르들과 그들의 부속 장르들을 규정하는 특정한 설정, 역할, 사건, 가치들을 말한다.

각각의 장르들은 자기만의 독특한 규칙을 가지고 있지만 이들 중 어떤 장르는 그다지 복잡하지도 않고 유연한 규칙을 가지고 있다. 각성의 플롯이 가진 첫 번째 규칙은 이야기를 전개해 나가는 주인공이 아주 낙관적이고 높은 이상과 신념을 가지고 있으며 인생에 대해 아주 긍정적인 생각을 가지고 있다는 점이다. 두 번째 규칙은, 처음에는 주인공의 희망을 북돋워 주는 역할을 하기도 하던 부정적인 이야기들이 여러 번에 걸쳐 반복되면서, 결국에 가서는 그의 꿈과 가치들을 오염시켜 주인공을 깊은 냉소주의와 환멸 속으로 몰아넣는다는 것이다. 예를 들어 「컨버세이션」의 주인공은 처음에는 잘 정리되어 있고 안정된 인생을 살고 있었지만 결국에 가서는 끔찍한 편집증 환자가 되고 만다. 이러한 간단한 한 쌍의 규칙은 삶이 절망에 이르게 되는 수많은 경로만큼이나 셀 수 없이 다양한 변수를 제공해 준다. 이 장르에 속하는 많은 기억할 만한 영화 중에 「기인들」, 「달콤한 인생」, 「레니」 등이 있다.

다른 장르들은 이보다 상대적으로 덜 유연하고 완고한 규칙들로 복잡하게 얽혀 있다. 범죄극에는 반드시 범죄가 있어야 한다. 그리고 그 범죄는 이야기의 전반부에서 일찍 발생해야 한다. 그리고 거기에는 전문가든 아마추어든 사건의 실마리와 용의자를 발견해 내는 수사관 역의 등장인물이 있어야 한다. 스릴러에서는 범죄자가 반드시 자신의 범죄를 사적인 일로 만들어야 한다. 처음에는 단순히 먹고 살기 위해 일하는 직업인으로서의 형사로부터 이야기가 시작되더라도, 드라마가 깊어져 가다 보면 어느 지점에선가 범죄자가 일정한 선을 넘어서게 된다. 이 규칙은 온갖 상투적인 설정이나 대사들이 기생하기에 아주 좋은 조건을 제공해 준다. 범죄자가 형사의 가족을 괴롭히거나 때로는 형사를 용의자로 몰고 가기도 한다. 「말타의 매」에서 그 뿌리를 찾을 수 있는 상투성 중의 상투성은 범죄자가 형사의 파트너를 살해하는 것이다. 궁극적으로는 형사가 범죄자를 밝혀내고 체포한 뒤 처벌해야 한다.

코미디 역시 각자의 규칙들을 가진 무수한 부속 장르를 거느리고 있지만, 이 다양한 장르들을 하나로 통합하고 이들을 드라마로부터 구별시키는 한 가지 규칙이 있다. 그것은 아무도 다치지 않는다는 것이다. 코미디에서는 등장인물들이 아무리 이리저리 시달리고 삶의 고통 때문에 비명을 지르고 몸부림을 치더라도 그들이 전혀 상하지 않으리라는 점을 관객들이 느낄 수 있도록 해 줘야 한다. 설령 건물이 머리 위에서 무너져도 홀쭉이와 뚱뚱이는 무너진 돌더미를 뚫고 일어나 먼지를 툭툭 털고는 "아주 폭삭 무너졌군." 하고 중얼거리면서 그 자리를 떠나는 것이다.

「완다라는 이름의 물고기」에서 동물에 대해 강박적인 애정을 가지고 있는 인물로 나오는 켄(마이클 팔린)은 어떤 노파를 죽이려고 시도하지만 실수로 노파의 반려견들을 대신 죽이고 만다. 마지막 한 마리는 자그마한 발만 밖으로 내민 채 벽돌더미 속에 깔려 죽는다. 이 영화의 감독인 찰스 크릭튼은 이 장면을 두 가지로 찍었다. 하나는 발만 보여 주는 것이고, 다른 하나는 내장이 비어져 나오고 깔려 죽은 개에게서 피가 흘러나오고 있는 것이었다. 시사회에서 피가 흐르는 장면을 보여 주자 관객석은 쥐 죽은 듯이 조용해졌다. 피와 내장은 '개가 정말로 다쳤다.'고 말하는 것이었기 때문이다. 일반 관객을 대상으로 개봉하면서 감독은 이 장면을 개의 발만 비어져 나온 것으로 바꿨고 관객들의 웃음을 이끌어 낼 수 있었다. 이러한 장르의 규칙에 의거해서 코미디 작가는 등장인물들을 지옥 같은 고통 속에 빠뜨림과 동시에 관객들로 하여금 지옥의 불길이 사실은 타오르고 있지 않다는 점을 납득시키는 외줄타기를 해 나간다.

이 경계선을 넘어서는 곳에 블랙 코미디라는 부속 장르가 있다. 이 장르에서 작가는 코미디의 규칙을 비틀어서 관객들로 하여금 날카롭지만 참을 수 없을 정도는 아닌 고통을 느끼도록 만든다. 「러브드 원」, 「장미의 전쟁」, 「프리치스 아너」 등에서의 웃음은 때때로 우리을 짓누른다.

예술 영화는 스타의 부재(또는 예외적으로 적게 책정된 스타의 출연료), 할리우드 시스템의 외부에서 만들어진다는 점, 대개 영어가 아닌 언어로 만들어진다는 점 등, 몇 가지의 영화 외적인 요소들로 규정지어진다. 그리고 이런 점들은 영화의 홍보팀이 비평가들에게 그 영화의 치열성을 높이 평가하도록 부추기면서 홍보 전략의 주요 내용이 된다. 예술 영화의 주요한 내적 규칙은, 첫째, 지적인 것에 대한 찬양이다. 예술 영화는 강렬한 감정들을 일정한 분위기 밑에 억눌러 놓는 이지력을 선호한다. 예술 영화가 남겨 놓은 수수께끼, 상징성, 해결되지 않은 긴장 관계들은 영화가 끝난 후면 항상 의식처럼 벌어지는 카페 비평의 해석과 분석으로 관객들을 끌어들인다. 둘째로 그리고 핵심적으로, 예술 영화의 이야기 설계에는 하나의 커다란 규칙이 있다. 아무런 규칙이 없다는 것이 바로 그것이다. 미니멀리즘이나 반구조주의의 무규칙성은 예술 영화에서만 볼 수 있는 독특한 규칙이다.

예술 영화라는 장르에서 성공을 거두고 나면 순식간에, 많은 경우 잠시 동안으로 그치고 말긴 하지만 예술가로 인정받는 경우가 대부분이다. 그런 반면에 내구성으로 대표되는 알프레드 히치콕은 고전적인 아크플롯과 장르의 규칙 안에서만 항상 대규모의 관객을 염두에 두고 작업했으며 늘 목적했던 결과를 거두었다. 그러나 오늘날 그는 영화인들의 신전의 꼭대기에 우뚝 선 채 금세기 가장 중요한 예술가 중의 한 사람으로, 탁월한 성적 이미지와 종교성, 정교하게 다듬어진 관점들을 떠올려 내는 작품을 만든 영상 시인으로 추앙받고 있다. 히치콕은 예술과 대중적인 성공 사이에 갈등이 있을 필요가 없듯이, 예술과 예술 영화 사이에 특별한 관계가 있을 필요가 없다는 것 또한 잘 알고 있었다.

장르에 대한 완벽한 이해

우리 모두는 위대한 이야기의 전통에 커다란 빚을 지고 있다. 작가라면 누구나 장르를 존중해야 함은 물론 그것의 규칙들에 완전히 정통해야 한다. 당신이 쓰고 있는 장르의 영화들을 봤다고 해서 그 장르를 잘 안다고 생각하면 큰 착각이다. 베토벤의 교향곡을 9번까지 다 들었으니까 이제는 교향곡을 작곡할 수도 있다고 생각하는 것과 마찬가지의 실수다. 작가는 반드시 형식에 대해 연구해야 한다. 장르 비평을 다룬 책들이 도움이 될 수도 있겠지만 요즘의 추세를 다룬 것들은 몇 권 되지도 않거니와 완전한 책도 전혀 없다. 그래도 어디에서든 필요한 도움은 얻어야 하는 법이니 손에 닿는 것은 무엇이든 읽어라. 그러나 가장 가치 있는 통찰은 스스로에 대한 발견으로부터 온다. 묻혀 있는 보물을 발굴해 내는 것보다 더 상상력을 일깨우는 일은 없는 법이다.

장르에 대한 연구는 이런 방식으로 하면 가장 잘할 수 있다. 우선 당신의 생각과 닮았다고 생각되는 영화들을, 성공작이든 실패작이든 가리지 말고 목록으로 정리해 보라.(실패작들에 대한 연구는 의외로 생각을 밝게 하고 또한 자신을 겸손하게 하는 일이다.) 그러고 나면 목록으로 작성된 영화의 비디오를 빌리고 여유가 된다면 시나리오를 구입하라. 그리고 난 후에는 대본과 함께 영화를 차근차근 보면서 매 작품마다 설정, 역할, 사건, 그리고 가치 등의 기본 요소 단위로 분석해 보라. 마지막으로 이 과정에서 얻은 분석 결과들을 한데 모아 놓고 비교하면서 다음과 같은 질문을 던져 보라. 내 장르에서는 항상 어떤 이야기들이 전개되는가? 이 장르 속의 시간, 장소, 등장인물, 그리고 사건을 지배하는 규칙은 무엇인가? 이 질문들에 대한 명쾌한 대답을 얻기 전까지는 관객이 항상 당신보다 앞서가고 있을 것이다.

> 관객이 예측하는 바를 예측하려면, 작가는 자신의 장르와 그 장르의 규
> 칙들에 정통해야 한다.

영화가 제대로 홍보되었을 경우에 관객들은 충만한 기대를 가지고 극
장에 들어온다. 이것을 마케팅 전문가들이 쓰는 말로 '포지셔닝'이라고
한다. '관객을 포지셔닝한다'는 것은 관객들이 영화에 대한 아무런 사전
지식도 없이, 이를테면 전혀 예열되지 않은 상태로 들어와서 처음 20분
동안을 그 영화의 분위기에 적응하는 데 보내기를 원치 않는다는 의미다.
즉 관객들이 한 영화가 차려 놓고 있는 식단에 대해 미리 알고 거기에 입
맛을 맞춘 상태에서 미리 입맛을 다시며 자리에 앉기를 원한다는 것이다.

관객을 포지셔닝하는 것은 전혀 새로운 개념이 아니다. 셰익스피어는
『햄릿』이라는 작품명을 사용한 적이 없다. 그가 붙인 제목은『덴마크의
왕자 햄릿의 비극』이었다. 그는 코미디들에도 역시『헛소동』이나『끝이
좋으면 다 좋아』같은 제목을 붙여, 어느 날 오후 글로브 극장에 찾아오는
엘리자베스 여왕 시대 당시의 관객들이 이미 심리적으로 울거나 웃을 준
비를 하게 만들었다.

기술적인 마케팅이란 장르에 대한 기대를 만들어 내는 것이다. 영화 제
목으로부터 시작해서 포스터, 신문, 잡지, 그리고 TV 광고에 이르기까지,
모든 홍보 활동이 목표로 하는 것은 이야기의 유형을 관객의 머릿속에 심
어 놓는 것이다. 그리고 일단 관객들에게 그들이 좋아하는 장르를 기대하
게끔 해 놓고 나면 우리는 약속한 대로 그들의 기대를 충족시켜 줘야 한

다. 만약에 우리가 규칙들을 빠뜨리거나 잘못 사용해서 장르를 혼란시켜 놓으면, 관객은 그것을 즉시 알아차리고 우리가 해 놓은 작업에 대해 험담을 퍼붓게 된다.

예를 들어 보자. 어쩌다 「마이크의 살인」이라는 제목을 달게 된 영화는 살인 미스터리 쪽으로 관객을 포지셔닝하게 되었다. 그러나 이 영화는 사실 다른 장르여서, 관객들은 한 시간이 넘어갈 때까지 '도대체 어떤 놈이 죽을 거야?' 하고 궁금해하며 자리에 앉아 있었다. 이 작품은 사실 데브라 윙거가 연기한 은행 금전 출납원이 의타적이고 미성숙한 상태에서 자기 충족적이고 성숙한 상태로 변화하는 과정을 담은 성장의 플롯을 가진 영화였다. 영화적으로만 보자면 좋은 작품이라고 할 수 있는 이 영화는, 잘못 포지셔닝되는 바람에 혼란스러워진 관객들의 악평으로 말미암아 스스로 시장을 넓혀 나갈 수 있는 다리를 잘리고 말았다.

창조적 한계

로버트 프로스트는 자유시를 쓰는 일이란, 상상력을 자극시키는 시적 규칙으로부터의 인위적 요구 없이 스스로 규칙을 부과해야 한다는 점에서 네트를 내려놓은 채 테니스를 치는 것과 같다고 말했다. 어떤 시인이 이 한계를 자의적으로 스스로에게 부과한다고 생각해 보자. 그는 짝수 행마다 각운을 갖춘 여섯 행짜리 정형시를 쓰기로 한다. 두 번째 행에 각운을 맞춘 네 번째 행을 쓰고 나서 그는 곧 시의 마지막 행에 도달하게 된다. 막다른 골목에 다다른 시인은 앞의 두 번째와 네 번째 행과 운을 맞추기 위해 자신이 지금 쓰고 있는 시와는 아무런 관계도 없어 보이는 것들을 떠올린다. 그러나 이런 것들이 결국에는 앞서의 다섯 행에 새로운 느낌과 의미를 부여해 주고 시 전체의 느낌과 의미를 풍성하게 만들어 주는 새로운 이미지를 불러온다. 각운을 지켜야 한다는 '창조적 한계'로 인해 시인은 아주 집약된 시를 얻게 된 것이다.

창조적 한계의 원칙은 장애물로 둘러쳐진 원 안에서 자유를 찾는 것이다. 재능이란 근육 같은 것이다. 근육은 무엇인가와 대립하며 운동하지 않을 때 퇴화하는 법이다. 그런 까닭에 우리는 우리의 상상력을 자극시킬 만한 장애물들을 의도적으로 설치해야 한다. 방법적 가능성이 무제한으로 열려 있는 가운데 목표를 뚜렷하게 설정하는 훈련을 쌓는 것이다. 그러므로 우리가 거쳐야 할 첫 번째 단계는 우리의 작업을 규정해 주는 장르를 명확하게 파악하여 풍성한 결실이 나올 만한 든든한 토대를 만들어 주는 일이다.

장르적 규범은 작가들에게는 시인이 지켜야 하는 운율에 해당한다. 이것들은 창조성을 금지하는 것이 아니라 부추기는 것이다. 여기에서 중요한 점은 규범을 지키되 상투성을 피하는 것이다. 남녀의 사랑 이야기에서 한 청년이 한 여자를 만나는 것은 상투성이 아니라 형식적 필요조건, 즉 규범에 속한다. 상투성은 남녀가 만날 때 항상 전형적인 사랑 이야기에서 만나는 방식으로 만나는 데 있다. 매우 외향적이고 개성이 강한 두 사람이 함께 어떤 일을 해 나가게 되는데 처음에는 서로 싫어하는 것처럼 보인다든가, 매우 수줍어하는 성격의 두 사람이 각자 어떤 사람을 마음에 두고 있으나 그 사람들은 이들에게 전혀 신경조차 쓰지 않고 결국 어떤 파티에서 만난 두 사람은 서로 외에는 말을 걸 사람조차 없다는 식의 설정들 말이다.

장르적 규범이란 작가의 상상력을 어떤 계기에 도달하기까지 밀어 올리는 힘인 창조적 한계를 말한다. 좋은 작가들은 이 규범을 거부하고 나서 평이한 이야기를 만들어 내는 것보다는 오랜 친구처럼 대하는 쪽을 택한다. 이 친구가 가진 까다로운 면들을 독특한 방법으로 충족시키려는 노력을 하다 보면 한 장면을 평이한 수준 이상으로 끌어올릴 만한 영감이 떠오르리라는 점을 작가는 잘 알고 있다. 장르를 완전히 장악하고 훌륭하게 활용했을 때 우리는 관객들이 기대했던 것을 제공해 줄 뿐만 아니라, 그들이 어떤 장르에 대해 가지고 있는 기대치 자체를 좀 더 풍성하고 창조적인 것으로 재구성해 줄 수 있게 된다.

액션/모험 장르에 대해 생각해 보자. 종종 아무 의미 없는 짓거리로 치부되곤 하지만 실은 오늘날 가장 쓰기 어려운 장르다. 그 이유는 그동안 너무 많이 써 왔기 때문이다. 관객이 그동안 보지 못했던 액션 영화를 쓰기 위해서 작가는 무엇을 해야 할까? 예를 들어 이 장르의 수많은 규범들 중에 대표적인 것으로 이런 장면이 있다. 영웅이 악당의 손에 떨어진다. 영웅은 곤경에 빠졌다가 반드시 상황을 반전시켜야 한다. 이 장면은 절대로 필요한 장면이다. 이 장면은 주인공의 지혜, 의지력, 그리고 외적인 압력하에서의 침착함 등을 아주 명쾌하게 보여 준다. 이 장면 없이는 주인공이나 그의 이야기 모두가 다 왜소화되고 관객은 만족감을 얻지 못한 채 자리를 뜨게 된다. 이 규칙 속에서 상투성은 마치 빵에 피는 곰팡이처럼 자라나지만, 해결 방법이 신선한 것이었을 때 이야기는 한층 수준 높은 것이 된다.

「레이더스」에서 인디애나 존스는 거대한 언월도를 휘두르는 이집트 거인과 대결을 벌인다. 공포의 빛이 지나가고 존스가 자신이 총을 가지고 있다는 사실을 기억해 내면서 어깨를 한번 으쓱하고는 총알이 날아간다. 알려지기로는 설사병으로 고생하던 해리슨 포드가 로런스 캐스던의 대본에 쓰인 고도의 액션 연기를 소화하기 어려워서 제안했던 것이라고 한다.

「다이 하드」에서는 이 규칙이 아주 멋지게 실행되면서 절정에 이른다. 무기도 없이 허리까지 옷이 벗겨진 존 매클레인(브루스 윌리스)은 가학적인 데다 무기까지 갖춘 한스 그루버(앨런 릭먼)와 일대일 대결을 벌인다. 그러나 카메라가 천천히 매클레인의 주변을 돌아가다 보면 우리는 매클레인의 벌거벗은 등에 테이프로 붙여져 있는 권총을 발견하게 된다. 매클레인은 그루버에게 농담을 던져 주의를 산만하게 한 뒤 재빨리 총을 뽑아 그를 죽인다.

'악한의 손에 떨어진 영웅'이 낳은 상투성 중에서 가장 고전적인 것은 "조심해! 당신 뒤에 누가 있어!" 하는 것이다. 그러나 「미드나이트 런」의 작가 조지 갤로는 계속 이어지는 장면들에서 이 표현의 미치광이 같은 변주를 반복해서 사용함으로써 오히려 거기에 새로운 생명과 즐거움을 부여했다.

장르의 혼합

작품의 의미와 조응하고 등장인물의 성격을 풍부하게 하고 분위기와 정서의 다양성을 만들어 내기 위해 여러 장르들이 서로 교배되는 경우가 자주 있다. 예를 들어 사랑 이야기의 서브플롯을 범죄 이야기의 플롯에서 찾을 수 있다. 「피셔 킹」은 회복의 플롯, 심리 드라마, 사랑 이야기, 사회 드라마, 코미디, 다섯 가지의 실로 직조되어 한 편의 뛰어난 영화를 만들고 있다. 뮤지컬 공포 영화는 참으로 근사한 발명품이었다. 이미 주어져 있는 기본 장르가 수십 가지라는 점을 감안할 때 이종 교배를 통해 새로운 장르를 개발해 낼 수 있는 가능성은 무한하다고 할 수 있다. 이 방법을 통해서 장르에 통달해 있는 작가는 전 세계가 이전에는 한 번도 본 적이 없는 형태의 영화를 만들어 낼 수 있을 것이다.

장르의 재창조

또한 장르에 통달한 작가는 항상 당대성을 지닐 수 있다. 장르의 법칙이라는 것은 돌에 이미 새겨져 있는 어떤 것이 아니다. 이것들은 사회의 변화와 더불어 진화, 성장, 수용, 변형, 그리고 자기 분할의 활동을 신속히 수행해 나간다. 그 속도는 느리지만 한 사회는 분명히 변화한다. 한 사회가 매번 새로운 단계에 진입할 때마다 장르들 역시 그와 함께 변화한다. 장르는 단순히 말해 현실을 보여 주는 창문이며, 작가가 삶을 내다볼 수 있는 다양한 방법이다. 창문 밖의 현실이 변화 과정에 있을 때 장르 역시 그와 함께 변화한다. 만약에 장르가 현실의 변화에 따라 끊임없이 변화하지 않을 경우 장르는 화석화되고 만다. 아래에 드는 세 가지 예는 장르의 진화 과정을 보여 주는 좋은 경우들이다.

서부극(Western)

서부극은 서부 개척 시대를 배경으로 한 도덕극으로 시작되었다. 그러나 1970년대의 냉소적인 분위기 속에서 이 장르는 낡고 퇴행적인 것으로

간주되었다. 멜 브룩스가 「블레이징 새들스」를 통해 서부극의 파시스트
적인 핵심을 드러낸 이후, 이 장르는 약 20년 후 그 장르적 특징들을 대부
분 변화시킨 새로운 작품이 나올 때까지 실질적인 동면 상태에 접어들었
다. 1980년대 들어서 서부극은 인종과 폭력 문제에 관해 정치적으로 올
바른 견해를 갖춘 「늑대와 춤을」, 「용서받지 못한 자」, 「파시」 등의 유사
사회극으로 변형되었다.

심리극(Psycho-Drama)

　광기가 처음으로 극화된 것은 「칼리가리 박사의 밀실」이었다. 정신 분
석이 대중 속에 자리를 잡아 가면서 심리극은 일종의 프로이트적인 수사
극으로 발전되어 갔다. 그 첫 번째 단계에서 정신과 의사는 그의 환자가
과거에 받은 충격으로 인해 깊은 정신적 외상을 입은 과정을 추적해 나
가는 일종의 '정신 범죄의 수사관' 역할을 맡았다. 일단 정신과 의사가 이
'범죄'를 밝혀내고 나면 희생자(환자)는 정상적인 정신 상태를 회복하거나
최소한 그를 향한 커다란 진전을 보이게 되는 것이었다. 「악몽」, 「이브의
세 얼굴」, 「나는 당신에게 행복을 약속한 적 없어요」, 「마크」, 「데이비드
와 리사」, 「에쿠우스」 등이 그 예다.
　그러나 연쇄 살인범들이 사회의 악몽으로 등장하면서 심리극은 두 번
째 단계로 진화하여 수사극이라는 장르와 결합된 심리 스릴러라는 부속
장르를 만들어 낸다. 이 장르에서는 수사관들이 정신 분석의가 되어 범죄
를 저지른 정신 질환자를 추적하고, 이 미치광이에 대한 수사관의 정신
분석이 이루어지면서 체포 또한 이루어진다. 이 계열의 작품으로는 「죽
음의 그림자」, 「맨헌터」, 「세븐」 등이 있다.

1980년대 들어 심리 스릴러는 세 번째의 진화를 겪는다. 「연쇄 살인」, 「리썰 웨폰」, 「엔젤 하트」, 「살의의 아침」 등에서는 수사관 자신이 정신 질환자가 되어 성적 억압, 자살 충동, 정신적 외상에 의한 기억 상실증, 알코올 중독 등 다양한 형태의 현대 질병들을 앓는다. 이런 영화들에서 정의에 도달하는 가장 중요한 고리는 수사관들의 자기 자신에 대한 정신 분석이다. 일단 수사관들이 자신의 내부에 자리 잡고 있는 악에 직면하는 순간, 범인의 체포는 거의 부수적인 것이 된다.

이러한 진화는 변화하고 있는 사회에 대한 발언이라고 할 수 있다. 미치광이들은 모두 어딘가에 갇혀 있으며, 정상적인 우리 인간들이 정신 병원 담 밖에서 안전하게 살고 있다고 믿으면서 스스로를 안심시키던 시대는 사라졌다는 것이다. 오늘날 그 정도로 천진난만한 믿음을 가지고 사는 사람은 극소수일 뿐이다. 연계성을 가지고 있는 일련의 사회적 사건들을 경험하면서 우리는 우리 자신들 또한 이러한 현실의 일부가 될 수 있다는 사실을 알게 되었다. 위에 말한 심리 스릴러 작품들은 이러한 위협에 대한 발언이며, 스스로 인간성의 깊이를 측정하고 그 내부에서 일어나고 있는 전쟁을 멈추기 위해 노력하는 과정에서 자기 자신을 분석하는 것, 바로 그것이 우리 삶이 직면한 가장 어려운 책무라는 자각에서 나온 발언이다.

1990년대에 들어 이 장르는 정신 질환자들의 위치를 다시 또 재설정하면서 네 번째의 단계에 접어들었다. 이제 정신 질환자들은 우리의 배우자, 정신과 상담의, 의사, 어린이, 보모, 룸메이트, 이웃의 경찰관들 속에 위치해 있다. 이런 영화들은 우리의 일상생활에 가장 밀착되어 있고 신뢰해야 하는 대상이며 우리를 보호해 주기 바라는 사람들이 바로 미치광이라는 점을 드러내어 우리 사회에 잠재되어 있는 공포를 자극한다. 「요람을 흔드는 손」, 「적과의 동침」, 「포스드 엔트리」, 「어둠 속의 정사」, 「위험한 독신녀」, 「위험한 아이」 등이 이런 계통의 작품들이다. 이런 계통의 영화들 중에서 가장 많이 입에 오르내리는 것은 아마도 「데드 링거」일 것이다. 이 영화는 가장 궁극적인 공포, 바로 자기 자신에 대한 공포에 관한 영화다. 어떤 끔찍한 공포가 당신의 무의식 속에서 살아 올라와 당신의 정신을 갉아먹을 것인가?

사랑 이야기(Love Story)

사랑 이야기를 쓸 때 스스로 물어야 할 가장 중요한 질문은 '그들의 장애물이 무엇인가?' 하는 것이다. 사랑 이야기에서 이야깃거리가 될 만한 것이 대체 무엇이겠는가? 두 사람이 만나서 사랑에 빠지고 결혼을 하고 아이를 낳아 기르고 죽음이 그들을 갈라놓을 때까지 서로를 위하면서 살고……, 이것보다 더 지겨운 이야기가 또 어디 있을까? 그런 이유 때문에 그리스의 비극 작가들로부터 시작해서 2000년이 넘는 세월 동안 작가들은 '여자의 부모'가 바로 그런 존재라고 답해 왔다. '여자의 부모'는 딸이 사랑하는 남자가 딸에게 걸맞지 않는다고 판단함으로써, '방해자 성격' 또는 '사랑을 가로막는 힘'으로 정형화되어 왔다. 셰익스피어는 『로미오와 줄리엣』에서 이 역할을 양가의 부모로 확장시켰다. 대략 기원전 2300년 경부터 시작해서 이 핵심적인 규칙은 변하지 않고 이어져 내려왔다. 20세기에 들어와 연애의 혁명이 일어나기 전까지는 말이다.

20세기는 다른 때와는 비교할 수 없는 사랑의 세기였다. 사랑(그리고 거기에 무조건적으로 동반되는 성관계)은 대중 음악, 광고, 그리고 서양 문화 전반에 걸쳐 지배적인 관념이 되었다. 지난 수십 년 동안 자동차, 전화를 비롯한 수없이 많은 도구들이 젊은 남녀가 부모의 통제로부터 더 큰 자유를 얻는 데 도움을 주어 왔다. 그런가 하면 부모들 역시 혼외정사와 이혼, 재혼의 급격한 증가에 힘입어 예전 같으면 젊었을 때 한때로 제한되던 사랑의 추구를 전 생애에 걸친 사업으로 확대시켰다. 젊은이들이 부모의 말을 듣지 않는 것은 항상 있어 왔던 일이지만, 만약 요즘 영화에서 부모가 사랑의 장애 요인으로 등장하고 사랑에 빠진 십 대의 아이들이 그들에게 복종하는 상황이 벌어진다면, 영화는 관객들의 조소 때문에 제대로 이어지지도 못할 것이다. 그러니 '여자의 부모'라는 규칙은 중매혼과 더불어 사라졌고 연구를 많이한 작가들은 훨씬 새롭고 놀라운 일련의 힘들을 사랑을 가로막는 장애물로 등장시키기에 이르렀다.

「졸업」에서는 '여자의 부모'라는 아주 고전적인 장애물을 내세우지만 그 이유는 전혀 고전적이지 않다. 「위트니스」에서 장애물은 여자의 문화, 현실과는 완전히 담을 쌓은 채 전통을 고수하는 청교도라는 문화다. 「소펠 부인」에서 교수형을 선고받은 죄수로 나오는 멜 깁슨과 사랑에 빠진 다이앤 키튼은 교도소장의 아내다. 그들의 장애물은 무엇인가? 이 사회에서 제대로 된 생각을 가지고 있는 모든 구성원이 다 장애물이다. 「해리가 샐리를 만났을 때」에서 두 연인을 가로막는 것은, 사랑과 우정이 양립할 수 없다고 믿는 두 사람의 해괴한 생각이다. 「론 스타」의 장애물은 인종차별주의이고, 「크라잉 게임」에서는 성적 정체성, 「리틀 킬러」에서는 죽음이 바로 그것이다.

사랑에 대한 열광과 더불어 시작되었던 20세기는 이제 사랑에 대한 어둡고 비관적인 태도를 동반하는 깊은 불안과 더불어 막을 내리게 되었다. 그런 결과, 우리는 이루지 못하는 사랑의 결말이 늘어나고 놀라울 정도로 인기를 얻는 현상을 목격하게 되었다. 「위험한 관계」, 「매디슨 카운티의 다리」, 「남아 있는 나날」, 「부부 일기」 등이 그 예라 할 수 있다. 「라스베이거스를 떠나며」에서 벤은 자살을 지향하는 알코올 중독자이고 세라는 자학성을 지닌 창녀이며, 그들의 사랑은 엇갈리는 혜성과 같다. 이런 영화들은 영원히 지속되는 사랑의 불가능성 또는 희망 없음에 대한 자각이 늘어나고 있음을 말한다.

희망적인 결말을 얻기 위해 최근의 몇몇 영화들은 이 장르를 갈망의 이야기로 변형시켰다. '남자와 여자가 만나는' 설정은 언제나 사랑 이야기 초반부에서 나타나서 후에 시련, 고난, 그리고 궁극적으로는 사랑의 승리로 이어지는, 없어서는 안 될 규칙이었다. 그러나 「시애틀의 잠 못 이루는 밤」이나 「세 가지 색: 레드」는 남자와 여자가 만나는 것으로 이야기를 끝맺는다. 관객은 두 연인들의 운명이 어떻게 기회들 속에서 모양을 갖추게 되는지 보기 위해 기다린다. 연인들의 만남을 극적 절정의 순간까지 영리하게 미뤄 놓음으로써 이 영화들은 '사랑하기가 어렵다.'는 오늘날의 사랑의 주제를 '만나기가 어렵다.'는 것으로 바꿔 놓는다. 이 영화들은 사랑 이야기가 아니라 갈망의 이야기다. 사랑에 대한 욕구로 장면들을 채워 나가면서 실질적인 사랑의 행위들과 그에 따른 골치 아픈 결과들은 영화가 끝난 후의 미래로 미뤄 놓는 것이다. '사랑의 시대'는 20세기가 싹을 틔운 후 묻어 준 셈이다.

여기서 우리가 얻을 교훈은 사회적인 태도는 변화한다는 것이다. 작가의 문화적인 안테나가 이러한 움직임을 향해 언제나 열려 있지 않으면 이미 죽은 글을 쓰게 될 위험이 있다. 예를 들어 「폴링 인 러브」에서 그나마 관중들의 하품을 막아 주는 단 하나의 장치는 사랑에 빠진 남녀가 각각

이미 기혼자라는 사실 하나뿐이다. 관객석에 앉아 있다 보면 관객들이 품고 있는 생각이 거의 들리는 것 같다. "그래서 네 문제가 도대체 뭐야? 목석 같은 자와 결혼을 했다, 그러면 차 버리면 될 거 아냐. 이혼이라는 단어 혹시 못 들어 봤니?"

그러나 1950년대에 혼외의 연애는 아주 고통스러운 배신으로 그려졌다. 「만날 때는 타인」, 「밀회」를 비롯한 많은 날카로운 영화들이 혼외정사에 대한 사회의 적대감으로부터 그들의 동력을 취했다. 그러나 1980년대의 태도는 이와 확연히 달라져서, 인생은 짧고 사랑은 너무나 소중한 것이니 이미 다른 사람들과 결혼한 두 사람이 서로를 원한다면 원하는 대로 내버려 두라는 식으로 변했다. 옳건 그르건 간에 이것이 시대적인 분위기이고 따라서 1950년대의 가치를 유지하려는 영화는 1980년대의 관객을 지루하게 할 수밖에 없는 것이다. 관객들은 가장 첨예하게 당대의 삶을 살고 있을 때의 느낌이 어떤가를 알고 싶은 것이다. 오늘날 인간으로 산다는 것은 과연 어떤 뜻인지 말이다.

창의적인 작가들은 당대적일 뿐만 아니라 전망을 제시해 주기도 한다. 그들은 항상 역사에 귀를 기울이고 있으며 무언가 변화가 일어날 때마다 사회가 어떤 방향을 지향하는지 감지해 낸다. 바로 그때 그들은 통용되어 오던 규칙을 깨뜨리고 장르들의 새로운 세대를 생산하는 것이다.

예를 들자면 바로 이 점이 「차이나타운」이 가지고 있는 많은 미덕 중의 하나다. 이전의 모든 살인 미스터리 장르의 이야기들에서는 살인범이 체포되는 것이 절정을 이루었지만 「차이나타운」의 부유하고 정치적으로 힘 있는 살인범은 체포되지 않고 살아남으면서 여태껏 지켜 왔던 규칙을 파괴한다. 그러나 이 영화는 1970년대에 들어 시민의 권리 운동, 워터게이트 사건, 베트남 전쟁 등을 겪으면서 미국이 얼마나 속속들이 썩어 있었는지, 그리하여 부유한 자들이 살인이나 그보다 더한 짓을 저지르고도 법망을 빠져나가는 일이 실제로 일어나고 있다는 인식이 널리 퍼지게 되면서야 나올 수 있었다. 「차이나타운」은 법의 정의가 지켜지지 않는 것을 그린 「보디 히트」, 「범죄와 비행」, 「사랑과 슬픔의 맨해튼」, 「원초적 본능」, 「라스트 시덕션」, 그리고 「세븐」 같은 영화들의 시초가 됨으로써 범죄 미스터리 장르를 새롭게 고쳐 썼다.

가장 뛰어난 작가들은 미래를 제시할 뿐만 아니라 고전을 창조해 낸다. 각각의 장르는 사랑/미움, 평화/전쟁, 정의/불의, 성취/실패, 선/악 등과 같은 인생의 가장 핵심적인 가치들과 결부되어 있다. 이들 각각의 가치는 이야기라는 예술 형태가 시작될 때부터 위대한 작품들에 영향을 미쳐 온 시공을 초월한 주제들이다. 이 가치들이 세월의 흐름에 상관없이 당대의 관객들에게 여전히 의미 있는 것들로 살아남기 위해서는 항상 새로운 모습으로 변화되어야 한다. 그러나 가장 위대한 이야기들은 언제 보아도 당대적이다. 이런 작품들을 일컬어 고전이라고 한다. 고전이 항상 기꺼이 받아들여지는 이유는 그것이 오랜 세월을 두고 재해석될 수 있기 때문이고, 또한 그 안에 진실과 인간적인 특성들이 너무나도 풍부하게 깃들여 있어 새로운 세대가 그를 통해 자신들의 모습을 비춰 볼 수 있기 때문이다. 「차이나타운」이 바로 그런 작품이다. 이 작품의 작가 로버트 타운과 연출자 폴란스키는 그 장르에 완벽하게 통달하여 그들 이전과 이후를 통틀어 몇몇만이 도달했던 높이까지 그들의 재능을 이끌고 올라갔다.

'인내'라는 재능

장르에 통달한다는 것은 또 하나의 이유에서 필수적이다. 시나리오를 쓰는 일은 단거리 선수보다는 장거리 선수에게 걸맞다. 주말에 풀장 옆에 앉아서 단숨에 써내렸다는 시나리오에 대한 이야기가 떠돌건 말건, 일정한 수준을 갖춘 시나리오가 발상부터 시작해서 완전한 탈고에 이르기까지는 몇 달, 일 년, 심지어는 그 이상도 걸린다. 시나리오를 쓰는 일은 그 안에서 구축되는 세계와 등장인물들, 이야기의 내용 등을 놓고 봤을 때 400쪽짜리 소설을 쓰는 일과 같다. 그 둘 사이의 두드러진 차이점은 이야기를 하기 위해 사용하는 단어의 수밖에 없다. 지극히 경제적으로 언어를 사용하기 위해 땀을 빼야 하는 시나리오 작가의 처지에 비하면, 생각나는 대로 써 내려갈 수 있는 소설 쪽이 때로는 수월하고 작업 속도가 빠르기도 하다. 모든 글쓰기에는 예외 없이 훈련이 요구된다고 했을 때, 시나리오 작업은 군사 훈련과 같은 강도를 요구한다. 그러므로 스스로에게 물어보라. 당신은 무엇을 가지고 몇 달이 넘는 기간 동안 당신의 욕망을 계속 불타 오르게 할 것인가?

일반적으로 보아 위대한 작가들은 절충주의적이지 않다는 특징을 가지고 있다. 작가들 개개인은 한 가지의 아이디어, 자신의 정열을 불태울 수 있는 하나의 주제, 평생을 통해 다양하고도 아름다운 변주에 몰두한다. 예를 들어 헤밍웨이는 죽음에 직면하는 문제에 매료당했다. 아버지의 자살을 목도한 후에 이 주제는 그의 글뿐만 아니라 삶 자체를 관통하는 중심 테마가 되었다. 그는 마침내 자기 입에 총구를 들이밀고 그 해답에 이를 때까지 이 주제를 좇아 전쟁, 운동 경기, 아프리카의 초원 지대를 헤매고 다녔다. 아버지가 빚에 몰려 감옥에 갇혔던 찰스 디킨스의 경우에는 『데이비드 코퍼필드』, 『올리버 트위스트』, 『위대한 유산』에 이르기까지 잃어버린 아버지를 찾아 헤매는 외로운 소년의 이야기를 반복해서 써냈다. 몰리에르는 17세기 프랑스 사회의 무지몽매함과 부패함에 그의 비판적인 시선을 모아 마치 인간의 악덕 목록과도 같은 일련의 작품들(『수전노』, 『인간 혐오자』, 『우울증 환자』 등)을 통해 작가로서 명성을 얻었다. 위에 말한 작가들은 모두 자신의 주제를 찾아낸 뒤 작가로서의 긴 여정을 마칠 때까지 이를 유지했다.

당신의 주제는 무엇인가? 헤밍웨이나 디킨스처럼 당신의 인생 경험으로부터 직접 우러나온 것인가? 아니면 몰리에르의 경우처럼 사회나 인간의 본성에 대한 당신의 생각에서 비롯된 것인가? 당신이 영감을 받는 원천이 어디에 있든지 반드시 염두에 두어야 할 것은, 당신이 그 작품을 끝내기 한참 전에 당신의 경험에 대한 애정은 썩어 없어질 것이며, 당신의 생각에 대한 애정 역시 생각하기도 싫은 상태가 되어 사라지리라는 것이다. 당신 자신이나 당신의 생각에 대해 쓴다는 일 자체에 염증을 느끼고 지겨워하게 될 것이며, 결국 이 경주를 끝내지 못할 수도 있다.

그러니 한번 더 자신에게 물어보자. 내가 가장 선호하는 장르는 어떤 것인가? 이 질문을 먼저 던지고 난 뒤 당신이 가장 좋아하는 장르 안에서 써 나가라. 왜냐하면 당신이 가진 아이디어나 당신이 겪었던 경험에 대한 열정은 잦아들 수 있지만 영화에 대한 애정은 영원한 것이기 때문이다. 장르야말로 영감을 항상 새롭게 일깨워 주는 원천이다. 당신이 쓴 대본을 다시 읽을 때마다 매번 새로운 전율이 일어야만 한다. 이 작품이야말로 당신만이 쓸 수 있는 이야기이며, 비가 오는 날씨에도 줄을 서서 기다리게 만드는 종류의 영화이기 때문이다. 지식인 친구가 사회적으로 중요한 문제라고 생각하는 소재라고 해서 쓰지는 말라. 이 글을 쓰면 영화 이론 지에서 비평적인 찬사를 받을 것이라는 기대 때문에 쓰지는 말라. 당신이 선택한 장르 안에서 솔직해져라. 왜냐하면 작품을 쓰고 싶게 만드는 모든 이유들 중에서, 작품을 쓰는 기간 전체를 통하여 작가를 추슬러 줄 수 있는 유일한 것은 작업에 대한 애정 그 자체이기 때문이다.

5장
구조와 등장인물의 성격

플롯이냐 캐릭터냐? 어떤 것이 더 중요한가? 이 논의는 예술 자체의 역사만큼이나 오래된 것이다. 아리스토텔레스는 이 둘을 저울질하면서 이야기가 우선이며 등장인물의 성격은 부차적이라는 결론을 내렸다. 그의 의견은 소설이 발전하면서 의견의 중심추가 반대편으로 이동할 때까지 이 논의를 주도해 왔다. 19세기에 이르기까지 구조란 등장인물의 개성을 드러내기 위해 고안된 장치일 뿐이며, 독자들이 원하는 것은 매력적이고 단순치 않은 성격의 등장인물이라는 의견이 대세를 이루었다. 오늘날에는 이 양쪽이 모두 결론 없는 논의를 되풀이하고 있다. 결론이 나지 않는 이유는 간단하다. 문제 자체가 잘못된 것이기 때문이다.

구조와 인물의 성격 중 어느 것이 더 중요한가 하는 질문은 사실상 성립되지 않는다. 구조가 곧 등장인물의 성격이고, 등장인물의 성격이 곧

구조이기 때문이다. 이 둘은 근본적으로 같은 것이기 때문에 이들 중 어느 것도 다른 것보다 중요할 수는 없다. 그런데도 이 논쟁이 지속되는 이유는 성격과 인물 묘사의 차이에 대해 광범위하게 퍼져 있는 혼란 때문이다.

성격과 인물 묘사

인물 묘사(Characterization)란 등장인물을 자세히 들여다보면 알 수 있는 인간의 관찰 가능한 모든 측면들을 말한다. 즉 나이, 지능 지수, 성별과 성적 경향, 말하는 스타일과 몸짓, 주거지, 자동차, 의상의 선택, 교육 정도와 직업, 개성과 예민함의 정도, 가치 체계와 태도 등 어떤 사람의 일상생활을 세밀하게 관찰하고 기록한다고 했을 때 알 수 있는 인간성의 모든 측면들을 지칭하는 것이다. 이러한 특성들을 한데 모아 보면 각 개인의 독특함이 드러난다. 모든 개인은 고유의 유전적인 특성과 개별적으로 축적된 경험의 결과물이기 때문이다. 이 같은 특성들의 집합을 인물 묘사라고 한다. 그러나 이것은 성격(Character)과는 다르다.

진정한 성격(TRUE CHARACTER)은 인간이 어떤 압력에 직면해서 행하게 되는 선택을 통해 밝혀진다. 그 압력이 크면 클수록 성격은 더 깊숙이까지 드러나게 되며, 성격의 핵심적인 본성으로부터 행해지는 선택은 좀 더 진실성을 띤다.

표면적인 인물 묘사의 배면에 위치하는, 외면으로 드러나는 모든 것들을 제거했을 때 나타나는 이 사람은 과연 누구인가? 그의 인간성의 핵심에서 그가 추구하는 것은 무엇인가? 그는 남을 사랑하는 사람인가, 잔인한 사람인가? 남에게 베푸는 사람인가, 이기적인 사람인가? 강한 사람인가, 약한 사람인가? 진실한 사람인가, 거짓말쟁이인가? 용기 있는 사람인가, 비겁한 자인가? 진실을 알 수 있는 유일한 방법은 그가 압력에 직면했을 때 자신의 욕망을 달성하기 위해 어떤 선택을 하는지 지켜보는 것뿐이다. 그가 선택하는 방식이 곧 그의 존재를 설명한다.

압력이란 필수적인 조건이다. 아무런 위험 요소도 없는 상태에서의 선택에는 별다른 의미가 없다. 어떤 인물이 거짓말을 해 봐야 얻을 것이 아무것도 없는 상황에서 진실을 말한다면 그때의 선택은 사소한 것일 뿐이며, 그 선택의 순간은 아무것도 표현하지 않는다. 그러나 같은 인물이 거짓말을 하면 자신의 목숨을 구할 수 있는 상황에서 그래도 진실을 말할 것을 고집한다면, 그때 우리는 정직함이 그의 성격의 핵심이라는 것을 감지하게 된다.

이런 장면을 생각해 보자. 두 대의 차가 고속 도로를 달리고 있다. 한 대는 짐칸에 빗자루, 걸레, 물통 등을 싣고 있는 낡아빠진 스테이션왜건이다. 이 차를 운전하고 있는 사람은 얌전하고 그날그날 현찰을 받고 남의 집에서 파출부로 일하며 혼자 힘으로 가족을 부양하는 불법 체류자다. 이 차 바로 옆에는 유능하고 부유한 신경외과 전문의가 모는 새 포르셰가 달리고 있다. 두 사람은 배경, 신앙, 개성, 언어 등 그들의 인물 묘사에서 상상할 수 있는 모든 면에서 정반대다.

갑자기 그들의 바로 앞에서 어린이들을 가득 태운 학교 버스가 옆으로 미끄러지면서 고속 도로 위를 지나는 교차로의 교각을 들이받고 화염에

휩싸인다. 어린이들은 차 안에 갇혀 있다. 자, 이런 끔찍한 상황 속에서 우리는 이들 두 사람이 정말로 어떤 사람들인가를 알게 된다.

누가 차를 멈출 것인가? 그대로 지나칠 사람은 누구인가? 두 사람 모두 그대로 지나쳐 버릴 만한 이유를 생각해 낼 수 있다. 파출부의 경우, 공연히 이 일에 끼어들었다가 경찰의 질문을 받고 자신이 불법 체류자 신분인 걸 들켜 국경 밖으로 추방당하면 그녀의 가족은 그대로 굶게 될 것이다. 신경외과 전문의의 경우, 만약에 그가 부상을 당하거나 아주 미세하고 어려운 수술을 수행해야 하는 손에 부상이라도 입는다면 수천 명의 미래의 환자들이 생명을 잃게 될 것이다. 그러나 일단 두 사람 모두 차를 세웠다고 하자.

이 선택은 두 사람의 성격의 단서를 제공해 주긴 하지만 도움을 주기 위해 차를 세웠는지, 아니면 도저히 더 이상 운전을 계속할 수 없을 정도로 정신적인 충격을 받아서 세웠는지는 알 수 없다. 두 사람 다 도움을 주기 위해 차를 세웠다고 가정해 보자. 이 선택은 우리에게 좀 더 많은 것을 알려 준다. 그러나 이들은 경찰에 전화를 걸고 기다리는 쪽을 선택할 것인가? 아니면 불타고 있는 버스로 달려가는 쪽을 선택할 것인가? 두 사람 모두 불타고 있는 버스를 향해 달려가는 쪽을 선택했다고 하자. 이 선택은 이들의 성격을 훨씬 깊숙이 드러내 준다.

의사와 파출부 모두가 버스의 유리창을 깨고, 불붙은 버스 안으로 기어들어가 울부짖는 아이들을 붙잡아서 안전한 곳으로 밀어낸다. 그러나 그들의 선택이 아직 끝난 것은 아니다. 곧이어 불길이 갑작스럽게 솟아오르며 그들의 얼굴에서 피부가 벗겨지기 시작한다. 숨을 한 번만 더 쉬면 폐까지 화상을 입을 지경이다. 이런 극한 상황 속에서 불타는 버스 안에 아직도 남아 있는 많은 아이들 중 하나를 구해 내기에도 시간이 부족하다는 것을 두 사람 각자가 깨닫게 된다. 이때 의사는 어떻게 반응할 것인가? 즉각적으로 움직여야 하는 이런 상황에서 그는 안쪽에 있는 백인 아이에게로 다가갈 것인가, 아니면 자기 가까이에 있는 흑인 아이를 구할 것인가? 파출부의 경우는 어떨까? 소년을 구할 것인가, 아니면 자신의 다리 사이로 숨어드는 여자아이를 택할 것인가? 그녀에게 닥친 '소피의 선택'에서 누구를 선택할 것인가?

이처럼 처음에는 극단적으로 달랐던 인물 묘사 안으로 들어갔을 때 우리는 하나의 동일한 인간성을 발견하게 된다. 두 사람 모두 타인을 위해 순식간에 자기 목숨을 희생할 용의가 있다는 것이다. 이와는 달리 영웅적으로 행동할 거라고 생각했던 사람이 사실은 겁쟁이일 수도 있다. 아니면 겁쟁이일 거라고 생각했던 사람이 실은 영웅일 수도 있다. 또는 좀 더 깊이까지 들어가자면 이와 같은 자기희생적인 영웅성이 그들 모두의 진정한 성격을 다 보여 준 것은 아니라는 사실을 발견할 수도 있다. 두 사람이 각기 변형된 형태로 수용하고 있는 문화의 힘이, 심지어는 그들이 거의 성인과 같은 용기를 보여 주고 있을 때조차도 그들 각자에게 잠재되어 있는 성과 인종에 대한 편견을 드러내는 즉각적인 선택으로 이어졌기 때문이다. 이 장면이 어떤 식으로 쓰여지든지 이 인물들의 선택은 처음의 객관적인 인물 묘사의 외면을 벗겨 내고, 그에 따라 우리는 그들의 내면적 본질과 진정한 성격을 향한 통찰력 있는 시각을 얻게 되는 것이다.

성격의 발현

인물 묘사에 상반되는 진정한 성격의 발현은 모든 뛰어난 이야기의 근본이 된다. 우리는 삶으로부터 이 대전제를 배운다. 겉으로 보이는 것은 실제와 다르다는 것. 겉모습으로는 사람을 알 수 없다. 사람의 본성은 공들여 개성 있게 만든 입구 뒤에 단단히 봉해져 있다. 그들이 무어라 말하든, 무어라 자기 합리화를 하든 그들의 참된 성격을 알 수 있는 유일한 방법은 외부의 압력 속에서 그들이 행하는 선택을 살피는 것밖에는 없다.

어떤 이야기의 서두에서 아내를 사랑하는 남자로 묘사되는 인물을 접하고 나서, 이야기가 끝날 때까지 그 인물이 계속해서 아무런 비밀도 불만도 숨겨진 연애 행각도 없는, 여전히 모범적인 남편으로 남는다면 우리는 매우 실망할 것이다. 인물 묘사와 성격이 일치할 때, 다시 말해 인물의 내적 생활과 외양이 마치 콘크리트처럼 한 덩어리로 묘사될 때 그 인물의 역할은 반복적이고 예측 가능한 행동들을 열거한 것에 불과하게 된다. 그런 성격이 없다는 이야기는 아니다. 그처럼 깊이가 없고 다양한 측면이 없는 사람들도 존재하기는 한다. 하지만 재미가 없다.

예를 들어 보자. 람보의 문제가 뭔가? 「람보」에서 람보는 혼자 산속을 돌아다니면서 외부와 접촉하기 싫어하고 베트남 전쟁의 후유증을 앓고 있는 예비역으로 묘사된, 설득력 있는 인물이었다. 그때 천성이 공격적인 악한이라고밖에 묘사할 수 없는 보안관이 등장해서 람보를 자극하고, 람보는 잔인하고 거침없는 킬러로서의 본성을 드러내게 된다. 그러나 람보는 한번 자기의 천성을 드러내고 난 뒤에는 다시 돌아가려고 하지 않는다. 후속편들에서 그는 기름이 흐르고 근육이 불거져 나온 몸에 실탄을 두르고 붉은 손수건을 잘 손질된 머리에 꽉 묶은 채, 초영웅적인 인물 묘사와 진정한 성격이 하나로 합쳐져서 만화 영화의 등장인물들보다도 훨씬 더 단순한 인물로 그려진다.

이 단순한 패턴과 '제임스 본드'를 비교해 보자. 람보의 경우 세 편이 한계처럼 보이지만 본드의 경우 거의 스무 편가량이 만들어졌다. 본드가 계속 등장할 수 있는 이유는 그의 인물 묘사와 대립되는 그의 내면의 성격이 끊임없이 드러나는 것을 전 세계가 즐기고 있기 때문이다. 제임스 본드는 매끄러운 사교계의 신사처럼 행동하는 것을 즐긴다. 연미복을 입고 우아한 파티를 즐기며 미인들과 대화를 나눌 때에 칵테일 잔은 그의 손가락 끝에 우아하게 걸려 있다. 그러나 이야기의 흐름이 긴박해질 때 사교계 신사 같은 외양을 뚫고 드러나는 것은 생각할 줄 아는 람보다. 인물 묘사와 상반되는 이러한 재치 있는 초영웅 성격의 발현 때문에 이 시리즈의 즐거움은 계속되는 것이다.

이 원칙을 좀 더 밀고 나가 보자. 인물 묘사와 상반되는 성격의 발현은 주요 등장인물들에게 핵심적인 사항이다. 보조 인물들의 경우 숨겨져 있는 성격은 필요할 수도 있고 그렇지 않을 수도 있다. 그러나 주역들의 경우는 반드시 이와 같은 깊이가 있어야 한다. 그들의 얼굴에서 보이는 사람과 그들의 가슴속에 들어 있는 사람은 달라야 한다.

성격의 굴곡

가장 잘된 글쓰기는 진정한 성격을 드러낼 뿐 아니라, 이야기의 전개 과정을 통해 좋은 방향으로든 나쁜 방향으로든 인물의 내적 본성을 변화시키기도 하고, 그에 굴곡을 주기도 한다.

「심판」에서 주인공인 보스턴 지역의 변호사 프랭크 갤빈은 폴 뉴먼 같은 미남으로 깔끔한 정장을 입고 있다. 데이비드 마멧의 대본은 이와 같은 인물 묘사 뒤에 숨어 있는, 부패하고 파산 지경에 이르러 있으며 자기 파괴적이고 술주정뱅이로서 지난 수년 동안 단 한 건의 재판에서도 이기지 못한 성격을 하나하나 드러낸다. 이혼과 불명예로 인해 그의 정신은 파괴되어 있다. 그는 신문의 부고란을 뒤져서 자동차 사고나 산재로 인한 사망자를 찾아내서는 장례식장에 찾아가 사망자의 가족이나 친척들에게 명함을 돌린다. 보험 케이스라도 맡아 보자는 생각에서다. 이 시퀀스는 술에 취한 채 자기혐오에 빠져 자기 사무실을 때려 부수고 벽에 걸린 학위 수여증을 떼어 내어 때려 부수는 장면으로 끝난다. 그러나 바로 그때 사건이 들어온다.

의료 사고로 인해 혼수상태에 빠진 한 여자에 관한 사건이다. 합의에 도달하기만 하면 그는 7만 달러를 벌 수 있다. 그러나 혼수상태에 빠져 있는 그 여자를 보는 순간, 그는 이 사건을 통해 자신이 얻을 수 있는 것은 손쉽게 챙길 수 있는 거액의 변호사 비용이 아니라 스스로를 구원할 마지막 기회라는 것을 느낀다. 그는 가톨릭 교회와 정치 조직을 상대로 싸우기로 결심한다. 자신의 고객을 위해서뿐만 아니라 자신의 영혼을 위해서 이 싸움을 택한 것이다. 이 싸움의 승리를 통해 그의 영혼은 회복된다. 법정 싸움은 그를 술에 취해 있지 않고 도덕적이며 뛰어난 변호사로 바꾸어 놓는다. 그가 삶에 대한 의욕을 잃기 전의 모습으로 되돌아간 것이다.

여기에 허구적 이야기의 전 역사를 통해 있어 왔던 성격과 구조 간의 연극이 있다. 우선 이야기가 주인공의 인물 묘사를 펼쳐 놓는다. 대학생인 햄릿은 아버지의 장례식에 참석하기 위해 집으로 돌아온다. 그는 감상적이고 혼란에 빠져 있으며 차라리 죽어 버렸으면 한다. "오, 이 견고한 육신이 녹아 버리기라도 했으면……."

두 번째로 곧이어 우리는 이 성격의 중심으로 이끌려 들어간다. 그가 하나하나 행동을 선택할 때마다 그의 진정한 본성이 드러난다. 햄릿의 아버지의 유령은 이제 왕이 된 햄릿의 숙부 클로디어스가 자신을 죽였다고 주장한다. 햄릿의 선택은 분별없고 열정적인 미숙함과 맞서 싸우는 고도로 지적이고 조심스러운 천성을 드러낸다. 그는 복수를 하기로 결심하지만 왕의 죄를 입증할 때까지 미루어 둔다. "나는 단검처럼 말하겠다……, 그러나 단검을 사용하지는 않겠다."

세 번째로 이러한 본질은 인물의 외양과 대립되는 것으로, 서로 대립하거나 그렇지 않더라도 상호 대조적인 성격을 띤다. 관객들은 밖으로 나타나는 것과 그의 진면목이 다르다는 것을 감지할 수 있다. 그는 슬프거나 예민하거나 조심스러워하는 기색을 드러내지 않는다. 그의 다른 품성들은 외형적인 특성들 밑에 숨어 있다. 그는 이렇게 말한다. "나는 북북서 바람이 불 때만 미친다. 바람이 남쪽에서 불 때 나는 매와 그의 먹이가 되는 새를 구별할 수 있다."

네 번째로 인물의 내적 본성이 드러나면서 이야기는 그 인물에게 더욱 더 거대한 압력을 가하고, 따라서 인물은 점점 더 어려운 선택을 해야 한다. 햄릿은 아버지의 살해범을 찾아다니다가 그가 무릎 꿇고 기도하고 있는 것을 본다. 햄릿은 살해범 클로디어스를 쉽게 죽일 수 있었지만, 만약 그가 기도하던 중 죽으면 천당으로 갈지도 모른다고 생각한다. 그래서 햄릿은 클로디어스의 영혼이 "그것이 가게 될 지옥처럼 저주받고 암흑에 들어 있을 때"까지 기다리기로 스스로 억제한다.

다섯째로 이야기의 절정에 도달할 무렵, 이러한 일련의 선택들은 인물의 인간성을 극적으로 바꾸어 놓는다. 햄릿의 겉으로 드러난 것들과 감춰져 있던 모든 싸움들은 결말에 이른다. 그의 젊은 지성이 지혜로 익어 가면서 그는 다음과 같은 평화로운 성숙의 경지에 도달한다. "그리고 남은 것은 고요다."

구조의 기능과 성격의 기능

등장인물들이 점점 더 헤어나기 어려운 딜레마 속으로 빠져들어 더욱 위험도가 높은 선택을 행하고, 그로 인해 그들의 내부, 심지어는 무의식적 자아의 차원에 이르기까지, 그리고 그 속에 숨어 있는 참된 본성이 서서히 드러날 때까지 인물들에 가하는 압력을 점차 조직적으로 고조시키는 것이 **구조(STRUCTURE)의 기능**이다.

이야기 안에서 등장인물들의 선택이 적절하다는 생각이 들도록 그들에게 적절한 인물 묘사를 부여해 주는 것이 **성격(CHARACTER)의 기능**이다. 단순히 말해 등장인물은 현실성이 있어야 한다. 젊거나 늙거나, 튼튼하거나 허약하거나, 순진하거나 닳아빠졌거나, 교양이 있거나 무지하거나, 너그럽거나 이기적이거나, 재치 있거나 미련한 것이 반드시 적절한 수준을 지켜야 한다는 것이다. 또한 이 각각의 특성들이 잘 결합되어, 어떤 등장인물의 현재 행동을 관객들이 봤을 때 그 인물이 할 수 있고 할 만한 행동이라고 믿을 만한 요소들을 구성해 주어야 한다는 것이다.

구조와 성격은 서로 맞물려 있다. 등장인물들이 이야기의 압력 밑에서 그들이 선택하고 행동하는 방식에 따라 본모습이 드러나고 변화하는 피조물들이라면, 구조는 바로 그 피조물들이 선택하고 행동하는 과정 속에서 창조되는 것이다. 둘 중 하나에 변화가 생기면 다른 한 가지 또한 바뀌게 된다. 만약 사건의 설계를 바꾸면 인물의 성격 또한 바뀐다. 만약 성격의 근원적인 특성을 바꾸려 한다면 그 성격의 변화된 특성을 보여 주기 위해 구조를 다시 만들어야 한다.

여기에 주인공이 심각한 위험을 감수하면서도 진실을 말하기로 결심한 핵심적인 사건이 들어 있는 이야기가 있다고 치자. 그러나 작가가 보기에 이 초고에는 문제가 많다. 퇴고를 해 나가면서 이 사건을 다시 생각해 보다가 작가는 그의 주인공이 거짓말을 하는 것으로 설정하고 그에 따라 이야기의 골격을 다시 짜기로 결정한다. 초고와 재고 모두에서 주인공의 인물 묘사는 똑같이 남아 있다. 같은 옷을 입고 같은 직업을 가지고 있으며 같은 종류의 농담에 웃음을 터뜨린다. 그러나 초고에서 그가 정직한 인간이었다면 재고에서 그는 거짓말쟁이다. 한 사건을 뒤집는 과정에서 작가는 완전히 새로운 성격을 창조해 낸 것이다.

다른 한편, 작가가 갑자기 주인공의 천성에 대한 새로운 시각을 갖게 되고, 그에 따라 그 주인공에 관한 모든 설정을 새롭게 바꾸는 가운데 정직한 인물에서 거짓말쟁이로의 변화를 만들어 냈다고 치자. 완전히 다른 성격을 드러내기 위해서 작가는 주인공의 주요 특성들을 손질하는 것 이상의 작업을 해야 한다. 비틀리고 어두운 유머 감각이 새로운 맛을 더해 주기는 하겠지만 그것만으로는 충분치 않다. 이야기에 변화가 없다면 등장인물에도 변화는 없다. 만약에 작가가 새로운 인물을 만들어 내고자 한다면 이야기 또한 새로 만들어 내야 한다. 바뀐 인물은 새로운 방식으로 선택하고 다른 종류의 행동을 택하며 다른 종류의 이야기, 즉 자기 자신의 이야기를 살아야 한다. 작가들의 본능이 등장인물과 구조 중 어떤 것을 통해서 발현되든 그 두 가지는 같은 곳에서 만나게 된다.

이런 이유에서 이른바 '인물 중심(Charanter-driven)의 이야기'란 동어 반복일 뿐이다. 모든 이야기들은 인물 중심적이다. 사건의 설계와 인물의 설계는 서로를 비추는 거울과 같다. 인물의 성격은 이야기의 설계, 즉 구조를 통하지 않고는 깊이 있게 표현될 수 없다.

가장 중요한 것은 그 적절함을 유지하는 데 있다.

성격의 복잡성은 장르에 맞추어 조절되어야 한다. 액션/모험극이나 소극 같은 장르에서는 등장인물의 성격이 단순해야 한다. 등장인물의 성격이 복잡할 경우, 그들이 보여 주는 만용이나 우스꽝스러운 짓거리에 관객이 몰두할 수 없다. 교육극이나 회복의 플롯에서는 복잡한 성격이 요구된다. 단순한 성격으로는 그 장르들이 요구하는 인간의 내면에 대한 통찰 속으로 관객을 끌고 갈 수가 없다. 이런 것은 상식이다. 그러니 '인물 중심'이라는 말이 진정으로 의미하는 것은 무엇인가? 대부분의 작가들에게 이것은 '인물 묘사 중심'의 이야기를 뜻한다. 인물의 겉모습은 잘 묘사되었지만 내면 깊은 곳의 본성은 덜 개발되고 덜 표현된, 세필 묘사의 초상화 같은 것 말이다.

절정과 성격

구조와 성격의 맞물림은 결말 부분에 이르기까지는 잘 균형 잡힌 상태로 유지되는 것처럼 보인다. 할리우드에서 오래 통용되어 온 금언이 있다. "영화는 마지막 20분이 관건이다." 다른 말로 하자면 영화가 관객들과 만나서 오래 살아남기 위해서는 그 마지막 장과 절정에서 관객들을 충족시켜 줘야 한다는 것이다. 만약 마지막 장면에 문제가 있다면 앞의 90분이 얼마나 좋았든 관계없이 그 영화는 개봉한 첫 주말을 넘기자마자 간판을 내리게 될 것이다.

두 편의 영화를 비교해 보자. 「데이트 소동」이라는 소극에서, 킴 베이싱어와 브루스 윌리스는 매 장면 폭소를 자아내면서 영화를 이끌고 나갔다. 그러나 제2장의 절정에서 웃음은 멈추었고 제3장에서는 완전히 김이 빠져서 이 잘될 뻔한 영화는 영영 묻혀 버렸다. 반면에 「거미 여인의 키스」는 첫 30~40분은 지루하게 전개되었지만 점차 관객들을 극 속으로 끌고 들어가 결국 절정 부분에 가서는 제대로 만들어진 소수의 다른 영화들처럼 관객을 감동시켰다. 저녁 8시경에 지루해하고 있던 관객들은 10시경이 되자 모두 기운이 넘치고 있었다. 입에서 입으로 전해진 소문으로 인해 영화는 오랫동안 상영되었고, 아카데미 시상 위원회는 윌리엄 허트에게 오스카를 안겨 주었다.

이야기는 인생에 대한 은유이고, 인생이란 시간 속에서 사는 것이다. 따라서 영화는 조형 예술이 아니라 시간 예술이다. 영화의 사촌은 그림이나 조각, 건축, 사진 따위가 아니라 시간적 형식을 가진 음악, 춤, 시, 노래 같은 것들이다. 그리고 모든 시간 예술의 첫 번째 계명은 '마지막을 위해 최선의 것을 남겨 놓으라.'는 것이다. 발레의 마지막 장, 교향곡의 종결부, 소네트의 대구(對句), 이야기의 종장과 절정 등 최고조에 달한 이 순간들은 관객들에게 가장 즐겁고 가장 의미 있는 경험이 되어야 한다.

완성된 시나리오는 당연히 작가의 창조적인 노력의 전부를 보여 주는 것이다. 이 작업에 들어간 작가의 노력의 대부분, 대략 75퍼센트 또는 그 이상은 등장인물과 사건의 관계를 만들어 내고 조절하는 데 바쳐진다. 대사와 장면 묘사 등은 그 후에 남은 것으로도 충분하다. 그리고 이야기를 설계하는 데 들어간 압도적인 비중의 노력 중에서도 대략 75퍼센트는 마지막 장의 절정을 만들어 내는 데 바쳐진다. 이야기에서 일어나는 궁극적인 사건은 작가의 궁극적인 목표가 된다.

진 파울러는 글쓰기라는 게 별것 아니라고, 단지 이마에서 피가 날 때까지 텅 빈 종이를 들여다보고 있기만 하면 되는 거라고 말한 적이 있다. 그런데 작가의 이마에서 피가 나게 하는 것이 있다면 그건 바로 마지막 장의 절정을 쓸 때일 것이다. 모든 의미와 감정들은 이 순간으로 첨예하게 집중되고 관객들을 충족시켜 주는 핵심적인 기회가 된다. 그동안의 모든 작업은 이 순간을 위한 준비 작업이었다고 할 수 있다. 이 장면에서 실패하면 이야기 전체가 실패한다. 이 장면을 완성시키기 전까지는 이야기를 썼다고 할 수 없다. 최고조에 오른 절정을 향한 시적인 도약에 실패하면 그동안 써 왔던 모든 장면들, 인물들, 대사와 해설 등은 아주 정성을 들인 타자 연습에 지나지 않을 뿐이다.

어느 날 아침, 절정에 대한 다음과 같은 영감을 가지고 눈을 떴다고 하자. '주인공 영웅과 악당이 서로를 추적하면서 사흘 밤 사흘 낮을 모하비 사막에서 헤맨다. 가장 가까운 수원지에서 150킬로미터 이상이나 떨어진 곳에서 탈수와 탈진으로 거의 정신 착란이 일어날 무렵, 한 사람이 다른 사람을 죽인다.' 아주 긴장감 넘치는 장면이다. 주인공이 일흔다섯 살난 회계사이며 목발을 짚고 다니는 데다가 먼지에 알레르기 반응을 보이는 사람이라는 사실을 상기하게 되기 전까지는 말이다. 이 주인공은 당신이 설정한 비극적인 절정을 농담으로 만들어 버릴 것이다. 게다가 당신의 에이전트에 따르자면, 월터 매소가 대본이 마무리 지어지는 대로 그 역을 맡고 싶어 한다고 한다. 어떻게 해야 할 것인가?

주인공이 소개된 장면으로 돌아가서 '제이크(75세)'라고 되어 있는 부분을 찾아 7을 지우고 3을 대신 써넣으라. 다시 말해 인물 묘사를 다시 해 나가라는 것이다. 깊은 내면의 성격은 변하지 않은 채 있을 수 있다. 왜냐하면 서른다섯이건 일흔다섯이건 관계없이 제이크는 극한까지 밀고 나가는 집념의 소유자이기 때문이다. 그러나 반드시 현실적으로 납득이 가는 설정을 마련해야 한다.

1924년에 에리히 폰 슈트로하임은 「탐욕」이라는 작품을 만들었다. 이 작품의 절정은 주인공과 악당이 사흘 밤 사흘 낮 동안 모하비 사막을 누비고 다니면서 이루어진다. 폰 스트로하임은 이 장면을 가장 더운 여름, 50도를 넘어가는 날씨에 찍었다. 그는 배우들과 스태프들을 거의 죽을 지경으로까지 몰고 갔지만 결국 자신이 원하는 것을 만들어 냈다. 지평선까지 눈에 닿는 한 소금으로 뒤덮인 온통 백색뿐인 풍경을 담아낸 것이다. 살갗을 태우는 태양 밑에서 주인공과 악당은 마치 사막의 땅바닥처럼 갈라진 피부를 드러내 보이면서 격투를 벌인다. 싸우는 과정에서 악당은 돌을 들어 주인공의 머리에 내려친다. 주인공은 죽어 간다. 그러나 마지막 한 점 의식이 남아 있을 때 주인공은 수갑을 꺼내어 악당과 자신을 묶어

버린다. 이 장면에서 마지막 이미지는 악당이 자신이 방금 살해한 주인공의 시체에 묶인 채 먼지를 일으키며 쓰러지는 것이다.

「탐욕」의 이 뛰어난 결말부는 등장인물의 성격을 뛰어나게 현실화시켜 냈기 때문에 가능했다. 제아무리 매력적인 인물 묘사라고 하더라도 그것이 사건의 신빙성을 저해할 경우에는 반드시 제거되어야 한다. 아리스토텔레스가 말했던 대로 플롯은 인물 묘사보다 중요한 것이지만 사실상 이야기의 구조와 인물 성격은 두 개의 관점에서 바라본 하나의 현상이다. 등장인물이 내면의 동기를 가지고 행하는 선택은 그 인물의 내면적인 본성을 규정해 내는 것인 동시에 이야기를 밀고 나가는 동력이 된다. 「오이디푸스 왕」에서부터 「팔스타프」에 이르기까지, 『안나 카레니나』에서 『로드 짐』에 이르기까지, 「희랍인 조르바」에서 「델마와 루이스」에 이르기까지, 이것이 바로 완벽한 스토리텔링에 있어서의 성격/구조 간의 역학 관계다.

6장

구조와 의미

미학적 정서

아리스토텔레스는 이야기와 의미에 관한 질문에 이런 식으로 접근했다. 길거리에 놓여 있는 주검을 보았을 때 우리는 어떤 특정한 반응을 보인다. 그러나 호메로스의 이야기 속에서 죽음에 대한 이야기를 듣거나 같은 이야기를 극장에서 볼 때는 그와 다른 종류의 반응을 보인다. 그 이유는 무엇인가? 그 이유는 구체적인 삶 속에서 아이디어와 정서는 별개의 것으로 작동하기 때문이다. 마음과 열정은 인간성이라는 것과는 다른 영역에서, 인간성과 그다지 연결되지 않은 채 대개는 이해하기 어려운 방식으로 움직인다.

실생활에서 길거리에 놓여 있는 시체를 본다면 아드레날린이 급격하게 분비되면서 충격을 받는다. "세상에, 저 사람 죽었어!" 그러고는 아마도 무서워서 달아나 버릴 것이다. 시간이 흐른 뒤에야 그 낯선 자의 죽음의 의미를 되새기는 가운데 자기 자신도 언젠가는 죽으리라는 것과 인생에 드리워져 있는 죽음의 그림자를 생각하게 될 것이다. 이런 경험은 사람의 마음에 근본적인 변화를 일으키고, 따라서 다음에 같은 일을 당했을 때에는 그 전과는 다르게 동정심을 품고 그 시체를 대할 수도 있다. 또는 이와 반대의 경우도 가능하다. 젊은 시절, 사랑에 대해 깊이 그러나 현명하지는 못하게 생각한 끝에 사랑을 지나치게 이상화한 나머지 스스로를 절박하고 고통스러운 연애 속으로 몰아넣었다고 하자. 이 쓰라린 경험으로 인해 훗날 그 사람은 냉소적인 인간으로 변할 수도 있다.

지적인 판단은 사람에게 정서적인 경험을 위한 토대를 마련해 주고 감각을 새롭게 만들어 주어 외부의 새로운 자극을 새로운 방식으로 받아들이게끔 하는 역할을 한다. 지적인 것과 정서적인 것의 두 영역은 서로에게 영향을 미치는데, 대개는 어떤 하나가 주도적인 역할을 하고 그 후 다른 것이 그 역할을 맡는 식이다. 사실상 실제의 삶에서는 어떤 아이디어가 정서와 융합되어 있는 상태에서 떠오르는 경우가 매우 드물기 때문에, 이런 경우를 당하면 대개 종교적인 경험이라도 하고 있는 것처럼 여기게 된다. 이처럼 실제 인생에서는 의미와 정서가 분리되어 있는 데 반하여 예술에서는 이 두 가지를 통일시킨다. 이야기란 이런 초자연적인 일을 의지적으로 실현해 내는 도구인데, 이 두 가지가 통일되어 있는 현상을 일컬어 미학적 정서(Aesthetic Emotion)라고 한다.

모든 예술은 아름다움과 조화를 통해 억압과 불화로부터 자신을 해방시키고, 창의성을 통해 반복되는 일상으로 인해 질식해 버린 삶을 복구하고, 진실을 향해 예민하게 본능적으로 뻗쳐 있는 감각을 통해 현실과의 연계를 회복해야 한다는 인간의 원초적 필요에 근원하고 있다. 음악, 춤, 그림, 조각, 시, 노래 등 다른 예술 형식들과 마찬가지로 이야기 역시 항상 생각과 감정의 만남인 미학적 정서의 경험이 그 핵심을 이룬다.

어떤 아이디어가 감정의 흐름을 타고 움직일 때 그 아이디어는 훨씬 강력하고 근본적이며 훨씬 기억에 남는 것이 된다. 길거리에서 우연히 시체를 목격한 일은 잊혀질 수도 있겠지만 햄릿의 죽음은 영원히 기억에서 사라지지 않는다. 예술에 의해 형식화되지 않은 인생 그 자체는 혼란스러운 경험으로 남아 있을 뿐이지만 미학적 정서는 우리가 아는 것, 느끼는 것들에 질서를 부여해서 이 세계 속에서 우리의 위치를 정확히 이해하게 만들어 준다. 단순히 말해 이야기는 우리가 인생 자체에서는 얻을 수 없는 것을 우리에게 쥐여 준다. 의미 있는 정서적 경험이 바로 그것이다. 실제 인생의 경험은 시간이 흐른 뒤에 반성을 통해서만 의미를 갖게 되지만, 예술에서는 모든 경험이 그것이 일어나는 바로 그 순간에 이미 의미를 가지고 있다.

바로 이러한 의미에서 사실 이야기는 비지성적인 것이다. 이야기는 어떤 아이디어를 표현하되 산문 형식의 건조하고 지적인 논증의 방식으로 하지 않는다. 그렇다고 해서 이야기가 반지성적이라는 것은 아니다. 모든 작가들은 당연히 의미 있고 통찰력을 갖춘 아이디어를 가지고 있어야 한다. 하지만 작가가 관객에게 자신의 아이디어를 전달할 때에는 다른 아무것도 거치지 않고 감각과 직관, 그리고 감정을 통해서만 행해야 한다. 여기에는 아무런 매개나 비평가도 필요 없다. 작품 속에서 일어나는 변화들을 논리화시키고, 말로는 표현이 어렵고 오로지 감각할 수만 있는 것들을 설명과 추상으로 대체하려는 노력들은 필요 없다는 것이다. 학문적인 명민함이 취향이나 판단력 같은 것들을 예리하게 만들어 주긴 하지만 절대 비평을 예술로 착각해서는 안 된다. 지적인 분석이 제아무리 사람을 도취시키는 힘을 가지고 있더라도 영혼을 살찌게 할 수는 없는 법이다.

잘 만들어진 이야기는 논리적인 인과 관계를 설명하는 논문 같은 것도 아니고 아직 덜 여문 채 막 들끓어 오르는 감정의 분출구도 아니다. 이야기는 이성적인 것과 비이성적인 것의 기이한 결합에서 피어나는 꽃이다. 지나치게 감정적이기만 하거나 지나치게 논리적이기만 한 작품들에서는 인간이 가지고 있는 동정심, 감정 이입, 예감, 통찰력 등과 같은 무어라 설명하기 어렵지만 인간이 타고난 능력들을 일깨우는 효능을 찾아볼 수 없다.

전제

창작의 과정은 다음 두 가지의 아이디어가 한데 묶여서 만들어진다. 첫째는 전제다. 이것은 이야기를 쓰고자 하는 작가의 욕망을 불러일으키는 아이디어다. 두 번째는 주도적인 아이디어다. 이것은 인물의 행동과 마지막 장의 절정에서 드러나는 미학적 정서를 통해 표현되는 이야기의 궁극적 의미를 말한다. 그러나 전제는 주도적인 아이디어와 달리 완결된 의견인 경우가 별로 없다. 그보다는 오히려 열려 있는 질문의 형태인 경우가 많다. "만약에 이런 일이 생긴다면 무슨 일이 벌어질까?" 같은 유의. 만약에 상어가 휴양지 해안을 덮쳐서 휴양객들을 먹어 치운다면 어떤 일이 벌어질까?(「조스」) 만약에 가정 주부가 남편과 아이를 버리고 집을 떠난다면 어떻게 될까?(「크레이머 대 크레이머」) 스타니슬랍스키는 이를 두고 "마법의 만약에(Magic if)"라고 불렀다. 머릿속을 이리저리 떠돌아다니다가 어떤 종류의 일이라도 가능해 보이는 상상의 세계로의 문을 열어 주는 백일몽 같은 가정들 말이다.

　그러나 "만약에 이런 일이 생긴다면……"이라는 질문은 전제를 이루는 하나의 예일 뿐이다. 작가들은 눈을 돌리는 곳 어디에서나 영감을 받는다. 깊은 곳에 숨어 있는 부끄러운 욕망에 관한 친구의 고백, 사람들을 조롱하는 앉은뱅이 거지, 악몽이나 백일몽, 신문 기사, 어린아이의 환상 같은 것들. 심지어는 작가 자신의 기능 자체가 영감을 불러일으킬 수도 있다. 한 장면과 다음 장면을 매끄럽게 이어 주는 과정, 반복을 피하기 위해 대사를 편집하는 과정 등의 순수하게 기술적인 작업 과정에서 전혀 새로운 종류의 상상력이 튀어나올 수도 있다. 어떤 것이라도, 예를 들어 창문 밖을 한번 쳐다보는 것도 글쓰기를 시작하는 전제로 이어질 수 있다.

　1965년, 잉마르 베리만은 내이염을 앓았다. 이 병은 귀의 안쪽 깊은 곳이 바이러스에 감염되어 생기는데 잠이 들었을 때조차도 끊임없이 어지럼증을 느끼는 병이다. 베리만은 현기증을 최소화하기 위해 머리를 고정시킨 채 의사가 천장에 찍어 준 점만을 응시하면서 몇 주 동안을 꼼짝없이 침대에 누워 있었지만, 눈을 한번 다른 데 돌리기만 해도 온 방 안이 빙글빙글 도는 걸 막을 수는 없었다. 천장의 점에 집중하기 위해 베리만은 두 개의 얼굴이 한데 합쳐진 이미지를 상상하기 시작했다. 시간이 지나 병에서 회복된 후 창밖을 내다보다가 베리만은 나란히 앉아 서로의 손을 비교해 보고 있는 간호사와 환자를 보았다. 간호사/환자의 관계, 그리고 겹쳐지는 얼굴이라는 두 개의 이미지는 베리만의 걸작 「페르소나」의 전제가 되었다.

잠깐 스쳐 지나가는 영감이나 직감 같은 것들은 너무나 즉흥적이고 우연에 지나지 않는 것 같지만 사실은 뜻밖의 발견으로 이어지는 경우가 많다. 어떤 작가에게는 영감을 주는 일이 다른 작가에게도 같은 역할을 하는 것은 아니다. 전제는 작가의 내부에서 기다리고 있던 어떤 것, 작가 안에서 맹아의 형태로 자리 잡기 시작한 확신이나 세계관을 일깨운다. 그동안 축적되어 온 작가의 모든 경험은 바로 이 순간을 위해서 준비되어 온 것이며, 작가는 오직 그만의 방식으로 이 자극에 대답한다. 이제부터 작업은 시작된다. 작업의 전 과정을 통해 작가는 해석하고 선택하고 판단을 내린다. 작가의 의견이 어떤 사람들에게는 교조적이고 독단적으로 보일 수도 있지만 그건 어쩔 수 없는 일이다. 무난하기만 하고 남들과 갈등하는 것을 두려워하는 작가는 뻔한 이야기만 만들어 낸다. 우리가 원하는 것은 자신만의 관점을 가질 용기가 있는 길들지 않은 영혼, 관객을 자극하고 흥분시킬 수 있는 통찰력을 지닌 예술가다.

마지막으로 글쓰기에 영감을 주었던 생각이 완성된 글에 반드시 남아 있어야 하는 것은 아니다. 전제 자체는 그렇게 값진 것이 아니다. 그것이 이야기의 발전에 기여하는 바가 있는 한은 머릿속에 가지고 있어야 하지만, 이야기에 급격한 전환이 이루어지기 시작할 때에는 이야기 자체의 진전을 쫓아가기 위해 원래의 생각을 버릴 수도 있다. 문제는 글쓰기를 시작하는 데 있는 것이 아니라 글쓰기를 계속해 나가고 그 과정에서 끊임없이 새로운 생각들을 이끌어 내는 데 있다. 어디를 향해 가는지 다 알고 길을 떠나는 경우란 드물다. 글쓰기는 발견의 과정이다.

수사법으로서의 구조

착각하지 말기 바란다. 이야기를 시작하는 영감이 꿈에서 올 수 있는 것이고 그 영감이 미치는 마지막 영향이 미학적 정서라면, 열린 전제에서 시작한 작품은 요구되는 내용이 완전히 충족된 절정으로 움직여 가되 오직 작가의 사유가 깊고 진지한 데 도달할 때에만 그렇게 된다. 왜냐하면 예술가에게는 표현하고자 하는 아이디어뿐만 아니라 증명하고자 하는 아이디어 또한 있어야 하기 때문이다. 알려져 있지 않은 것을 드러낸다는 의미에서 어떤 아이디어를 표현한다는 것만으로는 절대로 작품의 충분한 구성 요건이 되지 못한다. 관객을 이해시키는 것만으로는 부족하고 반드시 관객이 믿도록 만들어야 한다. 작가가 원하는 것은 자기 작품이 세상에 나갔을 때, 그 이야기가 삶에 대한 진실성 있는 은유라는 점에 대해 관객들이 확신하는 것이다. 그리고 이때 관객들을 작가의 관점으로 끌어올 수 있는 도구는 작가가 이야기를 전개시켜 나가는 설계 방식 그 자체 안에 들어 있다. 작가가 이야기를 만들어 낼 때에는 그 안에 들어 있는 생각을 증명하는 방식 또한 함께 만들어야 한다. 작품을 구성하는 아이디어와 구조는 수사학적 관계 속에서 함께 엮인다.

이야기의 전개(STORYTELLING)는 진실을 창조적으로 보여 주는 과정이다. 이야기는 어떤 아이디어에 대한 살아 있는 증명이고 그 아이디어를 행동으로 변형시킨 것이다. 어떤 이야기의 사건 구조는 첫째, 작가가 어떤 아이디어를 표현해 내고, 둘째, 설명 없이도 그 아이디어를 증명해 보이는 도구 그 자체다.

숙련된 이야기꾼은 절대로 설명하지 않는다. 그들은 어렵고 고통스러울 정도로 창의적인 방식으로 이야기를 풀어낸다. 즉 극화시키는 것이다. 어떤 아이디어에 대한 토론이 벌어지는 것을 지켜보도록 강요당할 때, 관객이 그 이야기에 흥미를 가지기 어려운 것은 물론 절대로 설득당하지 않는다. 등장인물들이 각자의 욕망을 추구하면서 내뱉는 자연스러운 말로서의 대사들은 작가가 자신의 철학을 피력하기 위한 강단이 아니다. 대사를 통해서건 해설을 통해서건, 작가의 아이디어가 직접적으로 설명되기 시작하면 영화의 수준은 현격하게 떨어진다. 모든 위대한 이야기들은 표현하고자 하는 아이디어를 사건들의 역동성 안에 배치해 놓는 자기만의 독특한 방법을 가지고 있다. 인간의 선택과 행동, 그리고 그에 따른 순수하고 정직한 결론을 통해 삶에 대한 통찰력을 표현해 내지 못한 작품은 실패작이다. 이 실패는 아무리 장황하고 명민한 변명으로도 구제하지 못하는 창의성의 패배다.

이 점을 좀 더 분명하게 설명하기 위해 가장 많이 생산되는 장르인 범죄극을 놓고 생각해 보자. 사실상 모든 수사물들에서 표현되고 있는 아이디어는 무엇인가? '범죄를 저지르면 대가를 치른다.'는 것이다. 우리는 어떤 과정을 통해 이 아이디어를 이해하게 되는가? '이봐! 내가 뭐라 그랬어? 죄를 지으면 반드시 대가를 치른다 그랬잖아. 지금 당장이야 그놈들이 빠져나가는 것처럼 보이지만 그게 그렇지 않아. 정의의 바퀴란 쉬지 않고 돌고 있거든……', 등장인물 하나가 다른 인물에게 이런 식으로 생각나는 대로 말했기 때문인가? 그렇지 않다. 우리는 그 생각이 우리 앞에 행동으로 펼쳐지는 것을 본다. 범죄 사건이 일어나고 범인은 한동안 자유롭게 돌아다니지만 결국에 가서는 체포되어 처벌을 받는다. 처벌하는 장면, 즉 감옥에 집어넣어 종신형을 살게 하거나 현장에서 사살하는 장면에서 정서적으로 고조되어 있는 어떤 생각이 관객들 사이에 흐른다. 이 생각을 굳이 말로 표현한다면 '범죄를 저지르면 대가를 치르게 된다.'는 식의 점잖은 표현보다는 '그 짐승 같은 놈들 결국 잡혔네!' 같은 것이 될 것이다. 정의의 승리와 사회의 복수를 생각하되, 전기가 통하는 것 같은 짜릿함을 느끼면서 생각하게 되는 것이다.

미학적 정서의 종류와 특성은 서로 관련이 있다. 심리 스릴러는 매우 강력한 효과를 얻기 위해 노력한다. 반면에 환멸의 플롯, 러브 스토리의 경우에는 슬픔과 동정심 같은 한결 부드러운 종류의 정서를 필요로 한다. 그러나 어떤 장르를 막론하고 모두에게 통용되는 원칙이 있다. 그 이야기가 코미디건 비극이건 간에 이야기의 의미는 설명적인 대사의 도움을 받지 않은 채 정서적인 표현을 앞세우는 절정의 형태로 극화되어야 한다는 것이다.

주도적인 아이디어

주제(Theme)라는 단어는 작가들에게 점점 뜻이 분명치 않은 용어가 되어 가고 있다. 예를 들어 가난, 전쟁, 사랑 같은 것들은 주제가 아니다. 이런 것들은 설정이나 장르에 연관되어 있다. 진정한 주제는 한 단어가 아니라 문장으로 이루어진다. 한 이야기 속에서 더 이상 축약할 수 없는 의미를 표현해 주는 의미가 명쾌하게 드러나는 한 문장. 필자는 개인적으로 주도적인 아이디어(Controlling Idea)라는 말을 더 선호한다. 이 표현은 주제와 마찬가지로 한 이야기의 근원이나 중심이 되는 아이디어를 가리킬 뿐만 아니라 그것의 기능적인 측면까지 포함한다. 주도적인 아이디어는 작가의 주요 선택들에 규정적인 영향을 미친다. 이것은 또한 작가가 선택한 이야기에서 어떤 것이 중요하고 어떤 것이 덜 중요한지, 어떤 것이 주도적인 아이디어를 표현하는 것이기 때문에 남아 있어야 하고 어떤 것이 그에 무관한 것이기 때문에 삭제되어야 하는지를 결정하는, 작가의 미학적 선택을 인도하는 또 하나의 창조적 훈련이다.

완성된 이야기의 주도적인 아이디어는 한 문장으로 표현될 수 있어야 한다. 전제가 성립되고 그에 따라 작업이 시작되고 나면 머릿속에 들어오는 모든 생각들을 모두 전개시켜 봐야 한다. 그러나 궁극적으로 영화는 하나의 아이디어를 중심으로 구성되어야 한다. 그렇다고 해서 이야기가 하나의 규정으로 환원될 수 있다는 뜻은 아니다. 이야기라는 거미줄 안에는 언어로 표현될 수 없는 것들, 예를 들어 표면으로는 드러나지 않는 세밀한 흐름이라든가 글로 쓰인 것들의 배후에 깔려 있는 의미, 과대망상, 이중적 의미 등을 비롯한 다양한 것들이 풍부하게 포착되어 있다. 이야기는 일종의 살아 있는 철학으로 변형되기 때문에, 관객들은 의식적으로 사고하기 이전에 하나의 전체로서 이것을 받아들이게 된다. 관객들의 인생 경험에 결합되어 들어가는 것이다. 그러나 여기에는 다음과 같은 아이러니가 있다.

어떤 하나의 분명한 아이디어를 중심으로 해서 만든 작품이 아름다우면 아름다울수록 관객들은 작가의 아이디어에 들어 있는 함의를 자신들의 다양한 삶의 영역에 적용시키는 가운데 작품 속에서 더욱 다양한 의미를 발견해 낸다. 그와 반대로 작가가 이야기 안에 많은 아이디어를 포함시키려 하면 할수록 관객들은 자신의 내면을 걸어 잠근 채 그 작품이

자신들과는 무관한 단편 쪼가리들로 분해되는 모습을 지켜보고만 있게
된다.

> **주도적인 아이디어(CONTROLLING IDEA)**는 우리 존재의 조건이 영화의 시
> 작에서 끝에 이르는 동안 어떻게, 왜 변화해 가는가를 묘사하는 하나의
> 문장으로 표현될 수 있다.

주도적인 아이디어는 두 부분으로 구성되어 있다. 가치(Value)와 원인
(Cause)이 그것이다. 이들은 마지막 장면의 절정에서 드러나는 이야기의
핵심적인 가치가 긍정적인 에너지로 채워져 있는지, 아니면 부정적인 에
너지로 채워져 있는지를 밝혀내며, 또한 이 가치가 이야기의 마지막 단계
를 향하면서 변화해 가는 가장 주된 이유를 밝혀낸다. 가치와 원인이라는
두 요소들로 구성된 문장은 이야기의 핵심적인 의미를 표현해 준다.

이때 '가치'는 이야기의 마지막 행동 또는 사건의 결과로서 주인공이나
그가 살고 있는 세계에 불어닥치는 긍정적 또는 부정적 방향으로의 변화
에 들어 있는 원천적 가치를 말한다. 예를 들어 보자. 상향 종결을 취하는
범죄극(「밤의 열기 속으로」)은 정의가 없는 사회(부정적)를 정의로운 사회(긍정
적)로 되돌리면서 '정의가 회복되었다.'는 식의 문구를 가능하게 한다. 하
향 종결을 취하는 정치 스릴러(「미싱」)에서는 군사 독재 정권이 이야기 속
의 세계를 장악하고 있기 때문에 절정에 이르러서 '독재 정권이 계속 집
권한다.'는 식의 부정적인 문구가 성립된다. 긍정적인 결말을 가진 교육
적 플롯(「사랑의 블랙홀」)은 매사에 조소적이고 자기중심적이던 주인공이 이
타적이고 사랑을 베푸는 인간으로 변화하면서 '행복이 우리의 삶을 채우

고 있다.'는 식으로 끝맺는다. 부정적인 결말을 가진 러브 스토리(『위험한 관계』)는 사랑의 정열을 자기혐오로 전환시키면서 '증오가 모든 것을 파괴한다.'는 식의 정리를 내린다.

'원인'은 주인공의 삶이나 그의 세계의 가치가 시작할 때와 반대의 가치로 전환하게 된 주요 이유에 주목한다. 종결부에서 시작해서 이야기의 발단에 이르기까지 거꾸로 추적해 가면서 등장인물과 그의 사회 또는 환경에 대해 깊이 탐구하다 보면 어떤 가치가 존재하게 된 근본적인 이유를 발견할 수 있다. 복잡한 이야기에는 가치의 변화를 일으키는 다양한 동력이 있게 마련이지만 대개 하나의 원인이 다른 것들을 압도한다. 그런 이유 때문에 범죄극에서는 '정의가 승리한다.'거나 '악이 승리한다.'거나 하는 이야기들 중 한 가지만으로는 충분한 주도적 아이디어가 되지 못한다. 왜냐하면 이 각각의 명제들은 반쪽의 의미, 즉 이야기가 종결될 때의 가치만을 지시하기 때문이다. 이야기의 주요 전개 부분을 통해서는 주인공 또는 그가 살고 있는 세계가 어떤 이유로 특정한 가치를 가지고 종결되었는가가 설명된다.

예를 들어 만약에 어떤 작가가 클린트 이스트우드가 주연한 「더티 해리」 이야기를 쓰고 있다면 그 이야기의 가치와 원인을 포함하는 주도적인 아이디어는 이런 것이 될 것이다. '주인공이 범죄자들보다 훨씬 잔혹하기 때문에 정의는 승리한다.' 더티 해리는 여기저기에서 형사다운 수사를 조금씩 하긴 하지만 변화의 주요 원인은 그가 휘두르는 폭력에 있다. 이러한 점을 파악하고 나면 이 이야기를 쓰는 데 어느 것이 적당한 에피소드이고 어느 것이 부적당한 에피소드인지 감이 잡힐 것이다. 해리가 살인 사건을 수사하면서 범인이 피해자 옆에 흘리고 간 스키 모자를 발견하고는 확대경을 꺼내 들어 조사한 후 "흠, 범인의 나이는 대략 서른다섯, 붉은 머리에 펜실베이니아의 탄광 지역에서 왔군. 이 석탄 가루 좀 봐."라고 말하는 장면을 쓰는 건 적절하지 못하다. 이건 셜록 홈스지 더티 해리가 아니다.

그러나 만약에 피터 포크의 「형사 콜롬보」 이야기를 쓴다면 작가의 주도적인 아이디어는 '주인공이 범죄자보다 머리가 좋기 때문에 정의가 회복된다.'는 것이 될 것이다. 앞서 예로 든 스키 모자의 경우 콜롬보에게는 적절한 에피소드가 될 것이다. 형사 콜롬보에서 변화를 일으키는 주요 원인은 셜록 홈스적인 추론이기 때문이다. 그러나 콜롬보가 그 구겨진 레인코트 밑에서 44구경 매그넘 권총을 꺼내 사람들을 날려 보내는 것은 당연히 부적절한 에피소드가 될 것이다.

앞서 들었던 예들을 정리해 보자. 「밤의 열기 속으로」―지각 있는 흑인 방관자가 타락한 백인의 진실을 알아보기 때문에 정의는 회복된다. 「사랑의 블랙홀」―조건 없이 사랑하는 방법을 배울 때 우리의 삶은 행복으로 채워진다. 「미싱」―독재 정권은 부패한 CIA에 의해 지원을 받기 때문에 계속해서 유지된다. 「위험한 관계」―우리가 상대의 성(性)을 두려워할 때 증오는 우리를 파괴한다. 주도적인 아이디어는 이야기의 의미, 변화의 이유와 방식, 관객이 자신의 삶 속으로 받아들이게 되는 삶에 대한 관점 등을 담아내는 가장 정화된 형식이다.

의미와 창조적 과정

어떻게 이야기의 주도적인 아이디어를 찾아낼 것인가? 창조적인 과정은 어떤 곳에서든 시작될 수 있다. "만약에 이렇다면……"이라는 전제에서 시작될 수도 있고 인물의 어느 한 면 또는 하나의 이미지에서 시작될 수도 있다. 이야기의 중간에서부터 시작할 수도 있고 마찬가지로 도입 부분, 종결 부분에서부터 시작할 수도 있다. 작가가 설정한 가상의 세계와 그 안에 사는 등장인물들이 성장하면서 사건들이 서로 연관을 맺기 시작하고 이야기가 구축되어 간다. 그러다 보면 작가의 내부에 갑작스런 도약이 이루어지면서 이야기의 절정을 쓰게 되는 가장 중요한 순간이 다가온다. 이 절정이야말로 관객을 열광시키고 감동시키며 작가로 하여금 이야기가 완결되었다는 성취감을 맛보게 하는 부분이다. 주도적 아이디어가 눈앞에 구체적으로 드러나는 순간이다.

이야기의 종결부를 검토하면서 이런 질문을 던져 보자. 절정에서 일어나는 사건의 결과로 이야기의 주인공은 어떤 종류의 가치(긍정적 또는 부정적)들로 충만하게 되는가? 그런 후에는 이 절정으로부터 거꾸로 거슬러 올라가 이야기의 기본적인 준거들로 돌아가서 다시 한번 질문을 던져 보자. 이런 가치들을 현실화시켜 주는 가장 주된 이유, 동력, 수단은 어떤 것들인가? 이 두 질문에 대답하는 문장이 바로 작가의 주도적인 아이디어다.

다시 말해, 이야기 스스로가 그것의 의미를 설명하게끔 하는 것이지, 작가가 이야기에게 그 의미를 받아쓰게끔 하는 것이 아니라는 것이다. 어떤 아이디어로부터 사건을 이끌어 내는 것이 아니라, 사건으로부터 아이디어를 이끌어 내는 것이 작가의 일이다. 작가가 어디에서 영감을 받아 이야기를 시작하든 간에 이야기의 주도적인 아이디어가 자리 잡는 곳은 마지막 절정이며, 이를 통해 이야기가 스스로의 의미를 드러내기 시작할 때 작가는 작가 생활에서 가장 강력한 순간, 즉 자기 인식의 순간을 맞이하게 된다. 이야기의 절정은 바로 작가의 내적 자아가 반영된 것이며, 그것이 내적 자아의 가장 핵심적인 부분을 반영하고 있을 때 작가는 그 모습에 충격을 받는다.

어둡고 비틀어진 결말을 가진 이야기를 쓰기 전까지는 작가 자신이 스스로를 따뜻하고 자애로운 인간으로 생각하고 있었을 수도 있다. 또는 그와 반대로 스스로를 길거리의 건달로 생각하고 있었던 작가가 의외로 따스하고 자애로운 결말을 가진 이야기를 쓰면서 자신을 재발견할 수도 있다. 작가들은 대개 자신에 대해 잘 알고 있다고 생각하지만 자기 안에서 표현되기만을 기다리면서 잠복해 있던 또 다른 자신을 발견하고 놀라게 된다. 다시 말해 처음에 구성했던 대로 이야기가 풀려나간다면 작가가 자신의 본능과 상상력에 대해 충분히 열린 자세를 가지고 있지 않았다고도 이야기할 수 있는 것이다. 쓰여지고 있는 이야기는 그 이야기를 쓰고 있는 작가를 몇 번이고 놀래켜야 한다. 잘 쓰인 작품은 잘 선택된 주제, 풍부한 상상력, 열린 마음으로 이야기를 따라가는 현명함, 이 세 가지가 잘 조화된 결과물이다.

아이디어 vs 역아이디어

패디 체이예프스키가 이런 이야기를 한 적이 있다. 마침내 이야기의 의미를 발견하는 순간, 그것을 종이에 끼적거리고 난 후 타이프라이터에 붙여 놓아서, 그 중심 주제를 어떤 식으로든 표현하지 않는 이야기는 타이프라이터를 통과하지 못하도록 했다는 것이다. '가치와 원인'을 명쾌하게 적어 놓은 문장이 그의 눈을 쏘아보게 함으로써, 재미있으되 주제와 무관한 소재들의 유혹을 물리치고 자신이 하고자 하는 이야기의 핵심적인 의미를 중심으로 이야기를 전개시켜 나갈 수 있었다는 것이다. 중심 주제를 어떤 식으로든 표현한다고 했을 때 체이예프스키가 의미한 바는, 그의 중심 주제를 표현해 내기 위해서는 그 주제에 대립되는 가치까지도 역동적으로 활용한다는 것이었다. 그의 이런 변주 방식은 워낙 자리가 잡힌 것이어서 주제에 부응하는 가치들이 담긴 시퀀스와 중심 주제의 부정적인 차원을 드러내는 시퀀스를 교대로 활용하는 방식을 취했다. 달리 말해 그는 자신의 이야기들에 아이디어와 역아이디어 간의 역관계를 삽입함으로써 자기 스타일로 삼았다.

> 주제에 대한 긍정적인 가치와 부정적인 가치가 역동적으로 교직되어 가는 가운데 이야기는 **진전**된다.

처음 영감을 받은 순간부터 이야기의 설계 방식을 모색하는 가운데 작가는 허구의 세계 속으로 들어선다. 작가는 도입부부터 종결부까지를 이어 주는 다리, 다시 말해 전제로부터 주도적인 아이디어에 이르기까지 진전되면서 이어지는 사건들을 만들어 내야 한다. 이 사건들은 하나의 주제에 대해 서로 모순되는 주장들을 담고 있다. 주제에 상응하는 아이디어와 그에 대립되는 아이디어들은 시퀀스별로, 때로는 장면별로, 이를테면 극화된 변증적 논쟁을 벌이게 된다. 그리고 절정에 이르러 이 두 주장 중의 하나가 승리하면서 이야기 전체의 주도적 아이디어의 지위를 확보하게 된다.

우리에게 아주 친숙한 범죄극의 흐름을 그려 보자.

도입부 시퀀스에서는 전형적으로 전체 주제에 대립되는 부정적인 역아이디어가 표현된다. '머리가 좋고 무자비한 범인은 범죄를 저지르고도 빠져나갈 수 있다.'는 역아이디어는 어떤 범죄가 풀기 어려운 수수께끼로 보이거나(「현기증」) 악마적인 범죄자에 의해 자행되는 것으로 극화될 때(「다이 하드」) 관객들에게 충격을 준다. 범죄자가 잡히지 않을 거라는 인상을 관객들에게 심어 주기 때문이다. 그러나 노련한 형사가 범인이 남긴 실마리를 발견할 때(「빅 슬립」), 그다음에 이어지는 시퀀스는 '주인공이 더 현명하고 무자비하기 때문에 범죄자는 반드시 대가를 치른다.'는 긍정적 아이디어를 표현하면서 관객이 역아이디어로 인해 가지게 되었던 두려움에 도전한다. 그러나 형사가 엉뚱한 사람을 범인으로 착각하면(「잘 가요 내 사랑」) '범인은 범죄를 저지르고도 빠져나갈 수 있다.' 그러나 주인공이 악당의 정체를 깨달으면서(「도망자」) '범죄자는 대가를 치르게 된다.' 다음으로는 범죄자가 주인공을 붙잡거나 심지어는 죽일 수도 있다.(「로보캅」) 그리하여 '범인은 범죄를 저지르고도 빠져나갈 수 있다.' 그러나 형사는 죽음에서 다시 살아나(「더티 해리 4: 서든 임팩트」) 범인 사냥에 나선다. 그리고 '범죄자는 대가를 치르게 된다.'

　하나의 아이디어를 둘러싼 긍정과 부정의 주장은 두 주장이 정면으로 부닥치는 위기에 도달하는 순간까지 줄곧 반복되면서 긴장감을 조성한다. 이 과정 속에서 절정이 심화되고 여기에서 둘 중의 한 아이디어만이 살아남게 된다. 그것이 긍정적인 아이디어일 수도 있고(집요하고 용감한 주인공으로 인해 정의가 승리한다. 예를 들어 「배드 데이 앳 블랙 록」, 「스피드」, 「양들의 침묵」), 부정적인 아이디어일 수도 있다.(악당이 워낙 잔인하고 강력하기 때문에 불의가 승리한다. 예를 들어 「세븐」, 「사랑과 슬픔의 맨해튼」, 「차이나타운」) 둘 중 어느 것이든 마지막 절정을 이루는 사건에서 극화되는 쪽이 가치와 원인, 즉 한 이야기의 결정적이고 근원적인 의미를 밝히는 가장 정화된 문장을 이루는 주도적 아이디어가 된다.

이러한 '아이디어 vs 역아이디어'의 리듬은 시나리오라는 예술 형식의 근본 토대다. 이야기 속에서 일어나는 사건이 얼마나 내면화되어 있는 것이든 관계없이, 잘 만들어진 모든 이야기의 핵심에는 이 두 아이디어의 대립적인 흐름이 맥박처럼 움직이고 있다. 덧붙이자면 이 간단한 역동성이 굉장히 복잡하고 미묘하고 아이러니한 것으로까지 발전할 수도 있다.

「사랑의 파도」에서 형사 켈러(알 파치노)는 자신이 맡은 사건의 유력한 용의자(엘런 바킨)와 사랑에 빠진다. 그 결과 그녀의 죄에 초점을 맞춘 장면들은 모두 아이러니가 된다. 이런 장면들은 정의라는 가치에 있어서는 긍정적이되 사랑이라는 가치에 있어서는 부정적이기 때문이다. 성숙의 플롯을 가진 영화 「샤인」에서 주인공 데이비드(노아 테일러)의 음악적 성공(긍정적 가치)은 아버지(아르민 뮬러슈탈)의 질투와 잔인한 억압(부정적 가치)을 야기시키고 이로 인해 주인공이 병리적으로 미성숙한 상태(이중의 부정적 가치)에 빠지지만, 주인공이 이를 극복하면서 예술과 인간 정신 모든 면에서 성숙해지는 최후의 승리(이중의 긍정적 가치)를 거두게 된다.

계몽주의

주의해야 할 사항 하나. 이야기를 논쟁적으로 구성할 때 양쪽의 가치 모두가 균등한 힘을 가지도록 특별히 주의를 기울여야 한다. 이야기의 마지막 결론에 대립되는 장면과 시퀀스를 쓸 때에는 결론에 부합되는 장면들에 들어가는 것과 똑같은 정도의 진실성과 노력이 들어가야 한다. '범인은 범죄를 저지르고도 빠져나갈 수 있다.' 같은 역아이디어가 중심이 되는 이야기를 쓸 때에는 관객들에게 정의가 이길 것이라는 인상을 주는 시퀀스들을 많이 강조해야 한다. '정의는 승리한다. 왜냐하면……' 같은 순아이디어로 끝나는 이야기의 경우 '범인은 성공한다. 그것도 아주 대단하게.'라는 역아이디어를 표현해 주는 시퀀스들을 훨씬 더 보강해야 한다. 달리 말하자면 논쟁의 어느 한쪽이 기울어지지 않도록 해야 한다는 것이다.

만약에 윤리적인 주제를 다루는 이야기에서 악당을 스스로를 파괴하는 얼간이로 묘사한다면 궁극적으로 선이 살아남을 것이라는 점을 설득시킬 수 있을까? 그러나 만약에 고대의 신화 작가들처럼 악당을 전지전능한 자이며 거의 성공에 도달하는 자로 만들어 낸다면 작가는 주인공을 그보다 더 강력한 힘을 지니고 더욱 지혜로운 자로 창조해 낼 수밖에 없을 것이다. 이처럼 이야기에 균형이 잡힐 때 악에 대한 선의 승리는 훨씬 더 큰 정당성을 부여받게 된다.

위험 요소는 이런 것이다. 작가가 세상에 널리 증명하고 싶어 하는 어떤 아이디어가 작품의 전제가 될 때, 그리고 그 아이디어를 도저히 부정할 수 없게끔 확증하는 방식으로 그 이야기를 설계할 때 작가는 계몽주의에 빠진다. 관객을 설득하는 일에 열중하다 보면 이야기 안에서 한쪽 축을 이뤄야 할 목소리가 질식할 것이다. 예술을 설교 수단으로 오용 또는 학대하다 보면 그 작가의 시나리오는 세상을 개종시키기 위해 영화로 서투르게 위장한 설교나 논문밖에는 안 된다. 계몽주의란, 예술은 사회의 암을 수술해 내는 메스로 사용될 수 있다고 믿는 천진한 낙관주의의 산물이다.

　이런 이야기들은 종종 사회극의 형식을 취하고 나타난다. 이 장르는 사회의 병리 현상을 진단하고 그에 대한 치유 과정을 극화한다는 두 가지의 규정적인 규칙을 가지고 있다. 예를 들어 전쟁은 인류의 재앙이며 평화주의만이 그것을 치유할 수 있는 방법이라고 작가가 믿는다고 하자. 관객들을 설득하려는 열정 속에서 그가 묘사하는 착한 사람은 모두 너무나 너무나 선한 사람들이고 악당은 모두 너무나 너무나 악한 사람들이다. 모든 대사는 전쟁의 무익함과 그 광증에 대한 어김 없는 한탄, 그리고 전쟁의 원인은 권력 기구에 있다는 충정 어린 선언에 할애된다. 대략의 초안에서 마지막 완성본에 이르기까지 작가는 대본을 끔찍한 이미지들로 채워 넣어 각 장면 하나하나가 분명하고 커다란 목소리로 '전쟁은 천벌이다. 오직 평화주의만이 이 병을 치유할 수 있다. 전쟁은 천벌이다. 오직 평화주의만이 이 병을 치유할 수 있다. 전쟁은 천벌이다. 오직 평화주의만 이 병을 치유할 수 있다……'고 외쳐 대게 만든다. 관객이 총을 빼들고 싶어지는 순간에 이를 때까지 말이다.

　평화주의자들은 일련의 반전 영화들(「전쟁 찬가」, 「지옥의 묵시록」, 「갈리폴리」, 「햄버거 힐」)이 전쟁의 실상을 알리기에는 부족하다고 주장한다. 그러나 이런 주장은 사람들을 쉽게 설득하지 못한다. 왜냐하면 자신이 알고 있는 진실을 증명하려고 서두르는 동안, 그 작가는 모든 사람들이 너무나 잘 알고 있는 진실, 즉 인간은 전쟁을 좋아한다는 진실에 대해 눈이 멀기 때문이다.

　물론 이런 종류의 아이디어를 가지고 시작한 모든 작품이 다 계몽주의로 전락한다는 뜻은 아니지만 그럴 위험은 충분히 있다. 이야기가 발전하기 시작하면 작가는 자신의 입장과 상반되는, 때로는 비위에 거슬리는 아이디어까지도 자발적으로 가지고 놀아야만 한다. 가장 뛰어난 작가들은 자신의 관점을 어렵지 않게 재조정해 보는 변증적이고 여유로운 태도를 견지하고 있다. 그들은 긍정적인 것, 부정적인 것, 그리고 아이러니가 만들어 내는 다양한 겹들을 모두 들여다보면서 정직하고 설득력 있게 이들 관점들이 가지고 있는 진실성을 탐색한다. 이러한 전지함을 얻기 위해 작가들에게는 좀 더 창조적이고 좀 더 상상력을 풍요롭게 하고 보다 더 깊은 통찰력을 가질 것이 요구된다. 작가들은 궁극적으로 자신이 깊이 믿는 것을 표현하지만, 그것은 작가들이 살아 움직이고 있는 모든 문제를 하나하나 검토해 보고, 그것들이 가지고 있는 가능성을 하나하나 가늠해 보고 난 후에야 이루어진다.

분명히 알아야 할 것은, 어떤 대상에 대해 철학자가 도달하는 사상의 깊이까지 도달하여 그것에 대한 확신을 얻을 수 있을 때에만 뛰어난 작가가 될 자질 또한 얻는다는 것이다. 여기에서 작가에게 중요한 점은 자신이 가진 관념의 노예가 되지 않고 구체적인 삶 속으로 자기를 밀어 넣어야 한다는 것이다. 작가가 자신의 아이디어를 가장 효과적으로 증명하는 방법은 그것을 얼마나 분명하게 단언하느냐 하는 데 있는 것이 아니라, 그 아이디어가 작가 자신이 배열해 놓은 강력한 적들을 얼마나 통쾌하게 분쇄하는가에 있다.

스탠리 큐브릭이 연출한 세 편의 걸출한 반전 영화들이 유지하고 있는 뛰어난 균형감을 생각해 보자. 큐브릭과 그의 작가들은 인간 심리를 깊숙이 들여다보기 위해 다양한 역아이디어를 조사하고 표현해 냈다. 그들이 만들어 낸 이야기들은 서로 싸우고 죽이기를 즐기는 인간 본성의 근원적인 차원이 논리적으로 연장된 사건으로서 전쟁을 읽어 낸다. 이 이야기들은 인간들이 하고 싶어 하는 일, 그리고 그들이 기꺼이 할 일, 항상 그래왔고 지금도 그렇고 앞으로도 영원히 그럴 것 같은 일을 현실화시킴으로써 관객들의 등골을 서늘하게 만든다.

큐브릭의 「영광의 길」에서 프랑스는 어떤 대가를 치르고서라도 전쟁에서 독일을 이겨야 한다는 데 명운을 걸고 있다. 따라서 프랑스 군대가 전투에서 후퇴하기 시작하자 화가 난 장군은 병사들에게 동기를 부여하기 위해 아주 창의적인 작전을 세운다. 자신의 포병 부대에게 아군 병력을 향해 포격하라고 명령한 것이다. 「닥터 스트레인지러브」에서 미국과 러시아는 핵전쟁에서는 지지 않는 것이 이기는 것보다 중요하다는 것을 알게 된다. 그래서 양국은 각자 지지 않을 계략을 꾸미는데 이 계략은 너무나 효과적인 나머지 지구상의 모든 생명체를 소멸시키고 만다. 「풀 메탈 재킷」에서 해병대는 어려운 임무를 띠고 있다. 인간은 동료 인간을 살해하면 안 된다는 천부적인 금기를 어떻게 하면 무시하게 만드는가 하는 것이 그것이다. 이에 대한 간단한 해결 방법은 해병대 신병들로 하여금 적군은 인간이 아니라고 생각하게 세뇌시키는 것이다. 이렇게 했을 때 인간을 죽이는 것은 한결 쉬워진다. 설령 그 대상이 자신을 그렇게 세뇌시킨 교관이라고 하더라도 말이다. 인간에게 충분한 실탄이 주어지면 인간은 자신을 향해 그 실탄을 발사하리라는 사실을 큐브릭은 알고 있었다.

위대한 작품은 '인생이란 이런 것이다.'라고 말하는 살아 있는 은유가 된다. 고전은 여러 시대를 거쳐 내려오면서 인간들에게 해결책보다는 명석함을, 대답보다는 시적인 정직함을 제공해 준다. 고전은 인간이 인간답게 되기 위해서 모든 세대가 반드시 풀어야 하는 문제들을 피할 수 없이 명백하게 만들어 준다.

이상론자, 비관론자, 아이러니스트

작가들과 그들의 이야기는 그들이 설정한 주도적인 아이디어의 정서 흐름에 따라 크게 세 가지의 실용적인 영역으로 구분될 수 있다.

주도적 아이디어가 이상론적인 경우

낙관주의, 희망, 그리고 인류의 꿈을 표현하는 '상승 종결(Up-ending)'을 가진 이야기들은 우리가 삶에 대해 바라는 바대로 인간 정신에 대한 긍정적인 가치들로 채워져 있다. 예를 들어 보자.

'우리가 우리 안의 지적 환상을 넘어서서 본능을 따르기 시작할 때 우리의 인생은 사랑으로 채워질 수 있다.'─「한나와 그 자매들」. 이 복합 플롯의 이야기는 사랑을 찾아 헤매지만 이런저런 생각이 많고 분석적이며 성의 정치성이나 직업, 윤리 또는 불멸성 등의 의미를 해독하려고 노력하는 나머지 정작 원하는 사랑은 찾을 수 없는 일단의 뉴요커들에 대한 이야기다. 그러나 그들은 한 사람 한 사람씩 자신들이 가지고 있던 지적 환상들을 깨치고 나와 마음의 소리에 귀를 기울이기 시작한다. 바로 그 순간에 그들은 원하던 사랑을 찾게 된다. 이것은 우디 앨런이 만들었던 수많은 영화 중에 가장 낙관적이다.

'우리가 악을 속여넘길 때 선은 승리를 거둔다.'─「이스트윅의 마녀들」. 마녀들은 악마가 마련해 놓은 속임수를 역이용해서 악마를 이기고 세 명의 토실토실한 아기들 속에서 선함과 행복을 발견한다.

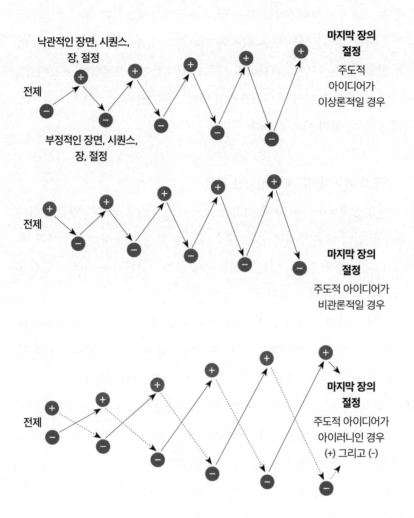

낙관적인 장면, 시퀀스,
장, 절정

**마지막 장의
절정**
주도적
아이디어가
이상론적일 경우

전제

부정적인 장면, 시퀀스,
장, 절정

전제

**마지막 장의
절정**
주도적 아이디어가
비관론적일 경우

전제

**마지막 장의
절정**
주도적 아이디어가
아이러니인 경우
(+) 그리고 (−)

'인간의 용기와 창의성은 자연의 파괴력을 이겨 낼 수 있다.'—액션/모험의 부속 장르인 생존의 영화가 여기에 속한다. 자연의 힘이 야기시키는 생과 사의 갈등을 배경으로 하는 상승 종결의 영화들이다. 절체절명의 위기에 처한 주인공들은 남은 의지와 지혜를 다 모아 때때로 걷잡을 수 없이 잔인해지는 자연에 대항하여 싸우고 감내한다. 「포세이돈 어드벤처」, 「조스」, 「불을 찾아서」, 「아라크네의 비밀」, 「피츠카랄도」, 「사막의 기적」, 「얼라이브」 등이 이에 속한다.

주도적 아이디어가 비관론적인 경우

'하강 종결(Down-ending)'을 취하는 이야기들은 인간 문명과 인간 본성의 어두운 면에 대한 부정적 전망, 냉소, 상실감 또는 불행 등을 표현한다. 우리가 삶에 대해 가지고 있는 두려움이 종종 현실화된다는 데에 이 영화들의 바탕이 있다. 예를 들어 보자.

'우리가 사람을 쾌락의 대상으로만 이용할 때 열정은 폭력으로 돌변해서 우리의 인생을 파괴한다.'—「낯선 사람과 춤을」. 이 영국 영화 속의 연인들은 자신들의 문제가 계급의 차이에서 비롯된다고 생각하지만, 계급의 차이는 이미 많은 연인들에게서는 해결된 문제다. 이들 관계에서 가장 깊은 갈등은 서로를 신경증적 집착의 대상으로 삼아 상대방을 궁극적으로, 결국에는 목숨까지 소유하려는 욕망이다.

'악이 승리하는 것은 그것이 인간 본성의 한 부분이기 때문이다.'—「차이나타운」. 표면적으로만 보면 「차이나타운」은 부자가 살인을 저지르고도 처벌받지 않는 이야기다. 이런 종류의 일은 현실에도 있다. 그러나 좀 더 근원적으로 살펴보면 이 영화는 도처에 편재하는 악을 표현하고 있다.

현실 생활에서는 선이나 악이나 모두 인간 본성의 한 부분이기 때문에, 선이 악을 이기는 것만큼이나 자주 악이 선을 이기는 일이 일어난다. 인간은 천사이자 동시에 악마이기도 하다. 만약 우리의 본성이 이 두 가지 중 한쪽으로 약간이라도 기울어 있다면 인간이 부닥치고 있는 많은 문제들은 이미 오래전에 해결되었을 것이다. 그러나 우리는 너무나도 분명하게 나뉘어져 있고 어느 날 어느 진영에 서 있게 될지에 대해서는 전혀 알수가 없다. 어느 날에는 노트르담의 사원을 짓고 있지만 그 다음 날에는 아우슈비츠를 짓고 있을 수도 있는 것이다.

'자연의 힘은 인간의 부질없는 노력을 넘어서서 마지막 선고를 내릴 것이다.'—생존의 영화에 대한 역아이디어가 영화의 주도적인 아이디어가 될 때, 이런 종류의 영화에서는 보기 드물게 인간과 자연의 싸움에서 결국 자연이 승리하는 하강 종결의 이야기가 된다. 「남극의 스콧」, 「엘리펀트 맨」, 「대지진」, 「새」 등이 그 예다. 이 영화들에서 자연은 인간을 파멸시키는 대신에 엄중한 경고를 내린다. 이처럼 비관론이 주도적 아이디어가 되는 영화들은 드문 편이다. 이런 종류의 냉정한 진실을 받아들일 수 없는 사람들이 많기 때문이다.

주도적 아이디어가 아이러니인 경우

'상승/하강 종료'의 이야기들은 인간 존재의 이중성과 복잡성 그리고 그에 대한 긍정과 부정의 정서를 동시에 지닌 양면적 시각을 반영하는 것이다. 최대한 현실에 가깝게 있는 그대로의 삶을 그려 내려는 시도다.

여기에서는 낙관주의/이상주의와 비관주의/냉소주의가 한데 결합된다. 그들 중 하나의 목소리만을 극단적으로 드러내기보다는 두 가지 모두를 표현한다. '상대방을 위해 자신이 원하는 것을 희생할 때 사랑은 성취된다.'는 「크레이머 대 크레이머」류의 낙관주의가 '이기주의가 지배하는 곳에서 사랑은 파괴된다.'는 「장미의 전쟁」류의 비관주의와 결합될 때, 그 결과는 아이러니를 주도적인 아이디어로 하는 작품이 된다. 즉 '사랑은 즐거움이자 고통이며 뼈아픈 번민이며 달콤한 잔인함이다. 그럼에도 우리가 사랑을 추구하는 것은 사랑이 없다면 우리의 삶에 아무런 의미가 없기 때문이다.' 「애니 홀」, 「맨해튼」, 「애딕티드 투 러브」 등이 이런 경우에 속한다.

다음에 얘기하는 것은 현대 미국 사회의 윤리와 태도를 규정 짓는 데 일조한 아이러니로 구성된 주도적 아이디어의 두 가지 예다. 첫 번째, 긍정적 아이러니.

> 성공, 행운, 명성, 성행위, 권력 등과 같은 당대적 가치들을 강박적으로 추구하다 보면 당신은 파멸할 것이다. 그러나 적절한 시기에 이런 진실을 알아채고 강박 관념으로부터 벗어나면 당신은 다시 자기 자신을 회복할 것이다.

1970년대에 이르기까지, 상승 종결은 대충 주인공이 원하는 것을 이루는 결말을 의미하는 것이었다. 주인공의 욕망의 대상은 절정에 이르러 주인공의 승리의 상징물이 되고 이야기가 다루고 있는 가치에 따라 원하는 것을 성취했다. 꿈에 그리던 사랑의 성취(사랑), 악당의 죽음(정의), 성취의 표식(행운, 승리), 대중의 승인(권력, 명성) 같은 것들이다.

그러나 1970년대에 들어서면서 할리우드에서는 성공의 이야기가 고도로 아이러니화된 형식인 회복의 플롯이 발전했다. 이 장르 속의 주인공들은 이미 널리 인정되고 있는 가치들, 즉 돈, 명성, 직업, 사랑, 승리, 성공 등을 추구하되 거의 강박 관념에 사로잡힌 채 맹목적으로 추구하다가 자기 파괴의 지경에까지 이르게 된다. 간신히 목숨만은 부지하게 되더라도 인간성을 잃어버릴 처지에 떨어지는 것이다. 그러나 그들은 어렵게나마 자신이 가지고 있는 강박 관념의 파괴적 본질을 자각하게 되고 한때는 자신들이 소중히 여기던 것들을 내던져서 자기 파멸의 과정을 멈춘다. 이러한 방식으로 활용하면서 종결부는 아이러니로 인해 더욱 풍성해진다. 절정에서 주인공은 한때 자신의 영혼을 부패시키던 꿈(부정적)을 희생시키는 과정(긍정적)을 통해 정직하고 정상적이며 균형 잡힌 인생을 성취하게 된다.(긍정적)

「하버드 대학의 공부벌레들」, 「디어 헌터」, 「크레이머 대 크레이머」, 「독신녀 에리카」, 「텐」, 「저스티스」, 「애정의 조건」, 「일렉트릭 호스맨」, 「고잉 인 스타일」, 「퀴즈 쇼」, 「브로드웨이를 쏴라」, 「피셔 킹」, 「그랜드캐니언」, 「레인 맨」, 「한나와 그 자매들」, 「사관과 신사」, 「투씨」, 「헨리의 이야기」, 「보통 사람들」, 「재생자」, 「달라스의 투혼」, 「아웃 오브 아프리카」, 「베이비 붐」, 「닥터」, 「쉰들러 리스트」, 「제리 맥과이어」가 모두 이러한 아이러니를 기점으로 하되 각자 강력한 방법으로 형상화해 낸 경우들이다. 이 목록들이 보여 주듯이 아이러니는 아카데미상이 특히 선호해 온 방식이다.

기교적인 측면에서 볼 때 이런 영화들의 마지막 절정 장면은 아주 매혹적이다. 전통적으로 봤을 때, 긍정적인 종결부는 주인공이 자신이 원하던 것을 얻기 위해 하는 행동을 보여 주는 장면들이다. 그러나 위에 얘기한 모든 영화들의 절정에서 주인공은 자신을 여태 지배해 오던 강박 관념에 근거해 행동하는 것을 거부하거나 한때 자신이 그토록 원하던 것을 내던 지는 모습을 보여 준다. 주인공들은 '잃어버림(Losing)'을 통해 승리를 거둔 다. 한 손바닥만으로 어떻게 손뼉 치는 소리를 낼 수 있는가 하는 선가(禪 家)의 질문처럼, 어떻게 하면 아무런 행동을 취하지 않거나 부정적인 행동 을 보여 줌으로써 긍정적인 느낌을 이끌어 낼 수 있는가 하는 것이 이 작 품들의 작가에게 던져진 질문이었다.

「달라스의 투혼」의 절정에서 미국 대륙 올스타 팀 소속의 와이드 리시 버인 필립 엘리엇(닉 놀테)은 두 팔을 벌린 채 서서 공이 자신의 가슴에 부 딪쳐 떨어지게 내버려 둔다. 더 이상 이런 유치한 게임을 하지 않겠다는 의지를 보여 준 것이다.

「일렉트릭 호스맨」은 전에 로데오계의 스타였다가 지금은 간단한 아침 식사 노점상으로 변모한 소니 스틸(로버트 레드퍼드)이 스폰서가 상으로 준 야생마를 자연에 돌려보내는 장면으로 끝난다. 명성을 원하는 자신의 욕 망으로부터의 해방을 상징화한 것이다.

「아웃 오브 아프리카」는 '나의 소유물이 곧 나 자신이다.'라는 1980년 대의 윤리 속에 살고 있는 여자에 관한 이야기다. 캐런(메릴 스트립)의 첫 대 사는 "나는 아프리카에 농장을 가지고 있었다."라는 것이다. 그녀는 농장 을 운영하면서 살기 위해 덴마크로부터 케냐까지 가구들을 끌고 온다. 자 기 소유물을 가지고 자신을 규정하는 그녀의 습벽은 지나칠 정도여서 자 기가 고용하고 있는 노동자들까지 "나의 사람들"이라고 부른다. 당신이 실제로 그 사람들을 소유하고 있는 것은 아니라고 그녀의 연인이 지적할 때까지는 말이다. 남편이 매독을 옮겨도 그녀는 이혼하지 않는다. 남편을 가지고 있는 '아내'로서만 자기 자신을 이해할 수 있기 때문이다. 그러나 때가 되면서 사람은 소유가 아니라 그 사람 고유의 가치와 재능, 능력을 통해서만 규정될 수 있다는 점을 깨닫는다. 연인이 죽고 나서 그녀는 물론 슬픔에 빠지지만 그 때문에 완전히 자신을 잃어버리지는 않는다. 그녀가 그 남자에게 소유되고 있는 것은 아니었기 때문이다. 그녀는 가벼운 마음으로 남편과 집, 그리고 그녀의 소유물들을 떠난다. 그녀를 둘러싸고 있던 모든 것을 잃었지만 자기 자신을 찾은 것이다.

「애정의 조건」에서는 아주 다른 종류의 강박 관념을 볼 수 있다. 오로라(셜리 매클레인)는 고통을 겪지 않는 것이 곧 행복이며 그렇게 될 수 있는 비밀은 일체의 부정적인 감정들을 회피하는 것이라는, 마치 에피쿠로스 같은 태도로 인생을 살고 있다. 그녀는 고통의 두 가지 원천인 직업과 연애를 거부한다. 늙어 가는 고통 또한 극도로 두려워하기 때문에 자기 나이보다 20년은 더 젊은 스타일로 옷을 입고 다닌다. 그녀가 사는 집은 마치 아무도 산 적이 없는 인형의 집 같다. 그녀가 삶을 경험하는 유일한 방식은 딸과 전화 통화를 함으로써 대리 경험을 얻는 것이다. 그러나 쉰두 살을 맞이하는 생일이 되었을 때, 인생에서 맛볼 수 있는 기쁨의 깊이는 자신이 기꺼이 감수해 내는 고통의 양에 정비례한다는 사실을 깨닫기 시작한다. 마지막 장에 이르러 그녀는 고통이 없는 삶의 공허함을 내던지고 아이들, 연인, 나이, 그리고 그것들이 가져오는 기쁨과 고통 모두를 맞이한다.

두 번째, 부정적 아이러니다.

> 계속해서 강박적인 욕망에 매달리다 보면 그 집요한 추구의 결과로 욕망은 성취하겠지만 당신은 파멸할 것이다.

「월 스트리트」,「카지노」,「장미의 전쟁」,「스타 80」,「내쉬빌」,「네트워크」,「그들은 말을 쏘았다」 등이 이에 해당된다. 이 영화들은 위에 얘기한 회복의 플롯에 대립되는 징벌의 플롯을 차용하고 있다. 이 영화들에서 하강 종결의 역아이디어는 주인공이 계속해서 자신들의 명성과 성공을 향해 치달으면서 그 욕망을 버리려 하지 않기 때문에 주도적인 아이디어로 자리를 굳히게 된다. 이야기의 절정에서 주인공들은 그들의 욕망을 성취하지만(긍정적), 곧 그 성취 자체에 의해 파멸당한다.(부정적)「닉슨」에서 대통령(앤서니 홉킨스)은 자신의 정치 권력을 맹신한 나머지 자기 자신과 정부에 대한 국민의 신뢰 모두를 무너뜨리게 된다.「로즈」에서 로즈(벳 미들러)는 마약과 성관계, 로큰롤에 대한 자신의 열정 때문에 파멸에 이른다.「올 댓 재즈」에서 기드온(로이 샤이더)은 마약과 성관계, 뮤지컬 코미디에 대한 신경증적인 집착 때문에 파멸한다.

아이러니에 대해

아이러니가 관객에게 미치는 효과는 관객들이 보이는 찬탄 어린 반응에 잘 나타난다. "맞아, 인생이란 게 바로 저래." 이상주의나 비관주의는 관객이 경험하는 현실의 양극단을 묘사한다. 인생이란 항상 봄날의 딸기 맛처럼 상쾌한 것도 아니고, 그렇다고 해서 항상 어둡고 지저분한 것만도 아니다. 인생이란 양자를 모두 포함하고 있다. 최악의 경험으로부터 뭔가 긍정적인 것을 얻을 수도 있다. 삶을 풍요롭게 만들어 주는 경험을 공짜로 얻을 수는 없는 법이다. 우리가 아무리 인생을 곧게 관통하는 항로를 설정하려 해도, 우리는 결국 아이러니의 파도를 헤치면서 항해해 나가게 된다. 현실이란 잔인할 정도로 아이러니한 것이며 바로 이 때문에 아이러니로 끝맺는 작품들이 가장 긴 수명을 얻고 가장 널리 보여지며, 관객들로부터 가장 높은 칭송을 받고 애정을 얻게 되는 것이다.

또한 이는 절정을 구성할 수 있는 세 가지의 정서적 동력 중에서 아이러니가 가장 쓰기 어려운 이유이기도 하다. 아이러니는 다음의 세 가지 이유로 해서 가장 원숙한 지혜와 가장 높은 수준의 기교를 필요로 한다.

첫째, 밝고 이상주의적인 것이든 아니면 냉정하고 비관주의적인 것이든, 관객을 만족시키고 설득할 만한 수준의 절정을 쓰는 것 자체가 이미 충분히 어려운 일이다. 그런데 아이러니로 구성된 절정은 하나의 행동 또는 사건 안에 긍정적인 가치와 부정적인 가치가 동시에 들어 있어야 한다. 어떻게 해야 두 가지를 하나 안에 밀어 넣을 수 있을 것인가?

둘째, 어떻게 해야 두 가지를 모두 분명하게 말할 수 있는가? 아이러니는 이중성을 뜻하는 말이 아니다. 이중성은 한 의미가 다른 하나로부터 완전히 분리되지 못한 상태로 공존하고 있는 상태를 말한다. 그런데 아이러니는 전혀 중의적이지 않다. 아이러니는 어떤 것이 성취되었고 반면에 어떤 것이 상실되었다는 두 개의 독립된 선언이 나란히 한데 놓여 있는 상태다. 또한 아이러니는 우연을 뜻하는 말도 아니다. 진정한 아이러니는 명백한 동기를 가지고 있다. 우연성에 의한 이야기의 종결은, 그것이 이중적인 가치를 차용하고 있건 그렇지 않건 관계없이 아이러니가 아니다. 단지 의미 없는 종결일 뿐이다.

셋째, 절정에서 주인공의 삶이 처한 상황이 동시에 부정적이기도 하고 긍정적이기도 하다면, 어떻게 해야 두 가치가 이 이야기를 수용하는 관객들의 경험 속에서 서로를 부정하지 않고 결과적으로 하나의 명백한 의미를 가진 채 살아남게 할 수 있는가?

의미와 사회

 일단 주도적인 아이디어를 발견하고 나면 작가는 이를 존중해야 한다. 절대로 '이건 그냥 엔터테인먼트일 뿐이니까.'라고 생각하는 식의 사치를 부리면 안 된다. 무엇보다 이 '엔터테인먼트'란 것이 도대체 뭔가? 영화에서 '엔터테인먼트'란 캄캄한 어둠 속에 앉아 있는 한 사람이 앞으로 자신이 보게 될 것이 무언가 정서적으로 의미 있고 만족스러운 경험이 되기를 기대하면서 엄청난 집중력과 에너지를 가지고 영사막을 응시하는 의식을 말한다. 관객들의 의식을 집중시키고 그것을 유지시키면서 이 이야기의 의식의 기대치를 충족시키는 한, 영화의 내용이 무엇이든 간에 그것이 바로 엔터테인먼트다. 「오즈의 마법사」, 「400번의 구타」, 「달콤한 인생」, 「백설공주와 얼간이 삼총사」 중 어느 한 편도 이 규정에서 자유롭지 못하다. 조리 있게 구성된 모든 이야기들은 일정한 정서적인 어법을 통해 그 밑에 은닉되어 있는 생각을 표현해 낸다.

 기원전 388년, 플라톤은 아테네의 지도자들에게 모든 시인과 이야기꾼을 추방하라고 요구했다. 그들이 사회를 위협한다는 것이 플라톤의 주장이었다. 작가들은 아이디어를 다루지만 철학자들처럼 공개적이고 이성적인 방식으로 다루지 않는다. 대신에 그들은 예술이 가진 유혹적인 정서 안에 그 아이디어들을 밀봉해 넣는다. 그럼에도 플라톤이 지적했듯이 이 아이디어들은 여전히 아이디어다. 제대로 쓰인 모든 이야기는 정서적으로 충전된 아이디어들을 우리에게 전달한다. 실제로는 그 아이디어들을 우리 안에 주입시켜서 반드시 믿게끔 만든다. 사실상 이야기가 가지는 이러한 설득력은 너무나 강력해서 이야기 안에 들어 있는 아이디어가 윤리적으로 문제가 있다는 것을 알면서도 믿게 되기도 한다. 플라톤이 역설했듯이 이야기꾼들은 위험한 종류의 인간들이다. 그가 맞다.

「데스 위시」를 생각해 보자. 이 영화의 주도적인 아이디어는 '시민들이 스스로 법을 집행하여 죽어 마땅한 자를 죽일 때 정의는 승리한다.'는 것이다. 인류 역사상 있어 왔던 모든 천박한 아이디어들 중에 이것이야말로 가장 천박한 것이다. 이 아이디어로 무장한 나치는 유럽을 초토화시켰다. 히틀러는 죽어 마땅한 자들을 자기가 모두 죽인 후에는 유럽을 낙원으로 만들 수 있다고 믿었다. 그리고 그는 죽어 마땅한 자들의 명단을 가지고 있었다.

「데스 위시」가 개봉했을 때 전미 대륙 신문의 평론가들은 찰스 브론슨이 맨해튼을 돌아다니면서 강도처럼 보이는 사람들을 쏘아죽이는 모습에 대해 도덕적인 분노를 내뱉었다. "할리우드는 이것이 정의로 통하는 길이라고 생각한단 말인가?" 그들은 고함을 질렀다. "도대체 법적인 과정은 어디로 사라진 것인가?" 그러나 내가 읽었던 모든 평문의 어느 구석엔가는 "그러나 관객들은 이 영화를 즐기고 있는 것 같다."라는 구절이 있었다. 이는 "그리고 평론가들도 마찬가지였다."라는 암호다. 평론가는 자신이 관객의 정서를 공유하지 않는 한 절대로 관객의 즐거움에 대해 쓰지 않는다. 평론가들은 분노했지만 이 영화는 그런 평론가들에게조차 파고들었던 것이다.

그런 한편 나는 「데스 위시」가 만들어질 수 없는 나라에서는 살고 싶지 않다. 나는 모든 종류의 검열에 반대한다. 진실을 추구하는 과정에서 우리는 가장 더러운 거짓말조차도 기꺼이 감수해야 한다. 우리는 셜록 홈스 법관이 주장한 대로 아이디어의 시장을 신뢰해야 한다. 모든 사람들, 심지어 비이성적인 급진주의자나 잔인한 보수주의자에게까지도 자기 의사를 말할 권리가 주어진다면 인류는 모든 가능성들을 검토한 끝에 올바른 선택을 하게 될 것이다. 시민들이 너무 많은 진실을 알아 버렸기 때문에 파괴된 문명은 하나도 없다. 플라톤이 속했던 문명을 포함해서 말이다.

플라톤 같은 권위적인 인간형은 아이디어보다는 감정에서 나오는 위협을 두려워한다. 권력을 가진 자들은 우리가 무언가를 느끼는 것을 절대 원하지 않는다. 생각은 조종될 수도 있고 조작될 수도 있는 것이지만, 감정은 자발적이며 예측 불가능한 것이다. 예술가들은 거짓말을 폭로하고 변화를 향한 열망에 영감을 불어넣음으로써 권위를 위협한다. 권력을 잡은 모든 독재자들이 작가들의 심장을 향해 총구를 겨누는 이유가 바로 여기에 있다.

마지막으로 이야기가 지닌 영향력을 고려할 때 우리는 작가의 사회적 책무라는 주제에 대해 생각해 봐야 한다. 나는 작가가 사회의 질병을 치유한다거나, 인류의 희망을 새롭게 밝힌다거나, 사회의 분위기를 일신시킨다거나 하는 식의 책임감을 가져야 할 필요는 없다고 본다. 심지어 작가 자신의 내적 존재를 표현해야 할 책임조차 없다고 본다. 작가들에게는 단 한 가지의 책임만이 필요하다. 진실을 말해야 한다는 것이다. 그러므로 작가는 자신의 이야기의 절정에 대해 연구하고 주도적인 아이디어로부터 그것을 끌어내야 한다. 그러나 다음 단계로 넘어가기 전에 이 질문을 스스로에게 던져 봐야 한다. 이 이야기는 진실인가? 나는 내 이야기 속에 들어 있는 의미를 믿는가? 만약 그 대답이 '아니다'라면 그 이야기를 던져 버리고 처음부터 다시 시작해야 한다. 만약에 '그렇다'가 대답이라면 그 작품을 세상에 내보일 수 있도록 할 수 있는 모든 노력을 다 기울여야 한다. 예술가란 일상생활에서는 남에게, 심지어는 자기 자신에게까지 거짓말을 하더라도, 작품을 만들 때만은 진실을 말하는 존재다. 거짓말과 거짓말쟁이들로 가득 찬 세상에서 정직한 예술 작품을 만드는 것이야말로 언제나 사회적 책임감을 실천하는 행위다.

제3부

이야기 구성의
원칙들

엄격한 틀 안에서 작품을 쓸 때 상상력이 최고로 발휘되며
가장 풍요로운 아이디어를 낳는다.
전적으로 자유로운 작업이란
아무렇게나 뻗어 나가기 안성맞춤이다.

— T. S. 엘리엇

7장
이야기의 실체

어느 날엔가 영사막에서 자기 자리를 찾을 장면들은 어떤 재료에서 얻을 수 있는 걸까? 우리가 주물러서 형상을 만들어 보관하기도 하고 버리기도 할 진흙은 과연 어떤 것일까? 이야기의 실체는 도대체 무엇인가?

다른 모든 예술 장르에서 이 질문들에 대한 대답은 이미 그 장르들 안에 갖춰져 있다. 작곡가에게는 악기와 악기로 연주할 음표들이 있다. 무용가에게는 자신의 몸이 곧 도구다. 조각가는 돌을 쪼아 내고 화가는 물감을 휘젓는다. 모든 예술가는 자신이 다룰 재료에 손을 대어 볼 수 있다. 작가만 빼고 말이다. 이야기의 실체는, 마치 원자의 내부에서 에너지가 소용돌이치고 있는 것처럼 이야기의 핵 안에 자리 잡고 있어서 눈에 직접 보이지도 않고 들리지도 않으며 만져지지도 않는다. 그러나 우리는 그것의 존재를 알고 있고 느끼고 있다. 이 물건은 살아 있으되 형체가 없다.

"형체가 없다고?" 작가들은 이렇게 말할 것이다. "그러나 내게는 말이 있다. 대사, 해설 등. 나는 종이 위에 손을 얹어 볼 수 있다. 작가의 원재료는 언어다." 그러나 이 말은 틀렸다. 많은 재능 있는 작가들, 특히 문학 창작의 수련을 거친 작가들이 바로 이 원칙을 결정적으로 잘못 이해한 탓에 시나리오 작가로 자리를 잡지 못하고 있다. 유리가 빛을 투과시키는 매개이고 공기가 소리를 전달하는 매개인 것처럼 언어는 오직 매개일 뿐이다. 그것도 사실은 이야기를 쓰는 데 필요한 수많은 매개 중 하나일 뿐이다. 이야기의 심장에서 고동치고 있는 것은 단순한 말보다는 훨씬 더 근원적인 어떤 것이다.

그리고 이야기의 반대편 끝에는 이와 똑같이 중요한 현상이 자리잡고 있다. 이야기의 실체에 대한 관객의 반응이 바로 그것이다. 이런 면을 생각해 보면 영화관에 간다는 것은 참으로 기이한 경험이다. 수백 명의 낯선 사람들이 어두운 방에 모여 앉아 팔과 팔을 맞댄 채 두어 시간을 함께 지내는 것이다. 그들은 화장실에 가거나 담배를 피우러 나가지도 않는다. 대신에 직장에서 일할 때보다도 훨씬 대단한 집중력을 가지고, 실제 생활에서라면 기를 쓰고 피해 다닐 정서적인 고통을 겪기 위해 돈을 내고 들어와 두 눈을 크게 뜨고 화면을 지켜보는 것이다. 이 지점에서 두 번째 질문이 생긴다. 이야기 에너지의 원천은 무엇인가? 그것이 무엇이기에, 어떻게 해서 관객들에게 이처럼 열렬한 정신적·감각적 집중을 강요할 수 있는가? 이야기가 작동하는 기제는 무엇인가?

이 질문들에 대한 대답은 예술가가 창조의 과정을 주관적으로 개척해 나갈 때 얻을 수 있다. 이야기의 실체와 그것이 어떻게 작동하는지 알려면 작가는 자신의 작품 안으로부터 바깥으로 내다봐야 한다. 작가 자신이 등장인물의 중심으로 들어가 마치 자신이 그 등장인물인 것처럼 그의 눈을 통해 바깥세상을 내다보면서 그의 입장에서 이야기를 경험해 봐야 한다. 작가가 이러한 지극히 주관적이고 지극히 상상적인 관점을 얻기 위해서는 자신이 그 안에 들어가 생활할 숙주인 등장인물, 더 구체적으로 말해 주인공이라는 피조물을 자세히 들여다봐야 한다. 다른 많은 인물들과 마찬가지로 주인공 역시 하나의 등장인물일 뿐이지만, 주인공은 이야기의 중심적이고 핵심적인 역할을 맡은 자로서 등장인물의 모든 면을 명백하게 구현해 낸다.

주인공

일반적으로 주인공은 한 명이다. 그러나 「델마와 루이스」처럼 두 명이 이야기를 끌고 나가는 경우도 있고, 「이스트윅의 마녀들」에서는 세 명이, 「7인의 사무라이」나 「특공대작전」에서는 여러 명이 동시에 이야기를 끌고 나간다. 「전함 포템킨」에서는 노동자 계급이라는 한 계급 전체가 복수 주인공(Plural-Protagonist)의 기능을 창조해 낸다.

두 명 이상의 등장인물이 복수 주인공을 형성하려면 다음의 두 가지 조건을 충족시켜야 한다. 첫째, 주인공 그룹에 속한 모든 개인은 한 가지 욕망을 공유해야 한다. 둘째, 그 욕망을 달성하기 위한 투쟁의 과정에서 구성원들은 고락을 함께해야 한다. 그들 중 누구 하나가 성공하면 구성원 모두에게 혜택이 돌아간다. 어느 하나에게 문제가 생기면 모두가 고통을 나눠 지게 된다. 복수 주인공 체제에서는 동기, 행동, 결과가 모두 그룹 내에서 공유된다.

다른 한편, 이야기에는 복합 주인공(Multiprotagonist)이 있을 수도 있다. 이 경우의 인물들은 복수 주인공의 경우와 달리 각자 자기 자신의 개인적 욕망을 추구하며 그 결과에서 오는 고통이나 즐거움 역시 개인에게 귀결된다. 「펄프 픽션」, 「한나와 그 자매들」, 「우리 아빠 야호」, 「청춘의 양지」, 「똑바로 살아라」, 「브랙퍼스트 클럽」, 「음식남녀」, 「정복자 펠레」, 「희망과 영광」, 「커다란 희망」 등이 이에 해당된다. 이런 방식의 이야기 설계의 대가로는 「결혼식」, 「내쉬빌」, 「숏 컷」 등을 만든 로버트 알트만을 들 수 있다.

복합 주인공을 지닌 이야기의 역사는 영화에서 「그랜드 호텔」만큼이나 오래되었고, 소설에서는 『전쟁과 평화』, 연극에서는 『한여름 밤의 꿈』까지 거슬러 올라간다. 복합 주인공의 이야기는 복합 플롯의 이야기로 발전한다. 이야기는 한 주인공의 뚜렷한 욕망을 따라가면서 전개되는 것이 아니라 이야기마다 다른 주인공이 있는 여러 개의 작은 이야기들을 이리저리 엮어 가면서 특정한 사회를 역동적으로 그려 낸다.

주인공이 반드시 사람이어야 할 필요는 없다. 「꼬마 돼지 베이브」처럼 동물일 수도 있고, 「벅스 버니」처럼 만화일 수도 있고, 아예 어린이들이 좋아하는 이야기인 「힘센 작은 기관차」의 주인공처럼 생명이 없는 물건일 수도 있다. 무언가를 바랄 줄 알고, 그를 위해 행동을 취할 줄 알고, 그 행동의 결과에서 오는 고통을 감내할 수 있는 자유 의지가 부여된 존재라면 어떤 종류의 존재이든 이야기의 주인공이 될 수 있다.

드문 경우이긴 하지만 이야기의 중간쯤에 가서 주인공을 바꿔 치울 수도 있다. 「사이코」가 이 방법을 씀으로써 샤워실에서의 살인 장면을 감정적으로 또한 형식적으로 파격적인 것으로 만들었다. 주인공이 죽으면서 관객들은 일시적으로 혼란을 겪는다. 도대체 이 영화는 누구에 대한 영화인가? 피살자의 언니와 그녀의 남자 친구, 그리고 사설탐정이 이야기를 끌고 나가기 시작하는 순간부터 이 영화는 복합 주인공에 관한 영화가 되었다는 것이 그 대답이다. 그러나 어떤 이야기가 한 명의 주인공을 가지고 있든, 복수 주인공이나 복합 주인공을 가지고 있든, 또한 그들이 어떤 방식으로 성격화되어 있든 모든 주인공들은 어떤 뚜렷한 특성들을 공유하고 있는데, 그중 첫 번째로 두드러지는 것은 의지력(Willpower)이다.

주인공은 의지력이 강한 인물이다.

다른 등장인물들 역시 끈질기거나 심지어 완고할 수도 있지만 주인공은 특별히 의지력이 강한, 심하게 말해 외고집이라고 할 만한 존재다. 이 의지력의 정도가 어느 정도인지 측정해 낼 방법은 없다. 훌륭한 이야기라고 해서 꼭 거대한 의지와 불가피한 절대적 힘 사이의 격돌이 일어나야 하는 것은 아니다. 의지의 정도만큼이나 중요한 것은 의지의 특성과 질이다. 주인공의 의지력이 구약에 나오는 욥처럼 강하지야 않겠지만, 갈등을 뚫고 나아가 뭔가 의미 있고 돌이킬 수 없는 변화를 일으킬 때까지 자신의 욕망을 유지해 나갈 정도는 된다.

한 걸음 더 나아가자면 주인공의 진정한 힘은 소극적인 것으로 묘사된 성격 뒤에 숨어 있을 수도 있다. 「욕망이라는 이름의 전차」의 주인공 블랑쉬 뒤부아의 경우를 생각해 보자. 처음 눈에 띄는 그녀의 모습은 허약하고 별다른 의지 없이 흘러 다니면서, 그녀 자신의 표현을 빌리자면 오직 현실감 있게 살기만을 바라는 존재다. 그러나 일견 나약해 보이는 성격 묘사의 뒤에 들어 있는 블랑쉬의 내적 성격에는 그녀의 무의식적인 욕망을 밀고 나가는 강력한 의지력이 들어 있다. 블랑쉬는 자신을 집어삼키려는 추한 세상에 맞서 자신을 보호하기 위해 할 수 있는 모든 노력을 다한다. 그녀는 귀부인처럼 행동하면서 낡아빠진 가구 위에 레이스를 깔고, 보기 흉한 전구에 갓을 만들어 씌우고, 멍청이를 매력적인 왕자 같은 인간으로 만들기 위해 노력한다. 이런 노력들이 모두 실패로 돌아갔을 때 그녀는 현실로부터 마지막 도피처를 선택한다. 미쳐 버리는 것이다.

블랑쉬가 오직 겉으로 보기에만 수동적인 인간으로 보이는 반면에 주인공에게 정말로 수동적인 성격을 부여하는 실수 또한 드물지 않다. 아무것도 원하지 않고, 아무런 결정도 내릴 수 없으며, 행동이 약간의 변화도 일으키지 않는 인물에 대해 이야기하는 것은 불가능하다.

주인공은 의식적인 욕망을 가지고 있다.

대개 주인공의 의지는 이미 잘 알려져 있는 욕망을 좇는다. 주인공에게는 욕망의 대상이라는 필요 또는 목표가 있으며, 그 사실을 잘 알고 있다. 작가가 자신의 이야기의 주인공을 한쪽으로 끌어내 귓속말로 "너 원하는 게 뭐니?" 하고 물어본다고 하자. 주인공은 "오늘은 이걸 하고 싶고, 다음 주에는 저걸 하고 싶은데, 결국에 가서는 하고 싶은 것은 그거야." 하고 대답할 것이다. 주인공의 욕망의 대상은 외향적인 것(「조스」의 경우 상어를 죽이는 일)일 수도 있고 내향적인 것(「빅」의 경우 성장」)일 수도 있다. 어떤 경우든 주인공은 자신이 무엇을 원하는지 알고 있으며 많은 경우에 간단하고 분명하고 의식적인 욕망이면 충분하다.

주인공은 또한 자기 모순적인 무의식적 욕망을 가지고 있을 수도 있다.

그러나 아주 매력적이고 기억에 남는 인물들의 경우에는 의식적인 것
뿐 아니라 무의식적 욕망 또한 갖고 있는 경우가 많다. 주인공들이 자기
안에 들어 있는 이러한 무의식적 욕망들에 대해 자각하고 있는 것은 아니
지만 관객들은 그것을 감지해 내고 그 안에서 내적 갈등을 읽어 낸다. 이
런 복잡한 성격을 가진 주인공의 의식적인 욕망과 무의식적인 욕망은 서
로 갈등을 일으킨다. 그가 자신이 원한다고 믿고 있는 것은 그가 실제로,
그러나 무의식 속에서 원하고 있는 것과 대립된다. 이것은 너무나 당연하
다. 주인공이 의식적으로 찾아 헤매는 대상과 무의식적 욕망의 대상이 같
은 것이라면, 이런 설정 자체가 아무런 의미 없는 것이 되기 때문이다.

주인공이 자신의 욕망의 대상을 추구해 나가는 능력에 설득력이 있어야
한다.

주인공의 성격 묘사는 반드시 적절한 것이어야 한다. 주인공에게는 자
신의 욕망의 대상을 추구하는 데 필요한 특성들이 적절하고 믿을 만하게
조화되어 있어야 한다. 그렇다고 해서 주인공이 원하는 것을 바로 얻는다
는 것은 아니다. 실패할 수도 있다. 그러나 주인공의 욕망의 대상은 관객
들이 보기에 주인공의 의지와 능력의 정도로 보아 납득할 만한 것이어서
충분히 성취될 가능성이 있다고 여겨져야 한다.

주인공은 최소한 그의 욕망을 달성할 기회를 가져 보아야 한다.

자신의 욕망을 현실화시킬 수 있는 단 하나의 가능성도 없어 보이는 주인공을 참아 줄 관객은 하나도 없다. 그 이유는 간단하다. 그런 식의 인생이 있다는 것을 믿을 수 없기 때문이다. 자신의 욕망을 충족시켜 볼 최소한의 가능성도 없다는 것을 믿지 못하는 것이다. 그러나 카메라를 끌어올려서 우리의 실제 삶 전체를 비춰 보면 헨리 데이비드 소로가 말한 대로 "한 무리의 인간들이 조용하게 필사적인 인생을 살아가고 있다."는 것을 알게 된다. 대부분의 인간은 이루지 못할 욕망을 좇는 일에 전 생애를 낭비하고는 다만 자신이 조금 부족했을 뿐이라고 생각하며 죽어 간다. 이런 고통스러운 관찰이 솔직한 것일수록 사람들은 그 사실을 믿지 않으려 한다. 대신에 마지막까지 희망을 이고 가는 것이다.

무엇보다 희망이란 그리 비이성적인 것이 아니다. 희망은 단지 가설일 뿐이다. '만약에 이런다면……, 만약에 저랬다면……, 내가 공부를 조금만 더 하면……, 조금만 더 사랑을 베푼다면……, 조금만 더 자신에게 엄격해진다면……, 복권이라도 당첨된다면……, 만약에 이런저런 변화가 생긴다면 원하는 대로 살아 볼 수도 있을 텐데.' 우리는 누구나 다 아무리 실현 가능성이 낮더라도 희망을 품고 살아간다. 바로 그런 까닭에 정말 아무런 희망도 없고 자신의 욕망을 성취할 수 있는 최소한의 능력도 없어 보이는 주인공은 관객의 관심을 끌지 못한다.

주인공은 자신의 의식적·무의식적인 욕망을 끝까지, 이야기의 장르와 설정에서 정해지는 인간 한계의 끝까지 추구해 나갈 의지와 능력을 가지고 있다.

이야기 예술은 인간 존재의 한계와 한계 사이를 왕복하는 진자 운동에 관한 것이다. 이야기 예술은 양극점 사이에 존재하는 평지에 관한 것이 아니라, 인간 경험의 극점에 도달한 진자 운동의 긴장에 관한 것이다. 이야기 속에서 그 평지가 언급되지 않는 것은 아니지만, 그것은 다만 양극단으로 향하는 과정으로서만 묘사될 뿐이다. 관객들은 이미 한계가 어디쯤인지 느끼고 있고, 이야기가 거기까지 도달하는 것을 보고 싶어 한다. 이야기의 설정이 장대한 서사이건 아주 미세한 이야기이건 관객들은 본능적으로 등장인물들과 그들이 살고 있는 세계를 에워싸는 원을 그릴 줄 안다. 이 원의 크기는 이야기의 설정에 따라 달라질 수밖에 없는 등장인물들의 경험의 영역 및 크기와 같다. 이 원은 인간 영혼의 내면을 향해 안으로 열리는 것일 수도 있고, 우주를 향해 밖으로 열리는 것일 수도 있다. 동시에 두 방향을 취할 수도 있다. 따라서 관객은 이야기꾼이 그 정도의 깊이와 크기에 이르기까지 이야기를 끌고 갈 수 있는 시야를 지닌 예술가이기를 기대하는 것이다.

이야기의 마지막 사건은 관객이 그것 이외에는 다른 결말을 생각할 수 없을 정도가 되도록 치밀하게 준비되어야 한다.

다시 말해 영화를 보고 난 관객들이 극장을 나설 때 결말 부분을 다시 쓰게 해서는 안 된다는 것이다. "행복한 결말인데……, 하지만 그 여자가 아버지하고의 문제를 정리했어야 되는 것 아닌가? 맥하고 살기로 결정하기 전에 에드와의 관계를 먼저 정리했어야 하는 거 아닌가?" 또는 "비극적인 결말인데……, 그 죽은 남자 말야, 왜 경찰도 안 불렀지? 게다가 차 안에 총도 가지고 있었던 것 같은데 왜 이렇게 한번 해 보지 않았을까……." 영화를 보고 난 관객들이 영화에서 보여 준 것과 다른 결말 부분의 장면들을 상상하며 극장을 나선다면 그건 영화에 문제가 있다는 이야기다. 작가들은 최소한 관객들보다는 한 수 위여야 한다. 관객들은 이야기가 갈 수 있는 곳까지, 즉 모든 질문이 다 해소되고 도발되었던 감정들이 모두 충족되는 지점까지 이야기에 빠져서 함께 실려 가기를 원한다.

이 극점까지 관객들을 끌고 가는 것이 주인공의 역할이다. 주인공은 깊이와 폭, 두 가지 모두에서 인간 경험이 가 닿을 수 있는 한계에 이르기까지 가 보고자 하는 욕망, 그리하여 절대적이고 돌이킬 수 없는 변화를 경험하고픈 욕망을 자기 안에 갖추고 있어야 한다. 그렇다고 해서 이런 이야기에 속편이 불가능하다는 얘기는 아니다. 주인공이 해 주고 싶은 이야기가 더 있을 수도 있으니까. 다만 각각의 이야기는 반드시 스스로 완결되어야 한다는 것이다.

> 주인공은 호감의 대상이 될 수도 있고, 아닐 수도 있다. 한편, 주인공은 반드시 감정 이입의 대상이 되어야 한다.

호감이 간다는 것은 별다른 이유 없이도 좋아할 만하다는 뜻이다. 예를 들어 톰 행크스와 멕 라이언, 또는 아주 전형적인 역할을 맡았을 때의 캐서린 헵번과 스펜서 트레이시가 그렇다. 그들이 화면에 나타나는 순간 관객들은 벌써 그들을 좋아한다. 관객들은 그들이 친구나 가족, 연인이 되었으면 하고 바라게 된다. 이 배우들은 누구나에게 호감을 불러일으키는 타고난 친밀함 같은 것이 있다. 그러나 감정 이입이란 그보다 훨씬 근원적인 반응이다.

감정 이입이 될 만하다는 것은 대상이 '나와 같다.'는 뜻이다. 관객은 주인공의 깊은 내면 속에서 자신과 주인공이 공유하고 있는 어떤 인간적인 특성을 발견하게 된다. 등장인물과 관객이 모든 면에서 닮아 있다는 얘기는 당연히 아니다. 어떤 한 가지 특성이 닮을 수 있다는 것이다. 그런데 주인공에게는 그 단 한 가지 유사성을 건드리는 어떤 특별한 무엇인가가 있다. 그리고 그것을 감지하는 순간 관객은 주인공이 원하는 것이 무엇이든지 그것을 성취하기를 갈망하게 된다.

관객의 이 무의식적인 논리는 이렇게 구성된다. "저자는 꼭 나 같은 인간이다. 저자가 바라는 대로 됐으면 좋겠다. 내가 저자의 입장에 있다면 나 역시 원했을 테니까." 할리우드에는 이런 심리적인 연결 상태를 가리키는 많은 표현들이 있다. "뒤에서 지지해 줄 사람", "응원해 줄 사람" 등과 같은. 이런 표현들은 모두 관객들 스스로가 주인공과 자신 사이에 설정하는 관계를 묘사하는 것들이다. 영화가 아주 감동적일 경우에는 관객이 한 영화의 등장인물 모두와 자신을 동일시할 수도 있다. 그러나 가장 기본적인 조건은 관객이 주인공과 자신을 동일시할 수 있어야 한다는 것이다. 그렇지 않으면 관객과 이야기의 연결 관계가 단절된다.

관객과의 연계

관객은 주인공과의 동일시(Empathy)라는 접착제에 의해 영화에 정서적으로 개입한다. 작가가 이 연계를 만드는 데 실패하면 관객은 아무것도 느끼지 못한 채 영화의 바깥에 머무를 수밖에 없다. 정서적 개입이란 이 타심이나 자애심 같은 것과는 아무런 관계도 없다. 관객과 주인공의 자기 동일시는 아주 개인적인, 심지어는 이기적인 이유에서 비롯된다. 관객이 주인공과 그의 삶 속에서 바라는 것에 자신을 동일시할 때, 사실 그것은 관객 스스로가 자기 삶의 욕망을 정당화한다는 것을 의미한다. 자기 자신과 허구적 인간과의 연계인 '자기 동일시'를 통하여 관객은 자신의 인간성을 시험해 보고 확장시킨다. 따라서 이야기는 우리 자신의 경험적 영역 밖으로 우리의 삶을 확장시켜 주는 선물이다. 이 선물을 통해서 우리는 수없이 많은 종류의 시간과 공간 속에서 다양한 내적 깊이의 욕망과 투쟁을 경험한다.

그런 의미에서 호감이 선택항이라면 자기 동일시는 필수항이다. 누구나 동정심은 느껴지지만 그렇다고 해서 무언가를 베풀어 주고 싶은 마음이 우러나오게 하지는 않는 인물을 만난 적이 있을 것이다. 그와 마찬가지로 주인공은 마주 대하기에 즐거운 사람일 수도 있고, 그렇지 않을 수도 있다. 호감과 자기 동일시, 이 두 가지의 차이를 간과하는 작가들은 자동적으로 자기 작품의 주인공을 선량한 인간으로 정해 버리게 된다. 주인공이 선량한 인간이 아닐 경우 관객들이 그 인물과 연결되지 못할까 봐 두려워하기 때문이다. 그러나 헤아릴 수도 없이 많은 영화들이 매력적인 주인공을 가지고도 흥행에서 참패했다. 호감 가는 주인공이 관객의 정서적 개입을 보장해 주지는 않는다. 호감이 가는 성격이란 성격 묘사의 한 측면일 뿐이다. 관객은 주인공의 성격에 깊이가 있고, 그것이 외부적인 압력 속에서 선택을 행하면서 본연의 특성을 드러낼 때 자신과 동일시한다.

언뜻 봐서는 자기 동일시를 이루어 내는 일이 그다지 어려워 보이지 않는다. 주인공도 인간이고 관객석도 모두 인간들로 채워져 있으니까. 어떤 관객이 영사막을 쳐다볼 때 그는 등장인물의 인간성을 발견하고 그것을 이해하게 되면서 주인공과 자신을 동일시하며, 그에 따라 이야기 속으로 뛰어들게 된다. 사실 위대한 작가의 작품에서는 가장 호감이 가지 않는 인물에게도 관객이 자기 자신을 동일시하게 된다.

예를 들어 맥베스라는 인물은 객관적으로 보았을 때 괴물 같은 인간이다. 그는 자신에게 아무런 해도 끼친 적이 없는 선량한 늙은 왕을, 그가 잠들어 있는 틈에 그것도 그가 맥베스에게 후한 상급을 내린 바로 그날 살해한다. 맥베스는 또한 왕의 두 시종을 살해하고 그들에게 누명을 덮어씌운다. 또한 자신의 가장 절친한 친구도 죽인다. 마지막으로 그는 적의 아내와 아이들을 암살할 것을 지시한다. 그는 잔인한 살인마지만 셰익스피어의 손을 거치면서 비극적이고 자기 동일시가 가능한 영웅으로 다시 태어난다.

이 뛰어난 시인은 맥베스에게 양심을 부여함으로써 이 같은 일을 해낼 수 있었다. 맥베스는 혼자 의혹과 고통 속에서 서성거리며 독백을 내뱉는다. "나는 왜 이런 짓을 하는 걸까? 나는 어떤 종류의 인간인가?" 관객은 그 독백을 들으면서 생각한다. '어떤 종류냐고? 죄책감에 시달리는 자이지……, 바로 나 같은. 나도 내가 한 나쁜 짓들을 생각할 때마다 기분이 언짢거든. 정작 나쁜 짓을 할 때에도 끔찍하지만 그 뒤에 오는 죄책감은 끝이 없지. 맥베스도 인간이야. 나와 비슷한 종류의 양심을 가지고 있는.' 사실, 관객들은 맥베스의 고통에 찬 영혼에 너무나 깊이 몰입해서 이 작품의 절정에서 맥더프가 맥베스의 목을 벨 때에는 비극적인 상실감을 느끼게 된다. 『맥베스』는 뛰어난 능력을 지닌 작가가 단순히 비열한 인물에 그치고 말았을 수도 있는 한 인물 속에서 관객과의 자기 동일시가 가능한 중심을 찾아낸 가장 뛰어난 경우라고 할 수 있다.

그 반면에 최근 들어 제작된 많은 영화들이 다른 많은 장점들을 가지고 있었음에도 실패한 이유는 바로 위에 언급된 '관객과의 연대'를 확보하는 데 실패했기 때문이다. 많은 경우들 중 한 예로 「뱀파이어와의 인터뷰」를 들 수 있다. 브래드 피트가 연기한 루이스에 대한 관객의 반응은 이런 것이었다. "내가 루이스처럼 '죽음 이후의 지옥'에 잡혀 있는 처지라면 차라리 한 방에 끝내 버릴 텐데. 뱀파이어로 산다는 건 참 끔찍한 거야. 다른 누구에게 그걸 넘겨준다는 것도 마찬가지고. 그러니 계속 누군가를 죽여야만 자기가 산다는 게 괴롭고 어린애를 악마로 만드는 것도 싫어지고 그렇다고 쥐새끼 피를 빨아먹는 것도 지겨워진다면 간단한 방법이 있잖아. 그냥 해가 뜰 때를 기다리는 거야. 그러고 그냥 가는 거지. 간단하게 끝나잖아." 앤 라이스의 원작 소설은 독자들을 루이스의 생각 속으로 끌고 다니면서 결국 자기 동일시가 느껴지는 지점까지 끌고 나갔지만, 카메라의 냉정한 눈은 루이스의 정체, 즉 엄살투성이 사기꾼의 모습을 그대로 보여 주었다. 관객이 위선자에게 빠져드는 경우란 거의 없다.

첫걸음

작가가 책상 앞에 앉는 순간 생각이 시작된다. '어떻게 시작할까? 이 인물이 무슨 짓을 해야 하나?'

그 인물이, 사실상 모든 등장인물이 이야기 속에서 자신들의 욕망을 추구하기 위해 어떤 행동을 보일 때, 그 행동은 그들의 입장에서 보아 가장 보수적이고 가장 최소한의 행동만을 보여 주게 마련이다. 모든 사람이 다 그렇다. 자연계의 모든 존재가 그렇듯이 인간은 근본적으로 보수적인 존재다. 어떤 유기체도 반드시 그래야만 하는 경우를 빼고는 그때그때 필요한 양보다 많은 양의 에너지를 사용하지 않으려고 한다. 당연하지 않은가? 쉽고 고통스럽지 않은 방법이 있는데도 어렵고 위험하며 에너지를 많이 소모해야 하는 방법을 일부러 택할 생명체는 없다. 자연이 그것을 용납하지 않기 때문이다. 그리고 인간의 본성은 이러한 자연의 본성을 그대로 담고 있다.

실제 생활에서 사람들이, 심지어는 동물들조차 아주 극단적인 행동, 때로는 어리석어 보이기까지 하는 행동을 하는 것을 자주 보게 된다. 그러나 이런 판단은 보고 있는 사람 입장의 객관적인 관점에서 비롯되는 것이다. 그런 행동을 보이고 있는 대상의 입장에서는 이처럼 지나쳐 보이는 행동조차 가장 보수적이고 꼭 필요한 행동일 경우가 대부분이다. 무엇보다 '보수적'이라는 말 자체가 관점에 따라 항상 상대적인 표현이다.

예를 들어 보자. 보통 사람이 어떤 집에 들어가고자 할 경우에는 가장 보수적이고 최소한의 행동을 취할 것이다. 아마도 이런 생각을 하면서 문을 두드릴 것이다. '내가 문을 두드리면 누군가가 문을 열겠지. 그 사람이 나더러 들어오라고 할 거고, 그렇게 해서 내 목적에 한 걸음 다가서게 되겠지.' 그러나 무술 영화 주인공의 입장이라면 한 방에 문을 쪼개면서 들어서는 것이 가장 보수적인 첫걸음일 수도 있다.

무엇이 꼭 필요하되 가장 보수적이고 최소한의 행동인가 하는 것은 매 순간의 상황과 그에 따른 등장인물의 관점에 따라 상대적으로 바뀔 수밖에 없다. 실제 생활 속의 예를 들어 보자. '내가 지금 이 길을 건너기 시작하면, 저 차 운전사가 날 보고 충분히 멈출 수 있는 거리에 있으니까 알아서 속도를 줄이겠지.' 또는 '돌로레스의 전화번호가 없네. 잭 수첩에 적혀 있는 걸 봤는데. 지금 그 친구가 한참 바쁠 때이긴 하지만 내가 전화하면 하던 일을 멈추고 찾아 주겠지.'

다시 말해 우리가 실제 생활에서 의식적으로 또는 무의식적으로(실제 생활에서는 대부분 판단과 행동이 거의 동시에 이뤄진다.) 어떤 행동을 할 때에는 다음과 같은 생각이나 느낌이 그 밑에 깔려 있다. '현재의 이런 조건에서 내가 이런 최소한의, 보수적인 행동을 취한다면 나를 둘러싼 세계는 내가 원하는 방향에 맞는 방식으로 반응을 보일 것이다.' 그리고 실제 생활에서 이런 생각은 거의 완벽히 맞아떨어진다. 운전사는 길을 건너는 당신을 발견하고 천천히 브레이크를 밟을 것이고, 당신은 무사히 길 건너편에 가 닿을 수 있을 것이다. 당신이 잭에게 전화를 걸어서 바쁜데 방해해서 미안하다고 한마디만 하면 잭은 "미안하긴 무슨."이라고 하면서 필요한 전화번호를 건네줄 것이다. 실제 생활에서 경험이란 거의 대부분 이렇다. 하지만 이야기 안에서는 절대 그렇지 않다.

이야기와 실제 생활의 커다란 차이는, 이야기에서는 실제 생활에서 매일 일어나는 사소한 일들, 즉 어떤 종류의 반응을 예측하면서 행동을 하면 예측한 바대로 반응이 되돌아오는, 그런 종류의 일들이 모두 걸러진다는 점에 있다.

이야기에 관객이 집중하는 순간은, 등장인물이 주변 세계로부터 긍정적인 반응을 기대하면서 어떤 행동을 취했을 때 그 행동이 그의 기대에 정면으로 대립되는 힘을 불러일으키는 바로 그 한순간뿐이다. 등장인물을 둘러싼 세계는 그의 기대와 완전히 다르게, 기대했던 것보다 훨씬 강력한 힘을 가지고 반응한다.

나는 전화를 집어 든다. 잭에게 전화를 건다. "어, 바쁠 텐데 방해해서 미안해. 한데 돌로레스의 전화번호를 찾을 수가 없어서 말이야. 너 혹시……." 잭이 소리를 질러 댄다. "돌로레스? 돌로레스! 너 어떻게 나한테 개 전화번호를 물어볼 수가 있냐?" 그러고는 수화기를 쾅 내려놓는다. 갑자기 인생이 재미있어진다.

등장인물의 세계

이 장의 목적은 작가의 입장에서 보이는 이야기의 실체를 찾아보자는 것이다. 작가는 작가적 상상 속에서 자신이 만들어 내고 있는 등장인물의 가장 중심에 자신을 놓는다. 이때 인물의 중심이란 인간의 내면 가장 깊은 곳에 자리 잡고 있는, 더 이상 축소될 수 없는 어떤 핵심을 의미한다. 이 중심은 인간과 항상 함께 있는 각성의 기능으로, 인간의 일거수일투족을 응시하는 가운데 잘못된 일에는 질책을 가하고 드물게나마 잘한 일에는 칭찬해 주는 역할을 한다. 그것은 또한 인간이 자신의 삶에서 가장 고통스러운 일을 겪게 되어 바닥에 쓰러져 눈물을 쏟고 있을 때 "이봐, 눈화장이 흘러내리고 있어."라고 작은 목소리로 속삭이는 은밀한 관찰자다. 이 은밀한 눈은 바로 그 인간 자신이다. 그 인간의 자아, 그 존재 안에 살아 있는 의식이다. 이 지극히 주관적인 핵심의 밖에 위치하는 모든 것들은 그 인물에게 대상 세계(Objective World)에 속한다.

한 등장인물의 세계는 그 인물의 전혀 가공되지 않은 자아와 의식으로 이루어진 핵심을 둘러싼 여러 겹의 동심원으로 묘사할 수 있다. 이 여러 겹의 동심원들은 각각 그 인물의 삶에 존재하는 여러 수준의 갈등을 나타낸다. 안쪽에 위치한 원은 등장인물 자신과 그의 본성이 내포하고 있는 요소들, 즉 몸과 마음 그리고 정서 같은 것으로 인해 야기되는 갈등을 말한다.

예를 들어 한 인물이 어떤 행동을 취할 때 그의 마음은 그가 예상했던 것과 다른 반응을 보일 수도 있다. 그의 머릿속에 들어 있던 생각들이 그가 기대한 것보다 순발력이나 통찰력도 없고 재치도 없는 것일 수 있다. 그의 몸 또한 기대했던 것과 달리 반응할 수 있다. 그가 해내야 되는 일에 비해서 근력이 달리거나 숙련도가 떨어질 수도 있는 것이다. 그리고 우리의 감정이 어떤 식으로 우리 자신을 배반하는지는 우리가 잘 알고 있는 바다. 따라서 등장인물의 세계에서 그 인물에 맞서는 가장 가까운 적은 바로 자기 자신이다. 그 인물의 감정과 정서, 마음과 몸, 이 모든 것들 또는 그중 어떤 것은 하루 중 어느 순간엔가는 그 인물이 예상한 것과 다른 반응을 보일 것이다. 그렇지 않은 경우만큼이나 자주 우리의 가장 큰 적은 우리 자신이다.

갈등의 세 가지 차원

두 번째 원은 개인적인 관계들, 즉 일반적인 사회적 관계보다 훨씬 긴밀한 친분 관계를 가리킨다. 인물들은 사회적 규칙에 의거해서 일정한 역

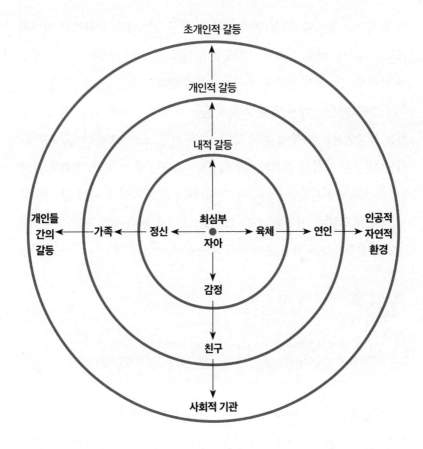

할을 부여받는다. 예를 들어 어떤 시기에는 교사/학생의 역할이 인물들에게 부여되어 있지만, 시간이 지난 후에는 이러한 직업적 관계를 친구 관계로 변화시킬 수도 있다. 같은 식으로 부모/자식 관계라는 사회적 역할은 그 관계가 표상하는 내용을 담고 있을 수도 있고, 그에 미치지 못할 수도 있다. 많은 사람들은 부모/자식 관계에서 권위/반항이라는 사회적 규정을 넘어선 단계로 발전하지 못하고 만다. 사람들이 이러한 사회적 규정을 옆으로 제쳐 놓고 가족, 친구, 연인들 간의 진정한 긴밀함을 찾게 되기 전까지는 말이다. 그런 후에야 가족, 친구, 연인들은 사람들이 일반적으로 기대하는 바를 넘어서는 반응을 보이게 되고, 이 지점에 이르러서야 두 번째 단계인 개인적 갈등이 가능해지게 된다.

세 번째 원은 초개인적 갈등의 차원을 가리킨다. 모든 대립 관계의 원천은 등장인물의 외부에 놓여 있다. 정부/시민, 교회/교인, 기업/고객 간의 관계 같은 사회적 기관과 개인들 간의 갈등이 있고, 형사/범죄자/피해자, 관리자/노동자, 손님/웨이터, 의사/환자 같은 개인들 간의 갈등들 역시 이에 해당하며, 시간과 공간, 그리고 그 안에 놓여 있는 모든 인공적·자연적 환경들과의 갈등 또한 이에 해당한다.

간극

이야기는 주관성과 객관성의 영역이 만나는 지점에서 탄생한다.

주인공은 그가 가 닿지 못할 곳에 있는 욕망의 대상을 추구한다. 주인공은 자신을 둘러싼 세계가 욕망을 추구해 나가는 자신의 행동에 우호적으로 반응하리라는 생각을 가지고 의식적으로건 무의식적으로건 특정한 행동을 취한다. 주인공의 주관적 관점에서 보자면 그가 취한 행동은 그가 처한 상황 속에서 가장 최소한의 보수적인 것이되, 또한 그가 원하는 반응을 이끌어 내기에는 충분한 것이다. 그러나 그가 그 행동을 취하는 순간, 그의 내부에 자리 잡고 있는 대상의 영역, 즉 앞서 말한 개인적 관계와 초개인적 관계, 또는 이 두 가지가 혼합된 영역은 그가 기대했던 것보다 훨씬 강력하거나 기대했던 것과는 다른 종류의 반응을 나타낸다.

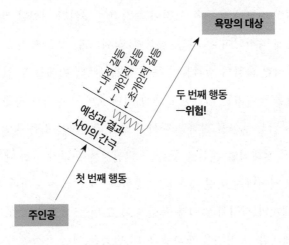

욕망의 대상

내적 갈등
개인적 갈등
초개인적 갈등

두 번째 행동
—위험!

예상과 결과
사이의 간극

첫 번째 행동

주인공

　그를 둘러싼 세계가 보이는 이런 반응은 그가 행동을 취하기 전에 그와 그의 욕망 사이에 놓여 있던 거리를 더욱 멀어지게 하면서 그의 욕망을 차단한다. 그의 행동은 그의 주변 세계와 협력 관계를 만들기는커녕 오히려 적대적인 힘을 불러일으키는 계기가 되어, 그가 가지고 있던 주관적인 기대와 실제로 돌아오는 반응 사이에는 간극이 생긴다.

　모든 인간은 의식적이든 무의식적이든 자신의 의도에 부합하는 결과가 돌아오리라는 생각을 하면서 행동을 취한다. 우리는 우리 자신, 가까운 친지들, 우리의 사회, 세계를 이해하고 있다고 생각하면서 살고 있다. 최소한 이해하고 있기를 바라면서 살고 있다. 우리는 자신과 주변의 이웃들, 우리를 둘러싼 환경에 대해 스스로 진실이라고 믿는 것에 의거해서 행동한다. 그러나 이 진실은 우리가 완전히 알 수는 없는 종류의 것이다. 그저 우리가 진실이라고 믿는 바로서의 진실일 뿐이다.

　또한 우리는 어떤 종류의 결정도 자유롭게 내릴 수 있으며, 어떤 행동도 자유롭게 취할 수 있다고 믿는다. 그러나 우리가 내리는 모든 선택과 우리가 취하는 모든 행동은, 그것이 즉각적인 것이건 계획된 것이건 그동안 우리에게 축적되어 온 경험, 상상력, 꿈꿔 오던 것들에 기초하고 있다. 우리는 이러한 축적의 결과물이 주변 세계로부터 기대할 수 있는 결과와 아마도 같을 것이라는 개연성에 대한 기대 속에서 우리의 행동을 선택한다. 그러나 막상 행동을 취하고 나서 우리가 발견하는 것은 필연성이다.

필연성은 절대적인 진실을 뜻한다. 필연성은 우리가 어떤 행동을 취할 때 실제로 일어나는 어떤 결과를 지칭한다. 이 진실은 우리가 취한 행동이 주변 세계의 깊이와 넓이를 포괄하고 그 반응에 감히 맞설 만한 용기가 있을 때에만 그 참뜻을 드러낸다. 이 반응은 어떤 특정한 순간에 처해 있을 때 우리 존재의 진실이며, 그 바로 전 순간에 우리가 믿고 있던 것과는 아무 관계도 없다. 필연성은 어떤 사건이 일어날 것이라고 기대하는 개연성과 반대로, 반드시 일어나야 하고 또 실제로 일어나는 사건을 지시한다.

이것은 실제 인생에서 그런 것처럼 허구의 세계에서도 마찬가지다. 객관적 필연성이 등장인물의 개연성에 대한 감각과 충돌을 일으킬 때, 그 사이에 형성된 간극은 허구적 현실성 안에서 갑자기 그 틈을 넓히게 된다. 이 간극은 주관성과 객관성의 영역이 충돌하는 지점이고, 기대와 결과가 충돌하는 지점이며, 행동을 취하기 전의 등장인물이 받아들이고 있던 세계와 행동을 취하는 가운데에 발견하게 되는 진실이 충돌하는 지점이기도 하다.

허구적 현실성 속에서 일단 이 간극이 벌어지면, 의지와 능력을 갖춘 등장인물은 최소한의 보수적인 행동만 가지고는 자신이 원하는 것을 얻을 수 없다는 사실을 감지한다. 그는 두 번째의 행동을 취할 기회를 얻기 위해 스스로를 추스러서 이 간극을 뚫고 나가야 한다. 이 두 번째 행동은 그 인물이 처음에는 취하고자 하지 않았던 종류의 행동이다. 이 행동은 그가 자신의 인간적 능력 속으로 더 깊이 파고들어 가기 위해 좀 더 강한 의지력과 힘을 요구한다. 게다가 무엇보다 이 두 번째의 행동은 그를 위험 속으로 몰아넣는다. 주인공은 이제 원하는 것을 얻기 위해서 잃는 것을 감수해야 할 위치에 놓인다.

위험

원하던 케이크를 손에 들고 나면 그것을 먹고 싶어 하는 것이 인지상정이다. 그러나 일단 위험에 처하고 나면 새로운 하나를 얻기 위해서 이미 가지고 있던 하나를 잃어버릴 각오를 해야 한다. 이것이야말로 우리가 미리 피해 보려고 애쓰는 딜레마다.

여기에 어떤 이야기에나 적용될 수 있는 간단한 질문이 있다. 위험 요소가 무엇인가? 주인공이 원하는 것을 얻지 못했을 때 그가 잃어버릴 위험에 처한 것은 무엇인가? 좀 더 구체적으로 들어가자면, 주인공이 그의 욕망을 달성하지 못했을 때 그에게 벌어질 최악의 상황은 어떤 것인가?

이 질문에 대한 대답이 흡인력을 갖지 못한다면 그 이야기는 착상의 핵심적인 부분에 문제가 있다. 예를 들어 그 대답이 "주인공이 실패하면 인생은 다시 원점으로 돌아간다."라면 그 이야기는 굳이 쓰여야 할 가치가 없다. 주인공이 어떤 실질적인 가치를 추구하지 않고 대단한 가치가 없는 대상을 추구하는 것이 이야기의 내용을 이룬다면, 이것이 바로 지루함의 정의다.

인생이 우리에게 가르쳐 주는 것은 어떤 인간 욕망의 가치는 그것을 추구하는 과정에서 감수해야 하는 위험의 정도에 직접적으로 비례한다는 사실이다. 그 가치가 높을수록 위험 또한 높다. 우리는 가장 큰 위험을 감수해야 하는 일에 가장 큰 가치를 부여한다. 우리의 자유, 삶, 영혼 같은 것들 말이다. 이 위험 감수의 불가피성은 미학적 원칙에 훨씬 앞서는 것이어서 우리가 다루는 이 장르의 가장 깊은 곳에 뿌리를 두고 있다. 왜냐하면 우리가 만들어 내는 이야기는 그저 단순히 삶의 은유가 아니라 의미 있는 삶의 은유이기 때문이다. 그리고 의미 있는 삶을 산다는 것은 지속되는 위험 속에서 살아간다는 것을 의미한다.

당신 안에 내재되어 있는 욕망을 자세히 검토해 봐야 한다. 작가에게 진실인 것이 곧 그가 만들어 내는 모든 등장인물들에 들어 있는 진실이기 때문이다. 당신은 시나리오를 쓰고 싶어 한다. 영화는 오늘날 세계에서 가장 창조적인 표현력을 갖춘 매체다. 아름답고 의미 있는 이야기들을 가지고 사람들에게 세계를 바라보는 새로운 눈을 열어 주겠다는 것이 당신의 바람이다. 그리고 그 대가로 원하는 것은 인정받겠다는 바람이다. 고귀한 야망이고 거대한 꿈이다. 진지한 작가라면 이 욕망을 추구하기 위해 자기 삶의 많은 중요한 부분을 내놓을 각오를 해야 한다.

우선 시간을 기꺼이 희생해야 한다. 올리버 스톤, 로런스 캐스던, 루스 프라워 자브발라 같은 뛰어난 작가들도 삼사십 대가 되어서야 빛을 보기 시작했다. 괜찮은 의사나 교사 한 명이 만들어지는 데 10년 이상이 걸리는 것처럼, 수억 명의 사람들이 들을 만한 가치가 있는 이야기를 써내려면 성인이 되고 난 후 최소한 10여 년 이상 노력하는 것이 당연하다. 그리고 그 햇수만큼이나 많은 편수의 안 팔리는 시나리오를 써내면서 좋은 작품을 써내는 데 필요한 기능을 연마하는 경우도 자주 있다.

돈을 기꺼이 희생해야 한다. 팔리지도 않을 시나리오들을 쓰는 데 들이는 노력과 정성, 창의력을 보통 직업에 쏟는다면, 아마도 첫 작품이 극장에 걸리는 걸 볼 때쯤 해서는 이미 은퇴해서 놀러 다닐 수 있을 것이다.

사람을 잃어버릴 각오를 해야 한다. 작가는 매일 아침 책상으로 출근해서 자신이 만들어 놓은 등장인물들의 세계로 들어간다. 꿈속을 돌아다니다 보니 해가 지고 머릿속은 아직도 흥분 상태다. 이제 사랑하는 사람과 만나기 위해 워드 프로세서를 끈다. 그러나 컴퓨터는 끄지만 머릿속의 상상력의 세계는 꺼지지 않는다. 저녁 식사를 하는 동안에도 등장인물들은 머릿속을 뛰어다니고 밥그릇 옆에 메모를 할 만한 종이 조각이라도 있었으면 하는 생각만 든다. 얼마 지나지 않아서 마주 앉아 있던 사랑하는 사람이 이렇게 말한다. "저기……, 자기 지금 딴 데 가 있지?" 사실이다. 마주 앉아 있는 시간의 절반은 딴 데에 쏠려 있는데, 항상 마음이 딴 데 쏠려 있는 사람과 살아 줄 수 있는 사람은 더군다나 그리 많지 않다.

작가의 욕망은 삶 자체를 재규정하는 힘을 가지고 있기 때문에, 작가는 시간과 돈, 그리고 사람까지도 잃을 위험에 처하게 된다. 그리고 작가에게 진실인 것은 그가 창조해 내는 인물 하나하나에게도 진실이다.

어떤 인간 욕망의 가치는 그것을 추구하는 과정에서 감수해야 하는 위험의 정도에 직접적으로 비례한다. 그 가치가 높을수록 위험 또한 높다.

발전 속에서의 간극

주인공의 첫 번째 행동은 그의 욕망에 대한 추구를 차단시키려는 적대적 힘들을 불러 모으면서 주인공의 애초 기대와 결과 사이에 간극을 만들어 낸다. 이 간극은 주인공이 가지고 있던 현실성이 틀렸다는 점을 드러내면서, 주인공과 그가 사는 세계 사이의 갈등을 더 확대시키고 더 큰 위험 속으로 주인공을 몰고 간다. 그러나 인간의 마음이란 워낙 탄력적이기 때문에 주인공은 이러한 불확실성, 예기치 않은 결과까지도 포용하는 새로운 현실성을 만들어 낸다. 이제 그는 더욱 어렵고 위험도가 높은 두 번째의 행동을 취하게 되는데, 이 행동은 주인공의 마음속에서 새롭게 정리된 현실성을 담고 있다. 이 행동은 따라서 주인공이 세상에 대해 가지는 변형된 기대를 반영하고 있다. 그러나 그의 두 번째 행동은 또다시 더 강력한 적대 세력을 불러 모으고 그의 마음속에 들어 있던 현실성의 간극을 더욱 벌려 놓는다.

따라서 주인공은 더 많은 것을 걸게 되고, 새롭게 조정된 자신의 현실감에 걸맞으면서 이전의 두 번째 행동과 일관성 있는 다음 행동을 취하게 된다. 자신의 능력과 의지력에 더 깊숙이 접근하고 자신을 좀 더 큰 위험에 노출시키면서 세 번째 행동을 취하게 되는 것이다.

이 행동이 긍정적인 결과를 끌어낼 수도 있고, 비록 잠깐 동안이지만 주인공은 자신의 욕망을 성취하는 방향으로 한 걸음 나아갈 수도 있다. 그러나 그가 취하는 다음 행동과 더불어 간극은 다시 더욱 넓어진다. 이제 주인공은 더욱 강한 의지력과 수용 능력을 요구하고 더 큰 위험을 수반하는 한결 어려운 행동을 취해야 한다. 이야기가 진전될수록 그가 취하는 행동들은 협력보다는 적대적인 반응을 불러일으키고, 그가 느끼고 있는 현실성 안에서의 간극은 점점 더 넓어져 간다. 이러한 일련의 고정된 양식은 사건이 진전되는 동안 다양한 층위에 걸쳐 반복된다. 이러한 반복을 겪은 끝에 주인공은 누가 보아도 그럴 수밖에 없다고 여기는 마지막 행동을 취하게 된다.

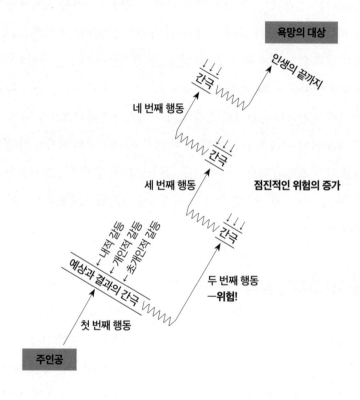

매 순간 변화하는 현실성에서 비롯되는 이와 같은 균열은 극적인 것과 평이한 것, 행동과 활동의 차이를 선명하게 부각시킨다. 진정한 행동(Action)은 기대와 반응 사이의 간극을 벌리고 의미심장한 변화를 만들어

내는 육체적이고 육성적인, 또는 정신적인 움직임을 가리킨다. 이에 반해 활동(Activity)이란 예상했던 것이 그대로 일어나고 아무런 중요한 변화도 야기시키지 않는 단순한 움직임을 말한다.

그러나 기대와 결과 사이의 간극이란 단순히 원인과 그것이 야기하는 효과의 문제만을 의미하지 않는다. 그보다는 더욱 근원적인 면에서 원인으로 보이는 것과, 인간 정신과 외부 세계가 만나는 지점을 표시하는 역할을 하는 효과 사이의 분절을 가리키는 것이다. 한쪽이 우리가 그러할 거라고 믿고 있는 세계를 표상한다면, 다른 한쪽은 실제로는 어떠하다는 면에서의 현실성을 표상한다. 역설적으로 이야기의 연속성은 바로 이 두 가지 사이의 간극에서 탄생한다. 우리의 이야기가 요리되고 있는 큰 솥이 바로 이 간극에 걸려 있는 것이다. 또한 바로 이 지점에서 작가는 가장 강력하고 인생 경로를 뒤바꾸는 순간을 찾아낸다. 이 결정적인 교차로에 도달할 수 있는 유일한 방법은 인물의 내면에서 시작해서 밖으로 나오는 것뿐이다.

내면으로부터 시작하는 글쓰기

왜 이렇게 해야 하는가? 어떤 장면을 만들 때 왜 우리는 각 인물의 내면 중심으로 들어가는 길을 찾아내야 하며 그의 관점에서 사건들을 경험해야 할까? 이렇게 함으로써 무엇을 얻는가? 이렇게 하지 않을 경우 무엇을 잃는가?

인류학자들의 작업 방식처럼 작가들 역시 조심스러운 관찰을 통해 대상의 사회적이고 환경적인 진실을 밝혀낼 수 있다. 끊임없이 기록하는 심리학자들처럼 행동 심리적인 진실을 찾아낼 수도 있다. 우리 역시 바깥에서부터 접근해 들어가는 방식을 취함으로써 독창성 있고 심지어는 매력적이기까지 한 인물의 표면을 만들어 낼 수 있다. 그러나 이런 방법으로는 작가들에게 가장 중요한 차원인 정서적 진실(Emotional Truth)을 창조해 낼 수가 없다.

정서적 진실을 만들어 낼 수 있는 유일한 참고 자료는 작가 자신이다. 작가가 인물들의 외부에만 머물러 있으면 자연히 그리고 어쩔 수 없이 상투적인 정서만을 그려 내게 된다. 인간적인 반응을 표현하기 위해서는 작가가 등장인물의 내부로 들어가야 할 뿐만 아니라 자기 자신 안으로도 들어가야 한다. 어떻게 해야 이런 작업이 가능할까? 어떻게 해야 등장인물의 머릿속으로 기어 들어가 작가 자신의 심장이 뛰고 손바닥에 땀이 나고 명치 끝이 저려 오고 눈에는 눈물이 고이고 웃음이 솟구치는가 하면 성적으로 흥분되기도 하고 화가 나고 그것이 터질 듯한 분노가 되고, 그런가 하면 자비심, 슬픔, 기쁨을 비롯해 그 밖에도 다 헤아릴 수 없을 만큼 다양한 인간 정서의 모든 면들을 느끼게 되는 경험을 할 수 있을까?

작가들은 대개 자신이 쓰는 이야기 속에서 어떤 사건은 반드시 일어나야 하고, 어떤 상황은 전개되다가 반전되어야 한다는 분명한 생각을 가지고 있다. 어떻게 해야 통찰력 있는 정서로 채워진 장면을 쓸 수 있을까? 작가는 이런 식의 질문을 던질 수 있다. "이 인물은 어떤 식으로 이 행동을 수행해야 할까?" 그러나 이런 식의 질문은 상투성과 윤리적 도식화로 이어질 가능성이 크다. 또는 이렇게 질문할 수도 있다. "이 인물이 이런 식으로 해 보면 어떨까?" 그러나 이런 질문은 반짝하는 재치는 있으나 정직하지 못한 대답으로 연결되기 십상이다. 또는 "만약 이 인물이 이런 상황에 처해 있다면 어떤 식으로 행동할까?"라고 물을 수도 있다. 그러나 이런 식의 질문은 작가 스스로 인물과 거리를 두고, 무대 위에서 움직이고 있는 인물을 그려 보는 가운데 그 인물의 정서 상태에 대해서는 어림짐작하는 데 머무르고 만다. 그리고 어림짐작은 거의 틀림없이 상투성으로 귀결된다. 아니면 이런 식으로 질문할 수도 있다. "만약 내가 저 상황에 처한다면 나는 어떻게 할까?" 질문이 이렇게 되어야만 작가의 개인적인 상상력이 작동하기 시작하고 가슴이 뛰기 시작하지만 불행히도 작가는 그 인물이 아니다. 그렇게 해서 발견한 정서는 작가에게 아주 솔직한 것이기는 하겠지만 등장인물에게 필요한 것은 그 반대의 정서일 수도 있다. 그러면 어떻게 해야 할까?

다시 이렇게 물어보자. "내가 만약 그 상황에 처한 그 인물이라면 어떻게 할 것인가?" 스타니슬랍스키가 고안해 낸 '마법의 만약에'를 활용해서 작가가 그 역할을 연기해 본다. 에우리피데스부터 시작해서 셰익스피어, 해럴드 핀터에 이르는 많은 수의 위대한 극작가들과 그리피스, 루스고든, 존 세일즈 등의 뛰어난 극작가들이 배우이기도 했다는 사실은 결코 우연이 아니다. 작가란 문서 편집기 앞에 앉거나 방 안을 서성거리면서 자신이 만들어 낸 사내, 여인, 아이, 괴물 등의 등장인물들을 연기해 보는 즉흥 연기자들이기도 하다. 작가들은 정직해야 하고 등장인물의 뚜렷한 특성을 지닌 감정이 핏속을 흘러다니게 될 때까지 계속해서 상상 속에서의 연기를 해 봐야 한다. 드디어 어떤 장면이 작가 자신에게 정서적으로 의미 있는 것으로 다가올 때에야 작가는 그 장면이 관객들에게도 의미 있는 것이 되리라는 확신을 가지게 된다. 작가 자신을 감동시키는 작품만이 관객들을 감동시킬 수 있다.

차이나타운

안으로부터 바깥으로 써 나가는 방식을 설명하기 위해서, 영화사상 가장 유명하고 뛰어난 장면들 중의 하나인 로버트 타운 작 「차이나타운」의 제2장 절정 부분을 다뤄 보기로 하겠다. 필자의 작업은 이미 영화화된 것을 보고 하는 것이지만, 로버트 타운이 1973년 10월 9일에 쓴 것으로 알려진 시나리오 제3고에도 같은 내용이 들어 있다.

시놉시스

사설탐정인 J. J. 기티스는 로스앤젤레스시의 동력 및 용수 관리국 국장인 홀리스 멀레이의 죽음에 대해 수사하고 있다. 멀레이는 저수지에 빠져 죽은 것으로 보이는데, 이 사건은 기티스의 라이벌인 에스코바 형사를 난처하게 만든다. 제2장의 결말 부분에 이르러 기티스는 용의자와 그의 범죄 동기를 두 가지로 좁힌다. 하나는 잔인한 성품의 노아 크로스가 주도하는 백만장자들이 정치 권력과 부를 거머쥐기 위해 멀레이를 죽였다는 것이고, 다른 하나는 멀레이가 다른 여자와 지내는 걸 본 그의 아내 이블린이 질투에 눈이 멀어서 그를 죽였다는 것이다.

기티스는 샌타모니카에 있는 이블린의 집까지 미행한다. 창문으로 엿보다가 그는 '다른 여자'가 약에 취한 상태에서 이블린에게 잡혀 있는 것을 본다. 기티스가 차를 타러 나온 이블린을 옥박지르자 이블린은 그 사람이 자신의 여동생이라고 주장한다. 기티스는 이블린에게 여동생이 없다는 걸 이미 알고 있지만 그 순간에는 아무런 말도 하지 않는다.

다음 날 아침 기티스는 로스앤젤레스 교외에 위치한 멀레이의 집에 있는 염수 연못에서 멀레이의 안경을 발견한다. 이제 기티스는 멀레이가 죽은 장소와 살해 방법을 알게 된다. 기티스는 샌타모니카로 돌아가 이블린에게 이 증거를 들이대고는 자신의 사설탐정 자격증을 박탈해 버리겠다고 위협하는 에스코바 형사에게 그녀를 넘겨 준다.

등장인물

원래 검찰 수사관이었던 **기티스**는 차이나타운에 있는 어떤 여자와 사랑에 빠졌는데, 그녀를 도우려다가 오히려 그녀를 죽이고 말았다. 그는 부패한 정치와 자신의 비극적인 기억으로부터 빠져나오고 싶은 마음에 수사관직을 그만두고 사설탐정이 되었다. 그러나 이제 그는 자신이 피하려고 하던 두 가지 속으로 다시 끌려 들어가게 된다. 그뿐 아니라 그가 멀레이의 연애 행각에 대해 의뢰받은 수사를 마치고 난 후 며칠 지나지 않아 멀레이가 살해되면서 곤경에 빠지고 만다. 누군가가 의도적으로 기티스를 바보로 만든 것이고, 기티스는 이런 식의 조롱거리가 되고는 견딜 수 없는 자존심의 소유자다. 아무것에도 구애받지 않는 것처럼 보이는 그의 행동거지 뒤에는 기꺼이 위험을 향해 달려드는 충동적인 인간이 숨어 있다. 또한 모든 것을 비웃는 듯한 냉소적인 표정 뒤에는 정의를 향한 이상주의자적인 갈망이 숨어 있다. 게다가 그가 이블린을 사랑하게 됨으로써 이야기는 더 복잡해지고 만다. 이 장면에서 기티스의 목적은 진실을 밝혀내는 것이다.

이블린 멀레이는 피살자의 아내이자 노아 크로스의 딸이다. 이블린은 남편에 대한 질문을 받을 때면 평정을 잃고 방어적으로 바뀌곤 한다. 게다가 아버지 이야기만 나오면 말을 더듬는다. 따라서 관객은 그녀가 무언가를 감추고 있다는 인상을 강하게 받는다. 그녀는 남편의 살인 사건을 수사해 달라고 기티스를 고용하는데 이는 자신이 지은 죄를 감추기 위한 것일 수도 있다. 수사가 진행되는 과정에서 그녀는 기티스에게 끌리는 것처럼 보인다. 괴한들의 습격을 가까스로 모면한 이후 그들은 사랑을 나눈다. 이 장면에서 이블린의 목적은 자신의 비밀을 감춘 채 캐서린과 함께 탈출하는 것이다.

칸은 이블린의 하인이다. 이블린이 과부가 되고 나자 그녀의 경호원 노릇까지도 겸한다. 세련된 매너를 유지하면서 껄끄러운 상황을 잘 처리할 줄 안다는 것에 대해 스스로 자랑스러워한다. 이 장면에서 칸의 목적은 이블린을 보호하는 것이다.

캐서린은 항상 보호를 받으면서 살아온 수줍고 순진무구한 인물이다. 이 장면에서 캐서린의 목적은 이블린에게 복종하는 것이다.

장면

[실내/실외. 샌타모니카—자동차—주행—낮]
기티스가 차를 타고 로스앤젤레스 시내를 지난다.

안에서부터 밖으로 작업을 진행시키기 위해 이블린의 은신처를 향해 차를 몰고 가고 있는 기티스의 마음속으로 들어가 보자. 기티스의 관점에 우리 자신을 위치시켜 보자. 거리 풍경이 스치고 지나갈 때 이런 질문을 던져 보자.
'지금 이 순간 내가 기티스라면, 나는 무엇을 할 것인가?'
상상력이 마음껏 펼쳐지도록 내버려 두고 나면 이런 대답이 떠오를 것이다.
'예행 연습. 중요한 일을 앞두고 있을 땐 항상 머릿속에서 예행 연습을 하게 되지.'
이제 기티스의 감정과 심리 속으로 좀 더 깊이 파고들어 가 보자.
손에서 핏기가 가실 정도로 운전대를 꽉 움켜쥔 채 머릿속에서는 이런저런 생각들이 줄달음질친다.
'그 여자가 남편을 죽이고 나를 속인 거야. 나한테 거짓말을 해 놓고 의도적으로 내게 접근해 온 거야. 빌어먹을, 내가 완전히 당했어. 속이 부글부글 끓어오르지만 냉정해야지. 침착하게 문으로 들어가서 냉정하게 공격하는 거야. 당연히 거짓말을 하겠지. 경찰을 불러야지. 눈물을 흘려 가면서 결백한 척하겠지. 하지만 거기에 넘어가면 안 돼. 아주 냉정하게 멀레이의 안경을 보여 주고 그 여자가 한 짓을 차례차례 하나하나 얘기해 줘야지. 내가 그 자리에서 다 지켜봤던 것처럼 말이야. 결국 자백을 하겠지. 그러고 나서 에스코바한테 인계해 주고 나면 내 일은 끝나는 거야.'

[실외. 별장—샌타모니카]
기티스의 차가 빠른 속도로 별장 앞길로 들어선다.

우리는 여전히 기티스의 입장을 유지하면서 생각하고 있다.
'침착해야지, 침착해야지…….' 그러나 막상 이블린의 집이 눈에 들어오자 그녀의 모습이 갑자기 떠오른다. 화가 치밀어 오른다. 침착하려 했던 의도와 걷잡을 수 없는 분노 사이에 간극이 생긴다.

기티스의 차가 요란한 소리를 내면서 멈춰 선다. 기티스가 뛰어내린다.

'망할 년 같으니!'

기티스는 차문을 쾅 닫고 계단을 뛰어오른다.

'도망가기 전에 잡아야 돼.'

손잡이를 돌려 보지만 잠겨 있다. 문을 세게 두들긴다.

'이런 빌어먹을.'

[실내. 별장]
이블린의 중국인 하인인 칸이 문 두들기는 소리를 듣고 문 쪽으로 다가간다.

등장인물들이 등장하고 퇴장할 때 우리의 상상력을 그들의 움직임에 맞춰야 한다. 등장하는 이의 관점에 맞췄다가 다시 퇴장하는 이의 관점에 맞추는 식으로 말이다. 칸의 관점으로 이동하면서 다시 질문을 던져 보자.
'이 순간 내가 칸의 입장이라면 어떤 생각을 하고, 어떤 것을 느끼며, 어떤 행동을 할까?'
이 인물의 심리 속에 자리를 잡는 순간 다음과 같은 생각에 도달하게 된다.
'도대체 어떤 놈이야?' 노련한 집사의 미소를 입가에 떠올린다. '아마도 또 그 시끄러운 형사 놈이겠지. 내가 상대해 주마.'

칸이 문을 열자 계단에 서 있는 기티스가 보인다.

칸 잠깐 기다리십시오.

기티스의 관점으로 다시 옮겨 간다: '또 저 뺀질뺀질한 집사 놈이로군.'

기티스 당신이나 기다려. 쵸우 호이 키예 디예.*(광둥어: 비켜, 임마.)*

기티스는 칸을 한쪽으로 밀어붙이고 집 안으로 들어간다.

다시 칸의 입장으로 돌아와 보자. 그가 기대했던 것과 기티스의 반응 사이에서 생긴 간극으로 인해 입가의 미소가 사라진다.
혼란, 분노. '제멋대로 침입해 들어온 데다가 내 언어인 광둥어로 내게 욕을 하다니! 저놈을 당장 쫓아내 버려야지!'

이블린이 칸의 등 뒤의 계단에서 내려온다. 초조하게 목걸이를 매만지고 있다. 기티스가 그 모습을 지켜본다.

칸의 관점: '멀레이 부인이다. 내가 보호해야 돼!'
이블린은 기티스의 도움을 얻기 위해 오전 내내 전화를 하고 있었다. 멕시코로 떠나는 5시 30분 차를 타기 위해 벌써 몇 시간 동안 짐을 꾸리고 나서 허둥지둥하고 있던 터다. 그녀의 입장이 되어 보자.
'내가 지금 이블린의 상황에 처해 있다면 어떤 행동을 할 것인가?'
이제 이 매우 복잡한 여인의 마음속으로 들어가 봐야 한다.
'제이크였군. 다행이야. 내 생각을 해 주는 사람이니까 날 도와줄 거야. 내 차림새가 어떤지 모르겠네.' 본능적으로 얼굴과 머리를 매만진다. '그런데 칸 표정이 안 좋네.'

이블린은 칸을 향해 걱정하지 말라는 듯이 웃어 보이고 자리를 비켜 달라는 신호를 보낸다.

이블린   괜찮아요, 칸.

이블린의 입장. 몸을 돌려 기티스를 향한다: 좀 더 자신감이 생긴다. '이제 난 혼자
가 아니야.'

이블린   잘 지냈어요? 전화했었어요.

[실내. 거실—위와 같음]
기티스는 몸을 돌려 거실 안으로 들어온다.

기티스의 입장: '저 여자는 너무 아름다워. 아예 쳐다보지 말자. 계속 세게 나가야
돼. 마음의 준비를 하고. 저 여자가 거짓말에 거짓말을 보탤 테니까.'

기티스   그랬어요?

이블린은 기티스를 따라 들어오면서 그의 표정을 살핀다.

이블린의 입장: '눈을 마주치려고 하질 않네. 뭔가 마음에 걸리는 게 있는 모양인
데⋯⋯. 피곤해 보이기도 하고⋯⋯.'

이블린   좀 잤어요?

기티스   그럼요.

이블린의 입장: '⋯⋯밥도 못 먹었나 봐. 불쌍한 사람.'

이블린   점심 식사 했어요? 칸이 뭘 해 드릴 수도 있는데.

기티스의 입장: '점심은 무슨 얼어 죽을 점심이야? 지금 해치우자.'

기티스   여자애는 어디 있죠?

다시 이블린의 입장으로 돌아와 보면 기대했던 것과 전혀 다른 반응으로 인해 그녀의 간극은 충격적으로 넓어진다.
'왜 이런 걸 물을까? 무슨 문제가 생겼나? 침착해야 돼. 계속 아무것도 모르는 척해야 돼.'

이블린   위층에요. 왜요?

기티스의 입장: '정말 아무것도 모르는 척하는군. 저 상냥한 목소리로 '왜요?'라고? 흥분하지 말자.'

기티스   그 애를 직접 봤으면 해서요.

이블린의 입장: '저 사람이 캐서린을 왜 보려는 거지? 안 돼. 지금은 만나게 해 주면 안 돼. 거짓말을 하자. 만나려는 이유부터 알아내야 돼.'

이블린   …… 지금 목욕하고 있어요. 그런데 왜요?

기티스의 입장: 그녀의 거짓말에 구역질이 날 지경이다. '사기칠 엄두도 못 내게 해 줘야 돼.'

기티스는 방 안을 두리번거리다가 반쯤 싸 놓은 가방을 발견한다.

'도망갈 준비를 하고 있군. 제때 잘 왔군. 계속 정신을 바짝 차리고 있어야 돼. 또 거짓말을 할 테니까.'

기티스 어디 가나 보죠?

이블린의 입장: '미리 얘기했어야 하는 건데……. 하지만 시간이 있었어야지. 이제 더 이상 숨길 수 없어. 사실대로 얘기하자. 이해해 줄 거야.'

이블린 예. 다섯 시 반 기차를 타야 해요.

기티스의 입장. 자그마한 간극이 생긴다: '또 새로운 사실이군. 이번엔 정말인 것 같긴 하지만 상관없어. 이 기회에 아예 더 이상 거짓말을 못하게 못을 박아야 해. 내가 지금 심각하다는 걸 보여 줘야 돼. 전화가 어디 있지? 저기 있군.'

기티스는 수화기를 집어 든다.

이블린의 입장: 당황, 그리고 숨막힐 듯한 두려움. '누구한테 전화하는 거지?'

이블린 제이크……?

'정말 다이얼을 돌리네. 제발, 안 돼…….'
기티스의 입장. 귀에 수화기를 갖다 대면서: '빌어먹을, 빨리 받아.' 경찰서 교환원이 전화를 받는다.

기티스 J. J. 기티스요. 에스코바 형사 부탁합니다.

이블린의 입장: '경찰!' 갑자기 흥분되면서 어찌할 바 모르는 상태가 된다. '아니지, 아니지, 침착해야 돼. 침착해야 돼. 아마 홀리스에 대한 얘기일 거야. 하지만 더 이상 시간을 지체할 수 없는데. 지금 떠나야 해.'

이블린 왜 그러죠? 무슨 일이 있어요? 우리 다섯 시 반 기차 타야 된다는 얘기…….

기티스의 입장: '정말 지긋지긋하군! 아예 여기서 쐐기를 박자.'

기티스   기차는 못 탈 거요. *(수화기에 대고)* 루, 캐니언 드라이브 1972번지로 오게⋯⋯. 응, 가능한 한 빨리.

이블린의 입장: 화가 나기 시작한다. '저 바보⋯⋯.' 그러나 한 줄기 희망이 있다. '하지만 경찰을 불러서 날 도와주려는 건지도 몰라.'

이블린   전화는 왜 했어요?

기티스의 입장: 음흉한 만족감. '그래도 버텨 보겠다는 건가. 어림도 없는 소리. 기분 좋군. 제대로 돼 가고 있어.'

기티스   *(탁자 위에 모자를 던져서 올려놓으며)* 잘하는 형법 전문 변호사 아는 사람 혹시 있소?

이블린의 입장. 벌어지기만 하는 간극을 메워 보려고 애쓴다: '변호사? 도대체 무슨 소리를 하는 거야?' 무언가 끔찍한 일이 벌어질 거라는 두려움에 떤다.

이블린   아뇨.

기티스의 입장: '저 여자 좀 봐. 아주 멀쩡하군. 끝까지 아무것도 모르는 척할 모양이야.'

기티스   *(은제 담뱃갑을 꺼내며)* 걱정 마시오. 내가 두어 명 소개해 줄 테니. 비싸긴 하지만 당신한테야 문제가 안 되겠지.

기티스는 자리에 앉으면서 차분하게 주머니에서 라이터를 꺼내 담배에 불을 붙인다.

이블린의 입장: '세상에, 지금 날 협박하는 거잖아. 나하고 잠자리도 같이했던 사람이. 저 거들먹거리는 꼴 좀 봐. 도대체 지가 뭔 줄 아는 거야?' 있는 대로 화가 난다. '당황하지 말자. 이 상황을 잘 넘겨야 돼. 뭔가 분명한 이유가 있으니까 저러겠지.'

이블린   도대체 왜 그러는지 얘기 좀 해 주시겠어요?

기티스의 입장: '열 받지? 당연하지. 자, 이걸 보여 주마.'

기티스는 라이터를 주머니에 집어넣고 나서 그와 한 동작으로 손수건에 싼 물건 하나를 꺼낸다. 기티스는 그 물건을 탁자 위에 올려놓고는 손수건의 네 구석을 조심스럽게 펴 보인다. 그 안에 안경이 들어 있다.

기티스   당신 집 뒤뜰 연못에서 찾아낸 거요. 당신 남편 거 맞죠? 아닌가요?

이블린의 입장: 벌어진 간극은 닫힐 줄을 모른다. 현기증. 도대체 영문을 알 수가 없다. 두려움이 목까지 차오른다. '안경이라고? 홀리스의 연못에서? 도대체 무슨 소리를 하려는 거야?'

이블린   잘 모르겠어요. 글쎄, 그럴 수도 있죠.

기티스의 입장: '드디어 틈을 보이는군. 지금 잡아야 돼. 자백을 받자.'

기티스   *(벌떡 일어나며)* 맞아요. 당신 남편 거요. 그리고 바로 그 연못에서 당신 남편이 빠져 죽은 거요.

이블린의 입장: 경악. 말을 잃는다. '집에서라고!'

이블린   뭐라고요!

기티스의 입장: 분노. '이제 실토하게 해 주마. 지금 당장!'

기티스　시간 낭비하지 맙시다. 당신 남편이 사망할 당시에 폐에 소금물이 들어 있었다는 점은 검시관 보고서에도 나와 있소. 자, 이제 내가 알고 싶은 건 그 사건이 어떻게, 왜 일어났는가 하는 거요. 에스코바 형사가 오기 전에 말이오. 난 내 자격증을 잃어버리고 싶은 생각이 전혀 없거든.

이블린의 입장: 분노로 일그러지고 비웃음을 띤 기티스의 얼굴이 내 얼굴 앞으로 다가온다. 혼란, 그리고 온몸이 얼어붙는 공포. 단지 쓰러지지 않기 위해서만도 엄청난 노력을 해야 한다.

이블린　도대체 무슨 얘긴지 모르겠어요. 세상에 이런 기막힌, 말도 안 되는 일이······.

기티스　닥쳐요!

기티스의 입장: 자제력을 잃고 험악하게 그녀를 잡고 흔든다. 너무 꽉 붙잡는 바람에 그녀의 몸이 움츠러든다. 그러나 충격과 공포에 사로잡힌 그녀의 눈을 바라보는 순간 어쩔 수 없이 연민의 감정이 솟아오른다. 간극이 벌어진다. 그녀를 측은해하는 마음과 그녀를 향한 분노가 몸속에서 충돌한다. 잡았던 팔을 놓는다. '아파 보이잖아. 살살해. 이 여자가 냉정한 살인마여서 그런 것도 아니고 사실 누구한테나 있을 수 있는 일이잖아. 이 여자한테도 기회를 줘야지. 천천히, 천천히 하나하나 이야기할 수 있게 말이야. 하지만 반드시 사실을 밝혀내야 돼!'

기티스　좀 수월하게 만들어 주죠. 당신은 질투심 때문에 화가 나 있었고 그래서 싸웠고, 그러다가 남편이 넘어졌고 머리를 부딪친 거죠······. 사고가 난 거예요. 하지만 여자애가 그걸 다 목격했어요. 그래서 여자애의 입을 막아야 했는데, 당신한테 그 여자애를 어떻게 할 만한 배짱이 있는 건 아녜요. 하지만 걔 입을 막을 만한 돈은 있죠. 사실이죠?

이블린의 입장: 아주 끔찍한 의미가 개입함으로 인해 계속해서 벌어지고만 있던 간극이 사라지게 된다. '세상에, 내가 한 짓이라고 생각하고 있는 거야!'

이블린 아녜요!

기티스의 입장. 이블린의 확신에 찬 대답을 듣고 있다: '좋아, 이제야 사실대로 말하는 것 같군.' 냉정을 되찾는다. '가만있자, 그런데 그러면 얘기가 대체 어떻게 되어가는 거야?'

기티스 그 여자애는 누구죠? 동생이라는 소리는 하지도 말고요. 동생이 없다는 건 이미 알고 있으니까.

이블린의 입장: 가장 심한 충격이 그녀를 두 입장으로 갈라놓는다. '그 애가 누군지 알려 달라니……. 어떻게 해야 하나…….' 오랫동안 비밀을 간직해 오느라 이미 마음은 허약해져 있다. 다시 피할 수 없는 벽에 부딪친다. '만약 진실을 밝히지 않으면 경찰을 부르겠지. 그러나 만약에 내가…….' 달리 도망갈 곳이 없다. 지금은 기티스만이 희망이다.

이블린 말할게요……, 사실대로 말씀드릴게요.

기티스의 입장: 자신감을 가지고 이블린에게 집중하고 있다. '드디어.'

기티스 좋아요. 그 애 이름이 뭐죠?

이블린의 입장: '그 애의 이름……. 오, 하나님, 그 애의 이름이라니…….'

이블린 캐서린.

기티스 성은?

이블린의 입장: 최악의 경우를 대비해 정신을 집중한다. '다 말해 버리자. 어디, 당신이 이 이야기를 감당할 수 있을까……? 나는 할 수 있을까……?'

이블린 그 애는 내 딸이에요.

기티스의 입장. 간신히 그녀의 입을 열게 해서 얻은 대답이 자신의 기대와 다르자 폭발하고 만다: '또 거짓말!'

기티스는 이블린의 양쪽 뺨을 후려친다.

이블린의 입장: 상처를 지지는 듯한 고통. 또한 무감각. 평생 동안 죄를 짊어지고 살아온 데에서 비롯된 마비 증세.

기티스 사실대로 말하라고 했어.

이블린은 무방비 상태로 서 있다. 얼마든지 맞아 주겠다는 태도.

이블린 그 애는 내 동생이에요.

기티스의 입장: 또다시 따귀를 때린다.

이블린 그 애는 내 딸이에요.

이블린의 입장: 입에서 나오는 대로 말하겠다는 것 외에는 아무런 느낌도 없다.

기티스의 입장: ……그녀를 또 때린다. 그러면서 그녀의 눈물을 본다…….

이블린 ─내 동생?

……더 세게 때린다……

이블린 ─내 딸, 내 동생?

……손등으로 손바닥으로 때리고 잡고 흔들고 소파에 집어 던진다.

기티스 사실대로 말하라고 했어.

이블린의 입장: 처음에는 매를 맞으면서도 남의 일 같았지만 소파에 내던져지는 순간 갑자기 현실감을 회복한다. 그러고는 처음으로 그동안 누구에게도 말하지 않았던 비밀을 외친다.

이블린 그 애는 내 동생이고 내 딸이에요.

기티스의 입장: 눈앞이 캄캄해지는 듯한 간극! 모든 생각이 씻겨 나간 듯한 백지 상태. 그녀가 내뱉은 말에 들어 있는 끔찍한 뜻이 차츰 선명해지면서 간극이 사라지기 시작하고 분노 또한 서서히 잦아든다.

갑자기 칸이 계단을 쿵쾅거리며 내려온다.

칸의 입장: 이블린을 보호하기 위해 싸울 준비가 되어 있다.
이블린의 입장. 갑자기 어떤 생각이 떠오른다: '캐서린! 하느님 맙소사, 그 애가 내 말을 들었을까?'

이블린 *(재빨리 칸에게)* 칸, 제발, 올라가요. 가서 그 애가 못 내려오게 해 줘요. 어서 가요.

칸은 험악한 눈초리로 기티스를 노려보고 난 후 이층으로 다시 올라간다.

이블린의 입장. 얼어붙어 있는 기티스의 얼굴을 돌아본다: 그를 향한 이상한 동정심 같은 것이 생긴다. '불쌍한 사람······, 아직도 무슨 말인지 모르는구나.'

이블린 ······아버지하고 나하고······, 알겠어요? 감당하기 어려운 이야기인가요?

이블린은 무릎에 고개를 묻고 훌쩍인다.

기티스의 입장: 걷잡을 수 없는 연민. '크로스······, 이 짐승 같은 놈······.'

기티스 *(조용히)* 그자에게 강간당한 건가요?

이블린의 입장: 아버지와 함께 지내던 모습을 생각해 본다. 오래전의 일들. 용서받지 못할 죄. 그러나 더 이상 거짓말을 해서는 안 된다.

이블린은 머리를 젓는다. "아니에요."

이 부분에 매우 중요한 수정 작업이 있었다. 제3고에 보면 이블린은 자신이 열다섯 살 때 어머니가 돌아가셨고, 그 충격으로 인해 아버지가 '어린 소년'의 상태로 퇴행했다는 것, 혼자서는 먹지도 입지도 못하는 상태가 되어 자신이 돌봐 주는 과정에서 근친상간이 이루어졌고, 자신이 한 짓을 감당하지 못한 아버지는 차라리 그녀로부터 등을 돌리고 말았다는 데에 이르기까지 길게 설명하고 있다. 이 설명으로 인해 이 장면의 흐름이 늦어지는 데다가 그보다 더 중요한 문제는, 이 이야기의 악역인 크로스 역시 약한 구석이 있는 불쌍한 인간이라는 공감대가 만들어지면서 그가 가진 극적인 힘이 약화되는 결과가 빚어진다. 수정 작업에서는 이 설명 전체가 삭제되고 기티스의 "그자에게 강간당한 건가요?"라는 대사가 대신 삽입된다. 그리고 바로 이어지는 이에 대한 이블린의 부정은 크로스의 잔인한 속성의 핵심적인 부분을 그대로 유지시키면서도 한편으로는 이블린에 대한 기티스의 애정을 심각하게 뒤흔들어 놓는 이중의 효과를 훌륭하게 거두는, 그야말로 명석한 한 방이다.

이 지점에서 왜 이블린이 자신은 강간을 당한 것이 아니라고 생각하는가에 대해 최소한 두 가지 설명이 가능해진다. 어린아이들은 자신의 부모를 보호하기 위해 자기 파괴적인 행위를 할 때가 자주 있다. 그 일이 강간이었을 가능성은 충분히 있지만 그녀는 아직까지도 감히 자기 아버지를 비난할 준비가 되어 있지 않은 것이다. 아니면 그녀가 공범이었을 수도 있다. 어머니의 죽음은 그녀를 '이 집의 여자'로 만든다. 이런 상황 속에서 아버지와 딸의 근친상간이 전혀 낯선 일만은 아니다. 그러나 그렇다고 해서 그것이 크로스를 용서해 줄 수 있는 구실이 되는 것은 아니다. 어떤 경우에도 책임을 져야 할 사람은 크로스지만 정작 죄의식으로 인해 스스로를 처벌한 사람은 이블린이다. 피강간 사실에 대한 그녀의 부인은 기티스로 하여금 자신의 성격을 새롭게 규정할 만한 선택을 하도록 요구한다. 이 여인을 계속해서 사랑할 것인가 말 것인가, 이 여인을 살인죄로 경찰에 넘길 것인가 말 것인가 하는 선택들이 바로 그것이다. 그녀의 부인은 그가 기대하던 반응과 대립하는 것이고 따라서 공백지대가 생겨난다.

기티스의 입장: '이 여자가 강간을 당한 게 아니라면……?' 혼란. '뭔가가 더 있겠군.'

기티스 그러고 나서 어떻게 됐죠?

이블린의 입장: 임신했다는 사실을 알게 되었을 때의 충격과 아버지의 모멸스러운 표정, 멕시코로 도망갔던 일, 출산의 고통, 낯선 외국의 병원, 외로움…… 등등의 기억들이 스쳐 지나간다.

이블린　도망쳤어요…….

기티스　……멕시코로.

이블린의 입장: 멕시코로 홀리스가 찾아왔던 일, 그에게 자랑스럽게 캐서린을 보여 주던 일, 애를 떼어 놓던 때의 슬픔, 아이를 받아 들던 수녀의 표정, 그리고 캐서린의 울음소리……, 이런 기억들.

이블린　*('그래요.' 하고 고개를 끄덕이며)* 홀리스가 찾아와서 날 돌봐 줬어요. 그 애를 키울 수가 없었어요……. 겨우 열다섯이었는걸요. 그러고 싶었지만 할 수가 없었어요. 그러고는…….

캐서린이 로스앤젤레스로 찾아왔을 때 느꼈던 기쁨. 아버지로부터 무사히 그 애를 지켜 냈다는. 그러나 갑작스런 두려움. '그자가 이 애를 못 보게 해야 돼. 그자는 미치광이야. 난 그자가 어떤 짓을 할지 알아. 그자가 이 애를 찾아내기만 하면 이 애에게도 똑같은 짓을 할 거야.'

이블린　*(간절한 눈빛으로 기티스를 바라보며)* 그 애와 함께 살고 싶어요. 그 애를 돌봐 주고 싶어요.

기티스의 입장: '이제야 진실을 알게 되었군.' 간극이 사라지는 걸 느끼면서 그녀를 향한 사랑이 더 자라는 것을 느낀다. 그녀가 겪어야 했던 모든 고통들에 대한 동정심과 자신의 아이를 지켜 내려는 용기와 헌신에 대한 존경심이 동시에 일어난다. '이 여자가 떠나게 놔두자. 아냐, 그보다 이 도시를 벗어나도록 도와주자. 혼자 힘으로는 어려울 거야. 인간아, 너한테도 그 정도 책임은 있어.'

기티스　그 애를 이제 어디로 데리고 갈 생각이오?

이블린의 입장: 희망이 생긴다. '무슨 뜻일까? 도와주겠다는 얘기인가?'

이블린 멕시코로 다시 갈 거예요.

기티스의 입장: 머릿속이 복잡해지기 시작한다. '어떻게 해야 에스코바를 따돌릴 수 있을까?'

기티스 이제 기차는 안 돼요. 에스코바가 온통 뒤지고 다닐 거요.

이블린의 입장: 믿을 수 없는 기쁨. '이 사람이 날 도와주려나 봐!'

이블린 그러면……, 그러면 비행기는 어떨까요?

기티스 아니, 그건 더 안 좋아요. 그냥 몸만 떠나요. 짐은 다 놔두고. *(사이)* 칸이 사는 데가 어디죠? 정확한 주소를 받아 와요.

이블린 알았어요…….

탁자 위에서 무엇인가 빛을 받아 반짝이는 것이 이블린의 시선을 끈다.

이블린의 입장: '저 안경……' 홀리스가 책을 읽는 모습을 떠올린다. 안경을 쓰지 않은 채.

이블린 저 안경……, 홀리스 게 아녜요.

기티스 어떻게 알죠?

이블린 그 사람은 이중 초점 안경을 쓰지 않았어요.

기티스가 안경을 내려다보고 있는 동안 그녀는 이층으로 올라간다.

기티스의 입장: '이게 홀리스 멀레이의 안경이 아니라면 뭐지……?' 간극이 생긴다. 풀어야 할 마지막 한 조각의 퍼즐이 남아 있다. 노아 크로스와 점심을 먹던 기억으로 되돌아간다. 이중 초점 렌즈 너머로 구운 생선 대가리를 바라보던 크로스의 모습……, 갑작스레 간극이 사라진다. '멀레이를 죽인 건 크로스야. 사위인 멀레이에게 자기 딸이 또 다른 딸을 숨겨 놓은 곳을 물어도 가르쳐 주지 않으니까 죽여 버린 거지. 크로스는 그 아이마저 차지하려고 하고 있어. 하지만 그렇게는 안 될걸. 그자를 꼼짝 못 하게 할 증거가 나한테 있으니까……. 내 주머니 안에 말야.'

기티스는 이중 초점 안경을 들어서 조심스럽게 조끼 주머니에 집어넣고는 고개를 들어 수줍음을 많이 타는 십 대 소녀의 어깨에 팔을 두른 채 계단에 서 있는 이블린을 올려다본다.

'예쁘군. 제 엄마를 닮았어. 겁을 먹은 것 같군. 우리 얘기를 들은 모양이야.'

이블린 캐서린, 인사드려. 기티스 씨야.

캐서린의 관점에서 보자: 내가 이 순간 캐서린이라면 어떤 느낌을 받고 있을까? 캐서린의 입장: 불안. 혼란. '엄마가 울고 있었는데, 이 사람이 엄마를 울린 걸까? 지금 이 사람을 보면서 웃고 있는 걸 보면 괜찮은 것 같기도 하고.'

캐서린 안녕하세요.

기티스 안녕.

이블린은 안심시키려는 표정으로 딸을 쳐다보고는 다시 이층으로 올려 보낸다.

이블린 *(기티스에게)* 알라메다가 1712번지예요. 어딘지 알아요?

기티스 그럼요······.

기티스의 입장: 마지막 간극이 생긴다. 차이나타운의 알라메다가에서 끔찍하게 죽어 간, 한때 자신이 사랑하던 여인의 모습이 떠오른다. 삶이 다시 한번 되풀이되고 있는 건지도 모른다는 두려움. '이번에는 실수 없이 잘해 낼 거야.'라는 생각과 더불어 이 간극은 서서히 사라진다.

간극 안에서의 작업

배우들이 '내적 독백'이라고 부르는 방법을 사용해서 이 잘 짜여진 장면을 슬로모션으로 풀어내 보았다. 또한 등장인물들 내부에서 일어나는 감정과 그들이 상상 속에서 바라보는 모습들을 모두 언어로 옮겨 보았다. 이 모든 작업들은 책상머리에서 이루어질 수 있는 것들이다. 화면으로 옮겼을 때에는 몇 분, 심지어는 몇 초에 불과할지 모르는 장면을 쓰는 데에도 며칠, 심지어 몇 주가 걸릴 수도 있다. 작가는 대본상의 매 순간을 생각의 현미경 밑에 내려놓고 몇 번이고 생각과 고쳐 쓰기를 거듭하면서, 자신이 만들어 낸 등장인물들이 맞이하는 매 순간들 속에서 대사화되지 않은 생각들, 그들의 머리에 떠오르는 이미지들, 그들이 느끼고 있는 감각과 감정들을 직조해 내야 하는 것이다.

인물의 내면으로부터 작품을 써 나간다는 것이 한 장면의 처음부터 끝까지 한 인물의 관점에서만 보아 나간다는 뜻은 아니다. 그보다는 앞서의 연습에서도 보이는 것처럼 여러 인물의 관점들로 계속 옮겨 다녀야 한다.

작가는 그 자리에 등장하는 인물 하나하나의 중심에 자신을 이입시킨 후 다음의 질문을 던져야 한다. '내가 지금 이 상황에 처한 이 인물이라면 어떤 행동을 할 것인가?' 작가는 자기 자신의 감정을 도구로 하여 독특한 반응을 끌어내고 그 인물의 다음 행동을 상상하게 된다.

이제, 작가에게 닥친 문제는 이런 것이다. 장면을 어떤 식으로 발전시켜야 하나? 다음 비트를 구성하기 위해서, 작가는 인물의 주관적인 관점에서 빠져나와 자신이 방금 만들어 낸 행동을 객관적으로 검토해 봐야 한다. 이 행동은 그 인물의 세계 안에서 어떤 반응을 불러일으킨다. 이때 그 반응이 일반적으로 예측되는 것이어서는 절대 안 된다. 대신에 작가는 예상과 반응 사이의 간극을 벌려 놓아야 한다. 그렇게 함으로써 이 작가는 모든 작가들이 유사 이래 계속해서 끊임없이 스스로에게 되물어 온 질문에 도달하게 된다. '이것의 대립물(Opposite)은 뭐지?'

작가들이란 본능적으로 변증법적인 사고 구조를 갖춘 존재들이다. 언젠가 장 콕토가 말했듯이 "창조의 정신이란 보이는 것을 뚫고 들어가 감춰져 있는 현실성을 드러내는 대결의 정신이다." 작가는 반드시 표면에 드러나 있는 것을 의심하고 명백해 보이는 것의 대립물을 탐색해야 한다. 표면에 드러나 있는 가치들로 대상을 평가하지 말아야 한다. 그보다는 삶을 구성하는 것들의 표면을 벗겨 내고 그 안에 감춰져 있는, 미처 예상하지 못했던 부적절해 보이는 어떤 것, 다시 말해 '진실'을 찾아내야 한다. 그리고 이 진실은 바로 간극 안에 들어 있다.

작가는 작가가 만들어 내는 우주의 신이라는 점을 기억해야 한다. 작가는 그가 만들어 낸 등장인물들의 마음과 몸, 감정, 관계, 그들이 살고 있는 세계에 대해 잘 알고 있다. 일단 어떤 하나의 관점에 근거해서 거짓 없는 순간을 만들어 내고 나면 작가는 자신의 우주 안을 두루 돌아다닐 필요가 있다. 심지어는 생명이 없는 것들 안으로 들어가 보기도 하면서 또 다른 관점을 발견하여 기대하지 않았던 반응을 만들어 내고, 그리하여 기대와 결과 사이의 간극을 크게 벌려 놓을 계기를 찾는 것이다.

이 작업을 마치고 나면 작가는 다시 처음의 인물에게로 돌아가서 새로운 감정적 진실을 발견해 내기 위해 이런 질문을 던져야 한다. '만약 내가 이 인물이고 이런 새로운 조건에 처하면 어떻게 행동할까?' 새로운 조건에 대한 반응으로서의 행동을 만들어 내고 나면 곧장 그 인물 밖으로 빠져나와 새로운 질문을 다시 던져야 한다. '이 행동의 대립물은 뭐지?'

> 훌륭한 작품에서는 **반응(REACTIONS)**이 강조된다.

어떤 이야기에서든 대부분의 행동은 대략 예측한 대로다. 장르가 정하는 규칙에 따라서 러브 스토리에서는 연인들이 만나고 스릴러에서는 형사들이 범죄를 밝혀내고 교육적인 플롯에서는 주인공의 인생이 한 번쯤 뒤집어지게 된다. 이런 종류의 사건이나 행동은 이미 잘 알려져 있는 것들이고 관객들이 충분히 예상하는 것들이다. 그 결과, 훌륭한 작가들은 어떤 일이 일어나는가 하는 것보다는 그 일이 누구에게 왜, 어떤 방식으로 일어나는가를 만들어 내는 데에 더 심혈을 기울인다. 실제로 가장 풍부하고 만족스러운 영화적 경험은 사건에 대한 반응과 그를 통해 얻는 내적 통찰력에 초점을 맞추고 있는 작품에서 얻어진다.

「차이나타운」의 장면을 다시 한번 생각해 보자. 기티스는 어서 들어오라는 인사를 예상하면서 문을 두들긴다. 그러나 정작 그에게 전달되는 반응은 어떤가? 칸은 기티스가 기다려 줄 것을 예상하면서 그의 앞을 막아선다. 그에 대한 기티스의 반응은? 그는 광둥어로 욕을 퍼부어 칸을 놀라게 하고는 그대로 안으로 밀고 들어간다. 이블린은 기티스가 도와줄 것을 예상하면서 계단을 내려온다. 그에 대한 반응은? 기티스는 그녀가 자신이 저지른 범죄를 자백할 것을 예상하면서 경찰을 부르고 '다른 여자'에 대한 사실을 말한다. 그에 대한 반응은? 이블린은 그 '다른 여자'가 근친상간에 의해 생긴 자신의 딸임을 밝히면서 살인범은 자신이 아니라 자신의 아버지임을 드러낸다. 한 비트씩 전개되어 나가는 동안 가장 조용하고 내면화되어 있는 장면에서조차 행동/반응/간극으로 이루어지는 역동적인 관계들은 새로운 행동/더 놀라운 반응/간극으로 발전해 나가면서 전환점을 향해 다가가고 이 과정에서 반응이 활용되는 방식은 놀라울 정도로 매력적이다.

어떤 인물이 문을 두들기고 기다리는데 누군가가 문을 열고 나와 상냥하게 그를 맞아들이는 것이 그에 대한 반응이라면, 그리고 감독이 이 장면을 그대로 촬영할 정도로 멍청이라면, 관객들이 이 장면을 극장에서 보게 될 가능성은 거의 없다. 편집에 대한 최소한의 감각이라도 있는 편집자라면 이 장면부터 제일 먼저 들어내고 감독에게 이렇게 말할 것이다. "감독님, 이 8초는 완전히 죽은 시간인데요. 문을 두들겼더니 누가 나와서 문을 열어 준다? 이거 자르고 바로 소파 장면으로 넘어가죠. 사실은 이게 첫 비트예요. 공연히 돈만 많이 들고 괜히 호흡만 늘어지고 아무 의미가 없는 장면이에요." 이런 '아무 의미 없이 흐름만 끊는' 장면이란 곧 통찰력과 상상력을 결여한 채 기대와 결과가 일치하는 장면을 말한다.

작가는 일단 한 장면을 구상하고 나면 한 비트씩, 한 간극씩 써 내려가야 한다. 어떤 일이 일어났고 그에 대한 반응으로 누가 무엇을 보았고 어떻게 말했고 어떤 행동을 했는지 아주 선명하게 묘사해야 한다는 것이다. 그래야만 그 글을 읽는 사람이 매 비트, 매 간극 들을 통해 작가가 책상머리에 앉아 경험한 인생의 우여곡절을 다시 경험할 수 있다. 그리고 묘사가 선명해야만 독자는 작가가 마련해 놓은 모든 간극에 빠져들어 가고, 그가 꿈꾼 것들을 같이 꿈꾸며, 그가 느꼈던 것들을 함께 느끼고, 그가 이해하게 된 것들을 함께 이해하게 되어, 마침내 작가 자신이 그랬듯이 독자의 맥박 또한 고동치기 시작하고 감정이 넘쳐나고, 마침내 그로 인해 그 언어들이 의미를 가지게 된다.

이야기의 실체와 동력

이제 이 장을 시작하면서 던진 질문에 대한 대답이 분명해진다. 이야기를 구성하는 실체는 언어가 아니다. 작가 자신의 상상력과 감정을 표현해 내기 위해서는 우선 문장이 깔끔하고 분명해야 한다. 그러나 언어는 종착점이 아니라 그에 도달하려는 수단이자 매개일 뿐이다. 자신의 행동이 야기할 반응에 대한 기대와 실제로 돌아오는 반응이 다를 때 인간의 내부에서 벌어지기 시작하는 간극, 즉 기대와 결과, 개연성과 필연성 사이의 단절로 인해 형성되는 공백 그 자체가 바로 이야기의 실체다. 장면을 구축해 나가기 위해서 작가는 끊임없이 이 틈을 만들고 벌려야만 한다.

이야기를 끌고 나가는 동력이 어디에 있는가에 대해서도 대답은 같다. 간극이 곧 동력이다. 관객은 등장인물과 자신을 동일시하면서 그 인물이 가진 욕망을 대신 추구한다. 따라서 관객은 등장인물이 주변 세계에 대해 가지고 있는 기대와 같은 기대를 가지게 되고, 등장인물에게 간극이 생길 때 관객 또한 같은 것을 경험한다. 이때가 바로 관객이 당황과 경탄의 감탄사들을 내지르게 되는 순간이며 잘 만들어진 이야기일수록 이런 경험의 순간들은 수시로 반복된다.

다음에 극장에 가면 벽 쪽의 자리부터 앉아서 관객들의 반응을 주의 깊게 살펴보길 바란다. 매우 교육적인 경험이 될 것이다. 눈썹을 찡그리는가 하면 입을 딱 벌리고 있기도 하고 몸을 움츠리고 떨기도 하고, 그런가 하면 웃음을 터뜨리기도 하고 눈물이 뺨을 타고 흘러내리기도 한다. 등장인물에게 간극이 벌어지는 순간마다 같은 일이 관객들에게도 일어난다. 매번 사건과 상황이 전환될 때마다 등장인물은 더 많은 정력과 노력을 다음 행동에 쏟아 넣어야 한다. 등장인물과 자기를 동일시하기 시작한 관객은 한 비트씩 한 비트씩 영화가 나아가는 동안 배우가 쏟아 넣는 정력의 변화를 함께 느끼게 된다.

자석의 극과 극을 오가면서 전기가 활동성을 얻는 것처럼 인생 또한 자아와 외부 현실 사이의 간극을 넘나드는 과정을 통해 활력을 얻게 된다. 순간순간 발생하는 이 에너지가 바로 작가가 이야기를 추진해 나가고 그 결과 관객을 감동시키는 동력인 것이다.

8장

도발적인 사건

이야기는 다섯 부분으로 설계되어 있다. 도발적인 사건(Inciting Incident)은 이야기를 이끌어 나가는 첫 번째 주요 사건으로 그 뒤에 이어지는 네 가지 다른 요소들, 즉 발전적 갈등, 위기, 절정, 결말을 가동시키는 주요 원인이 된다. 한 작품에서 도발적인 사건이 어떻게 기능하는가를 이해하기 위해서 이야기가 벌어지는 물질적·사회적 배경으로서의 설정을 좀 더 자세히 들여다보기로 하자.

이야기의 세계

이 책의 앞부분에서 시대, 기간, 위치, 갈등의 수준이라는 면에서 설정을 정의한 바 있다. 이야기의 세계는 이러한 네 가지 차원을 골격으로 삼지만, 다양한 창조적인 선택이 가능하려면 일체의 상투성이 배제된 독창성 있는 이야기가 있어야 하고, 또한 그 비어 있는 골격 내부를 채울 깊이 있고 많은 영역을 포괄하는 세부 사항들이 마련되어야 한다. 아래에 열거하는 질문들은 어떤 종류의 이야기에나 모두 해당되는 것들이다. 이것들 외에도 각각의 작품들에는 그 작품에만 필요한, 작가의 절실한 필요를 반영하는 질문들이 있어야 한다.

등장인물들의 생계 수단은 무엇인가? 보통 사람들은 시간의 3분의 1 정도를 노동에 할애하지만 영화에서 그런 모습을 보는 경우는 별로 없다. 그 이유는 간단하다. 대부분의 직업이 지겨운 일들이기 때문이다. 일을 하고 있는 사람에게는 그렇지 않을 수도 있겠지만 구경꾼의 입장에서는 지겨운 노릇이다. 변호사, 형사, 의사들이 다 하는 얘기지만 그들은 대부분의 시간을 기본적인 업무들에 소모한다. 보고서 작성이라든가 아무런 변화도 일으키지 않는 회의들, 회의 결과 요약 같은 것들 말이다. 바로 이것이 법정, 범죄, 의료극 같은 장르들에서, 그들이 사건을 해결할 때보다 그들이 하는 일이 문제를 일으키는 순간에 관객들의 관심이 집중되는 원인이다. 그럼에도 등장인물의 내부로 들어가기 위해서는 그들이 보내는 하루 24시간의 모든 측면에 질문을 던져야 한다. 일만이 아니라 여가 시간은 어떻게 보내는지, 종교 생활은 어떤지, 애정 생활은 어떤지에 대해서까지 말이다.

이 세계의 정치는 어떤가? 꼭 우익과 좌익, 공화당과 민주당 식의 구분일 필요는 없고, 정치라는 말의 본래 의미, 즉 권력 관계를 살펴보는 것이 필요하다. 정치란 어느 사회에나 있는 권력 관계에 대해 우리가 붙여 준 이름일 뿐이다. 사람들이 무언가를 위해 모이는 곳에는 언제나 불균등한 권력 관계가 발생한다. 회사, 병원, 종교, 정부 기관 등 어디에서나 최상부에 있는 자는 가장 큰 권력을 가지고 있고, 맨 밑바닥에 있는 사람은 아주 약간 또는 아예 없으며, 그 중간 지대에 속하는 이들은 적당한 수준의 권력을 가지고 있다. 한 직장인은 어떻게 해서 권력을 얻거나 잃게 되는가? 아무리 우리가 권력의 불평등 분배를 시정하려고 해 봐도, 모든 종류의 평등주의적인 이론들을 적용시켜 봐도, 인간 사회는 피라미드 형태의 권력 분배를 고집스럽게 지켜 나갈 것이다. 이를 한 단어로 줄인 것이 바로 '정치(Politics)'다.

가정사에 대한 글을 쓰더라도 정치에 관한 질문을 던져야 한다. 다른 사회 기구들과 마찬가지로 가정 역시 정치적인 조직이다. 그 집안은 평소에는 아버지가 권력을 쥐고 있다가 아버지가 외출하면 엄마에게, 엄마가 외출하면 가장 나이 많은 아이에게 그 권력이 넘어오는 가부장적 집안인가? 아니면 엄마에게 모든 권력이 집중되어 있는 모권주의적 가정인가? 그도 아니면 아이가 부모들을 마음대로 부리는 요즘 집안인가?

애정 관계 또한 정치적이다. 오래된 집시 속담에 이런 말이 있다. "먼저 고백하는 자가 진다." 어떤 사람이 먼저 "사랑해요."라고 고백하는 순간, 그 고백을 듣는 상대방은 회심의 미소를 짓게 된다. 사랑받는 사람은 자신이고, 따라서 앞으로의 관계에서 주도권을 쥐리라는 것을 알기 때문이다. 운 좋은 연인들이라면 은은한 촛불 아래 동시에 그 말을 할 것이며, 아주아주 운 좋은 연인들의 경우라면 말할 필요조차 없을 것이다. 그 전에 이미 행동으로 옮겨질 것이기 때문에.

이 세계에는 어떤 의식(Ritual)이 있는가? 사람이 사는 곳치고 세계 구석구석마다 의식이 없는 곳이 없다. 필자가 써 놓은 책을 독자들이 읽는 것 또한 하나의 의식이다. 지금과 다른 시간, 공간 속에서는 이런 방식 대신에 나무 그늘에 앉아 있거나 함께 걷거나 했을 것이다. 소크라테스와 그의 제자들이 그랬던 것처럼 말이다. 우리는 사회적인 행사 말고도 아주 개인적인 생활의 영역에서도 매일매일 사소한 의식들을 만들어 낸다. 하다못해 화장실에서 쓰는 용품들조차 일정한 의식을 가지고 배열된다.

등장인물들의 식습관은 어떤가? 전 세계의 모든 민족이 서로 다른 식사 의식을 가지고 있다. 예를 들어 보자. 최근에 조사된 바로 미국인들은 전체 식사의 75퍼센트 정도를 식당에서 해결한다. 만약 어떤 등장인물들이 집에서 식사를 한다면, 그것은 이들이 정해진 시간에 정장을 하고 저녁 식사를 하는 구식 가정이어서인가, 아니면 냉장고에서 아무거나 꺼내 먹는 요즘 가정이어서인가.

이 세계에서는 어떤 가치들이 인정받고 있는가? 당신이 쓰고 있는 대본 속의 인물들은 어떤 것이 선이라고 생각하는가? 또 악은 어떤 것들인가? 이들에게 옳은 것은 어떤 것들이고 그른 것은 어떤 것들인가? 이 사회의 법은 어떤가? 선과 악, 옳고 그름, 합법과 불법 같은 사항들이 반드시 서로에게 영향을 미치는 것은 아니라는 점을 파악해야 한다. 등장인물들이 믿고 있는 것은 과연 그것을 위해 살 만한 가치가 있는 것들인가? 그걸 추구하는 게 바보 같은 짓은 아닌가? 그들이 목숨을 걸 만한 일에는 어떤 게 있을까?

이 글의 장르 또는 혼합 장르는 무엇인가? 그 안에는 어떤 규칙들이 들어 있는가? 설정과 마찬가지로 장르 역시 작가가 반드시 유지하면서 잘 활용해야 하는 창조적 한계를 작가에게 부과한다.

등장인물들의 개인사는 어떤가? 그들의 출생 이후 대본에 등장하는 순간에 이르기까지, 그들은 어떤 인생을 살아왔기에 현재의 모습이 되었는 가?

배경 이야기(Backstory)는 어떤 것인가? 배경 이야기는 자주 오해되어 온 용어다. 이 말은 등장인물의 개인사를 뜻하는 것이 아니다. 배경 이야기 는 등장인물에게 중요한 영향을 미친 일련의 과거 사건들로서, 작가가 앞 으로 이야기를 전개해 나가는 데 바탕이 되는 이야기를 가리키는 것이다. 배경 이야기를 어떻게 활용할 것인가에 대해서는 나중에 다시 이야기할 기회가 있겠지만, 우선 아무것도 없는 공백 지대에서 등장인물들을 끌어 내오는 것은 아니라는 점만 지적해 두기로 하자. 비유하자면, 작가는 개 인사를 갖춘 인물들을 묘목처럼 심어 놓은 후 사건들을 양분 삼아 성숙시 켜 가면서 두고두고 수확을 거둔다.

배역은 어떤 식으로 설정되어 있나? 한 작품 내의 어떤 요소가 아무런 이유 없이 그 자리에 배치되어 있는 경우란 없다. 아이디어가 불현듯 떠 오르는 경우들도 있지만, 작가는 그 아이디어를 의식적이고 창의적인 노 력을 통해 전체의 한 부분으로 배치한다. 갑자기 마음속에 떠오른 어떤 인물이 이야기 속에 은근슬쩍 끼어들어 와 어떤 역할을 맡도록 놔둘 수는 없는 법이다. 모든 역할은 목적을 가져야 하며 배역 설정의 첫 번째 원칙 은 분광식 배치다. 다양한 역할들 사이에서 서로 대조되거나 팽팽하게 대 립되는 태도들의 네트워크를 고안해 내야 한다는 것이다.

저녁 식사 자리를 예로 들어 보자. 배역 설정이 이상적으로 되어 있는 경우라면, 누가 포도주를 쏟는다든가 하는 사소한 일부터 누군가가 이혼 을 발표하는 경우 같은 큰일에 이르기까지 모든 사람이 아주 분명하게 서 로 다른 반응을 보인다. 모든 개인이 어떤 일에 대해서든 다른 접근 태도를 가지고 있기 때문에 단 두 사람도 같은 반응을 보이지 않는 것이다. 각 개인은 각자의 독특한 성격에 맞는 인생관을 가지고 있기 때문에 본질적으로 다른 반응을 보임으로써 다른 사람들과 대조를 이룬다.

한 사건에 대해서 두 인물이 같은 태도를 보인다면, 작가는 그 둘을 한 사람으로 합쳐 버리거나 둘 중 하나를 퇴장시켜야 한다. 등장인물들이 같은 반응을 보일 경우 그만큼 갈등을 만들어 낼 수 있는 기회가 줄어들기 때문이다. 작가의 작업 방향은 그와 정반대로 갈등을 만들어 낼 수 있는 기회를 극대화시켜야 한다.

이런 배역 설정을 한번 생각해 보자. 아버지, 엄마, 딸, 제프리라는 이름의 아들. 이 가족은 아이오와주에 살고 있다. 모두들 저녁 식사를 하러 모인 자리에서 제프리가 이런 얘기를 꺼낸다. "어머니, 아버지, 제가 아주 중요한 결심을 했어요. 내일 할리우드로 가서 영화 예술 감독 일에 도전해 보려고 해요. 비행기 표도 벌써 구했어요." 여기에 대해 세 사람 모두 "그거 참 좋은 생각이다, 그렇잖아요, 여보? 제프가 할리우드에 간대요." 하는 식의 반응을 보인다. 그리고 그들은 제프를 위해 우유 잔을 들어 건배한다.

컷 연결: 제프의 방. 다들 모여서 제프가 가방을 꾸리는 걸 도와주고 있다. 벽에 걸린 미술 학교 시절 제프의 사진을 보면서 제프의 재능을 칭찬하고 그가 성공할 것을 예견한다.

컷 연결: 공항. 가족들은 제프를 눈물로 배웅하면서 포옹을 나눈다. "일자리 찾는 대로 연락해."

이런 장면들 대신 다른 경우를 상상해 보자. 제프가 앉아서 자기의 결심을 식구들에게 알리자마자 제일 먼저 아버지가 식탁을 주먹으로 내려친다. "너 지금 무슨 정신 나간 소리야? 할리우드니, 예술 감독이니, 이게 도대체 무슨 소리야! 예술 감독이 뭐 하는 건진 모르겠지만……, 하여간 안 돼. 여기 대븐포트를 뜰 생각도 하지 마. 제프 너도 알다시피 평생 내가 날 위해서 뭘 한 적이 있니? 평생 동안 단 한 번도 없어. 뭐든지 다 널 위해서였지. 제프, 널 위해서 말야! 이제 아이오와 땅에서 배관 재료하면 당연히 이 아버지가 왕인데, 언젠가는 네가 이 중서부 지역을 다 잡고 배관 재료의 황제 소리 한번 들어 봐야 되지 않겠니? 더 이상 쓸데없는 소리 하지 마라. 이 얘긴 이걸로 끝이다."

컷 연결: 제프의 방. 제프가 잔뜩 부은 얼굴로 앉아 있는데 엄마가 몰래 들어온다. "아버지 말 듣지 마라, 애야. 할리우드로 가서 예술 감독 일을 해 보려무나. 그게 뭔진 모르겠다만 말이다. 그 일로 아카데미상도 탈 수 있니?" "예, 엄마." 제프가 대답한다. "그거 잘됐다! 할리우드에 가거든 열심히 일해서 그 트로피 하나 타오려무나. 저 고약한 늙은이 콧대를 확 꺾어 놓게. 제프 네가 못할 게 뭐 있니. 소질 있겠다, 너 소질 있는 거야 엄마가 잘 알지. 네 외가가 다 미술에 소질 있잖니. 엄마도 네 아버지만 만나지 않았으면 지금쯤 뭐라도 했을 건데, 결혼 이후 지금까지 여태 후회다. 제프야, 이 대븐포트에 주저앉지 마라. 얘, 대븐포트라는 이름이, 세상에, 원래 응접실 소파에서 따온 거랜다. 그러지 말고 어디 할리우드에 가서 이름을 한번 날려 봐. 그래야 이 엄마도 신이 나지."

컷 연결: 제프가 짐을 꾸리고 있는데 동생이 들어와서 보고 깜짝 놀란다. "제프! 뭐하는 거야? 짐 싸? 나만 놔두고? 나 혼자서 저 두 사람하고 같이 살라고? 엄마, 아빠를 알면서 이래? 오빠가 가고 나면 결국 나더러 배관 재료상에서 일하라고?" 동생은 제프가 꾸리고 있던 가방에서 물건

들을 마구 끄집어낸다. "예술가가 되고 싶으면 아무 데서나 될 수 있잖아. 해 지는 모습이야 어디나 다 똑같고, 풍경이 다 똑같은 풍경이지. 도대체 여기나 거기가 뭐가 달라? 오빠는 언젠가는 성공할 거야. 그건 내가 알아. 오빠가 그린 그림이랑 똑같은 것들 파는 거 봤단 말이야……, 가구점에 서. 가지 마, 오빠. 가면 나 죽어 버린다!"

제프가 할리우드로 가건 말건 이처럼 분극화된 배역들은 작가에게 그가 절실히 원하는 것을 선사해 준다. '장면' 말이다.

작가됨(AUTHORSHIP)

설정에 대한 연구 조사가 포화 지점에 이르면 기적적인 현상이 일어난 다. 그 작품만의 독특한 환경이 선택되면서 유사 이래 여태까지 만들어 진 수백만 편의 이야기 중 어느 것과도 닮지 않은 인물이 만들어지는 것 이다. 이는 참으로 놀라운 현상이다. 인간은 원시 시대에 동굴 안에서 모 닥불을 가운데 놓고 둘러앉아 있던 시대부터 이야기 예술을 즐겨 왔으며, 필요한 조건들을 모두 갖추고 풍성하게 전개된 이야기는 마치 대가가 그 린 초상화처럼 독창적인 힘을 갖는다.

작가들은 자기가 들려주고 싶어 하는 이야기와 다름없이 자기 자신 또 한 독창적인 특성을 갖춘 작가로서 인정과 존경을 받고 싶어 한다. 이를 추구하는 과정에서 '저자(Author)', '권위(Authority)', '신빙성(Authenticity)'의 세 단어에 대해 생각해 볼 필요가 있다.

먼저, '저자(Author)'라는 말은 소설가나 극작가에게는 쉽게 부여되지만 시나리오 작가에게는 좀처럼 붙여지지 않는 호칭이다. 그러나 그 단어의 원뜻인 '창조자(Originator)'라는 말을 엄격하게 적용해 본다면 설정과 인물, 이야기를 완전히 새로 만들어 내는 시나리오 작가야말로 당연히 저자라고 할 수 있다. 작가됨의 진정한 조건은 지식에 있다. 진정한 작가란 어떤 매체를 사용하건 자신이 다루는 주제에 대해서라면 신과 같은 지식을 갖추고 있어야 한다. 이때 한 작가의 작가됨을 증명해 주는 것은 그가 쓴 글에서 느껴지는 '권위(Authority)'다. 어떤 시나리오를 읽기 시작하자마자 곧 그 작품이 가지고 있는 권위에 굴복하면서 감정과 의식을 기꺼이 내맡기는 즐거움은 그리 흔히 맛볼 수 있는 게 아니다. 그 결과, 이처럼 권위를 갖춘 작품은 독자들이 그 작품에 대해 신빙성을 갖도록 만든다.

관객이 작품에 정서적으로 개입하기 위해서는 두 가지 원칙이 충족되어야 한다. 첫째, 자기 동일시다. 실제의 삶 속에서 우리가 가지는 욕망을 대신해서 추구해 가는 존재인 주인공과 자기 동일시가 이루어져야 한다. 둘째, '신빙성(Authenticity)'이다. 이 이야기를 믿어야만 한다는 것이다. 아니면 최소한 새뮤얼 테일러 콜리지가 말했듯이 우리의 불신을 기꺼이 중단시켜야만 한다. 관객이 한번 개입하기 시작하면 작가는 영화가 끝날 때까지 관객을 붙잡고 있어야 한다. 그렇게 하기 위해서는 이 이야기 속의 세계가 믿을 수 있는 세계라는 사실을 관객에게 납득시켜야 한다. 이야기란 삶에 관한 은유를 둘러싸고 벌어지는 의식이라는 점을 우리는 이미 알고 있다. 어둠 속에서 벌어지는 이 의식을 즐기기 위해 관객들은 그 이야기가 마치 실제의 일인 것처럼 반응한다. 관객들은 이야기의 신빙성이 깨어지지 않는 한, 무엇이든 비웃는 평소의 태도를 잠시 버린 채 그 이야기를 믿고 따라간다. 그리고 그 이야기의 신빙성이 옅어지기 시작하는 순간, 자기 동일시의 최면 역시 사라지고 관객들은 더 이상 아무것도 느낄 수 없게 된다.

그렇다고 해서 신빙성이 실제성을 의미하는 것은 아니다. 이야기에 당대적인 분위기를 덧입힌다고 해서 신빙성이 확보되는 것은 아니다. 신빙성은 이야기에 구현된 세계가 내적인 일관성을 가지고 있고 그 세계의 폭과 깊이, 그것을 채워 주는 세부 사항들이 서로에 대해서 진실일 때에 얻는 것이다. 아리스토텔레스가 말했듯이 "이야기의 목적을 성취하는 데에는 설득력 없는 가능성보다는 차라리 설득력 있는 불가능성이 더욱 쓸모 있다." 누구나 보고 나서 짜증만 났던 영화의 목록을 만들 수 있을 것이다. "말도 안 돼. 저런 사람들이 어디 있어. 앞뒤가 안 맞아. 저렇게 돌아가는 세상일이 어디 있어."

신빙성은 또한 이른바 '사실성'이라는 것과도 아무 관계가 없다. 전혀 불가능한 세계를 배경으로 하는 이야기도 철저한 신빙성을 확보할 수 있다. 이야기 예술은 사실성과 판타지, 꿈, 이상의 세계와 같은 다양한 비사실성의 세계를 구분하지 않는다. 이 다양한 모습의 세계들은 작가의 창조적인 지성 안에서 하나의 독특하면서도 설득력 있는 허구적 사실성의 세계로 합쳐진다.

「에이리언」을 보자. 이 영화의 도입부 시퀀스에서 항성간 수송선을 운행하는 승무원들이 침실에서 나와 식당에 모인다. 이들은 작업복을 입고 앉아서 커피를 마시고 담배를 피운다. 식탁에 놓인 유리 상자 안에서는 장난감 새가 까딱거리고 있다. 다른 곳에서는 자그마한 장난감 등의 수집품들이 이들의 생활 공간 이곳저곳을 차지하고 있다. 플라스틱으로 만든 벌레가 천장에 매달려 있고 침대머리에는 가족사진이나 잡지에서 오려 낸 사진들이 붙어 있다. 승무원들은 일이나 고향집이 아니라 돈에 대해 이야기를 나누고 있다. 운항 계획에 들어 있지도 않은 이번 착륙지에 대한 항목이 계약서에 들어 있던가? 이런 계약 외 노동에 대해서 회사가 보너스를 지불할까?

바퀴 열여섯 개짜리 초대형 트레일러의 좌석칸에 타 본 적이 있는가? 내부가 어떻게 장식되어 있던가? 계기판 위에는 플라스틱으로 만든 성인상이 올려져 있고 읍내 경연 대회에서 탄 푸른 리본, 가족사진, 잡지에서 오려낸 사진과 같은, 이런저런 자그마한 기념품이나 수집품들이 여기저기 부착되어 있다. 트레일러 운전사들은 집보다 트레일러에서 더 많은 시간을 보내기 때문에 집 안의 한 부분을 길로 옮겨 온 것이다. 그리고 그들이 휴식을 취할 때 가장 주된 이야기 주제가 무엇인지 아는가? 바로 돈이다. 주말 근무, 시간 외 근무, 이 일이 계약 내용에 들어 있는가 하는 이야기들. 시나리오 작가 댄 오배넌은 이런 심리를 잘 이해한 상태에서 자연스러운 세부 사항들을 채워 넣었고 따라서 장면이 펼쳐지자마자 관객들은 '끝내 준다! 무슨 이상한 우주인이 아니라 트럭 운전사들이네.' 하고 생각하면서 작가에게 투항하게 된다.

다음 시퀀스에서 케인(존 허트)이 성장하고 있는 외계인을 조사하고 있을 때 무엇인가가 뛰어올라 우주복에 붙은 헬멧 유리를 깨고 들어온다. 커다란 게처럼 생긴 그 생명체는 케인의 얼굴을 덮은 채 다리로 케인의 머리를 꽉 말아 쥔다. 더 끔찍한 것은 그 괴물이 케인의 목구멍을 통해 복부에까지 튜브를 밀어 넣어 그를 혼수상태에 빠뜨린 것이다. 과학자인 애시(이안 홈)는 케인의 얼굴을 망가뜨리지 않고는 그 괴물을 떼어 낼 수 없다는 것을 알고 다리 하나하나에 심한 고통을 줘서 스스로 다리를 풀게끔 하기로 한다.

그러나 애시가 괴물의 첫 번째 다리에 레이저 톱을 들이대는 순간, 괴물의 피부가 갈라지면서 끈적이는 물체가 분사된다. 이것은 '산혈(酸血)'로 쇠를 설탕처럼 녹이는 힘을 가지고 있기 때문에 바닥에 닿는 순간 수박만 한 구멍을 뚫어 버린다. 아래층으로 뛰어 내려간 승무원들은 그 산혈로 인해 천장이 녹고 다시 바닥에도 그만한 구멍이 뚫리는 것을 지켜본다. 한 층을 더 뛰어 내려가 보니 그곳도 마찬가지다. 결국 그 괴물의 산혈은 세 층의 바닥과 천장을 녹이고 나서야 사라진다. 이 지점에 이르러 한 가지 생각이 관객들의 머릿속을 지나간다. '쟤네들, 골치 아프게 됐구먼.'

이는 달리 표현하자면 오배넌이 자신이 만들어 낸 외계인에 대해 연구를 했다는 이야기다. 그가 스스로 묻는다. '이 괴물들의 생물학적 특징은 무엇인가? 어떻게 진화하는가? 먹는 건? 성장은? 번식은? 약점이 어디에 있나? 강점은 무엇인가?' '산혈'이라는 아이디어를 끄집어내게 될 때까지 오배넌이 궁리해 내었을 그 괴물의 각종 특성의 목록들을 한번 상상해 보라. 그가 얼마나 많은 자료를 들여다보았을까 한번 상상해 보라. 아마도 그는 땅을 튀어다니는 기생 곤충들에 대해 꼼꼼히 연구했을 것이고 8세기 앵글로 색슨 족의 서사시인 『베어울프』에서 물의 괴물인 그렌델의 피가 영웅의 방패를 불태우던 묘사를 기억해 냈을 수도 있다. 또는 그저 어느 날 밤의 악몽이었을 수도 있다. 그것이 연구 조사를 통해 얻은 것이건 상상력이나 기억에 의해 얻은 것이건 오배넌이 만들어 낸 외계인은 아주 충격적인 피조물이다.

「에이리언」의 제작에 참여한 모든 예술가, 즉 작가, 감독, 디자이너, 배우들은 신빙성 있는 세계를 만들어 내기 위해 그들이 가지고 있는 모든 재능을 다 활용했다. 그들은 관객이 공포를 느끼게 하기 위해서는 신빙성이 최대의 관건이라는 점을 잘 알고 있었다. 실제로 관객이 영화를 보면서 어떤 감정이든 느끼기 위해서는 우선 그 이야기를 믿어야 한다. 영화를 보면서 너무나 슬프고 너무나 무섭고 또는 너무나 웃겨서 견딜 수 없을 때에 거기에서 빠져나오는 방법은 무엇인가? '저건 사실이 아냐. 영화일 뿐이야.'라고 스스로에게 말하는 것 아니던가? 의식적으로 그 영화의 신빙성을 거부하는 것이다. 그러나 그 영화가 잘 만들어진 것일 경우에는, 다시 화면으로 눈을 돌리는 순간 바로 목덜미를 잡혀서 영화가 설정해 놓은 정서 안으로 다시 끌려들어 가게 된다. 영화가 우리를 놔주기 전에 우리는 그 정서를 벗어날 수가 없다. 그리고 관객들이 돈을 내고 극장에 가는 것은 바로 이 때문이다.

신빙성은 '세부 사항의 전달'에 달려 있다. 작가가 상당한 정도의 주요 세부 사항들을 제공하면 관객들의 상상력이 나머지를 보충하여 신빙성을 갖춘 전체 이야기가 완성된다. 한편 작가가 '실제처럼' 보이는 것에 너무 집착(특히 폭력과 성에 관해)할 경우 관객의 반응은 '암만 그래도 진짜 싸움하고는 달라.' 또는 '야, 쟤네 진짜 패고 싸우네.'이거나 '아무래도 진짜 하는 거하곤 다른 것 같아.' 또는 '야, 쟤네 진짜로 하네.' 하는 식으로 나온다. 어떤 경우든 관객이 영화 밖으로 빠져나와 감독의 기술을 평가하기 시작하는 순간부터 영화의 신빙성은 떨어진다. 관객은 작가와 감독이 구태여 의심할 만한 이유를 제공해 주지 않는 한 이야기를 믿는다.

물리적이고 사회적인 세부 사항 외에도 작가는 감정적인 신빙성 또한 만들어 내야 한다. 이를 위해서는 등장인물의 행동의 신뢰도를 높이기 위한 조사가 선행되어야 한다. 또한 행동의 신뢰도가 확보된 후에도 이야기의 전개 과정을 통해 계속해서 신뢰도가 강화되어야 한다. 한 사건에서 다음 사건으로 넘어갈 때에는 원인과 그에 따른 효과의 발생에 설득력이 있어야 하고 논리적이어야 한다. 이야기 설계 기술의 핵심은 대상의 평이한 면과 특이한 면, 보편적 성격과 원형적 성격을 잘 융합시키는 데 있다. 대상에 대해 상세하게 파악하고 있는 까닭에 어떤 점을 강조하고 과장해야 하며 반대로 어떤 점을 축소시키고 간접적으로 드러내야 하는지 잘 아는 작가는, 그러한 강약과 장단을 제대로 파악해서 활용하지 못하는 수없이 많은 작가들의 무리에서 단연 돋보이게 마련이다.

독창성(Originality)은 특이함을 추구하는 과정에서 얻는 것이 아니라 신빙성을 확보하기 위해 고투하는 과정에서 얻어진다. 다른 말로 하자면 개인적인 스타일이란 자의식 속에서 얻을 수 있는 것이 아니다. 그보다는 이야기의 설정과 등장인물에 대한 작가로서의 지식이 작가의 개성과 만날 때, 다시 말해 헤아릴 수 없이 많은 정리되지 않은 자료들 속에서 작가 자신에게 가장 의미 있는 것들을 골라내고 정리하는 과정에서 작가의 개인적 스타일이 형성되는 것이다. 이 과정에서 작품은 작가라는 사람만큼이나 독창적인 존재가 된다.

월도 솔트의 대본들(「미드나이트 카우보이」, 「형사 서피코」)과 앨빈 사전트의 대본들(「닉키와 지노」, 「보통 사람들」)을 비교해 보라. 전자가 거칠다면 후자는 부드럽고, 전자가 과감한 생략법을 활용한다면 후자는 사건이 일어나는 순서를 그대로 따라가고 있고, 전자가 냉소적인 태도를 취한다면 후자는 동정심에 기초하고 있다. 이 두 사람의 독창적인 스타일은 상투화될 가능성을 철저히 배격하면서 각자의 대상을 철저히 연구하는 과정에서 얻은 자연적이고 무의식적인 부산물이다.

도발적인 사건

이야기 속 시간대의 어느 시점에 어떤 전제에서 출발하든지 연구 조사는 사건들을 만들어 내고, 그렇게 해서 구성된 사건들은 또한 연구 조사의 방향을 지시하게 된다. 달리 말하면, 이야기를 시작한 주된 사건이 반드시 이야기의 설계 방향을 규정하지는 않는다는 것이다. 그러나 이야기 속의 세계를 만들어 나가다 보면 어떤 시점에선가는 이런 질문에 부닥치게 된다. 이 이야기를 어떻게 행동화시킬 것인가? 이 중요한 사건을 어느 지점에 집어넣어야 하나?

도발적인 사건이 발생할 때에는 반드시 역동적이고 충분히 발전된 사건의 모습으로 발생해야 한다. 예를 들어 다음의 이야기는 도발적인 사건이 될 수 없다. 대학을 중퇴한 한 사람이 뉴욕 대학 근처에서 살고 있다. 그녀가 어느 날 아침에 일어나서 이런 생각을 한다. '지겨워서 못 살겠어. 로스앤젤레스로 이사나 갈까 봐.' 그녀는 짐을 꾸려서 자신의 조그만 폭스바겐에 싣고 서부를 향해 떠나지만 주소가 바뀐다고 해서 삶의 가치가 바뀌는 것은 아니다. 자신의 무감각한 삶을 뉴욕에서 캘리포니아로 단순히 옮겨 갔을 뿐이다.

대신에 그 여자가 주차 위반 딱지 수백 장을 가지고 아주 독특한 벽지를 만들어서 부엌을 장식해 놓고 살고 있는데, 어느 날 갑자기 경찰이 덮쳐서 범칙금 만 달러를 미납한 이유로 구속 영장을 들이민다고 하자. 그녀는 비상계단을 통해서 아파트를 빠져나가 그 길로 캘리포니아를 향해 달린다. 이런 것은 도발적인 사건이라고 할 수 있다. 이 이야기에는 도발적인 사건에 반드시 들어 있어야 하는 요소가 들어 있다.

> **도발적인 사건**(INCITING INCIDENT)은 주인공의 삶의 균형을 급격하게 뒤흔들어 놓는 힘을 가지고 있다.

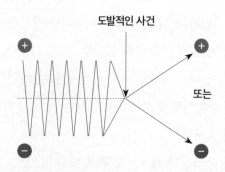

이야기가 시작될 때에는 주인공은 그럭저럭 균형 잡힌 생활을 하고 있다. 성공도 있고 실패도 있고 좀 나아지는가 하면 더 힘들어지기도 하지만, 이런 것들은 누구에게나 다 있는 일들이다. 어쨌거나 주인공의 삶은 비교적 평온하게 유지되고 있는 셈이다. 그런데 아마도 갑자기, 때로는 결정적인 것일 수도 있는데 주인공의 삶의 균형을 급격하게 뒤흔들어 놓는 사건이 일어나고 그로 인해 주인공의 삶을 주도해 온 가치가 긍정적인 방향으로든 부정적인 방향으로든 크게 움직이게 된다.

부정적인 방향: 우리의 대학 중퇴자는 로스앤젤레스에 무사히 도착하지만 가는 곳마다 사회 보장 번호를 대라고 하는 통에 정상적인 직업을 가질 수가 없다. 뉴욕의 경찰이 국세청의 전산망을 통해 추적해 올지도 모른다는 두려움 때문이다. 이제 어떻게 할 것인가? 지하로 숨어야 하나? 마약상을 하나? 매춘을 해야 하나?

긍정적인 방향: 뉴욕에서 아파트 문을 두들겼던 사람이 사실은 경찰이 아니라 유산 상속자를 찾아다니는 사람이다. 그녀가 잘 알지도 못하는 친척 아줌마가 죽으면서 이 사람 앞으로 수백만 달러에 달하는 유산을 남긴 것이다. 갑자기 부자가 된 그녀는 심한 부담감에 시달린다. 이제는 더 이상 실패만 거듭할 핑계도 사라졌고, 오히려 무언가 잘못해서 지금 자기가 가지고 있는 것을 날려 버리게 될까 봐 금방이라도 심장이 멎을 것 같은 두려움을 느끼는 것이다.

도발적인 사건은 주인공에게 직접 일어나거나 또는 주인공이 야기시키는 사건으로, 대부분의 경우에 단 한 번 일어난다. 그 결과 주인공은 자신의 인생이 좋은 방향으로든 나쁜 방향으로든 균형을 잃어버렸다는 것을 감지한다. 사랑하는 사람들이 처음 만날 때에는 얼굴과 얼굴을 맞댄 이 만남이 그들의 삶을, 최소한 그 순간만큼은 긍정적인 방향으로 변화시킨다. 제프가 대븐포트의 가족이 보장해 주는 안정된 생활을 포기하고 할리우드로 떠났을 때 그는 의식적으로 자신을 위험 앞에 내놓은 것이다.

때때로 도발적인 사건이 두 번 일어나야 하는 경우가 있다. 설정과 그에 대한 결말이 있는 경우다. 「조스」의 경우가 그렇다. '설정'은 이렇다. 상어가 피서객을 물어 죽이고 그녀의 시체가 해변으로 쓸려 올라온다. '결말'은 이렇다. 지역 보안관(로이 샤이더)이 그 시체를 발견한다. 도발적인 사건을 구성하는 논리가 설정을 필요로 할 경우, 작가는 그에 대한 결말을 미루면 안 된다. 또 미루더라도 오래 미루어선 안 된다. 그리고 주인공은 자신의 삶이 이미 균형 상태를 벗어났다는 사실을 아직 모르고 있어야 한다. 이러한 설계를 가지고 「조스」를 상상해 보자. 상어가 여자를 물어 뜯고 난 다음 장면에서 보안관은 볼링을 치고 주차 위반 딱지를 발부하고 아내와 잠자리를 갖고 지역 학부모 위원회 회의에 참석하고 앓고 있는 어머니를 방문한다……. 해변에서 시체가 썩어 가고 있는 동안 이 모든 일을 행하는 것이다. 이야기는 두 쪽의 도발적인 사건들과 그 사이에 끼여 있는 삶의 한 단면의 에피소드로 만들어진 샌드위치가 아니다.

「살아가는 나날들」의 엉성한 설계 방식을 한번 생각해 보자. 이 영화는 반쪽짜리 도발적인 사건으로 시작된다. 조이 웨이드(스콧 글렌)라는 사업가가 강을 막는 댐을 짓기로 결정한다. 그 과정에서 인근에 있는 다섯 개의 농장이 침수되리라는 사실을 그는 알고 있다. 이 농장들 중의 하나는 톰과 메이 가비 부부(멜 깁슨과 시시 스페이섹)가 소유하고 있다. 그런데 아무도 톰과 메이에게 이 사실을 알려 주지 않는다. 이야기가 이렇게 진전되고 나서 1시간 30분 동안 관객은 계속 영화를 지켜본다. 톰이 야구를 하고, 톰과 메이가 농장에서 이윤을 만들어 내기 위해 열심히 일하고, 톰이 노사 분규로 인해 문제가 생긴 공장에 일하러 가고, 메이는 트랙터 사고로 팔을 부러뜨리고, 조이가 메이에게 호감을 느껴 접근하고, 메이는 노동조합의 배반자로 낙인 찍힌 채 공장 안에 갇힌 남편을 만나러 가고, 톰은 너무나 스트레스를 받은 나머지 잠시 발기 불능이 되고, 메이가 부드럽게 속삭이자 발기 불능이 해소되고, 이런 식으로 이야기는 계속 진행된다.

끝나기 10분 전이 되었을 때에야 영화는 도발적인 사건의 나머지 절반을 알려 준다. 톰은 조이의 사무실로 뛰어 들어가 댐의 모델을 보고는 실제로 이렇게 말한다. "조이, 당신이 댐을 지으면 내 농장이 물에 잠겨 버려." 조이는 어쩔 수 없다는 표시를 한다. 바로 그때, 마치 고대극에서 쉽게 종결부로 넘어가기 위해 신을 불러들이듯이 비가 쏟아지고 강물의 수위가 높아지기 시작한다. 톰과 그의 친구들은 불도저를 이용해서 둑을 쌓기 시작하는데, 조이는 건달들을 고용해서 불도저를 가지고 둑을 부수려든다. 톰과 조이는 서로 불도저를 앞세우고 마치 멕시코인들처럼 결투를 벌인다. 이 지점에서 조이가 발을 빼면서 자기는 애당초 댐을 지을 생각도 없었노라고 말한다. 그리고 서서히 암전.

> 주인공은 반드시 도발적인 사건에 대해 반응하는 행동을 보여야 한다.

그러나 주인공의 성격이 거의 무한대로 다양하기 때문에 가능한 반응의 방향 또한 실로 다양하다. 예를 들어 보자. 얼마나 많은 서부극이 이런 식으로 시작되었던가? 악당들이 마을을 습격하여 늙은 보안관을 살해한다. 마을 사람들이 모두 모여서 은퇴한 총잡이 매트를 만나기 위해 그가 운영하는 말 보관소로 내려간다. 그러나 매트는 다시는 사람을 죽이지 않겠노라고 신성한 맹세를 한 몸이다. 시장이 사정한다. "매트, 이 배지를 달고 우릴 도와줘야겠네. 믿을 사람이라곤 자네밖에 없어." 매트가 대답한다. "아녜요. 전 총에서 손 뗀 지 이미 오래됐어요." 이번엔 학교 선생이 나선다. "하지만 매트, 그놈들이 자네 어머님도 죽였잖아." 매트는 발로 먼지를 툭툭 차면서 중얼거린다. "글쎄요……, 연세도 많이 드셨고 그럴 만한 팔자라고 생각해야지 어쩌겠습니까." 그는 행동하기를 거부하지만 그것이 바로 그의 반응이다.

주인공은 자기의 균형 잡힌 삶에 갑작스레 들이닥친 긍정적이거나 부정적인 변화에 대해 자신의 성격과 자신이 속한 세계에 적합한 방식으로 반응한다. 그러나 행동하기를 거부하는 식의 반응은, 설령 그 주인공이 아주 간단한 플롯을 가진 이야기 속의 소극적인 성격을 가진 인물이라고 하더라도 그리 오래가지 못한다. 왜냐하면 모든 인간은 자신의 존재에 대해 최소한의 주권 의식 정도는 유지하면서 살고 싶어 하기 때문이다. 만약 어떤 사건이 우리의 평등과 주권에 대한 의식을 심각하게 침해한다면 주인공을 포함해서 우리는 무엇을 원하게 될까? 바로 균형을 회복하는 것이다.

그러므로 도발적인 사건은 우선 주인공의 삶의 균형을 깨뜨리고 난 후, 다음에는 잃어버린 균형을 되찾고 싶다는 욕망을 그의 마음속에 일깨워 준다. 그리고 이 필요는 주인공의 욕망의 대상, 즉 자신의 삶을 평형 상태로 되돌리기 위해 필요하다고 생각되는 물리적 또는 상황적인 어떤 것이거나, 아니면 어떤 마음 상태에 대한 욕망으로 발전된다. 마지막으로 도발적인 사건은 주인공이 이 목적 또는 대상을 적극적으로 추구해 나가도록 내모는 역할을 한다. 이 점은 많은 이야기와 장르들에 공통적으로 해당된다. 어떤 사건이 삶의 평정을 깨뜨리고 나면 주인공은 다시 자신의 삶의 평정을 되찾기 위한 방법을 모색하게 되고, 그 방법은 곧 주인공의 의식적인 욕망의 대상이 되어 이후 그 대상을 추구해 나가는 과정이 주인공의 주된 행동이 된다.

그러나 관객들이 일반적으로 가장 선호하는 주인공들의 경우에는 이런 도발적인 사건이 그들의 의식적인 욕망만을 일깨우는 것이 아니라 무의식적인 욕망 또한 끌어올린다. 이 복잡한 성격의 인물들은 이 두 가지 욕망이 자신들의 내부에서 직접적으로 갈등을 빚어내기 때문에 고통받는다. 주인공이 의식적인 수준에서는 무엇을 원하고 있든 정작 그가 마음 깊이 원하고 있는 것은 그와 정반대의 것이라는 점을 관객들은 감지해 낸다.

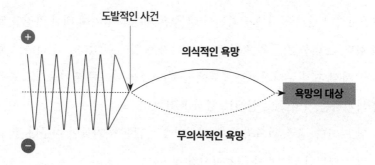

도발적인 사건

의식적인 욕망

욕망의 대상

무의식적인 욕망

「애정과 욕망」의 경우를 보자. 만약에 이 영화의 주인공 조너선(잭 니콜슨)을 따로 불러내 "당신이 원하는 게 뭐요?"라고 물으면, 그의 의식적인 대답은 "미남이 되고 싶은 거요. 그래서 재미도 많이 보고 공인 회계사로서 끝내주는 인생을 사는 거요. 게다가 그 모든 걸 함께 즐길 수 있는 완벽한 여자만 하나 더 있다면 천국이 따로 없을 거요." 이 영화는 대학 시절부터 중년에 이르기까지 약 30년에 걸쳐 이상의 여자를 찾아 헤매는 조너선의 여정을 보여 준다. 조너선은 아름답고 지적인 여자들을 잇따라 만나지만 처음에 우아하고 아름답게 시작된 사랑은 언제나 우울과 육체적인 폭력으로 이어지고 결국은 헤어진다. 그는 항상 자신이 아주 낭만적인 사람인 듯 행동해서 상대방 여자가 자기와 사랑에 빠지게 한 다음에는 곧이어 그 여자를 배반하고 모욕적으로 차 버리는 일을 반복한다.

이야기의 절정에서 그는 대학 때의 친구인 샌디(아트 가펑클)를 저녁 식사에 초대한다. 그는 자신이 여태 거쳐 온 여자들을 여흥거리 삼아 슬라이드 쇼로 보여 주면서 '불알잡이들의 행진'이라고 명명한다. 여자 한 사람이 등장할 때마다 조너선은 "저 여자는 이런 문제가 있었어." 하며 악담을 퍼붓는다. 결말 부분에서 창녀(리타 모레노)를 불러온 조너선은 성기를 발기시키기 위해 창녀에게 자신이 써 놓은 자신의 성기에 대한 찬양을 읽게 한다. 조녀선 자신은 항상 완전한 여자를 찾아 헤맸다고 생각하고 있지만, 사실 그가 무의식적인 차원에서 원한 것은 여자를 깔아뭉개고 결국은 파괴하는 것이었고, 실제로 평생에 걸쳐 그 일을 해 왔다는 것을 관객은 알고 있다. 줄스 파이퍼의 이 시나리오는 많은 여자들이 너무나 잘 알고 있는 끔찍한 남성형을 구체화시킨 것이다.

「소펠 부인」을 보자. 1901년, 살인을 한 도둑(멜 깁슨)이 사형 집행을 기다리고 있다. 교도소장의 아내(다이앤 키튼)는 그의 영혼을 구원하기로 결심한다. 그녀는 도둑이 죽는 날 천국에 갈 수 있도록 그에게 성경 구절들을 읽어 준다. 그러던 중 그들은 서로에게 끌리고, 간수의 아내는 그의 탈출을 도와준 후 나중에 합류한다. 도주하는 과정에서 그들은 단 한 번 사랑을 나눈다. 포위망이 좁혀 오는 과정에서 그녀는 머지않아 도둑이 죽으리라는 사실을 실감하고 자신도 그와 함께 죽기로 결심한다. "날 쏴 줘요." 그녀는 부탁한다. "당신 없이 하루라도 살고 싶지 않아요." 그는 방아쇠를 당기지만 죽이지는 못하고 상처만 입히고 만다. 결말 부분에서 종신형을 선고받은 그녀는 간수의 눈에 침을 뱉으면서 아주 당당하게 감옥으로 걸어 들어간다.

이 영화에서 간수의 아내는 계속해서 무언가를 선택해 가는 것 같지만, 사실상 그녀의 변화 밑에 변치 않고 도사리고 있는 것은 아주 강력하고 초월적이고 절대적인 사랑의 경험에 대한 갈망이라는 것을 관객들은 감지한다. 일단 그것을 경험하고 난 뒤에는 어떻게 되어도 좋을 그런 숭고한 사랑. 이런 면에서 그녀는 근본적으로 낭만적인 인간이다.

「크라잉 게임」을 보자. 아일랜드 공화군 IRA의 일원인 퍼거스(스티븐 레아)는 IRA에 납치된 영국군 상병(포레스트 휘태커)을 감시하는 임무를 부여받는다. 그는 상병의 처지에 동정심을 느낀다. 상병이 죽고 나서 퍼거스는 조직을 몰래 이탈하여 영국으로 가서 영국군과 IRA 양편 모두로부터 숨는다. 그는 상병의 연인인 딜(제이 데이비슨)을 찾아간다. 그는 딜과 사랑에 빠지지만 그가 사실은 여장 남자라는 사실을 알게 된다. 그때 IRA가 퍼거스를 찾아낸다. 퍼거스는 어쩔 수 없이 다시 IRA에 복귀하지만 영국인 판사를 암살하라는 명령을 받으면서 마침내 자신의 정치적 입장을 명확히 해야 할 처지에 놓인다. 그는 아일랜드의 애국자인가, 아닌가?

퍼거스의 의식적인 차원에서는 정치적인 투쟁이 벌어지고 있지만, 그가 영국군 상등병과 함께 있는 첫 장면부터 시작해서 마지막에 딜과 함께 하는 부드러운 장면에 이르기까지 지켜보는 동안, 이 영화가 퍼거스의 정치적 실천에 관한 영화라고 생각하면서 보는 관객은 하나도 없을 것이다. 퍼거스의 갈팡질팡하는 정치적 입장 뒤에 감추어진 채 그를 지탱하고 있는 것은 대부분의 인간들이 필요로 하는 것, 사랑하고 또 사랑받고자 하는 욕망이다.

이야기의 골격

주인공의 욕망이 만들어 내는 에너지는 이야기의 골격(이는 또한 관통선이나 거대 목표라고도 불린다.)이라고 흔히 일컫는, 이야기 설계에서 가장 중요한 요소를 형성한다. 이야기의 골격은 삶의 균형을 다시 찾고자 하는 주인공의 욕망과 노력의 내부 깊은 곳에 자리 잡고 있다. 이것은 이야기를 이루는 많은 요소를 한데 묶어 놓는 가장 근원적인 힘이다. 매 장면, 이미지,

하나하나의 대사들은 결국은 각각 이 골격의 성격의 한 부분을 보여 주는 것으로서 일상적인 삽화의 형식으로든 주제와 직접 맞닿은 방식으로든 핵심적인 욕망과 그것을 추구해 가는 행동들에 연결되어 있다.

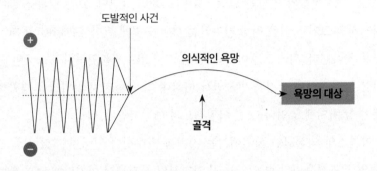

주인공에게 무의식적인 욕망이 없을 경우에는 의식적인 욕망이 골격이 된다. 예를 들어 모든 007 영화의 골격은 거대한 적을 쳐부수는 것이다. 제임스 본드에게는 무의식적인 욕망이 없다. 그가 오로지 원하는 것은 세계를 구하는 것뿐이다. 이 경우 이야기를 한곳으로 모으려면 본드가 자신의 의식적인 목적을 바꿔서는 안 된다. 만약에 제임스 본드가 "닥터 노고 뭐고, 스파이 노릇하는 것도 지겨워서 못해 먹겠어. 어디 남쪽으로 내려가서 골프 연습이나 더 할 거야."라고 선언한다면 그 순간 그 영화는 초점을 잃어버리게 될 것이다.

그러나 반면에 주인공에게 무의식적인 욕망이 있다면 이것이 이야기의 골격이 된다. 무의식적인 욕망은 주인공의 내적인 자아에 그 뿌리를 두고 있기 때문에 항상 더 강력하고 견디는 힘이 강하다. 무의식적인 욕망이 이야기를 끌고 나갈 경우 작가는 수시로 자신의 의식적인 욕망을 바꾸는 좀 더 복잡한 인물을 만들어 낼 수 있다.

『모비딕』을 보자. 만약에 허먼 멜빌이 에이해브를 단 하나의 주인공으로 삼았다면, 그의 소설은 흰고래를 처치하고자 하는 선장의 광기가 끌고 나가는 단순하고 흥미진진한 모험극이 되었을 것이다. 그러나 이슈마엘을 복수 주인공으로 끼워 넣음으로써 멜빌은 그의 이야기를 교육극의 플롯을 가진 정교한 고전으로 성숙시킬 수 있었다. 내면의 악과 싸우기 위해 에이해브의 파괴적인 강박 관념을 자기 안에서도 찾고 있는 이슈마엘의 무의식적인 욕망은, 에이해브가 이끄는 미치광이 항해에서 살아서 돌아가고자 하는 의식적인 욕망과 정면으로 대립될 뿐만 아니라 이슈마엘 또한 파괴시켜 버릴 수도 있는 힘이다. 이 무의식적 욕망이 이야기를 끌고 나가는 동력이 되면서 이 소설은 단순한 고래잡이 모험극을 넘어서게 된 것이다.

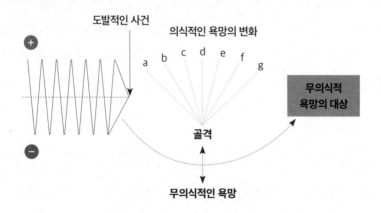

「크라잉 게임」에서 퍼거스는 정치적인 문제로 인해 고통받지만 이야기를 끌고 나가는 동력은 사랑하고 사랑받고자 하는 무의식적 욕망이다. 「애정과 욕망」에서는 주인공이 수많은 관계를 거듭하지만 여자를 모욕

하고 파괴하고자 하는 그의 무의식적 욕망은 결코 변치 않는다. 「소펠 부인」의 여주인공의 의식적인 욕망은 구원의 욕망으로부터 시작해서 저주의 욕망에 이르는 참으로 엄청난 변화를 경험하지만, 치명적인 사랑을 경험해 보고자 하는 그녀의 무의식적 욕망은 처음부터 끝까지 일관되어 있다. 관객은 끊임없는 변화를 원하는 복잡한 성격의 주인공의 욕구가 사실은 절대로 변화하지 않는 한 가지, 그의 무의식적 욕망을 반영하는 것에 지나지 않는다는 점을 알게 된다.

추구

도발적인 사건에서 시작해 마지막 장의 절정에 이르기까지 골격을 타고 내려가는 과정을 바라보는 작가의 관점에서 보면, 수많은 장르와 플롯들의 다양함에도 사실 이야기에는 단 한 가지 종류만이 있다는 사실을 알게 된다. 사실상 인류는 처음 서로에게 이야기를 들려줄 때부터 지금까지 무언가를 추구하는 것에 관한 이야기만을 끊임없이 반복해 왔을 뿐이라는 것이다. 모든 이야기는 추구의 형식을 가진다.

> 어떤 사건이 일어나면 좋은 쪽으로든 나쁜 쪽으로든 주인공의 삶의 균형을 깨뜨린다. 이로 인해 주인공의 마음속에는 깨진 삶의 균형을 회복하려는 의식적·무의식적 욕망이 일어나고 주인공은 자신을 방해하는 모든 적대적인 힘들(내적·개인적·초개인적)에 맞서 가면서 자신의 욕망의 대상을 추구해 나가게 된다. 주인공이 자신의 목적을 달성할 수도 있고 그렇지 못할 수도 있다. 이 과정을 간단히 일컬어 '이야기'라 한다.

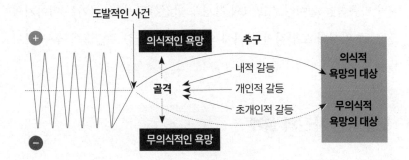

이야기의 핵심적인 형식은 매우 간단하다. 그러나 이는 음악의 근본 형식이 매우 간단한 것이라고 말하는 것과 같다. 실제로 음악의 근본 형식은 간단하다. 열두 개의 음표가 있을 뿐이다. 그러나 이 열두 개의 음표가 우리가 음악이라고 불러온 어떤 것도 다 꾸며 내는 것이다. '추구'를 구성하는 핵심적인 요소들은 음악의 열두 개의 음표와 같다. 이 요소들은 우리가 평생 들어서 잘 알고 있는 것들이다. 그러나 피아노 앞에 앉아 있는 작곡가가 그렇듯이 이 간단해 보이는 것들을 마주 대하고 앉은 작가는, 사실은 이것들이 얼마나 믿을 수 없을 정도로 복잡하고 얼마나 터무니없이 다루기 어려운 것들인지 실감하게 된다.

한 이야기에 들어 있는 추구의 형식을 이해하기 위해서는 주인공의 욕망의 대상을 밝혀내기만 하면 된다. 그의 심리를 꿰뚫고 들어가 다음의 질문에 대한 정직한 대답을 찾아내 보라. '이 인물이 원하는 것은 무엇인가?' 그것은 무언가 구체적으로 두 팔 안에 안을 수 있는 대상(「문스트럭」의 경우 누군가 사랑할 사람)일 수도 있고, 내적인 성숙에 대한 욕구(「빅」의 경우 성숙)일 수도 있다. 외부 세계의 커다란 변화(「조스」의 경우 식인 상어로부터의 안전)나 정신적 영역의 커다란 변화(「텐더 머시스」의 경우 의미 있는 삶)에 관계없이 주인공의 마음속을 들여다보고 그의 욕망을 발견하는 순간, 작가는 이야기의 굴곡, 즉 앞서의 도발적인 사건에 의해 방향이 잡힌 주인공의 추구 과정을 보게 된다.

도발적인 사건의 설계

도발적인 사건이 일어나는 방식은 우연과 의도에 의한 것, 둘 중 단 한 가지다. 의도에 의한 것일 경우 주인공(「라스베이거스를 떠나며」에서 벤이 죽을 때까지 퍼마시기로 작정하는 것)이나 주인공의 삶을 뒤흔들어 놓을 수 있는 힘을 가진 누군가(「크레이머 대 크레이머」에서는 주인공의 아내가 남편과 아이를 두고 떠난다.)의 행동이 도발적 사건이 된다. 우연에 의한 것일 경우, 그것은 비극적 사건(「앨리스는 이제 여기 살지 않는다」에서는 앨리스의 남편이 사고로 죽는다.)이거나 뜻밖의 발견(「팻과 마이크」에서 운동 경기 프로모터가 아름답고 재능 있는 선수를 만난다.) 같은 경우를 포함한다. 선택과 우연, 이 두 가지 말고 다른 방법은 없다.

중심플롯의 도발적인 사건은 배경 이야기로 처리되어도 안 되고 장면과 장면 사이에 들어 있는 것으로 설정되어도 안 된다. 이 사건은 반드시 화면에 보이는 것이어야 한다. 서브플롯들의 경우에도 도발적인 사건이 가능한데, 이것들은 화면에 보일 수도 있고 그렇지 않을 수도 있다. 그러나 중심플롯의 도발적인 사건을 관객에게 직접 보여 준다는 것은 다음의 두 가지 이유에서 이야기 설계에 결정적인 영향을 미친다.

첫째, 관객이 도발적인 사건을 보는 순간 '앞으로 이야기가 어떻게 될까?' 하는, 그 이야기의 가장 주된 극적 질문(Major Dramatic Question)이 관객의 마음속에 여러 가지 방식으로 일어나게 된다. 「조스」의 경우 보안관이 상어를 잡을 것인가, 아니면 그 반대일까? 「밤」의 경우 리디아(잔 모로)가 남편(마르첼로 마스트로이아니)에게 당신한테 구역질이 난다고 욕하고는 집을 떠난 후 다시 돌아올 것인가, 아니면 영영 헤어질 것인가? 「뮤직 룸」의 경우 자신의 모든 걸 다 바쳐서 음악을 사랑하는 로이(츠하비 비스와스)는 아름다움을 향한 자신의 열정을 충족시키기 위해 아내의 보석을 팔고 다음에는 자신의 저택마저 저당잡힌다. 이 애호가는 이런 사치로 인해 파멸할 것인가, 아니면 회복될 수 있을 것인가?

할리우드에서는 중심플롯의 도발적인 사건을 '빅 훅(Big Hook, 큰 갈고리)'이라는 은어로 부른다. 이것이 관객의 호기심을 단단히 낚아채는 도구이기 때문인데, 따라서 이 사건은 반드시 장면 안에서 직접 보여져야만 한다. 처음에 관객의 관심을 끌어 놓고 마지막 장면의 절정에 이르기까지 끌고 가는 힘은 가장 주된 극적 질문의 대답을 알고 싶어 하는 관객의 갈증이다.

둘째, 도발적인 사건을 직접 목격하고 나면 '필수적인 장면'의 이미지가 관객들의 상상 안에 자리 잡는다. '위기'라는 이름으로도 불리는 '필수적인 장면'은 관객들이 이야기가 끝나기 전에 반드시 보게 되리라고 알고 있고 믿고 있는 사건을 말한다. 이 장면은 주인공이 자신의 추구 과정에서 여태까지 만났던 것 중 가장 강력한 적과 맞부닥치는 장면이고, 동시에 도발적인 사건을 통해 자신의 삶에 뒤섞여 들어와 자신의 모든 능력을 한곳으로 모아 가는 역할을 해 온 강력한 힘과 정면으로 맞부닥치는 장면이다. 이 장면이 '필수적'이라고 불리는 이유는 여태까지 이 장면을 향해 관객들의 호기심과 기대를 자극하며 끌고 온 만큼 그 무언의 약속을 이행해야 하는 의무가 작가에게 있기 때문이다.

「조스」의 경우를 보자. 상어가 피서객을 습격하고 보안관이 피해자의 시체를 보고 난 후 하나의 선명한 이미지가 관객들의 마음속에 새겨진다. 상어와 보안관이 정면 대결을 하는 모습이 그것이다. 어떤 과정을 통해 거기까지 도달할지 모르고 그 결과가 어떻게 될지도 모른다. 그러나 한 가지, 보안관의 몸이 상어 아가리에 들어가는 장면이 나오지 않은 채 이 영화가 끝날 수 없다는 사실은 알고 있다. 피터 벤칠리는 가장 중요한 이 장면을 마을 사람들의 관점에서 쓸 수는 없었다. 마을 사람들이 바닷가에 모여 서서 망원경을 통해 해안선을 관찰하고 있다. "저기 오는 게 뭐야? 상어야, 보안관이야?" 와! 보안관과 해양 생물학자(리처드 드레이퍼스)가 헤엄쳐 와서 소리 지른다. "와, 정말 어려운 싸움이었어. 어떻게 된 건지 얘기해 주겠소." 이런 식으로 풀어 나갈 수는 없었다는 것이다. 처음 도발적인 사건을 통해 관객들의 마음속에 특정한 이미지를 심어 준 작가의 입장에서, 벤칠리는 보안관과 상어가 싸우고 있는 현장으로 관객들을 데리고 가야 할 책임이 있었던 것이다.

액션 장르가 '필수적인 장면'을 바로 아주 선명하게 관객들의 마음속에 심어 주는 데 반해 좀 더 내면화된 장르들의 경우는 도발적인 사건을 통해 이에 대한 조짐만을 보여 준 뒤 마치 현상액 속에 집어넣은 네거티브 필름에 천천히 영상이 맺히듯이 조금씩 조금씩 서서히 그 모습을 드러내 보여 준다. 「텐더 머시스」에서 맥 슬레지는 술과 허랑방탕한 생활 속으로 빠져들어 간다. 그러다가 아빠를 필요로 하는 아들을 가진 외로운 한 여인을 만나면서 인생의 밑바닥에서 일어서게 된다. 그는 새로운 노래도 만들고 세례도 받고 이미 사이가 틀어져 버린 딸과도 화해를 시도한다. 그의 삶은 서서히 의미 있는 것으로 바뀐다.

그러나 관객들은 슬레지를 인생의 밑바닥으로 끌고 내려갔던 괴물은 삶의 무의미함 그 자체였으므로 그 괴물은 반드시 다시 한번, 이번에는 영혼까지 파괴해 버릴 만큼 훨씬 더 강력한 힘을 가지고 슬레지를 공격할 것이고, 따라서 슬레지가 다시 한번 삶의 불합리함을 뼈저리게 느끼고 절망하게 되기 전에는 이야기가 끝나지 않을 것이라는 점을 안다. 이 이야기에서 필수적인 장면은 슬레지의 하나뿐인 자식을 죽이는 무시무시한 사고의 형태로 다가온다. 과거의 알코올 중독자가 다시 한번 술병을 잡게 되는 이유가 따로 있다면 이 사건이야말로 그에 해당될 것이다. 실제로 아이의 죽음으로 인해 슬레지의 전처는 마약 속으로 도피하지만 슬레지는 굳건하게 버틴다.

슬레지의 딸의 죽음은 이런 의미에서 '필수적'인 것이었다. 호턴 푸트가 이 시나리오를 이런 식으로 썼다고 가정해 보자. 외톨이인 데다 알코올 중독자인 슬레지가 어느 날 아침 눈을 떠보니 삶의 아무런 목적도 찾을 수 없다. 그러다가 한 여자를 만나 사랑에 빠지고 그 여자의 아이 또한 좋아져서 그 애를 키우고 싶어진다. 새롭게 종교도 가지고 새로운 노래도 몇 곡 만든다. 끝. 이런 건 이야기가 아니다. 이건 백일몽일 뿐이다. 의미에 대한 추구가 주인공의 마음속에 근본적인 변화를 불러일으켰다면, 이 이야기의 작가인 푸트는 어떤 식으로 이 변화를 표현해 내었는가? 그는 주인공의 마음에 변화가 생겼다고 선언하는 식의 방법은 쓰지 않았다. 자기 설명적인 대사로는 아무도 납득시킬 수 없다. 변화는 극적인 사건에 의해 시험되어야만 하며 커다란 압력하에서 주인공이 취하는 선택과 행동, 즉 필수적인 장면(위기)과 마지막 장의 절정에 시험받아야만 한다.

내가 관객들은 뒷부분에서 필수적인 장면이 기다리고 있다는 사실을

'안다'고 했을 때, 그들이 어떤 객관적인 사실로서 그것을 파악하고 있다는 뜻은 아니다. 어떤 사건이 잘못 다루어졌다고 해서 관객들이 "그 영화 거지 같네. '필수적인 장면'이 빠졌어."라고 투덜거리며 집에 가지는 않을 것이라는 얘기다. 관객들은 그저 뭔가가 빠졌다는 사실을 직감적으로 알 뿐이다. 관객들은 평생 동안 이야기를 보고 듣는 과정을 거치며, 도발적인 사건을 통해 생성된 적대적인 힘들은 주인공의 인간적인 한계를 시험하는 데까지 계속 커 나갈 것이고, 주인공은 이 적대적인 힘들이 극대화되었을 때 사력을 다해 그에 맞설 것이며, 그 전에 이야기가 끝나는 일은 없을 거라는 기대를 갖는다. 이야기 전반부의 도발적인 사건을 이야기 전체의 위기와 연결시키는 것은 일종의 예시(Foreshadowing)로서, 이는 뒤에 올 사건을 고려해 앞부분의 사건을 미리 조절한다는 의미다. 사실상 작가가 행하는 모든 선택, 즉 장르, 설정, 인물, 분위기 등은 예시적인 성격을 갖고 있다. 하나하나의 대사나 행동의 이미지를 통해 작가는 관객에게 어떤 특정한 종류의 가능성에 대한 기대를 심어 준다. 그리하여 그 사건이 일어났을 때 관객은 작가가 심어 준 기대가 충족되는 즐거움을 얻는다. 그러나 예시의 가장 중요한 부분은 도발적인 사건을 통해 필수적인 장면(위기)에 대한 어떤 특정한 인상을 관객들의 상상력 안에 심어 주는 것이다.

도발적인 사건의 배치

전체 이야기의 어느 부분에 도발적인 이야기를 배치할 것인가? 가장 으뜸가는 원칙은 중심플롯의 첫 번째 주요 사건은 이야기가 시작되고 나서 첫 4분의 1 안에 배치되어야 한다는 것이다. 매체가 무엇이든 이것은 매우 유용한 원칙이다. 연극을 공연할 때 본격적으로 이야기가 진행되지 않은 상태에서 얼마나 오랫동안이나 관객들을 어둠 속에 붙들어 놓을 수 있을까? 소설을 쓴다고 했을 때 400쪽짜리 책에서 100쪽이 넘도록 중심플롯을 제시하지 않고도 독자를 붙들어 놓을 수 있을까? 참을 수 없는 지루함을 느끼게 될 때까지 시간이 얼마나 걸릴까? 2시간짜리 보통 영화에서 중심플롯의 도발적인 사건은 대략 시작 후 30분 안쪽에 자리 잡아야 한다.

영화의 첫 장면이 도발적인 사건일 수도 있다. 「설리반의 여행」의 첫 30초 동안에, 별 특징이 없으나 돈은 잘 벌리는 영화를 만드는 감독 설리반(조엘 맥크레어)은 사회적으로 의미 있는 영화를 만들기 위해서 스튜디오의 운영진들과 싸우고 나온다. 「워터프런트」의 첫 2분 동안에 테리(말런 브랜도)는 그것이 자기 친구인 줄도 모르고 갱들이 사람을 죽이는 것을 돕게 된다.

한참 후에 나올 수도 있다. 「택시 드라이버」의 경우 영화가 시작하고 27분이 지났을 때에야 어린 창녀인 아이리스(조디 포스터)가 트래비스 비클(로버트 드 니로)의 택시에 올라탄다. 그녀를 학대하는 포주인 매튜(하비 카이텔)가 이미 출발한 택시의 뒤에 서서 그녀에게 욕하는 걸 보면서 트래비스는 그녀를 구해 내겠다는 결심을 한다. 「록키」의 경우 30분이 지났을 때에야 불법 도박 복서인 록키 발보아(실베스터 스탤론)는 헤비급 세계 챔피언인 아폴로 크리드(칼 웨더스)와 싸우기로 결심한다. 「카사블랑카」에서는 32분이 되는 지점, 샘이 「세월이 흐르듯이(As Time Goes By)」를 연주하고 있는 릭의 카페에 갑자기 일자가 나타나면서 영화사상 가장 위대한 러브 스토리 중의 하나가 시작된다.

그리고 위의 두 지점 사이 어느 곳일 수도 있다. 그러나 중심플롯의 도발적인 사건이 영화가 시작되고 15분이 한참 경과한 후 일어날 경우에는 관객들의 지루함이 상당한 위험 요소가 될 수 있다. 그러므로 관객들이 중심플롯의 전개를 기다리고 있는 동안 그들의 관심을 잡아끌 만한 서브 플롯이 필요해진다.

「택시 드라이버」의 경우 정치적인 암살을 꾀하는 트래비스의 변태적인 시도를 담은 서브플롯이 관객들을 잡아끈다. 「록키」에서는 지나칠 정도로 수줍음을 타는 아드리안(탈리아 샤이어)과 문제아인 록키의 빈민가에서의 사랑 이야기가 전개된다. 「차이나타운」에서는 기티스가 홀리스 멀레이의 외도를 수사하면서 이용당하고 이들의 책략으로부터 벗어나려는 기티스의 노력으로 이루어진 서브플롯이 관객들의 관심을 붙잡는다. 「카사블랑카」의 첫 장은 다섯 가지 정도의 잘 정돈된 서브플롯의 도발적 사건들이 관객들을 붙잡아 둔다.

그런데 중심플롯의 시작을 30분이나 미루면서 서브플롯들을 가지고 관객을 붙잡아 놓는 이유는 어디에 있는가? 예를 들어 「록키」의 경우 이 영화는 스포츠 장르에 속한다. 왜 두 개의 짧은 장면으로 영화를 시작하지 않는가? 헤비급 챔피언이 이 도박장 복서에게 챔피언 타이틀에 도전할 기회를 주고(설정), 록키는 도전을 하기로 결정하는 것이다.(결과) 중심플롯을 가지고 영화를 시작하지 않는 이유가 무엇인가?

왜냐하면 「록키」에서 관객들이 처음 보는 장면이 바로 도발적 장면이라면 관객들의 반응은 '그래서 어쨌다고?' 하는 것이 될 것이다. 스탤론은 첫 30분 동안을 록키라는 인물과 그가 살고 있는 세계를 세련되게 경제적으로 묘사하는 데 소비함으로써 마침내 록키가 싸울 때 관객들은 강하고 고정된 반응을 보이게 된다. '저 인간이? 저 건달이!' 그들은 깜짝 놀란 채 앞으로 전개될 뼈가 부러지고 피가 튀는 싸움을 두려움 속에서 기대하게 된다.

> 가능한 한 빨리 중심플롯의 도발적 사건을 소개하되 그 기회가 충분히 무르익었을 때 들여와야 한다.

도발적인 사건은 관객을 확실히 사로잡아 깊이 있고 확실한 반응을 이끌어 내야 한다. 그 반응이 정서적인 것이어야 함은 물론 이성적인 것이기도 해야 한다. 이 사건은 관객의 감정을 끌어낼 뿐만 아니라 그들의 마음속에 '주된 극적 질문'을 떠올리는 동시에 '필수적 장면'을 상상하게 하는 역할 또한 해야 하기 때문이다. 따라서 중심플롯의 도발적인 사건의 위치는 다음의 질문에 대한 대답 속에서 찾을 수 있다. '관객들이 완전한 반응을 보이게 하기 위해서는 주인공과 그가 살고 있는 세계에 대해 얼마나 알고 있어야 하나?'

어떤 이야기들에서는 전혀 알고 있을 필요가 없다. 도발적인 사건이 성격상 원형적인 것이라면 그 사건에는 아무런 설정도 필요 없고 되도록 빨리 일어나야 한다. 프란츠 카프카의 『변신』은 다음과 같은 첫 문장으로 시작된다. "어느 날, 그레고르 잠자는 눈을 뜨는 순간 자신이 거대한 바퀴벌레로 변했다는 것을 알게 되었다." 「크레이머 대 크레이머」에서 영화가 시작하고 처음 2분 안에 아내가 남편과 아이를 두고 집을 떠난다. 이런 일이 사람에게 미칠 끔찍한 영향에 대해서는 관객들이 이미 잘 알고 있기 때문에 더 이상의 준비가 필요 없는 것이다. 「조스」에서는 상어가 피서객을 잡아먹고 보안관이 시체를 발견하는 장면이 연이어 나온다.

「조스」의 작가 피터 벤칠리가 뉴욕 시 경찰관을 그만둔 주인공이 마음 편하게 살기 위해 에이미티섬으로 들어가 이 휴양지에서 보안관 노릇이나 하는 것으로 이야기의 첫 장면을 시작했다고 가정해 보자. 그의 가족들이 소개되고 마을 의회 의원들과 시장이 소개된다. 예년보다 이른 여름으로 인해 피서객들이 몰려온다. 행복한 나날이다. 그러던 어느 날 상어가 사람을 덮친다. 대본이 이런 식으로 나왔고 스필버그가 대본대로 촬영할 정도로 멍청했다면 관객들이 이 장면들을 극장에서 볼 수 있었을까? 천만에. 편집자인 버나 필즈가 편집 과정에서 들어 내고는 보안관과 그의 가족, 시장, 마을 의회 의원들, 관광객들은 나중에 상어의 공격을 당한 다음의 반응 과정에서 더 잘 극화되면서 소개될 수 있다고 설명했을 것이다⋯⋯. 그러나 「조스」는 상어에서 시작한다.

'가능한 한 빨리 그러나 그 기회가 충분히 무르익었을 때'란 무슨 의미인가? 모든 이야기 속의 세계는 다 다르고 배역들도 다 다르다. 그러니 모든 도발적인 사건들은 다른 지점에 배치된, 다른 내용의 사건들인 것이 당연하다. 이 사건은 지나치게 빨리 일어나면 관객들을 혼란스럽게 할 수 있고, 지나치게 늦게 일어나면 관객들을 지겹게 만들 우려가 있다. 관객들이 이야기 속의 인물들과 그들의 세계에 대해 충분히 이해하고 반응하는 바로 그 순간이 도발적인 사건이 일어나야 하는 순간이다. 이보다 한 장면 빨라도 안 되고 한 장면 늦어도 안 된다. 그 정확한 순간을 얻기 위해서는 정확한 분석만큼이나 중요한 것이 작가의 느낌이다.

도발적 사건을 설계하고 배치하는 데 작가들이 공통적으로 저지르는 실수가 있다면, 그것은 전개 부분에 너무 많은 정보를 배치하는 나머지 습관적으로 중심플롯의 전개를 미루는 경향이 있다는 것이다. 작가들은 관객이 가지고 있는 경험과 지식의 양을 과소 평가하는 경향이 있어서 등장인물이나 그들의 세계에 대해 관객들이 이미 상식적으로 알고 있는 사항들을 시시콜콜 늘어놓는 실수를 범한다.

잉마르 베리만이 가장 뛰어난 영화 감독 중 하나라고 하는 이유는, 내 생각에 그가 가장 뛰어난 시나리오 작가 중 한 사람이기 때문이다. 베리만의 작품에서 다른 작가들에 비해 가장 두드러져 보이는 점 한 가지를 들자면 그것은 경제성이다. 그는 그의 작품 안의 세계에 대해 거의 아무것도 말해 주지 않는다. 「어두운 유리를 통해」의 예를 들어 보자. 이 이야기에 등장하는 네 인물에 대해 작가가 설명해 주는 것은 아버지가 홀아비로서 베스트셀러를 쓴 소설가이며 그의 사위는 의사, 아들은 학생, 딸은 정신 분열증 환자이고, 그의 아내 역시 그 병으로 죽었다는 사실 정도다. 정신 병원에서 풀려나온 딸이 바닷가에 살고 있는 가족들을 며칠 동안 방문하는데, 이 행동만으로도 이 가족 구성원의 삶의 균형이 흔들려서 첫 순간부터 강력한 드라마가 형성된다.

여기에는 아버지가 상업적으로, 그리고 비평적으로 성공한 작가라는 점을 보여 주기 위한 도서 사인회 같은 장면이 없다. 또한 의사라는 직업을 보여 주기 위해 수술실을 보여 주지도 않는다. 아들이 얼마나 아버지를 필요로 하고 있는지를 보여 주기 위해 기숙 학교 장면을 집어넣지도 않는다. 딸의 고통을 보여 주기 위해 전기 충격 치료 같은 것을 동원하지도 않는다. 베리만은 베스트셀러 작가, 의사, 기숙 학교, 정신 병원 등에 대해 언급이 되는 순간, 주로 도시에 사는 그의 관객들이 재빨리 그 뒤에 숨어 있는 의미를 잡아내리라는 점을 알고 있는 것이다. 그리고 이런 식의 절약은 항상 더 풍성한 결과를 낳는다.

도발적인 사건의 특성

영화 배급자들이 좋아하는 농담 중에 이런 것이 있다. 유럽 영화는 햇살이 비낀 황금색 구름으로 시작된다. 다음 컷은 더 빛나고 풍성한 구름이고 그 다음 컷은 더욱 화려하고 붉은 구름이다. 할리우드 영화는 물결치는 금색의 구름바다로 시작된다. 다음 컷에서는 747 점보기가 구름을 뚫고 나오고 그 다음 컷에서는 비행기가 폭발한다.

도발적인 사건이 되기 위해서는 어떤 특성의 사건이 필요한가?

「보통 사람들」은 그 이야기 전체의 비전통적인 설계 방식으로 인해 중심플롯과 서브플롯이 종종 헛갈리곤 한다. 콘래드(티모시 허턴)는 바다의 풍랑에 형을 잃어버리는 도발적 사건을 가진 서브플롯의 주인공이다. 콘래드는 그 풍랑에서 살아남지만 죄의식 때문에 항상 자살을 생각하고 있다. 형의 죽음은 배경 이야기에 해당되면서, 콘래드가 똑같은 종류의 보트 사고를 겪으면서 살기로 결심하게 되는 서브플롯의 위기/절정에서 회상 장면으로 극화되어 나타난다.

중심플롯은 콘래드의 아버지 캘빈(도널드 서덜랜드)이 주도한다. 수동적인 인물처럼 보이지만 주인공의 정의에 꼭 들어맞는 인물이다. 이야기의 마지막 지점에 이르기까지 자신의 욕망을 추구해 나갈 의지와 힘을 가지고 있으며 자기 동일시가 가능한 인물이다. 영화 전체를 통해서 캘빈은 자신의 아들과 아내의 화해를 불가능하게 만들고 그의 가족에 어두운 그림자를 드리우고 있는 끔찍한 비밀을 추구해 나간다. 고통스러운 싸움을 거친 끝에 그는 그 비밀을 밝혀낸다. 아내가 콘래드를 미워하기 시작한 것은 그 애의 형이 죽은 후부터가 아니라 그 애가 태어나면서부터였다는 것이다.

위기에 이르러 캘빈은 진실을 밝히기 위해 아내 베스(메리 타일러 무어)와 대결한다. 자신이 정한 질서에 강박적으로 매달리는 그녀는 단 하나의 아이만 원했다. 둘째 아이가 생겼을 때, 그녀는 첫째 아이에 대한 사랑을 나눠줄 수가 없어서 엄마의 사랑을 갈구하는 둘째 아이를 미워하게 된다. 그녀는 언제나 콘래드를 미워했고 콘래드는 항상 그걸 느꼈다. 형이 죽고 나서 자기도 죽으려고 했던 이유가 바로 이것이다. 이제 캘빈이 절정으로 밀고 간다. 아내에게 콘래드를 사랑하는 방법을 배우든가 그렇지 않으면 집을 떠나라고 요구하는 것이다. 베스는 가방을 꾸려서 집을 나간다. 그녀로서는 자신의 아들을 사랑할 수 없는 무감함에 직면할 수 없었던 것이다.

이 절정은 이 이야기의 주된 극적 질문, '이 가족은 가족 안에서 문제를 해결할 수 있을 것인가, 아니면 해체될 것인가?'에 대한 대답이다. 절정으로부터 거꾸로 거슬러 올라가다 보면 캘빈의 삶의 균형을 망가뜨리고, 그것을 해결하기 위한 추구의 과정으로 캘빈을 내보낸 도발적인 사건을 찾아내게 된다.

영화는 정신 병원에서 자살 충동 증세를 치료받고 나온 콘래드가 집으로 돌아오는 장면으로 시작한다. 캘빈은 이제 그의 가족이 겪은 고통이 지나갔고 잃었던 균형이 회복되었다고 느낀다. 다음 날 아침 식사 시간, 차가운 분위기의 콘래드가 아버지의 맞은편 자리에 앉는다. 베스가 콘래드 앞에 프렌치토스트를 담은 접시를 내려놓는다. 그는 안 먹겠다고 한다. 베스는 접시를 들어서 "그러면 먹지 마." 하고 중얼거리며 쓰레기 분쇄기에 토스트를 처넣는다.

감독인 로버트 레드퍼드의 카메라는 한 남자의 삶이 붕괴하는 이 순간, 아버지의 얼굴을 포착한다. 캘빈은 미움이 복수의 형태로 돌아왔다는 것을 즉각 감지한다. 그 뒤에는 무언가 두려운 것이 숨어 있다. 이 싸늘한 사건은 관객들에게 두려움을 불러일으키면서 '저 여자 자기 아들한테 대하는 것 좀 봐! 이제 막 병원에서 나온 아들한테 저런 짓을 하다니.' 하는 생각을 갖게 만든다.

원작 소설가 주디스 게스트와 시나리오 작가 앨빈 사전트는 캘빈을 그 자리에서 벌떡 일어나 못되게 구는 아내와 아들을 화해시키려는 시도를 하지 않는, 조용한 성격으로 묘사한다. 캘빈이 첫 번째로 가진 생각은 이들에게 충분한 시간과 가족사진을 찍는 등 다정한 분위기를 만들어 준다는 것이다. 콘래드가 학교에서 문제가 있다는 것을 안 다음에는 아들을 위해 정신 상담 치료사를 고용하기도 한다. 또한 아내가 먼저 이해해 주기를 바라면서 부드럽게 이야기를 건넨다.

캘빈이 다정하고 쉽게 결단하지 못하는 성격의 소유자이기 때문에, 사전트는 서브플롯을 따라 전개되는 과정에서 이 영화가 역동성을 얻을 수 있도록 이야기를 설계해야 했다. 자살을 둘러싼 콘래드의 갈등이 눈에 두드러지지 않는 캘빈의 추구에 비해 훨씬 역동적이다. 따라서 사전트는 소년의 서브플롯을 전면에 배치하면서 강조하고 상당한 양의 시간을 부여하는 한편, 그 뒤에서 중심플롯의 계기를 조심스럽게 증폭시켜 간다. 서브플롯이 정신 상담의 사무실에서 마무리될 즈음에는, 캘빈에게 중심플롯을 그 끔찍한 결말로 몰고 나갈 준비가 갖춰진다. 그러나 이야기가 이 지점에 도달할 수 있게 된 내적 계기는 베스가 프렌치토스트를 쓰레기 분쇄기에 처넣은 도발적인 사건에서 마련된 것이다.

헨리 제임스가 자신의 소설 서문에서 이야기 예술에 관해 뛰어난 견해를 밝힌 적이 있다. "어쨌거나 사건이란 무엇인가?" 그의 견해로 사건이란, 한 여자가 식탁에 조용히 손을 올려놓고 "어떤 독특한 눈길로" 당신을 바라보는 것과 같은 지극히 사소한 일도 포함한다. 배경이 잘 정리되어 있을 경우에는 한 번의 몸짓이나 눈길만으로도 '다시는 당신을 만나지 않겠어요.' 또는 '영원히 당신을 사랑하겠어요.'라는 의미가 만들어질 수 있고, 그에 따라 한 인생이 망가질 수도 만들어질 수도 있다.

도발적인 사건(다른 일반적인 사건의 경우도 마찬가지지만)은 그 사건을 둘러싸고 있는 세계, 인물, 장르와 적절하게 어울리는 특성을 가져야 한다. 그 사건에 대한 아이디어가 한번 잡히고 나면 작가는 그 사건의 기능에 집중해야 한다. 그 도발적인 사건은 주인공의 삶의 균형을 급격하게 뒤흔들어 놓는 것인가? 그 사건이 주인공에게 자신의 삶의 균형을 되찾으려는 욕망을 불러일으키는가? 그 사건은 주인공이 자신의 균형을 회복해 줄 것이라고 느끼는 물질적·비물질적 대상에 대한 의식적 욕망을 주인공 안에 불러일으키는가? 그 사건은 주인공이 자신의 욕망을 추구하기 시작하는 추진력을 제공하는가? 그 사건은 관객의 마음속에 주된 극적 질문을 불러일으키는가? 그 사건은 필수적인 장면의 이미지를 만들어 주는가? 만약에 이 모든 조건을 다 갖추고 있다면 한 여인이 식탁 위에 손을 올려놓고 "어떤 독특한 눈길로" 한 번 쳐다보는 것과 같은 사소한 사건도 도발적인 사건이 될 수 있다.

도발적인 사건의 창조

마지막 장의 절정은 가장 만들기 어려운 장면이다. 이 장면은 이야기의 영혼이다. 이 장면이 말이 되지 않으면 이야기 전체가 말이 안 된다. 두 번째로 만들기 어려운 장면은 중심플롯의 도발적인 사건이다. 작가들이 가장 많이 고쳐 쓰는 부분이 바로 이 장면이다. 이 장면을 제대로 쓰기 위해서는 다음의 몇 가지 질문을 던져 봐야 한다.

이 이야기의 주인공에게 일어날 수 있는 최악의 사건은 어떤 것인가? 어떻게 하면 이 최악의 사건이 최고의 사건으로 전환될 수 있는가?

「크레이머 대 크레이머」의 경우. 최악: 일 중독자인 크레이머(더스틴 호프먼)의 아내가 크레이머와 아들을 버리고 집을 나간다. 최고: 이 사건은 사랑할 줄 아는 인간이 되고 싶다는 그의 무의식적인 욕망을 일깨우는 데 꼭 필요한 충격 요법이 된다.

「독신녀 에리카」의 경우. 최악: 에리카(질 클레이버그)는 다른 여자와 살기 위해 떠나겠다는 남편의 말을 듣고 토한다. 최고: 남편이 떠나면서 항상 남자에게만 의존하고 살던 에리카는 자유롭게 사는 경험을 통해 자기 충족적이고 독립적인 인간이 되고 싶다는 무의식적 욕망을 충족하게 된다.

또는 주인공에게 일어날 수 있는 최고의 사건은 어떤 것인가? 어떻게 하면 그 일이 최악의 사건으로 전환되는가?

「베니스에서의 죽음」의 경우. 폰 아셴바흐(더크 보가드)는 역병으로 인해 아내와 아이들을 잃었다. 그 이후 그는 육체적·정신적으로 완전히 탈진할 지경이 될 때까지 일만 해 왔다. 의사는 그가 원기를 회복할 수 있도록 베니스의 온천으로 휴양을 보낸다. 최고: 그곳에 가서 그는 미친 듯이 사랑에 빠진다. 그러나 그 사랑의 대상은 소년이다. 그는 불가사의할 정도로 아름다운 소년에 대한 불가능한 사랑의 열정으로 절망에 빠진다. 최악: 새로운 전염병이 베니스를 휩쓸면서 소년의 어머니는 소년을 서둘러 먼 곳으로 보내 버리고 폰 아셴바흐는 죽음을 통해 자신의 고통으로부터 해방되기 위해 베니스를 배회한다.

「대부 2」의 경우. 최고: 마이클(알 파치노)은 코를레오네 가의 대부가 된 후 자신의 가족 사업을 합법화시키기로 결심한다. 최악: 그는 마피아들의 충성의 원칙을 인정사정없이 밀어붙인 나머지 최측근을 암살하고 아내와 아이들로부터 멀어진다. 게다가 형의 죽음으로 인해 공허하고 황폐한 상태에 놓인다.

어떤 이야기에서는 이런 유형의 순환이 한 번 이상 반복될 수도 있다. 무엇이 최고인가? 어떻게 해서 그것이 최악의 것으로 바뀌는가? 어떻게 해서 그것이 다시 주인공의 구원으로 이어지는가? 또는 무엇이 최악인가? 그것은 어떻게 해서 최고의 것으로 전환되는가? 그것은 어떻게 해서 주인공을 파멸시키는가? 작가는 끊임없이 이야기를 최고 또는 최악을 향해 확장시킨다. 왜냐하면 이야기 예술이란 인간 경험의 중간 지대를 다루는 것이 아니기 때문이다.

도발적인 사건의 효과는 인간의 한계에까지 도달해 볼 수 있는 기회를 만들어 내는 데 있다. 이것은 일종의 폭발 같은 것이다. 액션 장르에서는 그것이 실제의 폭발일 수도 있다. 다른 장르에서는 한 번의 미소처럼 조용한 것일 수도 있다. 그 사건으로 표현되는 것이 얼마나 직접적이든 가려져 있는 것이든 간에 도발적인 사건은 주인공의 삶을 뒤흔들어 놓아 그의 내부 세계를 혼란스럽게 만들어야 한다. 이러한 격동 속에서 작가는 이야기의 절정과 대단원을 찾아내 좋은 방향으로든 나쁜 방향으로든 이야기 속의 세계에 새로운 질서를 부여해야 한다.

9장
장 설계

점진적 얽힘

　이야기 설계의 다섯 단계 중 두 번째는 점진적 얽힘, 즉 전개다. 이야기의 발단부터 마지막 장의 위기/절정까지를 잇는 커다란 부분이다. 이야기를 얽는다 함은 인물들의 삶을 꼬이게 만든다는 뜻이다. 따라서 점진적인 얽힘이란, 인물들과 맞서는 적대 세력이 점점 강력해지면서 갈등이 점차 심해진다는 말이다. 이 과정에서 여러 사건이 잇따라 일어나면서 돌이킬 수 없는 지점에 이르게 된다.

돌이킬 수 없는 지점

　발단을 거치며 주인공은 흐트러진 삶의 균형을 회복하고자 의식적 또는 무의식적 욕망의 대상을 찾아 탐험에 나서게 된다. 처음에는 주변 세계에서 긍정적인 반응을 얻으려고 최소한의 보수적인 행동을 시도한다. 하지만 이 행동은 내적 갈등이나 개인적 갈등 또는 사회/환경적 갈등에서 적대 세력을 불러올 뿐이다. 갈등은 주인공의 욕망을 가로막고 기대와 결과 사이에 간극을 벌린다.

이 간극이 벌어지면 관객은 이제 돌이킬 수 없는 지점에 닿았음을 알아차린다. 소극적인 노력은 이제 통하지 않는다. 미비한 행동으로는 삶의 균형을 회복할 수 없다. 인물의 처음 행동처럼 약하고 소극적인 행동들은 지금부터 이야기에서 제외될 수밖에 없다.

위험에 놓였음을 깨달은 주인공은 이 간극을 극복하기 위해 더 강한 의지와 능력을 동원해서 더 어려운 제2의 행동에 착수한다. 그러나 역시 결과는 적대 세력을 자극해 기대와 결과 사이에 또 다른 간극만 벌어진다.

이제 관객은 여기도 돌이킬 수 없는 지점임을 감지한다. 두 번째처럼 온건한 행동으로도 성공할 수 없을 것이다. 따라서 그 정도 수위의 행동들도 다 제외될 수밖에 없다.

위험이 커진 이상 이제 변화된 상황에 맞춰 인물의 행동도 더 강력한 의지와 역량을 요구하게 된다. 인물은 주변 세계의 반응이 부디 거칠지 않고 우호적이기를 바라는 마음이다. 그러나 이번에도 역시 그의 세 번째 행동에 대응하는 적대 세력의 위력이 더 강해지면서 간극만 훌쩍 벌어진다.

다시 한번 돌이킬 수 없는 지점에 다다랐음을 관객은 깨닫는다. 더 극단적인 행동으로도 인물이 원하는 바를 이루지는 못할 테니 고려하나마나다.

이렇듯 인물들에게 점점 큰 의지와 능력을 요구하면서 점점 더 위험한 상황에 처하게 만들어 당시의 행동으로는 어찌해 보지 못하는 돌이킬 수 없는 지점을 여러 차례 지나치는 것이 이야기의 전개 과정이다.

이야기는 행동의 수위를 점차 낮춰 갈 게 아니라 오히려 점차 강도를 더해 가서 마지막에는 관객이 보기에 최대한 극단적인 행동에까지 이르러야 한다.

이런 경험이 얼마나 많은가? 출발은 괜찮아서 관객이 인물들의 삶에 걸려드는 영화가 있다. 중요한 전환점까지 처음 30분가량은 흥미진진하다. 그런데 40~50분이 지나면서부터 영화가 질질 끌기 시작한다. 관객의 시선이 흐트러진다. 시계를 흘끔거리기도 하고 팝콘이나 더 사 올 걸 후회도 한다. 마침내는 함께 온 사람을 뜯어 살피는 데만 신경을 쓰기 시작한다. 어쩌면 영화가 속도감을 되찾아 괜찮게 끝날 수도 있다. 하지만 중간에 늘어지는 20~30분 동안 관객은 이미 흥미를 잃었다.

이렇게 뱃살을 주체하지 못하고 늘어뜨린 영화들이 숱하게 많다. 이 뱃살을 유심히 들여다보면 이게 바로 작가의 통찰력과 상상력이 흐느적대서 생긴 대목임을 알게 될 것이다. 작가가 이야기를 점진적으로 발전시키지 못해서 오히려 퇴행시킨 꼴이다. 인물들이 1장에서 이미 했던 식의 미비한 행동들을 2장 중간에서 되풀이하고 있다. 물론 똑같은 행동은 아니지만 종류도 비슷하고 규모도 비슷하다. 여전히 최소한의 보수적인 행동들인 데다 이제는 그나마도 하찮기 짝이 없다. 1장에서 이런 행동으로 인물의 바람이 실현되지 못했는데 2장에서 될 리가 없다는 걸 관객은 본능적으로 알아차린다. 작가가 쓰레기 재활용하듯 이야기를 재활용하니 관객들로선 보는 시늉만 하게 된다.

영화적 흐름의 상승세를 유지하는 유일한 길은 상상과 기억과 사실에 대한 연구 조사뿐이다. 보통 장편 길이의 아크플롯은 40~60개의 장면 정도로 구성되고, 이것은 다시 12~18개의 시퀀스를 구성한다. 이 시퀀스들이 묶여 셋 남짓한 장들을 이루고 각 장은 계속 서로 맞물리며 이야기의 강도를 더해 간다. 40~60개의 장면을 중복 없이 만들려면 실제로는 수백 장면을 고안해 내야 한다. 이 산더미 같은 재료를 대략 파악한 뒤 깊숙이 파고들어 가 몇 안 되는 숨은 진주들을 찾아내야 한다. 이것을 가지고 시퀀스와 장을 구성해야 기억에 남을 만큼 감동적인 돌이킬 수 없는 지점들이 나오게 된다. 그렇지 않고 40~60개의 장면만을 고안해 120쪽짜리 시나리오를 채우려 든다면 퇴행적이고 반복적인 작품이 될 게 뻔하다.

갈등의 법칙

발단에서 벗어나면 주인공은 갈등의 법칙이 지배하는 세계로 들어선다. 즉 이야기 안에서 모든 일이 갈등을 통해 진행된다.

바꾸어 말하자면 이야기에서 갈등은 음악에서 소리나 다름없다. 이야기와 음악은 둘 다 시간과 관계된 예술이다. 이런 예술 작업을 하는 사람들에게 가장 어려운 과제는 관객의 흥미를 낚아채 온전히 주의를 집중시킴으로써 이야기나 음악을 듣는 시간 내내 시간의 흐름을 깨닫지 못하게 하는 일이다.

음악에서는 소리가 이런 효과를 수행한다. 악기 소리나 사람의 노랫소리에 사로잡혀 따라가는 사이에 시간은 사라져 버린다. 교향곡을 듣고 있는데 갑자기 중간에 오케스트라가 연주를 멈췄다고 생각해 보자. 어떻게 될까? 처음에는 왜 연주를 멈췄을까 의아하고 어리둥절해진다. 그러고는 곧 째깍째깍 시계 소리가 들리는 듯한 상상이 들 것이다. 어느새 시간의 흐름에 극히 민감해진 것이다. 시간의 흐름이란 매우 주관적이어서 연주가 멈춘 단 3분이 30분처럼 여겨질 것이다.

　이야기에서는 갈등이 곧 음악이다. 갈등이 관객의 생각과 감정을 집중시키는 사이에 관객은 자신도 모르게 시간을 여행하게 된다. 그러다가 별안간 영화가 끝난다. 시계를 흘끗 보고는 그제야 시간이 이렇게 지났구나 하고 놀란다. 하지만 갈등이 사라지면 관객의 흥미도 화면에 머물 수 없다. 그림 같은 촬영과 아름다운 선율에 잠시 눈과 귀가 즐거울 수는 있겠지만 그것도 잠시다. 너무 오래 갈등이 잠잠하면 관객의 시선은 화면을 벗어난다. 시선이 떠나면 자연히 생각과 감정도 떠난다.

　갈등의 법칙은 단순히 미학적 원칙 중 하나가 아니다. 그 자체가 이야기의 정수다. 이야기는 삶의 은유이고 산다는 것은 곧 쉴 새 없는 갈등의 연속이다. 장 폴 사르트르의 말마따나 희소성, 즉 보편적이고 영속적인 결핍이야말로 실재의 본질이다. 모두에게 돌아갈 만큼 충분한 건 이 세상에 없다. 음식도 사랑도 정의도 더더욱 시간은 충분치 않다. 하이데거가 말한 대로 시간은 실존의 기본 범주다. 인간은 끊임없이 수축하는 시간의 그늘 안에서 살아간다. 혹여 짧은 인생이나마 허비하지 않고 살았구나 싶게 살려고 들면 어김없이 우리의 욕망을 거부하는 결핍의 위력과 한바탕 충돌할 것을 각오해야 할 것이다.

　작가들 가운데도 인생무상이라는 진리를 이해하지 못하는 사람들이 있다. 이들은 근대 세계가 주는 헛된 안락함에 속아 일단 제대로 처신하는 법만 알면 인생도 만만할 줄 안다. 그 탓에 이야기 안에서 갈등을 제대로 다루지 못한다. 이들이 쓴 대본이 실패하는 이유는 둘 중 하나다. 무의미하고 터무니없이 폭력적인 갈등으로 범벅되어 있거나, 아니면 의미 있고 정직하게 표현된 갈등이 아예 없거나다.

초호화 특수 효과로 도배된 대본들이 전자의 경우다. 이런 대본을 쓴 사람들은 교과서에서 시키는 대로 갈등을 만들어 내기는 한다. 하지만 자신이 인생의 정직한 분투에 무관심하거나 무감각하기 때문에, 무조건 깨고 부수는 상황을 만들어 놓고 가짜로 구실을 쥐어짜 내기 급급하다.

한편 갈등 자체에 대한 반발심에서 쓰인 지루한 인물 묘사들이 후자에 속한다. 갈등만 없다면 인생이 정말 멋질 거라는 낙천적인 몽상이 이런 작가들의 생각이다. 때문에 이들이 쓴 영화들은 갈등을 회피하고 두루뭉술한 묘사로 일관한다. 인간이 조금만 더 서로 소통할 수 있다면, 조금만 더 너그러워진다면, 또는 조금만 더 환경을 아낀다면 세상이 다시 낙원처럼 될 수 있다는 듯이 말이다. 그러나 역사에서 배운 건 한 가지뿐이다. 악몽 같은 유독 물질들이 깨끗이 사라지고, 집 없는 사람들에게 묵을 곳이 제공되고, 태양열이 지구상의 모든 에너지 공급을 대체하는 세상이 온다 해도, 인간은 각자 내 한 몸 지키느라 전전긍긍하리라는 점이다.

이런 양극의 작가들이 놓치고 있는 사실이 있다. 다양한 층위에 따라 갈등의 질이 변할지라도 인생 전체에서 갈등의 양은 일정하게 유지된다는 점이다. 언제나 무언가는 부족하게 마련이다. 풍선을 손으로 꽉 누른다고 공기의 양이 줄지 않는 것처럼 갈등도 마찬가지다. 다른 방향이 불룩 튀어나올 뿐 갈등의 양은 변함이 없다. 인생의 한 층위에서 갈등을 덜어 내면 다른 층위에 가서 열 배로 불어나는 것이다.

가령 사람이 외적인 욕구를 어떻게든 충족시켜서 바깥세상과 큰 무리 없이 지낸다 하더라도 그 평온함은 얼마 못 가 지루함으로 바뀐다. 이 경우 갈등의 부재 자체가 사르트르가 말한 '결핍'의 내용을 이룬다. 인간이 부족함이 없어 욕구를 상실할 때 겪는 내적인 갈등이 바로 지루함이다. 그러니 날이면 날마다 느긋한 만족감에 젖어 사는 어떤 인물의 갈등 없는 생활을 영화로 옮긴다고 해 보자. 그걸 보는 관객들은 지루함으로 오죽 고통스럽겠는가.

산업화된 나라의 교육받은 계층들은 대체로 물리적 생존을 위한 투쟁에서 자유롭다. 외부 세계를 염려할 필요가 없어진 만큼 이제 내부 세계를 돌아볼 여유가 생긴다. 의식주에 의료 문제까지 해결되어 한숨 돌리고 보니 인간이 얼마나 불완전한 존재인가 문득 자각하게 된다. 이제는 신체의 안위로는 만족할 수가 없다. 무엇보다 행복을 원하게 되고 그러면서 내면생활의 전쟁이 시작되는 것이다.

그러나 만일 정신과 육체와 감정과 영혼의 갈등에 정말 흥미가 없는 작가라면 제3세계를 한번 돌아보라. 그리고 지구상의 다른 종족들이 어떻게 살아가고 있는지 생각해 보라. 그들 대다수가 여전히 굶주림과 질병 속에서 야만적인 폭력과 횡포에 시달리며 짧은 생을 고통스럽게 살아간다. 자기 아이들의 삶이 조금이라도 나아지리라는 기대도 품지 못한다.

만일 내면세계나 더 넓은 바깥세상의 심대한 갈등에도 마음이 움직이지 않거든 죽음에 대해 생각해 보라. 죽음은 미래로부터 우리를 향해 달려오는 화물 열차 같은 것이다. 시시각각 남은 시간들을 좁히며 다가온다. 작은 만족이라도 맛보며 살고 싶다면 이 기차가 도착하기 전에 어서 인생의 적대 세력과 맞붙어야 한다.

대충 스트레스에 적응해 사는 게 인생은 아니다. 훔친 핵무기로 도시 전체를 인질 삼아 벌이는 거물급 범죄자들의 과잉 갈등 따위도 인생이 아니다. 두고두고 인정받는 작품을 만들고 싶은 예술가라면 이 사실을 깨달아야 한다. 사랑과 자기 가치를 발견하는 문제나 혼란스러운 내면의 평안을 회복하는 문제, 인간을 둘러싼 거대한 사회적 불평등의 문제, 시시각각 다가오는 죽음의 문제, 인생은 이런 궁극적인 문제들에 관한 것이다. 인생은 갈등이다. 그게 인생의 본질이다. 이 투쟁을 어디서 어떻게 조합하여 연출할지는 작가가 결정해야 한다.

얽힘 vs 복잡함

이야기를 얽기 위해 작가는 마지막까지 점진적으로 갈등을 쌓아 간다. 이것만으로도 충분히 어려운 일이다. 하물며 이야기를 단순히 얽는 데서 그치지 않고 최대한 복잡하게 전개하려 할 때는 할 일이 기하급수적으로 증가한다.

앞에서 보았듯 갈등은 세 가지 층위의 적대 관계 중 어느 한두 개로부터 생길 수도 있고, 셋 모두에서 생길 수도 있다. 이야기를 단순히 얽는다는 건 이 세 층위 중 어느 하나에서만 갈등을 발생시킨다는 말이다.

공포 영화나 액션 모험물, 소극(笑劇) 등에서는 주인공이 부딪치는 갈등이 초개인적인 층위에서만 발생한다. 예를 들어 제임스 본드는 아무런 내면의 갈등이 없다. 본드와 여자들의 만남을 개인적인 관계라고 오해하는 사람은 없다. 전부 심심풀이일 뿐이다.

얽힘:
한 층위에서만 갈등이 발생

내적 갈등 — 의식의 흐름
개인적 갈등 — 소프 오페라(TV 연속 멜로드라마)
초개인적 갈등 — 액션 모험물, 소극

이런 종류의 영화들은 공통적으로 두 가지 특징이 있다. 첫째, 출연진이 방대하다. 작가가 주인공을 사회적 갈등에 연루시키기로 정하면 나중의 광고 문구대로 "엑스트라 수천 명"이 필요할 것이다. 제임스 본드 영화만 해도 대적할 대악당들에다 그 부하들과 암살자들, 그리고 꼬드기는 여자 악당들에 군대까지 동원된다. 게다가 본드 편의 협력자들이랑 구출해 낼 민간인들도 필요하다. 본드와 사회 간의 갈등이 강력할수록 필요한 출연 진의 수도 증가한다.

둘째, 이런 종류의 영화들은 여러 개의 세트와 야외 촬영지가 필요하다. 작가가 물리적 갈등을 중심으로 이야기를 전개하려면 계속해서 환경을 바꿔 줘야 한다. 본드 영화의 경우, 비엔나 오페라하우스에서 영화가 시작해서 히말라야산맥에 갔다가 사하라사막을 가로질러 북극 빙하에서 잠수도 하고 달에도 갔다 온 뒤 뉴욕 거리를 걸을 수도 있다. 공간이 다양해질수록 본드가 현란하고 대담무쌍한 액션을 보여 줄 기회가 점점 더 많아진다.

갈등이 개인적 층위에만 얽힌 이야기들을 흔히 소프 오페라(Soap Opera)라고 한다. 가족 드라마와 러브 스토리가 열린 결말의 형태로 결합된 이야기인데, 극 중의 모든 인물들이 번갈아 가면서 서로 한 번씩은 정을 통한다. 수많은 가족과 친구와 연인들이 등장하고 그런 만큼 거실, 침실, 사무실, 나이트 클럽, 병원 등 공간이 될 세트도 많이 필요하다. 소프 오페라의 인물들은 내적인 갈등이나 초개인적인 갈등이 없다. 그들은 한결같이 자신들이 원하는 것을 얻지 못할 때 괴로워한다. 하지만 이미 선악의 두 편으로 확연히 나뉜 인물들인 탓에 진정한 내적 딜레마를 겪을 일이 좀처럼 없다. 그들의 쾌적한 세계에 사회가 개입하는 일도 절대 없다. 가령 살인자가 있어서 형사 같은 일종의 사회의 대리인을 이야기 속에 끌어들여야 하는 경우가 있다 하자. 일주일이 못 가서 이 형사도 극 중 인물의 절반 이상과 은밀하고 개인적인 관계를 맺을 게 뻔하다.

내적 갈등의 층위에서만 갈등이 전개되는 이야기는 영화나 연극이나 통속 소설에서 찾아보기 어렵다. 주로 '의식의 흐름'류의 산문 작품들로서 인간 의식의 본질을 언어화한 이야기들에서 찾을 수 있다. 여기에도 마찬가지로 여러 인물이 등장한다. 단일 인물의 내면에서 벌어지는 이야기일지라도 그 인물의 머릿속은 그가 만났거나 만나고픈 모든 사람들에 대한 기억과 상상으로 가득하기 때문이다. 게다가 『네이키드 런치』 같은 의식의 흐름 작품에는 얼마나 많은 이미지가 빼곡히 차 있는지 한 문장 안에서만도 서너 차례나 장소가 바뀐다. 셀 수 없이 많은 장소와 얼굴들이 독자의 상상 안으로 쏟아져 들어오는 것이다. 하지만 아무리 주관적으로 풍부할지라도 이 작품들은 모두 한 층위에만 집중되어 있기 때문에 단순한 얽힘을 넘어서지 못한다.

내적 갈등
개인적 갈등
초개인적 갈등

복잡한 이야기를 구성하려면 인물이 삶의 모든 층위에서 갈등을 겪게 해야 한다. 게다가 세 가지 갈등이 모두 동시에 진행되는 경우가 많다. 지난 20년간 영화 속에서 벌어진 사건들 중 가장 인상적인 한 가지를 예로 들어 보자. 바로 「크레이머 대 크레이머」의 프렌치토스트 장면이다. 이 장면의 묘사는 겉보기에는 지극히 단순하지만 사실 매우 복잡하다. 이 유명한 장면은 자신감, 아버지를 향한 아이의 신뢰와 존경, 가정의 유지라는 세 가치의 결합을 축으로 진행된다. 장면이 시작될 때는 이 세 가치가 모두 긍정의 값을 띠고 있다.

영화의 첫대목에서 크레이머는 아내가 자기와 아들을 두고 떠났음을 알게 된다. 머릿속은 불안과 두려움이 가득한 한편 여자들 일이 뭐가 힘들겠냐는 남성 특유의 오만함이 발동해서 생기는 내적 갈등이 크레이머를 어지럽힌다. 하지만 어쨌든 다음 장면이 시작될 때만 해도 그는 자신감에 차 있다.

크레이머에게는 개인적인 갈등이 있다. 엄마가 없으면 굶어 죽을까 봐 아들이 극도로 불안해하고 있는 것이다. 크레이머는 아들을 달래려 애쓴다. '걱정할 것 없어.' '엄마는 곧 돌아올 거야.' '그동안에는 잠깐 캠핑 나온 것처럼 우리끼리 재미있게 지내자.'고 하면서. 아이는 아버지의 약속을 믿으며 눈물을 닦는다.

결정적으로 크레이머에게는 초개인적인 갈등까지 있다. 그에게는 부엌이 완전히 낯선 세계라는 점이다. 하지만 그는 프랑스 요리사라도 되는 양 자신 있게 부엌으로 들어간다.

아들을 의자에 걸터앉히고는 아침으로 무얼 먹고 싶은지 묻는다. "프렌치토스트." 아들이 대답한다. 크레이머는 한숨을 한 번 내쉬고는 프라이팬을 꺼낸다. 팬에 기름을 좀 둘러 불 위에 얹고 불을 세게 해 놓고 재료를 찾기 시작한다. 프렌치토스트에 달걀이 들어간다는 건 알고 있다. 냉장고에서 달걀을 몇 알 찾아낸다. 하지만 어디다 깨 넣어야 할지를 모른다. 찬장을 뒤져 '테디'라고 쓰인 큰 커피잔을 찾아 든다.

아들은 적힌 낙서를 보다가 크레이머에게 경고한다. 엄마가 만드는 걸 봤는데 엄마는 그런 커피잔에다 안 한다고 말이다. "괜찮을 거야." 크레이머는 아들에게 말하고 달걀을 깬다. 잔에 들어간 것은 조금뿐이고 끈적이는 달걀 때문에 주위만 엉망이 된다. 아이가 울기 시작한다.

프라이팬에선 달궈진 기름이 튀기 시작하고 당황한 크레이머는 어찌할 바를 모르고 쩔쩔맨다. 가스 불을 끌 생각은 안 하고 대신 그는 시간과 겨루기에 나선다. 달걀을 더 깨 넣고 냉장고로 달려가 우유를 집어 들고 와서는 엎지르듯 잔에 쏟아붓는다. 버터 바르는 칼로 달걀노른자를 휘젓느라 사방은 더 끈적이며 엉망이 된다. 아침밥 먹기는 틀렸구나 생각했는지 아이는 더 서럽게 울어 댄다. 팬에서는 기름이 타고 있다.

초조하고 화가 날 대로 난 크레이머는 이제 자기 두려움을 진정시킬 길이 없다. 식빵 한 조각을 움켜쥐고 노려보지만 잔에 집어넣기에는 너무

크다. 그는 식빵을 반으로 접어 잔에 억지로 쑤셔 넣는다. 달걀과 우유가 뚝뚝 떨어지는 빵 범벅을 팬에 던져 넣지만 뜨거운 기름 덩어리들이 튀어 아이랑 자기만 델 뿐이다. 뜨거운 팬을 불에서 내리다가 손에 화상까지 입는다. 마침내 아들의 팔을 낚아채 문으로 밀고 간다. "오늘은 외식하자."

크레이머의 남성적 오만함이 그의 두려움에 무릎 꿇게 되고, 그의 자신감은 마이너스로 떨어진다. 가뜩이나 겁을 집어먹은 아이 앞에서 창피한 모습을 보였으니 아버지에 대한 아이의 신뢰와 존경 역시 마이너스로 떨어지는 게 당연하다. 부엌은 마치 살아 있는 괴물인 양 그를 물리친다. 달걀, 기름, 빵, 우유, 팬한테 차례로 한 방씩 얻어맞고 비틀거리며 문을 나서는 모습에서 가정의 유지라는 가치 역시 긍정의 값을 잃고 부정의 값으로 바뀐다. 대사도 거의 없이 그저 아들에게 아침밥을 해 주려는 한 남자의 단순한 행동만으로도 이 장면은 이 영화에서 가장 기억할 만한 장면이 된다. 인생의 여러 복잡함들과 동시에 갈등하는 남자에 관한 30분짜리 드라마라고나 할까.

액션 영화나 소프 오페라, '의식의 흐름'류의 글을 쓸 생각이 아니라면 비교적 간단하면서도 복합적인 이야기를 설계하라는 게 대부분의 시나리오 작가들에게 하고픈 충고다. '비교적 간단하다'고 해서 지나치게 단순화하라는 말은 아니다. 멋지게 다듬어 잘된 이야기를 만들되 다음의 두 가지 원칙을 준수하라는 말이다. 첫째, 등장인물의 수를 너무 늘리지 말고, 둘째, 이야기에 너무 여러 장소를 넣지 말라. 여기저기, 이때저때, 이 사람 저 사람 사이를 뛰어다니는 데 몰두하지 말라. 그보다는 적절히 제한된 인물과 세계 속에서 풍부하고 복잡한 이야기를 만들어 내는 데 집중하는 훈련을 해야 한다.

장 설계

교향곡이 3, 4, 5악장으로 전개되듯이 이야기도 장(Act)으로 전개된다. 장은 이야기를 구성하는 가장 큰 단위 구조다.

비트(Beat)는 인물들의 행위 유형에 따라 바뀌며 비트가 모여 장면을 구성한다. 각 장면은 문제가 되는 가치들이 긍정에서 부정으로 또는 부정에서 긍정으로 바뀌는 전환점이 되는 게 이상적이다. 장면마다 인물들의 삶에 중요하면서도 부차적인 변화를 가져온다. 일련의 장면들이 모여 구성하는 게 시퀀스(Sequence)다. 각 시퀀스는 앞 장면들보다 가치 변화의 폭이 크고 인물들에게 중간 정도의 효과를 미치는 장면으로 마감된다. 일련의 시퀀스들이 모여 장을 구성한다. 인물들의 삶에서 다른 시퀀스들보다 더 크고 중대한 반전이 일어나는 장면이 장의 절정이다.

『시학』에서 아리스토텔레스가 추론하기를 이야기의 길이, 즉 이야기를 읽거나 공연하는 데 드는 시간과 이야기에 필요한 주요 전환점의 숫자는 비례한다고 한다. 작품이 길수록 중요한 반전도 많다는 것이다. 달리 표현하자면 아리스토텔레스는 이렇게 정중하게 간청하고 있는 셈이다. "제발 우리를 지루하게 만들지 말아라. 실제로 아무 일도 일어나지 않는데 몇 시간씩 그저 성가와 비가를 들으며 차가운 대리석 바닥에 앉아 있는 일이 없도록 해 달라."

아리스토텔레스의 원칙을 따라 보자. 이야기는 한 장으로 이루어질 수도 있다. 일련의 장면들이 두어 개의 시퀀스를 구성하고 이 시퀀스들이 한 차례의 중요한 반전으로 발전하면서 이야기를 끝맺는 것이다. 하지만 이럴 경우에는 반드시 이야기가 짤막해야 한다. 단편 소설이나 단막극, 또는 5분에서 20분 정도의 학생 영화나 단편 실험 영화가 이런 경우다.

두 장으로 구성된 이야기도 가능하다. 중요한 반전을 두 차례 거치고 끝나는 이야기다. 하지만 이런 이야기도 비교적 간결해야 한다. 시트콤이나 소품(Novella), 또는 피터 셰퍼의 『블랙 코미디』나 아우구스트 스트린드베리의 『미스 줄리』같은 한 시간 길이의 희곡들이 이런 경우다.

그러나 장편 영화나 한 시간 정도의 TV 프로그램, 장편 희곡, 소설 등 어느 정도 규모 있는 이야기라면 최소한 세 장은 되어야 한다. 인위적인 관습 때문이 아니라 더 깊은 뜻이 있어서다.

관객은 이야기 예술가에게 다정하게 말을 건넨다. "나는 인생의 한도만큼 넓고 깊은 시적 경험을 하고 싶다. 하지만 나는 분별력 있는 사람이다. 겨우 몇 분 주고서 당신의 이야기로 나를 그 극한적인 경험까지 인도하라는 건 불공평하겠지. 대신 내가 원하는 건 한순간의 즐거움이나 한두 가지의 통찰 정도다. 그 이상은 아니다. 그러나 내 인생의 중요한 몇 시간을 당신에게 할애할 때는, 당신이 경험의 끝까지 갈 수 있는 능력 있는 예술가이길 기대한다."

관객의 욕구를 충족시키고자 삶의 복잡다단한 경험들을 아우르는 이야기를 지어내려면 두 가지 주요 반전으로는 어림도 없다. 이야기의 설정이나 범위야 어찌 됐든, 제아무리 광대하고 서사적이든 내밀한 이야기든 간에 장편 내러티브 작품을 완성하려면 최소한 세 차례의 주요 반전이 있어야 한다.

이야기의 리듬이 이렇다 해 보자. 상황이 나빴다가 좋아지면서 끝나는 이야기. 아니면 처음에 좋았다가 나빠지면서 끝나는 이야기. 이도 아니면 처음에 나빴는데 나중에는 더 나빠지면서 끝나거나 처음에 좋았다가 나중에는 더 좋아지면서 끝나는 이야기. 네 가지 모두 무언가 부족하다. 긍정적이든 부정적이든 간에 두 번째 사건이 결말도 아니고 한도도 아니라는 것 정도는 누구나 안다. 설사 두 번째 사건에서 등장인물들이 죽는다 치자. 처음에 상황이 좋다가 (또는 나쁘다가) 사람들이 전부 죽는 것으로 이야기가 끝났다. 이게 충분할까? '그래, 다 죽었다 하자. 그래서 뭐가 어쨌다는 말이지?' 관객의 의문은 풀리지 않는다. 여기는 제3의 전환이 빠져 있다. 최소한 한 번 더 반전이 일어나기 전까지는 아직 한도에 이른 게 아니라는 걸 관객은 안다. 그렇기 때문에 아리스토텔레스가 말하기 이전부터 벌써 수 세기 동안 3장 구조(Three-Act Story)의 리듬이 모든 이야기 예술의 기초가 되었다.

하지만 3장 구조는 기초일 뿐 공식이 아니다. 따라서 이 리듬에서 출발해서 변형되는 이야기는 무수히 많다. 그중 몇 가지를 살펴보자. 아래 서술한 비율들은 장편 영화의 리듬이지만 원칙적으로는 희곡이나 소설에도 똑같이 적용할 수 있다. 하지만 어디까지나 근사치일 뿐 불변의 공식이 아니라는 점을 다시 한번 강조한다.

도입부인 제1장은 통상 전체 이야기의 25퍼센트를 차지하며 제1장의 절정은 120분 길이의 영화에서 20분과 30분 사이에 발생한다. 마지막 장은 셋 중 가장 짧아야 좋다. 이상적으로 마지막 장에서는 행동을 절정으로 치닫게 해 관객들이 일종의 가속감을 느끼도록 하는 것이 바람직하다.

작가가 마지막 장을 길게 늘이려 들면 중반쯤에서 가속화의 속도가 느려질 게 분명하다. 그래서 마지막 장은 대체로 20분 미만으로 간결하다.

예컨대 120분 길이의 영화에서 첫 1분 사이에 중심플롯의 발단이 발생하고 30분경에 제1장의 절정에 이르며 18분 길이의 제3장을 거쳐, 결말에서 페이드 아웃까지 2분 정도가 걸린다 해 보자. 이 리듬대로라면 제2장의 길이가 70분이 된다. 다른 건 다 괜찮은 이야기가 갑자기 지지부진해진다면, 그건 바로 이 대목에서다. 즉 작가가 제2장의 긴 수렁에 빠져 허우적대는 탓이다. 이 문제는 두 가지 방법으로 해결이 가능하다. 서브플롯을 더하거나 장 수를 늘려라.

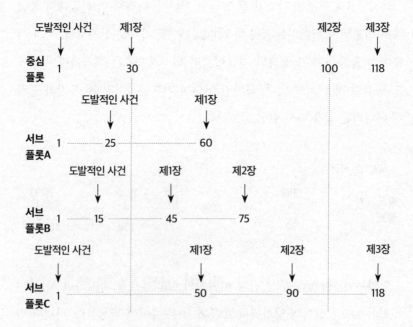

대개 짧긴 하지만 서브플롯에도 자체의 장 구조가 있다. 위와 같은 중심플롯의 3장 구조 사이에 세 가지 서브플롯을 짜서 넣어 보자. 1장 구조인 서브플롯 A는 영화가 25분쯤 지난 대목에 발단을 집어넣고 60분경에 절정과 결말에 이르게 한다. 2장 구조인 서브플롯 B는 15분쯤에 발단을 넣고 제1장의 절정을 45분에, 75분에 제2장 절정으로 마무리한다. 3장 구조인 서브플롯 C는 발단을 중심플롯의 발단 안에 끼워 넣고(가령 중심플롯에서 경찰이 범죄 사실을 발견하는 장면 안에 연인들의 만남을 배치해서 서브플롯을 시작하는 경우처럼), 50분경에 제1장 절정을, 90분에 제2장 절정을, 그리고 역시 제3장의 절정을 중심플롯의 마지막 절정 안에 결합시켜 보자.(가령 범인이 체포되는 장면에서 연인들이 결혼을 결정하는 식으로)

중심플롯과 세 서브플롯을 합쳐 네 명의 주인공이 나올 수도 있다. 그래도 관객은 그들 모두에게 감정 이입을 할 수 있고 각 서브플롯이 저마다 중대한 극적 문제를 제기할 수 있다. 그렇게 해서 네 가지 이야기가 관객의 흥미와 감정을 끌어 유지하고 증폭시킨다. 더욱 좋은 것은 세 서브플롯에서 발생하는 다섯 가지 주요 반전들이 중심플롯의 제1장 절정과 제2장 절정 사이에 두루 분포된다는 점이다. 이러면 전체 영화를 전개하고도 남을 만큼 이야기가 풍부해져서 관객을 이야기에 더 깊숙이 개입시킬 수 있다. 게다가 자칫 늘어지기 쉬운 중심플롯의 제2장에서도 더 긴장이 유지된다.

반면 모든 영화에 다 서브플롯이 필요한 건 아니다. 「도망자」처럼 말이다. 그렇다면 제2장이 늘어지지 않도록 막을 다른 방법은 무엇일까? 장을 더 많이 만들면 된다. 3장 구조는 최소한의 설계다. 중간 지점에서 주요 반전이 생기도록 이야기를 진행할 경우 이야기는 네 단계로 나뉘며 각 장의 길이가 30분에서 40분 미만이 된다. 「샤인」에서 데이비드가 라흐마니노프 피아노 협주곡 3번을 연주한 다음 쓰러지는 경우가 좋은 본보기다. 할리우드에서는 이런 기법을 장 중반의 절정(Mid-Act Climax)이라 일컫는다. 이것은 제2장의 중간에 주요 반전이 일어나는 것을 가리킨다. 이야기를 3장 구조에서 입센식의 4장 구조 리듬으로 확대시켜서 영화 중반부의 속도를 올리는 역할을 한다.

셰익스피어식으로 5장 구조의 리듬을 갖는 영화도 있다. 「네 번의 결혼식과 한 번의 장례식」이 그런 경우다. 장 수가 더 늘어나기도 한다. 「레이더스」는 7장으로 이루어져 있고 「요리사, 도둑, 그의 아내 그리고 그녀의

샤인

		도발적인 사건	(장 중반의 절정)				
		↓	↓				
중심 플롯		제1장	제2장		제3장	제4장	
	1	30	60		100	118	120

네 번의 결혼식과 한 번의 장례식

	도발적인 사건						
	↓						
중심 플롯		제1장	제2장	제3장	제4장	제5장	
	1	25	50	75	100	118	120

요리사, 도둑, 그의 아내 그리고 그녀의 정부

	도발적인 사건								
	↓								
중심 플롯		제1장	제2장	제3장	제4장	제5장	제6장	제7장	제8장
	1	15	30	45	60	75	90	105	120

정부」는 8장 구조다. 이런 영화들에서는 중요한 반전이 15분이나 20분마다 발생해서 제2장의 늘어짐을 확실하게 방지한다. 그러나 5장에서 8장으로 이루어진 이야기 설계는 예외로 삼아야 한다. 한 가지 문제를 해결하려다 다른 문제들이 생기기 때문이다.

첫째, 장 절정의 수가 늘어나면 상투적인 표현이 생기기 쉽다.

일반적으로 3장 구조의 이야기에서는 기억할 만한 장면들이 네 차례 필요하다. 이야기를 시작하는 발단과 제1장, 제2장, 제3장의 절정이다. 「크레이머 대 크레이머」의 발단에서 크레이머 부인은 남편과 아들을 두고 떠난다. 제1장의 절정에서 그녀는 돌아와서 아이의 양육권을 요구한다. 제2장의 절정에서 법원은 어머니에게 아들의 양육권을 준다. 제3장의 절정에서 그녀는 전남편과 마찬가지로 자신을 위해서가 아니라 사랑하는 아이에게 무엇이 가장 이로운지 판단해서 행동해야 한다고 깨닫고는 아이를 크레이머에게 돌려보낸다. 이 네 개의 강력한 전환점들은 다시 뛰어난 장면과 시퀀스로 연결된다.

장의 수를 늘릴 때 작가는 아울러 다섯 개, 아니 어쩌면 그 배로 많은 멋진 장면들을 고안해 내지 않으면 안 된다. 이런 작업이 힘에 부칠 수 있고 그러다 보면 숱한 액션 영화에 들끓는 상투적 표현들에 기대게 된다.

둘째, 장의 수가 늘어나면 절정의 효과가 감소되고 이야기가 장황해지기 쉽다.

작가가 아무리 15분마다 한 번씩 주요 반전이 일어나게 쓸 수 있다고 자신하더라도 장 절정의 장면들마다 삶과 죽음을 오락가락하며 일고여덟 차례씩 반복하다 보면 자연히 이야기가 지루해진다. 얼마 지나지 않아 관객은 하품을 하게 된다. '저건 별로 달라지는 것도 없잖아. 날마다 저렇

게 사는 거네. 15분에 한 번씩은 누군가 저 사람을 죽이려 드는군.'

어떤 게 중대한 사건인지는 중간 정도나 부차적인 사건에 따라 다르다. 모든 장면에서 아우성을 쳐대면 관객은 곧 무감각해진다. 너무 많은 장면이 서로 최강의 절정이 되려고 달려들면 정작 중요해야 할 장면들이 미약하고 지루해져 이야기가 상승은커녕 미적거리다 멈춰 서고 만다. 3장 구조의 중심플롯에 서브플롯을 더하는 설계가 일종의 기준이 된 것도 이런 까닭에서다. 이 설계야말로 대부분 작가들의 창조적 역량에 맞으면서도 반복을 피하고 이야기의 복잡성을 유지시켜 준다.

설계의 다양한 변형들

첫째, 중요한 반전의 숫자에 따라 이야기가 다양해질 수 있다. 미니플롯의 1장 또는 2장 구조(「라스베이거스를 떠나며」), 또는 3장 내지 4장 구조에 서브플롯이 더해진 대부분의 아크플롯(「심판」), 또는 액션 영화들에서 흔한 7장 내지 8장 구조(「스피드」), 뒤죽박죽된 안티플롯 유형들(「부르주아의 은밀한 매력」), 거기다 중심플롯은 없지만 다양한 줄거리에 10여 개의 주요 전환점을 담고 있는 다중플롯 영화들(「조이 럭 클럽」)에 이르기까지.

둘째, 발단을 어디에 배치하느냐에 따라 이야기의 형태가 다양해진다. 관습적으로는 이야기의 도입부에서 발단이 생겨 점차 발전하다가 20~30분 뒤에 제1장 절정에서 주요 반전에 이른다. 이런 유형의 경우 작가는 주요 장면 두 가지를 영화의 첫 4분의 1 안에 배치해야 한다. 하지만 이야기가 시작한 지 20~30분이 지난 뒤에 발단이 일어날 수도 있다. 예를 들어 「록키」는 중심플롯의 발단이 아주 늦게 시작된다. 이런 경우에는 발단이 사실상 제1장 절정이 되므로 두 가지 몫을 하는 셈이다.

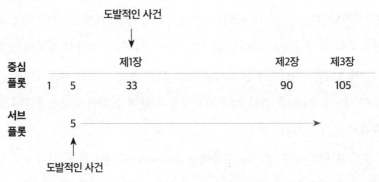

록키

도발적인 사건

중심
플롯

제1장   제2장   제3장

1   5   33   90   105

서브
플롯

5

도발적인 사건

그러나 작가가 편하려고 일부러 이런 방법을 택하면 안 된다. 중심플롯의 등장을 지연시킬 이유는 하나뿐이다. 관객이 주인공을 충분히 알아야만 발단에 제대로 반응할 수 있는 경우다. 이럴 때는 서브플롯 장치로 먼저 이야기를 시작해야 한다. 「록키」에는 아드리안과 록키의 러브 스토리라는 서브플롯이 하나 있다. 「카사블랑카」는 다섯 개의 서브플롯을 차용한다. 그중 넷은 각각 라즐로, 우가트, 이본, 불가리아인 아내를 단일 주인공으로 삼으며 다른 하나는 망명자들을 복수 주인공으로 삼는다. 중심플롯이 등장할 만큼 분위기가 무르익기를 기다리는 사이에도 이야기는 계속 관객의 흥미를 놓치지 말아야 한다.

그런데 그 무르익은 순간이 1~13분 사이의 어디쯤이라면 어떨까? 이때도 역시 도입부를 끌고 나가기 위해 서브플롯 장치가 필요할까? 그럴 수도 있고 아닐 수도 있다. 「오즈의 마법사」의 발단은 영화 시작 후 15분에 도로시(주디 갈런드)가 회오리바람에 실려 먼치킨랜드로 가면서 비로소 벌어진다. 발단을 준비해 줄 서브플롯은 없다. 대신 무지개 너머 어딘가로 가고픈 도로시의 갈망을 극적으로 설명하면서 관객의 시선을 집중시킨다.「아담의 갈비뼈」에서도 발단이 15분 무렵에 등장한다. 아담 보너(스펜서 트레이시)와 그의 아내 아만다(캐서린 헵번)가 각각 지방 검사와 피고 측 변호사로 한 법정에서 만나는 대목이다. 이 영화는 서브플롯 장치로 시작되는데 남편이 바람피우는 걸 발견하고 그를 총으로 쏘는 피고(주디 홀리데이)의 사연을 다룬다. 그리고 이 서브플롯이 관객을 낚아서 중심플롯의 발단까지 이끌고 간다.

발단이 15분쯤에 생기는 경우에도 30분쯤에서 중요한 반전이 필요할까? 역시 그럴 수도 있고 아닐 수도 있다.「오즈의 마법사」에서는 발단 이후 15분쯤에 도로시가 사악한 서쪽 마법사의 위협을 받고 빨간 구두를 받고서는 노란 벽돌길을 따라 모험을 떠난다. 반면「아담의 갈비뼈」에서는 발단 이후 중심플롯의 중요한 반전이 아만다가 법정에서 매우 유리해지는 대목인데, 발단 이후 40분이 지난 뒤에야 발생한다. 하지만 그 사이를 서브플롯이 메워 주고 있긴 하다. 한 작곡가(데이비드 웨인)가 대놓고 아만다에게 지분대서 아담을 대단히 화나게 한다는 일종의 관계를 다루는 서브플롯이다.

장 구조의 리듬은 중심플롯의 발단이 어디에 놓이느냐에 달려 있다. 때문에 엄청나게 다양한 가능성이 존재한다. 중심플롯이든 서브플롯이든 중요한 반전의 숫자와 배치를 결정하는 건 예술가와 재료 간의 창의적인 게임을 통한 선택이다. 주인공의 특성과 숫자, 대립의 원인, 장르, 그리고 궁극적으로는 작가의 개성과 세계관, 이 모든 것이 변수로 작용한다.

허위 결말

때때로 특히 액션 장르에서, 끝에서 두 번째 장의 절정이나 마지막 장의 전개 중에 작가가 허위 결말을 만들어 내기도 한다. 너무나 완결적이어서 이야기가 끝났구나 잠시 생각하게 하는 장면을 일컫는다. 이를테면 영화 「이티」 중 E.T.가 죽는 대목에서 관객은 영화가 끝났구나 싶다. 「에일리언」에서는 리플리가 우주선을 폭발시키고 탈출하겠구나 생각하게 된다. 또한 「에일리언 2」에서는 리플리가 행성 전체를 폭발시키고 탈출하는 줄 안다. 「여인의 음모」에서는 샘(조너선 프라이스)이 질(킴 그리스트)을 폭정에서 구해 내어 부둥켜안는 대목에서 '아, 해피 엔딩이구나.' 하다가 '어, 아닌가.' 싶어진다.

「터미네이터」는 이중의 허위 결말을 고안해 냈다. 리스(마이클 빈)와 사라(린다 해밀턴)가 가솔린으로 터미네이터(아널드 슈워제네거)를 폭발시키자 터미네이터의 몸체가 다 타 버린다. 두 연인이 기뻐하는 것도 잠시, 이 반인 반로봇의 크롬 알맹이가 화염 속에서 되살아난다. 리스는 자기 목숨을 희생해 가며 터미네이터의 복부에 파이프 폭탄을 설치해서 괴물의 몸을 반으로 동강내 버린다. 하지만 괴물의 상체가 다시 살아나 우리의 부상당한 여주인공을 향해 조금씩 기어 오고 마지막에는 사라가 끝장을 낸다.

심지어 예술 영화도 허위 결말을 차용할 수 있다. 「몬트리올 예수」의 절정 부분에 보면 수난극에서 예수를 연기하는 배우 다니엘(로데어 블루토)이 떨어지는 십자가상에 얻어맞고 쓰러진다. 의식을 잃은 그를 다른 배우들이 응급실로 급히 실어 나르는데 그가 다시 깨어난다. 일종의 부활이다.

히치콕은 허위 결말을 애용한 감독이다. 그는 관습과 달리 허위 결말을 일찌감치 배치해서 충격 효과를 거두곤 했다. 「현기증」에서 매들린(킴 노박)의 '자살'은 그녀가 주디가 되어 다시 등장하기 전에 배치되어 장 중반의 절정을 이룬다. 마리온(재닛 리)이 샤워하다 살해당하는 장면은 「사이코」의 제1장 절정을 강하게 새기며 갑자기 범죄 영화(Caper)에서 심리 스릴러(Psycho-Thriller)로 영화의 장르를 바꾸어 놓는다. 동시에 주인공도 마리온에서 그녀의 여동생, 애인, 사립 탐정으로 구성된 복수 주인공으로 교체된다.

그러나 대부분의 영화에서 허위 결말은 적절하지 못한 장치다. 차라리 끝에서 두 번째 장의 절정을 이용해 '이제 무슨 일이 일어날까?' 하는 중대한 극적 질문을 강하게 만들어야 한다.

장 리듬

중복성은 리듬의 적이다. 이야기가 굴러가려면 가치값이 긍정과 부정을 바삐 오락가락해야 한다. 예컨대 이야기에서 가장 강력한 장면을 둘 꼽으면 마지막 두 장의 절정이라고 할 수 있다. 영화상에서 이 두 장면은 겨우 10분에서 15분 간격으로 발생한다. 때문에 두 장면이 같은 가치값을 반복하면 안 된다. 주인공이 욕망의 대상을 획득해서 마지막 장의 이야기 절정을 긍정으로 바꾼다면, 그 앞 장의 절정은 반드시 부정적이어야 한다. 좋은 결과를 나란히 두어서 무슨 효과가 있겠는가. 그것은 '모든 일이 잘되어 가고 있었는데 더 잘됐다.'는 식이다. 역으로 만일 주인공이 욕구 실현에 실패한다면 그 앞 장의 절정은 부정적이지 않아야 한다. 불운을 불운으로 전환할 수는 없는 노릇이다. '지독한 상황이었는데 더 악화되었다.'는 식이 아니겠는가. 감정적으로 비슷한 경험이 되풀이되면 두 번째 강도는 반으로 줄어든다. 이야기 절정의 효과가 반감되면 영화의 효과도 마찬가지로 반감된다.

한편 이야기의 절정이 아이러니로 끝날 수도 있다. 긍정과 부정의 값을 동시에 갖는 결말이다. 이런 경우에는 끝에서 두 번째 장의 절정이 감정적으로 어떤 값을 가져야 할까? 이 답을 찾으려면 이야기의 절정을 자세히 살펴보면 된다. 왜냐하면 아무리 아이러니가 긍정과 부정의 값을 동시에 띨지라도 완벽한 균형은 아니어야 하기 때문이다. 그렇게 된다면 긍정과 부정이 서로를 상쇄시켜 이야기가 밋밋한 중립성으로 끝나게 된다.

예를 들어 오셀로는 결국에 가서 자기 욕구를 실현한다. 자신을 사랑하며 한 번도 자기를 배신하고 다른 남자에게 간 적이 없는 아내를 되찾는다. 긍정적이다. 하지만 이 사실을 깨달았을 때는 이미 늦었다. 벌써 아내를 살해하고 난 뒤인 것이다. 대체로 부정적인 아이러니다. 소펠 부인은 남은 생애 동안 감옥에 갇히게 된다. 부정적이다. 그러나 초월적인 낭만적 경험이라는 자기 욕구를 실현했기 때문에 감옥에 가는 그녀는 당당하다. 대체로 긍정적인 아이러니다. 작가는 자기 작품의 아이러니를 심사숙고해서 긍정과 부정 어느 한쪽으로 확실히 기울게 만든다. 그런 다음 그 전반적인 감정선에 상충되도록 끝에서 두 번째 장의 절정을 설계한다.

끝에서 두 번째 장의 절정부터 도입 장면으로 거꾸로 거슬러 가 보면 앞 장의 절정들은 더 서로 멀찌감치 떨어져 있는 게 눈에 띈다. 게다가 틈틈이 서브플롯과 시퀀스의 절정들이 끼여 있어 감정선의 긴장이 유지되고 긍정과 부정이 교차되는 독특한 리듬이 만들어진다. 따라서 최종 절정과 그 바로 앞의 절정이 반드시 상충된다는 것을 알더라도, 이야기마다 다음 장의 절정이 긍정과 부정 중 어디로 기울지는 전혀 예측할 수 없다. 모든 영화는 저마다 고유한 리듬을 만들어 낸다. 불가능한 변형은 없다.

서브플롯과 다중플롯

서브플롯은 중심플롯에 비해 비중도 적고 시간도 짧다. 그러나 서브플롯이 보태짐으로써 거친 시나리오가 영화화할 만한 작품으로 격상되는 경우가 종종 있다. 「위트니스」도 그런 예다. 대도시 형사와 아미시파 청교도인 과부 간의 러브 스토리라는 서브플롯이 없다면 이 영화는 설득력 있는 스릴러가 못 됐을 것이다. 반면 다중플롯 영화들에는 중심플롯이란 게 아예 없다. 서브플롯 규모의 여러 가지 이야기들을 한데 엮을 뿐이다. 중심플롯과 서브플롯, 또는 다중플롯의 여러 갈래 플롯들 사이에는 네 가지 정도의 관계가 작용할 수 있다.

> 서브플롯이 중심플롯의 주제 의식과 모순되게끔 배치해서 영화에 아이러니를 더할 수 있다.

'연인들이 서로를 위해 자기 요구를 희생하기 때문에 사랑이 승리한다.'는 주제 의식으로 해피 엔딩의 러브 스토리를 쓰고 있다고 가정해 보자. 등장인물이나 그들의 열정과 희생에 확신이 들더라도 작가는 이야기가 너무 달콤하고 순탄하다 싶은 생각이 든다. 균형을 잡아 주기 위해 아마도 서브플롯을 하나 만들 것이다. 탐욕스러운 감정 탓에 서로를 배신해 비극적으로 사랑이 깨지는 다른 두 사람의 이야기다. 이 우울한 결말의 서브플롯이 중심플롯의 행복한 결말과 모순을 일으켜 영화 전체의 의미가 더욱 복잡하고 아이러니해진다. "사랑에는 두 가지 기로가 있다. 자유는 사랑을 소유하게 하지만 소유욕은 사랑을 파괴한다."

> 서브플롯이 중심플롯의 주제 의식을 되울리게끔 해서 한 가지 주제에
> 대한 다양한 변주로 영화를 풍부하게 할 수 있다.

서브플롯이 중심플롯의 주제 의식을 같지만 다르게, 이왕이면 독특한 방식으로 표현한다면 영화의 주제가 변주되면서 더 강화된다. 이를테면 「한여름 밤의 꿈」의 갖가지 사랑 이야기들은 모두 행복하게 끝나지만 그 방식이 저마다 다르다. 어떤 이야기는 달콤하고 어떤 것은 익살스럽고 어떤 것은 숭고하다.

주제의 상반과 변주의 원칙이야말로 다중플롯 영화를 가능케 한 원천이다. 다중플롯에는 이야기를 구조적으로 통일시켜 줄 중심플롯이라는 골격이 없다. 대신 「숏 컷」에서처럼 여러 갈래의 플롯들이 교차 편집되거나 「20달러의 유혹」에서 이야기들 사이를 떠도는 20달러 지폐처럼 한 가지 모티프가 다리 구실을 한다. 「애증의 세월」에서 이야기마다 등장하는 수영장들도 이런 모티프인 셈이다. 즉 다중플롯은 여러 개의 잔가지가 모여 있지만, 그중 어느 하나도 영화를 처음부터 끝까지 이끌 만큼 강력하지는 않다. 그러면 이런 영화를 하나로 묶어 주는 힘은 무엇인가? 바로 아이디어다.

「우리 아빠 야호」는 부모가 된다는 건 이기고 지는 게임이 아니라는 아이디어를 중심으로 변주해 나간다. 스티브 마틴이 연기하는 세상에서 제일 자상한 아버지도 결국 자식을 심리 치료에 보내고 만다. 한편 제이슨 로바즈가 연기하는, 세상에서 제일 무관심한 아버지의 아이는 나중에 자라서 아버지가 그를 필요로 할 때 돌아왔다가 다시 배신하고 가 버린다. 다이앤 위스트는 자식에게 가장 안전한 길만 선택해 주려는 엄마를 연기

하지만 사실은 그 엄마보다 아이가 더 현명하다. 부모가 할 수 있는 일이란 결국 아이를 사랑하고 뒷바라지해 주고 넘어지면 다시 일으켜 주는 정도다. 이건 이기고 지는 게 없는 게임이다.

「청춘의 양지」에서는 남자들은 결코 여자들과 의사소통할 수 없다는 중심 아이디어를 다양하게 표현한다. 펜윅(케빈 베이컨)은 도무지 여자한테 말도 못 붙이는 남자다. 부기(미키 루크)는 쉴 새 없이 여자에게 말을 걸지만 다 침대로 끌어들이려는 이유에서다. 에디(스티브 구텐버그)는 약혼자가 있지만 그녀가 대학의 교양 축구 시험을 통과하기 전에는 결혼하지 않으려 한다. 그러던 중 빌리(티머시 데일리)가 사랑하는 여자와 감정적인 문제에 직면하게 된다. 그는 친구들의 말을 무시하고 그녀와 정직한 이야기를 나눈다. 일단 여자와 의사소통이 가능해지자 빌리는 친구들을 떠난다. 이런 결말은 다른 친구들의 경우와 상충되면서 이야기에 아이러니한 색채를 더한다.

다중플롯은 대개 특정 사회의 이미지를 담아내지만 정적인 논플롯(Non-plot)과 달리 한 아이디어를 중심으로 작은 이야기들을 엮어 내기 때문에 다중플롯이 포착한 집단의 이미지에는 생동감이 넘친다. 「똑바로 살아라」는 대도시 인종주의의 보편성을 묘사하며 「숏 컷」은 미국 중산층의 메마른 풍경을 담아낸다. 「음식남녀」는 아버지와 딸의 관계에 대한 세 폭짜리 그림과 같다. 다중플롯을 다루는 작가는 현실과 허구 양 세계를 모두 잘 활용할 수 있다는 장점이 있다. 어떤 문화나 공동체의 정수를 사실적으로 포착해 내면서도 흥미롭고 풍부한 내러티브를 구현할 수 있기 때문이다.

중심플롯의 발단이 지연되어야 할 경우에는 이야기를 시작하는 장치로서 서브플롯이 필요할 수 있다.

중심플롯이 늦게 시작되는 경우, 예컨대 「록키」, 「차이나타운」, 「카사블랑카」 같은 경우 처음 30분의 진공 상태를 서브플롯이 채워 줘야 한다. 관객의 흥미를 유도하고 관객에게 미리 주인공과 이야기의 세계를 알려 줘야지만, 나중에 발단이 도래했을 때 관객이 충분한 반응을 보이는 까닭이다. 이런 서브플롯은 중심플롯의 극적 장치 구실을 해서 중심플롯의 주제가 더 매끄럽게 흡수되도록 돕는다.

서브플롯으로 중심플롯을 더 복잡하게 얽을 수 있다.

이 네 번째 관계가 가장 중요하다. 대립의 또 다른 원천으로 서브플롯을 이용하는 것이다. 예를 들어 범죄 영화에서 통상 볼 수 있는 러브 스토리가 그렇다. 「사랑의 파도」에 보면 프랭크 켈러(알 파치노)는 헬렌(엘런 바킨)과 사랑에 빠진다. 그는 헬렌의 미치광이 전남편을 추적하면서 필사적으로 사랑하는 여인을 보호한다. 「블랙 위도우」에서는 정부 요원(데브라 윙거)이 범인(테레사 러셀)에게 홀딱 빠져 버린다. 법정 드라마인 「심판」에서 프랭크(폴 뉴먼)는 상대측 법률 회사의 스파이인 로라(샬럿 램플링)와 사랑에 빠진다. 이런 서브플롯들은 인물에 입체감을 더해 주고 중심플롯의 긴장이나 폭력을 잠시 코믹하게 또는 낭만적으로 완화시킨다. 하지만 주된 목적은 주인공의 삶을 더 꼬이게 만드는 것이다.

작가는 중심플롯과 서브플롯 간의 비중을 주의 깊게 조절해야 한다. 잘

못하다가는 중심 이야기의 초점을 잃을 수 있다. 도입부의 장치로 이용되는 서브플롯은 특히나 위험하다. 관객을 전혀 다른 장르로 인도할 수 있기 때문이다. 「록키」 도입부의 러브 스토리는 이 영화가 스포츠 영화라는 게 헛갈리지 않도록 세심하게 연출된 예다.

덧붙여 중심플롯과 서브플롯의 주인공들이 동일 인물이 아닐 때에는 관객의 감정이 서브플롯의 주인공에 너무 이입되지 않도록 각별히 주의해야 한다. 예를 들어 「카사블랑카」에는 빅터 라즐로(폴 헨레이드)의 운명을 둘러싼 정치 드라마라는 서브플롯과 우가트(피터 로레)를 중심으로 한 스릴러 서브플롯이 있지만, 릭(험프리 보가트)과 일자(잉그리드 버그먼)의 러브 스토리라는 중심플롯에 감정이 집중될 수 있도록 양쪽 서브플롯을 크게 부각시키지 않는다. 서브플롯이 두드러지는 것을 막으려고 일부러 일부 요소들, 즉 발단, 장 절정, 위기, 절정, 결말 등을 감추기도 한다.

혹시 시나리오를 쓰다가 서브플롯이 더 강조되어야 할 것 같으면 전반적인 구성을 재고해 보고 서브플롯을 중심플롯으로 바꿔 보는 게 좋다.

한편 서브플롯이 중심플롯의 주제 의식과 충돌하지도 않고 되울림하지도 않는 경우, 또는 중심플롯의 발단이 등장하기 전에 분위기를 조성해 주지도 못하고 중심플롯의 사건을 복잡하게 해 주지도 못하는 경우, 다시 말해서 서브플롯이 그냥 나란히 자리만 차지하고 있는 경우에는 이야기가 파편화되고 무력해진다. 관객들은 미적 통일성의 원리를 이해하고 있다. 모든 구성 요소가 다른 구성 요소와의 관계 안에서만 존재한다는 점을 관객이 모를 리 없다. 구조상의 관계든 주제상의 관계든 간에 작품을 하나로 엮어 주는 게 이런 관계다. 작품 속에서 이 관계를 찾지 못하면 관객은 자연히 이야기에서 멀어져 의식적으로 통일성을 부여하려 애쓰게 된다. 그리고 이런 노력이 실패하면 영화를 보는 내내 혼란스러워한다.

「죽음의 그림자」는 베스트셀러 심리 스릴러를 각색한 작품으로 연쇄 살인범을 쫓는 경관(프랭크 시나트라)의 이야기가 중심플롯이다. 서브플롯에서는 앞으로 몇 주밖에 살지 못하는 중환자실의 아내(페이 더너웨이)를 보여 준다. 경관은 살인범을 쫓다가 죽어 가는 아내 옆에서 마음 아파한다. 그러고는 다시 범인을 추적하다가 또 아내에게 책을 읽어 주기도 하고 다시 추적하다가 아내를 문안 오곤 한다. 이런 식의 반복된 구성은 얼마 지나지 않아 관객들을 못 견디게 궁금하게 만든다. 도대체 살인범은 언제쯤 병원에 나타날까? 하지만 살인범은 오지 않는다. 대신 아내가 죽고 경관이 범인을 잡는다. 중심플롯과 서브플롯은 내내 평행선을 달리고 관객들에게는 못마땅한 혼란만 남는다.

반면 이 영화의 원작인 로런스 샌더스의 소설에서는 이런 구성이 오히려 강력한 효과를 거둔다. 소설에서는 중심플롯과 서브플롯이 주인공의 내면에서 서로 뒤얽히기 때문이다. 미치광이 살인범을 향한 경찰의 집착과 아내에게 필요한 위안을 주고픈 절실한 욕구가 서로 충돌하는 것이다. 동시에 사랑하는 아내를 잃는 두려움과 아내가 고통받는 모습을 지켜봐야 하는 고통스러운 심정은 이 무자비하고 교활한 미치광이를 잡기 위해 필요한 냉정하고 합리적인 사고를 자꾸 가로막는다. 소설가는 인물의 내면으로 들어가 내면의 갈등을 일인칭이나 삼인칭으로 직접 서술할 수 있지만 시나리오 작가는 그럴 수가 없다.

시나리오를 쓰는 건 정신적인 것을 물질화시키는 예술이다. 시나리오 작가는 내적 갈등의 시각적 상관물을 창조한다. 대사나 내레이션으로 생각이나 감정을 설명하는 게 아니라 인물의 선택과 행동의 이미지를 통해서 내면의 생각과 감정을 간접적으로 전달하는 것이다. 따라서 소설을 영화로 만들려면 반드시 재창조의 과정을 거쳐야 한다.

마누엘 푸익의 소설 『거미 여인의 키스』를 시나리오로 각색하는 과정에서 시나리오 작가 레너드 슈라더도 비슷한 문제와 맞닥뜨렸다. 여기서도 역시 중심플롯과 서브플롯이 뒤얽히는 건 주인공의 머릿속에서뿐이다. 실제로 서브플롯을 구성하는 것은 거미 여인(소냐 브라가)에 대한 루이스(윌리엄 허트)의 환상인데, 루이스가 숭배하는 이 거미 여인도 실은 그가 기억도 가물가물한 어떤 영화에서 본 것을 화려하게 윤색한 이미지일 뿐이다. 슈라더는 루이스의 환상을 영화 속 영화의 장면으로 구성해서 그의 꿈과 욕망을 시각적으로 형상화한다.

물론 여전히 두 플롯 간의 인과적인 상호 작용은 불가능하다. 두 플롯이 바탕으로 하는 현실의 차원이 전혀 다르기 때문이다. 하지만 서브플롯의 이야기가 중심플롯을 반영하게 함으로써 두 이야기 사이에 연결 통로가 생긴다. 이것으로 루이스도 자신의 환상을 현실에서 표현할 기회를 얻게 된다. 바로 그 순간에 두 플롯이 루이스의 영혼 안에서 충돌하게 되고 관객들도 감정적 갈등이 내면에서 몸부림치는 모습을 상상하게 된다. 과연 거미 여인이 꿈에서 한 행동을 루이스가 현실에서 따라 할까? 루이스도 사랑하는 사람을 배신할까? 더 중요한 것은 이 두 갈래의 플롯이 자기희생을 통한 사랑이라는 주제 의식에 극적 아이러니를 더해서 영화의 통일성에 기여한다는 점이다.

이 밖에도 이 영화의 구성에는 또 한 가지 놀라운 예외가 있다. 원칙적으로 중심플롯의 발단은 반드시 화면에 드러나야 한다. 그런데 이 영화에서는 장 중반의 절정에 이를 때까지 발단이 감추어져 있다. 배경 이야기를 보자면 동성애자인 루이스는 파시스트 독재 정권하에서 투옥 중이던 어느 날 간수에게 불려가 한 가지 제안을 받는다. 좌익 혁명가인 발렌틴 (라울 줄리아)이 한 방에 수감될 텐데 그를 염탐해서 중요한 정보를 빼 오면 루이스를 풀어 주겠다는 것이다. 관객들은 이 거래에 대해 전혀 모르다가 영화가 한 시간이 지나고서 루이스가 간수를 찾아가 아픈 발렌틴에게 줄 약과 차를 달라고 하는 대목에서야 비로소 중심플롯을 발견하게 된다.

이 영화를 보다가 너무 지루해서 중간에 나갈 뻔한 사람들도 많다. 그렇다면 왜 소설에서 그러듯이 처음부터 발단을 제시해서 이야기를 강하게 시작하는 관습을 따르지 않았을까? 만약 루이스가 혁명 투사를 염탐하기로 동의하는 장면으로 영화가 시작했더라면 아마 관객은 당장에 이 주인공을 미워하게 됐을 것이다. 빠른 도입부인가 아니면 주인공에 대한 감정 이입인가를 두고 선택하는 과정에서 슈라더는 소설의 구성을 어기기로 결정한 셈이다. 소설가는 내면의 내레이션으로 관객의 감정 이입을 얻을 수 있었다. 하지만 영화에서는 루이스와 파시스트 간의 거래를 밝히기 전에 루이스가 발렌틴을 사랑한다는 것을 먼저 관객에게 납득시키는 게 중요하다. 이 점을 슈라더는 이해하고 있었다. 올바른 선택이었다. 그런 감정 이입이 없었더라면 이 영화는 이국적인 화면만 남는 공허한 습작이 되었을 것이다.

속도 대 감정 이입처럼 타협이 불가능한 선택을 내려야 할 때 현명한 작가라면 자기 작품에서 가장 중요한 것을 잃지 않도록 이야기를 다시 설계해야 한다. 관습을 어기거나 깨는 건 자유지만 오직 한 가지 이유 때문임을 잊지 말아야 한다. 관습보다 더 중요한 무엇을 지키기 위해서라는 점이 바로 그것이다.

10장
장면 설계

장면 설계의 구성 요소는 전환점, 설정/보상(Setups/Payoffs), 감정의 동학, 선택이다. 이 장에서 이 요소들을 검토한 뒤 11장에서는 두 장면을 집중 분석해서 어떻게 인물의 행동 변화를 보여 주는 비트들이 모여 장면이 구성되는지 살펴볼 것이다.

전환점

장면은 이야기의 축소판이다. 일치된 시간과 공간, 또는 연속적인 시간과 공간을 배경으로 행동이 갈등을 거치면서 인물의 삶을 조건 짓는 가치 값을 뒤바꾸는 과정이 한 장면이다. 이론상으로는 한 장면의 길이나 장소는 사실상 제한이 없다. 장면은 극히 작을 수도 있다. 맥락만 맞는다면 카드를 뒤집는 손을 한 숏에 담은 장면으로도 굉장한 변화를 표현할 수 있다. 역으로 전쟁터에서 열댓 군데 흩어져 10분 동안 벌어지는 액션 장면이 오히려 별 볼 일 없을 수도 있다. 길이와 장소에 상관없이 한 장면을 하나로 묶어 주는 건 욕망과 행동, 갈등 그리고 변화다.

매 장면에서 인물은 지금 처한 시간과 공간에 관계된 욕망을 추구한다. 하지만 이런 장면별 목표는 동시에 발단에서 절정까지 전체 이야기의 골격을 이루는 탐험, 즉 인물이 추구하는 최고 목표의 한 측면이어야 한다. 장면 안에서 인물은 장면별 목표를 이뤄야 한다는 부담을 안고 어떻게 행동할지 선택을 내린다. 하지만 어떤 층위에서건 갈등이 발생해서 인물이 예견하지 못했던 반응에 부닥친다. 그 결과, 기대와 결과 사이에 간극이 벌어지고, 내적이든 외적이든 인물의 삶에서 당장 문제가 되고 있는 가치 값이 긍정에서 부정으로 또는 부정에서 긍정으로 바뀐다.

장면에서 생기는 변화는 나름대로 중요하지만 부차적이다. 다른 장면들보다 조금 더 강력한 변화, 즉 중간 정도의 반전이 일어나는 장면이 시퀀스의 절정이다. 한 장의 절정은 중대한 반전, 다시 말해 시퀀스의 절정보다 더 강력한 변화가 생기는 장면이다. 따라서 작가가 밋밋하게 변화 없이 해설만으로 장면을 쓰는 경우는 없다. 모든 장면이 부차적이거나 중간 정도, 또는 중대한 전환점이 되도록 이야기를 설계하는 게 작가들의 이상적인 바람이다.

「대역전」을 살펴보자. 여기서 지금 문제가 되는 가치는 돈이다. 「포기와 베스」에서 영감을 얻은 빌리 레이 발렌틴(에디 머피)은 하반신 불구 행세를 하며 거리에서 구걸을 한다. 경찰이 그를 체포하려 하면서 이야기의 간극이 벌어지는데 느닷없이 듀크 형제(랠프 벨러미, 돈 어미치)라는 두 나이 든 사업가가 그를 구하려고 끼어들면서 이 간극이 더 확대된다. 빌리의 구걸 행위에 주변 세상에서 제각각 다른 반응을 보이는 것이다. 게다가 그의 예상보다 더 강력한 반응이다. 그는 저항하지 않고 이 간극에 항복하는 쪽을 택한다. 화면이 바뀌면 고급하게 꾸며진 사무실에서 듀크 형제가 빌리에게 고급 정장을 입혀 놓고 상품 중매인 일을 맡긴다. 이 신나는 전환점을 중심으로 빌리의 재력은 거지에서 중매인으로 격상된다.

「월 스트리트」의 경우를 보자. 여기서 문제가 되는 가치는 부와 정직이다. 젊은 주식 중매인 버드 폭스(찰리 신)는 백만장자 고든 게코(마이클 더글러스)와 만날 기회를 잡는다. 월급쟁이 버드는 꽤 정직한 사람이다. 버드가 합법적인 사업 구상안을 내놓는데 그의 제안은 예상치 못했던 적대 세력과 맞닥뜨린다. '전혀 새로운 얘기가 없다.'며 게코가 퇴짜를 놓은 것이다. 문득 버드는 게코가 원하는 게 정직한 사업이 아니구나 하고 깨닫는다. 잠시 생각에 잠긴 후 버드는 자기 아버지가 들려준 회사의 기밀을 누설한다. 결국 버드는 게코의 불법적인 모의에 가담하기로 결정함으로써 정직한 성향에서 범죄적 성향으로 내면의 가치를 뒤집고, 가난에서 부로 물질적인 조건도 뒤바꾼다. 강력하고 아이러니한 전환점이 되는 대목이다.

전환점은 놀라움, 호기심의 증대, 통찰, 새로운 방향이라는 4중 효과를 유발한다.

우선 기대와 결과 사이에 간극이 벌어지면 관객은 깜짝 놀란다. 인물도 관객도 예견하지 못했던 세상의 반응 때문이다. 이 순간의 충격은 곧바로 관객의 호기심을 자극해 '왜?'라는 의문을 품게 한다. 「대역전」의 경우 도대체 왜 이 노인 양반들이 이 거지를 도와주나 싶을 것이고, 「월 스트리트」에서는 도대체 게코가 왜 '전혀 새로운 얘기가 없다.'는 건가 싶을 것이다. 이 호기심을 채우기 위해 관객은 지금까지가 무슨 이야기였나 급히 되짚어 보며 해답을 찾으려 한다. 멋지게 잘 구성된 이야기라면 은근히 조심스럽게 해답이 깔려 있었을 것이다.

「대역전」의 경우 관객의 머릿속으로 앞서 듀크 형제가 나온 장면들이 스쳐 가면서 이 노인 양반들이 사는 게 너무 지루한 나머지 돈을 가지고 남 놀리면서 재미를 보려는 거로구나 깨닫게 된다. 거기다 그 거지에게서 천재적인 번뜩임 같은 걸 봤을 게 분명하다. 그렇지 않고서야 그를 담보로 잡았을 리 없다.

「월 스트리트」의 경우 도대체 게코가 왜 '전혀 새로운 얘기가 없다.'고 했을까 하는 의문은 다음과 같이 생각해 보면 곧 답이 나온다. '백만장자이니 하긴 실은 사기꾼이겠지. 정직하게 일한 사람치고 그렇게 돈이 많은 사람이 어딨어. 게임도 좋아하는 것 같고 주로 범죄랑 관련된 것이겠지……' 버드가 게코 측에 가담하는 것을 보면서 관객의 기억은 앞서의 사무실 장면을 재빨리 떠올린다. 그러고는 버드도 탐욕스럽고 야심이 많다는 걸 간파한다. '제 물을 만났군.'

민첩하고 예민한 관객의 사고가 순식간의 해석으로 답을 찾아낸다. '왜?'라는 질문이 관객으로 하여금 이야기를 되짚게 만들면서 지금까지 본 내용이 한순간에 한 줄로 꿰어진다. 인물과 그 주변에 대한 통찰이 밀려들면서 감춰졌던 진실이 만족스럽게 드러난다.

새로운 통찰은 호기심을 더 부추긴다. 새롭게 이해되는 일들이 생기면서 '다음에는 무슨 일이 생길까?'라든지 '이게 나중에 어떻게 될까?' 하는 물음이 증폭된다. 이런 효과는 모든 장르에 두루 적용되지만 특히 범죄영화에서 두드러진다. 깨끗한 옷을 꺼내려고 벽장 문을 여는데 시체가 굴러떨어진다고 해 보자. 이 어마어마한 간극은 잇따른 질문들을 불러일으킨다. '범인이 누굴까? 어떻게? 언제? 왜? 결국 범인이 잡힐까?' 이제 작가는 자기가 불러일으킨 호기심을 충족시키지 않으면 안 된다. 가치 변화가 일어난 모든 지점에서 작가는 자기 이야기를 새로운 방향으로 유도해서 또 다른 전환점을 만들어 내야 한다.

「크레이머 대 크레이머」를 예로 들어 보자. 서른두 살 된 남자가 아침 식사도 제대로 못 만드는 걸 보는 순간, 장면이 바뀌는 것이다. '왜?'라는 물음은 이런 간극이 나타나기 이전의 짧은 앞부분으로 관객의 생각을 되돌린다. 관객은 저마다의 인생 경험과 상식을 바탕으로 해답을 찾는다.

첫째, 크레이머는 일 중독자다. 하지만 남들이 아직 자고 있을 새벽 5시에 일어나 근사한 아침 식사를 만드는 일 중독자들도 많다. 게다가 크레이머는 집안일을 한 번도 거들어 본 적이 없다. 하긴 그래도 돈 버는 남편들의 노고를 존중해 아내가 충성을 다하는 남자들이 수두룩하다. 좀 더 깊이 들여다보자면 크레이머는 아직 애다. 날마다 엄마가 만들어 주는 아침을 먹고만 자라서 버릇이 고약해진 애다. 커서는 여자 친구들과 식당의 여자 종업원들이 엄마를 대신해 줬다. 이제는 자기 아내가 엄마이자 종업원 노릇을 해 준다. 여자들이 평생 동안 크레이머를 망쳐 놓았고 그는 그걸 마냥 좋아했던 것이다. 사실 조안나 크레이머는 애를 둘 키우고 있던 셈이다. 그러다가 성숙한 관계가 불가능한 것에 좌절해서 결혼 생활을 포기한 것이다. 더 중요한 건 그런 결정이 옳았다고 관객이 수긍한다는 점이다. 여기서 새로운 방향이 제시된다. 크레이머는 이제 어른답게 철이 들 때인 것이다.

내 기억에 관객에게 가장 긴 통찰의 과정을 제공한 영화는 「스타워즈 에피소드5: 제국의 역습」의 절정 부분이었다. 다스 베이더(데이비드 프라우스, 제임스 얼 존스)와 루크 스카이워커(마크 해밀)가 광선검으로 필사의 대결을 할 때 베이더가 물러서며 말하기를 "너는 나를 죽일 수 없다, 루크. 내가 네 아버지다." 이 "아버지"라는 단어는 영화사에서 가장 유명한 간극을 만들어 내며 관객으로 하여금 3년이나 떨어져 있는 두 영화를 한 번에 되돌아보게 만든다. 순식간에 관객은 다스와 루크가 직접 대면하는 걸 벤 오비완 케노비(앨릭 기니스)가 왜 그렇게 염려했는지 이해하게 된다. 요다(프랭크 오즈가 목소리를 연기함)가 왜 그렇게 절실하게 루크를 지휘관으로 키웠는지도 알게 된다. 루크가 어떻게 그렇게 여러 차례 가까스로 고비를 넘길 수 있었는지도 깨닫는다. 아버지가 몰래 그를 보호하고 있었던 것이다. 지금까지도 충분히 말이 됐던 두 영화가 이제부터 전혀 새롭고 더 깊은 의미를 갖게 된다. 그리고 「스타워즈 에피소드6: 제다이의 귀환」이라는 새로운 방향이 제시된다.

「차이나타운」을 예로 들어 보자. 제2장 절정 전까지 관객은 멀레이가 재산이나 질투 때문에 살해됐다고 믿는다. 하지만 "그 애는 내 동생이자 내 딸"이라고 이블린이 이야기하는 순간, 충격적으로 간극이 벌어진다. 이블린의 말이 무슨 뜻인지 이해하기 위해 관객은 서둘러 영화를 되짚어본 뒤 일련의 강력한 통찰에 도달한다. 부녀간의 근친상간이라는 사실과 살인의 진짜 동기, 그리고 범인의 신원까지 파악하게 되는 것이다. 여기서 제시되는 새로운 방향은 제3장의 나선형 전개다.

자기표현의 문제

작가는 관객의 어깨에 다정하게 팔을 두르며 말을 건넨다. "재미있는 걸 보여 줄게." 관객을 어떤 장면, 이를테면 「차이나타운」의 한 장면으로 데리고 가서는 이렇게 설명한다. "기티스가 이블린을 체포하려고 샌타모니카까지 차를 몰고 가지. 문을 두드리면 그녀가 그를 들여보내 줄까? 어디 보자. 이제 아름다운 이블린이 계단을 내려오네. 그를 만나서 기뻐하는군. 기티스의 마음이 누그러져서 그녀를 놓아줄 것 같아? 한번 보자고. 이제 이블린이 자기 비밀을 지키려고 싸우는군. 비밀이 지켜질 거라고 생각해? 어디 보라고. 이블린의 고백을 들으면 그가 그녀를 도와줄까 아니면 체포할까? 잘 봐."

작가는 관객에게 기대를 품게 하고 관객이 스스로 모든 걸 안다고 믿게 만든다. 그리고는 곧이어 진실을 활짝 열어 보이면서 관객에게 놀라움과 호기심을 선사하고 자기 이야기를 거듭 되짚어 보게 만든다. 매번 뒤돌아볼 때마다 관객은 등장인물과 주변의 본질에 대해 더 깊숙한 통찰을 얻는다. 영화의 이미지 아래 가려 말로 표현되지 못한 진실을 불현듯 깨닫는 것이다. 그러면 작가는 전혀 새로운 방향으로 이야기를 끌고 가면서 그런 놀라운 순간들을 점점 확대해서 빚어낸다.

이야기를 하는 건 관객과 약속을 하는 행위다. 이야기에 주의를 기울여 주면 당신에게 놀라움을 선사하고 당신이 상상도 못해 본 수준과 각도에서 인생의 희로애락을 발견하는 즐거움을 주겠다는 약속. 그리고 더 중요한 건, 관객이 마치 저절로 그런 발견에 도달한 듯 느끼게끔 이 모든 과정이 너무나 쉽고 자연스러워야 한다는 점이다. 이야기의 전환이 훌륭하게 이루어진 대목에서는 관객이 마치 혼자 힘으로 그렇게 많은 사실을 빨리 간파한 것처럼 느끼게 된다. 어떤 의미에서는 그 말이 맞다. 통찰이란 관객의 집중력에 대한 대가이기 때문이다. 훌륭하게 설계된 이야기는 이런 즐거움을 장면이 바뀔 때마다 선사한다.

어떻게 자기를 표현하는지 질문을 받으면 작가는 대개 이렇게 대답할 것이다. "내 언어를 통해서 표현한다. 작품 속 세계에 대한 묘사와 내 인물들이 하는 대사를 통해서다. 나는 작가다. 때문에 나는 언어로 나 자신을 표현한다." 그러나 언어는 작가의 텍스트일 뿐이다. 작가의 자기표현은 언제나 이야기의 전환점에서 밀려드는 통찰에 실려 있다. 바로 그 순간 작가는 세상을 향해 선포하고 있는 것이다. "이게 사람을 바라보는 나의 시선이고 세상 사람들의 본성에 대한 나의 통찰이다. 이런 상황에서 이런 이유로 사람들에게 이런 일이 일어난다고 나는 믿는다. 여기 내 아이디어와 내 감정이 있다. 이게 나다." 이야기를 전환하는 저마다의 독특한 방식이야말로 작가들에게 가장 강력한 자기표현 수단이다.

언어는 그 다음 얘기다. 작품을 쓸 때 작가는 생생하고 능숙하게 자신의 문학적 재능을 발휘한다. 아름답게 쓰인 장면을 보면서 관객이 기꺼이 즐겁게 이야기의 전환점까지 따라오게 하기 위해서다. 그러나 중요한 요소임엔 틀림없지만 언어는 독자를 사로잡는 이야기의 겉모습일 뿐이다. 관객을 이야기의 내면으로 이끌기 위한 방편인 것이다. 언어는 자기표현의 수단이며, 그 자체가 장식적인 목적이 되어서는 안 된다.

그러니 이야기를 설계하기란 얼마나 어려운 일인가. 30차례, 40차례, 50차례씩 장면이 작게 적당히, 또는 크게 전환하면서 매번 작가의 시각을 다양하게 표현해야 하니 말이다. 취약한 이야기들이 정보로 통찰을 대신하곤 하는 이유가 여기 있다. 아직도 많은 작가가 등장인물의 입을 빌려 작품의 의미를 설명하거나 더 심할 때는 '화면 밖 내레이션(Voice-Over Narration)'에 의존한다. 어떤 경우라도 이런 글쓰기는 부적절하다. 현실에서 좀처럼 찾아볼 수 없는 가짜 자의식으로 인물의 진정성을 해칠 뿐이다. 더 중요한 점이 있다. 관객의 인생 경험과 작가의 면밀한 설정이 만났을 때 관객의 머릿속은 보편적인 통찰로 가득해진다. 지식 전달에 급급한 산문적인 표현은 제아무리 유려하고 예리해도 이 통찰을 대신할 수 없다.

설정/보상

한 장면 한 장면 자신의 시각을 표현하기 위해 작가는 이야기 속 세계의 표면을 조금씩 열어 보이며 독자를 앞으로 되돌려 보내 통찰을 얻게 유도한다. 따라서 이런 통찰은 설정과 보상의 형태로 짜여져 있어야 한다. 설정해 둔다는 건 인식과 인식 사이에 틈을 만들어 둔다는 말이고, 보상한다는 건 관객에게 인식을 선사해서 그 간극을 메운다는 말이다. 기대와 결과 사이에 간극이 생기면 관객은 이 문제를 풀기 위해 이야기를 되짚어 본다. 작가가 미리 이런 해답을 작품 속에 묻어 놓았거나 준비해 두어야만 관객이 답을 찾을 수 있다.

「차이나타운」을 예로 들어 보자. "그 애는 내 동생이자 내 딸"이라고 이블린 멀레이가 말하는 순간, 관객은 그녀의 아버지와 기티스가 나왔던 장면을 떠올리게 된다. 사위인 멀레이가 살해당하기 전날 그와 다투던 내용이 뭐였냐고 형사가 노아 크로스에게 질문하는 장면이다. 크로스는 '내 딸'에 대해서였다고 답한다. 관객이 처음 이 말을 들었을 땐 이블린을 가리키는 것이라고 생각했을 것이다. 하지만 이제는, 자기 딸이 낳은 또 다른 자기 딸, 캐서린을 가리켜 한 말임을 순간적으로 깨닫게 된다. 크로스는 기티스가 잘못된 결론을 추론하리라는 걸 알고 이렇게 말한 것이다.

그럼으로써 자기가 저지른 살인을 두고 기티스가 이블린을 범인으로 의심하리라는 것 또한 알고 있었을 것이다.

「스타워즈 에피소드5: 제국의 역습」을 살펴보자. 다스 베이더가 자신이 루크의 아버지임을 밝히는 대목에서 관객은 벤 케노비와 요다가 루크의 지휘권을 두고 안달복달하던 장면을 황급히 떠올린다. 처음에는 루크의 안전을 염려해서 그러는 줄 짐작했을 것이다. 하지만 이제는 루크의 스승들이 실제로 염려한 게 그의 영혼이었음을 알게 된다. 루크의 아버지가 루크를 '암흑의 편(Dark Side)'으로 유혹할까 봐 두려워하고 있었던 것이다.

「설리반의 여행」에서 존 설리반은 영화 감독이다. 그에게는 「새롱이여 안녕」, 「당신 바지에 든 개미」 등 일련의 히트 작품들이 있다. 처참한 세상의 현실에 양심의 가책을 느낀 설리반은 다음 작품은 반드시 사회성 있는 것을 만들기로 결심한다. 화가 난 스튜디오 사장들은 할리우드 출신인 그가 사회성에 대해 뭘 알겠느냐고 잘라 말한다.

그래서 설리반은 조사에 나서기로 결심한다. 터덜터덜 미국 탐험길에 오른 설리반의 뒤로는 에어컨까지 달린 여행용 밴이 따라온다. 이 차에는 그의 집사에 요리사에 비서에 여자 친구에 심지어 설리반의 별난 모험을 취재해 홍보에 써먹으려는 기자들까지 타고 있다. 그러다가 신원을 오해받아 설리반이 루이지애나 늪지의 감옥으로 던져진다. 별안간 그는 대리인에게 전화할 동전 한 푼 없이 온몸이 '사회성' 속에 파묻히게 된 것이다.

어느 날 밤 설리반은 수용소 단지 안의 한 건물에서 울려 나오는 떠들썩한 웃음소리를 듣는다. 가건물 극장을 가득 채운 동료 죄수들이 미키마우스 만화를 보면서 정신없이 웃고 있는 것이다. 이 사람들이 자기에게 원하는 건 사회성이 아니란 걸 깨닫고 그는 고개를 떨군다. 사회성은 이미 그들의 삶에 차고 넘쳤다. 정작 그들에게 필요한 건 자기가 가장 잘하는 것, 즉 재미있고 가벼운 오락거리였다.

이 뛰어난 반전 앞에서 관객은 머릿속으로 영화를 죽 훑어보며 이런 설리반의 깨달음을 공유하게 된다. 그리고 덧붙여 더 많은 통찰을 얻는다. 할리우드 특권층을 풍자하는 모든 장면들을 돌이켜 보면서 관객은 뻔뻔스럽게 사회 문제 해결에 대해 훈계하는 상업 영화들이 얼마나 기만적일 수밖에 없는지 깨닫는다. 극소수를 제외하고 대부분의 영화 감독들은 설리반처럼 현실의 불우한 사람들보다는 영화 속에 멋지게 그려진 가난에 더 관심이 있기 때문이다.

설정은 굉장히 세심히 다루어져야 한다. 관객이 처음 볼 때는 한 가지 의미밖에 없는 듯하다가 나중에 통찰해 볼 때는 제2의 더 중요한 의미를 지니도록 깊숙이 배치되어야 한다. 실제로 한 가지 복선이 세 겹, 네 겹까지 감춰진 의미를 가질 수도 있다.

「차이나타운」을 보자. 관객이 노아 크로스를 처음 볼 때 그는 살인 용의자인 동시에 딸을 염려하는 한 아버지다. 이블린이 그들의 근친상간 관계를 폭로할 때에야 비로소 크로스의 진짜 관심사는 캐서린이라는 것을 알게 된다. 제3장에서 크로스가 재력을 이용해 기티스를 방해하고 캐서린을 잡으려 할 때 관객은 크로스의 이전 장면들에 제3의 의미가 숨어 있었음을 깨닫는다. 즉 살인을 저지르고도 법의 심판을 피할 수 있을 만큼 불가능한 게 없는 권력의 숨은 광기를 발견하게 된다. 마지막 장면에서 크로스가 차이나타운의 어두운 그늘로 캐서린을 끌고 갈 때 관객은 이 온갖 기괴한 타락의 저변에는 자기의 근친상간으로 태어난 아이를 다시 범하려는 크로스의 추잡한 욕망이 곪고 있었음을 알게 된다.

설정은 관객이 머릿속으로 영화를 되짚어 볼 때 상기될 수 있을 만큼 이야기에 단단히 심어져 있어야 한다. 복선이 너무 희미하면 관객이 놓치기 쉽다. 반면 너무 억지로 강조되면 전환점을 예고해 주는 꼴이 된다. 너무 분명하게 드러나 있어 관객이 의식하게 되거나 너무 이례적이라 전혀 준비가 안 되어 있으면 전환점은 실패로 돌아간다.

덧붙여 설정의 강약은 주요 대상 관객층에 맞춰 조절해야 한다. 관객층이 어릴 때에는 설정을 조금 더 두드러지게 해야 한다. 어린 관객들은 성인들만큼 이야기에 익숙지 않기 때문이다. 가령 베리만의 영화는 어린 관객들이 이해하기 어렵다. 베리만의 아이디어를 설명해 줘도 못 알아듣기 때문이 아니라 베리만이 아예 설명을 안 해 주기 때문이다. 베리만이 아이디어를 극화하는 방식은 매우 미묘하다. 그의 설정은 교육 수준이 높고 사회적 경험도 풍부하며 심리학적 지식도 갖춘 관객을 겨냥한 것이다.

일단 설정이 간극을 메우고 나면 아마도 십중팔구는 그 보상이 다음번 보상을 위한 또 다른 설정이 될 것이다.

「차이나타운」을 예로 들어 보자. 자기 딸이 근친상간으로 생긴 것임을 밝히면서 이블린은 자기 아버지가 위험한 사람이며 기티스는 그의 본질을 전혀 모른다고 거듭 경고한다. 그때 관객은 크로스가 아이를 차지하려고 싸우다 멀레이를 살해했음을 짐작하게 된다. 이 제2장의 보상에는 다시 제3장 절정의 설정이 깔려 있다. 기티스가 크로스를 체포하는 데 실패하고 이블린이 살해당한 뒤 이 아버지이자 할아버지인 인물이 겁에 질린 캐서린을 어둠 속으로 끌고 가는 장면을 생각해 보라.

「스타워즈 에피소드5: 제국의 역습」을 보자. 다스 베이더가 루크에게 자기 정체를 밝힐 때 이 장면은 두 편의 영화에 길게 이어져 있는 여러 겹의 설정을 보상해 준다. 하지만 동시에 이 장면 역시 루크의 다음 행동을 위한 설정이 되는 것이다. 이 어린 주인공이 이제 어떻게 할까? 아들은 아버지를 죽이는 쪽을 택하지만 다스 베이더는 아들의 손을 자른다. 이 것 역시 다음 행동의 설정을 깔아 주는 보상 장면이다. 이제 패배한 루크는 무엇을 할까? 그는 천공 도시 밖으로 몸을 던져 명예로운 자살을 기도한다. 역시 다음 행동의 설정을 까는 보상 장면이다. 과연 루크가 죽을까? 천만에, 그는 공중에서 친구들에게 구조된다. 이 우연한 행운은 자살 기도를 상쇄시키며(즉 보상해 주며) 동시에 부자간의 갈등을 해결할 세 번째 영화의 설정이 된다.

「설리반의 여행」을 다시 보자. 설리반이 스스로 얼마나 허세에 찬 바보였는지 깨달으면서 앞 장들에 깔려 있던 그의 오만한 바보짓이 보상된다. 그리고 이번에는 그의 다음 행동을 위한 설정이 된다. 그가 어떻게 이 수용소를 탈출할까? 자기가 누군지 알게 되면서 설리반의 두뇌는 다시 할리우드의 관례대로 돌아가기 시작한다. 할리우드의 프로답게 설리반은 감옥에서 빠져나가는 것은 물론이고 실제로 온갖 골칫거리에서 빠져나가는 유일한 방법이 유명세를 얻는 것임을 깨닫는다. 그래서 자기가 저지르지도 않은 살인을 자백하는데, 이렇게 해서 다시 법정에서 언론의 주목을 받으면 스튜디오 사장들과 그들의 막강한 변호사들이 자기를 구해 줄수 있다는 계산이 깔려 있었다. 이 보상 장면은 설리반이 할리우드의 굴레로 돌아가는 결말 부분의 설정이 된다. 되돌아간 설리반은 늘 해 온 대로 가벼운 오락 영화를 다시 만들지만 이번에는 그 의미를 이해한다.

수차례의 설정과 보상이 계속 아슬아슬하게 맞물리며 이어질 때야말로 작가의 창의력이 가장 번쩍이는 순간이다.

마크와 마이클이라는 고아 형제의 이야기를 쓰고 있다고 가정해 보자. 이 형제는 갓난아기 때부터 잔인한 보육 기관에서 자라났다. 두 형제는 수년 동안 서로 보호하고 부양하며 살아왔기 때문에 떼려야 뗄 수 없는 사이다. 그러던 중 고아원을 탈출한다. 이제 두 형제는 항상 서로를 지켜 주면서 거리에서 힘들게 살아간다. 마크와 마이클이 서로를 사랑하는 만큼 관객도 그들을 사랑하게 된다. 그런데 문제가 있다. 뭔가 이야기가 없다는 점이다. 이건 마치 '세상에 맞선 두 형제'라는 제목의 초상이 됨 직하다. 장소 외에는 그들의 형제애라는 주제의 반복에서 달라지는 게 없다. 본질적인 변화가 없는 것이다.

그런데 이 끝없는 에피소드의 나열을 바라보다가 문득 별난 아이디어가 하나 떠오른다. '마크가 마이클을 배신하면 어떨까? 옷도 빼앗고 돈도 훔치고 여자 친구까지……' 다시 제동이 걸린다. '엉터리다! 이 둘은 서로 사랑한단 말이야. 같이 세상과 싸워야지. 도무지 말이 안 돼! 하지만 멋지긴 하겠는걸. 아니야, 잊어버려야지. 그래도 꽤 근사한 장면이 될 텐데. 그만둬라, 그만둬. 논리적으로 말이 안 되잖아!'

그래도 한번 나타난 빛은 쉽게 사라지지 않는다. '논리적으로 만들 수도 있을 것 같아. 다시 하나하나 보면서 의미를 덧대볼 수 있을 것 같은데. 세상에 맞선 두 형제? 카인과 아벨이 어떨까? 형제간의 경쟁? 처음부터 다시 고치면서 장면마다 마크한테는 쌉쌀한 질투심을 끼워 넣고 마이클은 우월하고 오만하게 만들면 될 것 같은데. 달콤한 우애의 배후에 다 은밀히 숨겨 놓는 거지. 잘하면, 마크가 마이클을 배신하는 대목에서 관객들이 마크의 억눌렸던 질투심을 알아차릴 거고 그러면 말이 되겠지.'

이제 인물들은 반복하는 대신 자라난다. 어쩌면 작가가 자기 형제한테 느끼고 있었지만 인정할 수 없었던 본심이 마침내 표현되는 거라고 깨달을지 모른다. 하지만 아직 끝난 게 아니다. 불현듯 생각이 다시 든다. '마크가 마이클을 배신하면, 이게 끝에서 두 번째 장의 절정이 되겠지. 그러면 그 절정이 마지막 장의 이야기 절정의 설정이 되고, 마지막 장 절정에서는 마이클이 복수를 하면……' 이 이야기를 찾아낼 수 있었던 건 순전히 상상도 못할 일을 스스로 상상해 낸 덕분이다. 이야기를 지을 때 논리는 소급해서 적용된다.

이야기는 인생과 달라서 언제든 되돌아가 고칠 수가 있다. 처음에는 터무니없는 것 같아도 우선 깔아 놓고 나서 말이 되게 만들 수 있다. 논리적인 추론은 창의력 다음에 생각할 부차적인 일이다. 다른 무엇보다도 더 중요하고 일차적인 것은 상상력이다. 아무리 별난 아이디어라도 기꺼이 생각해 보려는 마음, 말이 되든 안 되든 우선 이미지들을 자유롭게 떠올리려는 의지야말로 다른 것에 우선한다. 열 중의 아홉은 쓸모없는 상상일지 모른다. 하지만 비논리적인 아이디어 하나가 작가의 내면에 나비 같은 영감을 불어넣을 수 있다. 그 나비들의 퍼덕임이 당신에게 속삭일 것이다. 이렇게 정신 나간 생각에도 뭔가 멋진 것이 숨어 있다고 말이다. 안 보이던 관계가 보이는 직관적인 순간이 있다. 그러면 되돌아가 말이 되게 바꿀 수 있다는 확신이 들 것이다. 논리는 애들 장난이다. 영화 화면으로 당신을 인도하는 건 오직 상상력이다.

감정의 변화

배우가 눈물을 글썽이거나 화려한 대사를 줄줄 읊으며 기쁨을 노래하거나 에로틱한 장면이 묘사되거나 성난 음악을 틀어 댄다고 해서 관객의 감정이 움직이는 건 아니다. 차라리 어떤 감정을 불러일으키기에 딱 적합한 경험을 그려 내 관객이 그걸 체험하게 하는 게 낫다. 전환점이 통찰만 전달하는 게 아니라 감정의 동학을 창조해야 하기 때문이다.

어떻게 관객의 정서적인 경험을 만들어 내는지 이해하려면 먼저 감정에는 즐거움(Pleasure)과 고통(Pain), 이 두 종류만 있다는 점을 깨달아야 한다. 물론 각각 다양한 변형이 존재한다. 기쁨, 사랑, 행복, 환희, 재미, 황홀, 흥분, 고마움 등등이 즐거움의 변형들이고 번민, 두려움, 불안, 공포, 슬픔, 치욕, 불쾌, 비탄, 스트레스, 회한 등등이 고통의 변형들이다. 본질적으로 인생이 주는 감정은 즐거움과 고통, 둘 중 하나인 셈이다.

이야기에서 가치가 전환될 때 관객은 감정적인 동요를 겪는다. 첫째, 관객은 등장인물과 동화된다. 둘째, 인물이 원하는 게 무엇인지 이해하고 인물이 그것을 가지기를 바라게 된다. 셋째, 당시 인물의 상황에서 어떤 가치가 문제가 되고 있는지 이해하게 된다. 이런 조건들 덕분에 가치의 변화가 관객의 감정을 움직이는 것이다.

주인공이 가난에 찌든 모습으로 시작되는 코미디가 있다 해 보자. 부(富)라는 가치를 놓고 볼 때 이 장면은 부정적이다. 그러다가 장면이나 시퀀스나 장을 거치면서 그의 인생이 가난에서 부로, 부정에서 긍정으로 가치의 전환을 경험한다. 인물이 자기 욕망의 대상에 다가가는 것을 지켜보면서 관객의 감정도 긍정적인 경험으로 움직여 갈 것이다.

그러나 인물의 상승세가 어느 정도 진정되면 감정도 다시 급속히 잠잠해진다. 감정은 비교적 짧고 강렬한 경험이라 한번 강하게 치솟아 달아오르고 나면 금세 가라앉는다. 이제 관객은 생각할 것이다. '멋지군. 부자가

됐네. 다음엔 무슨 일이 생기려나?'

이제 이야기는 긍정에서 부정으로, 앞서의 가난한 상태보다 더 부정적인 상황으로 바뀌게끔 반드시 방향 전환을 해야 한다. 주인공이 부자에서 마피아의 빚더미 속으로 추락할 수도 있다. 가난보다 훨씬 악화된 상황이다. 플러스에서 마이너스로 떨어지는 상황에서 관객의 정서적 반응은 부정적일 수밖에 없다. 그러나 일단 주인공이 전 재산을 고리 대금업자에게 빚지고 나면 관객은 감정을 가라앉히고 생각할 것이다. '상황이 나빠졌군. 돈도 다 날리고 마피아에게 빚까지 지다니. 이제는 어떻게 될까?'

이제 이야기는 다시 방향을 틀어야 한다. 어쩌면 주인공이 마피아 두목 행세를 해서 마피아를 전부 수중에 넣고 부채에서 벗어날 수도 있다. 곱절로 부정적인 상황에서 다시 아이러니하게 긍정적인 상황으로 이야기가 전환됨에 따라 관객의 감정은 앞서보다 더 강한 긍정을 띠게 된다. 이렇듯 이야기가 긍정과 부정 사이를 오가는 역동적인 감정의 변화를 창출해 내야만 '효과 감소의 법칙(Law of Diminishing Returns)'을 피할 수 있다.

효과 감소의 법칙은 이런 것이다. 어떤 일을 자주 경험하면 할수록 그 효과가 줄어든다는 것, 이야기만큼이나 현실에도 적용되는 사실이다. 때문에 동일한 감정적인 경험이 잇따라 같은 강도로 되풀이되면 안 된다. 처음 먹은 아이스크림은 무척 맛있다. 두 번째 것도 나쁘진 않다. 하지만 세 번째까지 먹으면 속이 탈난다. 처음 맛보는 감정이나 감각은 최대한의 효과를 낳는다. 곧바로 이 경험을 되풀이하려고 들면 효과는 절반 이하로 떨어진다. 똑같은 감정을 연속으로 세 번까지 반복할 때는 본래의 효과를 거두지 못할 뿐만 아니라 부작용도 따른다.

세 개의 비극적 장면이 비교적 잇따라 벌어지는 이야기를 가정해 보자.

어떤 효과가 있겠는가? 처음에는 눈물을 쏟다가 두 번째는 코를 훌쩍일 수 있다. 하지만 세 번째는 웃음이 터져 나올 것이다. 세 번째 장면이 슬프지 않아서가 아니다. 오히려 셋 중 가장 슬플 수도 있다. 문제는 앞선 두 장면이 관객의 슬픔을 다 소모시켜서 마지막에는 관객을 또 울리려는 작가가 너무 바보스럽거나 둔감해 보이는 것이다. 그래서 심각한 감정의 반복이 실제로는 코믹한 장치로 자주 애용된다.

웃음은 연거푸 나올 때가 많으니까 코미디는 이 원칙에서 예외라고 생각할지도 모르지만 그렇지 않다. 웃음은 감정이 아니다. 기쁨이 감정이다. 웃음은 무언가 우스꽝스럽거나 터무니없는 것을 향해 던지는 비판이다. 공포든 애정이든 어떤 감정 속에서도 웃음이 나올 수 있다. 그리고 웃음은 항상 일종의 안도감을 동반한다. 농담은 두 부분으로 이루어진다. 설정과 일격이다. 설정 삼아 잠깐 동안이라도 위험이나 섹스나 음담패설 따위로 관객의 긴장을 고조시키다가 일격을 날려 웃음이 터지게 한다. '일격을 가하는 농담을 날릴 만큼 설정이 무르익었을 때가 언제인가?' 하는 문제가 코미디 타이밍의 비결이다. 코미디 배우들은 본능적으로 이 순간을 감지한다. 하지만 일격을 세 번 연속으로 날리면 그렇게 환영받지 못한다는 걸 그들은 객관적으로 배워서 안다.

한 가지 예외가 있긴 하다. 때로는 이야기가 긍정에서 긍정으로, 또는 부정에서 부정으로 이동할 수 있다. 단, 이때는 두 사건이 아주 현격한 대조를 이루어서 돌이켜 보았을 때 앞의 사건이 거의 반대의 성격을 띨 정도라야 한다. 이런 예를 생각해 보자. 두 연인이 다툼 끝에 헤어진다. 부정적이다. 다음에는 한 사람이 다른 사람을 살해한다. 이 두 번째 전환이 너무나 강력하게 부정적이라 거기에 비하면 처음의 다툼이 긍정적으로 보이기 시작한다. 살인에 비추어 관객은 앞의 결별을 돌이켜 볼 것이고 '적어도 그때는 말로나 싸웠지.'라고 생각할 것이다.

사건들 간의 감정적인 차이가 두드러질 경우에는 긍정에서 긍정으로 사건이 전환되어도 크게 감상적이지 않고 부정에서 부정으로 바뀌어도 억지로 심각해지는 느낌을 피할 수 있다. 그러나 대개의 경우처럼 두 사건 사이의 변화가 단지 정도의 차이에 머문다면, 반복된 감정의 효과가 반감되고 세 번째 거듭되는 경우에는 불행하게도 아예 정반대의 효과를 낳게 된다.

효과 감소의 법칙은 인생의 모든 측면에 적용되는 듯하다. 단 하나 예외가 있다면 섹스다. 섹스는 아무리 반복해도 효과가 지속되는 것 같다.

일단 가치가 전환되어 감정(Emotion)이 발생하면 그때부터 감흥(Feeling)이 작용하기 시작한다. 자주 혼동되긴 하지만 감흥은 감정이 아니다. 감정은 빨리 치솟아 달아오르는 짧은 경험이다. 반면 감흥은 오래도록 충만하게 남아 있는 정취로서, 며칠, 몇 주, 또는 몇 해 동안 내내 관객의 인생을 감돌기도 한다. 심지어 특별한 감흥이 한 사람의 성격을 좌우하는 경우도 가끔 있다. 인생의 본질적인 감정, 즉 즐거움과 고통에는 여러 변형들이 존재한다. 그 많은 변형 가운데 어떤 특정한 감정을 경험하게 만들까? 이 물음의 답은 그 감정을 에워싼 감흥에서 찾을 수 있다. 연필 밑그림에 색채를 더하거나 선율에 오케스트라의 연주를 더하듯 감흥이 감정을 특수하게 만들기 때문이다.

자기 삶에 만족하는 한 남자가 있다고 가정해 보자. 대인 관계도 좋고 일도 잘 풀린다. 그런데 어느 날 애인이 사망했다는 통지를 받는다. 그는 애통해하겠지만 시간이 지나면서 차츰 일상을 회복해 갈 것이다. 반면 하는 일마다 안 풀리고 하루하루가 침울하고 스트레스만 많이 쌓인 사람이 있다고 생각해 보자. 어느 날 갑자기 자기 애인의 사망 통지를 받는다면……, 아마도 그는 그녀를 뒤따라갈지 모른다.

영화에서 감흥은 분위기(Mood)와 밀접하게 연관된다. 분위기는 영화의 텍스트에 따라 만들어진다. 빛의 질감, 색감, 연기와 편집의 템포, 캐스팅, 대사의 스타일, 미술, 음악 등등. 이런 영화적 특성들이 모두 합쳐져서 특정한 분위기를 창조해 낸다. 일반적으로 분위기는 설정과 마찬가지로 일종의 복선이다. 즉 관객의 기대를 미리 준비하고 형성하는 방법인 셈이다. 하지만 장면의 설정은 어떤 감정을 긍정으로 만들지 부정으로 만들지 결정하는 문제인 반면, 분위기는 한순간 한순간 감정을 특수하게 만드는 게 중요하다.

가령 다음은 긍정적인 감정을 유도하게끔 설계된 대략적인 줄거리다. 헤어진 두 남녀가 있다. 1년이 넘도록 둘이 얘기도 나누지 않고 있다. 그러는 사이 남자의 삶이 위험한 고비를 겪는다. 절망적인 파산 상태에서 남자가 돈을 꾸어 볼까 하고 여자를 찾아간다. 이 장면은 그의 생존과 두 사람의 사랑이라는 두 가치 측면에서 모두 부정적으로 시작된다.

그가 여자네 문을 두드린다. 문간에 선 그를 보고 그녀는 집에 들이지 않으려 한다. 그는 이웃들에게 방해가 될 만큼 시끄럽게 소란을 피운다. 그녀가 당황한 나머지 들여보내 주지 않을까 하는 기대 때문이다. 그러나 대신 그녀는 전화를 들고 경찰에게 신고하겠다고 으름장을 놓는다. 그는 그녀가 공연히 그런 척만 하는 거라며 자기는 지금 너무 깊은 곤경에 빠져서 갈 곳이라고는 감옥밖에 없다고 문틈에 대고 소리 지른다. 그녀는 자기랑은 상관없는 일이라며 되받아친다.

겁도 나고 화도 난 그는 문을 때려 부순다. 하지만 그녀의 표정을 보고는 이런 방법으로는 절대 돈을 빌릴 수 없겠구나 깨닫는다. 그러고는 고리 대금업자들이 자기 팔다리를 부러뜨리겠다고 협박한다고 정신없이 설명을 늘어놓는다. 동정은커녕 그녀는 비웃으며 그들이 아예 그의 머리통도 깨 놓으면 좋겠다고 말한다. 그는 갑자기 눈물을 쏟으며 그녀에게 매달려 애원한다. 제정신이 아닌 것 같은 그의 얼굴을 보고 무서워진 그녀는 겁을 줘서 쫓아 버리려고 서랍에서 총을 꺼낸다. 그는 자기가 1년 전쯤 그녀에게 총을 준 걸 기억하는데 발사 장치가 고장이었다고 말하며 비웃는다. 그녀는 자기가 벌써 고쳤다고 웃으며 대꾸하면서 증명이라도 하듯 그의 바로 옆에 있는 등불을 쏘아 맞춘다.

그가 그녀의 손목을 낚아채고 둘은 바닥에 넘어져 서로 총을 잡으려고 버둥댄다. 그렇게 서로 엉켜 뒹굴다가 불현듯 지난 1년 동안 잊고 있었던 감정이 다시 불붙는다. 그리고 그들은 문이며 등불이며 부서진 난리통 속에 누워 사랑을 나누기 시작한다. 그의 머릿속에서 작은 속삭임이 들린다. '이거면 먹히겠는데.' 그 소리와 함께 그의 생각과 몸 사이에 슬그머니 틈이 벌어진다. '만날 저 웃음이 말썽이지.' 그녀가 그를 보며 생각한다. 연민과 애정에 넘어간 그녀는 그를 다시 받아들이기로 결심한다. 이 장면은 긍정적으로 끝이 난다. 그녀가 그의 생존을 도와줄 것이고 둘의 사랑도 되살아났다.

관객이 이 인물들과 동화된다면, 이런 부정에서 긍정으로의 전환이 관객들에게 긍정적인 감정을 일으킬 것이다. 그중에서도 어떤 감정일까? 여러 가지가 가능하다.

작가가 요구하는 분위기는 어느 여름날, 창가에는 색색의 화분이 놓여 있고 나무에는 꽃들이 만발한 그런 공간이라고 해 보자. 제작자는 짐 캐리와 미라 소르비노를 캐스팅한다. 감독은 이들을 풀숏(Full-shot)으로 담아낸다. 이 모든 요소가 어우러져 코믹한 분위기를 자아낸다. 코미디는 밝은 빛과 색채가 어울린다. 코미디 배우들을 찍을 때는 풀숏을 써야 한다. 그들은 전신으로 연기를 하기 때문이다. 짐 캐리와 미라 소르비노는 익살스러운 연기의 귀재들이다. 짐 캐리가 문을 부수고 들어 올 때나 미라 소르비노가 총을 꺼내 들 때 또는 둘이 사랑을 나누려 할 때, 관객들은 약간 두려운 흥분 틈틈이 웃음을 맛보게 될 것이다. 그러다가 그녀가 그를 다시 받아들이는 대목에서 기쁨이 활짝 터진다.

반면 한밤중에 달빛과 가로등 불빛 아래 바람에 흔들리는 나무 그림자 사이에 서 있는 집에서 이 장면이 벌어진다고 상상해 보라. 감독은 비스듬히 꽉 찬 앵글들로 촬영을 하고 색을 더 빼라고 현상소에 지시한다. 제작자는 마이클 매드슨과 린다 피오렌티노를 캐스팅한다. 한 비트도 달라진 게 없는데도 이 장면은 이제 스릴러 분위기가 훙건하다. 둘 중 하나는 살아남지 못할 거라는 두려움에 관객은 가슴을 졸일 것이다. 매드슨이 위협적인 기세로 들어오고 피오렌티노가 총을 집어 들고 둘이 엉켜 싸우는 모습을 한번 상상해 보라. 마침내 둘이 끌어안을 때 관객은 안도의 한숨을 내쉴 것이다.

기본적인 감정을 결정하는 것은 장면과 시퀀스와 장의 전개 과정이다. 감정을 특별하게 만드는 게 분위기다. 하지만 분위기는 감정을 대신할 수 없다. 분위기를 경험하고 싶으면 콘서트나 전시회에 가야 한다. 감정적으로 의미 있는 경험을 하고 싶을 때 극장에 가는 것이다. 아무런 변화도 없이 해설로 가득한 장면을 써 놓고는 해질녘 뜨락에서 찍으면 그 황금빛 분위기만으로도 충분할 거라고 기대하는 건 작가로서 도움이 안 되는 생각이다. 이런 식의 글쓰기는 변변찮은 이야기로 감독과 배우들의 어깨만 짓누른다. 극으로 융화되지 못한 해설은 어떻게 봐도 지루하다. 영화는 화려하게 치장한 영상이 전부가 아니다.

본질적인 선택

전환점의 중심은 인물이 내리는 행동의 선택이다. 인물은 욕구 실현이라는 부담을 진 채 어떤 행동을 취할지 고르게 된다. 사람은 누구나 스스로 선과 옳음에 대해 생각하는 바대로 선한 것과 옳은 것을 선택한다. 이게 인간의 본성이다. 거꾸로 선택이 인식을 결정할 수는 없다. 따라서 인물이 분명한 선과 악, 또는 옳고 그름 중 하나를 선택해야 하는 상황에 처했을 때 인물의 관점을 이해하면 관객은 그가 어떤 선택을 내릴지 미리 알아차릴 수 있다.

> 선과 악 또는 옳고 그름 간의 선택은 진정한 선택이 아니다.

5세기경 유럽의 변경에 서 있는 훈족의 왕 아틸라를 상상해 보라. 부족의 상태를 점검하며 스스로 이렇게 묻고 있을까? '이 땅을 침략해서 살인하고 강간하고 약탈하고 마을을 불태우고 폐허로 만들어야 할까⋯⋯, 아니면 그냥 돌아가야 할까?' 아틸라에게 이건 선택할 거리가 아니다. 그는 반드시 침략해서 살육과 약탈을 저지르고 땅을 폐허로 만들어야 한다. 수만의 병사들을 이끌고 두 대륙을 가로질러 왔을 때는 목표를 목전에 두고 되돌아갈 작정이 아니었을 것이다. 그러나 희생자들이 보기에는 아틸라의 선택이 사악한 결정이다. 그게 그들의 관점이다. 아틸라에게는 자신의 선택이 옳은 일이고 도덕적으로 타당한 일일 것이다. 역사상 수많은 유명한 폭군들이 그랬듯 아틸라도 자기가 성스러운 임무를 수행 중이라고 믿었을 게 틀림없다.

아니면 더 가까운 예를 들어 보자. 강도가 길 가는 여자를 둔기로 내리쳐 살해하고 지갑에 든 5달러를 빼앗았다고 치자. 이게 도덕적인 행동이 아니란 건 그도 알겠지만 도덕/비도덕, 옳음/그름, 합법/불법 등이 항상 연관되는 건 아니다. 이 사람도 곧 자신의 행동을 후회할지 모른다. 그러나 강도의 관점에서 보건대 그 살인의 순간에는, 스스로 이게 옳은 선택이었음을 확신하기 전까지는 손가락 하나 까딱 못 했을 것이다. 인간 본성에 대해 그 정도도, 그러니까 인간이 선하거나 옳은 행동을 할 수 있는 건 스스로 그 행동이 선하거나 옳다고 믿게 되거나 그렇게 합리화하기 때문이라는 점을 이해하지 못한다면, 사실 인간을 거의 모르는 셈이다. 선과 악, 옳고 그름 사이의 선택은 극적인 측면에서 볼 때 뻔하고 사소한 결정이다.

진정한 선택은 딜레마다. 딜레마는 두 가지 상황에서 발생한다. 첫째, 양립이 불가능한 두 가지 선 사이의 선택. 인물의 관점에서는 두 가지 모두 바람직하고 둘 다를 원하지만 상황은 그에게 하나만을 선택하라고 강요하는 경우다. 둘째, 두 가지 악 사이에서 더 작은 악을 고르는 선택. 인물의 관점에서는 두 가지 모두 바람직하지 않고 둘 다 원하지 않지만 상황은 그에게 둘 중 하나를 반드시 선택하라고 강요하는 경우다. 이런 딜레마에서 인물이 어떤 선택을 내리는가야말로 그의 인간성과 그가 속한 세계가 강력하게 표현되는 순간이다.

호메로스 이래로 작가들은 딜레마의 원리를 잘 이해해 왔다. 관계의 축
이 둘뿐인 이야기는 유지될 수 없다는 것, 다시 말해 A라는 인물과 B라는
인물 간의 단순한 갈등으로는 만족스러운 이야기가 되지 못한다는 걸 알
고 있었다.

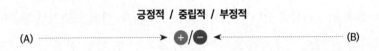

양자간의 갈등은 딜레마가 아니라 긍정과 부정 사이의 동요다. '그녀는
나를 사랑한다/사랑하지 않는다, 사랑한다/사랑하지 않는다'처럼 좋은
것과 나쁜 것 사이를 왕복하며 이야기에 풀리지 않는 문제를 제기한다.
끝도 없이 단조롭게 반복되는 상황이다.

주인공이 '그녀는 나를 사랑한다.'고 믿음으로써 이 왕복 운동이 긍정
으로 마감될라치면 관객은 자리를 뜨며 생각할 것이다. '두고 봐라. 내일
이면 그녀가 다시 사랑하지 않는다고 할걸.' 반면 '그녀는 나를 사랑하지
않는다.'고 부정으로 끝을 맺으면 관객은 자리를 뜨며 이렇게 생각할 것
이다. '그녀는 돌아올걸. 항상 그랬으니까.' 설사 사랑하는 사람이 죽어도
완전한 결말은 아니다. 왜냐하면 '그녀는 나를 사랑했을까, 사랑하지 않
았을까?' 하며 마지막까지 주인공이 고민하고, 관객도 이 풀리지 않은 문
제를 고민하면서 일어서기 때문이다.

가령 다음의 두 이야기를 생각해 보자. 즐거움과 고통이라는 내면의 상
태를 오가며 갈팡질팡하는 것 하나와 내면의 딜레마를 다루는 것 하나다.

「베티 블루 37°2」와 「붉은 사막」을 비교해 보자. 전자에서 베티(베아트리체 달)의 증세는 과도한 집착에서 정신 착란적인 신경증으로 발전해 간다. 그녀는 충동만 있지 결코 분명한 결정을 못 내린다. 후자에서 줄리아나(모니카 비티)는 심각한 딜레마에 직면한다. 안락한 환상 속으로 도망칠 것인가, 아니면 엄혹한 현실에 의미를 둘 것인가. 정신 착란과 고통 사이의 선택이다. 「베티 블루 37°2」의 '가짜 미니멀리즘(Mock-minimalism)'은 고통스러운 시간을 드라마와 혼동하면서 무려 두 시간 남짓을 몽땅 정신 분열증에 시달리는 무력한 주인공의 초상에 할애한다. 반면 「붉은 사막」은 자기 내면의 무서운 모순과 맞붙어 싸우는 한 인간을 미니멀리즘적으로 형상화한 걸작이다.

진정한 선택을 구축하고 창조하려면 상황을 세 축으로 구성해야 한다. 삶과 마찬가지로 의미 있는 결정은 삼각형의 구도를 갖는다.

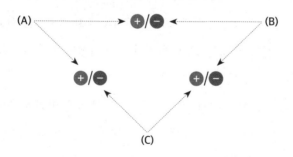

제3의 요소 C를 더하는 순간 반복을 피할 충분한 조건이 생성된다. 예컨대 우선 A와 B 사이에는 긍정/부정/중립 또는 사랑/미움/무관심이라는 세 가지 관계가 이미 가능하다. 여기에 C가 보태지면서 각각 A와 C, B와 C 간의 세 가지 관계들이 더해지게 된다. 이로써 아홉 가지 가능성을 갖게 되는 것이다. 다음으로는 A와 B를 묶어서 C에, A와 C를 묶어서 B에, B와 C를 묶어서 A에 대응시켜 볼 수 있다. 아니면 사랑이나 미움이나 무관심으로 셋을 한꺼번에 묶어 볼 수도 있을 것이다. 제3의 요소를 더함으로써 순식간에 삼각형이 스무 가지가 넘는 변형을 낳는다. 반복을 피하면서 이야기를 전개하고도 남을 만큼 충분한 재료다. 여기에 제4의 요소를 더하면 삼각형과 맞물린 복합체를 이루어 사실상 무한히 다양한 관계를 빚어낼 수 있다.

덧붙여 삼각 구도에서는 닫힌 결말이 가능하다. 양자 간의 이야기는 A가 B냐, B가 아니냐 사이에서 동요하기 때문에 결말이 열려 있다. 하지만 A가 B와 C 사이에 걸려 있는 삼자 간의 선택에서는 A가 둘 중 하나를 택하는 것으로 이야기가 만족스럽게 종결된다. B와 C가 두 악 중 더 작은 악을 표상하든 양립 불가능한 두 선을 표상하는 것이든 간에, 어쨌든 주인공이 둘 다를 가질 수는 없다. 대가를 치러야 한다. 하나를 얻으려면 다른 하나를 걸거나 잃어야 한다. 예컨대 A가 C를 버리고 B를 선택하면 관객은 이것을 진짜 선택으로 받아들인다. C가 희생되고 이 돌이킬 수 없는 변화가 이야기를 끝맺는 것이다.

양립 불가능한 선 사이의 선택과 두 악 중 더 작은 악의 선택이 결합될 때 주로 가장 설득력 있는 딜레마가 탄생한다. 이를테면 초자연적 사랑 이야기인 「도나의 선택」에서 도나(소냐 브라가)는 다정하고 안정되고 믿음직하지만 둔감한 새 남편과, 성적인 매력이 있고 재미있지만 이미 죽어버린 전남편 간의 선택에 직면한다. 죽은 사람과 산 사람의 선택이 가능한 것은 이 죽은 전남편의 유령이 그녀에게만 살짝 실체로 나타나 전보다 더 성적으로 유혹해 대는 탓이다. 그녀는 지금 헛것을 보는 걸까, 아닐까?

이 과부의 선택은 무엇일까? 지루할 만큼 쾌적한 정상적인 삶 vs 기이하고 정신 나간 듯하지만 감정적으로 충만한 삶이라는 딜레마에 빠진 것이다. 그녀는 현명한 결정을 내린다. 둘 다 택하기로.

독창적인 작품들은 대개 독특하면서도 양립 불가능한 욕망들 간의 선택을 제시한다. 두 사람 간의 선택일 수도 있고 사람과 생활 방식 또는 두 생활 방식이나 두 이상, 정직한 내면의 두 모습 간의 선택일 수도 있다. 갈등의 충위가 무엇이든, 실제든 허구든 상충하는 욕망들 간의 선택이면 된다. 작가가 만들기 나름이다. 그러나 한 가지 보편적인 원칙이 있다. 즉 선택은 의심이 아니라 딜레마라는 점이다. 옳고 그름이나 선과 악 간의 문제가 아니라 동등한 무게와 가치를 갖는 욕망들 사이에서 긍정적인 욕망이냐 부정적인 욕망이냐가 문제 되는 것이다.

장면 분석

텍스트와 서브텍스트

사람의 성격 구조가 정신 분석을 통해 드러날 수 있듯이 한 장면의 내적 모습도 비슷한 연구를 통해 밝혀질 수 있다. 질문만 제대로 던지면, 읽을 때는 그냥 휙휙 지나치며 결점이 안 보이던 장면도 느린 장면으로 재생되듯 제동이 걸리면서 비밀을 드러내 보인다.

장면이 괜찮게 써진 것 같으면 잘된 부분은 손대지 않는 게 좋다. 하지만 대개 초고는 완전히 실패하거나 억지스러워 보일 때가 많다. 그런 경우 작가들은 대사만 바꾸면 살아나겠지 기대하면서 대사만 거듭 고쳐 쓰는 경향이 있는데 그러다가 결국은 막다른 골목에 부닥치고 만다. 정작문제는 장면이 어떻게 쓰여 있는가가 아니라 장면에서 어떤 일이 벌어지는가이기 때문이다. 다시 말해서 표면상 인물들이 어떻게 말하고 움직이고 있느냐가 중요한 게 아니라 그 겉모습 뒤에서 실제로 무엇을 행하고 있는가가 중요하다. 장면을 구성하는 것은 비트이며 잘못 설계된 장면의 결함은 바로 이런 행위의 교환에서 비롯된다. 어떤 장면이 왜 실패하는지 보려면 전체를 각 구성 요소들로 분해해 봐야 한다. 따라서 장면 분석은 장면의 텍스트와 서브텍스트를 분리하는 데에서 출발한다.

텍스트란 예술 작품의 감각적 표면을 일컫는다. 영화의 텍스트는 스크린상의 이미지와 대사, 음악, 음향을 포괄한 사운드트랙이다. 우리가 보는 것과 듣는 것. 사람들이 하는 말과 하는 행동. 서브텍스트는 그 표면 아래 놓인 알맹이, 즉 겉으로 드러나거나 행동으로 가려진 생각과 감정을 뜻한다.

보이는 그대로인 것은 없다. 이 원리는 시나리오 작가에게 삶의 이중성에 대한 확고한 인식, 즉 모든 것이 최소한 두 층으로 존재한다는 인식을 요구한다. 따라서 작가는 동시에 이중으로 진행되는 이야기를 써야 한다. 첫째로는 삶의 감각적 표면, 즉 시각과 소리, 행위와 말을 글로 묘사해야 한다. 그리고 둘째로는 내면의 의식적이고 무의식적인 욕망의 세계를 창조해야 한다. 행동과 반응, 충동과 이드(Id), 경험이나 속성에 따른 명령 등이 모두 여기 포함된다. 현실에서 그렇듯 허구의 세계에서도 살아 있는 가면으로 진실을 가려야 한다. 인물의 실제 생각과 감정은 그들이 하는 말과 행동 뒤에 숨어 있다.

오래된 할리우드식 표현 중에 이런 게 있다. "액면 그대로 드러난 게 그 장면의 전부라면 그건 땡친 거다." 인물의 말과 행동이 내면 생각과 감정을 그대로 드러내는 표면적인 글쓰기를 경계하는 말이다. 이런 글쓰기는 서브텍스트를 텍스트에 직접 써넣어 버린다.

예를 들면 이런 글쓰기다. 멋지게 생긴 두 사람이 촛불이 은은한 탁자에 마주 보고 앉아 있다. 크리스털 포도주 잔과 두 연인의 촉촉한 눈망울이 불빛에 반짝인다. 미풍이 커튼을 살랑인다. 뒤로는 쇼팽의 야상곡이 흐른다. 두 연인은 갈망하는 시선으로 서로의 눈을 들여다보며 탁자 위로 서로 손을 어루만지며 속삭인다. "사랑해, 사랑해……." 게다가 둘 다 진심이다. 이건 연기가 불가능한 장면이고 참담하게 실패할 게 분명하다.

배우는 동작과 입 모양을 흉내 내는 꼭두각시가 아니다. 배우는 텍스트가 아니라 서브텍스트를 재료로 창작을 하는 예술가다. 내면으로부터 말로 드러나지 않은 무의식적인 생각과 감정을 행위의 표면으로 끌어내어 인물을 살아나게 하는 게 배우다. 장면에 지시된 대로 말하고 움직이지만 배우의 창작의 원천은 인물의 내면생활이다. 위와 같은 장면이 연기가 불가능한 것은 이 내면생활, 즉 서브텍스트가 없기 때문이다. 아무것도 연기할 게 없기 때문에 연기가 불가능한 것이다.

영화 본 기억들을 곰곰이 떠올려 보면 서브텍스트의 존재를 줄곧 목격해 온 걸 깨닫게 된다. 스크린은 불투명하기는커녕 투명하다. 스크린을 올려다보면서 관객은 인물의 생각과 감정을 읽고 있다고 느끼지 않는가? 속으로 계속 생각한다. '저 인물이 정말로 무슨 생각을 하는지, 무엇을 느끼는지 나는 안다. 그녀의 내면에서 벌어지는 일을 그녀보다 내가 더 잘 안다. 그녀가 말 걸고 있는 저 남자보다도 더 잘 안다. 남자는 자기 계획에 눈이 팔려 잘 모른다.'

실생활에서 우리 눈은 표면에만 머물곤 한다. 우리 자신의 필요와 갈등과 몽상에 너무 빠져, 잠시 물러나 타인의 내면에서 벌어지는 일을 차분히 관찰할 겨를이 없다. 가끔은 커피숍 구석에 앉은 한 쌍을 프레임 안에 넣고 혼자 영화의 한순간을 만들어 보기도 한다. 그들의 웃음 뒤에 감추어진 지루함이나 눈 속에 깃들인 괴로움이나 서로에게 품고 있는 기대 따위를 읽어 내면서 말이다. 하지만 그것은 아주 드문 일이고 그나마도 잠깐이다. 반면 이야기라는 의식(儀式)에서는 다르다. 우리는 끊임없이 인물의 표정과 행동을 꿰뚫어 보며 말하지 않은 것, 인식되지 않은 것의 심층을 읽어 낸다.

이게 관객이 영화라는 이야기를 들으러 가는 이유다. 영화는 보이는 것을 넘어 실재하는 것으로 관객을 안내한다. 한 겹이 아니라 아주 깊숙한 데까지, 그리고 한순간이 아니라 마지막까지. 이야기 작가는 삶이 주지 않는 즐거움을 관객에게 선사한다. 어둠 속에 앉아 이야기라는 의식을 거치는 즐거움, 인생의 겉모습을 꿰뚫어 보며 말과 행동의 저변에 놓인 느낌과 생각의 한가운데까지 들여다보는 즐거움을 주는 것이다.

그렇다면 사랑이 오가는 장면을 어떻게 써야 제대로 쓸까? 두 사람이 자동차 타이어를 고치는 장면을 예로 들자. 이 장면에선 자동차 정비 교재라 해도 될 만큼 모든 대사와 행동이 잭, 렌치, 휠 캡과 나사 등 자동차에 관한 것들이라고 해 보자. "그거 좀 줄래?" "조심해." "더러워, 만지지 마." "내가 해 볼게……, 아이고." 이 장면에서 실제 무슨 일이 벌어지고 있는지는 배우들이 해석할 터이니 그들이 온전히 내면에서 우러나와 로맨스를 살릴 수 있도록 여지를 남겨 줘야 한다. 둘의 시선이 만나 불꽃을 튀길 때 관객은 무슨 일이 일어나고 있는지 알 것이다. 상황을 전달하는 건 말로 드러나지 않은 생각과 감정이기 때문이다. 겉으로 진행되는 일들을 꿰뚫어 보면서 관객은 느긋하게 앎 직한 미소를 지을 것이다. '저것 보라고. 그냥 차 바퀴를 갈고 있는 게 아니야. 저 남자는 여자한테 반했고 저 여자도 그걸 알아. 소년이 소녀를 만난 거지.'

그러니까 이런 이야기를 쓸 때는 현실에서 벌어지는 대로 써야 한다. 앞서 그 촛불 은은한 장면을 능숙한 배우들에게 내밀면 그들은 가짜 냄새를 맡고 거절한다. 그러고는 그 장면이 아예 빠지거나 연기할 만한 서브텍스트가 있게 고쳐지기 전에는 돌아오지 않는다. 수정을 요구할 만큼 영향력 있는 배우들이 아니라면 다른 방법을 택할 것이다. 이야기와 관계가 있든 없든 배우 스스로 장면 안에 서브텍스트를 집어넣는 것이다. 훌륭한 배우들은 절대로 서브텍스트 없이 카메라 앞에 서지 않는다.

가령 앞서의 촛불 장면을 연기하도록 어떤 배우에게 강요하면 이렇게 불평할지 모른다. '이런 장면을 만드는 데 이렇게까지 하는 이유가 뭐지? 촛불이며 달콤한 음악이며 살랑대는 커튼이 다 뭐람. 그냥 보통 사람들처럼 TV 앞에 앉아 저녁 먹으면 안 되나? 관계에 무슨 문제 있는 거 아니야?' 사실 사는 게 그렇지 않은가? 어떤 경우에 촛불이 등장하는가? 아무 문제 없을 때인가? 아니다. 아무 문제 없을 때라면 우리는 보통 사람들처럼 TV 앞에 앉아 저녁을 먹는다. 이런 생각에서 배우는 서브텍스트를 지어낼 것이다. 이제 관객은 보면서 이렇게 생각한다. '남자가 여자를 사랑한다고 말하는데, 아마 진심인 것 같네. 하지만 보라고. 남자는 여자를 잃을까 겁이 나 있어. 필사적이군.' 또는 배우가 다른 서브텍스트를 상상한 경우라면 관객의 반응도 달라질 것이다. '남자가 여자를 사랑한다고 말은 하는데, 보라고. 뭔가 안 좋은 이야기를 하려고 뜸을 들이는 거야. 여자를 차려는 거로군.'

겉으로 보이는 게 장면의 전부가 아니다. 무언가 더 중요한 다른 게 있다. 장면의 효과를 결정하는 건 바로 이 뭔가 다른 것, 앞서 경우라면 여자의 애정을 되찾으려는 노력이나 헤어지기 전에 여자를 달래는 그런 것이다. 텍스트와 대비되거나 모순되는 내적인 삶으로서 서브텍스트는 항상 존재한다. 이런 가정하에 배우는 다층적인 작품을 창조해 관객이 텍스트 너머 눈빛, 목소리, 몸짓 뒤에 숨 쉬고 있는 진실을 보게 해 준다.

사람들이 진실하지 못하다는 말을 하려는 게 아니다. 누구나 대외적인 가면을 쓴다는 건 모두들 인정하는 사실이다. 속으로는 전혀 다른 생각과 감정을 품고도 사람들은 당위에 따라 말하고 행동한다. 그렇게 해야 하기 때문이다. 정말로 느끼고 생각하는 바대로 전부 말하고 행동하며 다닐 수는 없다는 걸 스스로 안다. 모두 자기 생각대로 움직였다가는 세상이 온통 정신 병원같이 될 것이다. 실제로 그게 정신 이상자를 구별하는 방법이기도 하다. 그들은 내적인 소통 능력을 잃어버린 불운한 사람들이다. 그래서 생각하고 느끼는 그대로 똑같이 말하고 행동하도록 자기를 방치해 두고 그러자니 미쳤다는 얘기를 듣는 것이다.

하지만 사실상 정신 이상자를 포함해서 어느 누구도 자기 안에서 벌어지는 일을 완전히 표현하기란 불가능하다. 깊숙한 감정을 표출하려는 우리의 바람이 아무리 절실해도 그 감정이 우리를 피해 간다. 누구도 결코 진실을 완전히 표현할 수 없다. 정작 진실이 무엇인지 잘 모르기 때문이다. 가장 진심 어린 감정과 생각을 표현하려고 안간힘을 쓰는 경우를 떠올려 보라. 정신 분석을 예로 들어 보자. 환자가 긴 의자에 누워 자기 마음속에 든 이야기를 쏟아 내고 있다. 그는 이해받고 싶어 한다. 아무것도 감추고 싶지 않다. 아무리 은밀한 이야기도 거리낄 필요가 없다. 그가 온갖 끔찍한 생각과 욕망들을 발가벗겨 드러내면 정신 분석학자는 어떻게 하는가? 조용히 고개를 끄덕이며 메모를 한다. 무엇을 적을까? 말해지지 않은 것, 비밀, 환자의 고통에 찬 고백 뒤에 감춰진 무의식 속의 진실들이다. 보이는 그대로인 것은 아무것도 없다. 서브텍스트 없는 텍스트란 없다.

그렇다고 해서 사람들이 진실을 말하기 위해 절절하게 애쓰며 주고받는 감동적인 대화를 쓰는 게 불가능하다는 말은 아니다. 단지 열정이 최고조에 달한 순간이라도 더 깊은 이면이 감춰져 있어야 한다는 뜻이다.

「차이나타운」에 보면 이블린 멀레이가 이렇게 외치는 대목이 있다. "그애는 내 동생이자 내 딸이에요. 아버지와 내가⋯⋯." 하지만 이블린이 하고 싶은데 못 하고 있는 말은 '제발 도와주세요.'일 것이다. 그녀의 고통스러운 고백은 실제로는 도움의 간청이다. 여기에는 이런 서브텍스트가 깔려 있다. '내 남편을 죽인 건 내가 아니에요. 아버지가 한 짓이에요⋯⋯, 내 아이를 손에 넣기 위해. 당신이 나를 체포하면 아버지가 딸 아이를 데려갈 거예요. 제발 나를 도와주세요.' 이어지는 비트에서 기티스는 말한다. "당신을 다른 곳으로 데려가야 할 것 같군요." 비논리적인 답변이지만 충분히 말이 된다. 여기 깔린 서브텍스트는 이렇다. '당신이 말한 것을 모두 이해했소. 나는 이제 당신 아버지가 범인이라는 걸 알아요. 당신을 사랑합니다. 내 목숨을 걸고 당신과 당신 아이를 구하겠소. 그런 뒤에 그놈을 잡겠소.' 이 모든 의미가 장면 아래 놓여 있다. 표면적인 거짓 대화 없이도, 따라서 관객에게서 통찰의 즐거움을 빼앗지 않고도 진정한 행위를 전달해 주는 것이다.

「스타워즈 에피소드5: 제국의 역습」의 한 장면을 보자. 다스 베이더가 루크에게 자기와 함께 우주를 통치하고 "세상에 질서를 부여"할 기회를 주었을 때 루크는 자살 기도로 응답한다. 역시 논리적인 반응은 아니지만 완벽하게 말이 된다. 관객도 루크도 다스 베이더의 행동에 담긴 서브텍스트를 파악했기 때문이다. "세상에 질서를 부여"하자는 말 뒤에는 '그럼으로써 수십만의 사람들을 노예로 만든다.'는 의미가 숨어 있다. 루크가 자살을 시도할 때 관객은 '당신의 사악한 계획에 동참하느니 차라리 죽겠다.'는 영웅적인 서브텍스트를 읽게 된다.

인물들은 작가의 상상에 따라 어떤 말이나 행동도 할 수 있다. 하지만 완벽한 진실을 말하거나 행동할 수 있는 인간은 없는 까닭에, 그리고 적어도 인간의 행동에는 언제나 무의식의 차원이 존재하는 까닭에 작가는 서브텍스트를 깔아 두어야 한다. 이 서브텍스트를 관객들이 감지할 때 비로소 장면은 효과를 거둔다.

이 원리는 일인칭 소설이나 연극의 독백, 또는 카메라를 향해 말하기(Direct-to-camera)나 화면 밖 내레이션의 경우에까지 확대된다. 왜냐하면 인물이 은밀하게 말을 건다고 해서 잠시라도 진실을 알거나 말할 수 있다는 건 아니기 때문이다.

「애니 홀」에 보면 앨비 싱어(우디 앨런)가 자기의 불안과 문제점들을 관객에게 직접 고백하는 대목이 있다. 이때도 역시 그는 거짓말을 하거나 시치미를 떼고 알랑거리고 과장하고 스스로를 합리화한다. 모두 관객을 설득하고 스스로도 자기 마음이 안정되어 있다는 걸 납득하려는 자기기만적인 노력이다.

인물이 혼자 있을 때도 서브텍스트는 존재한다. 아무도 우리를 지켜보는 사람이 없다고 해도 우리 자신들이 있기 때문이다. 인간은 자기의 진정한 모습을 스스로에게 감추기 위해서도 가면을 쓴다.

가면을 쓰는 건 개인들만이 아니다. 공공 기관들도 마찬가지이며 그 가면을 지키려고 홍보 전문가들을 고용하는 것이다. 패디 체이예프스키의 풍자극 「종합 병원」은 이런 진실을 단면적으로 보여 준다. 병원 직원들은 모두 흰 가운을 입고 전문적이고 과학적이고 자상한 사람 행세를 한다. 하지만 의료 기관에서 일해 본 경험이 한 번이라도 있으면 그곳이 얼마나 보이지 않는 탐욕과 자만과 광기의 기운으로 차 있는지 알게 된다. 죽고 싶으면 병원에 가 보라.

삶의 한결같은 이중성은 심지어 무생물에게도 적용된다. 허먼 멜빌의 『빌리 버드』를 각색한 로버트 로젠의 작품에 보면 군함 하나가 열대의 밤 바다에 떠 있다. 하늘에 빛나는 무수히 많은 별들이 검고 잔잔한 바다에 모두 투영되어 장관을 이루고 있다. 낮게 뜬 보름달은 수평선에서 뱃머리까지 길게 빛을 드리우고 있다. 늘어진 돛이 따뜻한 미풍에 흔들린다. 잔인한 선임 위병 하사관, 클래거트(로버트 라이언)가 당직을 서고 있다. 빌리(테런스 스탬프)가 잠을 못 이루고 갑판에 나와 클래거트와 함께 현의 윗머리에 선다. 참 아름다운 저녁이라고 빌리가 말한다. 그러자 클래거트가 대답한다. "그래, 빌리, 아름답지. 하지만 기억해 두게. 저 반짝이는 표면 아래로는 괴물들이 헤엄쳐 다니는 세상이 있다는 걸." 대자연도 자신의 가면을 쓴다.

장면 분석 요령

장면을 분석하려면 장면의 텍스트와 서브텍스트 모두를 행위 유형별로 분할해야 한다. 일단 제대로 검토하고 나면 장면의 결함들이 생생하게 드러난다. 아래는 장면의 비밀을 캐내기 위해 구상한 5단계 과정이다.

1단계: 갈등을 파악하라

우선 장면을 이끌어 가고 동기를 부여해서 사건을 일으키는 게 누군지 파악하라. 장면을 움직이는 건 인물이나 어떤 세력일 수도 있고 무생물체나 자연의 작용일 수도 있다. 다음으로는 이 인물이나 세력의 텍스트와 서브텍스트를 살펴보라. 그 또는 그것이 원하는 게 무엇인가? 언제나 해답의 열쇠는 욕망이다. 이 욕망(또는 배우들의 용어로 장면별 목표)을 '이러저러한 행동을 하기 위해' 또는 '이러저러한 것을 획득하기 위해'라는 식의 목적을 드러내는 부사구로 표현해 둬라.

그러고는 장면을 죽 훑어보고 이렇게 질문하라. 이 욕망을 가로막고 있는 게 어떤 적대 세력인가? 여기서도 역시 적대 세력은 어느 한 층위의 갈등에서 비롯될 수도 있고 둘 이상이 결합된 것일 수도 있다. 대립의 원천이 무엇인지 확인한 후에는 이렇게 질문하라. 적대 세력이 원하는 게 무엇인가? 이것도 '이러저러한 행동을 하지 않기 위해' 또는 '대신 이러저러한 것을 획득하기 위해'라는 식의 목적 표현으로 정리하는 게 가장 좋다. 제대로 쓰인 장면이라면, 양측의 욕망을 드러내는 이런 일련의 어구들을 비교해 볼 때 미비한 대립이 아니라 그들의 직접적인 갈등 관계가 드러날 것이다.

2단계: 도입부의 가치를 적어 둬라

그 장면에서 문제가 되는 가치가 무엇인지 확인하고 장면의 도입부에서 그 가치값이 긍정인지 부정인지 적어 둬라. 이를테면 '자유. 주인공은 부정적이다. 자신의 강박적인 야망에 스스로 포로가 된 상태' 또는 '신념. 주인공은 긍정적이다. 신이 자신을 이 상황에서 구해 주리라 믿고 있음.'

3단계: 장면을 비트들로 분해하라

비트는 인물 행위에서 일어나는 행동/반응의 교환이다. 장면의 첫 행동을 두 층위에서 주의 깊게 살펴보라. 외관상으로 즉 인물이 무슨 행동을 하고 있는 것처럼 보이는지, 그리고 더 중요하게는 표면 밑으로 인물이 실제로 무슨 행동을 하고 있는지 살펴라. 이 서브텍스트적 행동을 '구걸하기'와 같은 능동적 동명사 어구로 이름 붙여 둬라. 행동만이 아니라 인물의 감정까지 나타내 주는 표현을 찾도록 노력하라. 이를테면 '간청하기'는 인물의 행동이 형식성을 띠는 느낌을 주는 반면, '그녀의 발 앞에 설설 기기'는 절박한 비굴함을 전달해 준다.

서브텍스트상의 행동을 나타내는 표현은 인물의 행위를 직설적으로 서술하지 않는다. 대신 더 깊숙이 들어가 감정적인 함의가 드러나도록 인물의 본질적인 행동을 짚어 내야 한다.

이제 장면을 죽 훑어보며 그 행동이 어떤 반응을 야기했는지 살펴라. 그리고 그 반응도 역시 능동적 동명사 어구로 표현하라. 예컨대 '간청을 무시하기' 식으로 말이다.

이런 행동과 반응의 교환이 비트를 이룬다. 이 교환이 지속되는 한, 인물 A는 '그녀 발앞에 설설 기기'를 하고 있지만 인물 B는 '간청을 무시하기'를 하고 있다. 이게 한 비트다. 이런 교환이 아무리 여러 차례 반복되더라도 비트는 바뀌지 않는다. 분명한 행위의 변화가 일어나야 비로소 새로운 비트가 시작된다.

가령 인물 A의 기는 행동이 '그녀를 떠나겠다고 협박하기'로 바뀌고 그에 대한 반응으로 인물 B의 무시하기 역시 '협박에 코웃음 치기'로 바뀐다면, 그때는 '협박하기/코웃음 치기'가 이 장면의 두 번째 비트가 된다.

인물 A와 B의 행위가 또 한 차례 바뀌기 전까지는 이 두 번째 비트가 계속된다. 이런 식으로 장면을 비트로 해부해 가면서 장면을 끝까지 분석한다.

4단계: 장면 종결부의 가치를 적어 보고 도입부의 가치와 비교하라

장면의 끝에서 인물의 상황을 조건 짓는 가치값을 조사하고 그것을 긍정/부정으로 서술하라. 이 가치값을 2단계의 가치값과 비교하라. 두 기록이 똑같으면 그간의 행위는 사건이 될 수 없다. 아무것도 변한 게 없으니 아무 일도 발생하지 않은 셈이다. 관객에게 설명이 전달됐을지언정 장면은 아무런 사건 없이 밋밋하다. 반면 가치값이 변화했다면 장면 내에서도 전환이 일어난 것이다.

5단계: 비트들을 개괄적으로 검토해서 전환점을 찾아라

제일 앞의 비트부터 시작해서 인물의 행동을 묘사한 동명사 어구들을 검토하라. 행동/반응의 관계를 장면 끝까지 추적하다 보면 일정한 형태나 유형이 나타나게 마련이다. 구성이 잘된 장면에서는 허둥지둥대는 듯한 행위들도 나름대로 일정한 동향과 목표를 가질 것이다. 사실 그런 장면들은 일부러 비트들이 되는 대로 대충 놓인 인상을 주려고 세심하게 설계된 것이다. 장면의 전개 과정 중에 기대와 결과 사이에 중대한 간극이 벌어짐으로써 장면의 가치값이 변화되는 순간을 찾아라. 정확히 이 순간이 전환점이다.

아래 이어지는 두 장면의 구성 분석은 이 요령을 설명해 주는 예다.

작품 분석
카사블랑카

이 영화의 장 중반 절정은 동일한 시간과 장소에서 벌어지며, 개인적 갈등에 방점을 두고, 장면의 주요 행동이 대사로 표현된다.

시놉시스

반파시즘 운동 투사인 릭 블레인과 노르웨이 출신의 망명객 일자 룬드가 만난 건 1940년 파리다. 그들은 사랑에 빠져 연인이 된다. 릭이 일자에게 청혼하지만 그녀는 답을 회피한다. 릭은 게슈타포의 체포 명단에 올라 있는 상태다. 나치의 파리 침공 전야에 두 연인은 기차역에서 만나 함께 파리에서 도망치기로 약속한다. 하지만 일자는 나타나지 않는다. 대신 릭을 사랑하지만 다시는 만나지 않겠다는 메모만 보낸다.

1년 후 릭은 카사블랑카에서 카페를 운영하고 있다. 그는 아주 고립된 사람이 되어 있다. 사사로운 일이든 정치적인 일이든 어떤 일에도 깊이 관여하지 않은 채 단호히 중립을 유지한다. 그의 말마따나 "누구를 위해서도 위험을 자초하는 일은 안 한다." 그는 술을 진탕 마시고 예전의 자기는 이미 죽고 없다는 생각에 빠져 있다. 그때 일자가 유명한 레지스탕스 운동의 지도자인 빅터 라즐로의 팔에 안겨 등장한다. 두 연인이 다시 만난다. 술자리에서 오가는 가벼운 잡담 뒤로 여전히 그들의 열정이 손에 잡힐 듯하다. 일자는 라즐로와 떠나지만, 릭은 어두운 카페에 앉아 밤새

술을 마시며 그녀가 돌아오기를 기다린다.

자정이 몇 시간이나 지난 뒤 그녀가 다시 나타난다. 릭은 이미 몹시 감상적이고 취한 상태다. 일자는 라즐로를 존경하지만 사랑하지는 않는다고 조심스레 말한다. 그때, 그녀가 그를 사랑한다고 채 말하기 전에 릭은 술에 취해 비참한 심정으로 그녀의 이야기를 창녀촌에서나 들을 법한 이야기로 일축해 버린다. 그녀를 향해 뒤틀린 웃음을 지으며 릭은 상처에 또 모욕을 더한다. "말해 보라고. 나를 떠나서 누구한테 간 거지? 라즐로였나? 아니면 그 전에 또 누가 있었나? 그것도 아니면 그런 얘기는 절대 안 하는 타입인가 보지?" 그녀가 창녀라고 암시하는 이런 비방은 결국 그녀를 떠나보내고 릭은 술에 취해 눈물을 쏟으며 쓰러진다.

장 중반의 절정

다음 날 일자와 라즐로는 밀거래되는 출국 비자를 구하러 나선다. 라즐로가 카페에서 흥정을 하는 사이, 일자는 거리의 직물 진열대에서 기다린다. 혼자 있는 그녀를 보고 릭이 다가간다.

1단계: 갈등을 파악하라

이 장면을 주도하고 이끌어 가는 사람은 릭이다. 파리에서 그녀에게 버림받은 이래 그가 겪은 고통과, 다른 남자와 함께 있는 그녀를 보고 그가 억누르고 있는 분노로 인한 내적 갈등에도 불구하고 릭의 욕망은 명백하다. '일자를 되찾는 것.' 그의 대립의 원천 역시 명백하다. 일자다. 그녀의 감정은 매우 복합적이며 죄책감과 후회와 의무감이 뒤섞여 침울하다. 그녀는 릭을 열렬히 사랑하고, 할 수만 있다면 그에게 돌아가고 싶어 한다. 그러나 오직 그녀만 아는 이유 때문에 릭에게 돌아갈 수가 없다. 이 양립 불가능한 필요 사이에 걸린 일자의 욕망은 이렇게 표현될 수 있을 것이다. '릭과의 관계는 과거에 묻고 현재의 자기 길을 가는 것.' 내면의 갈등으로 뒤엉켜 있긴 하지만 그들의 욕망은 직접적인 대립 관계에 놓여 있다.

2단계: 도입부의 가치를 적어 둬라

도입 장면을 지배하는 건 사랑이다. 이전 장면에서 릭의 모욕적인 행위가 이 가치를 부정으로 돌려놓긴 했지만, 여전히 관객과 릭이 한 가닥 희망을 품고 있기 때문에 긍정 쪽으로 약간 기울어 있다. 앞 장면들에서 일자는 라즐로와 함께 여행 중인 독신 여성, "미스 일자 룬드"로 일컬어졌다. 릭은 이 상황을 바꾸고 싶어 한다.

3단계: 장면을 비트들로 분해하라

비트 #1

[시장—직물 진열대. 야외]
아랍 상인의 진열대 위로 '란제리'라고 적힌 간판이 보인다. 상인이 일자에게 레이스 침대보를 보여 주고 있다.

상인의 행동: 물건 팔기

아랍인   모로코를 다 뒤져도 이런 보물은 못 찾으실 겁니다, 아가씨.

바로 그때 그녀 뒤로 릭이 나타난다.

릭의 행동: 그녀에게 접근하기

돌아보지 않고도 일자는 그의 존재를 감지한다. 그녀는 레이스에 관심 있는 체한다.

일자의 반응: 그를 무시하기

상인이 700프랑이라고 쓴 표시를 들어 보인다.

아랍인   700프랑밖에 안 합니다.

비트 #2

릭   속고 있는 거요.

릭의 행동: 그녀를 보호하기

일자는 잠시 마음을 가라앉힌다. 릭을 흘끗 보고는 정중하고 딱딱한 태도로 상인 쪽으로 돌아선다.

일자   고맙습니다만 괜찮아요.

일자의 반응: 릭의 접근을 거부하기

일자를 라즐로에게서 되찾기 위한 릭의 첫 과제는 서먹해진 관계를 깨는 것이다. 지난번 장면에서 오간 비난과 노여움을 생각해 볼 때 결코 쉬운 과제가 아니다. 그의 경고는 아랍 상인을 모욕하는 것처럼 보이지만 상인은 불쾌해하지 않는다. 사실 이 말은 서브텍스트상에서 더 깊이 암시하는 바가 있다. 즉 그녀와 라즐로의 관계를 가리키고 있다.

비트 #3

아랍인   아, 숙녀분께서 릭의 친구인가 보군요? 릭의 친구분들께는 값을 조금 깎아 드리거든요. 제가 700프랑이라고 그랬나요? *(새 가격표를 들어 보이며)* 200프랑만 내세요.

릭   어젯밤에는 미안했소. 당신이 찾아왔을 때 나는 이미 손님을 맞을 형편이 아니었는데 말이지.

릭의 행동: 사과하기

일자   상관없어요.

일자의 반응: 다시 한번 그를 거부하기

아랍인   아! 릭의 특별한 친구분들께는 값을 특별히 더 깎아 드리지요.

상인은 두 번째 가격표를 치우고 세 번째 것을 내민다. 100프랑이라고 쓰여 있다.

첫 번째 비트에서 일자를 보호하는 릭의 행동은 자연스러웠다. 하지만 두 번째 비트에서 그가 사과하는 행동은 좀처럼 드물고 더 하기 힘든 행동이다. 릭은 대수롭지 않은 듯 과도하게 예의를 갖추어 말하면서 당혹감을 감춘다. 일자는 동요하지 않는다.

비트 #4

릭 당신 이야기가 나를 약간 혼란스럽게 만들었소. 어쩌면 위스키 때문이었는지도 모르지.

릭의 행동: 변명하기

아랍인 식탁보도 있고 냅킨도 있어요.

일자 고맙지만 정말 관심 없어요.

일자의 반응: 네 번째 릭을 거부하기

아랍인 *(급하게 퇴장하며)* 잠시만요……

아랍 상인은 여러 면에서 이 장면을 풍요롭게 한다. 그가 우스꽝스러운 어조로 장면을 시작함으로써 암울한 결말과 확연한 대조가 생긴다. 또한 그가 판매하는 레이스는 란제리의 성적인 느낌과 더불어 결혼을 암시한다. 하지만 가장 중요한 것은 그가 릭을 일자에게 팔려고 애쓴다는 점이다. 이 상인은 첫 번째 대사에서 릭을 보물이라고 단언한다. 릭의 힘을 과시하기 위해 상인은 '릭의 친구분들'에게 값을 깎아준다. 그러고는 지난밤에 관해 이야기가 나오자 '릭의 특별한 친구분들'을 위해 값을 더 내린다.

뒤이어 릭은 두 번째로 자기의 과음을 언급하며 모욕적인 행위를 술 탓으로 돌리려 애쓴다. 일자는 릭의 변명을 듣지 않으려 하지만 자리를 뜨지 않고 기다린다. 레이스를 사려고 기다리고 있는 게 아닌 건 분명하다.

비트 #5

그녀가 레이스 물건들을 살펴보는 체하는 사이 짧은 침묵이 흐른다.

릭 왜 돌아온 거요? 기차역에 나를 버리고 간 이유를 설명하려고?

릭의 행동: 문에 한 발을 들여놓기

일자 *(조용히)* 그래요.

일자의 반응: 문을 조금 열기

네 번이나 연달아 거부의 말을 들은 릭은 무엇이든 그녀가 긍정하는 말을 듣고 싶다. 그래서 이미 답이 들어 있는 질문을 던진다. 그녀의 조용한 긍정은 둘 사이에 닫혔던 문을 연다. 아마도 잠금장치가 완전히 풀린 건 아니겠지만 그녀가 대화할 의사가 있음을 암시한다.

비트 #6

릭 이제는 이야기해도 돼요. 지금은 꽤 제정신이니까.

릭의 행동: 무릎 꿇기

일자 그렇게는 안 할 거예요, 릭.

일자의 반응: 더 많은 것을 요구하기

과묵한 릭이 세 번째로 자기의 과음을 시인하며 스스로 자존심을 꺾는다. 그의 완강한 기질에 비추어 이건 굉장히 간곡하게 부탁하는 것이고, 결국 일자에게 통한다. 일자는 부드럽고 정중하게 릭의 말에 이의를 달지만 레이스 사는 시늉을 멈추지 않는다. 그녀의 서브텍스트를 의역하자면 이렇다. '그런 간청은 반가운 변화로군요. 좀 더 들려줄 수 있겠어요?'

비트 #7

릭 왜 안 된다는 거요? 결국은 그 기차표 때문에 내가 이렇게 된 건데. 난 알 권리가 있다고 생각해요.

릭의 행동: 그녀의 죄책감을 물고 늘어지기

일자 당신에게 무슨 일이 생겼는지 지난밤 내 눈으로 봤어요. 내가 파리에서 알던 릭이라면, 그에게는 말할 수 있을 거예요. 그러면 이해할 테니까. 하지만 나를 그렇게 증오스럽게 쳐다보던 사람한테는……

일자의 반응: 그의 죄책감을 되물고 늘어지기

이들 둘 사이에는 아직도 진행 중인 관계가 있다. 서로 자기가 상처 입은 쪽이라고 생각하고, 쉽게 상대를 상처 입힐 수 있을 만큼 서로의 감수성을 잘 알고 있다.

비트 #8

일자 *(고개를 돌려 릭을 바라보며)* 나는 곧 카사블랑카를 떠나요. 그럼 서로 다시는 만나지 않겠지요. 파리에서 사랑했을 땐 서로에 대해 너무 몰랐어요. 그냥 그런 채로 놓아두면 그날들을 기억하게 되겠지요. 카사블랑카나 어젯밤이 아니라.

일자의 행동: 작별을 고하기

릭은 그냥 그녀를 뚫어지게 볼 뿐이다.

릭의 반응: 반응을 보이지 않기

서브텍스트상에서 보면 일자의 상냥한 용서의 말은 명백히 작별을 고하는 말이다. 아무리 정중한 표현이라도, 아무리 그녀의 말 속에 릭에 대한 사랑이 많이 암시되어 있다 해도 이것은 헤어지자는 말이다. '그냥 친구로 남아요. 좋았던 때만 기억하고 나쁜 기억은 잊기로 해요.'

릭은 아무것도 받아들이려 하지 않는다. 일부러 반응을 보이지 않는 게 그의 반응이다. 상대방의 행동을 무시하는 것도 일종의 반응이기 때문이다. 대신 다음 비트는 그의 행동으로 시작된다.

비트 #9

릭 *(낮고 강렬한 목소리)* 그 상황을 견딜 수가 없어서 나를 버린 거였소? 경찰을 피하며 늘 도망 다니는 게 어떤 건지 알기 때문이었소?

릭의 행동: 그녀를 겁쟁이라 부르기

일자 믿고 싶은 대로 생각하세요.

일자의 반응: 그를 바보라고 부르기

릭은 1년 동안이나 그녀가 떠난 이유를 찾으려 고민해 왔고 그녀가 겁쟁이였다는 게 그가 생각할 수 있는 최선의 짐작이었다. 하지만 그녀는 라즐로와 함께 날마다 죽음을 무릅쓰고 살아간다. 그래서 차갑게 비꼬는 말로 그에게 응수하는 것이다. '당신이 어떻게 생각하든 나는 관심 없어요. 바보들이나 그런 터무니없는 생각을 하는 거지. 당신도 거기 끼고 싶으면 그렇게 믿어요.'

릭 나는 더 이상 도망 다니지 않소. 이젠 정착했소. 술집 위에 살아요. 정말이오. 한 층 걸어 올라가야 하지만……. 어쨌든 나는 당신을 기다릴 거요.

릭의 행동: 그녀에게 성적인 제안을 하기

일자는 시선을 떨구며 릭을 외면한다. 넓은 모자챙에 얼굴이 가려진다.

일자의 반응: 반응을 감추기

그녀가 부인함에도 그는 그녀의 감정이 반대로 기울어 있음을 감지한다. 릭은 파리에서 그들이 함께했던 생활을 잘 기억하고 있고, 냉정하고 쌀쌀맞은 라즐로의 모습을 보아서 알고 있다. 그래서 기회를 놓치지 않고 거리에서 만난 그녀에게 접근해 은근한 제안을 한다. 다시 한번 그의 접근은 효과가 있다. 일자 역시 그때를 기억하고는 모자챙 아래로 붉힌 얼굴을 감춘다. 잠시 동안 릭은 그녀가 가까워졌다고 생각하지만 그만 실언을 해 버리고 만다.

비트 #11

릭 그래도 역시 언젠가는 라즐로에게 거짓말을 하고 나한테 올 거요.

릭의 행동: 그녀를 창녀라 부르기

일자 천만에요, 릭. 이것 봐요, 빅터 라즐로는 지금 내 남편이에요. 그리고 예전에도……, *(잠시 멈췄다가 냉정하게)* 내가 파리에서 당신을 만났을 때도 이미 그랬어요.

일자의 반응: 새로운 이야기로 그를 좌절시키기

깜짝 놀라 멍하니 그녀를 보고만 있는 릭의 시선을 뒤로한 채 일자는 품위와 평정을 잃지 않고 걸어간다.

릭은 일자에게서 버림받는 고통을 참지 못한다. 앞 장의 절정에서 그랬듯 이번에도 그는 일자가 라즐로를 배신하고 자기 침대로 돌아올 거라고 암시하면서 성적인 비방을 가한다. 매춘부 같다는 말을 두 번이나 들은 일자는 자기가 가진 가장 단단한 무기를 집어 들어 그것으로 릭을 힘껏 내리친다. 하지만 이것이 온전한 진실이 아니라는 걸 깨달아야 한다. 그녀는 남편이 죽은 줄 알았다는 말은 덧붙이지 않는다. 대신 유부녀였던 그녀가 파리에서 릭을 만나 그를 이용한 뒤, 남편이 돌아오자 릭을 버렸다는 지독한 암시만 남긴 채 가 버린다. 결국 그녀의 사랑은 진심이 아니었다는 것이다. 관객은 서브텍스트를 통해 정반대가 진실이라는 걸 알지만 릭은 완전히 절망에 빠진다.

4단계: 장면 종결부의 가치를 적어 보고 도입부의 가치와 비교하라

중심플롯은 희망적인 긍정에서 급전환을 해서 릭이 상상도 못 했을 만큼 암울한 부정으로 바뀐다. 일자가 지금 그를 사랑하지 않는다는 점을 분명히 했을 뿐만 아니라, 한 번도 사랑한 적이 없었다고까지 암시했기 때문이다. 그녀의 감춰진 결혼 사실은 그들이 파리에서 나눈 사랑을 거짓으로 만들고 릭을 노리개로 전락시킨다.

5단계: 비트들을 개괄적으로 검토해서 전환점을 찾아라

❶ 그녀에게 접근하기/그를 무시하기

❷ 그녀를 보호하기/그를 (그리고 아랍 상인을) 거부하기

❸ 사과하기/그를 거부하기

❹ 변명하기/그를 (그리고 아랍 상인을) 거부하기

⑤ 문에 한 발을 들여놓기/문을 열기

⑥ 무릎 꿇기/더 많은 것을 요구하기

⑦ 그녀를 죄책감으로 물고 늘어지기/그를 죄책감으로 물고 늘어지기

⑧ 작별을 고하기/반응을 보이지 않기

⑨ 그녀를 겁쟁이라 부르기/그를 바보라고 부르기

⑩ 그녀에게 성적인 제안을 하기/반응을 감추기

⑪ 그녀를 창녀라 부르기/그의 희망을 좌절시키기

행동/반응의 교환이 반복되면서 비트들이 급속히 전개되고 있다. 각각의 교환은 앞의 비트를 마무리 지으면서 그들의 사랑을 점점 더 큰 위험에 빠뜨린다. 그에 따라 괴롭고 때로는 잔인한 행동을 서슴지 않으면서도 냉정을 유지하도록 점점 더 강한 의지력과 능력이 요구된다.

간극이 벌어지는 건 비트 #11의 중반에서다. 일자가 라즐로와 결혼한 상태에서 릭과 관계를 가졌던 사실이 드러나면서 간극이 벌어진다. 그 직전까지도 릭은 그녀를 되찾을 희망을 품고 있었지만 이 순간을 전환점으로 해서 그의 희망은 산산조각이 난다.

작품 분석

어두운 유리를 통해

「카사블랑카」에서는 장 중반의 절정이 두 사람 간의 정적인 대화를 중심으로 이루어진다. 이와 대조적으로 「어두운 유리를 통해」의 카린과 신(神)

플롯의 절정은 약간씩 시간을 생략해 가며 장소를 옮겨 다니고, 네 명의 인물을 등장시켜 온전히 내적 갈등의 층위에서 이야기를 진행시키며 장면의 주요 행동을 인물의 행위로 전달한다.

시놉시스

이 영화를 위해 잉마르 베리만은 상호 관련된 여섯 가지 이야기로 구성된 다중플롯을 만들어 냈다. 그중 가장 강력한 플롯은 카린과 그녀의 '신' 사이의 갈등이다. 카린은 정신 분열증적 망상에 시달린다. 그러다가 상태가 호전된 동안 병원에서 나와 발틱 해안의 섬에 있는 별장에서 가족과 짧은 휴일을 갖는다. 제정신을 잃지 않으려고 발버둥치는 동안 그녀는 오히려 그녀의 도움에 의존하는 약하고 불안한 남자들에 에워싸이게 된다.

카린의 아버지 데이비드는 겉으로는 상냥하지만 감정적으로 억눌린 사람이다. 인기 소설가지만 비평계에서 인정받지 못하는 점 때문에 늘 괴로워한다. 그는 남의 인생을 적당히 거리를 두고 관찰하다가 자기 예술에 도용하기를 즐긴다. 카린은 아버지가 행복하기를 바라며 그의 예술적 성공을 위해 기도한다.

카린의 남편 마틴은 의학 박사다. 그녀는 그의 이해와 인정을 절실히 원하지만, 그는 자기 환자를 대하듯 그녀에게 형식적인 친절을 베풀고 성관계를 요구하며 성가시게 한다.

카린의 남동생 마이너스는 그녀의 하나뿐인 진정한 친구다. 그녀는 그에게 비밀을 털어놓고 자기의 무서운 망상 속의 비밀들을 이야기한다. 하지만 사춘기의 성 문제와 아버지와의 불화 때문에 그 자신이 너무 혼란스러운 상태라 그녀에게 별다른 위안이 되지 못한다. 대신 카린이 그의 불안을 감지하고 그를 위로한다.

예민한 감수성(어쩌면 심령적 자각일지도 모르는) 때문에 카린은 이내 환각에 시달린다. 그녀는 다락방 벽 너머에서 들려오는 목소리에서 신이 나타나리라는 이야기를 듣는다. 겁에 질린 그녀는 마틴에게 달려가지만 그는 결혼 생활에서 성관계가 부족하다며 오히려 그녀에게 창피를 준다. 아버지를 찾아가 보지만 아버지는 그녀를 아이 다루듯 얼러서 돌려보낼 뿐이다. 혼자 남은 카린은 아버지의 일기를 훔쳐보게 되고, 아버지의 유일한 관심사는 다음 작품을 위한 인물 구상에 그녀를 이용하는 것임을 알게 된다. 카린은 남동생에게 곧 신이 방문하는 기적이 있을 거라고 말해 주려 하지만, 마이너스 역시 자기 욕구 때문에 전전긍긍하느라 그녀를 이해하지 못한다. 그때 갑자기 카린의 광기가 성적인 착란으로 바뀐다. 강렬한 임신 충동을 못 이겨 그녀는 남동생을 근친상간으로 끌고 들어간다.

이 사실을 알게 된 데이비드는 자식들에 대한 염려보다도 자기 연민 때문에 더 동요한다. 놀랍게도 카린은 그런 아버지를 동정한다. 아버지가 작품 자료로서만 자기에게 관심이 있다는 걸 아는 카린은 아버지에게 자기 병에 대해 중요한 이야기를 들려준다. 그러자 마틴이 이를 가로막으며 카린을 다시 정신 병원으로 돌려보내야 한다고 말한다. 그는 구급차를 부르고 짐을 꾸리기 시작한다.

1단계: 갈등을 파악하라

이 장면을 이끄는 것은 카린이다. 그녀는 자기의 환청을 믿으며 신을 만나기를 간절히 소망한다. 자기의 필요 때문만이 아니라 가족들을 위해

서이기도 하다. 그녀는 가족들에게 신의 출현을 알리고 싶어 한다. 아마도 그들의 공감을 얻고 싶은 탓도 있겠지만 그보다는 불안한 그들의 삶을 돕고 싶어서다. 카린이 직면한 적대 세력은 두 가지에서 비롯된다. 첫째, 그녀의 남편이다. 마틴은 그녀에게 성적으로 끌리고 그녀를 가엾어하지만 더 이상 그녀의 정신 이상을 견딜 수가 없다. 그래서 그는 그녀를 '신'에게서 떼어 놓고 안전하게 병원으로 돌려보내고 싶어 한다. 둘째, 더 강력한 대립의 원천은 그녀 자신이다. 카린은 천국을 한번 보기를 소망하지만 그녀의 무의식은 지옥의 광경을 보여 주려고 기다리고 있다.

2단계: 도입부의 가치를 적어 둬라

약간 이상한 방식으로 희망이 이 장면의 도입부를 채우고 있다. 이 영화에서 가장 관객을 이입시키는 인물은 카린이다. 관객은 신을 만나고픈 카린의 욕망이 실현되기를 원한다. 미친 망상에 지나지 않을지라도 이 고통받는 여인에게 기쁨을 줄 것이기 때문이다. 게다가 영화 앞부분에서 여러 차례 그려진 그녀의 심령적 경험들을 보며 관객은 어쩌면 이게 환각이 아닐지도 모른다는 생각을 품게 된다. 초월적인 사건이 일어나 주변의 자기중심적인 남자들을 누르고 카린이 승리를 거두리라는 희망이 관객에게 계속 남아 있다.

3단계: 장면을 비트들로 분해하라

비트 #1

[별장 침실. 낮. 실내]
카린과 마틴이 구급차를 기다리며 짐을 꾸린다. 마틴은 서랍장을 뒤지며 셔츠를 찾고 있다. 카린은 짐이 꽉 찬 가방과 씨름하면서도 생각은 멀리 가 있는 것 같다.

카린 셔츠를 빨았는데 안 다렸어요.

카린의 행동: 탈출을 계획하기

마틴 돌아가면 거기도 셔츠 있어.

마틴의 반응: 죄책감을 숨기기

카린 가방 잠그는 것 좀 도와줘요.

마틴은 가방 뚜껑을 덮으려고 애써 보지만 신발 한 켤레가 걸려 잠기지 않는다. 그는 신발을 꺼내서 들여다본다.

마틴 내 신발이군. 여기 놓고 가도 괜찮아.

카린 이걸 신고 그걸 놓고 가지 그래요?

마틴 *(신고 있는 신발을 가리키며)* 이거 수선해야 돼.

마틴은 신발을 바닥에 떨어뜨리고 서둘러 윗옷을 걸친다. 카린은 천천히 가방 뚜껑을 닫는다.

이 비트는 거의 우스꽝스럽다. 카린은 옷도 다 입고 짐도 다 쌌지만, 마틴은 엄마가 필요한 소년처럼 어설프게 두리번대고 있다. 그녀는 정신병 환자고 전기 충격 요법이 있는 병원으로 돌아가려는 참인데도 여전히 능숙하고 차분하다. 반면 의사인 마틴은 무슨 신발을 신을지에 대해서도 안절부절못한다. 텍스트상에서 보면 카린은 짐을 꾸리고 있는 것 같지만, 서브텍스트상으로는 자신의 다음 움직임을 계획하고 있는 중이다. 양심의 가책 때문에 너무 마음이 어수선한 나머지 마틴은 그녀가 외관상의 차분함 밑으로 실은 다락방의 '기적'을 쫓을 계획을 세우느라 분주한 마음을 감추고 있다는 것을 깨닫지 못한다.

비트 #2

카린은 조용히 생각에 잠긴 듯 가방을 만지작거리고 있다. 그러다가 말한다.

카린 두통약 있어요?

카린의 행동: '신'에게로 도망치기

마틴 *(방을 둘러보며)* 내 갈색 상자가 어딨지?

마틴의 반응: 그녀를 도와주기

카린 부엌에요.

마틴 *(생각해 내며)* 그래, 거기 있지.

마틴이 황급히 방을 나선다.

[부엌. 같은 시간대. 실내]
식탁에 놓인 갈색 상자를 발견하는 마틴. 약을 몇 알 꺼내고 잔에 물을 채운 뒤 쿵쿵대며 걸어간다.

[중앙 복도. 같은 시간대. 실내]
복도를 걸어가는 마틴.

[침실. 같은 시간대. 실내]
침실로 들어서는 순간, 카린이 사라진 것을 알아차린다. 물과 약을 내려놓고 황급히 나간다.

[중앙 복도. 같은 시간대. 실내]
카린을 찾는 마틴.

카린이 마틴보다 더 명민한 탓도 있지만, 그녀가 그렇게 쉽게 그를 따돌릴 수 있는 건 그만큼 마틴이 자기 생각에 빠져 있다는 증거다. 그는 정신 분열증 환자들을 혼자 두면 안 된다는 사실을 알고 있지만, 그녀를 병원으로 돌려보내는 데 따른 죄책감 때문에 그녀를 기쁘게 해 줄 일은 무엇이든 하고 있다. 자상한 듯 보이지만 이런 태도는 그녀의 고통을 생각해서가 아니라 자기 고통 때문이다.

비트 #3

마틴은 바깥을 휙 둘러본 뒤 황급히 달려간다.

[데이비드의 침실. 같은 시간대. 실내]
마틴이 문을 열자 창가에 선 데이비드가 깜짝 놀란다.

마틴 카린 보셨어요?

마틴의 행동: 카린을 찾아다니기

데이비드 아니.

데이비드의 반응: 찾는 것을 도와주기

마틴이 당황하며 나가자 데이비드도 따라나선다.

[중앙 복도. 같은 시간대. 실내]
마틴과 데이비드가 의심스러운 시선을 주고받는다.

비트 #4

그때 갑자기 위층에서 무언가 웅얼거리는 듯한 카린의 목소리가 들린다.

카린의 행동: 기도하기

데이비드가 계단을 오르는 사이 마틴은 안정제를 준비한다.

데이비드의 반응: 그녀에게 달려가기
마틴의 반응: 다시 그녀를 잡을 준비를 하기

[위층 복도]
카린의 웅얼거림이 점점 커진다.

카린 *(같은 말을 반복하며)* 예, 보여요, 보여요······.

카린의 환각은 마틴과 데이비드가 원하던 구실을 제공한다. 마틴에게는 의사 노릇을 할 기회가 온 것이고, 데이비드에게는 가장 극적인 순간에 딸의 병을 관찰할 기회가 온 것이다.

비트 #5

사용하지 않던 다락방으로 조심조심 발을 옮기는 데이비드.

[다락방. 같은 시간대. 실내]
문을 조금 열고 안을 들여다보는 데이비드.

데이비드의 시점 숏(POV)
반쯤 열린 문틈으로 방 가운데 서 있는 카린이 보인다. 그녀는 벽의 닫힌 벽장문을 응시하고 있다. 그녀는 엄숙하고 기도하는 듯한 목소리로 거의 노래하듯이 이런 말을 하고 있다.

카린   (벽을 향해 말하며) 예, 저는 아주 잘 보여요.

카린의 행동: 현현의 순간을 준비하기

카메라 데이비드를 비추면,
딸을 응시하고 있는 데이비드. 그녀가 만들어 내는 광경에 너무 놀라 꼼짝도 못 하고 있다.

카린   (목소리만) 이제 얼마 남지 않았다는 걸 알아요.

데이비드의 반응: 카린의 착란을 관찰하기

진료 가방을 들고 온 마틴, 문가에 선 데이비드와 합류한다. 상상 속의 상대에게 이야기하고 있는 카린을 노려본다.

카린 *(목소리만)* 알려 주시니 감사합니다. 하지만 기다리는 내내 행복했어요.

마틴의 반응: 감정을 억제하기

카린은 낡은 벽 뒤로부터 들려오는 음성 앞에서 간절히 애원하고 있다. 하지만 동시에 사람들이 자기를 찾고 있었다는 것도, 아버지의 주의 깊은 시선도, 남편의 억눌린 분노도 충분히 다 깨닫고 있다.

비트 #6

마틴은 황급히 방으로 들어가 카린에게 다가간다. 카린은 자기 목에 걸린 목걸이를 초조하게 쥐어틀며 벽장 문과 벽을 숭배하듯 뚫어지게 바라보고 있다.

마틴의 행동: 그녀의 환각을 중단시키기

카린 *(마틴에게)* 조용히 걸어요! 그분이 곧 여기 오신대요. 준비하고 기다려야 해요.

카린의 반응: 자신의 환상을 보호하기

비트 #7

마틴 카린, 우리는 돌아가야 돼.

마틴의 행동: 그녀를 끌어내기

카린 나는 지금 못 떠나요.

카린의 반응: 완강히 버티기

비트 #8

마틴 당신이 잘못 생각하는 거야. *(닫힌 문을 쳐다보며)* 저기는 지금 아무 일도 없어.
(그녀의 어깨를 잡으며) 어떤 신도 저 문으로 안 나와.

마틴의 행동: 그녀가 믿는 신의 존재를 부인하기

카린 금방 오실 거예요. 나는 여기 있어야 해요.

카린의 반응: 자신의 믿음을 방어하기

마틴 카린, 그렇지 않아.

비트 #9

카린 그렇게 크게 말하지 말라니까요! 조용히 할 수 없으면 나가요.

카린의 행동: 마틴에게 가라고 명령하기

마틴 나랑 같이 가.

카린 꼭 망쳐 놓아야겠어요? 제발 나를 좀 그냥 놔둬요.

데이비드가 문에서 지켜보는 사이, 카린은 마틴에게서 벗어나고 마틴은 의자로 물러 나와 앉아 안경을 닦는다.

마틴의 반응: 후퇴하기

카린은 마틴보다 더 강하다. 그녀의 강한 의지에 대항할 수가 없어서 마틴은 포기하고 물러 난다.

비트 #10

카린이 벽 앞에 무릎 꿇고 앉아 두 손을 잡고 기도한다.

카린 마틴, 여보, 그렇게 성질부린 걸 용서해 줘요. 하지만 내 옆에 와서 함께 무릎 꿇을 수는 없어요? 거기 앉아 있으니까 너무 우습네. 당신은 믿지 않는다는 거 알지만 나를 위해서 말이에요.

카린의 행동: 마틴을 그녀의 의식에 동참시키기

어쩌지 못하는 고뇌에 시달리듯 마틴의 눈에 눈물이 솟는다. 그가 카린 곁으로 와서 무릎 꿇는다.

마틴의 반응: 그녀에게 항복하기

데이비드는 문간에 서서 이 모든 과정을 지켜본다.

카린은 신의 도착의 대비에 있어 모든 것이 완벽하기를 원한다. 그래서 믿지 않는 마틴을 그녀의 이상한 의식에 동참시킨다.

비트 #11

마틴은 카린의 어깨를 부둥켜안고 눈물 젖은 얼굴을 그녀의 살갗에 부비며 그녀의 가슴팍에 파묻힌다.

마틴 카린, 여보, 여보, 여보.

마틴의 행동: 그녀를 애무하기

카린은 혐오감이 든다. 그의 손을 들어 올려 홱 밀친다.

카린의 반응: 그를 밀쳐내기

그녀의 광기 앞에서 무력해진 마틴은 본능적으로 그녀를 유혹해 착란 증세에서 빼내려 해 보지만 그의 애무는 참담하게 실패하고 만다.

비트 #12

카린은 손을 모으고 기도한다.

카린의 행동: 온 힘을 다해 기도하기

느닷없이 귀를 찢는 듯한 굉음이 방을 가득 채운다. 카린의 시선은 벽을 따라 벽장으로 움직인다.

'신'의 반응: 신의 도착을 알리기

11장 **장면 분석** 413

스르르 벽장 문이 열린다.

'신'의 행동: 카린에게 나타나기

카린은 공손하게 서서 빈 벽장에서 나타나는 것 같은 무언가에게 미소 짓는다.

카린의 반응: 자기의 '신' 맞이하기

창밖으로는 하늘에서 구급 헬리콥터가 내려온다.
멀찌감치서 데이비드는 이 광경을 열심히 바라보고 있다.

왜, 어떻게 문이 저절로 열린 것일까? 어쩌면 헬리콥터로 인한 진동 탓인지도 모른다. 하지만 그것 역시 만족스러운 설명은 아니다. 순전히 우연의 일치로, 카린이 기적을 구하며 기도하는 바로 그 순간에 문과 헬리콥터가 합쳐서 그녀에게 기적을 선사한다. 그런데 놀랍게도 이런 행동이 억지스러워 보이지 않는다. 왜냐하면 융 심리학의 용어로 동시성(Synchronicity)의 사건이라는 것을 베리만이 창조해 냈기 때문이다. 즉 엄청난 감정을 중심으로 의미 있는 우연들을 동시에 융합시키는 것이다. 앞부분에서 베리만은 관객에게 카린의 목소리를 들려주고 자연을 향한 그녀의 예리한 감수성을 목격하게 하는 한편, 기적을 갈망하는 그녀의 뜨거운 욕구를 극화함으로써 관객이 초자연적인 현상을 기대하게 만든다. 그러고는 극도의 흥분에 달한 카린의 종교적 열정으로 어떤 동시적인 사건을 창조해 내서 관객들이 현실 너머의 무언가를 어렴풋이나마 보게 해 준다.

카린은 벽장 안을 응시하고 있다. 뭔가 경악할 만한 일을 바라보듯 그녀의 얼굴이 굳어진다.

카린의 '신'의 행동: 그녀를 공격하기

갑자기 그녀가 공포의 비명을 지른다. 그러고는 누군가에게 쫓기듯 구석에 몸을 숨기기도 하고 스스로를 보호하려는 듯 팔다리를 움츠리기도 하며 방 안을 뛰어다닌다.

카린의 반응: 그녀의 '신'을 밀쳐내기

비트 #15

마틴이 그녀를 붙잡는다.

마틴의 행동: 그녀를 제지하기

그녀는 그를 밀쳐내고 다른 구석으로 도망간다.

카린의 반응: 마틴에게서 도망치기

비트 #16

카린은 무언가가 그녀의 몸을 기어오르고 있는 것처럼 사타구니 언저리를 주먹으로 내리누르다가 보이지 않는 적을 향해 거칠게 주먹질을 한다.

'신'의 행동: 카린을 겁탈하려 하기
카린의 반응: 겁탈하려는 '신'과 싸우기

이제 데이비드도 마틴과 함께 그녀를 저지하려 한다.

데이비드의 반응: 그녀를 저지하도록 도와주기

비트 #17

하지만 카린은 빠져나와 문밖으로 뛰쳐나간다.

[위층 복도. 같은 시간대. 실내]
충계를 달려 내려가는 카린.

카린의 행동: 도망치기

[충계참. 같은 시간대. 실내]
갑자기 충계 밑에서 마이너스가 나타난다.
마이너스가 그녀 앞을 가로막는다. 카린은 멈춰 서서 남동생을 바라본다.

마이너스의 반응: 그녀를 궁지로 몰기

비트 #18

데이비드가 그녀를 붙잡아 충계로 끌어 내린다. 마틴은 주사기를 들고 도착한다. 카린은 덫에 걸린 짐승처럼 몸부림친다.

마틴과 데이비드의 행동: 그녀에게 진정제를 주사하기

마틴 다리를 잡아요.

마틴이 주사를 놓으려 애쓰는 사이 카린은 그들의 팔에 잡혀 몸부림친다.

카린의 반응: 주사기 앞에서 거칠게 저항하기

비트 #19

카린은 아버지 쪽으로 몸을 기대고 남동생의 초조한 얼굴을 침착하게 바라본다.

진정제의 행동: 그녀를 진정시키기
카린의 반응: 약의 효력에 항복하기
데이비드와 마틴의 반응: 스스로를 가라앉히기
마이너스의 반응: 이해하려 노력하기

비트 #20

카린 갑자기 겁이 났어.

카린의 행동: 마이너스에게 경고하기
세 남자들의 반응: 조용히 귀 기울이기

카린 *(남동생에게 느릿느릿 설명하며)* 문이 열렸어. 그런데 모습을 드러낸 신이 거미였어. 내 쪽으로 다가오는데 그의 얼굴을 봤어. 소름 끼치도록 무시무시한 얼굴이었어. 내 몸을 기어오르더니 자꾸 내 몸속으로 들어오려고 하는 거야. 하지만 내가 나를 지켰어. 그러면서 내내 그의 눈을 봤어. 차갑고 냉정한 눈이었어. 완력으로 내 안에 들어올 수가 없으니까 내 가슴으로, 얼굴로 타고 올라오더니 벽으로 올라갔어. *(마이너스의 눈을 오래 들여다보고)* 나는 신을 봤어.

비록 거미-신의 겁탈이 그녀의 무의식에서 생긴 망상이었지만, 일단 현실로 돌아오고 나서 그녀는 그 환각에 대해 아이러니한 경의를 품는다. 자기의 무서운 발견을 세 남자 모두에게 들려주지만 특히 마이너스를 겨냥한 경고성 이야기다. 기도가 응답받지 못하리라는 경고를 남동생에게 하고 있는 것이다.

4단계: 장면 종결부의 가치를 적어 보고 도입부의 가치와 비교하라

카린이 거미-신의 형상과 대면함으로써 이 장면의 가치는 희망에서 절망으로 바뀐다. 그녀는 신의 현현을 소망하며 기도하고 이 '기적'을 아버지에게 들려준다. 진실한 감정을 느낄 줄 모르는 아버지가 자기 소설을 채우기 위해 늘 타인의 인생 경험에 목말라한다는 걸 알기 때문이다. 그녀는 또 남편에게 믿음을 가지라고 권고하지만 그는 성적인 표현이나 의료적인 문제에만 반응을 보인다. 그러다 그녀의 '기적'이 악몽으로 터져 나오고 신을 향한 그녀의 믿음은 산산조각이 난다.

마지막 비트에서 카린은 남동생에게 주는 경고로서 자신의 기괴한 환영을 들려준다. 이 장면에서 표현된 압도적인 절망을 회복하기에 이 마지막 몸짓은 너무 보잘것없다. 이 영화의 소설가나 의사들은 시종일관 사랑을 지적으로 분석하려 든다. 그러나 관객은 인간 본성에 내재하는 불가해한 힘 앞에서 이런 행위가 측은하리만치 미약하다는 사실을 느끼게 된다.

5단계: 비트들을 개괄적으로 검토해서 전환점을 찾아라

❶ 탈출을 계획하기/죄책감을 숨기기

❷ 그녀의 신에게로 도망치기/그녀를 도와주기

❸ 카린을 찾아다니기/찾는 것을 도와주기

❹ 기도하기/그녀에게 달려가기, 다시 그녀를 잡을 준비하기

❺ 현현의 순간을 준비하기/카린의 착란을 관찰하기, 감정을 억제하기

❻ 그녀의 환각을 중단시키기/자신의 환상을 보호하기

❼ 그녀를 끌어내기/완강히 버티기

❽ 그녀의 신의 존재를 부인하기/자신의 믿음을 방어하기

❾ 마틴에게 가라고 명령하기/후퇴하기

❿ 마틴을 그녀의 의식에 동참시키기/그녀에게 항복하기

⑪ 그녀를 애무하기/그를 밀쳐내기

⑫ 온 힘을 다해 기도하기/신의 도착을 알리기

⑬ 카린에게 나타나기/자신의 신 맞이하기

⑭ 카린을 공격하기/그녀의 신을 밀쳐내기

⑮ 그녀를 제지하기/마틴에게서 도망치기

⑯ 카린을 겁탈하려 하기/신과 싸우기

⑰ 도망치기/그녀를 덫에 빠뜨리기

⑱ 그녀에게 진정제를 주사하기/주사기 앞에서 저항하기

⑲ 그녀를 진정시키기/스스로를 가라앉히기, 이해하려 노력하기

⑳ 마이너스에게 경고하기/조용히 귀 기울이기

처음에는 비트들이 가볍게, 거의 우스꽝스럽게 시작하다가 급속하게 전개된다. 각각의 행동/반응은 매번 앞서의 교환을 종결지으며 카린이 무시무시한 환영을 버텨 낼 수 있도록 점점 더 많은 의지를 요구한다. 간극이 벌어지는 건 비트 #13과 비트 #14 사이에서다. 신을 기다리던 카린의 기대가 환각 속의 거미에게 성적인 공격을 받는 결과로 이어지는 대목이다. 「카사블랑카」에서는 비밀의 폭로가 장면을 전환시킨다. 그것과 달리 이 절정의 전환점은 행동을 중심으로 선회한다. 주인공의 무의식적 사고에서 발휘되는 섬뜩한 능력의 행동이다.

두 훌륭한 장면들을 예로 분석의 요령을 살펴보았다. 갈등의 층위나 행동의 성격은 다르지만, 두 장면 모두 근본적인 형식을 갖추고 있다. 이보다 못한 다른 장면들에서 잘못된 점들이 이 장면들에서는 완벽하게 소화된다. 잘못 쓰인 장면들은 욕망이 대립되지 않아서 갈등이 없거나 반복적이고 순환적인 구성으로 전개에 역행한다. 또는 전환점이 너무 빨리 오거나 너무 늦게 와서 균형이 맞지 않기도 하고 대사와 행동이 너무 표면적이라 진실성이 결여되기도 한다. 그러나 문제 있는 장면도 분석을 통해 장면 목표에 비추어 비트들을 검토해 보고 욕망과 행동이 상치되도록 고치고 나면 수정본에서는 장면이 살아날 것이다.

12장
구성

구성(Composition)이란 장면의 배치와 연결을 뜻한다. 음표와 화음을 선택하는 작곡가처럼 작가도 포함할 것과 배제할 것, 앞에 놓을 것과 뒤에 놓을 것을 선택해서 이야기를 전개시킨다. 이게 고된 작업일 수 있는 건, 작가가 작품의 주제를 파악해 가다 보면 모든 이야기가 다양한 방향으로 뻗어나갈 가능성이 있어 보이기 때문이다. 가장 위험한 유혹은 어떻게든 이런 이야기들을 모두 포함하려는 것이다. 다행히도 작가의 노력을 바른 방향으로 이끌어 주기 위해 이야기 예술은 다음과 같은 구성의 표준들을 발전시켜 왔다. 통일성과 다양성, 속도 조절, 리듬과 템포, 사회적 진행과 개인적 진행, 상징적 상승과 아이러니한 상승, 이동의 원칙 등이 그것이다.

통일성과 다양성

혼돈을 표현하는 순간에도 이야기는 통일되어 있어야 한다. "이러저러한 발단으로 인해 이러저러한 절정이 발생할 수밖에 없었다."라는 문장은 어떤 플롯에서든 논리적이어야 한다. 가령 「조스」에서라면 "상어가 수영하던 사람을 죽였기 때문에 서장이 상어를 없앨 수밖에 없었다."라고 말할 수 있다. 「크레이머 대 크레이머」에서는 "크레이머의 아내가 그와 아이를 두고 떠났기 때문에, 부부 둘이서 양육권 문제를 해결할 수밖에 없었다."라고 말할 수 있다. 발단과 이야기 절정 사이에는 반드시 인과성이 느껴져야 한다. 발단이 이야기에서 가장 깊숙한 원인인 만큼 최종효과인 이야기의 절정은 불가피해 보여야 한다. 이 둘을 접합시키는 것이 이야기의 골격으로서, 삶의 균형을 회복하려는 주인공의 깊은 욕망이다.

통일성은 결정적으로 중요하지만 그 자체로는 충분치 못하다. 작가는 이 통일성 안에서 최대한의 다양성을 유도해야 한다. 예컨대 「카사블랑카」는 시대를 불문하고 가장 사랑받는 영화 중 하나일 뿐만 아니라 가장 성격이 다양한 영화 중 하나이기도 하다. 뛰어난 러브 스토리지만 영화의 절반 이상을 차지하는 건 정치 드라마다. 탁월한 액션 시퀀스들과 나란히 세련된 코미디가 대조를 이룬다. 게다가 음악은 뮤지컬에 버금간다. 영화 전반에 전략적으로 배치된 10여 곡들이 각각의 사건과 의미와 감정에 복선을 깔아 주거나 설명을 덧붙여 준다.

대부분의 작가들은 이 정도로 다양성을 살리지 못하고 이야기가 이걸 뒷받침해 주기도 어렵다. 하지만 똑같은 음을 계속 두드려서 모든 장면이 비슷한 소리를 내는 건 아무도 원치 않는다. 그래서 대신 코믹한 이야기에서 비극적인 요소를 찾고, 개인적인 것에서 정치적인 요소를, 정치적인 이야기를 추동하는 개인적인 요소를, 평범한 것 뒤에 숨은 비범성을, 고귀한 이야기에서 사소한 것을 찾으려 애쓰는 것이다. 반복적인 운율을 다양하게 만드는 비결은 조사를 많이 하는 것이다. 겉핥기 지식은 시시하고 단조로운 이야기를 낳을 뿐이다. 작가다운 지식을 갖출 때 풍성한 향연을 마련할 수 있다. 아니면 적어도 작품에 유머를 더할 수 있다.

속도 조절

한 장면 한 장면 넘어갈 때마다 긴장을 아주 조금씩 늘리면서 이야기를 틀어 가면 결말에 이르기도 전에 관객은 기진맥진한다. 너무 지쳐 이야기 절정에 쏟을 기운이 없어지는 것이다. 이야기는 삶의 은유이므로 우리는 삶처럼 느껴지는 이야기, 삶의 리듬을 가진 이야기를 기대한다. 삶의 리듬은 상반된 두 욕망 사이에서 고동친다. 인간은 한편으로는 평온과 조화와 평화와 휴식을 욕망하지만, 날마다 이러기만 하면 지루한 나머지 권태에 이르고 심리 치료를 필요로 하게 된다. 때문에 도전과 긴장과 위험과 두려움까지도 욕망하게 되는 것이다. 하지만 이것 역시 날마다 너무 반복되면 결국에는 어디서 늘어지게 마사지라도 받고픈 심정이 된다. 그래서 삶의 리듬이 이 두 축 사이를 오가는 것이다.

예를 들어 일상적인 어느 하루의 리듬을 보자. 아침에는 에너지가 충만한 상태에서 잠자리에서 일어나 거울에 비친 자기 눈을 들여다보며 이렇게 말한다. "오늘은 뭔가 해치워야지. 아니, 오늘은 정말로 뭔가 다를 거야. 진짜로 뭔가 해치우고 말 거라고." '뭔가 해치우기 위해' 집을 나서는 데 앞에 놓인 건 온통 지뢰밭이다. 놓친 약속에 통화 불통에 쓸데없는 심부름에 양보 없는 말다툼까지 겪고 나면 점심시간이 반갑다. 친구와 만나 수다도 떨고 느긋한 점심 식사를 하며 잠시 긴장을 풀면서 오후의 악마들과 싸우러 갈 수 있도록 에너지를 충전한다. 오후에는 오전에 못 했던 일들을 모두 해치우게 되길 기대하며. 하지만 다시 통화 불통은 더 많아지고 쓸데없는 심부름만 늘어 시간에 쫓겨 다닐 뿐이다.

마침내 집으로 향하지만 운전자 혼자만 태운 차들로 도로는 꽉 막힌다. 그러는 자기는 카풀을 하나? 천만에. 회사에서 힘든 하루를 보내고 나서 제일 싫은 일이 바로 같은 회사에 다니는 얼간이 셋과 한차를 타는 일이다. 도망치듯 자기 차에 올라 잽싸게 라디오를 켜고 음악에 맞춰 적당한 차선을 탄다. 클래식 음악이 나오면 오른쪽으로 붙고, 팝 음악이면 가운데 차선으로, 록 음악이면 왼쪽으로 향한다. 모두들 교통 체증을 한탄하지만 고치려고 나서는 사람은 없다. 사실 속으로는 러시아워를 즐기기 때문이다. 운전하는 시간이야말로 대부분의 사람들이 혼자 있을 수 있는 유일한 시간이다. 느긋하게 가려운 데나 긁으면서 음악에 맞춰 괴성을 질러 대는 것이다.

집에 들러 잠깐 씻고는 뭐 재미있는 일이 없나 찾아 밤길을 나선다. 뭐가 재미있을까? 놀이동산에 가서 혼쭐나게 무서운 기구를 타든지, 영화관에 가서 살면서는 결코 느끼고 싶지 않은 감정들을 겪어 보든지, 독신 전용 바에 가서 낯선 여자한테 창피한 거절을 당해 보든지 하는 정도다. 지쳐서 침대에 나가떨어지고는 다음 날이면 이 리듬을 다시 처음부터 반복하는 것이다.

이런 긴장과 이완의 교차가 생활의 맥박이고 삶의 리듬이다. 이 리듬이 두드러진 영화들도 있고 미묘한 영화들도 있다. 「텐더 머시스」는 극적인 압력을 부드럽게 낮췄다 높였다 하며 절정에 이르기까지 서서히 전체적인 긴장을 증가시킨다. 반면 「도망자」에서는 긴장을 급격히 고조시켰다가 잠시 쉰 다음 다시 더 높이 상승시키곤 한다. 두 영화 모두 나름의 자연스런 어조가 있다. 하지만 밋밋하게 반복을 일삼으며 있으나 마나 한 사건들만 있는 것도 아니고, 무자비하고 폭력적인 액션으로 일관하지도 않는다. 아크플롯이든 미니플롯이든 안티플롯이든 상관없이 훌륭한 이야기들은 모두 삶의 리듬으로 충만하다.

작가는 장 구조를 활용해서, 긴장의 기초로부터 출발해서 장면에서 시퀀스를 거쳐 제1장의 절정까지 이야기를 상승시킨다. 제2장이 시작되면 이렇게 고조된 긴장을 누그러뜨리는 장면들을 구성한다. 코미디나 로맨스처럼 제1장의 강도를 낮추는 대조적인 분위기로 전환해서 관객들이 다시 숨을 고르고 더 많은 에너지를 쓸 수 있게 해 주는 것이다. 장거리 달리기 선수는 같은 속도로 경중경중 뛰는 게 아니라 속도를 높였다 낮췄다 다시 높여 가면서 비축해 둔 에너지를 최대한 쓸 수 있도록 주기를 만들어 간다. 작가는 이런 장거리 달리기 선수처럼 관객을 지도해 간다. 속도를 늦춘 다음에는 의미와 강도 면에서 앞장의 절정을 능가할 때까지 다시 다음 장의 전개를 고조시킨다. 이렇듯 한 장 한 장 긴장을 조였다 풀었다 하다가 마침내 마지막 절정에서 관객이 모든 에너지를 쏟아 내 감정적으로 탈진되면서도 충만한 상태로 이끄는 것이다. 그러고 나면 짧은 결말 장면을 통해 극장 문을 나설 만큼 관객의 에너지를 회복시켜 준다.

이것은 성행위와 마찬가지다. 방중술의 전문가들은 성행위의 속도를 조절한다. 처음에는 절정(영화나 성행위, 두 경우에 모두 쓰이는 표현이다.)에 조금 못

미칠 때까지 서로를 감미로운 긴장 상태로 이끌었다가, 잠시 농담도 하고 체위도 바꾼 다음 다시 절정에는 못 미치지만 더 한층 강도 높은 긴장으로 서로를 흥분시킨다. 그러고는 잠시 간식을 먹거나 TV를 보거나 하면서 더 큰 강렬함에 이를 수 있도록 에너지를 모은 뒤, 긴장을 높이는 주기에 맞춰 성행위를 해서 마침내 둘이 동시에 절정에 이르러 황홀을 체험하는 것이다. 친절한 이야기꾼은 관객과 사랑을 나누듯 이야기를 만든다. 그는 자기가 속도만 잘 조절한다면 관객이 엄청난 희열을 느낄 수 있다는 걸 안다.

리듬과 템포

리듬을 결정하는 건 장면들의 길이다. 한 장소와 시간에 얼마나 오래 머무르는가가 관건이다. 일반적인 두 시간짜리 장편 영화는 40~60개의 장면을 연출한다. 이것은 평균 잡아 한 장면이 2분 50초 정도의 길이라는 말이다. 하지만 모든 장면이 이렇지는 않다. 그보다는 1분짜리 장면 하나에 4분짜리 장면이 나오고, 30초짜리 장면 하나에 6분짜리 장면 하나가 나오는 식이다. 적절히 짜여진 시나리오에서는 1쪽이 영화상으로 1분 정도 된다. 따라서 시나리오의 전체적인 구성이 2쪽짜리 장면—8쪽짜리 장면—7쪽짜리 장면—3쪽—4쪽—6쪽—5쪽—1쪽—9쪽 하는 식으로, 다시 말해 평균 장면의 길이가 5쪽 정도라면 이 이야기는 신경 안정제를 먹고 축 처진 사람의 걸음걸이 같을 것이다.

한 장소에서 2~3분 사이에 시각적으로 표현되는 것까지는 대부분 감독들이 카메라로 잡아낼 수 있다. 하지만 장면이 더 길어지면 숏들이 중복된다. 편집 과정에서 계속 똑같은 설정 숏(Establishing shot), 투숏(Two-shot), 클로즈업(Close-up)을 보게 될 것이다. 숏이 반복되면 표현력이 점점 사라진다. 영화는 시각적으로 단조로워지고 흥미를 잃은 관객의 시선은 스크린에서 멀어지게 된다. 이런 일이 여러 번 되풀이되면 결국 영영 관객을 잃어버릴 것이다. 평균 장면의 길이가 2, 3분이 된 것은 이런 맥락에서다. 이런 영화의 본성을 감안하고 표현력 있는 순간의 연속을 원하는 관객의 기대에 부응한 결과다.

이 원칙의 여러 예외를 조사해 보면 이러한 점이 더욱 분명히 입증된다. 「12명의 성난 사람들」은 배심원실에서 이틀에 걸쳐 일어나는 이야기이다. 본질적으로 이 영화는 취침 시간 동안의 짧은 중단을 빼면 한 장소 내에서 벌어지는 50분짜리 장면 둘로 이루어져 있다. 하지만 희곡에 바탕한 이야기인 덕분에 시드니 루멧 감독은 희곡의 프랑스풍 장면들을 십분 활용할 수 있었다.

신고전주의 시대에(1750~1850) 프랑스 연극계는 통일성의 법칙을 엄격히 준수했다. 이 통일성의 법칙이란, 공연 시간 중 한 장소에서 발생하는 한 가지 기본 행동이나 플롯에만 연극 공연을 제한하던 일련의 관습을 일컫는다. 하지만 프랑스인들은 이런 단일한 시간과 장소 속에서는 주요 인물들의 입장이나 퇴장만으로도 관계의 동학이 완전히 바뀌면서 새로운 장면이 만들어지는 효과가 생긴다는 걸 알고 있었다. 이를테면 정원을 배경으로 젊은 연인들이 한 장면을 연기 중인데 여자의 어머니가 그들을 발견한다. 어머니의 등장이 인물 간의 관계를 너무나 크게 바꿔 놓음으로써 거의 새로운 장면 같은 효과가 난다. 이들 셋이 한 장면을 이루다가 젊은 남자가 퇴장한다. 그의 퇴장은 다시 어머니와 딸의 관계를 재배열함으로

써 마치 가면이 벗겨지고 새로운 장면이 시작되는 것 같다.

루멧은 이런 프랑스풍 장면들의 원리를 이해하고 배심원실을 세트 안의 여러 세트들, 즉 식수대, 휴대품 보관소, 창가, 긴 탁자의 양끝 등으로 나누었다. 그리고 이런 보조 장소들 안에서 프랑스풍 장면들을 연출했다. 우선 배심원 #1과 #2가 함께 있다가 배심원 #2가 퇴장하고 그 사이 배심원 #5와 #7이 등장한다. 화면이 바뀌면 배심원 #6이 혼자 앉아 있고, 다시 화면 바뀌면 열두 명 모두가 함께 있다가, 다시 화면 바뀌면 그들 중 다섯이 따로 구석에 모여 있는 식이다. 여든 개가 넘는 프랑스풍 장면들이 모여 「12명의 성난 사람들」의 흥미진진한 리듬을 조성한다.

「앙드레와의 저녁 식사」는 이보다 더 제한된 경우다. 두 인물이 갖는 두 시간 동안의 저녁 식사에 관한 두 시간짜리 영화이니 프랑스풍 장면보다도 더 심하다. 하지만 이 영화는 리듬이 살아 있다. 문학처럼 듣는 사람의 상상 속에서 그림같이 그려지는 장면들에 속도가 맞춰져 있다. 폴란드 숲 속에서 벌어지는 모험, 기괴한 의식을 행하며 앙드레를 생매장시키는 앙드레의 친구들, 앙드레가 사무실에서 마주치는 우연한 현상들 등이 이 영화에 가득하다. 이런 박식한 이야기를 바탕으로 교육적인 플롯이 다시 다른 교육적인 플롯으로 에워싸여 있다. 앙드레(앙드레 그레고리)가 자신의 공상적인 모험을 정신적인 성장으로 연결시켜 가는 사이, 그 영향으로 그의 친구의 인생관 역시 바뀌어 월리(월리스 숀)도 전혀 다른 사람이 되어 식당을 나선다.

템포는 한 장면 안에서 대사와 행동, 또는 둘의 조합을 통해 진행되는 활동의 수준을 일컫는다. 가령 베갯머리에서 두 연인이 조용히 대화를 나누는 장면은 템포가 느리고 법정 논쟁은 템포가 빠르다고 할 수 있다. 창밖을 응시하면서 중대한 생의 결정에 이르는 인물은 템포가 느리겠지만 폭동은 템포가 빠르다.

잘 쓰인 이야기에서는 장면과 시퀀스가 전개될수록 이야기의 속도가 빨라진다. 장의 절정으로 치달을수록 리듬과 템포를 활용해서 장면의 길이를 점차 줄이는 대신 장면 안의 활동을 활발하게 만드는 것이다. 음악이나 춤처럼 이야기도 움직이는 예술이다. 작가는 영화의 감각적인 힘을 활용해 관객을 장의 절정으로 강하게 밀어붙이고 싶어 한다. 주요 반전 장면들은 사실 대체로 길고 느리고 팽팽하기 때문이다. '절정 같다'는 말은 짧고 폭발적이라는 뜻이 아니라 심오한 변화가 일어남을 뜻한다. 그런 장면들을 그냥 스치듯 지나가게 할 수는 없는 노릇이다. 그래서 작가는 그런 장면을 펼쳐 숨 쉬게 한다. 다음에 무슨 일이 일어날지 관객이 숨죽이고 있는 사이 속도를 늦춰 주는 것이다.

여기서도 역시 효과 감소의 원칙이 적용된다. 더 자주 멈출수록 중단의 효과는 줄어든다. 중요한 절정 앞에 길고 느린 장면들이 선행한다면 정작 긴장을 유지해야 할 중요한 장면이 싱겁게 느껴질 것이다. 덜 중요한 장면들을 너무 느릿느릿 끌고 가면서 관객의 에너지를 소모시킨 탓에 더 중대한 사건들이 시큰둥한 대접을 받는 것이다. 따라서 작가는 나선형으로 템포를 진행시키는 틈틈이 리듬을 끼워 넣음으로써 중단의 순간을 벌어놓아야 한다. 그래야 절정의 순간이 왔을 때 이야기의 흐름에 제동을 걸고 그 순간을 길게 늘여 긴장을 유지할 수가 있다.

물론 이런 설계의 문제점은 너무 상투적이라는 데 있다. 그리피스는 이런 구성의 대가였다. 무성 영화 시대의 감독들은 장면을 점점 짧게 만들고 템포를 점점 빠르게 해서 이야기의 속도를 내기만 하면 악당들을 쫓는 흔하디흔한 추격 장면도 아주 근사하게 느껴진다는 걸 알고 있었다. 어떤 기법이 상투적인 표현이 되어 버렸다면 그건 애초에 이 기법이 뭔가 중요한 역할을 했기 때문이다. 그러므로 무지나 오만함에서 무턱대고 원칙을 무시해선 안 된다. 주된 반전 앞에서 장면들을 더 길게, 더 느리게 만드는 건 작가 스스로 절정의 김을 빼 버리는 거나 다름없다.

속도 조절은 시나리오에서 시작된다. 상투적이건 아니건 작가는 반드시 리듬과 템포를 조절해야 한다. 활동이 활발해진다고 해서 꼭 그에 맞춰 장면 길이를 잘라 낼 필요는 없다. 단 점진적인 진행의 형태를 반드시 보여 주어야 한다. 작가가 하지 않으면 이건 편집자의 몫이 된다. 편집자가 조잡한 작품을 다듬다가 작가가 가장 좋아하는 순간들을 잘라 낸다 해도 작가는 남의 탓을 할 수 없다. 시나리오 작가들은 소설을 쓰다 도망쳐 온 사람들이 아니다. 영화는 하나의 독특한 예술 형식이다. 시나리오 작가라면 영화의 미학을 충분히 터득해서 후배 예술가들에게 귀감이 되는 시나리오를 써야 한다.

점진적 진행을 표현하는 방법

이야기가 정말로 점진적으로 진행될 때는 점점 더 강한 능력과 의지를 요구하며 인물의 삶에서 점점 더 큰 변화를 일으키고 인물을 점점 더 큰 위험에 빠뜨린다. 이런 과정을 어떻게 표현할 수 있을까? 관객은 어떻게 이런 진행을 감지하게 될까? 여기에는 네 가지 중요한 기법이 있다.

사회적 진행

처음에는 두어 명의 중심인물들만 연루시켜 사사로운 이야기에서 출발하라. 그러다 이야기가 진행될수록 그들의 행동이 주변 세계로 뻗어 나가면서 점점 여러 사람의 삶과 접촉하고 그것을 변화시키게 하라. 한 번에 다 바꾸지 말고 전체 진행 과정에 걸쳐 차츰 효과를 퍼뜨려라.

예를 들어 「론 스타」를 보자. 텍사스의 버려진 소총 사격장에서 다 쓴 탄환을 찾고 있던 두 남자가 수십 년 전 실종된 보안관의 유골을 발견한다. 현장의 증거를 조사하던 현 보안관은 살인을 저지른 게 자기 아버지일지도 모른다는 의심을 품게 된다. 조사가 전개됨에 따라 이야기는 사회와 과거로 확대되면서 백인, 멕시코계, 흑인 3대들, 사실상 리오카운티 전체 시민의 삶에 개입해서 변화시켜 온 부패와 부정의 원형을 추적해 간다.

「맨 인 블랙」에서는 진기한 보석을 찾던 외계인 도망자와 농부 간의 우연한 만남이 바깥세상으로 가지를 뻗으면서 모든 생명체를 위험에 빠뜨리게 된다.

이렇듯 사사로운 문제에서 출발해 세상으로 가지를 뻗어 가며 이야기를 강력하게 진행시키는 원리야말로 주인공들의 역할이 특정 직업에 편중되는 원인을 제공한다. 즉 변호사, 의사, 군인, 정치인, 과학자 등이 이야기에 자주 등장하는 이유는 이들의 직업이 그런 사회적 위치를 제공하기 때문이다. 그래서 작가가 그들의 사적인 삶에 생긴 혼란을 가지고 사회적인 행동으로 확장시키는 게 가능하다.

이렇게 시작하는 이야기가 있다고 상상해 보라. 미국 대통령이 어느 날 아침 일어나 면도를 하려고 거울을 보다가 환각 속에서 전 세계 가공의 적들을 보게 된다. 그는 아무에게도 말을 안 하지만 얼마 못 가 아내는 그가 미쳤다는 걸 알아차린다. 사람들이 모여 의논 끝에 결정을 내리기를, 그의 임기가 6개월밖에 남지 않은 마당에 굳이 지금 일을 망칠 필요가 있겠냐는 거다. 그들은 이 사실을 비밀에 부칠 것이다. 하지만 관객은 그가 '조만간 큰일을 내리라.'는 것과 미치광이가 이런 위치에 있다가는 안 그래도 불안한 세상이 생지옥으로 변할 수 있다는 걸 알고 있다.

개인적 진행

인물의 은밀한 관계와 깊숙한 내면생활로 이야기의 행동을 끌고 가라.

이야기의 설정상 너무 폭을 넓히기가 어렵다면 대신 이야기를 깊숙이 끌고 가라. 균형이 필요하지만 비교적 해결 가능해 보이는 개인적 갈등이나 내적 갈등으로 이야기를 시작하라. 그리고 작품이 전개될수록 감정적으로 심리적으로 육체적으로 도덕적으로 이야기가 표면을 뚫고 들어가 어두운 비밀, 즉 공적인 가면 뒤에 감춰진 은밀한 진실에 다가가도록 만들어라.

「보통 사람들」은 한 가족과 친구와 의사에 한정된 이야기이다. 처음에는 엄마와 아들의 긴장이 의사소통과 사랑으로 풀릴 것 같아 보인다. 하지만 이야기는 차츰 극심한 고통으로 내려앉는다. 아들의 건강한 정신과 가족의 화합, 둘 중 하나를 택해야 한다는 걸 아버지가 서서히 깨달아가면서 이야기는 아이를 자살 직전으로 몰고 가고, 엄마가 자기 아이에게 품은 증오를 드러내게 하고, 남편이 깊이 사랑하는 아내를 잃게 만든다.

「차이나타운」은 두 가지 기법을 세련되게 결합한 구성으로 이야기를 확대하는 동시에 심화한다. 한 사립 탐정이 남자의 간통을 조사하러 고용된다. 그러면서 이야기는 마치 물 위에 번진 기름처럼 점점 큰 원을 그리며 밖으로 뻗어 나가 시청과 백만장자 음모꾼들과 산페르난도 계곡의 농부들을 집어삼키고 마침내는 전체 로스앤젤레스 시민들을 오염시키기에 이른다. 동시에 이야기는 내면으로 빠져든다. 기티스는 사타구니며 머리며 끊임없이 폭행을 당하고 코까지 깨진다. 멀레이는 살해되고 아버지와 딸 간의 근친상간이 폭로되며, 마침내는 주인공의 비극적인 과거가 되풀이되면서 이블린 멀레이의 죽음을 낳고 한 순진한 아이가 아버지이자 할아버지인 미치광이의 손에 던져지게 된다.

상징적 상승

> 개별적인 것에서 보편적인 것으로, 특수한 것에서 원형적인 것으로 이야기 이미지의 상징적인 의미를 키워 가라.

잘 쓰인 좋은 이야기는 좋은 영화를 위한 자양분이다. 그러나 잘 쓰인 좋은 이야기에 잠재된 상징주의의 힘을 더하면 이야기의 표현력이 한 단계 더 높아지고 그 결과 위대한 영화가 나올 수 있다. 상징주의는 흡입력이 매우 강하다. 꿈속의 이미지들처럼 무의식적인 사고에 침투해서 우리의 깊숙한 곳에 와닿는다. 단 우리가 그 존재를 의식하지 못하는 한에서.

억지로 이미지에 '상징적'이라는 꼬리표를 달면 이미지의 효과 자체가 파괴된다. 슬며시, 서서히, 조심스럽게 이야기에 결합될 때 우리를 깊이 감동시키게 된다.

상징적인 진행이 작용하는 건 이런 식이다. 처음에는 있는 그대로만을 의미하는 행동, 장소, 역할 등에서 출발한다. 하지만 이야기가 전개될수록 점점 의미가 커지는 이미지들이 골라지면서 이야기가 끝날 무렵에는 인물, 설정, 사건 등이 보편적인 관념을 상징하게 된다.

「디어 헌터」는 사냥과 맥주와 흥청거리기를 좋아하는 펜실베이니아의 철강 노동자들을 소개하며 영화가 시작된다. 이들은 사는 마을만큼이나 평범하다. 그런데 사건이 진행되면서 세트와 역할과 행동들이 점점 더 상징적인 의미를 띠게 된다. 베트남의 호랑이 우리에서부터 남자들이 돈을 걸고 러시안룰렛을 하는 사이공 카지노의 대단히 상징적인 장면들을 거쳐 중국에는 산꼭대기에서의 위기 장면에 이르기까지 영화의 상징적인 의미들이 심화된다. 주인공 마이클(로버트 드 니로)은 공장 노동자에서 전사로, '사냥꾼'으로, 다시 말해 살상하는 사람으로 변해 간다.

이 영화의 주제는 이렇다. 다른 생명에 대한 살상을 멈출 때 비로소 우리 자신의 인간성을 구할 수 있다는 것. 사냥꾼이 너무 피를 많이 보면 얼마 못 가 사냥감이 바닥날 것이고, 그러면 자기 자신에게 총을 겨누게 된다. 닉(크리스토퍼 워컨)이 그러듯 정말로 자기를 죽일 수도 있고, 아니면 더 이상 아무것도 느끼지 못하고 자기 안에서 죽어 버린다는 의미에서 또 다른 죽음을 맞을 수도 있다. 후자가 좀 더 가능한 일이다. 영화는 마이클이 사냥꾼 복장으로 무기를 들고 산꼭대기로 가는 대목에서 위기로 치닫는다. 그곳 벼랑에서 그의 사냥감인 위풍당당한 사슴 한 마리가 안개 사이로 걸어 나온다. 산꼭대기의 사냥꾼과 먹이, 원형적인 이미지 자체다. 왜 하필 산꼭대기인가? 산꼭대기야말로 위대한 일들이 일어나는 곳이기 때문이다. 모세가 십계명을 받은 곳 역시 그의 집이 아니라 산꼭대기였다.

「터미네이터」는 상징적인 진행을 다른 방향으로, 즉 산 위가 아니라 미로 속으로 이끈다. 평범한 설정에 평범한 사람들의 모습으로 한 단계 낮춰 시작하는 이 영화는 로스앤젤레스의 패스트푸드점 종업원인 사라 코너의 이야기를 들려준다. 그러다 느닷없이 터미네이터와 리스가 2029년이라는 미래로부터 현재로 날아와서는 로스앤젤레스의 거리들을 휘저으며 사라를 찾아다닌다. 하나는 그녀를 죽이려 들고 다른 하나는 그녀를 구하려 한다.

관객은 미래에는 로봇들이 자의식을 갖게 되어 자기들을 만들어 낸 인류를 절멸하려 한다는 것을 알게 된다. 로봇들의 진압이 거의 성공할 무렵 카리스마적인 존 코너가 이끄는 인류의 생존자들이 반란을 일으킨다. 존 코너가 대세를 역전시켜 로봇들을 거의 진압할 즈음 로봇들이 타임머신을 발명해서 암살자를 과거로 보낸다. 코너가 태어나기 전에 그의 엄마를 살해함으로써 아예 코너를 존재하지 못하게 만들어 전쟁을 로봇의 승리로 이끌려는 계획이다. 타임머신을 빼앗아 이런 음모를 발견한 코너는 자기의 부하인 리스를 과거로 보내 괴물이 엄마를 죽이기 전에 처치하도록 지시한다.

이 영화에서 로스앤젤레스의 거리들은 고대 미로의 원형과 겹쳐진다. 고속 도로, 뒷골목, 막다른 길, 건물 통로들이 얽히고설켜 인물들을 혼란에 빠뜨린다. 인물들은 가까스로 이 뒤얽힌 미로의 한가운데에 도달한다. 거기서 사라는 마치 미노스 미로의 한복판에서 반인 반수의 미노타우로스와 싸우는 테세우스처럼 반인 반로봇의 터미네이터와 대결한다. 이 괴물을 물리치면 성모 마리아처럼 그녀는 인류의 구원자 존 코너(J.C., 지저스 크라이스트와 머리글자가 같다.)를 낳아 다가올 대재앙에서 인류를 구원으로 이끌도록 그를 키울 것이다. 사라는 식당 종업원에서 여신으로 변하고 영화는 상징적인 진행 덕분에 이 장르에서 가장 뛰어난 영화 중 하나가 된다.

아이러니한 상승

아이러니한 방향으로 이야기를 진행하라.

아이러니는 이야기의 즐거움이 가장 미묘하게 표현되는 방식으로 '아, 저게 바로 인생이지.' 하는 달가운 느낌이다. 아이러니는 인생의 이중적인 모습을 목격한다. 보이는 것과 실질적인 것 사이의 한없는 균열을 인식하고 인간의 역설적인 존재를 가지고 장난한다. 언어의 아이러니는 말과 의미 간의 괴리에서 찾을 수 있다. 이게 바로 농담의 주된 원천이다. 그러나 이야기의 아이러니는 행동과 결과 간의 괴리에서 발생한다. 이것은 외관과 실재의 괴리로서 이야기 에너지의 주요 원천이며, 이야기의 진실성과 감정도 여기에서 생겨난다.

아이러니한 감성은 매우 값진 자산이며 진실의 단면을 잘라 보여 주는 칼날이지만 직접적으로 사용할 수는 없다. 인물이 주변을 어슬렁대다 "얼마나 아이러니한가!" 하고 외치는 건 이야기에 아무런 도움이 못 된다. 상징주의와 마찬가지로 직접 가리켜 보이는 건 아이러니를 쓸모없게 만드는 행위다. 발생할 효과에 대해 순진하게 모르는 척하면서도 관객은 알아차릴 거라고 믿는 생각이 아이러니의 기본이며, 이런 생각마저도 담담하고 무관심하게 비쳐야 한다. 아이러니는 본성상 손에 잘 잡히지 않기 때문에 확고하게 정의 내리기 어려우며, 예를 들어 설명하는 게 가장 쉽다. 아래는 아이러니한 이야기의 여섯 가지 유형과 각각의 예다.

첫째, 항상 원하던 것을 마침내 손에 넣지만 이미 너무 늦어버렸다.

『오셀로』의 예를 보자. 오셀로는 자기가 늘 원하던 것을 마침내 손에 넣는다. 아내가 자기에게 진실하고 한 번도 자기를 배신한 일이 없다는 사실을 발견한 것이다. 하지만 이때는 너무 늦었다. 이미 아내를 살해한 후였기 때문이다.

둘째, 목표를 향해 열심히 앞으로 돌진해 왔는데 알고 보니 바로 코앞에 놓여 있었다.

「골치 아픈 여자」의 예를 보자. 탐욕스런 사업가 샘(대니 드비토)은 샌디(헬렌 슬레이터)의 아이디어를 훔쳐 큰돈을 벌고도 그녀에게 한 푼도 지급하지 않는다. 샌디의 남편 켄(저지 라인홀드)은 샘의 아내 바바라(벳 미들러)를 납치해서 샌디의 몫이라 생각하는 200만 달러를 몸값으로 청구하기로 결심한다. 하지만 그는 샘이 이 뚱뚱하고 잔소리 많은 마누라를 처치하러 집에 오는 길인 줄도 모르고 바바라를 납치한다. 켄이 샘에게 전화해 200만 달러를 요구하지만 기뻐 날뛰는 샘은 계속 발뺌을 한다. 켄이 계속 몸값을 낮추다가 결국 1만 달러에 이르렀을 때 샘이 말한다. "그냥 그 여자를 죽이고 끝내 버리지 그래."

그 사이 케슬러의 지하실에 갇혀 있던 바바라는 갇힌 게 아니라 휴양

온 사람처럼 지내고 있다. TV에 나오는 에어로빅 프로그램들을 전부 따라 하고 샌디가 해 주는 훌륭한 건강식을 먹으면서 바바라는 미국에서 제일 좋은 다이어트 훈련원들을 찾아다닐 때보다 더 살을 많이 뺀다. 그러면서 자기의 납치범들을 좋아하게 된다. 샘이 몸값을 내지 않으니 그녀를 그냥 돌려보내야겠다는 납치범 부부의 이야기를 듣고 바바라가 말한다. "내가 돈을 가져다 줄게요." 여기까지가 제1장이다.

셋째, 나중에 알고 보니 자기 행복에서 없어선 안 될 것을 내팽개쳐 버렸다.

「물랑 루즈」에서 몸이 불구인 화가 툴루즈 로트레크(호세 페레)는 아름다운 미리암(수잔 플론)을 사랑하게 되지만 그녀 앞에 나서서 사랑을 고백하지 못한다. 그녀는 친구로서 그와 동행하며 파리 곳곳을 다닌다. 그녀가 자기와 시간을 보내는 건 오로지 잘생긴 남자들을 만날 기회가 생기기 때문이라고 로트레크는 확신하게 된다. 그는 술에 취해 화를 내며 그녀가 자기를 이용한다고 비난하고는 그녀의 삶에서 뛰쳐나간다.

어느 정도 시간이 흐른 뒤 그는 미리암에게서 편지를 받는다. '툴루즈 보세요. 나는 언젠가는 당신이 나를 사랑해 주기를 항상 바랐어요. 그런 일은 없으리라는 걸 지금에야 깨달았어요. 그래서 다른 사람의 청혼을 받아들이기로 했어요. 그 사람을 사랑하지는 않아요. 하지만 친절한 사람이고 당신도 알다시피 내 처지가 절박하니까요. 안녕히.' 로트레크는 미친 듯이 미리암을 찾아다니지만 이미 그녀는 다른 사람과 결혼하기 위해 떠나고 없었다. 그는 죽도록 술을 마신다.

넷째, 목표에 도달하기 위해 한 행동이 알고 보니 오히려 정확히 목표에서 멀어지게 하는 일이었다.

「투씨」의 예를 보자. 마이클(더스틴 호프먼)은 지나친 완벽주의 때문에 뉴욕의 모든 제작자들이 멀리해서 일감이 없는 배우다. 그는 여자 행세를 하고 소프 오페라에 캐스팅된다. 촬영 현장에서 그는 줄리(제시카 랭)를 만나 사랑에 빠진다. 하지만 그가 너무나 연기를 잘하는 덕분에 줄리의 아버지(찰스 더닝)가 그와 결혼하고 싶어 하는 한편, 줄리는 그가 레즈비언이라고 의심한다.

다섯째, 무언가를 파괴하기 위해 한 행동이 거꾸로 자기가 그것에 파괴당하기에 꼭 알맞은 일이 되어 버렸다.

「비」의 예를 보자. 독실하고 완고한 종교인 데이비드슨 목사(월터 휴스턴)는 매춘부 새디 톰슨(조앤 크로퍼드)의 영혼을 구제하려 애쓰다가 그만 그녀를 향한 욕정에 빠져 그녀를 겁탈한 뒤 수치심을 못 이겨 자살한다.

여섯째, 자기를 비참하게 만들 게 틀림없다고 믿는 무언가가 수중에 들어와 그것을 없애려고 갖은 애를 쓰는데, 알고 보니 그게 행복한 선물이었다.

「아이 양육」의 예를 보자. 앞뒤를 안 가리는 무모한 사교계의 명사 수잔(캐서린 헵번)은 순진하고 답답한 고생물학자 데이비드 헉슬리 박사(캐리 그랜트)의 차를 무심코 훔치다가 이 박사를 마음에 들어 하게 되고 그에게 달라붙어 떨어지지 않는다. 그는 수잔을 떼어 놓으려 갖은 애를 쓰지만 그녀는 브론토사우루스라는 공룡의 '늑간 쇄골' 뼈를 그에게서 훔쳐 둠으로

써 어이없이 도망치려는 그의 노력을 수포로 만든다.(만일 '늑간 쇄골'이라는 게 정말 있다면 아마도 머리가 어깨 한참 밑부분에 달린 이상한 동물의 뼈일 것이다.) 데이비드를 화석 같은 아이에서 생을 포용하는 어른으로 바꿔 놓으면서 수잔의 집요한 노력은 보상을 받는다.

아이러니한 진행에서 핵심적인 것은 확실성과 정확성이다. 「차이나타운」이나 「설리반의 여행」을 비롯한 많은 훌륭한 영화들에서 보면, 주인공들이 자기가 해야 할 일이 무엇인지 확실히 알고 있고 어떻게 할지에 대해서도 정확한 계획을 가지고 있다. 그들은 인생이 가, 나, 다, 라, 마처럼 순서대로 정해져 있는 줄 안다. 바로 그때 인생은 방향을 틀며 그들을 우스갯거리로 만든다. "날마다 그런 건 아니지. 오늘은 마, 라, 다, 나, 가라고. 미안허이."

이동의 원칙

진행감이 없는 이야기는 장면 장면을 넘어갈 때마다 비틀거리기 쉽다. 사건들을 연결하는 고리가 없는 탓에 연속성이 거의 없다. 행동 상승의 주기를 설계하면서 작가가 동시에 고려할 일은 그 주기를 따라 관객을 순조롭게 이동시키는 일이다. 때문에 장면과 장면 사이에 제3의 요소, 즉 장면 A의 꼬리와 장면 B의 머리를 이어 주는 고리가 필요하다. 일반적으로 이 제3의 요소는 둘 중 하나에서 발견된다. 두 장면의 공통점, 아니면 두 장면의 대립점.

제3의 요소는 이동을 위한 중심축으로 두 장면 간에 공통된 것이거나 대립된 것이다.

예를 들면 다음과 같다.

인물의 성격 묘사

공통점: 말 안 듣는 꼬마의 장면에서 덜떨어진 어른의 장면으로 이동

대립점: 꼴사나운 주인공의 장면에서 우아한 상대역의 장면으로 이동

행동

공통점: 성행위 전희 단계의 장면에서 성행위 후의 만족스러운 장면으로 이동

대립점: 수다 장면에서 싸늘한 침묵 장면으로 이동

대상

공통점: 온실의 실내 장면에서 삼림지의 야외 장면으로 이동

대립점: 콩고의 열대 장면에서 남극 장면으로 이동

말

공통점: 앞 장면과 뒷 장면에서 반복되는 어구

대립점: 칭찬 장면에서 욕설 장면으로 이동

빛의 질감

공통점: 새벽녘의 어둑한 장면에서 해질녘의 어스름한 장면으로 이동

대립점: 파란색에서 붉은색으로 이동

소리

공통점: 해안가를 찰랑이는 파도 장면에서 잠자는 사람의 숨소리 장면으로 이동

대립점: 비단결 같은 피부를 애무하는 장면에서 차의 기어가 삐걱대는 장면으로 이동

아이디어

공통점: 아이의 탄생 장면에서 음악의 서곡으로 이동

대립점: 화가의 텅 빈 캔버스에서 죽어 가는 노인의 장면으로 이동

영화의 역사가 한 세기를 넘기면서 이동을 표현하는 상투적인 방식들이 수두룩해졌다. 그렇다고 이런 과제를 게을리할 수는 없다. 어떤 장면이든 상상력을 가지고 연구해 보면 연결 고리를 찾게 될 것이다.

13장
위기, 절정, 결말

위기

위기는 5단계 형식에서 셋째 부분이다. 인물의 입에서 '저것'이 아니라 '이것'이라는 말이 나올 때마다 인물은 매번 임의적인 결정을 내리는 것이다. 각 장면마다 인물이 굳이 특정한 행동을 하는 것도 그들이 내린 결정의 결과다. 하지만 이야기 구성의 셋째 단계로서 위기는 여느 상황과 다르다. 이것은 궁극적인 결정이다. 위기(危機)의 한자어는 위험과 기회라는 두 가지 뜻을 품고 있다. 이 순간에 잘못된 결정을 내리면 원하는 것을 영영 잃게 된다는 의미에서 위험일 것이고, 바른 선택을 하면 욕망을 실현한다는 의미에서 기회일 것이다.

점진적 얽힘을 거쳐 주인공이 모험을 하는 사이, 욕망을 실현시키려는 그의 행동들은 모두 바닥나고 마지막 하나만 남게 된다. 이제 그는 막바지에 선 자신을 발견한다. 다음 행동이 마지막 행동이 될 것이다. 더 이상 내일은 없다. 또 다른 기회는 오지 않는다. 이 위험한 기회의 순간이 이야기에서 가장 긴장되는 순간이다. '결과가 어떻게 될까?' 하는 물음의 답이 바로 이다음 행동으로 결정되리라는 걸 주인공도 관객도 느끼기 때문이다.

위기는 이야기의 필수 장면이다. 발단 이래 죽 관객은 주인공이 가장 첨예하고 강력한 적대 세력과 직접 대면하게 될 이 장면을 머릿속으로 차츰 생생하게 그려 보고 있었을 것이다. 말하자면 이것이 바로 욕망의 대상을 감시하고 있는 전설의 용인 셈이다. 「조스」에서처럼 그게 실제로 무시무시한 괴물일 수도 있고, 「텐더 머시스」에서처럼 무의미함이라는 은유적인 괴물일 수도 있다. 관객은 불확실함과 기대감이 뒤섞인 상태에서 위기를 지켜본다.

위기는 진정한 딜레마를 담고 있어야 한다. 양립 불가능한 선 사이의 선택이든 두 악 중 더 작은 악을 택하는 것이든, 아니면 동시에 두 가지 선택이 모두 걸린 것이든 간에 주인공이 인생 최대의 압력 아래 놓인 상황이어야 한다.

주인공은 자기 인생에서 가장 강력하고 첨예한 적대 세력과 대면한 상황에서, 욕망의 대상을 성취하기 위한 마지막 시도로써 자기 행동을 결정해야 한다. 그리고 이런 주인공 앞에 딜레마가 놓인다.

여기서 주인공이 내리는 선택이야말로 그의 성격을 가장 단적으로 보여 주며 가장 근본적인 그의 사람됨을 드러내 준다.

또한 이 장면은 이야기에서 가장 중요한 가치가 무엇인지 보여 준다. 여지껏 무엇이 이야기의 중심적인 가치인지 혹시 의혹이 있었더라도, 주인공이 이 위기에서 결정을 내리는 순간에는 가장 중요한 가치가 전면에 드러난다.

위기 단계에서 주인공의 의지력은 가장 혹독한 시험을 받는다. 삶에서 겪어 알듯이 결정하기가 행동하기보다 훨씬 더 어려운 일이다. 사람들은 무슨 일이든 최대한 미루어 두다가도 마침내 결정을 내리고 행동에 나서면 일하기가 상대적으로 훨씬 더 수월한 것에 놀라곤 한다. 그러고는 왜 그렇게 그 일을 겁냈는지 의아해한다. 대부분 삶의 행동들은 인간의 능력이 미치는 범위 안에 있지만 결정을 내리는 데에는 의지력이 필요하다. 이 점을 깨닫기 전에는 그 궁금증이 풀리지 않을 것이다.

절정 안의 위기

위기에서 주인공이 선택한 행동은 이야기의 최종 사건을 이루며, 긍정, 부정, 또는 아이러니하게 긍정과 부정을 모두 담은 이야기의 절정을 낳는다. 그러나 이런 절정의 순간에 작가가 한 번 더 기대와 결과 간에 간극을 벌려 준다면, 다시 말해 마지막으로 한 번만 더 개연과 필연을 분리시켜 준다면 관객은 이 위대한 결말을 평생 간직하게 될 것이다. 반전이 있는 절정만큼 만족스러운 것은 없다.

전개 과정을 거치면서 주인공은 가능한 행동들을 차례로 써 버리고 마침내 한계에 도달한다. 그러고는 이제야 주변 세계를 이해하게 되었고 마지막 시도로 무엇을 해야 하는지 알고 있다고 생각하게 된다. 그는 마지막 남은 의지력을 모두 끌어모아 행동을 선택한다. 이게 욕망을 성취해 줄 행동이라고 굳게 믿는다. 하지만 늘 그렇듯 주변 세계는 협조해 주지 않는다. 등 돌린 현실 앞에서 그는 즉석에서 해결책을 찾아야 한다. 주인 공이 원하는 것을 얻을 수도 있고 아닐 수도 있지만 결코 자기가 기대한 대로는 되지 않을 것이다.

「스타워즈」와「스타워즈 에피소드5: 제국의 역습」을 비교해 보자.「스타워즈」의 위기에서 루크 스카이워커는 '죽음의 별'을 공격한다. 인간이 만든 행성만큼 거대한 요새지만 채 완성되지 않은 상태다. 천구의 한쪽 면에 약한 틈이 벌어져 있다. 루크는 이 틈으로 공격해 들어가서 그 안의 취약한 지점에 일격을 가해야 한다. 그는 뛰어난 전투기 조종사지만 그 지점을 명중시키는 데 실패한다. 컴퓨터로 전투기를 조종하고 있는 그에게 오비완 케노비의 음성이 들린다. "포스와 함께 가라. 포스와 함께 가라."

갑자기 양립 불가능한 선 사이에 딜레마가 생긴다. 컴퓨터 vs 신비로운 '포스'라는 선택이다. 루크는 이 어려운 선택에 괴로워하지만 이내 컴퓨터를 치우고 본능이 이끄는 대로 그 지점으로 날아가서 폭탄을 명중시킨다. 죽음의 별의 파괴가 영화의 절정을 장식하면서 위기로부터 곧장 탈출하는 행동이 된다.

반면「스타워즈 에피소드5: 제국의 역습」은 나선형으로 절정을 꼬아 간다. 다스 베이더와의 대면은 루크의 용기를 시험하는 위기를 제공한다. 양립 불가능한 선 사이의 선택이 걸려 있다. 베이더를 공격해서 죽일 수도 있을 것이고, 도망감으로써 베이더의 목숨을 구해 줄 수도 있을 것이다. 동시에 이것은 더 작은 악을 선택하는 딜레마이기도 하다. 베이더를 공격하다가 자기가 죽을 수도 있고, 아니면 도망감으로써 친구들을 배신하는 비겁자가 될 수도 있을 것이다. 루크는 용기를 내어 싸우기로 선택한다. 하지만 느닷없이 베이더가 물러서며 "너는 나를 죽일 수 없다, 루크. 내가 네 아버지다."라고 말하는 순간, 루크의 현실은 산산조각이 난다. 순식간에 그는 진실을 깨닫게 되고 이제 또 다른 위기의 결정을 내려야 한다. 아버지를 죽일 것인가, 말 것인가.

이 고통스러운 결정 앞에서 루크는 다시 싸우기로 선택한다. 그러나 베이더가 루크의 손목을 자르고 루크는 갑판으로 떨어진다. 아직도 끝난 건 아니다. 베이더는 우주에 질서를 부여하는 자신의 활동에 루크가 가담하기를 바란다고 말한다. 자기 아버지가 자기를 죽이고 싶어 하지 않고 오히려 함께 일하기를 원한다는 것을 루크가 깨달으면서 또 다른 간극이 벌어진다. 이제 루크는 세 번째 위기 결정을 내려야 한다. 둘 중 더 작은 악을 선택하는 딜레마다. '암흑의 편'에 가담할 것인가, 아니면 목숨을 버릴 것인가. 그는 영웅적인 선택을 내린다. 그리고 이런 간극들이 폭발하면서 영화의 절정은 두 편의 영화를 묶어 주는 일련의 깊숙한 통찰을 던져 준다.

위기의 배치

위기의 위치는 절정을 불러오는 행동의 길이에 따라 결정된다.

일반적으로 위기와 절정은 영화의 마지막 몇 분 사이에 벌어지며 한 장면에 들어 있다.

예를 들어 「델마와 루이스」의 위기에서 두 여인은 용감하게 둘 중 더 작은 악에 도전한다. 감옥 vs 죽음의 선택이다. 그들은 서로를 바라보며 그들의 위기 결정을 내린다. 목숨을 버리는 쪽을 택한 용기 있는 선택이다. 그러고는 이내 그랜드캐니언으로 차를 몬다. 슬로모션으로 느리게 촬영하고 계곡의 심연 위에 떠 있는 자동차를 정지 화면으로 잡아 길이를 늘리긴 했지만 보기 드물게 짧은 절정이다.

「카사블랑카」의 예를 보자. 릭이 일자를 따라다니다가 마침내 제2장 절정에서 일자가 릭에게 항복한다. 그녀는 릭이 모두를 위한 결정을 내려야 한다고 말한다. 다음 장면에서 라즐로는 릭에게 반파시즘 운동에 동참할 것을 강권한다. 릭의 위기 결정에 이 장의 결말이 걸린 순간이다. 이 양립 불가능한 두 선 사이의 딜레마에서 릭은 일자를 라즐로에게 돌려보내고 둘을 함께 미국행 비행기에 태워 보내기로 결정한다. 일자를 향한 그의 의식적인 욕망을 뒤엎는 희생적인 선택을 통해 릭의 성격은 재규정된다. 영화의 제3장은 15분간의 최종 행동으로 이루어져 있다. 일자와 라즐로의 탈출을 돕기 위해 릭이 짜 놓은 놀라운 계획이 펼쳐진다.

드물긴 하지만 발단에 이어 곧바로 위기 결정이 내려지면서 영화 전체가 최종 행동이 되는 경우도 있다.

007 영화들이 그렇다. 발단에서 본드는 대악당을 잡는 임무를 받는다. 위기 결정으로 본드는 이 임무를 받아들인다. 이건 옳고 그름의 선택이지 진정한 딜레마가 아니다. 다른 선택을 내리는 일이 절대 없기 때문이다. 이때부터 모든 본드 영화들은 단 하나의 행동을 공들여 전개해 간다. 악당을 추적하는 일이다. 이제 본질적으로 중요한 결정은 더 나올 게 없다. 그저 추적 과정에서 무슨 작전을 쓸 것인가만 남는다.

「라스베이거스를 떠나며」도 이와 똑같은 형식이다. 발단에서 주인공은 해고되고 꽤 큰 해고 수당을 받는다. 그는 곧바로 위기 결정을 내린다. 라스베이거스로 가서 죽을 만큼 술을 마시기로. 이때부터 영화는 주인공이 욕망을 따라 죽음을 향해 나아가는 슬픈 전개 과정이 된다.

「감각의 제국」의 예를 보자. 발단은 영화의 첫 10분 이내에 일어난다. 두 연인이 만나 사회를 등지고 정상적인 삶을 포기한 채 성적인 강박증대로 살기로 결정한다. 100여 분에 달하는 남은 시간은 결국 죽음에 이르는 성적인 실험에 바쳐진다.

발단의 바로 뒤에 위기를 배치하는 구성의 가장 큰 위험은 반복성이다. 추격/싸움의 유형만을 되풀이하는 고예산 액션 영화든, 술 마시는 장면이나 정사 장면만 연거푸 반복되는 저예산 영화든 간에 이런 구성은 다양성과 진행이 흔들리는 문제가 있다. 그러나 이 과제를 능숙하게 해결하면 위에서 예로 든 영화들처럼 걸출한 작품이 나올 수도 있다.

위기의 설계

위기 결정과 최후 행동은 대개 이야기의 막바지에 한 장소 내에서 연속적으로 일어난다. 하지만 위기 결정이 먼저 발생하고 난 이후에 다른 장소에서 이야기 절정이 벌어지는 경우도 적지 않다.

「크레이머 대 크레이머」에서 사랑이라는 가치는 제2장 절정에서 부정적으로 바뀐다. 판사가 크레이머의 전 부인에게 아이의 양육권을 부여하는 대목이다. 제3장이 시작되면 크레이머의 변호사가 상황을 정리해 보여 준다. 지금은 크레이머가 소송에서 졌지만 항소에서는 이길 수 있으리라는 것이다. 그런데 항소를 하려면 아들을 증인석에 세워서 누구랑 살고 싶은지 선택하게 해야 한다. 아이는 아마도 아버지를 택할 것이고 크레이머가 소송에서 이길 것이다. 그러나 아이를 이런 어린 나이에 사람들 앞에 세워 엄마와 아빠 중 하나를 택하도록 강요하는 건 아이의 마음에 평생 동안 상처를 남길 것이다. 자신의 필요 vs 다른 이의 필요, 그리고 자신의 고통 vs 다른 이의 고통이라는 이중의 딜레마다. 크레이머는 고개를 들고 말한다. "아니요. 그렇게는 못 하겠어요." 절정으로 화면이 바뀌면 센트럴 파크에서 산책하는 모습이 나온다. 아빠가 아들에게 이제 따로 살면 앞으로의 생활이 어떻게 될지 설명하는 동안 눈물이 바다를 이룬다.

위기가 먼저 발생하고 절정이 따로 다른 장소에서 일어나는 경우, 반드시 한 컷으로 둘을 접목해서 영화적 시간과 장소 안에 융화시켜야 한다. 그렇게 하지 않고 위기에서 다른 요소로(예컨대 서브플롯으로) 이어지면 관객의 억눌린 에너지를 실망스러운 반절정(Anticlimax)에 소모시키게 된다.

위기 결정(Crisis Decision)은 반드시 느리게 정지된 순간이어야 한다.

이것은 필수 장면이다. 화면에 보여 주지 않거나 대충 훑고 지나가는 일이 없어야 한다. 관객은 주인공과 함께 이 딜레마의 고통을 감수하고 싶어 한다. 이 장면을 정지시키는 건 마지막 장의 리듬이 여기 달려 있기 때문이다. 여기까지 감정을 세차게 몰아온 뒤 위기에서 그 흐름을 막아 두려는 것이다. 주인공이 위기의 결정을 내리는 동안 관객도 '그가 어떻게 할까' 못내 궁금해하며 숨을 죽인다. 긴장이 점점 쌓이다가 주인공이 선택을 내리는 순간 억눌렸던 에너지가 절정으로 터져 나온다.

「델마와 루이스」의 위기는 두 여인이 웅얼거리며 말을 주고받는 동안 교묘하게 지연된다. "가." "가자니까." "가라고? 가라니, 무슨 말이야?"

"그러니까……, 그냥 가자고.""가잔……, 말이야?" 그들은 망설이고 또 망설인다. 그러는 사이 긴장은 고조되고 관객은 그들이 죽지 않기를 기도 하면서 동시에 그들의 용기에 가슴이 떨린다. 그들이 차에 기어를 넣는 순간, 꽉 차 있던 불안이 다이너마이트가 되어 절정으로 터져 나온다.

「디어 헌터」의 위기에서 마이클은 산꼭대기로 살금살금 다가간다. 먹이가 시야에 잡히자 그는 멈춘다. 이 순간이 길어지면서 긴장이 팽팽하게 고조되고 관객은 이 아름다운 사슴이 죽을까 봐 걱정한다. 위기의 순간에 주인공은 그 인물 자체를 완전히 바꾸어 놓는 결정을 내린다. 무기를 내리고 생명을 빼앗던 사람에서 생명을 구하는 사람으로 탈바꿈한다. 이 놀라운 반전이 끝에서 두 번째 장의 절정을 이룬다. 억눌렸던 관객의 연민은 이야기의 마지막 장으로 쏟아져 나온다. 이제 마이클은 친구를 구하러 베트남으로 달려감으로써 상승되는 최종 행동으로 마지막 장을 채운다.

절정

이야기의 절정은 5단계 구조의 넷째 부분이다. 절정이 가장 중요한 주요 반전이지만 그렇다고 소음과 폭력으로 가득 찰 필요는 없다. 대신 의미가 충만해야 한다. 전 세계의 제작자들에게 전보를 보낼 수만 있다면 이런 짧은 문장을 담고 싶다. "의미가 감정을 불러일으킨다." 돈도 아니고 성행위도 아니고 특수 효과도 아니고 스타들도 아니고 화려한 촬영도 아니다.

의미(MEANING): 긍정에서 부정으로 또는 부정에서 긍정으로 바뀌는 가치의 대변화. 아이러니한 경우도 있고 아닌 경우도 있음. 돌이킬 수 없는 절대적인 최댓값을 진폭으로 삼는 가치의 진동. 그런 변화에 담긴 의미가 관객의 마음을 움직이는 것임.

이런 변화를 창출하는 행동은 반드시 '순수'하고 뚜렷하고 자명해서 따로 해명할 필요가 없어야 한다. 구구절절 설명하는 대사나 내레이션은 지루하고 장황할 뿐이다.

이 행동은 이야기상의 필요에 맞는 것이어야 한다. 「영광의 깃발」의 절정을 이루는 숭고한 전쟁 시퀀스처럼 파국적일 수도 있고, 여자가 남편과 조용히 대화를 나눈 뒤 가방을 싸서 문을 나서는 장면처럼 겉으로는 사소한 것일 수도 있다. 「보통 사람들」의 영화적 맥락에서 보면 후자도 대단히 강력한 행동이다. 영화의 위기에서는 남편이 가족의 쓰라린 비밀을 필사적으로 드러내면서 가족의 사랑과 화합이라는 가치가 긍정 쪽으로 기운다. 그러나 절정에서 아내가 집을 나가는 순간 이 가치들은 절대적이고 돌이킬 수 없는 부정으로 방향이 바뀐다. 반면 만약 아내가 떠나지 않는다면 아들에 대한 그녀의 증오가 결국 아이를 자살로 몰고 갈지도 모른다. 그런 점에서 그녀의 떠남은 약간의 긍정적인 대응성을 띠면서 영화를 괴롭고 대체로 부정적인 아이러니로 마무리 짓는다.

마지막 장의 절정은 작가의 상상력이 가장 약동하는 대목이다. 이게 없으면 이야기가 없는 것이나 다름없다. 작가가 이 대목을 쓰기 전까지 인물들은 치료책을 강구하는 병든 환자들처럼 기다려야 한다.

일단 절정이 만들어지면, 이야기는 앞에서부터가 아니라 뒤에서부터 중대한 수정의 과정을 거친다. 인생의 흐름은 원인에서 결과로 움직이지만 창작의 흐름은 결과에서 원인으로 움직일 때가 많다. 절정에 대한 구상이 상상 속에 떠오르는데 뒷받침할 만한 근거가 없다. 그러면 이제 작가는 작품을 되짚으며 작품 속의 현실에서 이 구상을 뒷받침할 근거를 만들어야 한다. 그렇게 원인과 방법을 채워 넣는 것이다. 결말부터 다시 거슬러 올라가면서 아이디어와 반대 아이디어(Counter-Idea)를 중심으로 모든 이미지나 비트나 행동이나 대사가 어떤 식으로든 이 중대한 보상에 연관되거나 복선이 되는지 확인해야 한다. 모든 장면이 이 절정에 비추어 내용상으로나 구조상으로 말이 되어야 한다. 잘라 내도 결말의 효과를 해치지 않는 장면이라면 잘라 내야 한다.

논리적으로 문제가 되지 않으면 중심플롯의 절정이 그 안에서 서브플롯의 절정으로 작용할 수도 있다. 그러면 주인공의 최종 행동 하나로 모든 문제가 해결되는 멋진 효과를 거두게 된다. 「카사블랑카」에서 릭이 라즐로와 일자를 비행기에 태울 때, 그는 러브 스토리라는 중심플롯과 정치 드라마라는 서브플롯을 한 번에 해결한다. 캡틴 르노를 애국자로 변화시키고 스트라세 소령을 죽이는 등 이제 다시 투쟁의 현장으로 돌아간 것이다. 관객은 마치 릭이 2차 세계 대전을 승리로 이끄는 주역인 듯 느낀다.

이런 중첩 효과가 불가능하다면 가장 중요도가 낮은 서브플롯부터 먼저 절정에 이르게 하는 게 좋다. 이렇게 중요도가 낮은 순으로 차례로 이어서 전체적으로 중심플롯의 절정까지 이르게 하는 것이다.

윌리엄 골드먼의 주장에 따르면 모든 이야기 결말의 핵심은 관객이 원하는 것을 주되 관객이 기대치 못한 방식으로 주는 것이다. 매우 자극적인 원칙이 아닐 수 없다. 우선 관객이 원하는 게 무엇일까? 관객은 해피엔딩을 원한다고 눈 하나 깜짝하지 않고 말하는 제작자들이 수두룩하다.

그들이 이렇게 말하는 건 기분 좋게 끝나는 영화가 우울하게 끝나는 영화보다 돈을 더 많이 벌기 때문이다.

이건 불쾌한 경험을 줄 법한 영화는 절대 보러 가지 않는 소수의 관객으로 인한 현상이다. 대개 그들이 하는 변명이란, 사는 게 이미 충분히 비극적이라는 것이다. 하지만 자세히 들여다보면 이런 사람들은 영화 속의 부정적인 감정만 피하는 게 아니라 실제 생활에서도 마찬가지라는 게 드러난다. 그들은 괴로움이 아예 없는 게 행복이라고 생각하는 탓에 아무것도 깊이 느끼질 못한다. 사람이 느끼는 기쁨의 깊이는 그가 겪은 괴로움에 정비례한다. 예를 들어 2차 세계 대전 유대인 대학살의 생존자들은 어두운 영화를 회피하지 않는다. 그들이 그런 영화를 보러 가는 이유는 그런 이야기일수록 자신들의 과거를 되울림해서 깊은 카타르시스를 주는 까닭이다.

실제로 우울하게 끝나는 영화들이 크게 상업적인 성공을 거두는 경우도 많다. 가령 「위험한 관계」는 8000만 달러를 벌었고, 「장미의 전쟁」은 1억 5000만 달러를, 「잉글리시 페이션트」는 2억 2500만 달러를 벌었다. 「대부 2」가 번 돈은 헤아릴 수조차 없다. 대다수의 관객은 영화가 기분 좋게 끝나든 우울하게 끝나든 상관하지 않는다. 관객이 원하는 것은 감정적인 만족이다. 다시 말해 절정이 자기 예상을 실현시켜 주길 기대하는 것이다. 「대부 2」가 어떻게 끝나야 한단 말인가? 마이클이 프레도를 용서하고 마피아를 그만둔 뒤 가족과 함께 보스턴으로 이사해서 보험이나 팔라는 말인가? 이 장대한 영화의 절정은 그 자체로 진실되고 아름답고 대단히 만족스럽다.

영화 막바지에 어떤 감정이 관객을 만족시킬지 결정하는 사람이 누구인가? 바로 작가다. 처음부터 이야기를 끌어가는 나름의 방식을 통해 작가는 관객에게 이렇게 속삭인다. '우울한 결말을 기대해 봐.'라거나 '기분 좋은 결말을 기대해 봐.' 아니면 '아이러니를 기대하라.'고. 어떤 특정한 감정을 주기로 단단히 약속해 놓고 주지 못하면 망하는 것이다. 그래서 작가는 관객에게 약속해 둔 경험을 전달해 주되 관객이 예기치 못한 방식으로 준다. 이것이 예술가와 아마추어의 차이다.

아리스토텔레스의 말마따나 반드시 결말은 "필연적이고 예상 밖이어야" 한다. 발단 단계에서는 무엇이든 가능해 보이던 것이 절정에 이르러 관객이 이야기를 되돌아볼 때는 도저히 다른 경로로는 이야기가 전개되지 못했을 것처럼 보인다는 점에서 필연적이다. 인물들과 주변 세계에 대해 이해한 내용에 비추어봐서 절정이 필연적이고 만족스러워야 한다. 하지만 동시에 예상 밖이어야 한다. 관객이 예견하지 못했던 방식으로 일어나야 하는 것이다.

해피 엔딩은 누구나 낼 수 있다. 인물들이 원하는 것을 모두 안겨 주기만 하면 된다. 우울한 결말도 마찬가지다. 그냥 모두 죽여 버리면 된다. 하지만 예술가는 자기가 약속한 감정을 전달한다. 거기다 절정 안의 전환점이 될 때까지 주지 않고 참아 오던 예상 밖의 통찰까지 와락 쏟아 놓는다. 주인공이 즉석에서 고안해 내는 마지막 시도가 욕망을 실현할 수도 있고 못할 수도 있다. 하지만 그 간극에서 쏟아져 나오는 풍부한 통찰을 통해 관객은 바라던 감정을 뜻밖의 방식으로 얻게 된다.

「러브 세레나데」의 절정 내 전환점은 최근 들어 완벽하게 이것을 보여 준 예다. 작가는 기지가 번득이는 간극으로 관객이 재빨리 영화 전체를 되돌아보게 만든다. 그럼으로써 관객은 모든 장면에 숨어 있던 광적인 진실을 충격적이면서도 신나게 알아차리게 된다.

프랑수아 트뤼포가 말한 대로 훌륭한 결말의 비결은 "볼거리와 진실"의 조합을 만들어 내는 것이다. 트뤼포가 말한 '볼거리(Spectacle)'는 폭발 효과 같은 게 아니다. 귀가 아니라 눈을 의식해서 쓰인 절정이란 뜻이다. 그가 말한 '진실'이란 주제 의식을 뜻한다. 그러니까 트뤼포가 당부하는 것은 영화의 핵심 이미지를 만들라는 것이다. 모든 의미와 감정이 축약된 하나의 이미지 말이다. 교향곡의 코다처럼, 최종 행동에 담긴 핵심 이미지는 앞의 모든 내용을 반영하고 되울림한다. 이야기와 너무나 잘 맞아떨어져서 이것을 떠올리면 전체 영화의 느낌이 한 번에 살아나는 그런 이미지다.

가령 「탐욕」에서는 맥티그가 사막에 쓰러져 자기가 막 죽인 시체에 나란히 묶이게 되는 장면이 핵심 이미지다. 「시에라 마드레의 보석」에서는 자기 사금파리가 다시 산으로 날려 가는 가운데 죽어 가는 프레드 돕스(험프리 보가트)의 모습이 그렇다. 「달콤한 인생」에서는 루비니(마르첼로 마스트로이아니)가 자기의 이상적인 여인, 그러나 실재하지 않는 여인에게 작별의 미소를 짓는 장면이 그렇다. 「컨버세이션」에서는 편집증에 걸린 해리 카울(진 해크먼)이 숨겨진 마이크로폰을 찾느라 아파트를 뒤엎는 장면이 그렇다. 「제7의 봉인」에서는 가족들을 망각으로 인도하는 기사(막스 폰 쉬도브)의 모습이 그렇다. 「키드」에서는 채플린이 아이(재키 쿠건)의 손을 잡고 행복한 미래로 데려가는 장면이 핵심 이미지다. 「슬링 블레이드」에서는 칼 칠더스(빌리 밥 손턴)가 싸늘한 침묵 속에 정신 병원 창밖을 내다보는 모습이 그렇다. 이 정도의 핵심 이미지들은 결코 흔하지 않다.

결말

5단계 구조의 마지막은 결말이다. 절정 뒤에 남은 부분이 모두 결말에 속하며 세 가지의 쓰임새가 가능하다.

첫째, 논리적인 전개상 중심플롯의 절정 안에서나 그 이전에 서브플롯의 절정을 그릴 기회가 없을지도 모른다. 그런 경우 마지막에 이것만 다루는 장면이 필요할 것이다. 하지만 잘못하면 엉성하고 어색해진다. 이야기에서 감정의 핵심은 중심플롯에 있기 때문이다. 더욱이 관객은 이미 마음이 반쯤 떠난 상태에서 어쩔 수 없이 별 관심 없는 장면을 보고 있을 것이다.

그러나 문제를 해결할 방법은 있다.

예를 들어 「지참금 2백만 불」에서 셸던 콘펫 박사(앨런 아킨)의 딸은 빈스 리카도(피터 포크)의 아들과 약혼 중이다. 괴짜 CIA 요원인 빈스는 셸던을 진료실에서 납치하다시피 해서 자기 임무를 수행하는 데에 데리고 간다. 20달러짜리 위조지폐로 국제 통화 시스템을 엉망으로 만들려는 미치광이 독재자를 막는 게 그의 임무다. 빈스와 셸던이 군대의 사격을 막아내고 독재자를 붙잡고는 몰래 500만 달러씩 각자 챙기는 대목에서 중심플롯은 절정을 이룬다.

하지만 결혼이라는 서브플롯은 아직 해결되지 않았다. 그래서 시나리오 작가 앤드루 버그먼은 군대 사격 장면에서 결혼식장 밖의 결말 장면으로 화면을 곧장 잇는다. 결혼식 일행이 초조하게 기다리는 사이 두 아버지가 턱시도 차림으로 낙하산을 타고 도착한다. 둘은 각자 자기 아들과 딸에게 100만 달러씩을 결혼 선물로 내놓는다. 그때 느닷없이 차 한 대가

급정거하더니 성난 CIA 요원 하나가 내린다. 긴장이 고조된다. 다시 중심 플롯으로 되돌아가 아버지들이 10만 달러를 훔친 것 때문에 체포라도 될 듯한 분위기다. 깐깐하게 생긴 요원이 성큼성큼 다가오는데 여간 화가 난 게 아니다. 왜일까? 다름 아니라 결혼에 초대받지 못해 화가 난 거다. 거기에다 그는 사무실에서 걷은 돈으로 50달러짜리 저축 채권을 마련해 축의금으로 내놓는다. 아버지들은 이 넉넉한 선물을 고맙게 받고 피로연으로 그를 안내한다. 암전.

버그먼은 중심플롯을 결말에 살짝 꼬아 넣는다. 군대 사격 장면에서 중심플롯이 모두 끝나고, 곧이어 가족들이 모인 행복한 결혼식 장면이 나온다고 해 보자. 이 장면이 늘어지는 사이 관객들은 자리에서 몸을 비틀어 댔을 것이다. 대신 작가는 잠깐이라도 중심플롯을 다시 불러들여서 살짝 우스꽝스러운 장난을 치면서 결말 장면을 영화의 흐름에 결합시키고 있다. 그러는 사이 긴장도 끝까지 유지된다.

결말의 두 번째 쓰임새는 절정의 효과가 낳은 파장을 보여 주는 것이다. 영화가 사사로운 이야기를 사회로 확대시키며 진행되는 경우 절정이 중심인물들에 국한될 수 있다. 하지만 그 사이 관객에게 소개된 조연들이 꽤 많을 것이고 절정의 행동으로 인해 그들의 삶에도 변화가 일어날 것이다. 이런 이유에서 관객의 호기심을 충족시켜 주는 사교 이벤트를 구상해 볼 만하다. 등장인물 전체를 한 장소에 모아 놓고 이들의 삶이 어떻게 바뀌었는지 돌아가며 보여 주는 것이다. 생일 파티일 수도 있고 해변으로 소풍을 갈 수도 있다. 「철목련」의 부활절 파티나 「애니멀 하우스」의 풍자적인 크레디트가 그런 예다.

앞의 두 가지 쓰임새가 아니더라도 모든 영화에는 관객에 대한 예의로 결말이 있어야 한다. 절정에서 관객들을 감동시키든, 정신없이 웃게 만들든, 공포에 떨게 하든, 사회적인 정의감으로 흥분시키든, 눈물을 훔치게하든 간에, 그러다 갑자기 영화가 끝나면서 엔딩 크레디트가 올라가 버리는 건 관객에게 너무 무례한 일이다. 이렇게 나가라는 신호가 나 버리면관객은 감정을 추스르지 못한 채 자리에서 일어나다가 어둠 속에서 우왕좌왕하며 당황할 것이다. 연극에서 말하듯 막이 서서히 내리는 시간이 영화에도 필요하다. 카메라가 몇 초 동안 차분히 이미지를 담아내는 묘사를시나리오 맨 끝줄에 반드시 덧붙여라. 그 사이 관객이 숨을 가다듬고 생각을 정리하면서 점잖게 극장을 나설 수 있도록 말이다.

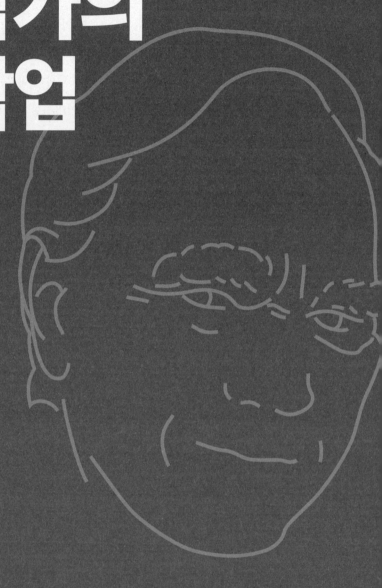

제4부

작가의
작업

무엇이든 초고는 다 걸레다.

— 어니스트 헤밍웨이

STORY

14장
대립의 원칙

내 경험으로 대립의 원칙은 가장 중요하면서도 이야기 구성상 가장 이해가 부족한 원칙이다. 이 근본적인 개념에 대한 무시야말로 시나리오가 실패하는 주요 원인이다. 그런 시나리오로 만든 영화가 실패하는 것 역시 당연하다.

> **대립(ANTAGONISM)의 원칙**: 주인공과 주인공의 이야기를 지적으로 흥미 진진하고 감정적으로 흡인력 있도록 만드는 것은 오로지 적대 세력의 역할이다.

인간의 본성은 본질적으로 보수적이다. 인간은 해야 하는 것 이상은 절대 하지 않는다. 불필요한 정력은 소모하지 않고 불필요한 위험은 감수하려 하지 않는다. 안 해도 된다면 결코 변할 일도 없다. 그래야 할 이유가 뭐겠는가? 쉽게 원하는 걸 얻을 수 있는데 굳이 무엇 하러 어려운 길을 택하겠는가?('어떤 길이 쉬운가'는 물론 저마다 다르고 주관적인 판단이지만 말이다.) 그렇다면 어떻게 해야 이야기의 주인공을 입체적이고 깊이 동화될 만한 인물로 완벽하게 표현할 수 있을까? 어떻게 해야 죽은 시나리오를 살려 낼 수 있을까? 이 질문들에 대한 답은 이야기의 부정적인 면에 놓여 있다.

인물과 맞서는 대립 세력이 강력하고 복합적일수록 인물과 이야기는 더 완벽하게 구현될 수밖에 없다. 대립 세력이란 꼭 특정한 대립 인물이나 악당을 가리키는 게 아니다. 터미네이터 같은 대악당의 존재가 재미를 더하고 적합한 장르도 있지만, 여기서 '대립 세력(Forces of Antagonism)'이라 함은 인물의 의지와 욕망에 맞서는 모든 세력의 총칭이다.

발단 단계에서 주인공을 연구해서 주인공의 의지력과 지적·감정적·사회적·물리적 능력 등의 총합을 주인공의 내면이나 개인적 갈등, 대립 단체, 주변 환경 등에 산재한 대립 세력의 총합과 비교해 보자. 주인공이 처질 게 뻔하다. 물론 주인공이 원하는 바를 성취할 가능성은 있다. 그러나 어디까지나 가능성일 뿐이다. 삶의 한두 가지 갈등이야 해결 가능해 보일지 모르지만, 모든 층위의 갈등을 더해 보면 더구나 그의 모험이 시작되는 단계에서는 너무 위압적으로 보일 게 분명하다.

이야기의 부정적인 면에 심혈을 기울이는 게 단지 주인공을 비롯한 여러 인물들을 완벽하게 구현하기 위해서만은 아니다. 물론 이런 역할들은 세계 제일의 배우들에게 도전과 매력을 동시에 제공한다. 그러나 그것은 이야기 자체를 끝까지, 다시 말해 흡족하고 멋진 절정에까지 이끌어 가기 위해서다.

이 원칙을 따르면서 초영웅에 관해 글을 쓴다고 상상해 보자. 슈퍼맨을 패배자의 이미지로 바꾸려면 어떻게 해야 할까? '크립토나이트'라는 슈퍼맨에게 치명적인 물질을 설정한 건 좋은 출발점이긴 하지만, 여전히 많이 부족하다. 마리오 푸조가 슈퍼맨 영화 1탄에서 만들어 낸 정교한 구성을 보라.

푸조는 슈퍼맨(크리스토퍼 리브)을 렉스 루터(진 해크먼)와 맞붙게 한다. 렉스는 두 개의 핵미사일을 각각 뉴저지와 캘리포니아를 향해 동시에 반대 방향으로 발사한다는 사악한 음모를 꾸미는 인물이다. 아무리 슈퍼맨이라도 동시에 두 곳에 있을 수는 없으므로 둘 중 더 작은 악을 선택해야 할 것이다. 어느 쪽을 구할 것인가? 뉴저지인가, 캘리포니아인가? 슈퍼맨은 뉴저지를 택한다.

두 번째 로켓은 샌안드레아 단층을 폭발시키면서 지진을 일으킨다. 이 지진 때문에 캘리포니아가 통째로 바닷속에 빠질 위험에 처한다. 슈퍼맨은 단층 속으로 뛰어 들어가 자기 몸의 마찰열로 캘리포니아를 다시 대륙에 맞붙이는 데 성공한다. 그러나 그만 지진의 와중에 로이스 레인(마고 키더)이 숨을 거두게 된다.

슈퍼맨은 무릎을 꿇고 눈물을 흘린다. 그때 갑자기 조엘(말런 브랜도)의 형상이 나타나 "인간의 운명에 끼어들지 말아라."라고 이른다. 양립 불가능한 선 사이의 딜레마다. 아버지의 신성한 규율을 따를 것인가, 아니면 사랑하는 여자의 생명을 구할 것인가. 슈퍼맨은 아버지의 규율을 어기고 지구 주위를 돌아 지구의 자전 방향을 바꾸어 시간을 돌려놓는다. 그리고 로이스 레인을 살려 낸다. 슈퍼맨을 패배자에서 신적인 존재로 전환시키는 낭만적인 판타지다.

이야기와 인물을 극단적인 상황까지 이끌어 가기

이야기에서 긍정적인 면이 더 우세한 특성을 획득하지 않으면 안 될 만큼 부정적인 세력이 강력한지 살펴보아야 한다. 아래는 작가가 자기 작품을 비판적으로 바라보고 중요한 질문에 답할 수 있도록 이끌어 주는 요령이다.

우선 이야기에서 문제가 되는 주요 가치가 무엇인지 확인하라. 가령 정의라고 해 보자. 일반적으로 주인공이 이 가치의 긍정적인 쪽을, 그리고 대립 세력이 부정적인 쪽을 대변할 것이다. 하지만 삶이란 미묘하고 복잡해서 예/아니오, 선/악, 옳음/그름 등의 흑백인 경우가 드물다. 부정성에도 여러 정도가 있다.

첫째, 상반되는(contradictory) 가치, 즉 긍정의 정반대가 있다. 이 경우에는 정의의 반대인 불의가 된다. 위법 행위가 저질러진 것이다.

정의
긍정

불의
상반

그러나 긍정적인 가치와 그것에 상반되는 가치 사이에 다시 어긋난 (contrary) 가치가 있을 수 있다. 어느 정도 부정적이지만 완전히 정반대는 아닌 상황이다. 정의의 어긋남은 부당함일 것이다. 부정적이긴 하지만 반드시 불법적이지는 않다. 가령 연고주의나 인종주의, 불합리한 관료주의, 편견, 갖가지 불공평함 등이 여기 해당된다. 부당한 행위를 하는 사람들은 법을 위반하지는 않을지 모르지만 어쨌든 정당하지도 공정하지도 않다.

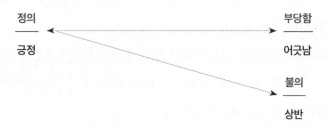

그러나 상반되는 대립이 인간 경험의 최대치는 아니다. 더 극한적인 것으로 부정의 부정(Negation of the Negation), 즉 이중으로 부정적인 대립 세력이 있다.

작가가 다루는 주제는 삶이지 산수가 아니다. 삶에서는 부정의 부정이 긍정이 되지 않는다. 영어에서 이중 부정은 문법에 어긋나지만 이탈리아어에서는 이중은 물론 심지어 삼중 부정까지도 사용해서 말에서 의미가 느껴지도록 만든다. 이탈리아인은 고통스러울 때 이렇게 말할 수 있다. "Non ho niente mia!"(영어로는 'I don't have nothing never!' 정말, 절대로, 아무것도 가진 게 없다는 의미로 부정어를 세 번이나 중복해서 쓰고 있다.) 이탈리아인들은 인생을 안다. 이중 부정이 긍정이 되는 건 오직 산수와 형식 논리에서뿐이다. 인생에서는 그저 일이 계속 꼬이고 악화되는 상황을 나타낸다.

> 인간 경험의 한계까지 갈등을 깊고 넓게 전개하는 이야기라면 반드시 **어긋남**과 **상반**, 그리고 **부정의 부정**이 포함된 궤도를 따라야 한다.

(이런 부정적인 변화에 대응하는 긍정적인 변화는 좋음, 더 좋음, 최상, 완벽함의 궤도가 된다. 하지만 어떤 알 수 없는 이유에선지 이런 식의 전개는 작가에게 별 도움이 되지 못한다.)

부정의 부정이란 인생의 상황이 양적으로만이 아니라 질적으로도 악화되는 복합적인 부정을 말한다. 인간 본성의 어두운 힘이 닿을 수 있는 한도가 부정의 부정이다. 정의의 측면에서 보자면 전횡이 이런 상태다. 또는 사회적 정치와 개인적인 정치에 고루 어울리는 표현으로 바꾸자면 '힘이 곧 정의(Might makes right.)'가 되는 상태다.

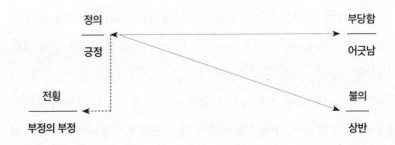

TV의 탐정물들을 생각해 보자. 극한적인 일들이 다루어지는가? 「스펜서」, 「퀸시」, 「형사 콜롬보」, 「제시카의 추리 극장」 등에서 주인공은 정의를 표상하고 이 이상(ideal)을 지키려고 분투한다. 처음에 그들은 부당함에 직면한다. 가령 관료들이 퀸시에게 부검을 허락하지 않는다든지, 정치인이 손을 써서 콜롬보를 수사에서 제외시킨다든지, 고객이 스펜서에게 거짓말을 한다든지 하는 경우다. 부당한 세력의 작용으로 생긴 기대의 간극을 넘어서고 나면 진짜 불의를 발견하게 된다. 범죄가 저질러진 것이다. 주인공은 이 세력들을 물리치고 다시 사회의 정의를 회복시킨다. 대부분의 범죄 드라마에서는 대립 세력이 어긋남의 수준을 넘는 경우가 거의 없다.

이런 유형과 「의문의 실종」을 비교해 보자. 이 영화는 칠레 쿠데타 와중에 실종된 아들을 찾아 나서는 미국인 에드 호먼(잭 레먼)의 실화를 바탕으로 만든 영화다. 제1장에서 주인공은 부당함과 맞닥뜨린다. 미국 대사(리처드 벤처)가 그의 추적을 그만두게 하려고 진실을 반만 알려 주는 것이다. 하지만 호먼은 포기하지 않는다. 제2장 절정에서 그는 비통한 불의를 발견한다. 군사 정부가 그의 아들을 살해했을 뿐만 아니라 거기에 미국 국무부과 CIA까지 연루된 것이다. 호먼은 이 불의를 바로잡으려고 하지만 제3장에서 한계에 이르고 만다. 그를 기다리는 건 되갚을 길 없는 박해뿐이다.

칠레는 정부의 전횡에 속박된 상태다. 군부 장성들 마음대로 하루아침에 법이 뒤바뀐다. 월요일에 합법적이었던 일을 화요일에는 불법으로 만들어, 수요일에 그 명목으로 사람을 구속해서 목요일에 처형한 뒤에 다시 금요일에는 합법적인 일로 되돌릴 수가 있다. 정의는 어디에도 없다. 폭군의 변덕에 따라 정의가 날조된다. 「의문의 실종」은 불의가 어디까지 갈 수 있는지 보여 주는 영화다. 그리고 여기에는 아이러니가 있다. 비록 폭군들을 칠레에서 기소하지는 못했지만 호먼은 세계가 보는 앞에서 그들을 폭로한다. 어쩌면 이게 더 통쾌한 정의일 수도 있다.

블랙 코미디인 「저스티스」는 여기서 한 걸음 더 나아간다. 이 영화에는 정의가 완전히 한 바퀴 순환을 거쳐 다시 긍정으로 돌아가는 과정이 담겨 있다. 제1장에서 변호사인 아서 커크랜드(알 파치노)는 부당함에 맞서 싸운다. 볼티모어 변호사 협회에서 그에게 다른 변호사들을 밀고하라고 압력을 넣는 한편, 냉혹한 판사(존 포사이스)가 관료적인 형식주의를 앞세워 커크랜드의 무고한 의뢰인의 재심을 방해한다. 제2장에서 그는 불의에 직면한다. 여자를 강간하고 잔인하게 폭행한 혐의로 판사가 기소된 것이다.

　그러나 판사가 계략을 꾸민다. 이 판사와 변호사가 서로 싫어한다는 건 익히 알려진 사실이다. 실제로 최근에 변호사는 공식적으로 판사를 공격한 바 있다. 그래서 판사는 법정에서 이 변호사가 자기 변론을 맡게끔 강요한다. 그를 변론하기 위해 커크랜드가 등장하면, 언론과 배심원들은 피고의 결백을 확신하지 않는 한 원칙대로 법정에 서서 자기가 싫어하는 사람을 변론하려고 들 변호사는 없다는 생각에서 자신의 결백을 짐작할 거라는 계산이다. 커크랜드는 이 궁지를 피해 보려 하지만 부정의 부정에 봉착하고 만다. 고등법원 판사들이 자기들 친구를 변론하도록 그를 협박하는 '합법적인' 전횡을 저지른 것이다. 커크랜드가 거부하면 과거에 그가 범한 무분별한 행위를 폭로해서 변호사 자격을 박탈하겠다는 협박이다.

　하지만 커크랜드는 스스로 법을 어김으로써 이 부당함과 불의와 전횡을 헤쳐 나간다. 배심원 앞에 서서 자기 의뢰인이 '죄를 범했다.'고 선언한 것이다. 의뢰인의 자백을 들었기 때문에 그가 강간범임을 알고 있다고 변호사는 말한다. 대중이 보는 앞에서 판사를 파멸시키고 피해자에게 정의를 되찾아 준 것이다. 이 아슬아슬한 행동으로 그의 변호사 경력은 끝나지만 덕분에 이제 정의는 더할 나위 없이 빛을 발한다. 범죄자를 감옥에 가두어서 생기는 순간적인 정의가 아니라 포악한 전횡자를 무너뜨린 최고의 정의이기 때문이다.

　정의의 어긋남과 부정의 부정의 차이는 위법자들의 비교적 제한되고 일시적인 힘 vs 입법자들의 무제한적이고 지속적인 힘 사이의 차이다. 또한 법이 존재하는 세계와 힘이 곧 정의인 사회 간의 차이기도 하다. 단순한 범죄 행위는 절대적인 불의가 아니다. 정부가 국민들에게 저지르는

'합법적인' 범죄야말로 최악의 불의다.

아래는 다른 장르나 이야기에서 이런 가치값의 변화가 어떻게 작용하는지 보여 주는 예들이다. 첫째로 사랑을 예로 들어 보자.

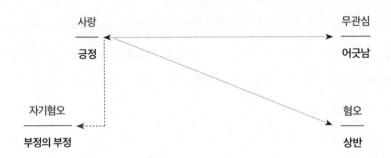

타인을 혐오하는 것도 충분히 나쁜 일이다. 그러나 염세주의자라도 자기 자신은 사랑하게 마련인데 자기애가 사라지고 자기 존재를 혐오하게 될 때, 인물은 부정의 부정에 이르게 되고 사는 것 자체가 생지옥으로 변한다. 『죄와 벌』의 라스콜니코프가 그런 예다.

다른 변형도 가능하다.

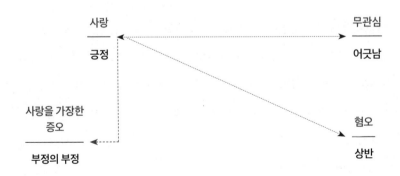

싫어하는 마음을 정직하게 인정하는 사람과 싫어하는 줄 뻔히 아는데

도 사랑하는 척하는 사람 중 누구와 관계를 맺겠는가? 「보통 사람들」과 「샤인」이 가족 드라마의 최고 경지에 오른 게 바로 이런 이유에서다. 자식들을 싫어하는 부모도 많고 부모들을 싫어하는 자식도 많다. 그들은 싸우고 소리 지르면서 서로 싫다고 말한다. 그런데 이 훌륭한 영화들은 다르다. 부모가 자기 아이를 지독히 원망하고 속으로 미워하면서도 겉으로는 사랑하는 척한다. 이 적대자가 거짓말을 더해 가는 사이에 이야기는 부정의 부정으로 나아간다. 이런 상황에서 어떻게 아이가 스스로를 방어할 수 있겠는가?

진실이 중요한 가치인 경우를 보자.

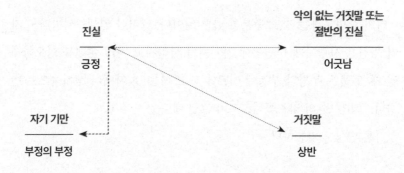

악의 없는 거짓말은 선의에서 나오는 것이므로 어긋남에 해당한다. 잠에서 깬 연인들이 서로 얼굴에 난 베개 자국을 보고도 아름답다고 말하는 경우다. 뻔한 거짓말쟁이는 진실을 알면서도 이득을 얻기 위해 진실을 감춘다. 하지만 사람이 스스로에게 거짓말을 하고 그걸 믿어 버리면 진실은 사라지고 부정의 부정에 봉착하게 된다. 「욕망이라는 이름의 전차」에서의 블랑쉬처럼 말이다.

긍정적인 가치가 의식 있는 상태, 즉 완전히 살아서 깨어 있는 상태인 경우는 다음과 같다.

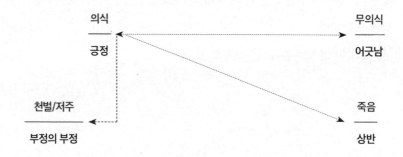

「드라큘라」, 「악마의 씨」처럼 초자연적인 세력과 대립하는 공포 영화들이 이런 경우다. 하지만 저주라고 해서 반드시 종교적인 의미를 가리키는 건 아니다. 지옥이 실재하든 아니든 이 세상에는 그 나름의 지옥들이 존재한다. 차라리 죽는 게 더 나을 만큼 고통스러운 처지가 지옥이다.

「만주인 포로」를 생각해 보라. 레이먼드 쇼(로런스 하비)는 겉보기에는 의식이 멀쩡하게 살아 있는 사람 같다. 그런데 알고 보니 그는 일종의 무의식인 최면 후의 암시로 세뇌당해 있다. 이 영향으로 그는 아내를 포함해서 여러 사람을 살해하지만 얼마쯤은 결백한 상태다. 악한 음모에 이용당하는 존재이기 때문이다. 그러나 의식을 회복해서 자기가 무슨 짓을 저질렀는지, 자기에게 무슨 일이 있었는지 깨닫는 순간, 그는 지옥의 나락으로 빠져든다.

그는 자기가 어머니의 명령에 따라 세뇌당했음을 알게 된다. 그의 어머니는 근친상간을 범하고 권력에 미친 사람으로, 아들을 이용해 백악관을 손아귀에 넣으려고 꾀한다. 레이먼드에게 주어진 선택은 목숨을 걸고 어머니의 반역을 폭로할 것인가 아니면 어머니를 죽일 것인가다. 그는 어머니만이 아니라 계부와 자기 자신까지 죽이는 쪽을 택한다. 충격적인 절정에서 세 사람 모두를 단번에 지옥에 떨어뜨림으로써 이야기는 부정의 부정에 도달한다.

긍정적인 가치가 부(富)인 경우를 보자.

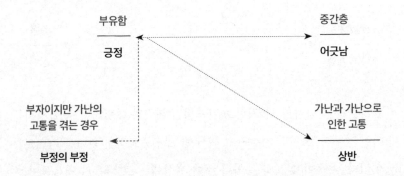

「월 스트리트」에서 게코는 스스로 가난하다고 느낀다. 돈이 아무리 많아도 만족을 못하는 탓이다. 억만장자이면서도 그는 마치 굶주린 강도처럼 어떤 불법적인 기회도 마다하지 않고 돈을 긁어모으려 든다.

사람 간의 열린 의사소통이 긍정적인 가치라면 이런 궤도가 가능하다.

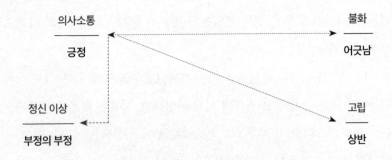

어긋남의 예들은 다양하다. 침묵이나 오해, 감정적인 장애 등이 모두 가능하다. 불화는 사람들과 함께 있으면서도 단절되어 온전한 의사소통을 하기 어렵다고 느끼는 상황을 포괄적으로 일컫는다. 하지만 고립된 처지에서는 자기 자신 외에는 이야기할 사람도 하나 없다. 그나마 이것마저 잃고 자기 의식 속에서까지 의사소통의 상실을 경험할 때가 부정의 부정이며 정신 이상에 이르는 지경이다. 「세입자」의 트렐코프스키가 이런 경우다.

이상이나 목표의 성취가 중요한 가치라면 이런 변화가 가능하다.

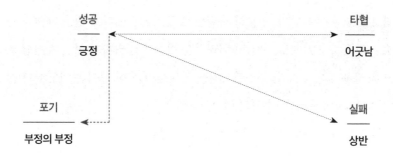

타협이란 더 적은 것으로 만족함을 뜻한다. 이상을 완전히 단념하지는 않지만 못 미치는 것이라도 기꺼이 받아들이는 자세다. 그러나 부정의 부정은 영화계에 종사하는 사람이 반드시 경계해야 할 부분이다. '내가 만들고 싶은 훌륭한 영화는 만들 수 없지만……, 포르노를 만들면 돈이 된다.'는 유의 생각이다. 「성공의 달콤한 향기」나 「메피스토」가 이런 거래를 다룬다.

중요한 가치가 지성이라면 이런 변화가 성립된다.

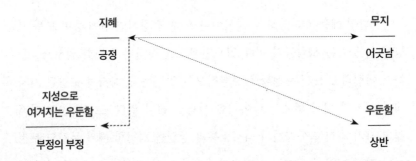

무지는 정보의 부족으로 생기는 일시적인 어리석음이지만 우둔함은 정보가 아무리 많이 주어져도 마찬가지인 어리석음이다. 부정의 부정은 안팎으로 모두 작용한다. 우둔한 사람이 스스로 영리하다고 믿을 때처럼 안으로 작용하기도 하고, 사회가 어리석은 사람을 영리하게 여길 때처럼 밖으로 작용하기도 있다. 우스꽝스러운 인물들이 흔히 보이는 자만심이 전자의 예라면 「찬스」는 후자의 예다.

자유가 핵심적인 가치라면 이런 변화가 성립된다.

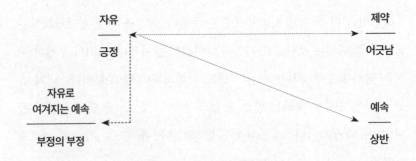

제약의 정도는 가지가지다. 법이 우리를 속박하지만 문명을 가능하게

하는 주된 요인인 반면, 감금은 비록 사회의 유용한 장치일지라도 아주 부정적이다. 부정의 부정은 역시 안팎으로 작용한다. 안을 향하는 경우 자기 노예화는 예속보다 질적으로 더 나쁘다. 남에게 예속된 노예라면 자기 의지가 있어서 무슨 수를 써서라도 도망치려 할 것이다. 그러나 마약이나 알코올로 자기의 의지력을 갉아먹고 스스로 노예가 되는 건 이보다 훨씬 더 나쁘다. 밖을 향하는 경우 영화로도 만들어진 소설 『1984』에서처럼 예속이 자유로운 상태인 것처럼 인식된다.

긍정적인 가치가 용기인 경우를 보자.

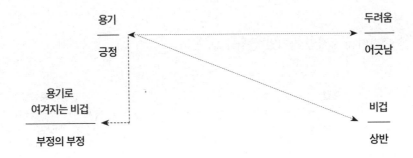

용감한 사람은 두려움이 엄습할 때 일시적으로 억눌릴 수 있지만 결국에는 행동에 나선다. 비겁한 사람은 그러지 않는다. 하지만 극한적인 경우는 겁쟁이가 겉으로 용감해 보이는 행동을 할 때다. 예를 들어 조그만 참호 주변에서 한참 교전 중이라 해 보자. 참호 안에서 부상당한 장교가 겁쟁이 병사를 향해 말하기를 "동지들의 탄약이 떨어져 가고 있다. 지뢰밭을 뚫고 이 탄약 상자를 갖다주지 않으면 그들은 전멸할 것"이라고 한다. 그래서 이 겁쟁이가 자기 총을 꺼내더니 장교를 쏜 것이다. 언뜻 보면 장교를 쏘는 것도 용기가 필요한 일이라고 생각할 수 있다. 그러나 이건 순전히 비겁함이 극에 달한 행동임을 이내 깨닫게 된다.

「귀향」에서 밥 하이드 대위(브루스 던)는 베트남전에서 빠져나오기 위해 자기 다리를 쏜다. 나중에 서브플롯의 절정에 이르면 하이드는 둘 중에 더 작은 악을 선택하는 딜레마에 직면한다. 모욕과 고통 속에 살아갈 것인가 아니면 미지의 공포 속에서 죽을 것인가. 그는 더 쉬운 길을 택하고 물에 빠져 죽는다. 단식 투쟁 중에 죽는 정치수들(Political Prisoners)처럼 자살이 용감한 행위인 경우도 있다. 하지만 대개의 경우 자살은 부정의 부정으로서, 겉으로 용감해 보이지만 실은 살아갈 용기가 결여된 행동일 때가 많다.

충절이 긍정적인 가치인 경우를 보자.

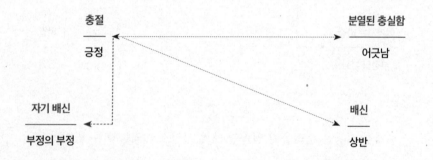

어긋남의 예는 이렇다. 결혼한 여자가 다른 남자를 사랑하게 되지만 그 사랑을 따르지는 않는다. 속으로 그녀는 두 남자 모두에게 충실하다. 하지만 이 사실을 남편이 알게 되는 순간, 그가 보기에는 그녀의 이런 분열된 충실함이 곧 배신이 된다. 그녀는 다른 남자와 관계를 가진 적이 없으니 남편을 배신한 적이 없다고 스스로를 변호한다. 감정과 행동의 차이는 주관적일 때가 많다.

　19세기 중반 오스만튀르크제국은 키프로스섬의 통치권을 잃어 가고 있었고 섬은 곧 영국의 지배하에 놓일 상황이었다. 「파스칼리의 섬」에서 파스칼리(벤 킹즐리)는 터키 정부의 간첩이지만 읽히지도 않을 시시한 보고만 하는 겁 많은 사람이다. 외롭던 차에 그는 한 영국인 부부(찰스 댄스, 헬렌 미렌)와 친해지는데, 이들은 그에게 영국에서 더 행복하게 살게 해 주겠다고 제의한다. 이제껏 파스칼리를 진지하게 받아들여 준 유일한 사람들인 만큼 파스칼리는 그들에게 이끌린다. 하지만 그 부부가 자기들이 고고학자라고 주장함에도 파스칼리는 차츰 그들을 영국 간첩일 거라고 의심하게 되어(분열된 충실함) 배신한다. 그 부부가 살해되고 나서야 파스칼리는 그들이 고대 동상을 노리던 골동품 도둑들이었음을 알게 된다. 그의 배신은 비극적으로 그 자신의 희망과 꿈을 저버린 셈이다.

　긍정적인 가치가 성숙함인 경우를 보자.

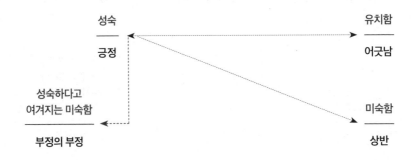

　「빅」의 발단에서 사춘기 소년 조시 배스킨(데이비드 모스코)은 서른 살 성인의 외모(톰 행크스)로 탈바꿈된다. 영화는 곧장 부정의 부정으로 뛰어넘

어 부정성의 어두운 스펙트럼을 탐색한다. 조시와 그의 보스(로버트 로지아)가 대형 장난감 가게의 장난감 피아노 위에서 탭댄스를 추는 행동은 유치하지만 부정적인 면보다는 긍정적인 면이 더 많다. 조시가 회사 동료(존 허드)와 함께 핸드볼 코트에서 공 뺏기 놀이를 할 때는 유치하기 그지없다. 관객은 어른들 세계 전체가 실은 집단 공 뺏기 놀이를 하는 애들로 바글대는 운동장임을 깨닫게 된다.

위기에서 조시는 양립 불가능한 선 사이의 딜레마에 직면한다. 만족스러운 직장 생활과 사랑하는 여자가 있는 어른으로 살 것인가 아니면 청소년으로 돌아갈 것인가. 그는 어린 시절을 경험하는 쪽으로 성숙한 선택을 내린다. 그가 마침내 '자랐다'는 것을 보여 주는 멋진 아이러니다. 성숙의 비결은 다름 아니라 온전한 어린 시절을 보내는 데 달려 있다는 걸 그도 관객도 느끼기 때문이다. 하지만 어린 시절 인생에 속아 보지 않은 사람이 별로 없는 걸 감안하면 누구나 얼마쯤은 성숙하다고 여겨지는 미숙함 속에서 살아가는 셈이다. 그런 점에서 「빅」은 대단히 현명한 영화다.

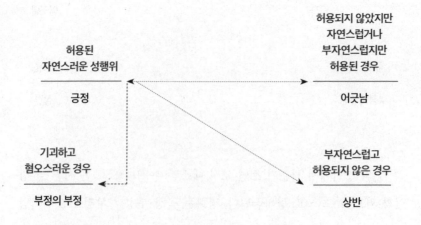

끝으로 허용된 자연스러운 성행위가 긍정적인 가치로 작용하는 이야기를 생각해 보자. 허용되었다는 말은 사회적으로 용인된다는 뜻이고, 자연스럽다는 말은 생식과 부수적인 즐거움과 사랑의 표현을 위한 성행위라는 의미다.

혼외나 혼전 성관계가 어긋난 가치에 해당되는 행위다. 자연스럽긴 하지만 사회적으로 못마땅하게 여기기 때문이다. 매춘에 대해서는 사회가 더 심한 반응을 보이지만 그 역시 자연스럽다고 주장할 수는 있다. 중혼이나 일부다처제, 일처다부제, 타인종 간 결혼, 또는 사실혼 등은 일부 사회에서는 용인되는 한편 어떤 사회에서는 허용되지 않는다. 정조는 부자연스러운 관념이라 할 만하지만 금욕적으로 살겠다는 사람을 말릴 사람은 없을 것이다. 물론 신부나 수녀처럼 금욕의 서약을 한 사람과 성관계를 맺는 것은 교회가 찬성하지 않겠지만 말이다.

상반된 가치의 예들은 인류 역사에 무궁무진하다. 관음증, 포르노, 음란증, 색광증, 성욕 도착증, 노출증, 변태 성욕, 복장 도착, 근친상간, 강간, 소아에 대한 이상 성욕, 사도마조히즘 등은 허용되지 않고 부자연스런 성행위의 극히 일부에 지나지 않는다.

동성애와 양성애는 어느 한곳에 포함시키기가 어렵다. 어떤 사회에서는 자연스럽게 여기는 반면 어떤 곳에서는 부자연스럽게 여기기 때문이다. 서구에서는 동성애가 용인된 나라가 많지만 일부 제삼 세계 국가들에서는 여전히 교수형감이다. 이런 명시들 자체가 자의적으로 보이는 경우가 많을 것이다. 그만큼 성행위가 사회적·개인적 인식에 따라 상대적인 까닭이다.

그러나 흔한 변태 행위는 극한적인 행동이 아니다. 이건 단독으로 하는 행위들이고 폭력으로 자행될 때라도 다른 인간을 대상으로 한다. 반면 인간 외에 다른 생물체나 시체를 성적 대상으로 삼는 경우, 예를 들어 수간(獸姦)이나 시간(屍姦) 등, 또는 갖가지 변태 행위들이 복합되는 경우에는 정말로 속이 불쾌해진다.

「차이나타운」을 예로 들어 보자. 허용된 자연스러운 성행위의 극단적인 반대는 근친상간이 아니다. 근친상간은 일종의 상반되는 행위일 뿐이다. 이 영화에서 부정의 부정으로 작용하는 것은 자기의 근친상간으로 생긴 자식에게 다시 근친상간을 범하는 행위다. 이블린 멀레이가 목숨을 걸고 자기 아버지로부터 딸을 보호하려 하는 이유가 바로 이 때문이다. 이블린은 아버지가 제정신이 아니어서 그런 일을 다시 저지를 줄 알고 있다. 이것이 살인의 동기가 된다. 자기 딸이 낳은 자기 딸을 어디에 숨겼는지 멀레이가 말해 주지 않기 때문에 크로스가 자기 사위를 죽인 것이다. 절정 뒤에 크로스는 겁에 질린 아이의 눈을 가린 채 엄마의 끔찍한 죽음을 뒤로하고 아이를 끌고 간다. 부정의 부정은 그 이후에 일어날 일로 암시된다.

부정의 부정의 원리는 비극만이 아니라 코미디에도 적용된다. 코미디의 세계는 행동들이 극단으로 치닫는 거칠고 혼란스런 공간이다. 그러지 않고는 싱거운 웃음밖에 안 나온다. 프레드 아스테어와 진저 로저스 영화들처럼 가벼운 오락물들도 한계를 건드리긴 마찬가지다. 프레드 아스테어가 자기기만에 시달리는 예의 그 전통적인 인물을 연기하면서, 실은 진저를 사모하는 줄 알면서도 다른 화려한 여자를 사랑하는 거라고 스스로에게 말한다. 진실이라는 가치가 영화 속에서 뒤집히고 있는 것이다.

가치의 대립 자체가 인간 경험의 한계가 아니라는 점을 훌륭한 작가들은 늘 이해해 왔다. 상반되는 가치나 더 심하게는 어긋난 가치 정도에서 멈추는 이야기로는 해마다 쏟아져 나오는 수백 편의 범작과 달라질 게 없다. 단순히 사랑/증오, 진실/거짓, 자유/예속, 용기/비겁 등의 대립항에 관한 이야기는 진부할 게 뻔하다. 부정의 부정에 이르지 못하는 이야기는 관객에게 만족스러운 인상을 줄지언정 걸작이나 대작은 절대 되지 못한다.

재능이나 기교나 지식 등 다른 모든 요소가 대등한 경우 작가의 위대함은 부정적인 측면을 어떻게 다루는가에서 좌우된다.

이야기가 불만족스럽고 무엇인가 부족하다 싶으면 그 혼란의 내부를 파고들어 결점을 찾아낼 도구가 필요하다. 이야기가 약할 때는 대립 세력이 약한 게 필연적인 원인이다. 주인공이나 주변의 호감을 줄 만한 측면을 고민하느라 창의력을 소모하느니 차라리 부정적인 측면을 강화하라. 그러면 연쇄 반응을 일으켜 자연히 긍정적인 측면에도 착실하게 성과가 보인다.

첫 단계로는 문제가 되는 가치가 무엇이고 어떻게 전개되는지 물음을 던져야 한다. 긍정적인 가치가 무엇인가? 어느 것이 가장 두드러지고 이야기를 절정으로 몰고 가는가? 대립 세력은 부정성의 스펙트럼을 두루 드러내 주는가? 부정의 부정에까지 이르는 순간이 있는가?

일반적으로 이야기는 제1장에서는 긍정에서 어긋남으로, 이어지는 장들에서는 상반된 가치로 전개된다. 그리고 마지막 장에서 마침내 부정의 부정에 이른 뒤 비극적인 결말을 내거나 전혀 다른 긍정적인 가치로 되돌아간다. 반면 「빅」에서는 단번에 부정의 부정으로 뛰어넘어 여러 단계의 미숙함을 하나하나 보여 준다. 「카사블랑카」의 전개는 더 파격적이다. 이 영화는 부정의 부정으로 시작한다. 파시즘의 횡포 속에서 릭이 자기혐오와 자기기만을 겪으며 살아가는 모습에서 출발한다. 그러다가 차츰 세 가지 모두 긍정적인 절정으로 나아간다. 어떤 식의 전개든 가능하다. 단 반드시 경험을 극한으로까지 밀어붙여야 한다.

15장

해설

말하지 말고 보여 줘라

해설(Exposition)이란 사실을 알려 주는 것이다. 배경 설정이나 인물이 살아온 이야기, 성격 등 관객이 사건의 흐름을 따라가고 이해하는 데 필요한 정보를 전달하는 게 해설이다.

시나리오를 처음 몇 쪽만 읽어 보면 작가의 솜씨를 비교적 가늠할 수 있다. 해설을 다루는 방식을 보면 된다. 해설이 잘 처리되었다고 꼭 훌륭한 이야기가 된다는 보장은 없다. 하지만 적어도 작가가 글을 쓸 줄 아는지는 알 수 있다. 해설의 솜씨란 해설을 보이지 않게 처리한다는 말이다. 이야기가 진행됨에 따라 관객이 굳이 애쓰지 않고도 거의 무의식적으로 필요한 정보를 흡수할 수 있어야 한다.

"말하지 말고 보여 줘라."라는 유명한 격언이 바로 열쇠다. 절대 억지로 인물의 입으로 관객에게 주변 상황이나 지난 이야기나 사람에 대해 말하게 하지 말아라. 대신 정직하고 자연스러운 장면들을 보여 줘라. 정직하고 자연스러운 대화와 행동이 오가면서 동시에 필요한 사실이 간접적으로 전달되는 장면들 말이다. 다시 말해 해설을 극 안에 융화시켜라.

극 안에 융화된 해설은 두 가지 목적에 부합된다. 첫째, 가장 중요한 목적은 당면한 갈등을 심화하는 것이다. 두 번째 목적은 정보 전달이다. 조급한 초보자는 이 둘의 순서를 뒤바꾸어 극적인 필요보다 해설적인 기능을 더 앞세운다.

예를 들어 갑이 을에게 이런 말을 한다 해 보자. "이봐, 우리가 안 지 얼마나 된 거지? 뭐, 벌써 20년이네? 대학 다닐 때부터였으니 말이야. 꽤 긴 시간이야, 안 그래? 그래, 오늘 아침은 별일 없어?" 이런 대사는 엿듣는 관객에게 정보를 흘리는 것 외에는 아무 목적이 없다. 갑과 을이 친구이고 20년 전에 대학을 같이 다녔고 아직 점심 식사 전이라는 정보가 전부다. 지독히 부자연스러운 행동이다. 억지로 해야 될 필요가 없는데 서로 다 아는 뻔한 이야기를 늘어놓을 사람은 없다. 따라서 이런 정보가 필요하다면 작가는 단순한 사실 이상의 대화가 오갈 수 있도록 동기를 만들어 내야 한다.

해설을 극 안에 융화시키려면 이 기억술의 원리를 이용하라. 해설을 무기로 전환하는 것이다. 극 중 인물들은 이미 주변과 자신의 과거와 서로와 스스로에 대해 잘 알고 있다. 그러니 인물들이 원하는 것을 얻으려는 싸움에서 그들이 아는 바를 무기로 이용하게 하라. 위의 예에서 이런 지식을 무기로 전환시켜 보면 상황은 달라진다. 을이 충혈된 눈으로 하품을 참는 걸 보고 갑이 이렇게 말한다. "이봐, 자네 꼴 좀 보라고. 그 여전히 더 부룩한 머리하며, 해가 중천인데 여태 정신을 못 차리는 거 하며, 20년 전에 학교에서 잘릴 때랑 똑같이 젊은 객기를 부리고 있잖아. 도대체 언제 정신 차리고 커피를 마실 거야?" 관객의 눈이 을의 반응을 살피려 분주히 화면을 쫓는 사이 '20년'이니 '학교'니 하는 말들을 간접적으로 듣게 된다.

'말하지 말고 보여 줘라.'라고 해서 선반 위에 놓인 사진들을 카메라로 죽 훑으면서 갑과 을의 학창 시절부터 군대, 결혼식을 거쳐 동업하게 된 사연 등을 보여 주는 방식이 괜찮다는 말은 아니다. 그건 말하는 거지 보여 주는 게 아니다. 카메라에 그런 일을 시키는 건 극영화를 홈 비디오로 전락시키는 짓이다. '말하지 말고 보여 줘라.'라는 것은 인물과 카메라의 움직임이 진실해야 한다는 뜻이다.

어떤 작가들은 까다로운 해설상의 문제들을 다루는 것에 너무 겁을 먹은 나머지 가능하면 빨리 이런 문제들을 해치우려 든다. 그래야 영화사의 시나리오 분석가들이 이야기 자체에 집중하게 된다고 생각하는 것이다. 하지만 해설로 뒤덮인 제1장을 억지로 겨우 읽어 나가다 보면 읽는 이는 작가가 기본적인 글솜씨도 부족한 아마추어라고 생각하고는 마지막까지 대충 훑어보고 만다.

자신감이 있는 작가들은 이야기 전체에 걸쳐 해설을 조금씩 다룬다. 그러다 마지막 장의 절정쯤에서 해설이 완전히 드러날 때가 많다. 이런 작가들은 두 가지 원칙을 준수한다. 첫째, 관객이 이성적으로 쉽게 추측할 수 있는 일은 절대 포함시키지 않는다. 둘째, 몰라서 혼란이 생기는 경우가 아니라면 절대로 해설을 그냥 전달하지 않는다. 관객의 관심을 유지하는 길은 정보를 주는 게 아니라 이해에 꼭 필요한 경우를 제외하고는 정보를 알려 주지 않는 것이다.

해설의 속도를 조절하라. 다른 요소들과 마찬가지로 해설도 일정한 유형에 따라 진행해야 한다. 가장 중요도가 낮은 것부터 차례로 정보를 전달하다가 마지막에 결정적인 사실을 알려야 한다. 해설에서 가장 결정적인 부분이 무엇일까? 바로 비밀이다. 인물들이 알리고 싶지 않은 고통스러운 진실 말이다.

다시 말해서 '캘리포니아식의 장면들'은 쓰지 말라. '캘리포니아식 장면들'이란 서로 거의 모르는 두 인물이 마주 앉아 커피를 마시면서 곧바로 자기 삶의 깊숙하고 어두운 비밀들을 속살거리기 시작하는 장면을 일컫는다. 가령 이런 식이다. "내 어린 시절은 정말이지 역겨웠어. 우리 엄마는 나를 벌 줄 때 내 머리를 변기통에 넣고 물을 내리곤 했거든." "그 정도를 가지고 뭘 그래. 우리 아빠는 내 신발에다 개똥을 집어넣고 그걸 신고 학교까지 가게 했다고."

방금 만난 사람들끼리 고통스러운 고백들을 무작정 숨김없이 늘어놓는다는 건 억지스러운 거짓이다. 이런 지적을 하면 작가들은 실제로 그런 일이 일어난다고 반박할 것이다. 전혀 모르는 사람들끼리도 아주 개인적인 이야기를 나눈다고 말이다. 물론 그럴 수 있다. 하지만 오로지 캘리포니아에서만 가능한 일이다. 애리조나나 뉴욕, 런던, 파리, 지구상 다른 어디에서도 불가능하다.

미국 서부 해안 지방 사람들 중 어떤 부류의 사람은 자기의 어두운 비밀들을 칵테일파티에서 서로 들려주려고 준비하고 다닌다. 그게 자기들이 진정한 캘리포니아 사람임을, 자기중심적이면서 내면의 존재들과 접촉하는 사람임을 입증해 준다고 생각한다. 그런 파티에서 서성대다 어릴 때 아버지가 자기 운동화에 개똥을 넣곤 했다는 이야기를 주절대는 사람을 만나면 나는 이런 생각이 든다. "세상에! 이렇게 스낵을 집어먹으면서 떠들어 대는 어두운 비밀이 저 정도면 진짜 비밀은 도대체 어떤 걸까?" 항상 다른 이야기가 숨어 있기 때문이다. 내뱉는 말 뒤에는 말할 수 없는 게 감추어져 있다.

이블린 멀레이의 고백을 떠올려 보자. "그 애는 내 동생이자 내 딸."이라니, 이건 가벼운 술자리에서 털어놓을 만한 이야기가 아니다. 그녀가 기티스에게 이 말을 하는 건 아버지의 손아귀로부터 자기 딸을 지키기 위해서다. "너는 나를 죽일 수 없다, 루크. 내가 네 아버지다." 이 말 역시 다스 베이더가 아들에게 결코 들려주고 싶지 않았던 진실이다. 하지만 말하지 않는다면 그는 자기 아들을 죽이거나 그 손에 죽거나 할 판이다.

이런 순간들은 정직하고 강렬하다. 인생의 압력이 둘 중 더 작은 악을 선택하도록 인물들을 짓누르기 때문이다. 솜씨 있게 짜인 이야기에서 가장 압력이 커지는 대목이 어디일까? 극한적인 절정의 상황이다. 따라서 현명한 작가는 시간적 기술이라는 첫 원칙을 준수한다. 가장 중요한 것을 맨 끝으로 남겨 놓는 것이다. 너무 일찌감치 너무 많은 것을 드러내 버리면 절정에 이르기도 전에 관객이 절정을 모두 예측해 버릴 것이다.

관객이 알고 싶어 하고 꼭 알아야 하는 해설만큼만 드러내고 나머지는 감춰라.

한편 작가가 이야기의 통제권을 쥔 이상 관객의 알려는 욕구와 필요를 통제하는 것도 작가다. 이야기 도중 어느 지점에서 해설을 일부 일러 주지 않을 경우에는 관객이 쫓아오기 어렵다고 판단되면, 관객의 호기심을 자극해서 알려는 욕구를 조성해야 한다. 관객의 머릿속에 '왜?'라는 질문을 심어 줘라. '왜 이 인물이 이렇게 행동하는 걸까? 왜 다른 일이 안 생기는 거지? 왜일까?' 정보에 대한 갈증 덕분에 아무리 복잡한 극적 사실들이라도 매끄럽게 이해될 것이다.

인물의 지난 이야기를 해설하는 한 방법으로 주인공의 어린 시절에서 이야기를 시작해 그의 생애를 거쳐 진행해 나갈 수도 있다. 가령 「마지막 황제」는 푸이(존 론)의 생애를 60년에 걸쳐 다룬다. 푸이가 중국의 황제가 되는 유년기의 장면들과 십 대의 결혼 생활, 서구식 교육, 퇴폐한 생활에 빠지는 과정, 일본의 꼭두각시 노릇을 하는 기간, 공산주의하에서의 생활, 북경 식물원에서 노역하는 말년에 이르기까지 전기적인 장면들이 두루 엮여 영화가 된다. 「작은 거인」은 한 세기를 망라하는 영화다. 「애정과 욕망」, 「패왕별희」, 「샤인」 등은 모두 어린 시절에서 출발해 주인공의 삶에서 핵심적인 사건들을 짚어 가며 중년 이후로 이어진다.

해설의 면에서는 이런 구성이 편리할지 모른다. 하지만 대다수의 영화에서는 탄생부터 죽음까지 주인공의 삶을 쫓아가는 게 불가능하다. 이렇게 이어 갈 만한 골격이 이야기에 없는 까닭이다. 일생을 아우르는 이야기를 하려면 엄청나게 강력하고 견고한 골격이 마련되어야 한다. 그런데 대부분의 인물에게 어린 시절의 발단에서 비롯되어 수십 년 동안 채워지지 않을 만큼 한결같이 깊은 욕망이 어디 있겠는가? 거의 모든 이야기가 몇 개월 미만의 단기적인 골격을 따르는 이유가 여기에 있다.

그러나 탄성과 지속성이 있는 골격을 만들어 낼 수만 있다면, 에피소드적이지 않으면서도 장기적인 이야기가 가능하다. 에피소드적이라 함은 '오랜 기간을 다룬다'는 뜻이라기보다 '산발적이고 간헐적'이라는 뜻이다. 24시간 동안 일어난 일을 다루는 이야기도 충분히 에피소드적일 수 있다. 일어나는 모든 일이 서로 연결되지 않으면 그만이다. 반면 「작은 거인」은 백인들의 아메리칸 원주민 말살을 막으려는 한 사나이의 모험을 중심으로 통합된 이야기다. 수세대에 걸쳐 자행된 만행을 다루므로 자연히 한 세기를 아우르는 이야기가 된다. 「애정과 욕망」을 이끌어 가는 것은 여성을 모욕하고 파멸시키려는 한 남자의 눈먼 충동이다. 스스로도 헤아리지 못하는 자멸적인 욕망이 이야기의 골격이 된다.

「마지막 황제」에서 주인공은 일생 동안 한 가지 물음에 답하려고 노력한다. '나는 누구인가?' 나이 세 살에 푸이는 황제가 되지만 그게 무엇을 의미하는지 전혀 알지 못한다. 그에게 왕궁은 놀이터다. 그는 유년기의 정체성에서 헤어나지 못하고 십 대까지도 젖을 떼지 못한다. 황실 관리들은 황제답게 행동하도록 푸이를 종용하지만 그는 다스릴 제국이 없다는 사실만을 깨닫는다. 그릇된 정체성에 대한 부담으로 이런저런 인물들을 흉내 내어 보지만 그에게 맞는 것은 하나도 없다. 영국 학자나 신사인 척도 해 보고, 성욕이 왕성한 쾌락주의자 행세도 해 보고, 호화 파티에서 프랭크 시나트라 흉내를 내는 국제적인 쾌남아 행세도 해 본다. 나중에는 정치가도 되어 보지만 일본의 꼭두각시로 전락할 뿐이다. 끝으로 공산주의 정부가 그에게 부여한 마지막 정체성은 정원사다.

「패왕별희」는 진실하게 살려는 데이(장국영)의 50년에 걸친 모험을 들려준다. 어린 시절 그는 북경 오페라단의 스승들로부터 무자비하게 맞고 세뇌당하면서 여성스러운 기질을 가졌다고 고백하도록 강요당한다. 그러나 그건 사실이 아니다. 고백만 하면 그런 고문을 받지 않아도 될 터였다. 사내답지 못하긴 해도 다른 연약한 남자들처럼 그도 실상은 남성적이다. 그렇게 거짓된 생활을 강요당한 뒤로 그는 정치적이든 개인적이든 거짓말을 일체 싫어하게 된다. 그리고 그 순간 이래 진실을 말하고픈 그의 욕망에서 이야기의 모든 갈등이 비롯된다. 당시 중국에서는 거짓말을 해야 살아남을 수 있었다. 결국 진실을 말하는 게 불가능한 일임을 깨닫고 그는 목숨을 끊는다.

일생에 걸친 골격을 찾기란 드문 일이다. 때문에 작가들은 아리스토텔레스의 가르침을 따라 "사건의 중심에서부터" 이야기를 시작한다. 우선 주인공의 삶에서 절정에 해당하는 사건이 일어나는 날짜를 정한 다음, 그때와 가능한 한 가장 가까운 시기에서 이야기를 출발한다. 이런 구성에서는 이야기가 다루는 기간이 압축되고 발단 이전까지 인물의 과거가 길어진다. 이를테면 절정에 이르는 날이 인물의 35살 생일이라면 십 대 시절부터 영화를 시작하기보다는 생일 한 달 전쯤부터 시작하게 된다. 인물이 삶의 최대 가치를 쌓아 온 시간으로 35년이 주어지는 셈이다. 그 결과 그의 삶에 균형이 깨지는 순간, 그는 위험에 처하고 이야기가 갈등으로 채워진다.

가령 집 없는 알코올 중독자에 대한 이야기를 쓸 때 어려운 점이 무엇일지 생각해 보자. 그가 잃을 게 뭐가 있을까? 사실상 하나도 없다. 거리에서 사는 삶의 스트레스야 이루 말할 수 없을 것이다. 그런 고충을 견디고 사는 사람에게는 차라리 죽음이 더 편안할지도 모른다. 정말로 갑작스러운 날씨의 변화로 죽을 수도 있다. 생존 이외에 다른 가치가 거의 없는 삶을 지켜보기란 가슴 아픈 일이다. 하지만 잃을 게 거의 없는 이런 상황에서 작가가 할 수 있는 일이라고는 고통을 정밀하게 묘사하는 정도밖에는 없다.

그래서 작가는 차라리 잃을 게 있는 사람들의 이야기를 쓴다. 가족, 직업, 이상, 기회, 명성, 현실적인 희망과 꿈 따위를 다룬다. 이런 삶이 균형을 잃을 때 인물들은 위험에 놓인다. 그들은 손실을 견디면서 삶의 균형을 되찾기 위해 안간힘을 쓴다. 힘들여 얻은 가치들을 걸고 대립 세력과 맞서는 싸움은 자연히 갈등을 낳는다. 이야기에 갈등이 쌓이고 나면 인물들은 손에 넣을 수 있는 모든 무기를 필요로 한다. 그러면 작가는 별 어려움 없이 해설을 극 안으로 융화시킬 수 있다. 사실들이 사건의 흐름 속으로 자연히 눈에 띄지 않게 스며든다. 반면 이야기에 갈등이 부족할 때는 작가가 어쩔 수 없이 지루한 해설을 나열한다.

예를 들어 19세기 희곡 작가들은 대부분 해설을 이런 방식으로 다루었다. 막이 오르면 무대가 거실이다. 하녀 둘이 들어온다. 한쪽은 지난 30년간 이 집에서 일한 사람이고 다른 쪽은 이날 아침 막 고용된 젊은 하녀다. 나이 든 하녀가 신참을 돌아보며 말한다. "주인어른이나 가족들에 대해서 잘 모르지? 그렇다면 내가 말해 주지……." 가구의 먼지를 털면서 나이 든 하녀는 주인 가족의 전체 역사며 주변 세계며 성격에 대한 설명을 늘어놓는다. 그리하여 이렇게 극적인 동기가 없는 지루한 해설을 일명 '먼지털기식 해설'이라 부르기도 한다.

이런 방식은 오늘날에도 눈에 띈다.

「아웃브레이크」의 예를 보자. 영화의 첫 시퀀스에서 다니엘스 대령(더스틴 호프먼)은 에볼라 바이러스의 발생을 멈추기 위해 서아프리카로 날아간다. 비행기에는 젊은 의료 보조원이 타고 있다. 다니엘스가 그를 돌아보며 이런 말을 던진다. "에볼라 바이러스에 대해 잘 모르지?" 그러고는 이 바이러스의 병리학에 대해 설명을 늘어놓는다. 지구상 모든 인간의 생명을 위협하는 이 질병에 대해 아무런 훈련도 받지 않았다면 도대체 이 보조원은 뭣 하러 이 임무에 끼어 있을까? 인물이 서로 다 알고 있거나 아는 게 당연한 일을 이야기하는 대사를 쓰고 있다면 작가는 반드시 스스로 질문을 던져 봐야 한다. 이게 극 구성상 필요한가? 무기로 쓰일 만한 해설인가? 아니라면 잘라 내 버려라.

해설을 극 안에 완전히 융화시켜 보이지 않게 만들 수 있다면 그리고 드러낼 시기를 조절할 수 있다면, 그래서 관객이 알기를 원하고 알아야 할 때에만 조금씩 드러내면서 가장 중요한 정보를 마지막까지 남겨 둘 수 있다면 작가로서 제대로 글 쓰는 법을 배우고 있는 셈이다. 그러나 초보 작가들에게 문제가 되는 것도 일단 글 쓰는 요령을 아는 사람에게는 값진 자산이 된다. 숙련된 작가는 해설을 기피하며 인물들의 과거를 익명 상태로 남겨 두지 않는다. 대신 일부러라도 인물의 과거에 양념하듯 중요한 사건들을 뿌려놓는다. 그 이유는 글 쓰는 과정에서 작가가 수십 번씩 마주치는 과제와 관련이 있다. 장면을 어떻게 전환하는가. 전환점을 마련하는 방법이 여기 숨어 있다.

배경 이야기의 쓰임새

장면을 전환하는 방식은 둘 중 하나다. 행동이 바뀌거나 새로운 사실이 드러나거나다. 다른 방법은 없다. 가령 사랑하면서 함께 사는 긍정적인 관계의 한 쌍을 가지고 글을 쓴다 해 보자. 이들의 관계를 부정으로, 다시 말해 미움과 별거로 돌려놓고 싶다면 우선 행동을 변화시키는 방법이 있을 것이다. 여자가 남자의 따귀를 때리면서 말하는 것이다. "더 이상은 못

참겠어. 이걸로 끝이야." 아니면 새로운 사실을 드러내는 방법이 있다. 남자가 여자를 바라보며 말한다. "지난 3년 동안 당신 여동생과 관계를 맺어 왔어. 어떻게 할 테야?"

강력한 사실의 폭로는 **배경 이야기**(BACKSTORY)에서 나온다. 인물들의 삶에서 예전에 있었던 중대한 사건들을 결정적인 순간에 폭로해서 전환점을 마련할 수 있는 것이다.

예컨대 「차이나타운」을 보자. "그 애는 내 동생이자 내 딸."이라는 말은 일종의 해설이다. 깜짝 놀랄 만한 폭로의 순간을 조성하기 위해 남겨 두었던 정보인 것이다. 이제 이것이 폭로됨으로써 제2장의 절정이 반전을 거치면서 제3장의 나선형 구도의 설정이 깔린다. 「스타워즈 에피소드5: 제국의 역습」을 보자. "너는 나를 죽일 수 없다, 루크. 내가 네 아버지다." 이 말 역시 「스타워즈」의 배경 이야기에서 나온 해설이다. 최대의 효과를 거두기 위해 남겨 놓았다가 폭로함으로써 절정에 반전이 일어나고 전혀 새로운 다음 영화 「스타워즈 에피소드6: 제다이의 귀환」의 설정이 마련된다.

로버트 타운은 「차이나타운」에서 크로스 일가의 근친상간을 좀 더 일찍감치 폭로할 수도 있었을 것이다. 입이 가벼운 하인에게서 기티스가 이 사실을 캐내는 식으로 말이다. 조지 루카스 역시 루크의 아버지를 좀 더 일찍 폭로할 수도 있었을 것이다. "루크에게 말하지 마. 그가 들으면 정말로 뒤집힐 일이지만 실은 다스가 그의 아버지야." 뭐 이런 경고를 시스리피오가 알투디투에게 건넬 법하다. 하지만 두 사람 모두 배경 이야기의 해설을 유보했다가 폭발적인 전환점을 조성하는 데 사용했다. 이 전환점으로 기대와 결과 간에 간극이 벌어지고 순식간에 통찰이 전달되는 것이다. 극히 적은 경우를 제외하면 행동만 가지고 장면들을 전환하기란 무리다. 장면과 사실의 폭로를 섞어 쓰는 게 불가피하다. 사실, 폭로의 순간이 더 충격적인 경향이 있어서 주요 전환점이나 장 절정까지 유보해 둘 때가 많다.

과거 회상

과거 회상(Flashback)은 쉽게 말해 해설의 한 형태다. 다른 요소들과 마찬가지로 잘 쓰일 수도 있고 잘못 쓰일 수도 있다. 극적인 동기도 없이 긴 해설로 가득 찬 대사로 관객을 지루하게 만드는 대신, 불필요하고 지루한 사실로 메워진 과거 회상으로 관객을 지루하게 만들 수도 있다. 하지만 그러지 않고 잘 사용할 수도 있다. 관습적인 해설의 원칙을 준수하면 과거 회상이 놀라운 효과를 거두기도 한다.

> 첫째, 과거 회상을 극 안에 융화시켜라.

그냥 밋밋한 과거 장면으로 되돌아가지 말고 나름의 발단, 전개, 전환점이 있는 작은 드라마를 이야기 속에 삽입하라. 제작자들은 종종 과거 회상이 영화의 속도를 늦춘다고 불평한다. 물론 잘못 쓰이면 그렇게 된다. 하지만 잘 만들어진 과거 회상은 실제로 이야기의 속도를 가속한다.

「카사블랑카」를 예로 들어 보자. 제2장 서두에 파리 회상 장면이 나온다. 릭은 위스키에 절어 우울하게 울고 있고, 영화의 리듬은 제1장 절정의 긴장을 풀어 주기 위해 일부러 늦춰지고 있다. 하지만 릭이 일자와의 연애를 떠올리면서 영화는 나치의 파리 침공 당시 두 사람의 사랑 이야기로 되돌아간다. 이 과거 회상은 영화를 훨씬 속도감 있게 몰아가면서 일자가 릭을 버리는 대목에서 시퀀스의 절정에 이른다.

「저수지의 개들」의 경우를 보자. 살인 사건 미스터리의 발단은 항상 두 사건을 결합시킨다. 살인이 저질러지고 주인공이 범행을 발견하는 것이다. 하지만 애거서 크리스티 소설들은 두 번째 사건으로만 이야기를 시작한다. 벽장 문이 열리고 시체가 굴러 나오는 식이다. 범행의 발견에서 출발함으로써 애거서 크리스티는 두 가지 방향으로 호기심을 발동시킨다. '어떻게, 왜 살인이 저질러졌을까?' 하는 과거를 향한 물음이 하나이고 '여러 용의자들 중 누가 범인일까?' 하는 미래를 향한 물음이 또 다른 하나다.

쿠엔틴 타란티노는 간단하게 애거서 크리스티의 소설을 재구성한다. 우선 인물들을 소개한 뒤 발단의 첫 번째 사건(어설픈 노상강도)을 건너뛰어 곧장 두 번째 사건(도주)으로 넘어가면서 영화를 시작한다. 도주 차량 뒷좌석에 강도 중 하나가 부상입은 것을 보고 관객은 일이 잘 안 풀렸음을 즉각 알아차리고 과거와 미래를 향해 호기심이 발동한다. 뭐가 잘못되었을까? 결과는 어떻게 될까? 두 물음의 답을 알려는 욕구와 필요를 일단 만들어 놓고 타란티노는 창고 장면의 속도가 시들해질 때마다 과거 회상으로 노상강도의 고속 액션을 보여 준다. 단순한 발상이지만 아무도 이렇게 대담무쌍하게 연출한 적이 없었다. 그 결과 하마터면 역동적이지 못했을 법한 영화가 탄탄한 속도감을 유지하게 되었다.

둘째, 관객의 알려는 욕구와 필요를 조성하기 전까지는 과거 회상을 집어넣지 말라.

「카사블랑카」의 제1장 절정은 중심플롯의 발단이기도 하다. 일자가 갑자기 릭의 삶에 다시 등장해서 두 사람이 샘의 피아노 소리를 배경으로 강렬한 시선을 교환한다. 그 뒤로 술자리 잡담 장면이 이어지면서 중의적인 말들이 오간다. 두 사람의 과거 관계와 아직도 생생한 열정이 서브텍스트에서 암시된다. 제2장이 시작되면서 관객은 호기심으로 달아오른다. 파리에서 이들 사이에 무슨 일이 있었는지 궁금하기 짝이 없다. 그제야, 즉 관객이 알기를 원하고 알 필요가 있을 때에야 비로소 작가는 과거 회상을 넣는다.

시나리오는 소설이 아님을 명심해야 한다. 소설가는 인물의 감정과 생각에 직접 침투할 수가 있다. 하지만 시나리오 작가는 그럴 수 없다. 소설가가 자유 연상의 기쁨을 누릴 수 있는 것도 이 때문이다. 시나리오 작가는 그럴 수 없다. 원하기만 하면 산문 작가는 인물이 가게 진열장 앞을 지나가다 안을 들여다보며 어린 시절을 전부 떠올리게 할 수도 있다. "그날 오후 그는 고향 거리를 걸어 다니고 있었다. 그러다 마침 이발소를 흘끗 보는 순간 어린 시절 아버지가 그를 이발소에 데리고 다니던 날들이 기억났다. 그는 나이 든 아저씨들 사이에 앉아 아저씨들이 시가를 피우며 야구에 대해 이야기하는 걸 듣곤 했다. 그가 처음으로 섹스라는 단어를 들은 것도 거기서였다. 그때 이래로 그는 여자와 잠만 잘라치면 항상 홈런을 치고 있다는 생각을 하게 되었다."

산문의 해설은 비교적 쉽다. 하지만 카메라는 엑스레이처럼 거짓된 것들을 모조리 찾아낸다. 소설 같은 자유 연상 편집이나 인물의 잠재된 심리 상태를 표현기 위해 일부러 어지럽게 찍은 화면 등을 이용해 영화에 해설을 쑤셔 넣으려고 하면 영화는 억지스러워진다.

꿈 시퀀스

꿈 시퀀스는 화려하게 치장한 해설이다. 대개 상투적인 프로이트 심리학으로 정보를 위장해 보려 노력하곤 한다. 위에서 언급한 모든 원리가 꿈 시퀀스에는 곱절로 적용된다. 잉마르 베리만의 「산딸기」는 꿈 시퀀스가 효과적으로 사용된 몇 안 되는 예시 중 하나다.

몽타주

빠르게 화면을 바꾼 이미지들의 연속으로 시간을 급격히 압축하거나 확장시키는 기법을 몽타주라 일컫는다. 몽타주는 와이프, 아이리스, 분리 화면, 디졸브 및 기타 다중 이미지 등과 같은 광학 효과들을 이용할 때가 많다. 이 시퀀스의 역동적인 에너지로 인해 본래의 목적이 감춰지곤 하지만 실은 몽타주 역시 정보 전달이라는 현실적인 과제를 목적으로 한다. 꿈 시퀀스와 마찬가지로 관객의 눈을 바쁘게 만들어서 극적으로 융화되지 못한 해설을 덜 지루하게 전달하려는 것이다. 몇몇 경우를 빼면 몽타주는 화려한 촬영과 편집으로 해설의 극적인 융화를 대신하려는 다소 게으른 시도라 할 수 있다. 따라서 가급적 피하는 게 좋다.

화면 밖 내레이션

화면 밖 내레이션 역시 해설의 한 방법이다. 이것도 과거 회상처럼 잘 쓰일 수도 있고 잘못 쓰일 수도 있다. 내레이션의 성패를 시험해 보려면 작가 스스로 이런 물음을 던져 보라. '시나리오에서 이것을 빼 버려도 여전히 이야기가 잘 전달될까?' 잘 전달된다는 대답이 나오면 그렇게 하라. 일반적으로는 '적을수록 낫다.'는 원리가 성립한다. 경제적인 기법일수록 효과가 더 크다. 따라서 잘라 낼 수 있는 건 무엇이든 잘라 내 버려야 한다. 하지만 여기에도 예외가 있다. 내레이션을 빼도 이야기가 지장 없이 잘 진행된다는 건 내레이션이 좋은 용도로만 쓰였다는 뜻이다. 마치 음악의 대위법처럼 말이다.

대위법적인 내레이션은 우디 앨런의 특기다. 「한나와 그 자매들」이나 「부부 일기」에서 내레이션을 떼어 내더라도 그의 이야기는 여전히 명쾌하고 효과적이다. 하지만 뭐 하러 굳이 빼겠는가? 우디 앨런의 내레이션은 오직 그만의 독특한 방식으로 재치와 아이러니와 통찰을 제공한다. 내러티브에 대한 대위법으로 사용되는 보이스오버는 그 자체로 매력적이다.

이야기의 서두나 장과 장 사이의 이동에서 내레이션이 짧은 서술로 쓰일 때도 있다. 「배리 린든」처럼 가끔은 이런 방법도 해롭지 않다. 그러나 영화 내내 서술적인 내레이션을 쓰는 추세는 영화 예술의 미래에 심각한 위협이 된다. 할리우드나 유럽의 훌륭한 감독 중에도 점점 이런 게으른 방법으로 영화를 만드는 사람들이 있다. 화려한 촬영과 호화판 제작으로 온통 화면을 뒤덮고는 사운드트랙의 읊조리는 목소리와 이미지를 한데 묶는다. 이건 예전의 고전 만화(Classic Comic Book)들로 영화를 전락시키는 짓이다.

고전 만화는 소설을 지문 딸린 만화로 개작한 책들이다. 고전 만화를 통해 중요한 작가들의 작품을 처음 접하게 된 사람들이 많다. 어린이들에게는 좋은 방법이지만 영화는 그게 아니다. 영화 예술은 편집이나 카메라, 렌즈의 움직임 등을 통해 A라는 이미지와 B라는 이미지를 연결시킴으로써 그 효과로 C, D, E의 의미가 설명 없이도 표현되게 만든다. 내레이터가 화면 밖에서 영화 내의 배경 이야기를 구구절절 늘어놓는 사이, 스테디캠으로 방이며 복도며 거리 등의 세트며 배우들을 미끄러지듯 패닝(Panning)하며 보여 주는 영화가 최근 들어 차츰 늘고 있다. 이런 영화들은 수백만 달러씩 들여, 화려한 그림은 담아 책을 녹음테이프에 옮기는 것과 별반 다르지 않다.

사운드트랙을 설명으로 채우는 건 별 재능 없이도 손쉽게 할 수 있다. "말하지 말고 보여 줘라."라는 격언은 예술적인 재능과 훈련을 요구하는 말이다. 나태함에 항복하지 말고 상상력과 땀을 최대한 요구하는 창의적인 제한을 스스로 정하라는 권고인 셈이다. 모든 전환을 일일이 극 안에 융화시켜 장면의 흐름을 자연스럽고 매끄럽게 만들기란 대단히 힘든 일이다. 하지만 표면적인 내레이션이 주는 편리함에 맛 들이는 순간, 작가는 자신의 창의력을 도려내고 관객의 호기심을 잠재우고 내러티브의 동력을 파괴하게 된다.

더 명심할 점이 있다. "말하지 말고 보여 줘라."라는 말은 관객의 지성과 감성을 존중하라는 뜻이다. 관객이 가진 최선의 능력을 끌어내어 영화 보는 의식에 동참하도록 초대하라. 보고 생각하고 느끼면서 관객이 나름의 결론을 이끌어 내도록 해야 한다. 관객을 아이 취급하면서 작가의 무릎에 앉혀 인생을 설명하려 들지 말아라. 내레이션의 오용과 과용은 게으를 뿐만 아니라 관객을 얕잡아보며 생색내는 짓이다. 만일 이런 추세가 계속된다면 영화는 질 나쁜 소설로 전락하고 영화 예술은 말라 죽고 말 것이다.

해설의 능숙한 구성을 연구하고 싶으면 「JFK」를 자세히 분석해 보기를 권한다. 올리버 스톤의 시나리오와 비디오를 구해 보고 영화를 장면별로 분해해 보라. 그러면서 명백한 것이든 추정되는 것이든 각 장면에 들어 있는 모든 사실들을 열거해 보라. 그리고 올리버 스톤이 이 산더미 같은 정보를 어떻게 핵심적인 부분들로 조각냈는지, 어떻게 그 조각들을 극 안에 융화시켰는지, 어떻게 폭로의 속도를 조절했는지 주의 깊게 보라. 이 영화는 경지에 오른 글솜씨를 보여 주는 명작이다.

16장

문제와 해답

이 장에서는 꾸준히 제기되는 여덟 가지 문제점을 검토하고 있다. 관객의 흥미를 유지하는 문제에서부터 다른 매체를 각색하는 법, 논리상의 결함을 해결하는 문제 등을 모두 다룬다. 각각의 문제마다 글쓰기의 기법으로 해결책을 제시한다.

흥미

홍보를 잘하면 관객을 극장으로 끌어들일 수 있다. 하지만 일단 영화가 시작되면 흡인력 있는 이유가 있어야 관객이 계속 영화를 본다. 이야기가 관객의 흥미를 끌어야 하는 것이다. 그리고 계속 관객을 단단히 붙잡아 두다가 절정에서 충분한 보상을 해 주어야 한다. 인간 본성의 두 측면, 즉 지성과 감성 모두를 끌어당기는 구성이 아니고서는 거의 불가능한 과제다.

'호기심(Curiosity)'은 질문에 대한 답을 찾고 아직 결정되지 않은 양식을 완결 지으려는 지적인 욕구다. 이야기는 이 과정을 뒤집어 질문을 던지고 어떤 상황을 개시함으로써 이 보편적인 욕망에 장난을 건다. 이야기의 전환점은 매번 관객의 호기심을 낚아챈다. 주인공이 점점 큰 위험에 놓이는 걸 보면서 관객은 궁금해한다. '다음에는 무슨 일이 생길까? 그리고 그다음에는?' 무엇보다 '결과가 어떻게 될까?'가 가장 궁금할 것이다. 마지막 장의 절정 전까지는 대답을 알 수 없으므로 관객은 호기심에 사로잡혀 계속 지켜보게 된다. 오로지 이 성가신 질문의 답을 얻으려고 재미도 없는데 끝까지 앉아서 본 영화가 얼마나 많은지 생각해 보라. 작가는 관객을 울릴 수도 있고 웃길 수도 있다. 하지만 찰스 리드의 지적처럼 무엇보다 작가는 관객을 기다리게 만든다.

한편 '관심(Concern)'은 삶의 긍정적인 가치들을 원하는 감정적인 욕구다. 정의, 강건함, 생존, 사랑, 진실, 용기 등이 그런 가치다. 인간은 부정적이라고 느껴지는 건 본능적으로 거부하는 반면 긍정적인 쪽으로는 강하게 이끌린다.

이야기가 시작되면 관객은 의식적으로나 본능적으로 인물과 주변 상황이 어떤 가치를 품고 있는지 점검한다. 선과 악, 옳은 것과 그른 것, 가치 있는 것과 가치 없는 것을 구별하려 애쓴다. 그러면서 선(善)의 중심이 어디인지 찾는다. 일단 이 중심이 발견되면 감정이 그쪽으로 쏠린다.

선의 중심을 찾는 이유는 사람이 누구나 스스로 선하거나 옳다고 믿고 자신을 긍정적인 것과 동일시하고 싶어 하기 때문이다. 마음 깊숙이에서는 모두가 어쩌면 심각할 정도로 흠이 있고 죄가 있는 사람이라는 걸 안다. 그럼에도 아무튼 자기 마음은 올바른 곳에 있다고 느낀다. 제일 나쁜 건 스스로 선하다고 믿는 인간들이다. 자기가 유럽의 구원자라고 믿었던 히틀러처럼 말이다.

한때 뉴욕에서 나는 마피아 소굴인 줄도 모르고 어떤 체육관에 등록을 하고 다녔다. 거기서 아주 재미있고 호감 가는 남자를 하나 만났다. 그 사람은 별명이 '미스터 코니아일랜드'였는데 십 대 때 보디빌딩을 하며 얻은 이름이었다. 하지만 지금은 마피아 일원이 되어 있었다. '단추를 꽉꽉 채운다'의 영어 표현인 'to button up'은 '입을 다물다'라는 뜻이기도 하다. 그래서 사람들 입을 다물게 만든다는 의미에서 마피아의 해결사를 '버튼맨'이라고도 한다. 이 사람도 버튼맨 중 하나였다. 하루는 사우나실에 앉아서 그가 말을 걸었다. "이봐, 궁금한 게 있는데. 당신도 '좋은' 사람들 쪽이야?" 하는 거다. 다시 말해서 나도 마피아의 일원이냐는 말이었다.

마피아의 논리는 이렇다. '사람들은 매춘과 마약과 불법 도박을 원한다. 그리고 문제가 생기면 경찰이나 판사한테 뇌물을 주고 싶어 한다. 다들 범죄의 단맛을 보고 싶어 하면서도 아니라고 거짓말하는 위선자들이고 그걸 인정하려 들지 않는다. 우리는 이런 서비스를 제공하지만 위선자가 아니다. 우리야말로 현실에 종사하는 '좋은' 사람들이다.' 미스터 코니아일랜드도 파렴치한 암살자였지만 속으로는 자기가 선하다고 믿고 있었다.

어떤 사람이든 관객은 저마다 선의 중심을 찾으려고 한다. 스스로 동화되고 감정적으로 관심을 집중할 수 있는 긍정적인 대상을 찾는 것이다.

상황이 어떻든지 선의 중심은 반드시 주인공이어야 한다. 다른 인물들도 어느 정도 포함될 수 있다. 여러 명의 인물들과도 감정 이입이 가능하기 때문이다. 하지만 주인공과는 반드시 감정 이입이 되어야 한다. 반면 선의 중심이라고 해서 '착하다'는 뜻은 아니다. 선을 규정할 때에는, 선한 것만큼이나 선하지 않은 것이 크게 작용한다. '선하지 않다'고 생각되거나 느껴지는 것을 총칭해서 부정성이라 하자. '선'은 이 부정성과 관련해서 또는 부정성에 비추어 관객의 관점에서 내리는 판단이다.

「대부」를 예로 들자. 타락한 건 코를레오네 패밀리만이 아니다. 다른 마피아 패밀리들도 그렇고 심지어 경찰과 판사들도 마찬가지다. 이 영화에 나오는 모든 사람이 범죄자거나 그들과 관련된 사람들이다. 그러나 코를레오네 패밀리는 한 가지 긍정적인 특성이 있다. 바로 의리다. 다른 마피아단에서는 단원들끼리 서로 등을 찌른다. 그로 인해 그들은 나쁜 악당들이 된다. 대부의 패밀리는 의리가 있기 때문에 좋은 악당들이 되는 것이다. 이런 긍정적인 면을 찾아내면서 관객의 감정이 그쪽으로 향하고 악당들에게 감정을 이입하게 된다.

선의 중심은 과연 어디까지 작용할까? 어떤 종류의 괴물들에까지 관객이 동화될 수 있을까?

「화이트 히트」를 살펴보자. 이 영화의 선의 중심인 코디 자렛(제임스 캐그니)은 미치광이 살인자다. 그러나 이 영화의 작가들은 자렛에게 매력적인 자질을 부여하고 암울한 운명론적 세계로 그를 에워싼다. 그럼으로써 긍정적인 에너지와 부정적인 에너지가 조화된 훌륭한 장을 만들어 낸다. 자렛의 부하들은 시키는 대로 하는 의지박약한 패거리지만 자렛은 지도력 있는 인물이다. 그를 쫓는 FBI 요원들이 흐리멍덩한 얼간이들인 데 반해 그는 기지와 상상력이 넘친다. 그와 제일 친한 친구는 FBI의 제보원이지만 코디의 우정은 진심이다. 이 영화에서 애정을 보이는 사람도 코디밖에 없다. 그는 자기 어머니를 끔찍이 아낀다. 이런 도덕적인 자질이 관객의 감정을 이입시켜, 관객으로 하여금 '만약 내가 범죄자로 산다면 코디 자렛처럼 되고 싶다.'는 생각을 품게 한다.

「나이트 포터」의 예를 보자. 극 안에 융화된 과거 회상을 통해 이 영화는 주인공 연인들(더크 보가드, 샬럿 램플링)이 만나게 된 배경 이야기를 들려준다. 남자는 나치 유대인 수용소의 사디스트적인 사령관이고 여자는 마조히스트적인 성향의 십 대 포로였다. 둘의 열렬한 연애는 수용소 안에서 몇 해 동안 계속되었다. 전쟁이 끝나고 그들은 각자 다른 길을 간다. 영화는 1957년 비엔나의 호텔 로비에서 두 사람의 눈이 마주치며 시작된다. 이제 그는 호텔의 사환이 되어 있고 그녀는 콘서트 피아니스트인 남편과 함께 여행 중인 손님이다. 호텔 방에 올라가서 여자는 남편에게 아프다고 말하고는 그를 먼저 콘서트장으로 보낸다. 그리고 뒤에 남아 옛 연인과의 관계를 다시 시작한다. 이 한 쌍이 바로 이 영화의 선의 중심이다.

작가이자 감독인 릴리아나 카바니는 적의를 품고 숨어 있는 나치 친위대 장교들의 타락한 사회로 두 연인을 에워싸면서 이 어려운 이야기를 풀어 나간다. 그러고는 차갑고 어두운 세상의 한복판에 작은 촛불을 하나 밝혀 둔다. 두 사람이 만난 과정과 뒤틀린 열정에도 불구하고 두 사람이 진정한 사랑을 한다는 것이다. 게다가 카바니는 이 사랑의 한계를 시험한다. 여자가 그들의 신변을 노출시킬지도 모르니 죽여야 한다고 친위대 장교들이 말하자 남자는 답한다. "안 돼. 그녀는 내 소중한 사람이야. 내 소중한 사람이라고." 서로를 위해서라면 두 사람은 자기 목숨도 버릴 수 있었다. 절정에서 두 사람이 함께 죽음을 택할 때 관객은 비극적인 상실감을 느낀다.

「양들의 침묵」의 경우를 보자. 이 소설과 시나리오의 작가들은 클라리스(조디 포스터)에 긍정적인 초점을 맞추는 한편, 한니발 렉터(앤서니 홉킨스)를 제2의 선의 중심으로 만들어서 관객이 두 사람에게 동화되도록 이끈다. 우선 렉터 박사에게 탁월하고 매력적인 자질들을 부여한다. 그는 대단한 지성과 예리한 재치와 기지에다 신사다운 매력과 침착함까지 갖춘 인물이다. 지옥 같은 세계에 사는 사람이 어떻게 그렇게 침착하고 정중할 수 있는지 관객은 놀라워한다.

다음으로 이런 자질들과 대비되도록 비이성적이고 냉소적인 사회로 렉터의 주위를 감싼다. 그의 감옥 내 정신과 의사는 사디스트인 데다가 유명세만 쫓는 사람이다. 그의 간수들은 우둔하기 짝이 없다. 해결할 수 없는 사건 때문에 렉터의 도움을 받으려 하는 FBI조차 그를 속인다. 캐롤라이나 섬의 야외 감옥으로 보내 주겠다고 거짓 약속을 하면서 렉터를 이용하려 하는 것이다. 얼마 안 가 관객은 이런 생각을 합리화하게 된다. '렉터가 사람을 먹긴 하지. 하지만 더 나쁜 일들도 많다고. 금방 떠오르지는 않지만 어쨌든…….' 렉터에게 감정을 이입하게 되어 버리는 것이다. '만일 내가 사람을 먹는 사이코패스라면 렉터처럼 되고 싶다.'고 말이다.

미스터리, 서스펜스, 극적인 아이러니

호기심과 관심은 관객과 이야기를 연결하는 세 가지 방법을 만들어 낸다. 미스터리, 서스펜스, 극적인 아이러니다. 이 용어들을 장르로 오해해서는 안 된다. 관객과 이야기의 관계는 관객의 관심을 유지하는 방식에 따라 달라지며 이 용어들은 각기 다른 관계를 일컫는 말이다.

미스터리(Mystery)에서는 인물들이 관객보다 더 많은 것을 알고 있다.

미스터리는 호기심만으로 관객의 흥미를 얻는 방법을 말한다. 작가는 해설적인 사실들을 만들어 내어 감춰 둔다. 특히 배경 이야기의 사실들이 그렇다. 과거의 사건에 대해 관객의 호기심을 불러일으킨 다음 진실을 언뜻 암시만 해 주고는 일부러 그대로 묻어 둔다. 그러고는 '곁길로 새는 이야기'로 관객의 주의를 돌려서 진짜 사실을 감추는 동안 관객이 가짜 사실을 믿거나 의심하게 만드는 것이다.

'곁길로 새는 이야기(Red Herrings)'라는 말의 영어 표현은 본래 '훈제 청어'라는 뜻을 갖고 있다. 이 표현이 유래된 데에는 재미있는 이야기가 얽혀 있다. 중세 농부들은 영주의 숲에서 사슴과 새들을 밀렵하곤 했다. 이들은 밀렵한 노획물을 가지고 숲길을 달아나면서 자기들의 발자국 위로 청어를 질질 끌고 갔는데, 뒤쫓아올 영주의 사냥개들을 교란하려는 이유에서였다는 것이다.

이렇게 곁길로 새는 이야기와 의심, 또는 혼란과 호기심을 자극하면서 작가는 일종의 추측 게임을 고안해 낸다. 이런 게임으로 흥미를 유발하는 기법을 즐기는 관객은 한 장르의 관객뿐이다. 바로 살인 사건 미스터리 장르다. 여기에는 닫힌 미스터리와 열린 미스터리라는 두 가지 하위 장르가 있다.

'닫힌 미스터리'는 애거서 크리스티의 소설처럼 살인 사건이 보이지 않는 배경 이야기에서 저질러진다. '누가 범인인가?' 하는 물음에서 가장 중요한 조건은 용의자가 여럿이어야 한다는 것이다. 작가는 최소한 세 명의 용의자를 등장시켜 끊임없이 관객을 속여야 한다. 관객이 계속 다른 사람을 의심하게 만들면서 진짜 범인의 정체는 절정에 이를 때까지 숨겨 두어야 한다.

'열린 미스터리'는 「형사 콜롬보」 시리즈처럼 관객이 살인 현장을 목격해서 범인이 누군지 알고 있다. '어떻게 범인을 잡을까?' 하는 물음이 이야기의 핵심인 이상 작가는 여러 용의자들 대신 여러 단서들을 마련한다. 살인 사건 자체는 아주 정교한 완전 범죄처럼 보여야 한다. 많은 단계와 기술적인 요소들이 얽힌 복잡한 계획이 되어야 하는 것이다. 하지만 관객은 관례상 이 요소들 중 하나가 치명적인 논리적 결함이 된다는 걸 알고 있다. 현장에 도착하면서부터 탐정은 직감적으로 누가 범인인지 알아차린다. 그리고 여러 단서들을 엄밀히 조사해서 증거를 찾아낸 뒤 오만한 완전 범죄자와 대결하면 그가 무의식중에 범행을 자백한다.

미스터리 형식에서 범인과 탐정은 절정에 이르기 훨씬 전부터 중요한 사실들을 알고 있으면서도 겉으로 말하지 않는다. 관객은 약간 뒤처져 달리면서 중심인물들이 이미 알고 있는 사실을 찾아내려 애쓴다. 물론 이 경주에서 이기면 관객은 오히려 실망할 것이다. 누가 왜 그랬는지 추측하려고 애쓰는 한편, 관객은 우리의 명탐정이 계속 위대하기를 원한다.

이 두 가지 구성은 한데 섞일 수도 있고 비꼬일 수도 있다. 「차이나타운」은 닫힌 미스터리로 출발하지만 제2장 절정에서 열린 미스터리로 바뀐다. 한편 「유주얼 서스펙트」는 닫힌 미스터리를 패러디한 영화다. '누가 범인인가?' 하는 물음으로 시작하지만 '아무도 범인이 아니다.'가 되어 버린다. 범행이 무엇이었건 간에 말이다.

서스펜스(Suspense)에서는 관객과 인물이 똑같은 정보를 알고 있다.

서스펜스는 호기심과 관심을 함께 결합시킨다. 모든 영화의 90퍼센트를 차지하는 코미디와 드라마도 이런 식으로 관객의 흥미를 자극한다. 하지만 서스펜스에서는 사실만이 아니라 결과도 호기심의 대상이 된다. 살인 사건 미스터리는 결과가 항상 확실하다. 누가 왜 그랬는지 관객은 모르지만 탐정이 결국에는 범인을 붙잡아 이야기가 '기분 좋게' 끝날 것이다. 하지만 서스펜스 이야기는 '기분 좋게' 끝날 수도 있고 '우울하게' 끝날 수도 있다. 또는 아이러니하게 끝날 수도 있다.

이야기가 진행되는 내내 관객과 인물들이 나란히 움직이며 같은 지식을 공유한다. 인물이 해설적인 사실을 발견하면 관객도 발견한다. 그러나 결과가 어떻게 될지는 아무도 모른다. 이런 관계에서는 관객의 감정이 주인공에게 이입되고 동화된다. 반면 단순한 미스터리에서 관객의 참여는 동정심으로 그친다. 명탐정들은 매력적이고 호감 가는 인물이지만 너무 완벽하고 정말로 위험에 빠지는 법이 없기 때문에 관객은 절대 이들과 동화되지 않는다. 살인 사건 미스터리는 바둑이나 체스 같은 전략 게임이다. 차분히 머리로 하는 오락일 뿐이다.

극적인 아이러니(Dramatic Irony)에서는 관객이 인물들보다 더 많은 것을 알고 있다.

극적인 아이러니는 사실이나 결과에 대한 호기심을 제외하고 주로 관심을 통해 관객의 흥미를 유발한다. 이런 이야기들은 종종 결말에 대해 감추려 하지 않고 일부러 결과를 누설한다. 사건이 발생하기 전부터 모든 것을 알고 있는 전지적인 우월함이 관객에게 부여되면서 관객의 감정적인 경험이 뒤바뀐다. 서스펜스에서 관객은 주인공의 안전을 염려하며 결과를 불안해한다. 하지만 극적인 아이러니에서 관객의 감정은 자기가 이미 알고 있는 사실을 인물이 뒤늦게 발견하는 순간에 대한 두려움으로 바뀌며, 인물이 재난을 향해 가는 걸 보며 연민을 품게 된다.

「선셋 대로」를 예로 들어 보자. 영화의 첫 시퀀스에서 조 길리스(윌리엄 홀든)의 시체가 얼굴을 아래로 향한 채 노마 데스먼드(글로리아 스원슨)네 수영장에 떠 있다. 카메라가 수영장 바닥으로 내려가 시체를 올려다보면 길리스의 화면 밖 내레이션이 시작된다. 자기가 어떻게 이 수영장에서 죽게 되었는지 아마도 관객이 궁금할 테니 이야기를 들려주겠다고 한다. 영화는 장편 길이의 과거 회상이 되면서 성공을 향한 한 시나리오 작가의 분투를 드라마로 만든다. 관객은 이 가엾은 남자가 관객이 이미 알고 있는 운명을 향해 다가가는 걸 지켜보면서 연민과 두려움을 느낀다. 길리스는 돈 많고 인정머리 없는 할망구의 손아귀에서 빠져나와 정직한 시나리오를 쓰려고 노력한다. 하지만 관객은 이런 모든 노력이 부질없으며 결국 그가 그 할망구의 수영장에 뜬 시체가 되고 말 것임을 알고 있다.

「배신」의 경우를 보자. 결론에서 시작으로 이야기를 역순으로 진행하는 안티플롯 장치가 처음으로 고안된 것은 1934년 조지 코프먼과 모스 하트의 희곡 『함께 즐겁게 구르며』에서였다. 그로부터 40년 뒤 해럴드 핀터는 극적인 아이러니를 최대한 뽑아내는 데 이 아이디어를 이용하고 있다. 「배신」은 옛 연인 제리와 엠마(제러미 아이언스, 퍼트리샤 호지)가 헤어진 뒤 몇 년 만에 처음으로 은밀히 만나는 장면에서 시작되는 러브 스토리다.

긴장이 흐르는 가운데 엠마는 자기 남편이 '알고 있다'고 고백한다. 그녀의 남편은 제리의 가장 친한 친구다. 영화는 둘의 결별 장면으로 거슬러 올라간다. 그 뒤를 잇는 건 결별의 원인이 된 사건의 장면이다. 그리고 더 과거로 거슬러가 한참 연애가 무르익던 시절을 보여 주고는 둘이 처음 만나는 장면으로 끝을 맺는다. 어린 연인이 기대에 차서 눈을 반짝일 때 관객의 마음은 뒤섞인 감정들로 가득 찬다. 관객은 두 사람이 예전처럼 달콤하게 연애하기를 바라는 한편 그들이 겪게 될 숱한 고통과 쓰라림을 알고 있다.

극적인 아이러니의 자리에 관객을 앉힌다고 해서 호기심이 모두 사라지는 않는다. 앞으로 있을 일을 관객에게 보여 주면 관객은 인물이 한 일들을 이미 알고 있으면서도 '이들이 어떻게 해서 왜 그러는 것인지' 묻지 않을 수 없게 된다. 극적인 아이러니는 인물의 삶에 작용하는 동기와 인과 관계를 더 깊숙이 들여다보도록 관객을 자극한다. 훌륭한 영화를 다시 보면서 흔히 더 좋아하게 되거나 적어도 다른 즐거움을 맛보게 되는 이유가 바로 여기 있다. 연민과 두려움처럼 흔히 쓰이지 않는 감정들을 풀어놓을 뿐만 아니라 사실과 결과에 대한 호기심에서 벗어나 내적인 삶과 무의식적인 에너지와 사회의 미묘한 작용에 더 주의를 기울이게 된다.

하지만 대다수의 장르는 순전히 미스터리나 극적 아이러니 중 어느 하나만 취하지 않는다. 대신 서스펜스적인 관계 안에서 나머지 둘을 혼합해 이야기를 풍성하게 한다. 전반적인 서스펜스 구성을 유지하는 가운데 어떤 시퀀스에서는 미스터리를 차용해 특정 사실에 대한 호기심을 증가시키고, 어떤 시퀀스에서는 극적인 아이러니로 전환해 관객의 마음을 감동시킬 수 있는 것이다.

「카사블랑카」도 그런 경우다. 제1장 막바지에서 관객은 릭과 일자가 파리에서 관계를 가지다가 헤어졌다는 사실을 알게 된다. 제2장은 파리의 과거 회상으로 시작된다. 극적인 아이러니의 관점에서 관객은 두 젊은 연인이 비극으로 나아가는 것을 지켜보며 그들의 낭만적인 순수함에 연민의 정을 느낀다. 그들이 함께한 순간들을 깊숙이 들여다보며 관객은 왜 그들의 사랑이 가슴 아프게 끝나 버렸는지, 관객이 이미 알고 있는 미래에 대해 그들이 어떤 반응을 보일는지 궁금해한다.

이어 제2장 절정에서 일자는 남편을 떠날 각오를 하고 다시 릭의 품으로 돌아온다. 제3장에서는 미스터리로 전환하여 릭이 그의 위기 결정을 내리는 걸 보여 주지만 결정의 내용이 무엇인지는 숨겨 둔다. 릭이 관객보다 더 많은 것을 알고 있다는 점이 이제 관객의 호기심을 자극한다. 그가 과연 일자와 도망칠 것인가? 해답을 발견하는 순간 관객은 충격을 받는다.

미치광이 도끼 살인자와 여자 탐정에 관한 스릴러물을 쓰는 작가가 마침 이야기의 절정을 다룰 참이라고 해 보자. 공간은 오래된 저택의 어둠침침한 복도다. 탐정은 살인자가 가까이 있다는 걸 느끼고 어둡고 긴 복도의 좌우로 늘어선 문들을 서서히 지나치며 권총의 안전장치를 푼다. 위의 셋 중 어느 방법을 써야 할까?

미스터리 기법을 쓴다면 살인자가 알고 있는 사실을 관객에게 숨기는 것이다.

복도의 문을 모두 닫아 두어 탐정이 복도를 걸어가는 동안 관객이 의문을 품고 분주히 화면을 살피게 만든다. 살인자가 어디 있을까? 첫 번째 문 뒤일까? 다음 문? 그다음일까? 그러다가 그가 천장을 뚫고 급습을 하는 것이다.

서스펜스 기법을 쓰려면 관객과 인물에게 똑같은 정보를 주어야 한다.

복도 끝에 문 하나가 열려 있고 뒤편의 불빛으로 벽에 도끼를 든 남자의 그림자가 비친다. 탐정이 그림자를 보고 멈춰 선다. 그림자가 벽에서 사라진다. 화면이 바뀌면 문 뒤에서 남자가 도끼를 들고 기다리고 있다. 그는 탐정이 거기 있다는 걸 안다. 탐정의 발걸음이 멈추는 소리를 들었으므로 그가 거기 있는 줄 탐정이 안다는 것도 안다. 화면이 바뀌면 복도에서 탐정이 망설이고 있다. 탐정은 그가 거기 있는 걸 안다. 그의 그림자가 움직이는 것을 보았으므로 그가 거기 있는 걸 그녀가 안다는 것을 그가 알고 있다는 것 역시 안다. 그가 안다는 걸 그녀가 알고 있다는 점을 관객도 안다. 하지만 결과가 어떻게 될지는 아무도 모른다. 탐정이 그를 죽일까? 아니면 그가 탐정을 죽일까?

극적인 아이러니를 쓰려면 히치콕이 애용하는 장치를 써서 관객이 알고 있는 사실을 주인공에게 감추어 둔다.

복도 끝의 닫힌 문을 향해 탐정이 서서히 나아간다.

화면이 바뀌면 문 뒤에서 남자가 도끼를 들고 기다리고 있다. 화면이 바뀌면 다시 복도에서 탐정이 닫힌 문으로 점점 가까이 다가간다. 그녀가 모르는 걸 알고 있는 관객의 감정은 불안에서 두려움으로 바뀐다. '그 문에 가까이 가면 안 되는데. 제발, 문은 열지 말길. 범인이 뒤에 있다고. 조심해!'

그녀가 문을 열고 한바탕 소란이 일어난다.

반면에 만약 그녀가 문을 열고 남자를 끌어안는다면……

도끼를 든 남자 *(근육이 아픈 듯 문지르며)* 여보, 나 오후 내내 장작을 팼어. 저녁은 다 됐어?

이건 극적인 아이러니가 아니라 허위 미스터리에다 그 아둔한 닮은꼴인 깜짝쇼일 뿐이다.

관객의 호기심은 어느 정도 필수적이다. 호기심 없이는 내러티브 동력이 삐걱대다 멈춰 서게 된다. 글쓰기의 기법을 통해 작가는 관객이 계속 앞을 내다보며 질문을 던질 수 있도록 사실이나 결과를 숨기는 능력을 얻는다. 또 어떤 상황에서는 관객을 당혹시키는 능력을 얻기도 한다. 그러나 이런 힘을 남용해서는 안 된다. 그러면 관객은 좌절한 나머지 아예 관심을 꺼 버릴 것이다. 대신 관객의 질문에 정직하고 현명한 해답을 줌으로써 관객의 집중력에 보답해야 한다. 지저분한 속임수나 깜짝쇼나 허위 미스터리는 금물이다.

허위 미스터리(False Mystery)는 사실을 억지로 숨겨 호기심을 날조한다. 극적으로 부실한, 지루한 대목들에 관객의 흥미를 붙잡아 두려는 욕심에서 관객에게 미리 전달할 수 있었고 전달했어야 할 해설을 유보해 두는 것이다.

「페이드인」이 그런 예다. 승객을 가득 태운 비행기의 조종사가 뇌우와 싸운다. 비행기 날개가 번개에 맞아 비행기가 산기슭으로 곤두박질친다. 화면이 바뀌면 6개월 전으로 돌아가 이 치명적인 비행에 오르게 되는 승객과 승무원들의 시시콜콜한 이야기를 30분 동안 지루하게 회상한다. 이렇게 아슬아슬한 척하며 관객을 놀리는 대목을 통해 작가가 관객에게 내미는 약속은 빈약하기 짝이 없다. "걱정들 말라고. 나를 따라서 이 지루한 부분만 통과하면 나중에 다시 짜릿한 걸 보여 줄 테니까."

놀래기

이야기를 들으러 가며 관객은 기도를 한다. '제발, 괜찮은 이야기이기를. 새로운 경험과 모르던 진실을 깨닫는 통찰을 얻을 수 있기를. 전에는 한 번도 웃긴다고 생각한 적 없는 걸 보면서 웃을 수 있기를. 예전에 한 번도 맛보지 못한 감동을 얻기를. 세상을 다른 눈으로 보게 되기를. 아멘.' 다시 말해 관객은 깜짝 놀랄 기대의 반전이 있기를 기도한다.

인물들이 등장하면 관객은 그들에 대한 기대감을 키워 가며 이런저런 사건과 변화를 예감한다. 저 아가씨가 돈을 가질 것 같다, 이 남자가 그 여자와 잘될 것이다, 저 아줌마는 고생하겠다 등등. 만약 관객이 예상한 사건이 일어나거나, 그것도 관객이 기대한 방식 그대로 일어나면 이들은 불운한 관객이 된다. 작가는 관객을 놀랠 의무가 있다.

놀래는 데도 두 종류가 있다. 싸구려 깜짝쇼와 참된 놀라움이다. 참된 놀라움은 기대와 결과 간의 간극이 불시에 드러나는 데에서 생긴다. 이게 '참된' 이유는 이 놀라움 뒤로 통찰이 밀려들면서 허구 세계의 표면 밑에 감추어졌던 진실이 드러나기 때문이다.

깜짝쇼는 관객의 약점을 이용한다. 어두운 극장에 앉아 관객은 자신의 감정을 작가의 손에 내맡긴다. 작가는 언제든 관객을 깜짝 놀라게 할 수 있다. 관객이 예기치 못한 것을 꼭 집어내 갑자기 보여 줄 수도 있고, 계속될 줄로 기대하는 것을 갑자기 치워 버릴 수도 있다. 불시에 당혹스럽게 내러티브의 흐름을 깨뜨리면 언제나 사람들은 충격을 받을 수 있다. 하지만 아리스토텔레스가 푸념하듯 "행동을 당장 할 듯하면서 안 하는 게 제일 나쁘다. 이건 비극적이지 않은 충격에 지나지 않는다."

어떤 장르에서는, 가령 공포 영화, 판타지, 스릴러 등에서는 깜짝쇼가 일종의 관행이고 재미의 일부다. 컴컴한 골목길을 주인공이 걸어가고 있다. 화면 한 귀퉁이에서 손이 불쑥 나오더니 그의 어깨를 움켜잡는다. 주인공이 휙 돌아보는데 제일 친한 친구였다는 식이다. 하지만 이런 장르 밖에서 보면 깜짝쇼는 조잡한 장치다.

「내가 좋아하는 계절」이 이런 경우다. 결혼 생활이 행복하지 않은 어떤 여자(카트린 드뇌브)가 있다. 소유욕 강한 그녀의 오빠가 여동생의 결혼을 뒤흔들어 놓고 결국은 남편과 행복할 수 없다고 여동생을 설득한다. 그녀는 집을 나와 오빠네 집으로 들어간다. 꼭대기 층 아파트에 남매가 함께 살게 된다. 어느 날 오빠가 집에 오는데 느낌이 이상하게 꺼림칙하다. 집에 들어서서 열린 창문과 커튼이 펄럭이는 걸 본다. 오빠는 황급히 창가로 달려가 내려다본다. 오빠의 시점 숏으로 저 아래 도로에 만신창이가 되어 죽어 있는 여동생이 보인다. 주위에는 피가 흥건하다. 화면이 바뀌면, 침실이고 여동생이 낮잠에서 깨어나고 있다.

진지한 가족 드라마에서 감독은 뭐 하러 오빠의 초조한 상상력에서 비롯된 끔찍한 충격 이미지들에 의존했을까? 어쩌면 앞의 30분이 너무 지루해서 영화 학교에서 배운 속임수로 관객을 한 대 걷어차 줄 때라고 생각한 건지도 모른다.

우연의 일치

이야기는 의미를 생산한다. 그렇게 보면 우연의 일치(Coincidence)는 이야기의 적으로 보일 것이다. 우연의 일치란 우주 만물의 무작위적이고 불합리한 충돌이므로 정의상 무의미할 수밖에 없다. 하지만 우연의 일치는 삶의 일부다. 그것도 아주 강력한 일부일 때가 많다. 우리의 존재를 흔들어놓고는 불합리하게 나타난 그대로 불합리하게 사라진다. 그러므로 해결책은 우연의 일치를 기피하는 게 아니라 극 안에 융화시키는 것이다. 어떻게 무의미하게 삶에 들어왔다가 차츰 의미를 획득하는지, 어떻게 무작위성이라는 반논리가 실제 그대로의 삶이라는 논리로 바뀌는지를 극적으로 그려 내야 한다.

> 첫째, 우연의 일치를 이야기에 일찌감치 불러들여서 의미가 생성될 시간을 벌어 둬라.

「조스」의 발단을 보자. 지극히 우연히 상어 한 마리가 헤엄치던 사람을 잡아먹는다. 하지만 일단 이야기에 들어온 상어는 좀처럼 나가질 않는다. 이야기에 눌러앉아 무고한 사람들을 계속 위협하며 의미를 획득해 간다. 그러다 어느 순간 관객은 이놈이 일부러 이러고 있고 더구나 즐기는구나 하는 느낌을 받게 된다. 이게 바로 악의 본질이 아닌가. 남들에게 해를 입히면서 즐거워하는 것 말이다. 사람은 누구나 무심코 다른 사람들에게 상처를 주고 이내 후회한다. 그러나 고의로 남에게 고통을 주려 하고 그러면서 즐거워하는 건 사악한 행위다. 상어는 이제 자연의 어두운 면을 표상하는 강력한 아이콘으로 변한다. 웃으면서 인간을 통째로 집어삼키려는 존재인 것이다.

따라서 우연의 일치가 불쑥 이야기에 뛰어들어서 장면을 뒤집어 놓고 다시 불쑥 나가게 해서는 안 된다. 가령 이런 경우를 생각해 보자. 에릭은 헤어진 애인 로라를 필사적으로 찾지만 그녀는 이미 이사를 가 버렸다. 성과도 없이 찾아다니기만 하다가 맥주를 한잔하러 간다. 그의 옆자리에 앉은 사람이 바로 로라에게 새집을 판 부동산 중개인이다. 그가 에릭에게 로라의 정확한 주소를 건네준다. 에릭은 고맙다는 인사와 함께 자리를 뜬 뒤 다시는 이 사람을 만나지 못한다. 이런 우연의 일치가 불가능하다는 건 아니다. 하지만 무의미한 게 문제다.

반면 이 부동산 중개인이 로라의 주소를 기억 못한다고 해 보자. 대신 그는 당시 로라가 빨간 이탈리아제 스포츠카를 산 것을 기억해 낸다. 두 남자가 함께 나가 거리에 세워진 그녀의 차를 찾아낸다. 그러고는 둘이 함께 그녀의 문 앞에 이른다. 아직도 에릭에게 화가 안 풀린 로라는 그들을 집으로 들인 후 에릭을 화나게 하려고 이 중개인과 시시덕댄다. 앞에서는 무의미한 행운이었던 것이 이제는 에릭의 욕망에 대한 적대 세력으로 바뀐다. 남은 이야기 동안 이 삼각관계는 더 의미 있게 발전할 수 있을 것이다.

이야기의 중반 이후로는 우연의 일치를 끌어들이지 말아라, 이것이 제1의 규칙이다. 차라리 인물들에게 점점 이야기를 많이 맡기는 게 낫다.

둘째, 절대 우연의 일치를 사용해서 결말을 뒤집지 말아라. 이건 '억지스러운 돌발'이고 작가로서 최악의 잘못이다.

억지스러운 돌발을 일컫는 표현인 '데우스 엑스 마키나(Deus ex machina)'
는 본래 라틴어에서 유래한 어구다. 고대 그리스, 로마의 연극에서 나온
말로 '무대 장치에서 나온 신(God from a Machine)', 다시 말해 급할 때 나타나
서 돕는 신이란 뜻이다. 기원전 500년부터 기원후 500년까지 지중해 연
안 전역에서 연극이 번성했다. 수 세기에 걸쳐 수백 명의 희곡 작가들이
이 연극 무대를 위해 글을 썼지만 그중 기억되는 것은 일곱 명뿐이다. 나
머지는 차라리 잊혀진 게 다행이었다. 가장 큰 이유는 이야기상의 문제에
서 벗어나려고 툭하면 '급할 때 나타나서 돕는 신'에 의존하는 성향 탓이
었다. 아리스토텔레스는 이런 관행을 불평하곤 했는데 영락없이 할리우
드 제작자가 하는 말이다. "왜 이 작가들은 말이 되는 결말을 생각해 내지
못하는 것일까?"

고대의 웅장한 원형 극장들은 음향 효과도 완벽했으며 어떤 데는 1만
명까지도 수용이 가능했다. 편자형으로 생긴 무대의 안쪽 끝에는 높은 벽
이 서 있었고, 이 벽의 밑부분에는 입장과 퇴장을 위한 문이나 아치가 있
었다. 하지만 신을 연기하는 배우들은 밧줄과 도르래에 연결된 높은 단
위에 서서 벽의 꼭대기에서 무대로 내려오곤 했다. 이런 '무대 장치에서
나온 신'의 장치는 올림포스산에서 내려왔다 올라가는 신들의 모습을 시
각적으로 묘사한 것이었다.

이야기의 절정이 어려운 건 2500년 전에도 지금이나 마찬가지다. 하지
만 고대 극작가들에게는 탈출구가 있었다. 이야기를 급조해서 몇 차례의
전환점에서 틀어 주며 관객이 조바심치게 만든다. 그런데 이미 작가의 창
의력이 바닥나서 진정한 절정을 놓쳐 버리면, 관습에 기대어 아폴로든 아
테나든 신을 하나 무대로 끌어내려 모든 걸 해결시켜서 위기를 모면한 것

이다. 누구는 살고 누구는 죽고 누가 누구와 결혼하고 누구는 영원히 저주받는다는 식이었다. 이런 일이 번번이 되풀이되었다.

2500년 사이에 변한 건 아무것도 없다. 오늘날도 작가들은 끝내지도 못하는 이야기를 급조해 낸다. 신을 떨어뜨려 결말을 얻는 대신 요새는 '신의 행위'를 이용한다. 가령 「허리케인」에서 연인들을 구하는 허리케인이라든지, 「코끼리 걸음」에서 사랑의 삼각관계를 해결해 주는 코끼리 떼의 도주라든지, 「포스트맨은 벨을 두 번 울린다」나 「프라하의 봄」에서 영화의 끝을 장식하는 교통사고라든지, 「쥐라기 공원」에서 때마침 나타나 벨로시랩터들을 삼켜버리는 티렉스 등을 보라.

억지스러운 돌발은 단지 의미와 감정을 지워 없앨 뿐만 아니라 관객에 대한 모욕이기도 하다. 사람은 누구나 자기 삶의 의미를 결정하기 위해 좋건 나쁘건 선택을 내리고 행동해야 함을 알고 있다. 아무도, 어떤 것도 우연히 나타나 그런 의무를 대신해 주지 않는다. 제아무리 불의와 혼란이 넘치는 세상이라도 마찬가지다. 억울하게 누명을 쓰고 평생 감옥에 갇힐 수도 있다. 그렇더라도 아침이면 어김없이 일어나 의미를 만들어 내야 할 것이다. 그냥 이 벽에 머리를 박아 버릴지, 아니면 하루하루를 가치 있게 살아 나갈 방도를 찾을지 고민할 것이다. 인간의 삶은 궁극적으로 자기 손에 달려 있다. 억지스러운 돌발이 모욕인 건 거짓이기 때문이다.

한 가지 예외는 있다. 우연의 일치로 인과성을 대신하는 반(反)구조 영화들이다. 「주말」, 「날 선택해요」, 「천국의 이방인들」, 「특근」 등은 우연의 일치로 시작해서 우연의 일치로 전개되다 우연의 일치로 끝난다. 우연의 일치가 이야기를 지배할 때에는 새롭고 중요한 의미가 생성된다. 삶의 부조리함 말이다.

코미디

코미디 작가들은 드라마 작가들을 이끄는 원칙들이 거친 코미디의 세계에는 적용되지 않는다고 생각하곤 한다. 하지만 냉정한 풍자든 정신없는 폭소극이든 코미디도 이야기의 한 형식일 뿐이다. 물론 인생을 바라보는 코믹한 관점과 비극적인 관점 사이에는 깊은 차이가 있고 여기서 비롯되는 중요한 예외들이 있다.

드라마 작가는 인간성을 칭송하고 본질적으로 '최악의 상황에서도 인간의 정신은 위대하다.'는 내용의 작품을 쓴다. 반면 코미디는 최선의 상황에서도 인간은 어떻게든 망칠 길을 찾아낸다고 지적한다.

코믹한 냉소주의의 가면 뒤에 숨어 있는 걸 보노라면, 좌절한 이상주의자의 모습이 보인다. 코믹한 감성을 가진 작가는 세상이 완벽하기를 바라지만 조금만 둘러보면 탐욕과 부패와 정신 이상이 눈에 띈다. 그 결과 우울하고 화난 예술가가 되어 버린다. 믿지 못하겠으면 한번 저녁 식사에 초대해 보라. 할리우드에서 파티를 주최하는 사람치고 그런 실수를 저지르지 않은 사람이 없다. '코미디 작가들을 좀 파티에 초대해 보자고. 분위기가 밝아질 거야.' 물론이다. 막판에 구급차가 출동해서 그렇지.

그러나 이 성난 이상주의자들은 자기네가 이 썩은 세상에 대해 강의해도 아무도 듣지 않으리라는 걸 잘 안다. 대신 사회에서 칭송받는 것들을 시시하게 만들고 속물근성을 비웃음거리로 만든다면, 사회의 횡포와 우매와 탐욕을 폭로해서 사람들이 웃게 만든다면, 상황은 달라질지도 모른다. 아니면 최소한 균형이라도 잡힐지 모를 일이다. 그러니 코미디 작가들이 얼마나 고마운 존재인가. 이 사람들이 없다면 삶이 어떻겠는가.

코미디는 순수하다. 관객이 웃으면 통하는 거고 웃지 않으면 통하지 않는 거다. 그것으로 끝이다. 평론가들이 코미디를 싫어하는 게 이런 까닭이다. 뭐라 말할 것이 없기 때문이다. 「시민 케인」에 대해 논한다 해 보자. 내가 만약 이 영화는 요란한 볼거리로 부풀려진 습작에 불과하고, 전형적인 인물들, 인위적인 사건 전개, 프로이트나 피란델로의 자기 모순적인 클리셰로 뒤범벅된, 어설픈 허세와 객기의 결과물이라고 주장한다면, 아마도 끝없는 갑론을박이 이어질 것이다. 「시민 케인」은 관객이 웃음을 터뜨리는 영화가 아니니까. 하지만 「완다라는 이름의 물고기」가 재미없다고 하면 상대는 혀를 끌끌 차고 가 버릴 것이다. 코미디에서는 웃음이 모든 논란을 해결하기 때문이다.

드라마 작가를 매혹하는 건 내면의 삶이다. 사람 마음속의 열정과 죄악과 광기와 꿈이 그들의 관심사다. 그러나 코미디 작가한테는 아니다. 코미디 작가의 시선은 사회적인 삶에 쏠린다. 사회에서 자행되는 바보짓과 오만과 잔인한 행동들이 그의 관심사다. 코미디 작가는 우매한 위선으로 뒤덮여 있다고 생각되는 특정한 제도를 하나 골라내 공략한다. 영화 제목만 보고도 어떤 사회 제도가 공격을 당할지 짚일 때가 많다.

「지배자들」은 부유층에 대한 공격이다. 「대역전」, 「오페라에서의 하룻밤」, 「마이 맨 고드프리」 등도 마찬가지다. 「야전병원 매쉬」는 군대에 대한 공격이고 「벤자민 일등병」이나 「괴짜들의 병영 일지」도 그렇다. 「연인 프라이데이」, 「숙녀 이브」, 「해리가 샐리를 만났을 때」 등의 로맨틱 코미디물들은 남녀간의 구애라는 제도를 풍자한다. 「네트워크」, 「폴리스 아카데미」, 「애니멀 하우스」, 「이것이 스파이널 탭이다」, 「프리치스 아너」, 「유쾌한 프로듀서」, 「닥터 스트레인지러브」, 「나쁜 버릇」, 「비밀 캠프」 등은 각각 TV, 학교, 친목회, 록 밴드, 마피아, 연극계, 냉전 정치, 가톨릭계, 여름 캠프 등에 대한 공격이다. 잔뜩 거만해진 영화 장르도 놀림감이 되기에 알맞다. 「에어플레인」, 「영 프랑켄슈타인」, 「총알탄 사나이」 등이 그런 경우다. 예전의 풍속 코미디물이 발전한 게 지금의 시트콤이다. 이것은 중간 계급의 행태에 대한 풍자물이다.

자기 제도를 조롱하고 비판할 수 없는 사회는 웃을 수도 없다. 세상에서 제일 짧은 책은 아마도 독일의 유머 역사를 다룬 책일 것이다. 그렇게 무시무시한 권력의 공포를 한바탕 겪은 문화에 웃음인들 많겠는가. 코미디는 사실 성난 반사회적 예술이다. 따라서 코미디가 약해서 문제라면 먼저 작가가 이런 물음을 던져 봐야 한다. 도대체 내가 무엇에 대해 화가 난 걸까? 사회의 어떤 측면이 자기 피를 달구는지 찾아내 공략하면 된다.

코미디의 설계

드라마를 볼 때 관객은 계속 앞으로 일어날 일을 조금이라도 낚아채려고 스스로를 다잡으며 결과를 알아내려 한다. 그러나 코미디에서는 작가가 내러티브 동력이나 자꾸 앞을 상상하는 관객의 생각을 멈추게 할 수 있다. 구성상 아무런 목적이 없는 장면을 이야기 중간에 끼워 넣어도 괜찮다. 그냥 웃자고 넣는 것이다.

예를 들어 「흡혈 식물 대소동」을 보자. 마조히스트적인 환자(빌 머레이)가 사디스트적인 치과 의사(스티브 마틴)를 찾아가 의자에 바짝 붙어 앉으며 말한다. "신경 치료를 아주 길게 천천히 해 주세요." 포복절도할 장면이지만 이야기에는 아무 관계가 없다. 잘라 낸다 해도 아무도 알아차리지 못할 장면이다. 하지만 잘라 내야 할까? 천만에, 그럴 수야 없다. 이게 얼마나 웃기는 장면인데. 한 영화에 얼마나 적은 이야기와 얼마나 많은 순수한 코미디를 집어넣을 수 있을까? 막스 형제를 보라. 막스 형제의 영화에는 언제나 발단과 3장 구조가 모두 갖춰진 선명한 이야기가 있다. 하지만 이 이야기는 영화상으로 약 10분밖에 차지하지 않는다. 나머지 80분은 막스 형제의 아찔하고 기발한 재주에 바쳐진다.

코미디는 드라마보다 우연의 일치에 더 관대하다. 때론 '억지스러운 돌발'까지도 허용한다. 단 두 가지 조건이 있다. 첫째, 주인공이 너무 고생을 많이 했다는 느낌을 관객이 받아야 한다. 둘째, 그럼에도 주인공이 절대 희망을 잃지 않는다는 느낌도 전달되어야 한다. 이런 조건에서라면 관객이 너그럽게 생각할 것이다. '그래, 그 정도는 줘도 되지.'

가령 「황금광 시대」를 보자. 영화의 절정에서 채플린은 얼어 죽기 일보 직전이다. 눈보라에 휩쓸려 집과 함께 알래스카까지 날려간 채플린은 금광 바로 위에 떨어진다. 화면이 바뀌면 이제 부자가 된 채플린이 말끔하게 차려입고 시가를 피우며 미국으로 돌아오는 중이다. 이 우스꽝스러운 우연을 보며 관객은 생각하게 된다. '이 친구는 신발을 먹지 않나, 다른 광부들한테 잡아먹힐 뻔하질 않나, 회색 곰한테 혼쭐까지 나고, 댄서들한테도 거절당하고, 결국 알래스카까지 가게 된 거 아니야. 좀 봐주자고.'

코미디와 드라마의 뚜렷한 차이는 이것이다. 양쪽 다 놀라움과 통찰을 주면서 장면을 전환하지만, 코미디에서는 이 간극이 벌어질 때 놀라움과 함께 큰 폭소가 터져 나온다.

「완다라는 이름의 물고기」를 예로 들자. 아치는 빌려 둔 사랑의 보금자리로 완다를 데려간다. 완다는 기대감에 설레며 2층의 열린 침실에서 아치를 내려다본다. 아치는 방을 사뿐히 돌며 옷을 홀랑 벗고 러시아 시구를 읊어 대어 완다를 배꼽 잡게 만든다. 팬티를 머리에 뒤집어쓴 그가 당황스러운 일 따위는 두렵지 않다고 선언하는 순간, 문이 열리며 온 식구가 다 들어선다. 기대와 결과 간의 간극치고도 정말 기가 막힌다.

간단하게 말해서 코미디는 웃기는 이야기다. 배꼽 잡는 농담들을 정교하게 다듬은 것이다. 재치는 이야기에 활력을 더하지만 그것만으로는 진정한 코미디가 되지 못한다. 대신 「애니 홀」 같은 코믹 드라마(Dramedy)나 「리썰 웨폰」 같은 코믹 범죄물(Crimedy)처럼 재치가 결합되어 잡종 장르가 탄생하곤 한다. 자기가 쓴 게 진짜 코미디인지 알고 싶으면 순진한 사람을 하나 앉혀 놓고 이야기의 골자를 말해 보라. 웃기는 대사나 익살맞은 동작은 묘사하지 말고 그냥 무슨 일이 일어나는지만 이야기하며 그가 웃는지 살펴라. 한 장면 한 장면 전환될 때마다 그가 웃는지 보라. 장면이 바뀔 때마다 번번이 웃어 대다가 막판에는 바닥에 널브러져 있다면 이게 진짜 코미디다. 이야기의 골자를 들려주는데 사람들이 웃지 않으면 그건 코미디가 아니다. 뭔가 다른 걸 쓴 거다.

재치 있는 대사나 웃기는 동작을 생각해 낸다고 문제가 해결되는 건 아니다. 이야기의 구조가 우스꽝스러우면 개그는 자연히 따라온다. 차라리 전환점을 집중적으로 고민하라. 매번 행동이 있을 때마다 우선 질문을 던져라. '이것에 대립되는 것이 뭐지?' 그런 다음 한 걸음 더 나아가 다시 질문하라. '저기서 더 엉뚱해지려면 어떻게 해야 할까?' 웃기면서 놀래는 간극들을 뽑아내라. 웃기는 '이야기'를 쓰라는 말이다.

시점

시나리오 작가에게 시점(Point of View)이란 두 가지 의미를 갖는다. 첫째, 때때로 시점(POV) 숏이 필요하다. 다음의 예를 보자.

> [식당. 낮. 실내]
> 잭이 커피를 홀짝이고 있는데 갑자기 차가 급정거하는 소리에 이어 집을 뒤흔드는 요란한 충돌음이 들린다. 잭은 급히 창가로 달려간다.

> 잭의 시점 숏
> 창밖. 토니의 차가 차고 문에 처박혀 있고 토니가 술에 취해 킬킬대며 비틀거리는 걸음으로 잔디밭을 걸어간다.

> 카메라 잭을 비추면,
> 화가 나 창문을 밀어젖힌다.

하지만 시점의 두 번째 의미는 작가의 시선에 해당한다. 각 장면은 어떤 관점에서 쓰였는가? 전체 이야기는 어떤 시점에서 진행되는가?

장면 내의 시점

이야기는 저마다 특정한 시간과 장소를 배경으로 한다. 그렇다면 각 장면의 사건을 떠올릴 때 작가가 행동을 지켜보는 위치는 공간의 어디쯤인지 생각해 보라. 이게 바로 시점이다. 인물의 행위나 인물 간의 상호 관계, 인물과 주변 환경과의 상호 관계 등을 묘사하기 위해 작가가 택하는 물리적인 각도다. 시나리오에서 어떤 시점을 택하느냐는 독자가 장면에 어떻게 반응하는가, 그리고 나중에 감독이 그 장면을 어떻게 연출하고 촬영할 것인가에 지대한 영향을 미친다.

작가는 행동을 둘러싼 360도 가운데 어느 지점에 위치할 수도 있고, 행동의 중심에서 360도의 다른 각도로 내다볼 수도 있다. 위에서 내려다보거나 밑에서 올려다볼 수도 있고, 입체적인 공간의 어느 지점이든 가능하다. 시점을 달리할 때마다 감정 이입이나 정서에 미치는 효과도 달라진다.

예를 들어 위에 나온 아버지(잭)와 아들(토니)의 장면을 계속 이어 보자. 잭이 토니를 창가로 불러 둘이 옥신각신한다. 아버지는 의대생인 아들이 왜 술에 취했는지 캐묻다가 아들이 퇴학당한 사실을 알게 된다. 토니는 정신 나간 사람처럼 걸어가 버린다. 잭은 거리로 달려나가 아들을 위로한다.

이 장면에서는 확연히 다른 네 가지 시점이 가능하다. 하나는 오직 잭을 중심에 놓고 상상하는 것이다. 식탁에서 창가로 그를 따라가면서 그의 눈에 비치는 것과 그의 반응을 본다. 그리고 다시 그가 거리로 나가 토니를 뒤쫓아가서 끌어안는 동안 그와 함께 움직인다. 둘째는 토니를 중심에 놓는 것이다. 그가 차로 거리를 누비고 잔디밭을 가로질러 차고 문에 박는 동안 내내 그와 함께 머문다. 부서진 차에서 비틀대며 걸어 나와 창가에 서 있는 아버지와 마주칠 때 그의 반응을 보여 준다. 토니와 함께 거리를 걸어가다가 잭이 달려와 그를 끌어안을 때 재빨리 그를 돌려 세운다. 셋째는 잭의 시점과 토니의 시점을 번갈아 취하는 것이다. 넷째는 중립적인 시점을 택하는 것이다. 코미디 작가처럼 거리를 두고 두 사람의 옆모습을 떠올린다.

첫째 시점은 잭에게 감정 이입하도록 권하고, 둘째 시점은 토니에게 감정 이입되기를 요구한다. 셋째 시점은 두 사람 모두에게 가까이 가게 만들고, 넷째 시점은 둘 다와 거리를 두면서 비웃도록 부추긴다.

이야기 내의 시점

두 시간짜리 극 영화에서 관객이 단 한 사람의 인물하고라도 복잡하고 아주 흡족한 관계를 맺게 할 수 있다면 작가는 대부분의 영화들보다 훨씬 더 성공한 셈이다. 이런 식의 이해와 끌림은 관객에게 평생 간직되게 마련이다. 따라서 일반적으로 전체 이야기를 주인공의 시점에 맞추면 이야기가 더 강하게 전달된다. 그러려면 주인공에 맞추도록 작가가 스스로 훈련해야 하고, 주인공을 작가의 상상의 중심에 두어야 하며, 전체 이야기의 사건 하나하나가 주인공과 연루되어야 한다. 관객은 주인공이 사건을 마주치는 그대로만 사건을 목격하게 된다. 이게 훨씬 더 까다로운 이야기 방법임에는 틀림없다.

쉬운 방법은 시간과 공간을 이리저리 뛰어다니며 사실의 조각들을 모아 해설을 거드는 것이다. 하지만 이렇게 하면 이야기가 산만해지고 긴장을 잃는다. 제한된 설정, 장르의 관습, 주제 의식 등과 마찬가지로 오직 주인공의 시점에서 이야기를 전개하는 것도 창의적인 훈련이 된다. 이런 작업은 상상력에 큰 부담을 지우며 작가가 전력을 다하도록 요구한다. 그결과 탄탄하고 매끈하면서 인상적인 인물과 이야기가 탄생하는 것이다.

인물에 들이는 시간이 많을수록 인물의 다양한 행동을 찾아낼 기회도 많아진다. 결과적으로 인물에 대한 관객의 감정 이입이나 정서적인 끌림도 더 강해진다.

각색

각색을 하면 문학 작품을 하나 골라 단순히 시나리오로 옮기면 되니까 힘들게 이야기를 만들지 않아도 된다고 생각할지 모른다. 그러나 실상은 이것과 거리가 멀다. 각색의 어려움을 이해하려면 다시 이야기의 복잡성을 살펴보아야 한다.

오늘날 우리에게는 세 가지 이야기 매체가 있다. 산문(장편 소설, 단편 소설, 소품 등), 연극(본격 연극, 뮤지컬, 오페라, 무언극, 발레 등), 영상(영화, TV)이다. 세 매체 모두 인물이 삶의 세 층위에서 발생하는 갈등을 동시에 겪는 복잡한 이야기를 들려준다. 하지만 각각 특유의 힘과 고유한 아름다움을 발휘하는 건 셋 중 어느 한 층위에 한해서다.

소설의 독특한 능력과 경이로움은 '내면의 갈등'을 극화할 때 드러난다. 소설의 장기가 이것이고 연극이나 영화보다 훨씬 더 뛰어난 부분이다. 일인칭이든 삼인칭이든 상관없이 소설가는 인물의 생각과 감정에 침투해서 깊이 있고 미묘하면서도 시적으로 이것을 표현해 냄으로써 관객의 상상 속에 내적 갈등의 혼란과 열정을 투영시킨다. 소설에서 개인적인 갈등은 대화로 구체화되는 반면 초개인적인 갈등은 묘사를 통해 표현된다. 즉 사회나 환경과 맞붙어 싸우는 인물들을 그림 그리듯 서술한다.

연극의 독특한 권위와 품위는 '개인적인 갈등'을 극화할 때 드러난다. 이것이 연극의 장기로 소설이나 영화보다 훨씬 탁월하다. 훌륭한 희곡은 대부분이 순수한 대사로 이루어진다. 80퍼센트가 들려주기 위한 것이고 보여 주기 위한 것은 20퍼센트에 지나지 않는다. 몸짓, 표정, 구애, 다툼 등의 언어 외적인 소통도 중요하다. 하지만 대개 개인적인 갈등은 말을 통해 전개된다. 게다가 희곡 작가는 시나리오 작가와 달리 파격이 허용된다. 대사를 쓰면서 일상적인 구어의 틀에 매이지 않아도 된다는 말이다. 희곡 작가는 단지 시적인 대사만이 아니라 셰익스피어나 T. S. 엘리엇, 크리스토퍼 프라이처럼 시 자체를 대사로 쓸 수도 있다. 그럼으로써 개인적인 갈등의 표현성을 놀라울 만큼 높이 끌어올린다. 뿐만 아니라 배우의 살아 있는 음성이 미묘한 변화와 쉼표의 뉘앙스를 더함으로써 표현력이 더 높아진다.

연극에서 내적인 갈등은 서브텍스트를 통해 극화된다. 배우가 내면으로부터 인물을 끌어내는 사이 관객은 그의 말과 움직임을 통해 저변에 놓인 생각과 감정을 읽어 낸다. 일인칭 소설처럼 연극에서도 인물이 무대 앞쪽에서 독백을 하며 관객과 친밀한 대화를 나눌 수 있다. 하지만 인물이 이런 직접 화법에서 꼭 진실을 말하는 건 아니다. 혹 진심이라 하더라도 인물이 자기의 내면을 이해할 수가 없기 때문에 진실을 모두 말하기란 불가능하다. 말해지지 않는 서브텍스트를 통해 내면의 갈등을 극화하는 연극의 능력도 풍부하다. 하지만 소설에 비하면 제한적이다. 초개인적인 갈등도 무대에서 표현하기에 불가능하진 않지만 사회를 얼마만큼이나 담아낼 수 있겠는가? 그러려면 얼마나 많은 무대 장치와 소도구들이 필요하겠는가?

영화 특유의 힘과 탁월함은 '초개인적인 갈등'을 극화할 때 드러난다. 사회와 환경에 둘러싸여 삶과 투쟁하는 인간의 거대하고 생생한 이미지들이야말로 영화의 장기다. 이 점에서 희곡이나 소설은 영화를 못 따른다. 「블레이드 러너」의 한 프레임을 골라 세계 최고의 산문 작가더러 언어로 그 구성과 맞먹는 표현을 만들어 보라고 해 보자. 아마도 몇 장씩 말로 채우고도 그 정수를 포착해 내지 못할 것이다. 게다가 이 한 프레임은 관객이 체험하는 수천 개의 복잡한 이미지들 가운데 하나일 뿐이다.

비평가들은 더러 추적 시퀀스가 새로운 현상이라도 되는 듯 이걸 가지고 불평한다. 무성 영화 시대의 첫 위대한 발견이 추적 장면이었다. 찰리 채플린과 키스톤 캅스(Keystone Cops) 영화들, 수천 편의 서부 영화, 그리피스가 만든 대부분의 영화, 「벤허」, 「전함 포템킨」, 「아시아의 폭풍」, 그리고 아름다운 「일출」에 이르기까지 숱한 영화들에 생기를 불어넣은 게 추적 장면이다. 추적 장면에서 쫓기는 건 바로 인간이다. 사회에 쫓기면서 물리적인 세계를 헤치고 도망쳐 살아남으려고 발버둥치는 인간의 모습이다. 이것이야말로 순전한 초개인적인 갈등이며 영화의 순수한 본질이다. 다시 말해 카메라와 편집 장비를 가지고 할 가장 자연스러운 일인 것이다.

개인적인 갈등을 표현하려면 시나리오 작가는 반드시 평범한 대사를 사용해야 한다. 연극적인 언어를 영화에 사용하면 관객은 당연히 이렇게 반응한다. '저렇게 말하는 사람이 어디 있어.' 셰익스피어 작품을 영화화하는 것처럼 특별한 경우가 아니고서는 시나리오는 자연스러운 대사가 필요하다. 하지만 영화는 언어 외적인 소통 방식을 통해서도 큰 힘을 얻는다. 클로즈업과 조명과 미묘한 앵글 변화로도 인물의 몸짓이나 얼굴의 표현이 대단히 풍부해진다. 그렇다고는 해도 시나리오 작가가 연극에서처럼 개인적 갈등을 시적으로 풍부하게 표현하기는 힘들다.

영화에서 내적 갈등을 극화하는 건 주로 서브텍스트에 달린 일이다. 카메라가 배우의 얼굴을 비추면서 그 뒤에 감춰진 생각과 감정까지 드러내야 하기 때문이다. 직접 카메라를 향해 말하는 「애니 홀」의 내레이션이나

「아마데우스」에서 살리에르의 고백 같은 경우도 저변에 서브텍스트가 깔려 있다. 영화도 내면의 삶을 인상 깊게 표현할 수는 있다. 하지만 소설의 밀도나 복잡성을 따르지는 못한다.

여기까지가 대략적인 지형도다. 이제 각색의 문제점을 생각해 보자. 지난 수십 년 동안 문학 작품의 영화 판권을 따내는 데 들어간 돈은 수억 달러에 이른다. 이렇게 따낸 소설이 시나리오 작가들에게 던져지면 시나리오 작가들은 작품을 읽고 어이가 없어 비명을 지른다. "아무 일도 일어나질 않아! 책 전체가 주인공의 머릿속에 들어가 있다고!"

따라서 각색의 첫째 원칙은 이렇다. **소설이나 희곡이 순수하면 할수록 영화에는 더 불리하다.**

'문학적 순수성'은 문학적 완성도와 다르다. 소설의 순수성이란 주로 이야기가 내적 갈등의 층위에서 전개되면서 언어의 정교함으로 이야기의 발단, 전개, 절정을 이끌어간다는 말이다. 이런 경우 개인적·사회적·환경적 세력들은 비교적 큰 영향을 미치지 않는다. 예를 들어 제임스 조이스의『율리시스』가 그렇다. 연극의 순수성이란 주로 이야기가 개인적인 갈등의 층위에서 전개되면서 시적으로 과잉된 구어를 사용해 이야기의 발단, 전개, 절정을 이끌어간다는 말이다. 이 경우에는 내적·사회적·환경적 세력들의 영향이 비교적 적다. 엘리엇의『칵테일 파티』가 그런 예다.

'순수한' 문학을 개작하려는 시도가 실패하는 이유는 두 가지다. 하나는 미학적인 불가능성 때문이다. 이미지는 언어 이전의 것이다. 위대한 소설가나 희곡 작가들의 화려한 언어에 담긴 갈등을 영화적으로 똑같이 또는 비슷하게라도 옮기기란 불가능하다. 둘째, 천재보다 못한 사람이 천재의 작품을 각색하려 한다면 어떻게 되기가 더 쉽겠는가? 그 사람이 천재의 수준으로 올라가겠는가, 아니면 천재가 이 각색자의 수준으로 끌어 내려지겠는가?

세계의 영화판은 또 다른 펠리니나 베리만으로 평가받고 싶어 하는 허세에 찬 영화인들 때문에 얼룩지곤 한다. 하지만 바람과 달리 이들은 펠리니나 베리만처럼 독창적인 작품을 쓰지 못한다. 그래서 마르셀 프루스트나 버지니아 울프의 책을 한 권 들고 똑같이 거드름 부리는 투자 대행사들을 찾아가서 예술을 대중에게 선사하겠다고 약속한다. 관료들은 돈을 대고, 정치인들은 대중과 예술의 만남을 내세워 자기네 선거 구민들 앞에서 으쓱대며, 감독은 돈을 받고, 영화는 일주일도 못 가 막을 내린다.

굳이 각색을 해야겠으면 '순수한' 문학에서 한두 단계 내려와서 갈등이 세 층위에 고루 분포된 이야기를 찾아보라. 이왕이면 초개인적인 갈등이 강조된 것이 좋다. 피에르 불의 『콰이강의 다리』가 대학원에서 토마스 만이나 프란츠 카프카와 나란히 강의되지는 않을 것이다. 하지만 이 책은 뛰어난 작품이다. 내적·개인적 갈등으로 움직이는 복잡한 인물들이 가득하고 극적인 사건이 주로 초개인적인 층위에서 진행된다. 내 판단으로는 그 덕분에 칼 포어먼의 각색이 데이비드 린의 최고 작품이 된 것이다.

각색을 하려면 우선 작품을 반복해서 읽어라. 작품의 정신이 자기 안에 흠씬 배어들었다고 느껴지기 전까지는 메모도 남기지 말아라. 작품 안의 세계에 직접 부딪히고 그 인물들의 표정을 읽고 그들의 향수 냄새를 맡아 보기 전까지는 선택도 내리지 말고 구성을 설계하지도 말라. 이야기를 쓸 때처럼 무(無)에서부터 만들어 내는 것이다. 스스로 완벽한 지식을 성취해야지 절대 원작자가 미리 해 두었겠거니 짐작하면 안 된다. 이런 과정이 다 지나면 매 사건에서 무슨 일이 일어나는지만 간단히 한두 문장으로 요약하라. 심리학도 사회학도 개입시키지 말라. 이를테면 이런 식이다. "그는 아내와 대면할 것을 예상하면서 집으로 들어오지만 아내가 그를 버리고 다른 남자에게 간다는 메모만 발견한다."

이것을 다 끝내고 나면 사건들을 죽 읽어 내려가면서 '이게 잘 쓰인 이야기인가?' 질문을 던져라. 정신을 바짝 차려야 할 것이다. 열의 아홉은 부정적인 답이 나올 테니 말이다. 희곡을 무대에 올리거나 소설을 출판한다고 해서 그 작가가 제대로 이야기를 쓸 줄 안다고 말할 수는 없다. 모든 작가에게 가장 어려운 일이 이야기다. 많은 소설가들이 이야기꾼으로서는 변변치 못하다. 희곡 작가들은 더 심하다. 또 어쩌면 작품이 아름답게 쓰였고 시계 장치처럼 완벽하다고 생각될 수도 있다. 그런데 400쪽에 이르니 영화에 쓸 수 있는 것보다 세 배는 많은 분량이다. 게다가 톱니바퀴 하나를 빼면 시계는 멈춰 버린다. 둘 중 어느 경우든 지금 주어진 임무는 각색이 아니라 재창조다.

각색의 둘째 원칙은 이것이다. **재창조하기를 꺼리지 말라.**

원작의 정신을 유지하면서 이야기를 영화적인 리듬에 맞게 다시 써라. 재창조한다 함은 소설에서 어떤 순서로 사건을 전개하든지 상관없이 처음부터 끝까지 일대기처럼 사건을 재배열하라는 말이다. 이것을 바탕으로 단계별 개요를 작성하라. 유익하다면 원작의 구성을 빌려 와도 괜찮지만, 장면을 자르는 데 주저하지 말고, 필요하다면 새로운 장면을 만들어 넣어라. 다음이 가장 까다로운 과정이다. 정신적인 것을 물리적인 것으로 변화시키기. 자명한 대사로 인물의 입을 채우지 말고 대신 그들의 내적 갈등을 시각적으로 표현할 방법을 찾아라. 여기서 성패가 판가름 날 것이다. 원작의 정신을 표현하면서도 영화의 리듬 안에 머무는 구성을 생각해 내라. '하지만 영화는 소설과 다르지 않냐.'는 비평가들의 경고는 무시하라.

영상 미학은 이야기의 재창조를 요구할 때가 많다. 원작의 솜씨가 훌륭하고 장편 영화에 맞는 규모라 해도 마찬가지다. 밀로스 포먼이 『아마데우스』를 연극에서 영화로 각색할 당시 피터 셰퍼에게 한 말이 있다. "아이를 두 번 낳는다고 생각하십시오." 그 결과 세계는 같은 이야기의 두 가지 뛰어난 번역을 갖게 되었다. 각자 나름의 매체에 충실한 번역들이다. 각색을 하느라 애쓰는 동안 이 점을 명심하라. 재창조된 작품이 원작에서 심하게 벗어났어도 「정복자 펠레」나 「위험한 관계」처럼 영화가 훌륭하면 비평가들은 입을 다문다. 하지만 「주홍글씨」나 「허영의 불꽃」처럼 원작을 난도질해 놓고 그만한 또는 더 나은 영화를 못 만들면 몸을 피하는 게 좋을 거다.

각색을 배우려면 루스 프라워 자브발라의 작품을 공부해 보라. 내 생각으로는 소설을 영화화하는 데 그녀만큼 뛰어난 각색자는 영화사에 없다. 자브발라는 독일 태생의 폴란드인이면서 영어로 글을 쓴다. 국적을 바꾸면서 동시에 그녀는 영화 재창조의 명인이 되었다. 카멜레온이나 일종의 영매처럼 이 작가는 다른 작가들의 색채와 영혼에 드나든다. 『사중주』, 『전망 좋은 방』, 『보스턴 사람들』 등을 읽고 각 소설별로 단계별 개요를 작성해서 한 장면 한 장면 자브발라의 작품과 비교해 보라. 배우는 게 많을 것이다. 자브발라와 제임스 아이보리 감독이 주로 사회성 있는 작품을 쓰는 소설가들, 즉 진 리스, E. M. 포스터, 헨리 제임스만을 다루는 점에 주목하라. 이들은 카메라에 어울리는 초개인적인 갈등이 영화의 주요 갈등이 되리라는 걸 안다. 프루스트나 조이스나 카프카에는 관심 없다.

영화가 가장 자연스럽게 표현할 수 있는 게 초개인적인 층위이긴 하지만 그게 작가를 억눌러서는 안 된다. 오히려 대가들은 언제나 이걸 도전으로 받아들여, 사회적/환경적 갈등의 이미지에서 출발해서 개인적인 관계의 복잡한 내면에까지 관객을 안내한다. 말과 행동의 표면에서 시작해서, 말해지지 않고 의식되지 않은 내면의 삶을 인식하도록 관객을 이끌어가는 것이다. 희곡 작가나 소설가들에게는 쉬운 일이지만, 영화에서 이것을 성취하려면 흐름을 거슬러 헤엄치는 노력이 필요하다.

마찬가지 이유로 희곡 작가와 소설가는 영화가 가장 잘하는 것을 무대나 지면에서 성취하는 게 자신들에게 주어진 도전이라는 점을 줄곧 이해해 왔다. 귀스타브 플로베르의 유명한 영화적 스타일은 영화가 있기 훨씬 전에 나타났다. 세르게이 에이젠슈타인은 찰스 디킨스를 읽으면서 영화의 편집을 배웠다고 말한다. 시공을 넘나드는 셰익스피어의 놀라운 유동성은 카메라의 굶주린 상상력을 연상하게 한다. 위대한 이야기꾼들은 '말하지 말고 보여 주는' 게 창작의 궁극적인 과제임을 언제나 알고 있었다. 순수하게 극적이고 시각적인 글쓰기, 인간의 자연스러운 행위가 들어 있는 자연스러운 세계를 보여 주는 글쓰기, 말하지 않고 삶의 복잡성을 표현하는 글쓰기 말이다.

멜로드라마

"이 대본은 감상적이고 통속적인 멜로드라마 같다.(melodramatic)"는 비난을 피하려고 열정적이고 강력한 사건들이 그려진 큰 장면들을 일부러 피하는 작가들이 많다. 대신 사건이 거의 없는 미니멀리즘식의 개략적인 선만 그어 놓고 미묘한 맛이 있다고 생각한다. 어리석은 짓이다. 자연스럽고 본질적인 인간의 행위는 멜로드라마 같지 않다. 게다가 인간이 저지르지 못할 일은 없다. 일간 신문에 기록되는 행위를 보자. 엄청난 자기희생과 엄청나게 잔인한 행동이 공존하고 대담한 행동과 비겁한 행동, 테레사 수녀와 같은 성자에서부터 사담 후세인 같은 폭군의 행동이 나란히 실린다. 작가가 상상할 수 있는 인간의 행동은 이미 상상 못 할 방식으로 다 행해진 지 오래다. 어느 것도 멜로드라마는 아니다. 단지 인간적인 행동일 뿐이다.

멜로드라마는 과잉 표현의 결과가 아니라 동기 부여가 빈약한 데에서 비롯된다. 너무 큰 얘기를 써서가 아니라 너무 작은 욕망으로 글을 쓰기 때문이다. 사건의 효과는 그것을 유발시킨 원인의 총합과 비례할 수밖에 없다. 동기가 행동에 맞먹지 못한다고 생각될 때 그 장면이 멜로드라마같이 느껴지는 것이다. 호메로스에서부터 셰익스피어나 베리만에 이르기까지 폭발적인 장면들을 그려 낸 작가들이 많지만 아무도 그걸 두고 멜로드라마라고 말하지 않는다. 왜냐하면 이 작가들은 인물에게 어떻게 동기를 부여해야 하는지 알고 있었기 때문이다. 야심찬 드라마나 코미디를 생각해 낼 수 있으면 시나리오로 써라. 단 행동의 극단성과 맞먹거나 그것을 능가할 정도로 인물의 동기를 강화해야 한다. 그럴 때에야 관객에게 극한적인 경험을 소개한 작품으로 환영받을 것이다.

논리적 결함

논리적인 결함은 이야기의 신뢰도를 떨어뜨리는 또 하나의 원인이다. 동기가 부족하다기보다 이야기에 논리가 부족하다고 보이면 인과 관계의 사슬에서 고리 하나가 빠진 것이다. 하지만 우연의 일치가 그렇듯 이런 결함도 삶의 일부이다. 설명할 수 없는 이유로 일어나는 일들도 더러 있다. 그러니 삶에 관해 글을 쓰는 중이라면 결함 한두 가지쯤은 이야기에 들어 있을 수도 있다. 문제는 이것을 어떻게 다루느냐다.

비논리적인 사건 간에 연결 고리를 급조해서 구멍을 메울 수 있으면 그렇게 하라. 하지만 이 방법을 쓰려면 흔히 새로운 장면을 고안해야 한다. 문제는 이 장면이 앞뒤의 논리적인 맥락을 더해 주는 목적 말고는 달리 소용이 없어서 애초의 결함만큼이나 성가신 골칫거리가 된다는 점이다.

이런 경우에는 관객이 이 문제를 알아차릴지 생각해 보라. 종일 시나리오를 펴놓고 결함을 들여다보며 고민하는 작가에게는 당연히 이게 논리상의 비약이라는 게 보인다. 하지만 스크린상에서 이야기는 시간과 함께 흘러간다. 논리적인 결함이 나타나도 관객은 그 당시에는 방금 일어난 일이 논리적이지 않다는 걸 알아차릴 만큼 충분한 정보가 없을지도 모른다. 어쩌면 너무 빠르게 일어난 일이라 눈치채지 않고 지나갈 수도 있다.

「차이나타운」의 경우를 보자. 아이다 세션스(다이앤 래드)가 이블린 멀레이를 사칭해서 홀리스 멀레이의 간통 여부를 수사해 달라고 기티스에게 의뢰한다. 불륜으로 보이는 사건을 기티스가 발견하고 나자 멀레이의 진짜 아내가 변호사와 고소장을 들고 나타난다. 기티스는 누군가가 멀레이를 해치려 한다는 걸 깨닫지만 그의 도움이 닿기 전에 멀레이는 살해당하고 만다. 제2장의 초반부에 기티스는 아이다 세션스로부터 전화를 받는다. 그녀는 그 일이 살인으로까지 이어질 줄은 몰랐다며 자기의 결백을 알아달라고 말한다. 이 전화 통화로 아이다는 또한 살인 동기에 대한 결정적인 단서를 기티스에게 제공한다. 그런데 너무 수수께끼 같은 말들이라 기티스는 오히려 더 혼란스러워진다. 하지만 나중에 자기가 밝혀낸 다른 증거들과 아이다가 준 단서를 이어 맞추면서 기티스는 범인과 살인 동기를 알게 되었다고 생각한다.

제3장 초반부에 기티스는 아이다 세션스가 죽은 것을 발견하고 그녀의 지갑에서 영화배우 조합 회원증을 찾아낸다. 결국 아이다 세션스는 자기가 전화로 말한 그런 정보를 알고 있을 처지가 못 된다는 뜻이다. 그녀가 준 단서는 백만장자 사업가들과 고위 정부 관료들이 전 도시를 대상으로 저지르는 부정행위를 폭로할 결정적인 세부 사항이었다. 피해자의 아내를 사칭하도록 고용한 배우에게 말해 줄 만한 일이 절대 아닌 것이다. 하지만 아이다가 기티스에게 이런 말을 해 줄 때 관객은 아이다 세션스가 누구인지, 그녀가 무엇을 알 수 있고 무엇을 모를지 전혀 알 길이 없다. 한 시간 반 뒤에 그녀가 죽은 채 발견되었을 때쯤엔 관객은 그녀가 무슨 말을 했는지 잊어버렸기 때문에 논리적인 결함을 보지 못한다.

그러니 어쩌면 관객이 눈치채지 못할 수 있다. 하지만 어쩌면 눈치챌지도 모른다. 그러면 어떻게 해야 하나? 겁 많은 작가들은 그런 결함을 슬쩍 덮어놓고 관객이 모르기를 바란다. 반면 이 문제를 용감하게 직시하는 작가도 있다. 이들은 관객에게 결함을 드러내 보이고 이게 결함이라는 것을 부인한다.

「카사블랑카」를 보자. 페라리(시드니 그린스트리트)는 돈이 되지 않는 일은 절대로 하지 않는 철저한 자본가에 사기꾼이다. 그런데 한 대목에서 페라리는 빅터 라즐로(폴 헨레이드)가 귀중한 운송 허가증을 찾도록 도와주고도 대가를 원하지 않는다. 이건 인물의 성격과 맞지 않는 비논리적인 대목이다. 이 점을 파악한 작가들이 페라리에게 이런 대사를 시킨다. "내가 뭐하러 이런 짓을 하는지 나도 잘 모르겠군. 나한테 득될 게 하나 없는데 말이지……." 작가들은 논리상의 결함을 숨기는 대신 오히려 이것을 인정하며 페라리가 충동적으로 관대해진 것일지도 모른다는 대담한 거짓말을 둘러댄다. 누구나 이따금 설명할 수 없는 이유로 어떤 행동을 한다는 것을 관객은 알고 있다. 이런 면을 존중받았다고 생각하며 관객은 고개를 끄덕인다. '제아무리 페라리라도 모를 때가 있는 거지. 괜찮지, 뭐. 계속 보자고.'

「터미네이터」는 논리상 작은 구멍 정도가 있는 게 아니다. 영화 전체가 거대한 구렁텅이 위에 세워져 있다. 2029년에 로봇들이 인류를 거의 절멸시킬 즈음 존 코너가 이끄는 인류의 생존자들이 전세를 역전시킨다. 적을 제거하기 위해 로봇들은 타임머신을 발명해서 1984년의 과거로 터미네이터를 보낸다. 존 코너가 태어나기 전에 코너의 엄마를 죽이려는 것이다. 타임머신을 빼앗은 코너는 젊은 부하인 리스를 과거로 보내 터미네이터를 먼저 제거하도록 시킨다. 코너는 리스가 자기 엄마를 구할 뿐만 아니라 엄마를 임신시키리라는 걸 알고 이렇게 한다. 다시 말해 자기 부하가 자기 아버지라는 걸 안다는 것이다. 이러면 말이 어떻게 되는 것인가?

하지만 제임스 카메론과 게일 앤 허드는 내러티브 동력이 어떤 것인지 이해하는 사람들이다. 미래에서 로스앤젤레스 거리로 두 전사를 날려 보내 이 가엾은 여인을 두고 떠들썩한 추적을 벌이게 하면 관객이 분석적인 질문 따위를 던질 새가 없다는 걸 그들은 알고 있었다. 그래서 이야기의 장치를 서서히 조금씩만 펼쳐 놓는다. 그러나 그들도 관객의 지성을 존중한다. 때문에 영화가 끝나면 나중에 관객이 코너와 리스의 관계로부터 여러 가지 의문을 품을 것이고 그 논리적인 결함 덕분에 관객의 즐거움이 사라지리라는 것도 짐작한다. 그래서 써넣은 것이 이런 결말 장면이다.

임신한 사라 코너는 안전을 위해 멕시코의 외딴 산으로 향한다. 거기서 아들을 낳아 장차 그의 사명에 맞게 키우려는 생각이다. 가는 길에 주유소에서 그녀는 아직 태어나지 않은 미래의 영웅에게 들려줄 회고담을 녹음기에 녹음한다. 그러면서 실제로 이런 말을 한다. "있잖아, 아들아, 난 아직도 모르겠다. 리스가 너의 아버지가 되리라는 걸 네가 알고 있었다면 도대체 뭐 하러……? 어떻게 된 거니……? 그럼 이런 일이 몇 번이고……, 또 일어난다는 말이니?" 잠깐 멈췄다가 그녀는 다시 말한다. "그래, 이런 생각을 하다가는 돌아 버리겠다." 그러자 전 세계의 관객들도 생각하기를 '하기는 저 여자 말이 맞지. 그게 뭐가 중요하겠어.' 이로써 그들은 기꺼운 마음으로 논리를 휴지통에 던져 버렸다.

17장

등장인물

정신의 벌레

호메로스 이래 2800년에 걸친 이야기의 변천사를 거슬러 가던 중에 문득 1000년을 건너뛰어 곧장 4세기에서 르네상스로 넘어가도 되지 않을까 하는 생각이 들었다. 대학 시절 역사 교재에서 읽은 바에 따르면 중세의 암흑시대에는 "핀의 머리에서 춤추는 천사가 몇이나 될까?" 하는 식의 종교적인 질문에 전율하던 수도사들을 제외하고는 모든 사고가 중단되었다니 말이다. 하지만 아무래도 의심스러워서 좀 더 깊이 조사해 본 결과 사실은 중세 시대에도 지적 활동이 왕성하게 계속되었다는 것을 알게 되었다. 단, 모두 시적인 기호로 되어 있다는 게 문제였다. 은유적인 표현들을 해독하면서 연구자들은 "핀의 머리에서 춤추는 천사가 몇이나 될까?" 하는 물음이 실은 형이상학이 아니라 물리학적인 질문이었음을 밝혀냈다. '얼마나 작아야 작은 걸까?' 하는 원자 구조를 둘러싼 논의였다는 것이다.

심리학을 논하면서 중세 학자들은 또 하나의 교묘한 발상을 해냈다. '정신의 벌레'라는 개념이다. 두뇌 속을 파고들어 그 사람을 완전히, 그의 꿈과 두려움과 강함과 약함 모두를 파악하는 능력이 있는 생물체가 있다고 가정해 보자. 이 정신의 벌레가 세상에 사건을 일으킬 능력까지 가졌다고 해 보자. 그러면 이 벌레는 그 사람 특유의 성향에 꼭 맞는 어떤 일을 일으켜서 일종의 모험을 촉발시킬 수도 있을 것이다. 자신의 능력과 힘을 최대한 이용하도록, 다시 말해 전심전력을 다해 살도록 그를 밀어붙일 모험을 자극할 수 있다는 말이다. 비극으로 끝나건 성공을 거두건 이런 모험은 그 사람의 인간성을 낱낱이 드러내 줄 것이다.

이런 해석을 읽고 나는 웃을 수밖에 없었다. 작가도 일종의 정신의 벌레라는 생각이 들어서다. 작가들 역시 인물 속으로 파고들어 그의 면면과 잠재력을 발견한 뒤 그 인물 특유의 성향에 꼭 맞는 사건을 만들어 낸다. 이 사건이 바로 발단이다. 주인공마다 사건이 다 다를 것이다. 돈을 버는 게 알맞은 경우도 있고 돈을 잃는 게 알맞은 경우도 있을 것이다. 어쨌든 그 인물에 맞춰서 그를 극한적인 모험으로 내몰기에 꼭 필요한 사건을 설계해야 한다. 정신의 벌레처럼 작가도 시적인 기호로 표현된 인간 본성의 밑바닥을 탐구한다. 수 세기가 흘러도 우리 내부에서 달라지는 건 없다. 윌리엄 포크너가 관찰한 대로 인간 본성은 시대에 뒤떨어지는 법이 없는 유일한 이야깃거리다.

캐릭터는 사람이 아니다

밀로의 비너스가 진짜 여성이 아니듯 극 중 인물(Character)도 사람이 아니다. 인물은 인간 본성에 대한 은유인 예술 작품이다. 작가는 마치 실재하는 사람들인 것처럼 인물들과 관계를 맺지만 사실 그들은 실재보다 우월하다. 그들의 모습은 분명하고 이해할 만하게 설계된 것이다. 반면 우리 인간들이야말로 속을 알 수 없는 존재들이다. 작가는 친구들보다 인물들에 대해 더 잘 안다. 인물은 영원히 변함없는 반면 사람들은 변하기 때문이다. 겨우 이 사람을 이해했나 싶어도 돌아보면 아니다. 사실 나는 「카사블랑카」의 릭 블레인을 나 자신보다도 더 잘 안다. 릭은 영원한 릭이다. 나라는 사람은 약간 의심스럽지만서도.

인물의 설계는 두 가지 중요한 측면을 배열하는 데에서 출발한다. 인물묘사와 진정한 성격이다. '인물 묘사'는 겉으로 관찰 가능한 모든 자질들의 총합이다. 신체적인 외모와 몸에 밴 버릇들, 말하는 방식이나 몸짓, 성적인 취향, 나이, 지능 지수, 직업, 개성, 태도, 가치, 사는 곳, 사는 방식 등등 인물을 독특하게 만드는 특성의 조합인 셈이다. '진정한 성격'은 이런 가면 뒤에 숨어 있다. 이러저러한 인물 묘사와 별개로 도대체 본심은 어떤 사람인가 하는 것이다. 의리 있는 사람인가, 아닌가? 정직한가, 거짓말쟁이인가? 마음이 따뜻한가, 잔인한가? 용감한가, 겁쟁이인가? 너그러운가, 이기적인가? 의지가 강한가, 약한가?

진정한 성격(TRUE CHARACTER)은 딜레마에서 내리는 선택을 통해서만 표현될 수 있다. 부담스러운 상황에서 어떤 행동을 선택하느냐가 곧 그의 사람됨이다. 부담이 클수록 그 선택은 인물을 더 깊고 참되게 보여 준다.

진정한 성격을 파악하는 열쇠는 욕망이다. 실생활에서 정말 숨이 막힐 지경일 때 가장 빨리 벗어날 수 있는 길은 '내가 원하는 게 무엇인지' 묻고 정직한 대답에 귀 기울인 다음 그 욕망을 추구할 의지를 모으는 것이다. 그런다고 문제가 사라지지는 않지만 적어도 이제는 문제를 해결할 수 있는 가능성을 가지고 움직인다. 삶에서 참인 것은 허구에서도 참이다. 작가가 인물의 욕망을 분명하게 이해하는 순간 인물은 살아 나온다. 복잡한 배역의 경우 의식적인 욕망만이 아니라 무의식적 욕망까지 이해해야 한다.

이런 물음을 던져 보라. 이 인물이 원하는 게 무엇인가? 지금 당장인 가? 조금 있다가인가? 전반적으로 원하는 건가? 의식적인가? 무의식적인 가? 작가가 분명하고 진실한 답을 찾을 때 그 배역을 자유로이 구현할 수 있는 힘이 생긴다.

욕망 뒤에는 동기가 놓여 있다. 인물은 무슨 까닭으로 그것을 원하게 되었을까? 작가 나름대로 동기에 대한 아이디어가 있을 것이다. 하지만 다른 사람들의 관점은 또 다를지 모른다. 주변 사람들에게 물어보면 저마다 다른 견해를 피력할 수 있다. 부모의 교육이 인물의 욕망을 결정지었다고 생각하는 사람도 있을 것이고 물질주의 문화 때문이라고 생각하는 사람도 있을 것이다. 교육 제도를 탓하는 사람도 있을 것이고 유전적인 거라고 주장하는 사람도 있을 것이다. 어쩌면 악마에게 홀린 거라고 생각하는 사람도 있을지 모른다. 우리 시대의 입장들은 복잡하게 얽힌 영향들보다는 한 가지 원인으로 인간 행동을 설명하기를 좋아하는 듯하다. 하지만 실은 복합적인 설명이 더 사실에 가까울 것이다.

인물을 심리학적인 사례 연구로(요즘에는 아동 학대에 관한 에피소드가 한참 유행

중이다.) 환산하지 말아라. 사실 인간의 행동은 결정적인 설명이 불가능하다. 일반적으로 작가가 인물의 동기를 특정한 원인에 고정시키려 하면 할수록 관객의 머릿속에서 인물은 더 축소된다. 그보다는 동기에 대해 확고한 이해에 이를 때까지 충분히 생각하되 동시에 그 원인의 둘레에 약간의 미스터리를 남겨 둬라. 약간의 무리수 정도라고 할까. 여하튼 관객 나름의 인생 경험을 바탕으로 인물에 대한 상상을 키워 갈 여지를 남겨 두라는 말이다.

예를 들어 『리어 왕』에서 셰익스피어는 자기 악당들 중 가장 복잡한 인물의 하나인 에드먼드를 등장시킨다. 사람의 불행을 점성학적인 영향(인간 행동을 단일한 원인으로 설명하려는 또 다른 시도) 탓으로 돌리는 장면이 지나가고 나서 에드먼드가 웃으며 이런 독백을 한다. "저 하늘의 가장 처녀다운 별이 나의 서출 운명을 향해 반짝였더라도 나는 지금의 내 모습이 되어 있었을 것이다." 에드먼드가 악한 행동을 하는 건 순전한 즐거움 때문이다. 그 이상 뭐가 중요하겠는가? 아리스토텔레스의 말마따나 일단 사람이 한 일을 보기 시작하면 왜 그런 일을 했는지에는 별 흥미가 없어진다. 자신의 행동을 결정하기 위해 내리는 선택이 곧 그 인물이다. 일단 실행이 되고 나면 그 이유는 차츰 희미해져 무관해지기에 이른다.

관객이 인물을 이해하게 되는 방식은 여러 가지다. 신체적인 이미지나 설정이 많은 것을 알려 주지만, 겉모습이 실재가 아니라는 것, 다시 말해 인물 묘사가 진정한 성격이 아니라는 것을 관객도 알고 있다. 그럼에도 인물의 외양은 그 밑에 숨어 있는 것을 일러 주는 중요한 단서다.

다른 인물들이 그 인물에 대해 하는 말들도 힌트가 된다. 사람들이 저마다 꿍꿍이가 있다는 걸 감안하면 남들에 대해 하는 말이 꼭 사실이라고

법은 없다. 하지만 그런 말이 나왔다는 점과 누가 그런 말을 했는지 정도는 알아 둘 만하다. 인물이 자신에 대해 하는 말은 사실일 수도 있고 아닐 수도 있다. 이런 말은 관객이 듣고도 대수롭지 않게 여긴다.

자기 인식이 선명한 인물들이 그렇게 자기를 설명하는 대사를 늘어놓는 것은 관객에게 자기가 진짜 그런 사람임을 설득시키려는 이유에서다. 하지만 사실상 이런 인물들은 지루할뿐더러 가짜 같다. 사람이 자기를 이해하기란 아주 드문 일이고, 설사 이해한다 하더라도 완전하고 솔직하게 자기를 설명할 수 없다는 걸 관객은 안다. 항상 밑으로 서브텍스트가 흐른다. 어쩌다 인물이 자신에 대해 말한 게 진실이라 하더라도 관객은 압력하에서 그가 내리는 선택을 눈으로 보기 전에는 그 말이 진실이라는 걸 알 수 없다. 자기 설명은 행동으로 확인되든지 반박되든지 해야 한다. 「카사블랑카」에서 릭이 "나는 누구를 위해서도 위험을 자처하는 일은 안 한다."라고 말할 때 관객은 생각한다. '글쎄, 조금 기다려 보라고.' 관객이 릭을 그 자신보다 더 잘 안다. 위험을 자초해도 여러 번 하게 될 테니 결국 그가 잘못 안 셈이다.

인물의 차원

'차원(Dimension)'은 인물과 관련해서 가장 이해가 덜 된 개념이다. 배우 시절, 감독들이 내게 입체적이고 3차원적인 인물을 요구하곤 했다. 나도 전적으로 동감하는 바였다. 그런데 내가 차원이 정확히 무엇이며 3차원은 놔두고 어떻게 해야 1차원이라도 만들어 낼 수 있는 건지 감독들에게 물으면 그들은 횡설수설하면서 리허설에 대해 뭐라 웅얼대고는 꽁무니를 뺐다.

몇 해 전쯤 한 제작자가 자기가 생각하는 3차원적인 주인공이 어떤 건지 이렇게 들려준 적이 있다. "제시는 이제 막 출소한 사람이야. 하지만 감방에 있는 동안 재정이랑 투자를 벼락 치듯 공부해서 이제는 주식, 채권, 증권의 전문가가 됐지. 게다가 춤도 잘 춰요. 가라데 검은띠도 있고 재즈 색소폰 실력도 끝내주지." 그의 '제시'는 '데스크톱(Desktop)'이라는 단어만큼이나 평면적이다. 특징을 한데 묶어 그냥 갖다 붙인 이름일 뿐이다. 주인공을 기벽들로 치장하는 것은 인물을 열어 보여 주지 못하고 따라서 감정 이입을 유발하지도 않는다. 되려 인물을 닫아걸어 관객이 다가가지 못하게 만든다.

혼히 애용되는 이론적인 견해에 따르면 잘 형상화된 인물들은 지배적인 특징 하나로 결정된다고 한다. 자주 인용되는 예가 맥베스의 야망이다. 과장된 야망이 맥베스를 멋진 인물로 만든다는 주장이다. 이건 전적으로 그릇된 이론이다. 맥베스가 그저 야심 차기만 한 인물이면 극은 성립이 안 됐을 것이다. 그냥 영국을 물리치고 스코틀랜드를 통치하고 끝났을 것이다. 맥베스가 멋지게 형상화된 인물인 것은 그의 야망과 죄의식 사이의 모순 덕분이다. 이런 심오한 내적 모순에서 그의 열정과 복잡성과 시가 샘솟는 것이다.

차원은 모순을 뜻한다. 인물의 깊숙한 내면의 모순(가령 죄의식에 시달리는 야망)이나 인물 묘사와 인물 내면 간의 모순(가령 매력적인 강도)이 있어야 한다. 그리고 이런 모순이 한결같아야 한다. 영화 내내 착하게 그려지던 인물이 갑자기 한 장면에서 난폭하게 돌변하는 건 인물의 차원을 더해 주지 않는다.

햄릿을 생각해 보자. 그는 이제껏 쓰인 인물 중 가장 복잡한 인물이다.

햄릿은 3차원적이 아니라 10차원, 12차원 등 거의 무수한 차원을 지닌 인물이다. 그는 종교적인 인물로 보이지만 이내 신을 모독한다. 오필리아에게는 처음에 애정이 깊고 다정한 사람이더니 나중에는 냉담하고 가학적이기까지 하다. 그는 용감한 한편으로 겁쟁이다. 어떨 때는 차분하고 신중하지만 누군지도 모르면서 커튼 뒤에 숨은 사람을 칼로 찌를 때 보면 충동적이고 성급하다. 햄릿은 무자비하면서 인정이 많고, 긍지와 자기 연민을 함께 가지고 있고, 재치 있으면서 슬픔에 잠겨 있고, 지친 한편으로 활력이 있고, 명쾌하면서 혼란스럽고, 제정신이면서 미친 인물이다. 그는 순수한 세속성과 세속적인 순수함을 함께 지니고 있다. 상상 가능한 거의 모든 인간의 성질들이 그의 안에 모순으로 살아 있다.

다양한 차원은 매력적이다. 본성이나 행동에 나타나는 모순은 관객의 주의를 집중시킨다. 따라서 주연 배역에 감정 이입이 집중될 수 있으려면, 전체 인물들 가운데 주인공이 가장 다차원적인 인물이어야 한다. 그렇지 않으면 선의 중심이 중심을 잃으면서 허구의 세계가 흩어져 버린다. 그리고 관객은 균형을 잃게 된다.

「블레이드 러너」의 경우를 보자. 영화의 홍보를 통해 관객은 해리슨 포드가 연기한 릭 데커드에게 감정이 이입되게끔 정해져 있었다. 하지만 일단 영화가 시작되자 관객들은 훨씬 다차원적인 복제 인간 로이 배티(룻거 하우어)에게 이끌리게 되었다. 선의 중심이 적대 인물로 옮겨 가면서 관객의 감정적인 혼란 때문에 영화에 대한 열의가 감소되었다. 그 결과 대단한 성공작이 되어야 했을 영화가 컬트 영화가 되고 말았다.

배역 구성(Cast Design)

본질적으로 다른 배역들을 만들어 내는 건 주인공이다. 다른 인물들이 이야기에 등장하는 이유는 무엇보다도 주인공과 맺는 관계 때문이다. 각 인물은 나름의 방식으로 주인공의 다차원적인 복합성이 서술되는 데 기여한다. 전체 배역을 일종의 태양계로 상상해 볼 수 있다. 주인공이 태양이고, 조연들이 태양 주위의 행성들이며, 단역들이 행성 주위의 위성이다. 중심에 있는 항성의 인력에 의해 이 모두가 궤도 안에 머무르며, 각 별이 다른 별들의 자연에 작용해 밀물과 썰물을 만들어 낸다.

이런 주인공이 있다고 가정해 보자. 재미있고 낙천적이면서도 때론 침울하고 냉소적인 남자다. 동정이 많은가 하면 잔인하고, 두려움이 없는가 하면 겁이 많다. 이 4차원적인 인물을 만들려면 그의 모순을 묘사해 줄 다른 배역들이 주위에 필요하다. 장소별, 시간별로 각기 다르게 그와 상호 작용할 인물들이 있어야 한다. 이런 조역들이 주인공을 온전하게 만들어 줘야 주인공의 복잡성이 일관되고 신뢰할 만해진다.

가령 인물 A가 주인공의 슬픔과 냉소를 자극하는 한편, 인물 B는 그의 재치 있고 희망적인 면을 불러낸다. 인물 C는 그의 다정하고 용감한 감정을 불러일으키고, 반면 인물 D는 처음에는 그를 두려움에 떨게 만들다가 나중에는 분통을 터뜨리게 만든다. 이 네 인물의 창조와 설계는 주인공의 필요에 따라 결정된다. 즉 이들이 각각 A, B, C, D라는 인물이 되는 것은 바로 행동과 반응을 통해 주역의 복잡성을 분명히 드러내고 믿을 만하게 만들기 위해서다.

조역들의 비중이 주인공에 비해 적어야 하는 건 사실이지만 조역들도 복잡한 인물이 될 수 있다. 가령 인물 A는 겉으로는 아름답고 애정이 깊지만 속으로는 기괴한 2차원적 인물일 수 있다. 부담스러운 상황에서 내리는 선택으로 그의 차갑게 변형된 욕망이 드러나게 된다. 1차원만으로도 훌륭한 조역이 탄생할 수 있다. 인물 B는 터미네이터처럼 하나로도 충분히 매력적인 모순이 있다고 해 보자. 기계 vs 사람처럼 말이다. 만약 터미네이터가 그냥 미래에서 온 로봇이거나 사람이었으면 그리 흥미롭지 않았을 것이다. 로봇이면서 사람이라는 차원 덕분에 그는 멋진 악당으로 탄생한다.

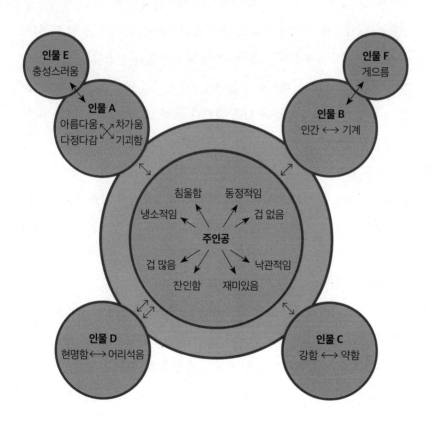

인물이 처한 물리적 사회적 환경, 예컨대 그의 직업이나 사는 동네 등도 인물 묘사의 한 측면이다. 따라서 간단한 대치 정도로도 차원이 생성된다. 전통적인 개성에 이국적인 배경을 더한다든지, 묘하고 신비한 사람을 평범하고 현실적인 사회에 넣어 본다든지 하면 금세 흥미로워진다.

단역들은 일부러 평면적으로 만들어야 한다. 하지만 지루한 인물이어야 한다는 말은 아니다. 각 사람마다 신선한 특징을 부여해서 그 배우가 등장하는 순간만큼은 연기할 맛이 나게 해야 한다. 하지만 그 이상은 아니다.

예를 들어 주인공이 생전 처음 뉴욕을 방문한다고 해 보자. 케네디 공항을 나서자마자 그녀는 뉴욕의 택시 운전사를 보고 싶어 좀이 쑤신다. 이 택시 운전사를 어떻게 그려야 할까? 야구 모자를 비스듬히 쓰고 철학자연하는(philosophizing) 괴짜로 만들 것인가? 아니길 바란다. 지난 60년 동안 뉴욕 영화에 택시 장면이 나올 때마다 예의 그 괴짜 '뉴욕 택시 기사'가 매번 등장하니 말이다.

어쩌면 영화사상 최초로 말이 없는 뉴욕 택시 기사를 만들어 볼 수 있을 것이다. 주인공이 양키 팀이며 닉스며 시장을 들먹이며 뉴욕다운 대화를 시도해 보지만 이 택시 기사는 그냥 넥타이를 바로 매고는 운전만 계속하는 것이다. 주인공은 기가 팍 꺾인다. 뉴욕에서 겪은 첫 번째 실망이다.

반면 이제껏 나온 모든 택시 기사들을 능가하게끔 만들 수도 있다. 목소리는 귀에 거슬리지만 놀랄 만큼 친절한 괴짜로 주인공에게 대도시 생존법을 확실히 강의해 주는 것이다. 손가방을 잘 지킬 수 있게 메는 방법이며 자기방어용 스프레이를 숨겨 두는 법 등을 들려준다. 그러고는 그녀를 맨해튼이라고 속이면서 브롱크스에 내려 주고는 요금을 바가지 씌운다. 도움을 주는 인물로 등장하다가 사기 치는 배신자로 뒤바뀐다. 인물 묘사와 내면의 성격 간의 모순이다. 이제 관객은 영화의 구석구석 이 남자를 찾게 될 것이다. 한 번만 나오고 그만일 인물을 작가가 다차원적으로 그릴 리 없다고 생각하기 때문이다. 이 택시 기사가 한 번이라도 다시 등장하지 않으면 관객은 화를 낼 것이다. 단역을 필요 이상으로 흥미롭게 만들어서 괜히 헛된 기대를 자초하지 말아라.

모든 배역은 중심의 별, 즉 주인공을 중심으로 궤도를 그리며 돈다. 조역들은 중심인물에게서 영감을 받아 만들어지고 그의 입체적인 복잡성을 서술해 주도록 설계된다. 부차적인 배역들이 입체적이려면 주인공만이 아니라 서로를 필요로 한다. 제3열의 인물들(그림의 인물 E와 F)도 주인공이나 다른 주역들과 같은 장면에 등장하므로 그들의 입체성이 드러나도록 거든다. 모든 장면에서 인물 각자가 서로의 차원을 나타내는 성질을 끌어내는 동시에 모두가 주인공을 무게 중심으로 한 무리를 이루는 게 가장 이상적이다.

코믹한 인물

모든 인물들이 저마다 대립 세력에 맞서면서 욕망을 추구한다. 그러나 극적인 인물은 위험에서 한 걸음 물러 나와 '죽을 뻔했다'고 깨달을 만큼은 유연성이 있다. 하지만 코믹한 인물은 다르다. 이 인물의 특성은 맹목적인 강박증이다. 웃겨야 하는데 안 웃기는 인물의 문제를 해결하는 첫 단계는 그가 집착하는 대상을 찾아 주는 것이다.

아리스토파네스의 정치 풍자극이나 메난드로스의 로맨틱 소극들이 역사로 사라지면서 코미디는 비극이나 서사시의 상스러운 사촌 격으로 전락했다. 그러나 르네상스 시대가 도래한 이래 이탈리아의 카를로 골도니, 프랑스의 몰리에르에서부터 셰익스피어, 벤 존슨, 윌리엄 위철리, 윌리엄 콩그리브, 리처드 셰리든 등에 이어 버나드 쇼, 오스카 와일드, 노엘 카워드, 찰리 채플린, 우디 앨런 및 기타 영국과 아일랜드와 미국의 재주꾼들에 이르기까지 코미디는 오늘날 빛나는 예술로 다시 승격되었다. 이것은 현대인의 삶에 큰 축복이다.

모든 장인들이 그렇듯 이런 대가들도 자기 예술을 완성해 가면서 온통 자기 일 이야기에만 골몰했을 것이다. 그러다가 코믹한 인물은 자기 눈에 안 보이는 강박증 같은 '기질(Humor)'을 부여함으로써 창조된다는 사실을 깨달았을 것이다. 몰리에르는 주인공의 집착을 조롱하는 『수전노』, 『상상병 환자』, 『인간 혐오자』와 같은 희곡들을 쓰면서 작가로서 이력을 쌓았다. 어떤 유의 강박증이라도 상관없다. 가령 신발이면 어떤가. 이멜다 마르코스는 신발에 대한 자신의 신경증적인 욕구를 깨닫지 못해 국제적인 웃음거리가 되었다. 그녀의 신발은 무려 3,000켤레에 이른다고 한다. 뉴욕에서 열린 탈세에 관한 재판에서 이멜다 자신은 1,200켤레밖에 되지 않고 그나마도 다 맞지 않는다고 했다지만 말이다. 그녀는 전부 신발 회사에서 선물로 받은 것들이라 치수가 제대로 맞지 않는다고 주장했다고 한다.

「온 가족」에서 아치 벙커(캐럴 오코너)는 무모할 정도로 편협한 고집불통이다. 스스로 그런 점을 깨닫지 못하는 한 그는 관객의 비웃음을 사는 광대가 된다. 하지만 만일 그가 다른 사람에게 "있잖아, 나는 인종주의를 입에 달고 사는 사람이야." 하고 고백한다면, 코미디는 그것으로 끝이다.

「핑크 팬더 2: 어둠 속에 총성이」를 예로 들자. 벤자민 발론(조지 샌더스)

의 사유지에서 자가용 운전기사가 살해된다. 여기에 세계에서 제일 완벽한 형사여야 한다는 강박증을 가진 남자가 등장한다. 클로조 수사반장(피터 셀러스)이다. 그는 발론이 범행을 저질렀다고 단정하고 저택의 당구실에서 이 억만장자와 대면한다. 증거를 열거하면서 클로조는 당구대의 펠트 천을 잡아 뜯고 큐대를 내리치고 하더니 끝내는 온통 어법에도 맞지 않는 말로 끝을 맺는다. "분노에 질투해서 당신이 죽어 버린 거지." 이런 식이다. 말을 마친 클로조는 나가려고 돌아서는데 문이 안 열리는 쪽으로 가고 만다. 쿵 소리와 함께 벽에 부딪힌다. 물러서면서 그가 싸늘한 어조로 하는 말, "멍청한 건축가 놈들."

「완다라는 이름의 물고기」를 예로 들어 보자. 거물급 범죄자인 완다(제이미 리 커티스)는 외국어를 잘하는 남자만 보면 이성을 잃는다. 오토(케빈 클라인)는 실패한 CIA 요원인데 자기가 똑똑하다고 믿고 있다. 하지만 완다가 지적하듯 그는 '런던 언더그라운드'라고 불리는 런던의 지하철을 정치운동 단체로 착각하는 사람이다. 켄(마이클 팔린)은 동물을 광적으로 아끼는 나머지 오토가 금붕어를 먹어 치우는 것만으로도 그를 고문하기에 충분할 정도다. 아치 리치(존 클리스)는 광적일 정도로 당혹감을 두려워한다. 그는 전체 영국 민족이 이런 두려움에 시달리고 있다고 믿고 있다. 하지만 영화 중반부쯤 아치는 자기의 강박증을 깨닫는다. 그러고 나자 그는 코믹한 주인공에서 로맨틱한 주역, 다시 말해 아치 리치에서 캐리 그랜트로 바뀐다.(캐리 그랜트의 본명이 아치 리치다.)

영화 속 인물들을 창조하는 세 가지 비결

첫째, 배우가 개입할 여지를 남겨 둬라

이건 할리우드에 오래된 충고다. 작가는 배우 각자에게 자기의 창의력을 발휘할 기회를 최대한 제공해야 한다. 행동, 미묘한 몸짓, 목소리의 음조 등에 대한 쉴 새 없는 묘사로 시나리오를 뒤덮지 말고 너무 많이 써서도 안 된다. 가령 이런 경우를 보자.

> 밥은 교탁에 몸을 기대어 다리를 꼬고 앉아 한 손을 허리에 얹고 있다. 학생들의 머리를 내려다보며 생각에 잠긴 듯 한쪽 눈썹을 치켜올린다.
>
> **밥**   *(관심이 없는 듯 싸늘하게)* 어쩌고저쩌고 어쩌고저쩌고……

이런 시시콜콜한 묘사로 일관한 대본을 보면 배우는 그냥 던져 버린다. 배우를 원하는 게 아니라 인형을 찾는 거라고 생각하기 때문이다. 혹시 배우가 이 배역을 승낙한다 해도 빨간 펜으로 그런 허튼 대목들을 전부 지워 버릴 게 분명하다. 위와 같은 세부 사항들은 아무런 의미가 없다. 배우가 알고 싶어 하는 것은 따로 있다. 이 인물이 무엇을 원하는지, 왜 원하는지, 어떻게 해야 원하는 걸 얻을 수 있을지, 방해물은 뭔지, 결과는 어떻게 되는지 하는 문제들이다. 배우는 적대 세력과 마주치는 욕망을 서브텍스트에서 끌어냄으로써 인물을 살아나게 한다. 카메라 앞에서는 시나리오에 쓰인 대로 말하고 행동하지만 인물을 구현하는 데 있어서는 배우도 작가만큼, 어쩌면 작가보다 더 많은 고민을 해야 한다.

연극은 국내외에서 몇 해 동안 수백 회 또는 수천 회의 공연이 가능하다. 반면 영화는 제작이 단 한 차례뿐이고 단 한 번의 연기가 영원히 남는다는 점을 명심해야 한다. 작가가 가상의 얼굴에 대한 상상을 접고 배역에 이상적인 실제 배우들을 상상하기 시작할 때부터 작가와 배우의 공동 작업이 시작된다. 특정한 배우가 자기 주인공에게 꼭 맞다는 생각이 들면 작가는 시나리오를 쓰면서 그 배우를 떠올린다. 그러면 훌륭한 배우들은 최소한의 묘사를 가지고도 강력한 순간을 창조해 낸다는 점을 계속 상기하게 될 것이고, 아래처럼은 쓰지 않을 것이다.

바바라 *(잭에게 잔을 내밀며)* 이 커피 마시겠어, 자기?

화면을 보면 이게 커피인 줄 다 안다. 게다가 잔을 내미는 동작 자체가 '마시겠어?' 하는 권유다. '자기'란 말이 없어도 배우는 다 느낀다. 적을수록 좋다는 걸 아는 배우는 감독에게 이렇게 말할 것이다. "꼭 이 말을 해야 되는 거예요? 내 말은, 이미 잔을 내밀고 있잖아요. 그렇지 않아요?" 그 대사가 잘리고 배우는 아무 말 없이 상대에게 커피잔을 내밀면서도 충분히 감정을 전달하게 된다. 그러면 한편에서 시나리오 작가가 '저놈들이 내 대사를 작살내고 있다.'고 분통을 터뜨리겠지.

둘째, 자기 작품의 모든 인물과 사랑에 빠져라

모든 인물들이 다 훌륭한데 단 한 인물이 끔찍한 영화들이 종종 있다. 이유가 무엇일까? 이 궁금증은 작가가 이 인물을 미워하고 있다는 걸 깨달으면서 비로소 풀린다. 기회가 있을 때마다 작가가 이 역을 시시하게 만들고 창피 주고 있는 것이다. 참으로 이해할 수 없는 일이다. 어떻게 자기가 만든 인물을 작가가 싫어할 수 있을까? 인물은 작가의 자식이나 다름없다. 자기가 탄생시킨 것을 어떻게 미워할 수 있단 말인가? 작가는 자기의 창조물을 모두 사랑해야 한다. 특히 나쁜 인물들일수록 더 그렇다. 그들도 다른 사람들처럼 사랑받을 자격이 있다.

제임스 카메론과 게일 앤 허드는 자신들의 터미네이터를 사랑한 게 틀림없다. 얼마나 멋지게 만들었는지 한번 보라. 모텔 방에서 터미네이터는 고급 칼로 다친 눈을 수리한다. 싱크대 앞에 서서 머리에서 눈알을 꺼내 물에 떨어뜨리고는 수건에 피를 닦는다. 가고일 선글라스를 써서 구멍을 가린 뒤 거울을 들여다보며 머리를 매만진다. 관객은 감탄하며 생각할 것이다. '방금 머리에서 눈알을 빼내고도 외양에 신경은 무지하게 쓰는구면. 멋깨나 부리네.'

그때 문을 두드리는 소리가 들린다. 그가 고개를 드는 순간 카메라가 그의 시점 숏으로 바뀌면 문 위로 겹쳐진 그의 컴퓨터 화면이 보인다. 그 화면 위로 문 두드리는 소리에 응답하는 말들이 열거되어 있다. '그냥 가요.' '나중에 다시 오세요.' '꺼져라.' '꺼져, 이 새끼야.' 등등. 그가 말을 고르는 사이 커서가 위아래로 움직이다가 '꺼져, 이 새끼야.'에서 멈춘다. 유머 감각까지 갖춘 로봇이다. 이런 장면들 덕분에 관객은 터미네이터가 무슨 행동을 할지 종잡을 수 없게 되고 따라서 최악의 상황을 상상한다. 이제 이 괴물은 더 무시무시해진다. 자기 인물을 사랑하는 작가들만이 그런 장면을 생각해 낼 수 있다.

다음은 악당을 만드는 한 가지 힌트다. 못된 짓을 꾸미는 인물을 구상하는 작가라면 자기를 그 인물의 입장에 놓고 생각해 보는 거다. '내가 이 사람이라면 이 상황에서 어떻게 할까?' 자문해 보면, 필시 죄를 짓고 빠져나가려고 물불을 가리지 않을 것이다. 그 결과 뻔한 악당처럼 행동하며 콧수염이나 만지작대고 있지는 않을 것이다. 미치광이 악당들이야말로 가장 매력적인 존재들이다. 남들의 문제에 깊이 공감하는 듯 잘 들어주면서 남들을 지옥으로 이끄니 말이다.

리 마빈은 30년 동안 악당을 연기한 배우다. 어떤 인터뷰에서 질문자가 항상 나쁜 사람만 연기하니 얼마나 끔찍하냐고 물었다. 마빈은 웃으며 대답했다. "나 말이에요? 나는 나쁜 사람 연기는 안 해요. 내가 연기하는 건, 그저 하루하루 살려고 발버둥치면서 인생에서 주어진 대로 최선을 다하는 사람들입니다. 이런 사람을 나쁘다고 생각하는 사람들도 있겠지만 아니에요. 나는 나쁜 사람을 연기한 적 없는걸요." 마빈이 멋진 악당을 연기할 수 있었던 게 바로 이런 까닭이다. 그는 인간의 본성을 깊이 이해한 장인이었다. 스스로 나쁜 사람이라고 생각하는 사람이 누가 있겠는가.

작가로서 인물에 애착이 가지 않으면 아예 그런 인물은 쓰지 말아라. 반면에 멜로드라마나 전형을 만들어 내려고 인물에 감정 이입하거나 반감을 품지도 말아라. 냉철한 정신을 잃지 않으면서도 모든 인물을 사랑하라.

셋째, 인물은 작가의 자기 인식이다

나는 인간 본성에 대해 아는 모든 것을 나 자신에게서 배웠다.

─안톤 체호프

작가는 어디에서 인물을 찾을까? 부분적으로는 관찰을 통해서다. 작가들은 종종 수첩이나 소형 녹음기를 들고 다니면서 스쳐 가는 삶의 광경을 지켜보다가 그 조각들을 집어 모은다. 그렇게 되는 대로 모은 자료들이 서류함에 그득해진다. 그러다가 생각이 고갈될 때면 상상력을 자극할 아이디어를 찾아 그 자료들을 뒤적거리는 것이다.

관찰은 해야 하지만 지면에 삶을 직접 모방하는 건 잘못이다. 작품 속 인물만큼 복합성이 분명하고 윤곽이 뚜렷한 사람들은 실제로 거의 없다. 대신 작가는 프랑켄슈타인처럼 조각 난 부분들을 기워 인물을 만든다. 자기 여동생의 분석적인 사고와 친구의 코믹한 재치를 한데 모아 고양이의 교활한 잔인성과 리어 왕의 맹목적인 고집스러움에 갖다 붙이는 식이다. 작가는 인간성의 조각들과 가공되지 않은 상상력과 주변에 대한 관찰 등을 빌려 와서 다차원적인 모순으로 조합시킨 다음 인물들로 빚어낸다.

관찰은 인물 묘사의 원천이다. 하지만 깊숙한 성격을 이해하려면 다른 곳을 찾아봐야 한다. 인물이 잘 구현된 글쓰기는 모두 작가의 자기 인식에 뿌리를 두고 있다.

인생의 서글픈 진실 가운데 하나는 이 눈물 많은 골짜기에서 우리가 정말로 아는 사람은 단 한 사람뿐이라는 것이다. 바로 우리 자신이다. 인간은 본질적으로 영원히 혼자다. 누구나 남들과 거리가 있고 모두 변해 가니 서로 완전히 알기란 불가능하고 나이, 성별, 배경, 문화가 뚜렷이 다르고 서로 간에 선명한 차이점들이 존재한다. 하지만 여기에도 한 가지 진실이 숨어 있다. 이런 모든 사실에도 불구하고 우리는 서로 다른 점보다 닮은 점이 훨씬 더 많다. 우리 모두 인간인 까닭이다.

중대한 인간적인 경험은 우리 모두에게 똑같다. 누구나 희로애락을 경험하고 살면서 뭔가 가치 있는 일을 꿈꾸고 소망한다. 거리에서 마주치는 사람들 모두 나름대로 작가와 똑같이 근본적인 생각과 감정을 지니고 있을 게 틀림없다. 그런 까닭에 '내가 이 인물이라면 이런 상황에서 어떻게 할까?' 하고 작가 스스로 물었을 때 정직하게만 대답하면 그게 항상 정답이다. 인간다운 결정을 내릴 테니 말이다. 자신의 인간성에 얽힌 미스터리를 더 깊이 뚫고 들어갈수록, 그래서 자기를 더 잘 이해하게 될수록 남들도 더 많이 이해할 수 있다.

호메로스에서 셰익스피어, 찰스 디킨스, 제인 오스틴, 어니스트 헤밍웨이, 테네시 윌리엄스, 손턴 와일더, 잉마르 베리만, 윌리엄 골드먼 및 다른 모든 대가들에 이르기까지 이야기꾼들의 상상력에서 만들어진 인물들을 죽 살펴보라. 저마다 멋지고 독특하고 숭고한 인간미를 갖춘 인물이 헤아릴 수 없이 많다. 이 모두가 하나의 인간성에서 나왔다는 것을 생각하면 놀랍기 그지없다.

18장

텍스트

대사

이야기와 인물을 설계하는 데 들어간 모든 창의력과 노동은 마지막에 글로 구현되어야 한다. 이 장에서는 시나리오의 텍스트, 즉 대사와 묘사를 살펴보고 그것을 쓰는 기법을 검토한다. 또한 텍스트에서 더 나아가 이야기의 시학을 고찰한다. 시나리오의 언어에 새겨진 이미지의 조직 양식은 궁극적으로 영화의 이미지를 낳고, 이 영화의 이미지가 의미와 감정을 풍요롭게 한다. 이 과정이 이야기의 시학이다.

대사(DIALOGUE)는 대화가 아니다.

카페에서 오가는 대화를 엿들어 보라. 절대로 영화에 담고 싶지 않은 실없는 소리들이라는 걸 금세 깨닫는다. 실제 대화는 어색하게 자꾸 끊기고 어휘 선택이며 표현이 부실한 데다 불합리한 추론들에 쓸데없이 반복만 많다. 좀처럼 핵심도 없고 결론도 나지 않는다. 하지만 대화란 게 요점이나 결론을 내리려는 것은 아니니 별문제는 없다. 대화는 이른바 심리학자들이 말하는 '의사소통의 통로를 열어 두기' 위한 것이다. 관계를 진전시키고 변화시키는 게 모두 말을 통해서다.

친구 둘이 길에서 만나 날씨 이야기를 주고받을 때 이 대화가 단지 날씨에 관한 건 아니지 않은가? 무슨 말이 오가는가? "나는 네 친구잖아. 바쁘지만 잠깐 짬을 내어 여기 같이 서서 우리가 진짜 친구라는 걸 새삼 확인하고 가자." 뭐, 이런 이야기가 아니겠는가? 스포츠, 날씨, 쇼핑 등 무엇이든 화제가 될 수 있다. 하지만 텍스트와 서브텍스트는 다르다. 말하고 행동하는 게 곧 느끼고 생각하는 바는 아니다. 영화의 장면 역시 겉으로 보이는 것과 실상은 다르다. 따라서 영화의 대사는 일상적인 대화의 리듬을 갖되 평범하지 않은 내용을 담고 있어야 한다.

첫째로 영화의 대사는 압축되고 경제적이어야 한다. 가능한 한 짧은 말로 많은 것을 이야기해야 한다. 둘째, 방향이 있어야 한다. 대사가 한 번 오갈 때마다 중복 없이 행동의 변화를 따라 장면 내 비트들의 방향이 바뀌어야 한다. 셋째, 반드시 목적이 있어야 한다. 한 줄 한 줄, 또는 한 번 주고받는 대사가 모두 장면을 구성해 가는 단계다. 이것이 모여 전환점을 중심으로 장면이 원활히 전개되는 것이다. 그러나 이렇게 정밀함을 지녔음에도 대사는 평범한 대화처럼 들려야 한다. 자연스러운 구어체 어휘와 적절한 생략, 속어, 필요하면 더 심한 말이라도 사용해야 한다. "보통 사람들처럼 말하되 현명한 사람들처럼 생각하라." 아리스토텔레스의 권고다.

영화는 소설이 아니라는 점을 기억하라. 영화의 대사는 말해지고 나면 끝이다. 배우에 입에서 떨어지는 순간에 말이 이해되지 않으면 관객은 화가 나 수군댄다. "뭐라고 말한 거야?" 영화는 연극과도 다르다. 영화는 보는 것이고 연극은 듣는 것이다. 영화의 미학은 80퍼센트가 시각적이고 20퍼센트가 청각적이다. 관객은 듣고 싶은 게 아니라 보고 싶어 한다. 에너지가 눈으로 쏠리기 때문에 사운드트랙은 반쯤밖에 안 들린다. 연극은 80퍼센트가 청각이고 20퍼센트가 시각이다. 주의가 귀로 집중되기 때문에 무대는 절반쯤밖에 보이지 않는다. 따라서 희곡 작가는 정교하고 화려한 대사를 이어 갈 수 있어도 시나리오 작가는 그럴 수 없다. 영화의 대사는 짧고 구조가 간단한 문장이어야 한다. 대개 '주어-목적어-술어'거나 '주어-보어-술어'의 순으로 움직인다.

예컨대 이렇게 쓸 수는 없다. "맨해튼 5번가 666번지 건물에 위치한 데이터 통신 회사의 재정 최고 책임자인 찰스 윌슨 에번스 씨가 회사의 연금 자금을 횡령하고 손실을 은폐하려는 사기 행각으로 관계 당국에 고발되어 오늘 체포되었는데, 그는 하버드 경영대학원을 차석으로 졸업한 재원으로 6년 전에 지금의 이사직으로 승진했다." 이걸 다듬어야 한다. "찰리 에번스 알지? 데이터 통신 회사 CFO 말이야. 세상에. 체포됐대. 회사 금고에 손을 댔다나 봐. 하버드 대학원까지 나왔으면 훔치고 빠져나가는 법 정도는 알아야지." 같은 아이디어라도 짧고 간단한 문장들로 나눠서 구어체로 표현하면 관객도 조금씩 쉽게 이해한다.

대사의 문장은 완결적일 필요가 없다. 말하면서 항상 주어나 술어에 신경 쓰지는 않는다. 위에서처럼 통상 주어나 수식어 등을 생략하고 짧은

구나 감탄사로 이야기한다.

써 놓은 대사를 소리 내서 읽어 보라. 더 좋은 방법은 녹음을 해서 들어 보고 혀가 꼬이거나 발음하기 까다로운 표현이 있는지 확인하는 것이다. 이를테면 "딴 깡통 말고 안 딴 깡통 없어요?" 이런 식의 표현들 말이다. 대사 자체에 주의를 끄는 말은 쓰지 말아라. 자기가 써 놓고 멋지다고 감탄하는 대사 말이다. 유난히 멋지고 문학적인 대사를 썼다 싶으면 그 즉시 잘라 내라.

짧은 대사

고대 그리스의 연극에서는 짧은 대사를 빠르게 주고받는 것을 일컬어 '스티코미시아(Stichomythia)'라고 했다. 영화 대사의 정수는 바로 이 스티코미시아에서 찾을 수 있다. 긴 연설은 영화 미학과 대립된다. 한 대사가 한 쪽을 가득 채우고 있으면 말하는 1분 내내 카메라가 인물의 얼굴을 비추고 있어야 한다. 시계의 초침이 60번을 째깍거리며 기어가는 걸 지켜보라. 1분이 짧은 시간이 아니라는 걸 알게 될 것이다. 10초에서 15초 내에 관객의 시선이 시각적으로 표현된 것을 모두 흡수하고 나면 이 숏은 불필요해진다. 고장 난 녹음기에서 같은 소리가 계속 반복될 때와 같은 효과다. 눈은 지루해지면 화면을 떠난다. 눈이 화면을 떠나면 관객을 잃은 것이나 다름없다.

문학적 야심이 있는 작가들은 이 문제를 대수롭지 않게 여기곤 한다. 대사가 길어지면 듣는 사람 얼굴로 화면을 옮겨 가며 편집자가 숏을 나눠 줄 거라고 생각한다. 하지만 이러면 다른 문제들만 더 생긴다. 듣는 사람을 비추면 화면 밖에서 배우의 말소리만 들리게 된다. 음성과 얼굴이 분리되는 경우 배우가 더 천천히 아주 또박또박 말해야 한다. 왜냐하면 사실 관객은 입술을 읽기 때문이다. 관객은 대사의 50퍼센트를 배우가 말하는 모습을 보며 이해한다. 얼굴이 보이지 않으면 더 이상 듣지 않는다. 때문에 화면 밖에서 대사를 하는 배우들은 관객이 놓치지 않길 바라면서 주의 깊게 한마디씩 내뱉듯 말을 해야 한다. 게다가 화면 밖에서 들리는 목소리는 말하는 사람의 서브텍스트를 잃게 된다. 대신 듣는 사람의 서브텍스트가 관객에게 주어지지만 그것은 관객의 관심 밖일지 모른다.

그러니 긴 대사를 쓸 때에는 아주 현명하게 판단해야 한다. 그래도 한쪽이 대사를 전부 다 하고 상대가 조용히 있는 게 그 순간에 적합하다 싶으면 긴 대사를 써라. 단 인생에는 독백이 없다는 점을 염두에 두며 써라. 인생은 대화다. 행동이 있으면 반응이 있다.

배우가 긴 대사를 해야 하는데, 상대 인물이 들어서면서부터 시작되는 대사고, 첫 줄이 "사람을 왜 이렇게 기다리게 해."라고 해 보자. 이 첫 말에 대한 반응을 보기 전에 어떻게 다음 할 말을 알겠는가? 상대가 난처해하며 사과하는 반응을 보이면 이쪽의 다음 행동도 누그러지고 그에 따라 대사의 억양도 달라질 것이다. 반면 상대가 도리어 인상을 구기며 적대적인 반응을 보이면 이쪽의 다음 대사도 성난 어조로 바뀔 것이다. 방금 한 말의 반응을 감지하기 전까지 어떻게 순간순간 다음에 무슨 말이나 행동을 할지 알겠는가? 알 수 없다. 삶은 언제나 작용과 반작용이다. 독백은 없다. 완벽하게 준비된 말도 있을 수 없다. 중요한 순간을 머릿속으로 제아무리 많이 연습해 두어도 실전은 즉흥적이다.

따라서 영화 미학을 이해하는 작가라면 긴 대사를 나누어 인물의 행위를 구성하는 일정한 행동/반응들을 만들어 낼 것이다. 대사 중간중간에 침묵하는 반응을 넣어서 말하는 인물의 호흡을 바꿔 줄 수도 있다. 「아마데우스」에서 살리에르가 신부에게 고해하는 대목이 그런 예다.

> **살리에르**　저는 단지 하느님께 찬송을 바치기를 원했을 뿐입니다. 주님이 제게 그 열망을 주셨습니다. 그러고는 저를 침묵하게 만드시다니요. 왜입니까? 말씀해 주십시오.

> 신부는 당황하고 힘겨워하며 고개를 돌린다. 그래서 살리에르가 자기 물음에 자기가 대답한다.

> **살리에르**　제가 음악으로 그분을 칭송하길 원치 않으셨다면 왜……, 육체의 욕망 같은 그런 소망을 심어 주셨나요? 그래 놓고 왜 제게 재능을 주지 않으시는 겁니까?

또는 대사 중간중간 묘사를 삽입해도 같은 효과를 누릴 수 있다. 예컨대 위 장면의 뒷부분이 그렇다.

> **살리에르**　이해하시겠지요, 저는 그 소녀를 사랑했습니다…….
> *(자기가 선택한 말에 흡족해하며)*
> 아니면 적어도 욕정을 느낀 건 사실입니다.
> *(신부가 무릎에 놓인 십자가를 내려다보는 것을 쳐다보며)*
> 하지만 맹세컨대, 손가락 하나 댄 적이 없습니다. 전혀요.
> *(신부가 엄숙하게 뭔가 판단하듯 위를 쳐다본다.)*
> 그렇지만 다른 누가 그녀를 건드린다는 건 생각만 해도 견딜 수가 없습니다.
> *(모차르트에 대한 생각에 화가 나서)*
> 더더욱…… 그 인간은.

위의 살리에르처럼 인물이 자기에게, 즉 자신의 생각과 감정에 반응할 수도 있다. 그것도 장면의 역동성을 구성하는 일부다. 인물 내부에서, 인물들 간에서, 인물과 외부 세계 간에서 나타나는 행동/반응의 유형들이 시나리오상에 드러나게 하라. 그러면 읽는 사람의 상상 속에서 실제로 영화를 보는 것 같은 느낌이 들면서 이 작품이 말만 많고 볼 게 없는 영화가 아니라는 것을 이해하게 된다.

미결된 문장

잘못 쓴 대사에는 쓸모없는 말들, 특히 부사구 같은 수식어구가 문장에 길게 널려 있다. 그래서 이미 중반쯤에 의미가 전달되었는데도 관객이 뒤의 무의미한 말들까지 듣고 있어야 하고, 그사이에 지루해진다. 더구나 화면의 배우는 그 의미를 신호로 삼아 다음 행동을 준비하고 싶은데도 문장이 끝날 때까지 어색하게 기다려야 한다. 실생활에서는 서로 상대의 말을 끊으며 늘어지는 말꼬리를 잘라 낸다. 그래서 일상적인 대화는 빠르게 굴러간다. 촬영 중에 배우와 감독이 대사를 고쳐 쓰는 또 하나의 이유가 이것이다. 장면을 활기 있게 돋우고 다음을 알리는 신호가 얼른얼른 이어질 수 있도록 대사의 가지를 쳐내는 것이다.

뛰어난 대사일수록 도미문(掉尾文, Periodic Sentence)이 되곤 한다. "나보고 하라는 게 아니었으면 뭐 하러……, 준 거야?" 뭘 말인가? 눈길을? 총을? 키스를? 도미문은 '미결된 문장(Suspense Sentence)'이다. 문장의 마지막까지 의미를 지연시켜 관객과 배우 모두가 문장을 끝까지 귀 기울여 듣게 만드는 것이다. 앞서 예로 든 피터 셰퍼의 훌륭한 대사를 다시 읽어 보라. 거의 모든 문장이 미결된 문장이라는 걸 알게 될 것이다.

무언의 시나리오

영화 대사에 대한 최선의 충고는 '쓰지 말라'는 것이다. 시각적으로 표현할 수 있으면 절대 대사로 쓰지 말라. 모든 장면을 공략하는 첫 번째 작전은 이래야 한다. 이 장면을 어떻게 순전히 시각적으로 표현해서 대사에 한 줄도 의존하지 않을 수 있을까? 효과 감소의 법칙에 따라야 한다. 대사는 많이 쓸수록 효과가 줄어든다. 인물이 앉으나 서나 쉴 새 없이 말하도록 대사를 쓰면 정작 좋은 대사들이 이런 말의 홍수 속에 묻혀 버린다. 하지만 보여 주는 장면이 계속되다가 불가피한 경우에 대사가 나오면 대사에 굶주리던 관객의 관심에 불이 붙는다. 기름기 없는 대사가 시각적인 표현을 배경으로 도드라지면서 힘을 발휘하는 것이다.

「침묵」을 예로 들어 보자. 에스더와 안나(잉리드 툴린, 군넬 린드블룸)는 레즈비언 자매로 약간 사도마조히즘적인 관계 속에 살아간다. 에스더는 결핵으로 심하게 아픈 상태다. 양성애자인 안나는 사생아가 하나 있고 언니를 괴롭히기 좋아한다. 그들은 고향인 스웨덴으로 여행 중이고 영화는 이 여행 중 한 호텔에서 일어나는 일을 담는다. 베리만이 쓴 장면 중에 이런 게 있다. 안나가 호텔 레스토랑으로 내려가 일부러 웨이터의 유혹에 몸을 맡긴다. 이 오후의 정사로 언니를 화나게 하려는 속셈이다. '웨이터가 손님을 유혹하는' 장면이라, 다소 흔한 설정이다. 이걸 어떻게 표현하겠는가?

웨이터가 메뉴를 펼치고 음식을 추천하는가? 여자에게 호텔 투숙객인지 멀리 여행하는 중인지 물어보면서? 옷맵시가 좋다고 칭찬도 하고? 이 지역을 잘 아느냐고 묻고는 일 끝나고 관광시켜 주겠다고 슬쩍 떠보는가? 웨이터의 입에서 쉴 새 없이 말이 이어진다.

베리만은 어떻게 하는지 보자. 웨이터가 식탁으로 다가와 우연인 척 고의로 냅킨을 떨어뜨린다. 냅킨을 주우러 몸을 숙이면서 천천히 안나의 머리에서 발 끝까지 훑으며 냄새를 맡는다. 그에 대한 반응으로 안나는 길고 느리게 거의 신음하듯 숨을 들이쉰다. 화면이 바뀌면 그들은 호텔 방에 있다. 완벽하지 않은가? 순전히 시각적으로 관능적인 분위기를 표현한다. 말은 한마디도 없고 필요하지도 않다. 시나리오는 이렇게 쓰는 것이다.

알프레드 히치콕이 이런 말을 한 적이 있다. "시나리오를 다 쓰고 대사를 더했으면 촬영할 준비가 된 것이다."

시나리오 작가의 첫 번째 선택은 이미지다. 대사는 안타깝게도 부차적인 선택이다. 시나리오에 마지막으로 한 겹 더하는 게 대사다. 물론 멋진 대사를 싫어하는 사람은 없다. 하지만 대사는 적을수록 좋다. 시각적 이미지에 충실한 영화에서 대사가 나올 때 비로소 그 대사가 흥미진진하고 들을 맛이 난다.

묘사

시나리오 읽는 이의 머릿속에 영화를 집어넣어라

시나리오 작가는 불쌍한 존재다. 절대 시인이 될 수 없기 때문이다. 은유니 직유니, 두운이니 각운이니, 압운이니 운율이니, 제유니 환유니, 과장법이니 완곡법이니 수사법이니 하는 것들을 시나리오 작가는 쓸 수가 없다. 시나리오는 문학의 모든 본질을 담고 있되 문학적이어서는 안 된다. 문학적인 작품은 그 자체로 완결적이다. 반면 시나리오는 카메라를 기다리는 글이다. 문학이 아니라면 시나리오 작가는 어떤 야심을 품어야 할까? 읽어 가다 보면 상상 속으로 영화가 자연히 흘러 들어가도록 묘사하는 글쓰기다.

만만한 과제가 아니다. 첫째로 묘사하려는 게 정확히 무엇인지 인식해야 한다. 화면을 보고 있다는 느낌으로 떠올려라. 모든 언어적 표현의 90퍼센트는 영화로 똑같이 표현하기 불가능한 것들이다. 예컨대 '그는 오랫동안 거기 앉아 있었다.'를 어떻게 카메라로 담아내겠는가? 그렇기 때문에 작가는 끊임없이 '화면에 지금 무엇이 보이는가' 질문해 보며 상상력을 훈련해야 한다. 그런 다음 카메라로 담아낼 수 있는 것만 묘사하라. 가령 오래 기다리고 있음을 암시하는 표현으로 '그는 열 개째 담배꽁초를 비벼 끈다.'라든가 '그는 시계를 초조하게 흘끔거린다.' 또는 '그는 애써 잠을 쫓으며 하품을 한다.' 등이 가능하다.

현재의 생생한 행동

생래적으로 영화는 쉴 새 없이 생생하게 움직이는 절대적인 현재 시제를 존재 조건으로 삼는다. 시나리오를 현재 시제로 쓰는 이유는 소설과 달리 영화는 현재의 긴장된 상황에 서 있기 때문이다. 회상 장면을 통해 앞이나 뒤로 건너뛰더라도, 거기도 역시 새로운 '지금'이다. 게다가 화면에서는 쉴 새 없이 행동이 표현된다. 심지어 정적인 숏들도 생동감이 있다. 이미지는 움직이지 않더라도 관객의 눈이 부지런히 화면을 옮겨 다니며 정지된 이미지에 생기를 불어넣기 때문이다. 삶과 달리 영화는 생생하다. 간혹가다 건물에 반사되는 빛이나 진열장의 꽃이나 군중 속에 섞인 어떤 여자의 얼굴이 우리의 판에 박힌 일상을 깨뜨릴 때가 있긴 하다. 하지만 날마다 거리를 걸으면서도 우리의 시선은 바깥보다 우리 머릿속으로 더 향해 있어서 세상을 건성으로 보고 듣는다. 반면 영화는 상영되는 시간 내내 강렬하고 생생한 경험을 준다.

시나리오에서는 사물의 이름들에서 생생함이 묻어 나온다. 명사는 물체의 이름이고 동사는 행동의 이름이다. 생생한 글을 쓰려면 수식어가 줄줄이 딸려 있는 뭉뚱그린 명사나 동사를 피하고 사물의 직접적인 이름을 찾아라. '목수가 큰 못을 사용한다.'가 아니라 '목수가 대갈못을 박는다.'고 하는 게 낫다. '못'은 총칭적인 명사이고 '큰'은 수식어다. '대갈못'이라는 힘 있는 단어는 읽는 이의 머릿속에 생생한 이미지를 연상시키는 반면 '못'은 흐릿한 느낌이다. 큰 못이라니 어느 정도를 가리키는지도 분명치 않다.

동사도 마찬가지다. 특징이 없는 전형적인 문장을 하나 예로 들자. '그는 서서히 방을 가로질러 움직이기 시작한다.' 영화에서 어떻게 방을 가로지르기 '시작'할 수가 있나? 영화에서 인물은 방을 가로지르거나 걸음을 떼거나 멈춘다. 더구나 '서서히 움직인다'니 막연하고 밋밋한 서술이다. 대신 행동에 특징을 붙여라. '그는 쿵쿵거리며 방을 가로지른다.' 또는 어슬렁거리다, 서성대다, 빈둥거리다, 비틀대다, 발끝으로 걷다, 살금살금 걷다, 비척비척 걷다, 종종걸음 치다, 터덜터덜 걷다, 갈지자로 걷다, 절름거리다 등 여러 표현이 가능하다. 움직임 자체에 특성을 부여해야 생생함이 전달된다.

'있다'거나 '이다'같이 정태적인 표현들도 삼가라. 화면 안에서는 정지된 상태가 허용되지 않는다. 이야기는 끝없는 변화와 생성의 과정이다. '작은 마을의 언덕 위에 큰집이 한 채 있다.' 이런 표현은 쓰지 말아라. '뭐가 또는 누가 있다.' 같은 말은 취약하기 짝이 없는 표현이다. 게다가 '큰

집'이나 '언덕'이나 '작은 마을'이나 다 애매하긴 마찬가지다. 대신 이렇게 바꿔 보면 어떨까. '가파른 기슭에서 대저택 한 채가 읍내를 굽어본다.' 헤밍웨이는 추상적인 표현이나 긴 수식어구를 싫어하고 가능한 한 구체적이고 직접적인 명사와 동사를 즐겨 쓰기로 유명하다. 헤밍웨이식의 간명한 표현이라면 설정 숏까지도 생생하게 느껴질 수 있다. 묘사가 훌륭한 시나리오는 상상력과 풍부한 어휘를 필요로 한다.

'화면에 보이는 게(또는 들리는 게) 무엇인가?' 물어서 해당이 없는 은유나 직유도 모두 빼 버려라. 밀로스 포먼의 지적한 대로 "영화에서 나무는 나무다." 가령 '마치 뭐뭐인 것처럼'이라는 표현은 영화에 존재하지 않는다. 장면에서 이런 가정은 소용이 없다. 행동이 있을 뿐이다. '저택이 굽어본다.'라거나 '문이 총소리처럼 탕 하고 닫힌다.' 정도는 시험을 통과할 만하다. 저택을 전경에 두고 앵글을 잡아 읍내를 굽어보는 듯한 인상을 주게끔 촬영할 수가 있고 문을 닫을 때 귀청을 찢는 소리를 낼 수도 있기 때문이다. 실제로 「의문의 실종」에서는 문 닫히는 소리의 모든 음향 효과를 총소리로 낸 바 있다. 의식적으로는 문 닫는 소리를 듣지만 무의식적으로는 총소리에 대한 반응을 일으켜 은밀히 긴장을 고조시키기 위해서다.

한편 유럽 시나리오 기금 공모에 제출된 시나리오 가운데 이런 경우가 있었다. '정글에서 눈을 감는 사자처럼 태양이 진다.' 또는 '도로는 구불거리다가 곧게 나아가다 다시 깊게 홈을 파며 산허리까지 오르면서 멀리 가장자리에 닿을 때까지 힘겹게 이어진 뒤, 시야에서 잠시 사라지더니 느닷없이 지평선 위로 다시 터져 나온다.' 이런 시나리오는 감독이 빠지기 쉬운 함정이다. 혹하게 들리지만 촬영이 불가능하다. 이런 구절을 쓴 유럽의 작가들은 시나리오를 쓰는 훈련이 부족한 게 사실이지만 표현력 있는 글을 쓰려고 진심으로 노력한다. 반면 미국 작가들은 냉소주의와 태만에 빠져 빈정대기만 할 때가 많다. 다음이 그런 예다.

'베니는 작은 키에 근육질인 삼십 대 영국 남자로, 살다가 적어도 한 번쯤은 닭 대가리를 물어뜯었을 법한 정신 이상의 기운이 조금 풍긴다.' 또는 '짐작하신 대로다. 이제 정사 장면이 나가신다. 자세히 쓰고 싶지만 우리 엄마가 읽으실까 봐 참는다.' 재미있다. 하지만 그게 바로 이런 작가들이 노리는 것이다. 읽는 사람이 재미있다고 웃다가 자기네가 글 쓸 능력이 없다는 걸 못 알아차리길 바란다. 이들은 빈정거림을 가장해 공허한 이야기에 의존한다. 가장 단순한 아이디어 하나라도 장면으로 표현해 낼 글솜씨도 재능도 자신감도 없기 때문이다.

'우리에게 들린다.' 또는 '우리에게 보인다.' 같은 표현도 없애라. 영화에 '우리'는 존재하지 않는다. 일단 영화가 시작되면 극장이 텅 빈들 작가가 알 바 아니다. 시나리오에서 '우리에게 보인다.' 같은 말을 쓰면 촬영팀이 렌즈를 들여다보는 이미지가 주입되어서 읽는 사람이 영화를 상상하는 데 방해가 된다.

촬영이나 편집에 관련된 표기들도 빼 버려라. 배우가 시나리오의 구체적인 동작 묘사를 무시하는 것과 같이 감독들도 '포커스 이동(RACK FOCUS TO)', '카메라 팬(PAN TO)', '타이트 투 숏(TIGHT TWO SHOT ON)' 등의 지시 및 시나리오에서 영화를 연출하려는 온갖 시도를 비웃는다. '트랙 숏(TRACK ON)'이라고 써 두면 읽는 사람이 영화의 장면들을 더 매끄럽게 상상할까? 아니다. 오히려 영화가 제작되는 과정을 보게 될 뿐이다. '화면 바뀌면(CUT TO)', '갑자기 화면 바뀌면(SMASH CUT TO)', '디졸브되면(LAP DISSOLVE TO)' 등등 장면 전환 표기도 지워라. 읽는 사람은 모든 앵글의 변화가 한 컷으로 된다고 가정하며 읽는다.

요즘의 시나리오는 마스터 장면 시나리오(Master Scene Screenplay)로 안정되는 추세다. 이야기 전개에 반드시 필요한 앵글들만 포함할 뿐 더 자세한 것은 다루지 않는다. 다음이 그런 예다.

[식당. 낮. 실내]
잭이 들어오며 문 옆에 있는 오래된 의자 위에 서류 가방을 내려놓는다. 그는 식탁 위에 쪽지가 접혀 있는 걸 발견한다. 느릿느릿 걸어가 쪽지를 집어 들어 펼쳐 읽는다. 그러고는 쪽지를 구기면서 의자에 털썩 주저앉아 머리를 손에 파묻는다.

만약 관객이 앞 장면에서 쪽지의 내용을 봐서 알고 있으면, 그냥 잭이 쪽지를 읽고 의자로 쓰러지는 묘사로 충분하다. 하지만 관객이 잭과 함께 쪽지를 읽지 않으면 이야기를 못 따라갈 정도로 중요한 문제라면 이렇게 바꾸어 볼 수 있다.

[식당. 낮. 실내]
잭이 들어오며 문 옆에 있는 오래된 의자 위에 서류 가방을 내려놓는다. 그는 식탁 위에 쪽지가 접혀 있는 걸 발견한다. 느릿느릿 걸어가 쪽지를 집어 들어 펼친다.

쪽지 삽입:
아름다운 필기체로 이렇게 쓰여 있다: '잭, 나는 짐을 싸서 떠나요. 나에게 연락하려 하지 말아요. 변호사를 고용했어요. 그녀가 연락할 거예요. 바바라.'

장면으로 돌아옴,
잭이 쪽지를 구기고는 의자에 털썩 주저앉아 머리를 손에 파묻는다.

다른 예도 가능하다. 만약 잭이 머리를 손에 파묻고 의자에 앉아 있다가 밖에서 차가 멎는 소리를 듣고 황급히 창가로 달려간다면, 그리고 잭의 눈에 보이는 광경을 관객이 꼭 봐야 이야기를 이해할 수 있을 만큼 중요하다면 다음과 같이 이어 갈 수 있다.

장면으로 돌아옴,
잭이 쪽지를 구기고는 의자에 털썩 주저앉아 머리를 손에 파묻는다.
갑자기 밖에서 차 멈추는 소리 들린다. 잭은 황급히 창가로 달려간다.

잭의 시점 숏
커튼을 통해 길을 내다보면 바바라가 자신의 스테이션왜건에서 내려 차 문을 열고 여행 가방을 꺼낸다.

카메라 잭을 비추면,
창문에서 돌아서며 바바라의 쪽지를 방에 팽개친다.

하지만 만약 바바라가 전에도 두 번이나 이런 적이 있는 데다 잭의 화난 반응으로 보아 차 멎는 소리로 바바라가 잭에게 돌아온 것임을 관객이 짐작할 수 있다면, 시나리오의 묘사는 식당에 있는 잭의 마스터 숏(Master Shot)으로 충분할 것이다.

그러나 '마스터 장면 시나리오'는 기본적인 이야기 전개를 넘어서 작가가 영화의 방향에 강한 영향력을 행사하도록 해 준다. 작가는 빽빽한 단락들을 여러 개의 묘사 단위로 나누어서 각각에 카메라의 거리나 구성을 넌지시 암시하는 이미지와 언어를 사용할 수 있다. 그러면 앵글을 직접 지정하지 않으면서도 작가의 제안을 전할 수 있다. 다음이 그런 경우다.

[식당. 낮. 실내]
잭이 들어서며 텅 빈 방을 둘러본다. 그는 서류 가방을 머리 위로 들어 올렸다가 문 옆에 놓인 부서지기 쉬운 오래된 의자에 쿵, 소리가 나도록 떨어뜨린다. 그는 소리를 듣는다. 침묵이 이어진다.

만족스런 표정으로 그는 부엌을 향해 어슬렁거리며 걷는다. 그때 갑자기 그가 딱 멈 춰 선다.

그의 이름이 적힌 쪽지가 식탁 위의 장미꽃이 가득한 화병에 기대 세워져 있다.

신경질적으로 그는 결혼반지를 잡아 비튼다.

그는 숨을 가다듬고 느릿느릿 다가가 쪽지를 집어 들고 펼쳐서 읽는다.

같은 내용이라도 행간이 좁은 빽빽한 단락으로 쓰지 않고 사이사이 여백이 들어간 다섯 단위로 나눔으로써 더 구체적인 제안을 암시하고 있다. 순서대로 적어 보면 방의 대부분을 잡아 주는 와이드앵글, 방을 가로지르는 이동 숏, 쪽지의 클로즈업, 결혼반지를 낀 잭의 손가락을 잡은 더 타이트한 클로즈업, 탁자로 따라가는 미디엄 숏 등이다.
서류 가방으로 바바라의 오래된 의자를 내리치는 행동이나 신경질적으로 결혼반지를 만지는 잭의 동작은 그의 감정의 변화를 표현한다. 배우와 감독은 언제나 자유롭게 나름의 아이디어를 즉석에서 시도할 수 있다. 하지만 읽는 사람에게는 짧게 잘린 소단락들이 더 효과적이다. 잭과 방, 잭과 그의 감정, 책과 쪽지로 대변된 그의 아내 등의 행동/반응 유형을 더 선명하게 보여 주기 때문이다. 이게 장면의 생명이다. 이제 감독과 배우도 이 유형을 중심으로 장면의 핵심을 포착해 낼 것이다. 얼마나 정확하게 포착하는가는 그들의 창의적인 과제다. 어쨌든 마스터 장면 기법은 시나리오를 읽기 쉽게 만들어 줌으로써 영화를 보는 듯한 느낌을 더 생생하게 전달하는 효과가 있다.

이미지 조직 양식

시인으로서의 시나리오 작가

"시나리오 작가는 불쌍한 존재다. 절대 시인이 될 수 없기 때문이다." 이 말은 실은 진실이 아니다. 영화는 시인의 영혼을 가진 작가에게 기막히게 좋은 매체다. 단, 이야기 시학의 특성과 이것이 영화에서 작용하는 원리를 작가가 이해한다면 말이다.

시적(poetic)이라 함은 예쁘다는 말이 아니다. 실망스러운 영화를 보고 나서 관객들이 '그래도 촬영은 아름답다.'라고 중얼거릴 때의 화려한 이미지들은 전혀 시적이지 못하다. 가령 「마지막 사랑」을 보자. 이 작품에서 다루는 인간적인 내용은 불모성 또는 절망적인 무의미함이다. 한때 실존적 위기라고 말하던 문제다. 소설에서는 사막이라는 공간이 주인공들의 삶의 불모성을 은유적으로 표현하고 있다. 하지만 영화는 여행사 안내 책자의 관광 엽서다운 매력을 뽐어 댈 뿐 내면의 고통은 거의 느껴지지 않는다. 주제가 예뻐야 예쁜 그림도 어울린다. 「사운드 오브 뮤직」처럼 말이다.

시적이라 함은 표현력이 강렬하다는 말이다. 이야기의 내용이 아름답든 기괴하든, 종교적이든 세속적이든, 평온하든 폭력적이든, 전원적이든 도시적이든, 서사적이든 개인적이든 간에 중요한 것은 내용의 충실한 표현이다. 잘 쓴 좋은 이야기에 연출도 연기도 괜찮으면 좋은 영화가 나올 것이다. 하지만 여기에다 시적인 표현성이 더해져 작품이 풍부하게 심화되면 아마 위대한 영화가 만들어질 것이다.

우선 작가는 이야기의 의식에 참여한 관객으로서 시각적이건 청각적이건 모든 이미지에 상징적으로 반응한다. 대상 각각이 선택된 데에는 본뜻 외에 다른 의미가 있다는 점을 관객은 본능적으로 감지한다. 그래서 모든 외연에 내포를 더한다. 자동차가 멈추는 대목에 대한 반응은 단순히 '차량'이라는 어중간한 생각에 머무르지 않는다. 함축된 의미를 부여하는 것이다. '메르세데스—부자임', 또는 '람보르기니—돈은 많은데 멍청함', '녹슨 폭스바겐—예술가임', '할리데이비슨—위험함', '빨간색 트랜스암—성 정체성에 대해 문제가 있음' 등등. 관객의 이런 자연스러운 성향을 바탕으로 작가는 이야기를 만들어 간다.

잘 쓰인 이야기를 시적인 작품으로 손보는 첫 단계는 작품에 들어가는 현실적인 요소들을 엄선해서 90퍼센트를 제외시키는 것이다. 세상에 존재하는 사물의 대다수가 특정 영화에 사용하기에 맞지 않는 함의를 지닌다. 따라서 가능한 이미지의 스펙트럼을 적합한 함의를 가진 대상들로 엄격히 좁혀야 한다.

예를 들어 제작 과정에서 감독이 장면에 화병을 더하고 싶어 하면 한 시간은 심각한 토론이 이어진다. 어떤 종류의 화병인지, 어느 시기의 것인지, 모양은 어떻고 색깔은 어떠해야 하는지, 재질은 뭔지, 꽃은 꽂혀 있는지, 있다면 무슨 꽃인지, 어디에다 둘 건지, 전경인지 뒷배경인지 중간

인지, 숏의 좌측 상단인지 우측 하단인지, 초점 거리에 들어오는지, 조명
은 받는지, 인물이 만지는 장면은 있는지 등등. 왜냐하면 이건 그냥 화병
이 아니라 상징적인 의미로 충만한 대상이기 때문이다. 숏 내에 있는 다
른 사물들은 물론이고 영화 전체에 걸쳐 상징적인 의미를 내뿜는 것이다.
모든 예술 작품들이 그렇듯 영화도 대상 하나하나가 서로 다른 이미지나
대상과 관계되는 통일체다.

적합한 대상들로 이미지를 한정한 다음 작가는 이미지의 조직 양식을
이용해 영화에 힘을 싣는다. 이런 양식은 흔히 여러 가지가 동시에 작용
하곤 한다.

> **이미지 조직 양식**(IMAGE SYSTEM)은 모티프를 활용하는 전략으로서 영
> 화에 새겨진 심상의 한 범주다. 영화의 처음부터 끝까지 꾸준히 그러면
> 서도 매우 다양하게 시각적·청각적으로 반복되지만 동시에 대단히 미
> 묘해야 한다. 잠재 의식적인 소통 과정을 바탕으로 미적인 감정을 더 깊
> 고 복합적으로 증폭시키기 위해서다.

'범주(Category)'란 충분한 다양성을 지닐 만큼 폭넓은 물리적 세계에서
도출된 일종의 주제다. 이를테면 자연의 한 차원(동물, 계절, 빛과 어둠 등)도 일
종의 범주고, 인간 문화의 한 차원(건물, 기계, 예술 등)도 범주인 셈이다. 범주
가 성립되려면 꾸준한 반복이 필요하다. 한두 가지의 고립된 상징은 거의
효과가 없다. 하지만 일단 이미지들이 조직적으로 되풀이되면 그 효력은
대단하다. 다양함과 반복을 통해 이미지의 조직 양식이 관객의 무의식으
로 스며드는 까닭이다. 그러나 가장 중요한 것은 이런 영화의 시학을 거

의 눈에 보이지 않게 다루어야 한다는 점이다. 관객이 의식적으로 알아차리지 못해야 한다.

이미지의 조직 양식은 외적 심상이나 내적 심상 중 하나를 통해 만들어진다. 영화 외부에서 이미 상징적인 의미를 가진 어떤 범주를 골라서 영화 내에서도 똑같은 의미로 사용하는 게 외적 심상이다. 이를테면 이미 애국심의 상징으로 여겨지는 국기를 이용해 애국심을 표현하는 경우다. 「록키 4」에서 록키가 러시아 선수에게 승리를 거둔 뒤 커다란 성조기로 몸을 감싸는 대목이 그렇다. 또는 신앙심의 상징인 십자가를 이용해 신에 대한 사랑을 표현하거나 거미줄로 덫을 나타내거나 눈물방울로 슬픔을 표현하는 것도 마찬가지다. 외적 심상은 학생 영화에 단골로 등장한다.

내적 심상은 영화 밖에서 상징적인 의미가 있을 수도 있고 없을 수도 있는 범주를 골라 영화에 사용함으로써 완전히 새로운 의미를 부여하는 경우다. 이 새로운 의미는 오로지 그 영화에만 적합하다.

「디아볼릭」은 1955년 시나리오 작가이자 감독인 앙리 조르주 클루조가 피에르 부알로의 소설 『이제는 존재하지 않는 사람』을 영화로 각색한 작품이다. 이 작품에서 크리스티나(베라 클루조)는 매력적인 아가씨지만 몹시 수줍고 말이 없고 예민하다. 어릴 적부터 심장 때문에 고생해서 항상 건강 상태가 안 좋다. 몇 해 전 그녀는 파리 변두리의 멋진 저택을 상속받았는데 지금은 고급 기숙 학교가 들어와 있다. 크리스티나가 남편인 미셸(폴 뫼리스)과 함께 이 학교를 운영 중이다. 미셸은 가학적으로 아내를 학대하면서 즐거워하는 못된 놈이다. 게다가 학교 여교사인 니콜(시몬 시뇨레)과 내연의 관계인데 아내한테 하듯 정부에게도 악랄하고 잔인하다.

모두가 이 불륜 관계를 알고 있다. 사실 크리스티나와 니콜은 이 짐승 같은 놈 밑에서 둘 다 고통받으며 가까운 친구가 되었다. 영화 초반부에서 두 사람은 미셸을 죽이는 것이 유일한 해결책이라고 결정을 내린다.

어느 날 밤 두 사람은 학교에서 멀찌감치 떨어진 마을의 아파트로 미셸을 불러들인다. 아파트에는 둘이 몰래 욕조 가득 물을 받아 놓았다. 그가 양복 차림으로 들어와서 거만하게 두 여자를 비웃고 모욕하는 사이, 두 사람은 그를 최대한 취하게 만든다. 그러고는 그를 욕조에 빠뜨려 죽이려 한다. 하지만 그가 그렇게까지 취하지 않은 탓에 한바탕 몸싸움이 일어난다. 가엾은 부인은 무서워 죽을 지경이다. 그런데 니콜이 거실로 달려가 커피 탁자에서 도자기로 만든 표범 동상을 집어 들고 와서 이 무거운 물건을 남자의 가슴에 얹는다. 동상의 무게와 자신의 힘을 다해 니콜은 간신히 그를 물 밑으로 한참 동안 눌러서 익사시킨다.

두 여자는 시체를 방수포로 싸서 소형 트럭의 뒤에 숨기고 한밤중에 몰래 학교로 돌아온다. 겨우내 쓰지 않은 학교 수영장은 수면의 2.5센티미터가량이 물이끼로 덮여 있다. 두 여자가 시체를 그리 던져 넣자 시체는 가라앉아 보이지 않는다. 그들은 재빨리 그 자리를 뜨고 다음 날 시체가 떠올라 발견되기를 기다린다. 하지만 이튿날이 지나도록 시체는 떠오르지 않는다. 며칠이 지나도 마찬가지다.

마침내 니콜은 우연인 척 차 열쇠를 일부러 수영장에 떨어뜨리고 상급생 중 하나에게 꺼내 달라고 부탁한다. 소년은 지저분한 물속으로 뛰어들어 계속 열쇠를 찾는다. 물 위로 올라와서 공기를 좀 들이마시고 다시 들어가서 찾기를 세 번이나 되풀이한다. 마침내 그가 수면 위로 떠오른다. 차 열쇠를 찾았다.

니콜과 크리스티나는 이제 수영장을 치워야 할 때라고 판단한다. 수영장에 물을 빼라고 명령하고 가장자리에 서서 물이 점점 내려가는 것을 지켜본다. 물이 다 빠졌지만 시체는 없다. 그날 오후 파리에서 세탁소 차가 한 대 도착한다. 남자가 죽을 때 입고 있던 양복을 세탁하고 다려서 배달하러 온 것이다. 두 여자는 서둘러 파리의 세탁소로 찾아가 영수증을 받는다. 영수증에는 하숙집의 주소가 적혀 있다. 다시 하숙집으로 향한 그들은 수위에게 말을 건다. 수위가 말하길 "맞아요, 맞아. 남자가 여기 살았는데…… 오늘 아침에 나갔어요."

그들은 학교로 돌아온다. 그런데 더 이상한 일들이 벌어진다. 미셸이 학교 창문에 나타났다 사라졌다 하는 것이다. 상급생들의 졸업 사진을 보니 약간 흐릿하지만 그가 학생들 뒤에 서 있다. 두 여자는 무슨 일이 벌어지고 있는지 갈피를 잡지 못한다. 그는 유령일까? 어떻게든 물에 빠져 죽지 않고 살아나서 우리한테 복수하는 걸까? 다른 누군가가 시체를 발견했나? 그들이 이런 짓을 하는 걸까?

여름 방학이 시작되어 학생들과 교사들이 모두 학교를 떠난다. 그러자 니콜도 가 버린다. 그녀는 더 이상 견딜 수가 없다고 말하며 가방을 싸고는 이 가엾은 부인을 혼자 버려두고 간다.

그날 저녁 크리스티나는 잠들지 못한다. 완전히 잠이 달아나 침대에 일어나 앉는데 심장이 콩닥거린다. 느닷없이 한밤중에 그녀는 남편의 사무실에서 들려오는 타자기 소리를 듣는다. 그녀는 살며시 일어나 심장에 손을 얹고 긴 복도를 조심조심 걸어간다. 그런데 그녀가 막 사무실 문고리를 건드리려는 순간 타자기 소리가 멈춘다.

그녀가 조심스레 문을 열어 보니 그곳 타자기 옆에 마치 커다란 두 손처럼 남편의 장갑이 놓여 있다. 그때 상상도 못 할 공포스러운 소리가 들린다. 뚝뚝 물이 떨어지는 소리. 이제 그녀는 사무실 옆의 욕실을 향한다. 심장이 미친 듯이 뛴다. 그녀가 삐걱대며 욕실 문을 열자 그가 거기 있다. 여전히 그 양복을 입은 채 물이 가득한 욕조에 가라앉아 있는 것이다. 수도꼭지에서는 물이 뚝뚝 떨어지고 있다.

그의 몸이 일어나 앉자 욕조의 물이 폭포처럼 쏟아진다. 눈을 뜨고 있지만 눈알이 없다. 그녀를 향해 손이 뻗어 오자 그녀는 가슴을 움켜쥔다. 그녀는 치명적인 심장 발작을 일으켜 그대로 바닥에 쓰러져 죽는다. 그러자 미셸이 눈썹 밑으로 손을 뻗어 흰 플라스틱 삽입물을 떼어 낸다. 벽장에서 니콜이 뛰어나온다. 그들은 부둥켜안으며 속삭인다. "해냈어!"

「디아볼릭」의 오프닝 타이틀은 회색과 검정이 섞인 추상화처럼 보인다. 다 끝난 듯한 인상이다. 그런데 타이틀이 끝나면서 갑자기 화면의 밑에서부터 위까지 트럭 바퀴가 온통 흙탕물을 튀긴다. 위에서 내려다보는 앵글로 진흙탕을 보고 있다는 걸 깨닫게 된다. 카메라가 올라오며 비 내리는 풍경을 비춘다. 이 첫 순간부터 줄곧 물의 이미지 조직 양식이 쉴 새 없이 잠재적으로 되풀이된다. 영화 속 날씨는 항상 비가 부슬거리며 안개가 끼어 있다. 창문에 응결된 수분은 작은 물방울이 되어 창턱으로 흘러내린다. 저녁 식사로는 생선 요리를 먹는다. 크리스티나가 심장약을 홀짝이는 사이 다른 인물들은 포도주와 차를 마신다. 여름 방학에 대해 의논하면서 교사들은 프랑스 남부의 해안에 가서 물에 들어가는 이야기를 주고받는다. 수영장, 욕조 등등 모두 물의 이미지다. 이제껏 만들어진 영화들 가운데 가장 축축한 영화 중 하나다.

이 영화 외부에서는 물이 긍정적인 것들의 보편적인 상징이다. 축성(祝聖), 정화, 여성성 등 생명 자체의 원형이기도 하다. 하지만 클루조는 이런 가치들을 완전히 뒤집어 물이 죽음의 힘과 공포와 악을 뜻하도록 만든다. 수도꼭지에서 물이 뚝뚝 떨어지는 소리만으로도 관객은 오금이 저리다.

「카사블랑카」에는 세 가지 이미지 조직 양식이 엮여 있다. 이 영화에서 가장 주된 모티프는 감금의 느낌을 만들어 내는 것이다. 카사블랑카라는 도시 자체가 사실상 교도소나 다름없어진다. 인물들은 경찰이 간수라도 되는 것처럼 탈출 계획을 속삭인다. 공항 관제탑의 불빛은 감옥 수용 시설을 감시하는 탐조등처럼 거리를 훑고 지나간다. 한편으로는, 창문의 블라인드와 방의 칸막이, 계단 난간, 심지어 화분에 심은 야자수 잎들까지 그림자를 드리우며 감옥의 창살을 연상시킨다.

두 번째 조직 양식은 특수한 것을 원형적인 것으로 발전시켜 간다. 카사블랑카는 난민 수용 시설로 출발하지만 아랍인들, 유럽인들만이 아니라 아시아인들과 아프리카인들까지 모이면서 유엔의 축소판이 된다. 이 영화에서 미국인은 릭과 그의 친구 샘뿐이다. 릭을 마치 한 국가인 듯 말하는 인물들의 대화를 비롯해 릭을 미국과 관련짓는 이미지들이 되풀이된다. 그러다 마침내는 릭이 미국 자체를 상징하고 카사블랑카가 세계를 상징하게 된다. 1941년에 미국 정부가 그랬듯 릭도 확고한 중립적 입장을 견지하며 또 한 차례의 세계 대전에서 어느 편도 들지 않으려 한다. 투쟁으로 전향하는 릭의 선택은 미국이 마침내 파시즘의 반대편에 선 것을 무의식중에 축하하고 있다.

세 번째 조직 양식은 연결과 분리를 중심으로 한다. 수많은 이미지와 프레임 구성이 릭과 일자를 연결시키도록 쓰이고 있다. 두 사람이 비록 따로 있지만 함께 있어야 할 사람들임을 무의식적으로 강조하는 것이다. 이것과 대치를 이루는 것으로 일자와 라즐로를 떼어 놓으려는 이미지와 구성들이 있다. 일자와 라즐로가 비록 함께 있지만 헤어지는 게 더 낫다는 정반대의 인상을 심어 준다.

「어두운 유리를 통해」는 여섯 개의 줄거리가 합쳐진 다중플롯 영화다. 긍정적인 절정 세 가지는 아버지에 관한 것이고, 부정적인 결말 세 가지는 딸에 관한 것이다. 완벽한 대치를 이루는 구성으로서 이미지 조직 양식을 네 가지나 엮어 내고 있다. 아버지의 이야기들은 열린 공간, 빛, 지성, 언어적인 의사소통 등을 특징으로 한다. 반면 닫힌 공간, 어둠, 동물의 이미지, 성 문제 등을 통해 딸의 갈등을 표현한다.

「차이나타운」에도 네 가지 조직 양식이 작용한다. 두 가지는 외적 심상이고 두 가지는 내적 심상이다. 중요한 내면적 심상은 맹목적으로 보기 또는 그릇되게 보기라는 모티프를 다룬다. 창문, 백미러, 안경, 특히 부서진 안경, 카메라, 쌍안경, 눈 자체, 심지어 뜨고 있지만 보지 않는 죽은 사람의 눈 등이 한데 모여 엄청난 위력을 발휘하며 관객에게 암시한다. 악을 바깥세상에서 찾으려 하는 건 방향이 그릇된 시선이라고 말이다. 악은 이 안에 있다. 바로 우리 안에. 마오쩌둥의 말마따나 "역사는 증상일 뿐 우리가 질병이다."

내면화된 심상의 두 번째는 정치적 타락을 강조해 그것으로 사회의 유대를 다지려고 한다. 허위 계약, 무너진 법의 권위, 부정행위 등이 합쳐져 사회를 결합시키고 진보를 조성하는 계기가 된다. 외적 심상의 두 조직 양식은 물 대 가뭄, 성적인 잔혹함 대 성적인 사랑이다. 두 가지 모두 관습적인 함의를 바탕으로 하지만 예리하게 효과적으로 사용되고 있다.

「에일리언」이 개봉되었을 때 《타임》은 사진과 그림까지 실린 열 쪽짜리 기사를 내보내며 의문을 제기했다. "할리우드가 너무 지나친 짓을 한 걸까?" 이 영화에는 상당히 관능적인 이미지 조직 양식과 강렬한 겁탈 장면이 셋이나 들어 있기 때문이었다.

후속편 「에일리언 2」를 만들면서 제임스 카메론과 게일 앤 허드는 단지 공포 영화에서 액션 모험 영화로 장르만 바꾼 게 아니라 모성애라는 새로운 이미지 조직 양식을 고안해 냈다. 이제 리플리는 소녀 뉴트(캐리 헨)의 대리모가 되고, 소녀는 또 부서진 자기 인형의 대리모다. 이 둘이 맞서는 존재는 우주에서 가장 무서운 모체다. 자궁같이 생긴 둥우리에 알을 낳는 거대한 여왕 괴물인 것이다. 리플리의 대사 중 이런 대목이 있다. "이 괴물들이 당신을 임신시킨다."

「특근」은 단 하나의 내면화된 모티프에 집중하지만 충분히 여러 가지 변주들을 들려준다. 이 영화의 모티프는 다름 아닌 예술이다. 예술은 삶의 장식물이 아니라 일종의 무기로 암시된다. 주인공 폴(그리핀 던)은 번번이 맨해튼 소호 구역의 예술계로부터 공격을 당하다가 마침내는 예술 작품 안에 포장되어 치치와 청에게 도난당한다.

몇십 년 전을 돌아보자. 히치콕의 스릴러물들은 광적인 신앙의 이미지와 성의 이미지를 결합시키는 반면, 존 포드의 서부 영화들은 황야와 문명을 대치시킨다. 사실 수 세기를 거슬러 가 보면 이미지 조직 양식이 이야기 자체만큼이나 오래되었다는 점을 깨닫게 된다. 호메로스는 자신의 서사시에서 아름다운 모티프들을 빚어냈다. 극작가였던 아이스킬로스, 소포클레스, 에우리피데스 역시 마찬가지다. 셰익스피어는 매 작품마다 독특한 이미지 조직 양식을 묻어 놓았다. 그 밖에 허먼 멜빌, 에드거 앨런 포, 톨스토이, 찰스 디킨스, 조지 오웰, 어니스트 헤밍웨이, 헨리크 입센, 안톤 체호프, 버나드 쇼, 사뮈엘 베케트 등 모든 위대한 소설가들과 희곡 작가들이 이 원칙을 수용했다.

시나리오 작법을 창안한 사람이 결국 누구인가? 소설가와 희곡 작가들이었다. 이들이 할리우드, 영국, 파리, 런던, 동경, 모스크바 등지의 영화 예술의 발상지에 와서 무성 영화 시나리오를 쓰기 시작했다. 영화사 최초의 주요 감독들, 이를테면 그리피스나 에이젠슈타인, 프리드리히 무르나우 등도 연극에서 도제살이를 한 사람들이다. 훌륭한 희곡처럼 영화도 무의식적 시학을 되풀이하면 숭고미로 승화될 수 있다고 그들도 생각했다.

이미지 조직 양식은 반드시 잠재 의식적이어야 한다. 다시 말해 관객이 의식하지 못해야 한다. 몇 해 전인가 부뉴엘의 「비리디아나」를 보다가 문득 알아차린 게 있다. 부뉴엘은 밧줄을 이미지 조직 양식으로 소개한다. 아이는 줄넘기를 하고 부자는 밧줄로 목을 매달아 자살하고 가난한 사람은 밧줄을 허리띠로 사용한다. 밧줄이 화면에 다섯 차례쯤 나왔을 때 모든 관객은 이게 상징임을 알게 된다.

상징주의는 강력하다. 대부분의 사람들이 생각하는 것보다 더 강력하다. 그러나 한 가지 조건이 있다. 의식을 뛰어넘어 무의식 속으로 스며들어야만 한다. 꿈을 꿀 때처럼 말이다. 상징주의를 이용하려면 영화 음악을 작곡할 때와 같은 원칙을 준수해야 한다. 소리는 인식이 필요 없다. 때문에 음악은 듣는 사람이 의식하지 못할 때 가장 깊은 감동을 줄 수 있다. 마찬가지로 상징도 우리의 마음에 와닿고 우리를 감동시키지만, 어디까지나 우리가 그것을 상징적인 것으로 인지하지 않을 때의 이야기다. 정체가 밝혀지고 나면 상징은 그저 중립적이고 지적인 호기심의 대상으로 변해 무력하고 사실상 무의미해진다.

그렇다면 현대의 여러 작가 겸 감독들은 왜 자기 작품의 상징을 뻔히 보이게 하는 걸까? 그중 특히 노골적인 예를 세 가지만 꼽자면 리메이크한 「케이프 피어」, 「브람 스토커의 드라큘라」, 「피아노」를 들 수 있다. 세 작품 모두 상징적인 이미지들을 다루는 품이 몹시 서툴다. 짐작할 수 있는 이유는 두 가지다. 첫째, 소수 자의식적인 지식인 관객들의 비위를 맞추려고. 이런 엘리트 관객들은 영화를 보면서 냉정한 안전거리를 유지하는 동시에 관람 후에 있을 카페 비평에 대비해 공격거리를 수집해 둔다. 둘째, 비평가들과 그들의 비평에 통제까지는 아니더라도 영향을 미치려고. 웅변조의 상징주의는 재능이 필요 없다. 그저 카를 융이나 자크 데리다를 잘못 읽고 부풀어오른 자만심이면 충분하다. 예술을 손상시키고 부패시키는 건 허영심이다.

영화의 이미지 조직 양식이 감독의 작품이므로 오직 감독의 손으로만 만들어야 한다고 말하는 사람도 있다. 전적으로 옳은 말이다. 궁극적으로는 영화 숏 하나하나, 구석구석 모두 감독 책임이 아닌 것이 없다. 그러나 유감스럽게도 활동 중인 감독들 가운데 위에서 설명한 내용을 이해하고 있는 사람이 몇이나 될까? 거의 없다. 아마도 현재 전 세계에 스물댓 명 정도 되지 않을까. 그런 최상의 몇몇을 제외하면 불행히도 대다수가 장식적인 촬영과 표현적인 촬영을 구분할 줄 모른다.

내 견해로는, 영화의 이미지 조직 양식은 시나리오 작가의 손에서 시작되어야 하고 감독과 미술 감독들이 마무리를 짓는 것이다. 모든 심상은 이야기의 물리적·사회적 세계를 밑바탕으로 한다. 이런 심상의 바탕을 처음으로 머릿속에 그려 보는 사람이 바로 작가다. 작가 자신도 모르는 새 이미 자연스럽게 이 작업이 시작되었음을 글을 써 나가며 깨달을 때가 많다. 어떤 심상의 유형이 묘사와 대사 속에 나타나기 시작하는 것이다.

이 점이 인식되면 작가는 다양한 변주들을 생각해 내서 이야기에 은은하게 수놓는다. 이미지 조직 양식이 자연스럽게 나타나지 않을 때는 작가가 고안해 낸다. 이게 어떻게 고안되건 관객은 개의치 않을 것이다. 관객이 오직 원하는 건 말이 되는 이야기다.

영화 제목

영화의 제목은 홍보의 꽃이다. 그리고 다가올 경험에 대비해 관객의 태도를 정해 주는 게 홍보의 역할이다. 따라서 시나리오 작가들은 문학적인 제목, 다시 말해 제목답지 않은 제목을 즐길 여유가 없다. 이를테면 「유언」은 실은 핵폭발 이후의 대재앙에 관한 영화고, 「외모와 미소」는 복지 기금으로 살아가는 피폐한 생활을 그리는 영화다. 내가 가장 좋아하는 제목답지 않은 제목은 「순간순간」이다. 제목이 생각나지 않을 때 나는 항상 이걸 가제로 삼는다.

제목을 단다는 건 이름을 붙인다는 말이다. 따라서 실제로 이야기에 있는 배우나 설정, 주제, 장르 등 무언가 알찬 것을 가리켜야 효과적인 제목이다. 흔히 둘 이상의 요소를 한번에 일컬어 주는 게 가장 좋은 제목이다.

「조스」의 경우, 제목이 캐릭터를 일컫는 동시에 야생의 세계로 이야기를 설정하고 관객에게 주제를 일러 준다. 액션 모험 영화에서 주제는 대개 자연 대 인간이다. 「크레이머 대 크레이머」는 두 인물을 지칭하고 이혼이라는 주제를 암시하면서 가정 드라마의 느낌도 준다. 「스타워즈」는 은하 전사들의 서사적인 갈등을 일컫는 제목이다. 「페르소나」는 심리적으로 불안한 인물들이 등장함을 암시하면서 감춰진 정체성이라는 주제도 드러낸다. 「달콤한 인생」은 도시 상류층의 퇴폐적인 생활이라는 설정을 관객에게 인지시켜 준다. 「내 남자 친구의 결혼식」에는 인물, 설정, 로맨틱 코미디 등 세 요소가 모두 들어 있다.

물론 홍보가 제목만 가지고 되는 것은 아니다. 전설적인 해리 콘이 이런 말을 했다. "'모감보'는 형편없는 제목이다. '모감보, 클라크 게이블과 에바 가드너 주연', 이것이 죽여주는 제목이다."

19장

작가의 방식

전문 작가들이라고 모두 비평적인 찬사를 받는 건 아니다. 하지만 이들은 글 쓰는 법도 잘 알고 재능도 보여 주고 해가 갈수록 성과도 좋아지고 글을 써서 먹고사는 사람들이다. 한편 여전히 악전고투 중인 작가는 때때로 수준작을 쓰기도 하지만, 필요할 때 꾸준히 재능을 발휘 못 하고 시간이 지나면서 작품의 질이 향상되지도 않고 글을 써서 생기는 수입도 거의 없다. 대체로 성공하는 작가들과 악전고투하는 작가들 간의 차이점은 대립되는 작업 방식이다. 한쪽은 안에서 밖으로 작업하고 다른 쪽은 밖에서 안으로 작업한다.

밖에서 안으로 글쓰기

악전고투 중인 작가는 이런 식으로 작업하는 경향이 있다. 문득 아이디어 하나를 생각해 내서 한동안 머리를 굴리다가 곧장 컴퓨터로 달려간다.

[집. 낮. 실외]
묘사, 묘사, 묘사. 인물 A와 B가 들어온다.

인물 A 대사, 대사, 대사.

인물 B 대사, 대사, 대사.

묘사, 묘사, 묘사, 묘사, 묘사.

이 작가는 상상하고 쓰고, 쓰고 꿈꾸기를 계속하다가 마침내 120쪽에 이르러 멈춘다. 그러고는 복사한 걸 친구들에게 내밀면 친구들이 이런 반응을 보인다. "와, 괜찮다. 나는 걔네가 차고에서 서로 막 페인트칠하는 그 장면이 좋아, 너무 웃기지 않냐? 그리고 그 꼬마가 밤에 파자마 입고 내려올 때도 얼마나 귀여워! 해변 장면은 진짜 로맨틱하고 차가 터질 때는 흥분되더라. 근데 글쎄, 결말은 좀 그렇네…… 중반부도…… 그리고 시작하는 방식도…… 그냥 나한테는 별로인 것 같아."

그래서 이 악전고투하는 작가는 친구들의 반응과 자기 생각을 모아서 이런 전략으로 재고에 착수한다. '나도 좋고 다들 좋아하는 그 여섯 장면을 놔두고 이거랑 반죽해서 이 영화를 어떻게 잘 먹히게 만들 수 없을까?'

생각을 조금 더 하는 듯하더니 금세 그는 다시 컴퓨터 앞에 앉는다.

[집. 밤. 실내]
묘사, 묘사, 묘사. 인물 B가 숨어서 지켜보는 가운데 인물 A와 C가 들어온다.

인물 A 대사, 대사, 대사.

인물 C 대사, 대사, 대사.

묘사, 묘사, 묘사, 묘사, 묘사.

　그는 상상하고 쓰고, 쓰고 꿈꾸지만 시종일관 물에 빠진 사람이 지푸라기 잡듯 자기가 좋아하는 장면에만 매달리다가 마침내는 재고가 전혀 다른 이야기로 탈바꿈된다. 복사해서 다시 친구들에게 건네주자 반응들이 나온다. "다르네, 확연히 달라졌다. 그래도 그 차고 장면이랑 꼬마가 파마자 입고 나오는 장면이랑 해변에 차 나오는 장면을 그대로 놔둬서 진짜 기뻐…… 멋진 장면들이야. 그런데…… 아직도 결말이랑 중반부랑 시작하는 방식이랑은 나한테는 좀 별로다."
　이 작가는 이제 삼고, 사고, 오고까지 써 보지만 과정은 번번이 똑같다. 좋아하는 장면들에 매달려 그 틈틈이 새로운 전개를 짜 넣어 보면서 먹히는 이야기가 나오지 않을까 기대한다. 그러나 결국 1년이 지나고 그는 탈진한다. 그는 이 시나리오가 완벽하다고 선언해 버리고 자기 대리인한테 건네준다. 대리인은 건성으로 읽지만 대리인인 이상 할 도리는 한다. 대리인도 복사를 해서 할리우드를 도배했더니 이런 평가서들이 돌아온다.

"아주 잘 썼음, 재치 있음, 대사도 괜찮음, 장면 묘사 생생함, 세부에도 신경 많이 씀, 하지만 이야기가 거지 같음. 제작 가치 없음. 통과." 작가는 할리우드의 속물 취향을 탓하면서 다음 프로젝트를 준비한다.

안에서 밖으로 글쓰기

성공한 작가들은 거꾸로 된 과정을 택하는 경향이 있다. 첫 구상부터 마지막 원고까지 6개월 만에 시나리오를 쓸 수 있다고 낙관적인 가정을 해 보면 이 작가들은 통상 6개월 중 처음의 4개월은 내내 조그만 메모 카드 묶음들에 글을 쓴다. 각 장별로 한 묶음씩, 그러니 족히 세 묶음 이상은 쓴다. 이 메모 카드에다 그들은 이야기의 단계별 개요를 작성한다.

단계별 개요

말 그대로 단계별 개요는 이야기를 단계별로 구성한 것이다.

이 작가는 한두 문장짜리 서술로 각 장면에서 일어나는 일과 전개되는 내용을 간단명료하게 묘사한다. 예를 들면 이렇게 말이다. "그는 그녀가 집에 있을 줄 기대하며 들어오지만 대신 영영 떠난다는 그녀의 메모를 발견한다."

각 메모 카드 뒷면에는 이 장면이 전체 이야기 구성에서 어느 단계에 해당하는지 자기의 생각, 최소한 당시의 생각을 적어 둔다. 어느 장면들이 발단을 준비하는지, 어느 장면이 발단인지, 제1장 절정은 어느 것인지, 장 중반 절정쯤 되는지, 2장에 들어가는 장면인지, 3장이나 4장 또는 더 뒤에 들어가는지 등등. 중심플롯과 서브플롯에 대해서도 똑같이 이렇게 해 둔다.

그는 몇 달 동안 이런 메모 카드 몇 묶음에만 작업을 한정한다. 여기에는 중요한 이유가 있다. 작업한 내용을 무효로 만들기 위해서다. 이 작가는 자기의 취향과 경험으로 미루어 보아 재능과 상관없이 자기가 쓰는 모든 것의 90퍼센트가 기껏해야 중간밖에 못 미친다는 것을 알고 있다. 수준 있는 글이 나올 때까지 참을성 있게 기다리면서 자기가 사용할 수 있는 것보다 훨씬 더 많은 재료를 만들어 둔다. 한 장면을 10여 가지 다른 밑그림으로 구상해 두고는 마지막에 그 장면의 아이디어 자체를 개요에서 빼 버리기도 한다. 시퀀스들이나 장 전체를 폐기할 수도 있다. 자기 재능을 믿는 작가는 자기가 창작할 수 있는 것에 한도가 없다는 걸 안다. 그래서 최고의 이야기를 찾을 때까지 자기의 최선에 미달하는 것은 모두 내버린다.

그러나 이런 과정을 거친다고 해서 작업에 진전이 없다는 말은 아니다. 하루하루 지날수록 책상 옆에 거대한 더미가 쌓여 간다. 하지만 이것은 인물들의 개인사들, 작품 속 세계와 그 지난 이야기들, 주제에 관한 메모들, 이미지들, 심지어 어휘와 숙어의 토막 난 표현들 등으로 이루어져 있다. 갖가지 조사 내용들과 상상한 내용들이 쌓이는 사이에 이야기는 엄격한 자기 검열을 거쳐 단계별 개요로 발전한다.

수주 또는 수개월 만에야 작가는 이야기의 절정을 찾아낸다. 그것을 바탕으로 그는 이야기를 뒤로부터 거슬러 가며 필요한 만큼 다시 쓴다. 마침내 이야기가 갖추어진다. 이제 작가는 친구들을 찾아가지만 하루를 내달라고 하지는 않는다. 시나리오를 진지하게 읽어 주기를 바랄 때 통상하루를 내 달라고 말한다. 대신 그는 커피를 한 잔 따르며 10분만 내 달라고 한다. 그러고는 자기 이야기의 요점을 들려준다.

이 작가는 자기의 단계별 요약을 절대 사람들에게 보여 주지 않는다. 그건 자기의 연장이나 다름없기 때문이다. 너무 복잡하고 난해해서 작가 자신 외에 다른 사람은 쫓아갈 수가 없다. 대신 이 중요한 단계에서 그는 이야기의 요점을 들려주면서 이야기가 결국 어떻게 들리는지, 다른 사람의 생각과 감정에 어떻게 작용하는지를 보려 한다. 그는 상대방의 눈을 들여다보며 거기서 이야기가 펼쳐지는지 살피고 싶어 한다. 그래서 요점을 말하고 반응을 뜯어본다. 이 친구가 내 이야기의 발단에 걸려드나? 들으면서 점점 빠져드나? 아니면 눈길이 산만해지나? 이야기가 전개되는 대목에서 그가 잘 따라오나? 절정에 달했을 때 내가 바라던 유의 강한 반응이 나오나?

단계별 개요에 근거해서 영리하고 감각 있는 사람한테 이야기의 요점을 들려주면, 어떤 이야기든 주의를 끌어 10분 정도는 흥미를 유지시키다가 나중에 의미 있고 감정적인 경험을 건지게 해 줘야 한다. 앞에서 들려준 「디아볼릭」의 줄거리가 독자에게 해 준 것처럼 말이다. 장르가 어찌 되었든 10분으로 해도 먹히지 않는 이야기가 어떻게 110분 동안 먹히겠는가? 덩치가 커지면 더 나아지는 건 없을 것이다. 10분간의 요약에서 삐걱대는 대목이라면 모두 영화에서는 열 배로 더 심해진다.

들려준 사람들의 상당수가 열렬한 반응을 보이기 전까지는 더 진행해 봐야 소용없다. 열렬한 반응이라고 해서 사람들이 마구 흥분한다는 말이 아니다. 오히려 나직이 한두 마디 감탄사를 뱉고는 잠잠해진다. 훌륭한 예술 작품, 즉 음악이나 춤, 그림, 이야기 등은 머릿속의 잡담을 침묵시키고 듣는 이나 보는 이를 딴 세상으로 이끄는 힘이 있다. 단계별 개요에 따라 요점을 들려줬을 때 이야기가 충분히 강력하면 주변은 조용해진다. 토를 달지도 않고 비평도 없고 그저 즐거운 표정만 있다. 이게 정말 대단한 것이다. 그런 힘이 없는 이야기에는 귀한 시간을 낭비할 필요가 없다. 이제 작가는 다음 단계, 즉 트리트먼트로 이동할 준비가 됐다.

트리트먼트

트리트먼트(Treatment)는 '다루다(treat)'라는 동사에서 나온 말이다. 단계별 개요를 다루기 위해 작가는 각 장면의 서술을 한두 문장에서 한 단락으로 늘린다. 행간을 널찍이 띄우면서 현재 시제로 매 순간을 묘사하는 형태가 되기 쉽다. 다음이 그런 예다.

> 식당—낮. 잭은 들어서며 자기 서류 가방을 문 옆의 의자 위로 던져 놓는다. 주위를 둘러본다. 방에는 아무도 없다. 그는 그녀의 이름을 불러 본다. 대답이 없다. 다시 점점 크게 불러 본다. 여전히 대답이 없다. 터벅터벅 부엌으로 향하다가 식탁에 놓인 쪽지를 본다. 집어 들어 읽는다. 쪽지에는 그녀가 영영 그를 떠난다고 쓰여 있다. 그는 의자에 털썩 주저앉아 머리를 손에 파묻고는 울기 시작한다.

트리트먼트에서 작가는 인물들이 무슨 이야기를 하는지만 언급하고 대사는 절대 쓰지 않는다. 이를테면 "그는 그녀가 이렇게 해 주기를 바라지만 그녀는 거절한다." 이런 식이다. 대신 작가는 서브텍스트를 만들어 낸다. 말과 행동 밑에 감춰진 진짜 생각과 감정 말이다. 흔히 작가들은 인물의 생각과 심정을 자기가 안다고 생각하지만 정작 써 보기 전에는 아는지 모르는지 알 수 없다.

식당—낮. 문이 열리고 잭이 문설주에 기댄다. 하루 종일 일이 답답하고 제대로 안 풀려 기진맥진하다. 그는 방을 둘러보고 그녀가 보이지 않자 제발 외출하고 없기를 바란다. 오늘은 정말이지 그녀까지 감당하고 싶지가 않다. 집에 자기 혼자라는 걸 확인하려고 그는 그녀의 이름을 불러 본다. 대답이 없다. 점점 크게 불러 본다. 여전히 대답이 없다. 다행이다. 드디어 혼자 있을 수 있게 됐다. 그는 서류 가방을 공중에 높이 들어 올려 문 옆에 놓인 그녀가 아끼는 비싼 골동품 의자에 쿵, 소리가 나게 떨어뜨린다. 그녀는 그가 자기 골동품에 흠집 내는 걸 몹시 싫어하지만 오늘은 그도 개의치 않는다.

허기가 져서 그는 부엌으로 향하는데, 방을 가로지르다가 식탁 위에 놓인 쪽지를 발견한다. 또 그놈의 짜증 나는 쪽지다. 그녀는 허구한 날 욕실 거울이나 냉장고 따위에 저런 걸 붙여 놓고 다닌다. 화가 나서 그는 그걸 집어 들고 뜯어 펼친다. 그걸 읽고 그는 그녀가 자기를 영영 떠났다는 걸 알게 된다. 그는 다리에 힘이 빠져 의자에 털썩 주저앉는다. 속이 뒤틀린다. 양손에 머리를 파묻고 울기 시작한다. 북받치는 감정에 그 자신도 깜짝 놀란다. 아직도 느낄 수 있는 감정이 남아 있다는 게 반갑다. 하지만 슬퍼서 흘리는 눈물이 아니다. 마침내 이 관계가 끝났다는 안도감으로 터져 나오는 눈물이다.

모든 인물의 의식적·무의식적인 생각과 감정이 다 담긴 서브텍스트를 깔면서 모든 행동의 매 순간을 묘사하는 게 트리트먼트다. 장면이 40개 내지 60개인 통상적인 시나리오로 이런 트리트먼트를 작성하자면, 행간을 넓게 해서 약 60쪽에서 90쪽, 또는 더 많은 분량이 나온다. 1930년대부터 1950년대까지의 스튜디오 시스템에서는 제작자가 작가들에게 트리트먼트를 주문했는데, 흔히 200~300쪽에 달하곤 했다. 스튜디오 작가들은 시나리오보다 훨씬 더 긴 글을 써두고 거기서 시나리오를 끌어내는 전략을 썼다. 간과하거나 놓치는 게 하나도 없게 하려는 의도였다.

요즘 영화계에 돌아다니는 10쪽에서 12쪽짜리 트리트먼트는 사실 트리트먼트가 아니다. 읽는 이가 이야기를 쫓아갈 만큼의 분량으로 작성된 개요다. 10쪽짜리 개요는 시나리오의 재료로는 턱도 없다. 요즘 작가들이 스튜디오 시스템 시절처럼 다시 방대한 트리트먼트를 쓰게 되지야 않을 것이다. 그렇지만 단계별 개요를 60쪽 내지 90쪽의 트리트먼트로 확대하면 그만큼 창의적인 성과도 확대된다.

단계별 개요에서 볼 때는 괜찮겠다 싶었는데 다시 보니 바꿔야 할 부분들이 트리트먼트 단계에서 불가피하게 발견된다. 트리트먼트 단계에도 작가의 연구와 상상은 멈추지 않고 계속된다. 그래서 인물과 작품 속 세계도 계속 성장하고 발전하며 필요하면 개수에 상관없이 몇 장면이든 고칠 수 있다. 이야기의 전반적인 설계는 바꾸지 않을 것이다. 들려줄 때마다 제대로 먹혔으니 바꿀 이유가 없다. 하지만 그 구조 안에서 장면들은 잘라 내거나 더하거나 재배열해야 할 수도 있다. 텍스트든 서브텍스트든 모든 순간이 생생하게 살아날 때까지 작가는 트리트먼트를 고쳐 나간다. 이 단계를 마치고 나야 비로소 시나리오 자체로 넘어간다.

시나리오

완벽한 트리트먼트를 가지고 시나리오를 쓰는 일은 기쁨이다. 날마다 단숨에 5장에서 10장씩 써 나가게 된다. 이제 작가는 트리트먼트의 묘사를 시나리오 묘사로 옮기고 대사를 더한다. 이 시점에서 쓰는 대사가 틀림없이 여지껏 쓴 대사 중 제일 훌륭할 것이다. 인물들의 입을 너무 오래 막아 두어서 입이 근질대고 있을 게 분명하다. 게다가 모든 인물이 똑같은 식으로 말하는 다른 숱한 영화들과 달리 이런 면밀한 준비 끝에 나오는 대사는 인물에게 개성 있는 목소리를 실어 준다. 각자 다른 인물들과 구별되는 목소리이고, 작가의 목소리와도 구별된다.

초고 단계에서도 변화와 수정은 여전히 필요할 것이다. 인물들이 말을 하기 시작하면, 트리트먼트에서는 이렇게 저렇게 먹히겠구나 싶었던 장면들도 방향을 바꾸어야 할 때가 있다. 일단 그런 결점이 발견되면, 단순히 대사나 행위를 고쳐 쓰는 것으로는 좀처럼 해결되지 않는다. 그보다는 트리트먼트로 되돌아가서 장면의 '설정'을 다시 손본 다음, 문제의 장면 이후로 넘어가서 '보상' 부분까지 고쳐야 한다. 아마 완성본에 이를 때까지 여러 차례 다듬어야 할 것이다. 작가는 자신의 판단력과 취향을 개발해서 자기 글 중 나쁜 것을 직감적으로 식별할 줄 알아야 한다. 그리고 단호히 용기를 내어 약점을 파헤쳐서 강점으로 바꿔야 한다.

빠른 길로 가려고 개요에서 곧장 시나리오로 건너뛰면, 사실 그 초고는 시나리오가 아니라 트리트먼트 대용물이 된다. 그나마도 협소하고 검토된 바도 없고 다양한 변주도 없고 얇디얇은 트리트먼트에 지나지 않는다. 작가는 사건 선택과 이야기 설계에 자신의 상상력과 지식을 총동원해야 한다. 상상하고 걸러내고 다시 상상하는 과정을 거쳐 전환점을 마련한 뒤 텍스트와 서브텍스트에 맞는지 따져 봐야 한다. 그러지 않고는 뛰어난 작품을 만들어 낼 가망성이 거의 없다. 그렇다면 그런 작업을 언제, 어떻게 하는 게 나을까? 트리트먼트에서인가, 시나리오에서인가? 어느 쪽이든 괜찮겠지만 대개 시나리오가 함정이다. 현명한 작가들은 대사 쓰는 일을 가능한 한 뒤로 미룬다. 성급하게 대사를 쓰면 창의력이 질식되기 때문이다.

밖에서 안으로 글쓰기, 장면을 만들려고 대사를 쓰고 이야기를 만들려고 장면을 쓰는 식의 글쓰기는 가장 창의적이지 못한 방식이다. 시나리오 작가들이 습관적으로 대사를 지나치게 중시하는 건 작가들이 쓴 것 중 실제로 관객에게까지 가닿는 게 대사밖에 없기 때문이다. 다른 건 모두 영화의 이미지라는 외피를 쓴다. 하지만 무슨 일이 일어나는지 알기도 전에 대사를 쓰면 작가는 어쩔 수 없이 이 말들과 사랑에 빠지게 된다. 그래서 자기의 귀중한 대사를 자르게 될까 봐 사건에 공들이기도 싫어지고 인물들이 얼마나 멋있어질지 알고 싶지도 않아진다. 이야기는 더 이상 다양하게 변형되지 못하고 이른바 수정 작업은 대사만 땜질하다 끝난다.

더군다나 성급하게 대사를 쓰는 건 가장 느린 작업 방식이다. 제자리만 맴돌다가 몇 년이 지나고서야 자기 글이 모두 영화로 만들어지는 건 아니라는 걸 깨달을 수도 있다. 모든 아이디어가 다 영화로 만들어질 만한 가치가 있는 건 아니다.

언제 이 점을 깨닫는 게 좋겠는가? 앞으로 2년 뒤인가 아니면 두 달 뒤인가? 대사를 먼저 쓰는 사람은 이 진실을 보지 못하고 한없이 헤매게 될 것이다. 안에서 밖으로 글 쓰는 방식을 택하는 사람은 개요 단계에서 이미 이 이야기가 먹히기 어렵다는 걸 알게 될 것이다. 요점을 들려줘도 좋아하는 사람이 없을 테니 말이다. 사실, 작가 자신도 이야기가 마음에 안 들 것이다. 그래서 서랍 속에 던져 넣게 된다. 몇 해쯤 지난 뒤에 꺼내서 고치겠지만 지금 당장은 다음 아이디어로 넘어간다.

글 쓰는 방식을 제안하고는 있지만, 나는 작가들 각자가 시행착오를 거쳐서 나름의 방식을 발견할 거라고 확신한다. 실제로 트리트먼트 단계를 건너뛰고도 양질의 시나리오를 쓰는 사람들도 있고, 밖에서 안으로 쓰는 글쓰기로도 좋은 글을 쓴 작가들이 몇 있다. 하지만 여전히 궁금한 것은 만약 그들이 더 많은 노력을 했더라면 얼마나 훌륭한 작품을 썼을까 하는 점이다. 안에서 밖으로 글 쓰는 방식은 엄격하면서도 자유로운 작업 방식이다. 작가가 최상의 작품을 쓰도록 도와주기 위함이다.

맺음말

  이 책을 여기까지 다 읽은 작가는 이것으로 다른 많은 작가들이 겁내는 방향의 글쓰기로 들어선 셈이다. 늘 하던 일을 어떻게 하는지 의식하게 되면 자연스러움이 손상될까 두려워 이런 글쓰기 기법을 절대 공부하지 않는 작가들이 있다. 대신 그들은 무의식적 습관에 파묻혀 휩쓸려 가면서 그게 본능인 줄 안다. 그러나 힘 있고 놀라운 독창적인 작품을 쓰겠다는 그들의 꿈은 좀처럼 실현되지 않는다. 어찌 되었건 작가의 길은 결코 평탄치 않은 탓에 그들은 거칠고 긴 나날들을 보낸다. 물론 재능 있는 사람들이라 때때로 노력 끝에 갈채를 받기도 하지만, 깊숙한 속마음에서는 아직 자기 재능이 제대로 발휘되려면 멀었다는 걸 안다. 이런 작가들을 보면 아버지가 즐겨 들려주던 어떤 우화의 주인공이 생각난다.

  숲속 높은 곳에 노래기 한 마리가 천 쌍의 다리를 느긋하게 흔들며 나뭇가지

위에서 한가롭게 거닐고 있었다. 나무 꼭대기에서 목소리가 고운 새들이 내려다보고는 일사불란한 노래기의 걸음걸이에 반해 버렸다. "굉장한 재능이다." 새들이 짹짹거렸다. "네 다리는 너무 많아 셀 수가 없구나. 어떻게 그렇게 걷는 거니?" 그러자 노래기는 난생처음으로 여기에 대해 생각해 보았다. "글쎄." 노래기는 갸우뚱거렸다. "이걸 도대체 어떻게 하더라?" 노래기가 돌아보려 몸을 틀자 갑자기 그 촘촘한 다리들이 서로 부딪히며 담쟁이덩굴처럼 엉켜 버렸다. 어쩔 줄 몰라 당황한 노래기가 매듭처럼 몸이 꼬여 저 아래 땅으로 떨어지는 걸 보며 새들은 재미있어 웃어 댔다.

이 책을 읽고도 이런 당혹감을 느낄지 모른다. 아무리 노련한 작가라도 한꺼번에 너무 많은 통찰이 밀려들면 발을 헛딛고 넘어질 수 있다. 다행히도 아버지가 들려준 우화에는 다음과 같은 제2장이 있었다.

이제 숲 바닥에 떨어진 노래기는 다친 건 자존심뿐이라는 걸 알고 천천히 조심스럽게 한 발 한 발 풀어 보았다. 열심히 참을성 있게 몸의 부분 부분을 유심히 살펴보고 움직여 보고 시험해 보다가 마침내 일어나 걸을 수 있게 되었다. 전에는 본능이었던 것이 지식이 된 것이다. 노래기는 옛날처럼 느리고 기계적인 걸음으로 움직일 필요가 없다는 것을 깨달았다. 이제 어슬렁댈 수도 있고, 거드럭댈 수도 있고, 껑충거릴 수도 있고, 심지어 달리거나 뛰어오를 수도 있게 되었다. 그러자 전과는 다르게 노래기는 새들의 화음을 들으며 음악에 감동할 줄 알게 되었다. 이제 수천 개의 재능 있는 다리들을 완벽히 조율할 수 있게 된 노래기는 용기를 내어 자기만의 스타일로 눈부신 춤을 추어 세상 모든 피조물을 깜짝 놀라게 만들었다.

한 줄 한 줄, 한 장 한 장, 한 시간 한 시간 날마다 글을 써라. 항상 이 책을 가까이에 둬라. 타고난 재능만큼이나 이 책의 원칙들이 자연스러워질 때까지 이 책에서 배운 것을 지침으로 삼아라. 겁이 나더라도 감행하라. 다른 무엇보다 상상력과 기술보다도 더 세상이 작가에게 요구하는 것은 용기다. 거부, 비웃음, 실패를 무릅쓸 수 있는 용기다. 의미 있고 아름답게 쓰인 이야기를 찾아 모험하면서 신중하게 탐구하되 대담하게 글을 써라. 그러면 저 우화의 주인공처럼 세상을 눈부시게 할 춤을 추게 될 것이다.

부록

이 책에 등장한 작품들

인명 원어 표기

이 책에 등장한 작품들

영화

12명의 성난 사람들 TWELVE ANGRY MEN
미국/1957년
감독: 시드니 루멧Sidney Lumet
시나리오: 레지널드 로즈Reginald Rose
원작: 레지널드 로즈의 TV 드라마 대본을
바탕으로 함

19번째 남자 BULL DURHAM
미국/1988년
감독, 시나리오: 론 셸턴Ron Shelton

**2001: 스페이스 오디세이 2001: SPACE
ODYSSEY**
영국, 미국/1968년
감독: 스탠리 큐브릭Stanley Kubrick
시나리오: 스탠리 큐브릭, 아서 C. 클라크Arthur C.
Clarke
원작: 아서 C. 클라크의 소설

20달러의 유혹 TWENTY BUCKS
미국/1993년
감독: 케바 로젠펠드Keva Rosenfeld
시나리오: 레슬리 보엠Leslie Bohem, 엔드레 보엠
Endre Bohem

400번의 구타 LES 400 COUPS
프랑스/1959년
감독, 시나리오: 프랑수아 트뤼포François
Truffaut

7인의 사무라이 七人の侍
일본/1954년
감독: 구로사와 아키라黑澤明

시나리오: 하시모토 시노부橋本忍, 구로사와 아키라, 오구니 히데오小國英雄

8과 1/2 8 1/2
이탈리아, 프랑스/1963년
감독: 페데리코 펠리니Federico Fellini
시나리오: 페데리코 펠리니, 엔니오 플라야노Ennio Flaiano, 툴리오 피넬리Tullio Pinelli, 브루넬로 론디Brunello Rondi
원안: 페데리코 펠리니, 엔니오 플라야노

가라, 항해자여 NOW, VOYAGER
미국/1942년
감독: 어빙 래퍼Irving Rapper
시나리오: 케이시 로빈슨Casey Robinson
원작: 올리브 히긴스 프루티Olive Higgins Prouty의 소설

간디 GANDHI
영국/1982년
감독: 리처드 애튼버러Richard Attenborough
시나리오: 존 브릴리John Briley

갈리폴리 GALLIPOLI
오스트레일리아/1981년
감독: 피터 위어Peter Weir
시나리오: 데이비드 윌리엄슨David Williamson

감각의 제국 愛のコリ-ダ
프랑스, 일본/1976년
감독, 시나리오: 오시마 나기사大島渚

개를 문 사나이 C'EST ARRIVÉ PRÈS DE CHEZ VOUS
벨기에/1992년
감독: 레미 벨보Rémy Belvaux, 앙드레 봉젤André

Bonzel, 브누아 풀보르드Benoît Poelvoorde
시나리오: 레미 벨보, 앙드레 봉젤, 브누아 풀보르드, 뱅상 타비에르Vincent Tavier

거미 여인의 키스 KISS OF THE SPIDER WOMAN
브라질/1985년
감독: 헥토르 바벤코Hector Babenco
시나리오: 레너드 슈라더Leonard Schrader
원작: 마누엘 푸익Manuel Puig의 소설

겨울 빛 NATTVARDSGÄSTERNA
스웨덴/1963년
감독, 시나리오: 잉마르 베리만Ingmar Bergman

결혼식 A WEDDING
미국/1978년
감독: 로버트 알트만Robert Altman
시나리오: 존 컨시다인John Considine, 퍼트리샤 레즈닉Patricia Resnick, 앨런 F. 니콜스Allan F. Nicholls, 로버트 알트만

고스트버스터즈 GHOSTBUSTERS
미국/1984년
감독: 이반 라이트먼Ivan Reitman
시나리오: 댄 애이크로이드Dan Aykroyd, 해럴드 래미스Harold Ramis, 릭 모러니스Rick Moranis(크레디트에는 빠짐)

고잉 인 스타일 GOING IN STYLE
미국/1979년
감독, 시나리오: 마틴 브레스트Martin Brest
원안: 에드워드 캐넌Edward Cannon

골치 아픈 여자 RUTHLESS PEOPLE
미국/1986년

감독: 짐 에이브러햄스Jim Abrahams, 데이비드
주커David Zucker, 제리 주커Jerry Zucker
시나리오: 데일 로너Dale Launer
원작: 오 헨리O. Henry의 「붉은 추장의 몸값The
Ransom of Red Chief」

광대들 I CLOWNS
이탈리아/1970년
감독: 페데리코 펠리니Federico Fellini
시나리오: 페데리코 펠리니, 베르나르디노 자포니
Bernardino Zapponi

괴짜들의 병영 일지 STRIPES
미국/1981년
감독: 이반 라이트먼Ivan Reitman
시나리오: 렌 블럼Len Blum, 댄 골드버그Dan
Goldberg, 해럴드 래미스Harold Ramis

교사형 絞死刑
일본/1968년
감독: 오시마 나기사大島渚
시나리오: 타무라 츠토무田村孟, 사사키 마모루佐
佐木守, 오시마 나기사
원작: 신문 기사를 바탕으로 함

국두 菊豆
중국/1990년
감독: 장이머우張藝謨, 양봉량楊鳳良
시나리오: 류형劉恒
원작: 류형의 「복희복희伏羲伏羲」

귀향 COMING HOME
미국/1978년
감독: 할 애슈비Hal Ashby
시나리오: 월도 솔트Waldo Salt, 로버트 C. 존스
Robert C. Jones, 루디 월리처Rudy Wurlitzer(크

레디트에는 빠짐)
원안: 낸시 다우드Nancy Dowd

그들만의 리그 A LEAGUE OF THEIR OWN
미국/1992년
감독: 페니 마셜Penny Marshall
시나리오: 로웰 간츠Lowell Ganz, 바발루 맨덜
Babaloo Mandel
원안: 킴 윌슨Kim Wilson, 켈리 칸델레Kelly
Candaele

그들은 말을 쏘았다 THEY SHOOT HORSES,
DON'T THEY?
미국/1969년
감독: 시드니 폴락Sydney Pollack
시나리오: 제임스 포James Poe, 로버트 E. 톰슨
Robert E. Thompson
원작: 호레이스 맥코이Horace McCoy의 소설

그랜드캐니언 GRAND CANYON
미국/1991년
감독: 로런스 캐스던Lawrence Kasdan
시나리오: 메그 캐스단Meg Kasdan, 로런스 캐스던

그랜드 호텔 GRAND HOTEL
미국/1932년
감독: 에드먼드 골딩 Edmund Goulding
시나리오: 윌리엄 A. 드레이크William A. Drake
원작: 비키 바움Vicki Baum의 희곡

그로스 포인트 블랭크 GROSSE POINTE BLANK
미국/1997년
감독: 조지 아미타지George Armitage
시나리오: 톰 잔키위츠Tom Jankiewicz, D. V. 드
빈센티스D. V. DeVincentis, 스티브 핑크Steve
Pink, 존 쿠잭John Cusack

원안: 톰 잔키위츠

그린 파파야 향기 THE SCENT OF GREEN PAPAYA
프랑스, 베트남/1993년
감독, 시나리오: 트란 안 홍Tran Anh Hung

글렌게리 글렌 로스 GLENGARRY GLEN ROSS
미국/1992년
감독: 제임스 폴리James Foley
시나리오: 데이비드 마멧David Mamet
원작: 데이비드 마멧의 희곡

기인들 THE MISFITS
미국/1961년
감독: 존 휴스턴John Huston
시나리오: 아서 밀러Arthur Miller

길 LA STRADA
이탈리아/1954년
감독: 페데리코 펠리니Federico Fellini
시나리오: 페데리코 펠리니, 툴리오 피넬리Tullio Pinelli, 엔니오 플라야노Ennio Flaiano

꼬마 돼지 베이브 BABE
오스트레일리아/1995년
감독: 크리스 누난Chris Noonan
시나리오: 조지 밀러George Miller, 크리스 누난
원작: 딕 킹스미스Dick King-Smith의 동화

나는 당신에게 행복을 약속한 적 없어요 I NEVER PROMISED YOU A ROSE GARDEN
미국/1977년
감독: 앤서니 페이지Anthony Page
시나리오: 개빈 램버트Gavin Lambert, 루이스 존 칼리노Lewis John Carlino

원작: 해너 그린Hannah Green의 소설

나쁜 버릇 NASTY HABITS
영국/1977년
감독: 마이클 린제이호그Michael Lindsay-Hogg
시나리오: 로버트 엔더스Robert Enders
원작: 뮤리엘 스파크Muriel Spark의 소설 『크루의 여자 수도원장The Abbess of Crewe』

나이트 포터 IL PORTIERE DI NOTTE
이탈리아/1973년
감독: 릴리아나 카바니Liliana Cavani
시나리오: 릴리아나 카바니, 이탈로 모스카티Italo Moscati
원안: 바바라 알베르티Barbara Alberti, 릴리아나 카바니, 아메데오 파가니Amedeo Pagani

날 선택해요 CHOOSE ME
미국/1984년
감독, 시나리오: 알란 루돌프Alan Rudolph

남극의 스콧 SCOTT OF THE ANTARCTIC
영국/1948년
감독: 찰스 프렌드Charles Frend
시나리오: 이보르 몬테규Ivor Montagu, 월터 미드Walter Meade, 메리 헤일리 벨Mary Hayley Bell

남성, 여성 MASCULINE FÉMININE
프랑스/1966년
감독, 시나리오: 장 뤽 고다르Jean-Luc Godard
원작: 기 드 모파상Guy De Maupassant의 소설 『파울의 여자La Femme de Paul』와 『징조Le Siege』

남아 있는 나날 THE REMAINS OF THE DAY
영국, 미국/1993년

감독: 제임스 아이보리James Ivory
시나리오: 루스 프라워 자브발라Ruth Prawer Jhabvala
원작: 가즈오 이시구로石黒一雄의 소설

남편들 HUSBANDS
미국/1970년
감독, 시나리오: 존 카사베츠John Cassavetes

낯선 사람과 춤을 DANCE WITH A STRANGER
영국/1984년
감독: 마이크 뉴웰Mike Newell
시나리오: 셸라 딜레이니Shelagh Delaney

내가 좋아하는 계절 MA SAISON PRÉFÉRÉE
프랑스/1993년
감독: 앙드레 테시네André Téchiné
시나리오: 파스칼 보니처Pascal Bonitzer, 앙드레 테시네

내 남자 친구의 결혼식 MY BEST FRIEND'S WEDDING
미국/1997년
감독: P. J. 호건P. J. Hogan
시나리오: 로널드 배스Ronald Bass

내쉬빌 NASHVILLE
미국/1975년
감독: 로버트 알트만Robert Altman
시나리오: 조앤 퇵스버리Joan Tewkesbury

내일을 향해 쏴라 BUTCH CASSIDY AND THE SUNDANCE KID
미국/1969년
감독: 조지 로이 힐George Roy Hill
시나리오: 윌리엄 골드먼William Goldman

네 멋대로 해라 À BOUT DE SOUFFLE
프랑스/1960년
감독: 장 뤽 고다르Jean-Luc Godard
시나리오: 장 뤽 고다르, 클로드 샤브롤Claude Chabrol(크레디트에는 빠짐)
원안: 프랑수아 트뤼포François Truffaut

네 번의 결혼식과 한 번의 장례식 FOUR WEDDINGS AND A FUNERAL
영국/1994년
감독: 마이크 뉴웰Mike Newell
시나리오: 리처드 커티스Richard Curtis

네이키드 NAKED
영국/1993년
감독, 시나리오: 마이크 리Mike Leigh

네이키드 런치 NAKED LUNCH
캐나다, 영국/1991년
감독: 데이비드 크로넌버그David Cronenberg
원작: 윌리엄 버로스William S. Burroughs의 소설

네트워크 NETWORK
미국/1976년
감독: 시드니 루멧Sidney Lumet
시나리오: 패디 체이예프스키Paddy Chayefsky

노인과 바다 THE OLD MAN AND THE SEA
미국/1958년
감독: 존 스터지스John Sturges, 프레드 진너만 Fred Zinnemann(크레디트에는 빠짐)
시나리오: 피터 비어틀Peter Viertel
원작: 어니스트 헤밍웨이Ernest Hemingway의 소설

누가 로저 래빗을 모함했나 WHO FRAMED
ROGER RABBIT
미국/1988년
감독: 로버트 저메키스Robert Zemeckis
시나리오: 제프리 프라이스Jeffrey Price, 피터 S.
시먼Peter S. Seaman
원작: 게리 K. 울프Gary K. Wolf의 소설『누가 로저
래빗을 검열했나?Who Censored Roger Rabbit?』

늑대와 춤을 DANCES WITH WOLVES
미국/1990년
감독: 케빈 코스트너Kevin Costner
시나리오: 마이클 블레이크Michael Blake
원작: 마이클 블레이크의 소설

늑대의 시간 VARGTIMMEN
스웨덴/1967년
감독, 시나리오: 잉마르 베리만Ingmar Bergman

닉슨 NIXON
미국/1995년
감독: 올리버 스톤Oliver Stone
시나리오: 스테판 J. 리빌Stephen J. Rivele, 크리
스토퍼 윌킨슨Christopher Wilkinson, 올리버
스톤

닉키와 지노 DOMINICK AND EUGENE
미국/1988년
감독: 로버트 M. 영Robert M. Young
시나리오: 앨빈 사전트Alvin Sargent, 코리 블레크
먼Corey Blechman
원안: 대니 폴피리오Danny Porfirio

다이 하드 DIE HARD
미국/1988년
감독: 존 맥티어넌John McTiernan

시나리오: 젭 스튜어트Jeb Stuart, 스티븐 E. 드 수
자Steven E. de Souza
원작: 로더릭 소프Roderick Thorp의 소설『영원한
것은 없다Nothing Lasts Forever』

닥터 THE DOCTOR
미국/1991년
감독: 랜다 헤인스Randa Haines
시나리오: 로버트 카스웰Robert Caswell
원작: 에드 로젠바움Ed Rosenbaum의『내가 만든
약의 맛The Taste of My Own Medicine』

닥터 스트레인지러브 DR. STRANGELOVE: OR,
HOW I LEARNED TO STOP WORRYING AND
LOVE THE BOMB
영국/1964년
감독: 스탠리 큐브릭Stanley Kubrick
시나리오: 스탠리 큐브릭, 테리 서던Terry
Southern, 피터 조지Peter George
원작: 피터 조지의 소설『적색 경보Red Alert』

달라스의 투혼 NORTH DALLAS FORTY
미국/1979년
감독: 테드 코체프Ted Kotcheff
시나리오: 피터 겐트Peter Gent, 테드 코체프, 프
랭크 야블런스Frank Yablans, 낸시 다우드Nancy
Dowd(이하 크레디트에는 빠짐), 리치 에스티스
Rich Eustis
원작: 피터 겐트의 소설

달리고, 뛰고, 조용히 서는 영화 THE RUNNING,
JUMPING AND STANDING STILL FILM
영국/1959년
감독: 리처드 레스터Richard Lester(크레디트에는
딕 레스터Dick Lester라는 이름 사용), 피터 셀러스
Peter Sellers(크레디트에는 빠짐)

시나리오: 스파이크 밀리건Spike Milligan, 피터 셀러스, 마리오 파브리지Mario Fabrizi, 딕 레스터

달콤 쌉싸름한 초콜릿 COMO AGUA PARA CHOCOLATE
멕시코/1992년
감독: 알폰소 아라우Alfonso Arau
시나리오: 라우라 에스키벨Laura Esquivel
원작: 라우라 에스키벨의 소설

달콤한 인생 LA DOLCE VITA
이탈리아, 프랑스/1960년
감독: 페데리코 펠리니Federico Fellini
시나리오: 페데리코 펠리니, 엔니오 플라야노Ennio Flaiano, 툴리오 피넬리Tullio Pinelli, 브루넬로 론디Brunello Rondi
원안: 페데리코 펠리니, 엔니오 플라야노, 툴리오 피넬리

대부 THE GODFATHER
미국/1972년
감독: 프랜시스 포드 코폴라Francis Ford Coppola
시나리오: 마리오 푸조Mario Puzo, 프랜시스 포드 코폴라
원작: 마리오 푸조의 소설

대부 2 THE GODFATHER PART II
미국/1974년
감독: 프랜시스 포드 코폴라Francis Ford Coppola
시나리오: 프랜시스 포드 코폴라, 마리오 푸조 Mario Puzo
원작: 마리오 푸조의 소설

대역전 TRADING PLACES
미국/1983년
감독: 존 랜디스John Landis

시나리오: 티모시 해리스Timothy Harris, 허슐 웨인그로드Herschel Weingrod

대열차 강도 THE GREAT TRAIN ROBBERY
미국/1903년
연출, 촬영: 에드윈 S. 포터Edwin S. Porter

대지진 EARTHQUAKE
미국/1974년
감독: 마크 롭슨Mark Robson
시나리오: 조지 폭스George Fox, 마리오 푸조 Mario Puzo

더티 해리 4: 서든 임팩트 SUDDEN IMPACT
미국/1983년
감독: 클린트 이스트우드Clint Eastwood
시나리오: 조셉 스틴슨Joseph C. Stinson, 해리 줄리언 핑크Harry Julian Fink(인물 창조), 리타 M. 핑크Rita M. Fink(인물 창조)
원안: 찰스 B. 피어스Charles B. Pierce, 얼 E. 스미스Earl E. Smith

덩크 슛 WHITE MEN CAN'T JUMP
미국/1992년
감독, 시나리오: 론 셀턴Ron Shelton

데드 링거 DEAD RINGERS
캐나다/1988년
감독: 데이비드 크로넌버그David Cronenberg
시나리오: 데이비드 크로넌버그, 노먼 스나이더 Norman Snider
원작: 배리 우드Bari Wood와 잭 기즐랜드Jack Geasland의 소설 『쌍둥이Twins』

데스 위시 DEATH WISH
미국/1974년

감독: 마이클 위너Michael Winner
시나리오: 웬델 메이스Wendell Mayes
원작: 브라이언 가필드Brian Garfield의 소설

데이비드와 리사 DAVID AND LISA
미국/1962년
감독: 프랭크 페리Frank Perry
시나리오: 엘리너 페리Eleanor Perry
원작: 시어도어 아이작 루빈Theodore Isaac
Rubin의 소설

데이트 소동 BLIND DATE
미국/1987년
감독: 블레이크 에드워즈Blake Edwards
시나리오: 데일 로너Dale Launer

델마와 루이스 THELMA & LOUISE
미국/1991년
감독: 리들리 스콧Ridley Scott
시나리오: 칼리 쿠리Callie Khouri

도깨비불 LE FEU FOLLET
프랑스/1963년
감독, 시나리오: 루이 말Louis Malle
원작: 피에르 드리외 라 로셸Pierre Drieu La
Rochelle의 소설

**도나의 선택 DONA FLOR E SEUS DOIS
MARIDOS**
브라질/1976년
감독: 브루노 바레토Bruno Barreto
시나리오: 브루노 바레토, 에두아르도 코우티노
Eduardo Coutinho, 레오폴도 세란Leopoldo
Serran
원작: 조르지 아마두Jorge Amado의 소설

도망자 THE FUGITIVE
미국/1993년
감독: 앤드루 데이비스Andrew Davis
시나리오: 젭 스튜어트Jeb Stuart, 데이비드 투이
David Twohy

독신녀 에리카 AN UNMARRIED WOMAN
미국/1978년
감독, 시나리오: 폴 마줄스키Paul Mazursky

드라큘라 DRACULA
미국/1931년
감독: 토드 브라우닝Tod Browning
시나리오: 가렛 포드Garratt Ford, 더들리 머피
Dudley Murphy(보충 대사, 이하 크레디트에는 빠
짐), 루이스 브롬필드Louis Bromfield, 토드 브라
우닝, 프레더릭 슈테파니Frederick Stephani, 루
이스 스티븐스Louis Stevens
원안: 브람 스토커Bram Stoker의 소설을 해밀
턴 딘Hamilton Deane과 존 L. 볼더스턴John L.
Balderston이 연극 무대에 맞게 각색한 작품

드럭스토어 카우보이 DRUGSTORE COWBOY
미국/1989년
감독: 거스 밴 샌트Gus Van Sant
시나리오: 거스 밴 샌트, 다니엘 요스트Daniel
Yost, 윌리엄 버로스William S. Burroughs(크레디
트에는 빠짐)
원작: 제임스 포글James Fogle의 소설

디아볼릭 LES DIABOLIQUES
프랑스/1955년
감독: 앙리 조르주 클루조Henri-Georges Clouzot
시나리오: 앙리 조르주 클루조, 제롬 제로니미
Jérôme Géronimi, 프레데릭 그랑델Frédéric
Grendel, 르네 마송René Masson

원작: 피에르 부알로Pierre Boileau와 토머스 나르스잭Thomas Narcejac의 소설 『이제는 존재하지 않는 사람Celle qui n'etait plus』

디어 헌터 THE DEER HUNTER
미국/1978년
감독: 마이클 치미노Michael Cimino
시나리오: 데릭 워시번Deric Washburn
원안: 마이클 치미노, 데릭 워시번, 루이스 가핑클Louis Garfinkle, 퀸 레데커Quinn K. Redeker

똑바로 살아라 DO THE RIGHT THING
미국/1989년
감독, 시나리오: 스파이크 리Spike Lee

라디오 데이스 RADIO DAYS
미국/1987년
감독, 시나리오: 우디 앨런Woody Allen

라쇼몽 羅生門
일본/1950년
감독, 시나리오: 구로사와 아키라黑澤明, 하시모토 시노부橋本忍
원작: 아쿠타가와 류노스케芥川龍之介의 단편 소설

라스베이거스를 떠나며 LEAVING LAS VEGAS
미국/1995년
감독, 시나리오: 마이크 피기스Mike Figgis
원작: 존 오브라이언John O'Brien의 소설

라스트 시덕션 THE LAST SEDUCTION
미국/1994년
감독: 존 달John Dahl
시나리오: 스티브 바란시크Steve Barancik

람보 FIRST BLOOD
미국/1982년
감독: 테드 코체프Ted Kotcheff
시나리오: 마이클 코졸Michael Kozoll, 윌리엄 새크하임William Sackheim, 실베스터 스탤론 Sylvester Stallone
원작: 데이비드 모렐David Morrell의 소설

래리 플린트 THE PEOPLE VS. LARRY FLYNT
미국/1996년
감독: 밀로스 포먼Milos forman
시나리오: 스콧 알렉산더Scott Alexander, 래리 카라체스키Larry Karaszewski

러브드 원 THE LOVED ONE
미국/1965년
감독: 토니 리처드슨Tony Richardson
시나리오: 테리 서던Terry Southern, 크리스토퍼 이셔우드Christopher Isherwood
원작: 에벌린 워Evelyn Waugh의 소설

러브 세레나데 LOVE SERENADE
오스트레일리아/1997년
감독, 시나리오: 셜리 바렛Shirley Barrett

레니 LENNY
미국/1974년
감독: 밥 포시Bob Fosse
시나리오: 줄리언 배리Julian Barry
원작: 줄리언 배리의 희곡

레이더스 RAIDERS OF THE LOST ARK
미국/1981년
감독: 스티븐 스필버그Steven Spielberg
시나리오: 로런스 캐스던Lawrence Kasdan
원안: 조지 루카스George Lucas, 필립 코프먼

Philip Kaufman

레인 맨 RAIN MAN
미국/1988년
감독: 배리 레빈슨Barry Levinson
시나리오: 로널드 배스Ronald Bass, 배리 모로
Barry Morrow
원안: 배리 모로

레인메이커 THE RAINMAKER
미국/1956년
감독:조지프 앤서니Joseph Anthony
시나리오: N. 리처드 내시N. Richard Nash
원작: N. 리처드 내시의 희곡

로드 짐 LORD JIM
영국, 미국/1965년
감독, 시나리오: 리처드 브룩스Richard Brooks
원작: 조지프 콘래드Joseph Conrad의 소설

**로미와 미셸 ROMY AND MICHELE'S HIGH
SCHOOL REUNION**
미국/1997년
감독: 데이비드 머킨David Mirkin
시나리오: 로빈 시프Robin Schiff
원작: 로빈 시프의 희곡「여자 화장실The Ladies'
Room」

로보캅 ROBOCOP
미국/1987년
감독: 폴 버호벤Paul Verhoeven
시나리오: 에드워드 뉴마이어Edward Neumeier,
마이클 마이너Michael Miner

로스트 하이웨이 LOST HIGHWAY
미국, 프랑스/1997년
감독: 데이비드 린치David Lynch
시나리오: 데이비드 린치, 배리 기포드Barry
Gifford

로즈 THE ROSE
미국/1979년
감독: 마크 라이델Mark Rydell
시나리오: 빌 커비Bill Kerby, 보 골드먼Bo
Goldman, 마이클 치미노Michael Cimino(이하
크레디트에는 빠짐), 마빈 워스Marvin Worth
원안: 빌 커비

록키 ROCKY
미국/1976년
감독: 존 어빌드센John G. Avildsen
시나리오: 실베스터 스탤론Sylvester Stallone

록키 4 ROCKY IV
미국/1985
감독, 시나리오: 실베스터 스탤론Sylvester
Stallone

론 스타 LONE STAR
미국/1996년
감독, 시나리오: 존 세일즈John Sayles

리썰 웨폰 LETHAL WEAPON
미국/1987년
감독: 리처드 도너Richard Donner
시나리오: 셰인 블랙Shane Black, 제프리 보엄
Jeffrey Boam(크레디트에는 빠짐)

리틀 킬러 THE GHOST
미국/2000년
감독: 더글러스 잭슨Douglas Jackson
시나리오: 데이브 테더Dave Tedder

마이 맨 고드프리 MY MAN GODFREY
미국/1936년
감독: 그레고리 라 카바Gregory La Cava
시나리오: 모리 리스킨드Morrie Ryskind, 에릭 해치Eric Hatch, 그레고리 라 카바(크레디트에는 빠짐)
원작: 에릭 해치의 소설

마이크의 살인 MIKE'S MURDER
미국/1984년
감독: 제임스 브리지스James Bridges

마이클 콜린스 MICHAEL COLLINS
영국/1996년
감독, 시나리오: 닐 조던Neil Jordan

마지막 사랑 THE SHELTERING SKY
영국, 이탈리아/1990년
감독: 베르나르도 베르톨루치Bernardo Bertolucci
시나리오: 마크 페플로Mark Peploe, 베르나르도 베르톨루치
원작: 폴 볼스Paul Bowles의 소설

마지막 황제 THE LAST EMPEROR
이탈리아, 홍콩, 영국/1987년
감독: 베르나르도 베르톨루치Bernardo Bertolucci
시나리오: 마크 페플로Mark Peploe, 베르나르도 베르톨루치, 엔조 운가리Enzo Ungari
원작: 푸이溥儀의 자서전 『황제에서 시민으로From Emperor to Citizen』

마크 THE MARK
영국/1961년
감독: 가이 그린Guy Green

시나리오: 시드니 버크먼Sidney Buchman, 스탠리 만Stanley Mann
원작: 찰스 이스라엘Charles Israel의 소설

마티 MARTY
미국/1955년
감독: 델버트 만Delbert Mann
시나리오: 패디 체이예프스키Paddy Chayefsky
원작: 패디 체이예프스키의 TV 드라마 대본

만날 때는 타인 STRANGERS WHEN WE MEET
미국/1960년
감독: 리처드 퀸Richard Quine
시나리오: 에반 헌터Evan Hunter
원작: 에반 헌터의 소설

만약 IF…
영국/1968년
감독: 린제이 앤더슨Lindsay Anderson
시나리오: 데이비드 셔윈David Sherwin, 존 하울렛John Howlett(존 하울렛은 script crusader라는 명칭으로, 데이비드 셔윈은 작가와 script crusader라는 명칭으로 크레디트에 올라 있다. script crusader는 다른 영화의 크레디트에서는 찾아보기 힘든 표현으로, 시나리오 수정 작가를 의미하는 듯하다.)

만주인 포로 THE MANCHURIAN CANDIDATE
미국/1962년
감독 : 존 프랑켄하이머John Frankenheimer
시나리오: 조지 액셀로드George Axelrod, 존 프랑켄하이머(크레디트에는 빠짐)
원작: 리처드 콘돈Richard Condon의 소설

말타의 매 THE MALTESE FALCON
미국/1941년

감독, 시나리오: 존 휴스턴John Huston
원작: 대실 해밋Dashiell Hammett의 소설

매드 맥스 2 MAD MAX 2: THE ROAD WARRIOR
오스트레일리아/1981년
감독: 조지 밀러George Miller
시나리오: 테리 헤이즈Terry Hayes, 조지 밀러, 브라이언 헤넌트Brian Hannant

매디슨 카운티의 다리 THE BRIDGES OF MADISON COUNTY
미국/1995년
감독: 클린트 이스트우드Clint Eastwood
시나리오: 리처드 라그레이브니스Richard LaGravenese
원작: 로버트 제임스 윌러Robert James Waller의 소설

맨발의 이사도라 ISADORA
영국/1968년
감독: 카렐 라이즈Karel Reisz
시나리오: 멜빈 브래그Melvyn Bragg, 클라이브 엑스턴Clive Exton
원작: 이사도라 덩컨Isadora Duncan의 자서전과 슈얼 스토크스Sewell Stokes의 회고록을 바탕으로 함

맨 인 블랙 MEN IN BLACK
미국/1997년
감독: 배리 소넌펠드Barry Sonnenfeld
시나리오: 에드 솔로몬Ed Solomon
원작: 로웰 커닝햄Lowell Cunningham의 만화

맨해튼 MANHATTAN
미국/1979년
감독: 우디 앨런Woody Allen

시나리오: 우디 앨런, 마샬 브릭먼Marshall Brickman

맨헌터 MANHUNTER
미국/1986년
감독, 시나리오: 마이클 만Michael Mann
원작: 토머스 해리스Thomas Harris의 소설 『레드 드래건Red Dragon』

메피스토 MEPHISTO
헝가리, 서독/1981년
감독: 이슈트반 서보István Szabó
시나리오: 이슈트반 서보, 페터 도바이Péter Dobai
원작: 클라우스 만Klaus Mann의 소설

모던 타임스 MODERN TIMES
미국/1936년
감독, 시나리오: 찰리 채플린Charlie Chaplin

모로코 가는 길 THE ROAD TO MOROCCO
미국/1942년
감독: 데이비드 버틀러David Butler
시나리오: 프랭크 버틀러Frank Butler, 돈 하트먼 Don Hartman

모비딕 MOBY DICK
영국/1956년
감독: 존 휴스턴John Huston
시나리오: 레이 브래드버리Ray Bradbury, 존 휴스턴John Huston, 노먼 코윈Norman Corwin(크레디트에는 빠짐)
원작: 허먼 멜빌Herman Melville의 소설

몬트리올 예수 JESUS OF MONTREAL
캐나다/1989년
감독, 시나리오: 드니 아르캉Denys Arcand

몬티 파이튼의 성배 MONTY PYTHON AND THE HOLY GRAIL
영국/1975년
감독: 테리 길리엄Terry Gilliam, 테리 존스Terry Jones
시나리오: 그레이엄 채프먼Graham Chapman, 존 클리스John Cleese, 에릭 아이들Eric Idle, 테리 길리엄, 테리 존스, 마이클 폴린Michael Palin

무단 침입 UNLAWFUL ENTRY
미국/1992년
감독: 조너선 카플란Jonathan Kaplan
시나리오: 루이스 콜릭Lewis Colick
원안: 조지 퍼트넘George Putnam, 존 캐치머 John Katchmer, 루이스 콜릭

문스트럭 MOONSTRUCK
미국/1987년
감독: 노먼 주이슨Norman Jewison
시나리오: 존 패트릭 샌리John Patrick Shanley

물랑 루즈 MOULIN ROUGE
영국, 미국/1952년
감독: 존 휴스턴John Huston
시나리오: 존 휴스턴, 앤서니 베일러Anthony Veiller
원작: 피에르 라 뮈르Pierre La Mure의 소설

뮤리엘의 웨딩 MURIEL'S WEDDING
오스트레일리아/1994년
감독, 시나리오: P. J. 호건P. J. Hogan

뮤직 룸 THE MUSIC ROOM
인도/1958년
감독, 시나리오: 레이 샤트야지트Ray Satyajit
원작: 타라샹카 바네르지Tarashankar Banerjee의 소설

미드나이트 런 MIDNIGHT RUN
미국/1988년
감독: 마틴 브레스트Martin Brest
시나리오: 조지 갤로George Gallo

미드나이트 카우보이 MIDNIGHT COWBOY
미국/1969년
감독: 존 슐레진저John Schlesinger
시나리오: 월도 솔트Waldo Salt
원작: 제임스 레오 헐리히James Leo Herlihy의 소설

미세스 파커 MRS. PARKER AND THE VICIOUS CIRCLE
미국/1994년
감독: 알란 루돌프Alan Rudolph
시나리오: 알란 루돌프, 랜디 슈 코번Randy Sue Coburn

미스 줄리 MISS JULIE
미국/1999년
감독: 마이크 피기스Mike Figgis
시나리오: 헬렌 쿠퍼Helen Cooper
원작: 아우구스트 스트린드베리August Strindberg의 희곡 『미스 줄리Fröken Julie』

밀회 BRIEF ENCOUNTER
영국/1945년
감독: 데이비드 린David Lean
시나리오: 노엘 코워드Noël Coward, 앤터니 해블럭앨런Anthony Havelock-Allan(이하 크레디트에는 빠짐), 데이비드 린, 로널드 님Ronald Neame
원작: 노엘 코워드의 단막극 「정물Still Life」

바베트의 만찬 BABETTES GAESTEBUD
덴마크/1987년
감독, 시나리오: 가브리엘 악셀Gabriel Axel
원작: 아이작 디네센Isak Dinesen

바보들의 배 SHIP OF FOOLS
미국/1965년
감독: 스탠리 크레이머Stanley Kramer
시나리오: 애비 만Abby Mann
원작: 캐서린 앤 포터Katherine Anne Porter의
소설

바톤 핑크 BARTON FINK
미국/1991년
감독: 조엘 코엔Joel Coen, 에단 코엔Ethan
Coen(크레디트에는 빠짐)
시나리오: 조엘 코엔, 에단 코엔

밤 LA NOTTE
이탈리아, 프랑스/1960년
감독: 미켈란젤로 안토니오니Michelangelo
Antonioni
시나리오: 미켈란젤로 안토니오니, 엔니오 플라야노
Ennio Flaiano, 토니노 게라Tonino Guerra

밤의 열기 속으로 IN THE HEAT OF THE NIGHT
미국/1967년
감독: 노먼 주이슨Norman Jewison
시나리오: 스털링 실리펀트Stirling Silliphant
원작: 존 볼John Ball

밥 로버츠 BOB ROBERTS
미국/1992년
감독, 시나리오: 팀 로빈스Tim Robbins

배드 데이 앳 블랙 록 BAD DAY AT BLACK ROCK
미국/1955년
감독: 존 스터지스John Sturges
시나리오: 밀라드 코프먼Millard Kaufman, 돈 맥
과이어Don McGuire(각색)
원작: 하워드 브레슬린Howard Breslin의 단편 소
설「배드 타임 앳 혼다Bad Time at Honda」

배드 타이밍 BAD TIMING
영국/1980년
감독: 니콜라스 뢰그Nicolas Roeg
시나리오: 예일 우도프Yale Udoff

배리 린든 BARRY LYNDON
영국/1975년
감독, 시나리오: 스탠리 큐브릭Stanley Kubrick
원작: W. M. 새커리W. M. Thackeray의 소설

배신 BETRAYAL
영국/1983년
감독: 데이비드 휴 존스David Hugh Jones
시나리오: 해럴드 핀터Harold Pinter
원작: 해럴드 핀터의 희곡

백설공주와 얼간이 삼총사 SNOW WHITE AND THE THREE STOOGES
미국/1961년
감독: 월터 랭Walter Lang, 프랭크 타쉬린Frank
Tashlin(크레디트에는 빠짐)
시나리오: 노엘 랭글리Noel Langley, 엘우드 울먼
Elwood Ullman
원안: 찰스 윅Charles Wick

뱀파이어와의 인터뷰 INTERVIEW WITH A VAMPIRE
미국/1994년

감독: 닐 조던Neil Jordan
시나리오: 앤 라이스Anne Rice
원작: 앤 라이스의 소설

범죄와 비행 CRIMES AND MISDEMEANORS
미국/1989년
감독, 시나리오: 우디 앨런Woody Allen

베니스에서의 죽음 MORTE A VENEZIA
이탈리아/1971년
감독: 루키노 비스콘티Luchino Visconti
시나리오: 루키노 비스콘티, 니콜라 바달루코
Nicola Badalucco
원작: 토마스 만Thomas Mann의 소설

베이비 붐 BABY BOOM
미국/1987년
감독: 찰스 샤이어Charles Shyer
시나리오: 낸시 메이어즈Nancy Meyers, 찰스
샤이어

베티 블루 37°2 37°2 LE MATIN
프랑스/1986년
감독, 시나리오: 장 자크 베넥스Jean-Jacques
Beineix
원작: 필립 지앙Philippe Djian의 소설 『37°2 아침
37°2 Le Matin』

벤자민 일등병 PRIVATE BENJAMIN
미국/1980년
감독: 하워드 지프Howard Zieff
시나리오: 낸시 메이어즈Nancy Meyers, 찰스 샤이
어Charles Shyer, 하비 밀러Harvey Miller

벤허 BEN HUR
미국/1959년

감독: 윌리엄 와일러William Wyler
시나리오: 칼 툰버그Karl Tunberg, 고어 비달
Gore Vidal(이하 크레디트에는 빠짐), 맥스웰 앤
더슨Maxwell Anderson, 새뮤얼 베어먼S. N.
Behrman, 크리스토퍼 프라이Christopher Fry
원작: 루 월리스Lew Wallace의 소설

보난자 BONANZA: UNDER ATTACK
미국/1995년/1988년 이후 TV용으로 만들어진 몇
편의 보난자 영화 중 한 편
감독: 마크 팅커Mark Tinker
시나리오: 덴 바트 프티클러크Denne Bart
Petitclerc, 데이비드 도톨트David Dortort(인물
창조)

보디 히트 BODY HEAT
미국/1981년
감독, 시나리오: 로런스 캐스턴Lawrence Kasdan

보스턴 사람들 THE BOSTONIANS
미국/1984년
감독: 제임스 아이보리James Ivory
시나리오: 루스 프라워 자브발라Ruth Prawer
Jhabvala
원작: 헨리 제임스Henry James의 소설

보통 사람들 ORDINARY PEOPLE
미국/1980년
감독: 로버트 레드퍼드Robert Redford
시나리오: 앨빈 사전트Alvin Sargent, 낸시 다우드
Nancy Dowd(크레디트에는 빠짐)
원작: 주디스 게스트Judith Guest의 소설

**부르주아의 은밀한 매력 LE CHARME DISCRET
DE LA BOURGEOISIE**
프랑스, 이탈리아, 스페인/1972년

감독: 루이스 부뉴엘Luis Buñuel
시나리오: 루이스 부뉴엘, 장 클로드 카리에르
Jean-Claude Carrière

부부 일기 HUSBANDS AND WIVES
미국/1992년
감독, 시나리오: 우디 앨런Woody Allen

분노의 주먹 RAGING BULL
미국/1980년
감독: 마틴 스코세이지Martin Scorsese
시나리오: 폴 슈레이더Paul Schrader, 마딕 마틴
Mardik Martin
원작: 제이크 라모타Jake LaMotta, 피터 새비지
Peter Savage, 조셉 카터Joseph Carter

불을 찾아서 LA GUERRE DU FEU
미국/1981년
감독: 장 자크 아노Jean-Jacques Annaud
시나리오: 제라르 브라흐Gérard Brach
원작: J. H. 로즈니 시니어J. H. Rosny Sr.의 소설
『불을 찾아서La Guerre du Feu』

불의 전차 CHARIOTS OF FIRE
영국/1981년
감독: 휴 허드슨Hugh Hudson
시나리오: 콜린 웰런드Colin Welland

붉은 사막 IL DESERTO ROSSO
이탈리아, 프랑스/1964년
감독: 미켈란젤로 안토니오니Michelangelo
Antonioni
시나리오: 미켈란젤로 안토니오니, 토니노 게라
Tonino Guerra

브람 스토커의 드라큘라 BRAM STOKER'S DRACULA
미국/1992년
감독: 프랜시스 포드 코폴라Francis Ford Coppola
시나리오: 제임스 V. 하트James V. Hart
원작: 브람 스토커Bram Stoker의 소설

브랙퍼스트 클럽 THE BREAKFAST CLUB
미국/1985년
감독, 시나리오: 존 휴즈John Hughes

브레이킹 더 웨이브 BREAKING THE WAVES
덴마크/1996년
감독: 라스 폰 트리에Lars von Trier
시나리오: 라스 폰 트리에, 페터 아스무센Peter
Asmussen, 데이비드 피리David Pirie(크레디트에
는 빠짐)

브로드웨이를 쏴라 BULLETS OVER BROADWAY
미국/1994년
감독: 우디 앨런Woody Allen
시나리오: 우디 앨런, 더글러스 맥그래스Douglas
McGrath

블랙 위도우 BLACK WIDOW
미국/1987년
감독: 밥 라펠슨Bob Rafelson
시나리오: 로널드 배스Ronald Bass

블레이드 러너 BLADE RUNNER
미국/1982년
감독: 리들리 스콧Ridley Scott
시나리오: 햄프턴 팬셔Hampton Fancher, 데이비
드 피플스David Peoples
원작: 필립 K. 딕Philip K. Dick의 소설 『안드로이
드는 전기 양을 꿈꾸는가Do Androids Dream of

Electric Sheep?』

블레이징 새들스 BLAZING SADDLES
미국/1974년
감독: 멜 브룩스Mel Brooks
시나리오: 멜 브룩스, 노먼 스타인버그Norman
Steinberg, 앤드루 버그먼Andrew Bergman,
리처드 프라이어Richard Pryor, 앨런 우거Alan
Uger
원안: 앤드루 버그먼

블루 벨벳 BLUE VELVET
미국/1986년
감독, 시나리오: 데이비드 린치David Lynch

비 RAIN
미국/1932년
감독: 루이스 마일스톤Lewis Milestone
시나리오: 맥스웰 앤더슨Maxwell Anderson
원작: 서머싯 몸W. Somerset Maugham의 소설을
바탕으로 존 콜턴John Colton과 클레멘스 랜돌프
Clemence Randolph가 쓴 희곡

비리디아나 VIRIDIANA
스페인, 멕시코/1961년
감독: 루이스 부뉴엘Luis Buñuel
시나리오: 루이스 부뉴엘, 훌리오 알레한드로Julio
Alejandro
원안: 루이스 부뉴엘(크레디트에는 원작자 없이 루
이스 부뉴엘의 원안으로 명기됨)
원작: 베니토 페레스 갈도스Benito Pérez Galdós
의 소설 『Halma』(크레디트에는 빠짐)

비밀 캠프 CAMP NOWHERE
미국/1994년
감독: 조너선 프린스Jonathan Prince

시나리오: 앤드루 커츠만Andrew Kurtzman, 엘리
엇 월드Eliot Wald

비열한 거리 MEAN STREETS
미국/1973년
감독: 마틴 스코세이지Martin Scorcese
시나리오: 마틴 스코세이지, 마딕 마틴Mardik
Martin
원안: 마틴 스코세이지

빅 BIG
미국/1988
감독: 페니 마셜Penny Marshall
시나리오: 개리 로스Gary Ross, 앤 스필버그Anne
Spielberg

빅 슬립 THE BIG SLEEP
미국/1946년
감독: 하워드 호크스Howard Hawks
시나리오: 윌리엄 포크너William Faulkner,
리 브래킷Leigh Brackett, 줄스 퍼스먼Jules
Furthman
원작: 레이먼드 챈들러Raymond Chandler의 소설

빅 웬즈데이 BIG WEDNESDAY
미국/1978년
감독: 존 밀리어스John Milius
시나리오: 존 밀리어스, 데니스 아버그Dennis
Aaberg, 조엘 체르노프Joel Chernoff(크레디트에
는 빠짐)

빌리 버드 BILLY BUDD
영국/1962년
감독: 피터 유스티노프Peter Ustinov
시나리오: 피터 유스티노프, 드윗 보딘DeWitt
Bodeen, 로버트 로센Robert Rossen(크레디트에

는 빠짐)
원작: 허먼 멜빌Herman Melville의 소설을 바탕
으로 루이스 콕스Louis O. Coxe와 로버트 채프먼
Robert H. Chapman이 쓴 희곡

사관과 신사 AN OFFICER AND A GENTLEMAN
미국/1982년
감독: 테일러 핵퍼드Taylor Hackford
시나리오: 더글러스 데이 스튜어트Douglas Day
Stewart

사랑과 슬픔의 맨해튼 Q & A
미국/1990
감독, 시나리오: 시드니 루멧Sidney Lumet(TV
용으로 재편집되었을 때에는 앨런 스미시Alan
Smithee라는 이름 사용)
원작: 에드윈 토레스Edwin Torres의 소설

사랑의 블랙홀 GROUNDHOG DAY
미국/1993년
감독: 해럴드 래미스Harold Ramis
시나리오: 대니 루빈Danny Rubin, 해럴드 래미스
원안: 대니 루빈

사랑의 은하수 SOMEWHERE IN TIME
미국/1980년
감독: 제넛 츠와르크Jeannot Szwarc
시나리오: 리처드 매드슨Richard Matheson
원작: 리처드 매드슨의 소설

사랑의 파도 SEA OF LOVE
미국/1989년
감독: 해럴드 베커Harold Becker
시나리오: 리처드 프라이스Richard Price

사랑의 행로 THE FABULOUS BAKER BOYS
미국/1989년
감독, 시나리오: 스티브 클로브스Steve Kloves

사막의 기적 THE FLIGHT OF THE PHOENIX
미국/1965년
감독: 로버트 올드리치Robert Aldrich
시나리오: 루카스 헬러Lukas Heller
원작: 엘레스턴 트레버Elleston Trevor(본명은 애
덤 홀Adam Hall)의 소설

사운드 오브 뮤직 THE SOUND OF MUSIC
미국/1965년
감독: 로버트 와이즈Robert Wise
시나리오: 어니스트 리먼Ernest Lehman
원작: 하워드 린지Howard Lindsay와 러셀 크루
즈Russel Crouse가 대본을 쓰고 리처드 로저스
Richard Rodgers와 오스카 해머스타인 2세Oscar
Hammerstein II가 음악을 만든 뮤지컬

사이코 PSYCHO
미국/1960년
감독: 알프레드 히치콕Alfred Hitchcock
시나리오: 조셉 스테파노Joseph Stefano
원작: 로버트 블록Robert Bloch의 소설

사중주 QUARTET
미국/1981년
감독: 제임스 아이보리James Ivory
시나리오: 루스 프라워 자브발라Ruth Prawer
Jhabyala
원작: 진 리스Jean Rhys의 소설

산딸기 WILD STRAWBERRIES
스웨덴/1957년
감독, 시나리오: 잉마르 베리만Ingmar Bergman

살바도르 SALVADOR

미국/1986년

감독: 올리버 스톤Oliver Stone

시나리오: 올리버 스톤, 리처드 보일Richard Boyle

살아가는 나날들 THE RIVER

미국/1984년

감독: 마크 라이델Mark Rydell

시나리오: 로버트 딜런Robert Dillon, 줄리언 배리 Julian Barry

원안: 로버트 딜런

살의의 아침 THE MORNING AFTER

미국/1986년

감독: 시드니 루멧Sidney Lumet

시나리오: 제임스 힉스James Hicks, 데이비드 레이피엘David Rayfiel(크레디트에는 빠짐)

상처뿐인 영광 SOMEBODY UP THERE LIKES ME

미국/1956년

감독: 로버트 와이즈Robert Wise

시나리오: 어니스트 리먼Ernest Lehman

원작: 록키 그라지아노Rocky Graziano, 롤랜드 바버Rowland Barber

새 THE BIRDS

미국/1963년

감독: 알프레드 히치콕Alfred Hitchcock

시나리오: 에반 헌터Evan Hunter

원작: 대프니 듀 모리에Daphne Du Maurier의 단편 소설

샤이닝 THE SHINING

미국/1980년

감독: 스탠리 큐브릭Stanley Kubrick

시나리오: 다이앤 존슨Diane Johnson, 스탠리 큐브릭

원작: 스티븐 킹Stephen King의 소설

샤인 SHINE

오스트레일리아/1996년

감독: 스콧 힉스Scott Hicks

시나리오: 잔 사디Jan Sardi

원안: 스콧 힉스

선셋 대로 SUNSET BOULEVARD

미국/1950년

감독: 빌리 와일더Billy Wilder

시나리오: 찰스 브래킷Charles Brackett, 빌리 와일더, 마슈맨 주니어D. M. Marshman Jr.

원작: 찰스 브래킷, 빌리 와일더의 「A Can of Beans」

설리반의 여행 SULLIVAN'S TRAVELS

미국/1941년

감독, 시나리오: 프레스턴 스터지스Preston Sturges

성공의 달콤한 향기 THE SWEET SMELL OF SUCCESS

미국/1957년

감독: 알렉산더 매켄드릭Alexander MacKendrick

시나리오: 클리퍼드 오데츠Clifford Odets, 어니스트 리먼Ernest Lehman, 알렉산더 매켄드릭(크레디트에는 빠짐)

원작: 어니스트 리먼의 단편 소설

세 가지 색: 레드 TROIS COULEURS: ROUGE

프랑스, 폴란드, 스위스/1994년

감독: 크시슈토프 키에슬로프스키Krzysztof Kieslowski

시나리오: 크시슈토프 피시비츠Krzysztof Piesiewicz, 크시슈토프 키에슬로프스키

세븐 SEVEN
미국/1995년
감독: 데이비드 핀처David Fincher
시나리오: 앤드루 케빈 워커Andrew Kevin Walker

세 여인 3 WOMEN
미국/1977년
감독: 로버트 알트만Robert Altman
시나리오: 로버트 알트만, 퍼트리샤 레스닉Patricia Resnick

세입자 LE LOCATAIRE
프랑스/1976년
감독: 로만 폴란스키Roman Polanski
시나리오: 제라르 브라흐Gérard Brach, 로만 폴란스키
원작: 롤랑 토포르Roland Topor의 소설

셸 위 댄스 SHALL WE DANCE
일본/1997년
감독, 시나리오: 수오 마사유키周防正行

소펠 부인 MRS. SOFFEL
미국/1984년
감독: 질리언 암스트롱Gillian Armstrong
시나리오: 론 니스워너Ron Nyswaner

솔라리스 SOLYARIS
소련/1972년
감독: 안드레이 타르콥스키Andrei Tarkovsky
시나리오: 안드레이 타르콥스키, 프리드리히 고렌슈타인Fridrikh Gorenshteyn
원작: 스타니스와프 렘Stanislaw Lem의 소설

숏 컷 SHORT CUTS
미국/1993년
감독: 로버트 알트만Robert Altman
시나리오: 로버트 알트만, 프랭크 바르히트Frank Barhydt
원작: 레이먼드 카버Raymond Carver

숙녀 이브 THE LADY EVE
미국/1941년
감독, 시나리오: 프레스턴 스터지스Preston Sturges
원작: 몽크턴 호프Monckton Hoffe의 희곡

순간순간 MOMENT BY MOMENT
미국/1978년
감독, 시나리오: 제인 와그너Jane Wagner

쉰들러 리스트 SCHINDLER'S LIST
미국/1993년
감독: 스티븐 스필버그Steven Spielberg
시나리오: 스티븐 자일리언Steven Zaillian
원작: 토머스 케닐리Thomas Keneally의 소설

슈퍼맨 SUPERMAN
영국/1978년
감독: 리처드 도너Richard Donner
시나리오: 마리오 푸조Mario Puzo, 데이비드 뉴먼David Newman, 레슬리 뉴먼Leslie Newman, 로버트 벤턴Robert Benton, 톰 맹키위츠Tom Mankiewicz(크레디트에는 빠짐)
원작: 제리 시겔Jerry Siegel과 조 셔스터Joe Shuster의 만화

스네이크 핏 THE SNAKE PIT
미국/1948년
감독: 아나톨 리트벡Anatole Litvak

시나리오: 프랭크 파토스Frank Partos, 밀렌 브랜드Millen Brand, 아서 로렌츠Arthur Laurents(크레디트에는 빠짐)
원작: 메리 제인 워드Mary Jane Ward의 소설

스미스 씨 워싱턴에 가다 MISTER SMITH GOES TO WASHINGTON
미국/1939년
감독: 프랭크 캐프라Frank Capra
시나리오: 시드니 버크먼Sidney Buchman
원작: 루이스 R. 포스터Lewis R. Foster

스타 80 STAR 80
미국/1983년
감독, 시나리오: 밥 포시Bob Fosse
원작: 부분적으로 테레사 카펜터Teresa Carpenter의 잡지 기사「어떤 플레이보이걸의 죽음Death of a Playmate」을 바탕으로 함

스타워즈 STAR WARS
미국/1977년
감독, 시나리오: 조지 루카스George Lucas

스타워즈 에피소드5: 제국의 역습 STAR WARS EPISODE 5: THE EMPIRE STRIKES BACK
미국/1980년
감독: 어빈 커슈너Irvin Kershner
시나리오: 리 브래킷Leigh Brackett, 로런스 캐스던Lawrence Kasdan
원안: 조지 루카스George Lucas

스타워즈 에피소드6: 제다이의 귀환 STAR WARS EPISODE 6: THE RETURN OF THE JEDI
미국/1983년
감독: 리처드 마퀀드Richard Marquand
시나리오: 로런스 캐스던Lawrence Kasdan, 조지 루카스George Lucas
원안: 조지 루카스

스탠 바이 미 STAND BY ME
미국/1986년
감독: 롭 라이너Rob Reiner
시나리오: 브루스 A. 에반스Bruce A. Evans, 레이놀드 기디온Raynold Gideon
원작: 스티븐 킹Stephen King의 소설『바디The Body』

스파르타쿠스 SPARTACUS
미국/1960년
감독: 스탠리 큐브릭Stanley Kubrick
시나리오: 돌턴 트럼보Dalton Trumbo, 콜더 윌링햄Calder Willingham(전투 장면, 이하 크레디트에는 빠짐), 피터 유스티노프Peter Ustinov
원작: 하워드 패스트Howard Fast의 소설

스피드 SPEED
미국/1994년
감독: 얀 드봉Jan De Bont
시나리오: 그레이엄 요스트Graham Yost

슬링 블레이드 SLING BLADE
미국/1996년
감독, 시나리오: 빌리 밥 손턴Billy Bob Thornton
원작: 빌리 밥 손턴의 희곡

시골 사제의 일기 JOURNAL D'UN CURÉ DE CAMPAGNE
프랑스/1951년
감독, 시나리오: 로베르 브레송Robert Bresson
원작: 조르주 베르나노스Georges Bernanos의 소설

시민 케인 CITIZEN KANE
미국/1941년
감독: 오슨 웰스Orson Welles
시나리오: 허먼 J. 맹키위츠Herman J.
Mankiewicz, 오슨 웰스, 존 하우스맨John
Houseman(크레디트에는 빠짐)

**시애틀의 잠 못 이루는 밤 SLEEPLESS IN
SEATTLE**
미국/1993년
감독: 노라 에프론Nora Ephron
시나리오: 노라 에프론, 데이비드 S. 워드David S.
Ward, 제프 아치Jeff Arch
원안: 제프 아치

**시에라 마드레의 보석 THE TREASURE OF THE
SIERRA MADRE**
미국/1948년
감독, 시나리오: 존 휴스턴John Huston
원작: B. 트레븐B. Traven의 소설

시인의 피 LE SANG D'UN POÈTE
(영어명: THE BLOOD OF A POET)
프랑스/1930년
감독, 시나리오: 장 콕토Jean Cocteau

심판 THE VERDICT
미국/1982년
감독: 시드니 루멧Sidney Lumet
시나리오: 데이비드 마멧David Mamet
원작: 배리 리드Barry Reed의 소설

아담의 갈비뼈 ADAM'S RIB
미국/1949년
감독: 조지 쿠커George Cukor
시나리오: 루스 고든Ruth Gordon, 가슨 카닌

Garson Kanin

아라크네의 비밀 ARACHNOPHOBIA
미국/1990년
감독: 프랭크 마셜Frank Marshall
시나리오: 돈 자코비Don Jacoby, 웨슬리 스트릭
Wesley Strick
원작: 돈 자코비, 알 윌리엄스Al Williams

아마데우스 AMADEUS
미국/1984년
감독: 밀로시 포르만Miloš Forman
시나리오: 피터 셰퍼Peter Shaffer
원작: 피터 셰퍼의 희곡

아마코드 AMARCORD
이탈리아, 프랑스/1973년
감독: 페데리코 펠리니Federico Fellini
시나리오: 페데리코 펠리니, 토니노 게라Tonino
Guerra

아시아의 폭풍 POTOMOK CHINGIS-KHANA
소련/1928년
감독: 프세볼로트 푸돕킨Vsevolod Pudovkin
시나리오: 오시프 브릭Osip Brik
원작: I. 노포크셰노프I. Novokshenov

아웃브레이크 OUTBREAK
미국/1995년
감독: 볼프강 페터센Wolfgang Petersen
시나리오: 로런스 드워렛Laurence Dworet, 로버
트 로이 풀Robert Roy Pool

아웃 오브 아프리카 OUT OF AFRICA
미국/1985년
감독: 시드니 폴락Sydney Pollack

시나리오: 커트 뤼트케Kurt Luedtke, 데이비드 레이피엘David Rayfiel(크레디트에는 빠짐)
원작: 아이작 디네센Isak Dinesen의 『아웃 오브 아프리카Out of Africa』, 주디스 서먼Judith Thurman의 『아이작 디네센: 스토리텔러의 삶Isak Dinesen: The Life of a Story-Teller』, 에롤 트르제빈스키Errol Trzebinski의 『침묵의 대화Silence Will Speak』 등을 바탕으로 함

아이 양육 BRINGING UP BABY
미국/1938년
감독: 하워드 호크스Howard Hawks
시나리오: 더들리 니콜스Dudley Nichols, 헤이거 와일드Hagar Wilde
원작: 헤이거 와일드

악당과 미녀 THE BAD AND THE BEAUTIFUL
미국/1952년
감독: 빈센트 미넬리Vincente Minnelli
시나리오: 찰스 슈니Charles Schnee
원작: 조지 브래드쇼George Bradshaw의 단편 소설

악마의 씨 ROSEMARY'S BABY
미국/1968년
감독, 시나리오: 로만 폴란스키Roman Polanski
원작: 아이라 레빈Ira Levin의 소설

악몽 SYBIL
미국/1976년/TV용 영화
감독: 다니엘 페트리Daniel Petrie
시나리오: 스튜어트 스턴Stewart Stern
원작: 플로라 리타 슈레이버Flora Rheta Schreiber의 논픽션

안달루시아의 개 UN CHIEN ANDALOU
프랑스/1928년/단편 영화
감독: 루이스 부뉴엘Luis Buñuel
시나리오: 루이스 부뉴엘, 살바도르 달리Salvador Dalí

알제리 전투 LA BATTAGLIA DI ALGERI
(영어명: THE BATTLE OF ALGIERS)
알제리, 이탈리아/1965년
감독: 질로 폰테코르보Gillo Pontecorvo
시나리오: 프랑코 솔리나스Franco Solinas, 질로 폰테코르보

앙드레와의 저녁 식사 MY DINNER WITH ANDRÉ
미국/1981년
감독: 루이 말Louis Malle
시나리오: 월리스 숀Wallace Shawn, 앙드레 그레고리André Gregory

애니멀 하우스 NATIONAL LAMPOON'S ANIMAL HOUSE
미국/1978년
감독: 존 랜디스John Landis
시나리오: 해럴드 래미스Harold Ramis, 더글러스 케니Douglas Kenney, 크리스 밀러Chris Miller
원작: 크리스 밀러의 소설 「Animal House」, 「The Night of the Seven Fires」, 「Pinto's First Lay」

애니 홀 ANNIE HALL
미국/1977년
감독: 우디 앨런Woody Allen
시나리오: 우디 앨런, 마샬 브릭먼Marshall Brickman

애딕티드 투 러브 ADDICTED TO LOVE
미국/1997년

감독: 그리핀 던Griffin Dunne
시나리오: 로버트 고든Robert Gordon

애정과 욕망 CARNAL KNOWLEDGE
미국/1971년
감독: 마이크 니컬스Mike Nichols
시나리오: 줄스 파이퍼Jules Feiffer

애정의 조건 TERMS OF ENDEARMENT
미국/1983년
감독, 시나리오: 제임스 L. 브룩스James L. Brooks
원작: 래리 맥머트리Larry McMurtry의 소설

애증의 세월 THE SWIMMER
미국/1968년
감독: 프랭크 페리Frank Perry, 시드니 폴락
Sydney Pollack(크레디트에는 빠짐)
시나리오: 엘리너 페리Eleanor Perry
원작: 존 치버John Cheever의 단편 소설

**앨리스는 이제 여기 살지 않는다 ALICE DOESN'T
LIVE HERE ANYMORE**
미국/1974년
감독: 마틴 스코세이지Martin Scorsese
시나리오: 로버트 게첼Robert Getchell

야전병원 매쉬 M.A.S.H.
미국/1970년
감독: 로버트 알트만Robert Altman
시나리오: 링 라드너 주니어Ring Lardner Jr.
원작: 리처드 후커Richard Hooker의 소설

양들의 침묵 THE SILENCE OF THE LAMBS
미국/1991년
감독: 조너선 드미Jonathan Demme
시나리오: 테드 탤리Ted Tally

원작: 토머스 해리스Thomas Harris의 소설

어두운 유리를 통해 SÅSOM I EN SPEGEL
스웨덴/1961년
감독, 시나리오: 잉마르 베리만Ingmar Bergman

어둠 속의 정사 WHISPERS IN THE DARK
미국/1992년
감독, 시나리오: 크리스토퍼 크로Christopher
Crowe

어둠의 표적 STRAW DOGS
영국/1971
감독: 샘 페킨파Sam Peckinpah
시나리오: 데이비드 젤라그 굿맨David Zelag
Goodman, 샘 페킨파
원작: 고든 윌리엄스Gordon M. Williams의 소설
『트렌쳐 농장의 포위전The Siege of Trencher's
Farm』

어린이 도둑 IL LADRO DI BAMBINI
이탈리아, 프랑스/1992년
감독: 지안니 아멜리오Gianni Amelio
시나리오: 지안니 아멜리오, 산드로 페트라글리아
Sandro Petraglia, 스테파노 룰리Stefano Rulli

얼굴들 FACES
미국/1968년
감독, 시나리오: 존 카사베츠John Cassavetes

얼라이브 ALIVE
미국/1993년
감독: 프랭크 마셜Frank Marshall
시나리오: 존 패트릭 셴리John Patrick Shanley
원작: 피어스 폴 리드Piers Paul Read의 실화를 바
탕으로 함

오이디푸스 왕 EDIPO RE
이탈리아/1967년
감독, 시나리오: 피에르 파올로 파솔리니Pier Paolo Pasolini
원작: 소포클레스Sophocles의 희곡

에브리원 세즈 아이 러브 유 EVERYONE SAYS I LOVE YOU
미국/1996년
감독, 시나리오: 우디 앨런Woody Allen

에비타 EVITA
미국/1996년
감독: 앨런 파커Alan Parker
시나리오: 앨런 파커, 올리버 스톤Oliver Stone
원작: 앤드루 로이드 웨버Andrew Lloyd Webber 와 팀 라이스Tim Rice의 뮤지컬

에어 플레인 AIRPLANE!
미국/1980년
감독, 시나리오: 짐 에이브러햄스Jim Abrahams, 데이비드 주커David Zucker, 제리 주커Jerry Zucker
원작: 홀 바틀릿Hall Bartlett, 존 C. 챔피언John C. Champion, 아서 헤일리Arthur Hailey가 함께 쓴 시나리오 「Zero Hour」와 아서 헤일리의 시나리오 「Flight Into Danger」에 바탕

에이리언 ALIEN
미국/1979년
감독: 리들리 스콧Ridley Scott
시나리오: 댄 오배넌Dan O'Bannon, 데이비드 길러David Giler(이하 크레디트에는 빠짐), 월터 힐 Walter Hill
원안: 댄 오배넌, 로널드 슈셋Ronald Shusett

에이리언 2 ALIENS
미국/1986년
감독, 시나리오: 제임스 카메론James Cameron
원안: 제임스 카메론, 데이비드 길러David Giler, 월터 힐Walter Hill, 댄 오배넌Dan O'Bannon과 로널드 슈셋Ronald Shusett이 쓴 전편의 인물들을 바탕으로 함

에쿠우스 EQUUS
영국/1977년
감독: 시드니 루멧Sidney Lumet
시나리오: 피터 셰퍼Peter Shaffer
원작: 피터 셰퍼의 희곡

엑소시스트 THE EXORCIST
미국/1973년
감독: 윌리엄 프레드킨William Friedkin
시나리오: 윌리엄 피터 블래티William Peter Blatty
원작: 윌리엄 피터 블래티의 소설

엔젤 하트 ANGEL HEART
미국/1987년
감독, 시나리오: 앨런 파커Alan Parker
원작: 윌리엄 홀츠버그William Hjortsberg의 소설 「폴링 엔젤Falling Angels」

엘리펀트 맨 THE ELEPHANT MAN
미국/1980년
감독: 데이비드 린치David Lynch
시나리오: 크리스토퍼 드 보어Christopher De Vore, 에릭 버그렌Eric Bergren, 데이비드 린치
원작: 프레더릭 트레브스Sir Frederick Treves 의 「엘리펀트 맨과 기타 회고담The Elephant Man and Other Reminiscences」, 애슐리 몬터규Ashley Montagu의 「엘리펀트 맨: 인간 존엄

성에 대한 연구The Elephant Man: A Study in Human Dignity』

여인의 음모 BRAZIL
영국/1985년
감독: 테리 길리엄Terry Gilliam
시나리오: 테리 길리엄, 톰 스토파드Tom Stoppard, 찰스 매키원Charles McKeown, 찰스 알버슨Charles Alverson(크레디트에는 빠짐)

연쇄 살인 TIGHTROPE
미국/1984년
감독: 리처드 터글Richard Tuggle, 클린트 이스트우드Clint Eastwood(크레디트에는 빠짐)
시나리오: 리처드 터글

연인 프라이데이 HIS GIRL FRIDAY
미국/1940년
감독: 하워드 호크스Howard Hawks
시나리오: 찰스 레더러Charles Lederer, 벤 헥트Ben Hecht(크레디트에는 빠짐)
원작: 벤 헥트와 찰스 맥아더Charles MacArthur의 희곡 「프런트 페이지The Front Page」

영광의 길 PATHS OF GLORY
미국/1957년
감독: 스탠리 큐브릭Stanley Kubrick
시나리오: 스탠리 큐브릭, 콜더 윌링햄Calder Willingham, 짐 톰프슨Jim Thompson
원작: 험프리 콥Humphrey Cobb의 소설

영광의 깃발 GLORY
미국/1989년
감독: 에드워드 즈윅Edward Zwick
시나리오: 케빈 자르Kevin Jarre
원작: 링컨 커스틴Lincoln Kirstein의 『Lay This Laurel』, 피터 버차드Peter Burchard의 『One Gallant Rush』, 로버트 굴드 쇼Robert Gould Shaw의 편지 등을 바탕으로 함

영 프랑켄슈타인 YOUNG FRANKENSTEIN
미국/1974년
감독: 멜 브룩스Mel Brooks
시나리오: 진 와일더Gene Wilder, 멜 브룩스
원작: 메리 셸리Mary Shelly의 소설 『프랑켄슈타인Frenkenstein』 등장인물을 바탕으로 함

오즈의 마법사 THE WIZARD OF OZ
미국/1939년
감독: 빅터 플레밍Victor Fleming, 킹 비더King Vidor(크레디트에는 빠짐)
시나리오: 노엘 랭글리Noel Langley, 플로렌스 라이어슨Florence Ryerson, 에드거 앨런 울프Edgar Allen Woolf 외
원작: L. 프랭크 바움L. Frank Baum의 소설 『오즈의 마법사The Wonderful Wizard of Oz』

오페라에서의 하룻밤 A NIGHT AT THE OPERA
미국/1935년
감독: 샘 우드Sam Wood, 에드먼드 굴딩Edmund Goulding(크레디트에는 빠짐)
시나리오: 조지 코프먼George S. Kaufman, 모리 리스킨드Morrie Ryskind 외
원안: 제임스 케빈 맥기니스James Kevin McGuinness

오후의 올가미 MESHES OF THE AFTERNOON
미국/1943년
감독: 마야 데렌Maya Deren, 알렉산더 하미드Alexander Hammid
시나리오: 마야 데렌(크레디트에는 빠짐)

올 댓 재즈 ALL THAT JAZZ
미국/1979년
감독: 밥 포시Bob Fosse
시나리오: 로버트 앨런 아더Robert Alan Aurthur,
밥 포시

완다라는 이름의 물고기 A FISH CALLED WANDA
미국/1988년
감독: 찰스 크릭튼Charles Crichton, 존 클리스
John Cleese(크레디트에는 빠짐)
시나리오: 존 클리스
원안: 존 클리스, 찰스 크릭튼

왕이 되려던 사나이 THE MAN WHO WOULD BE KING
미국/1975년
감독: 존 휴스턴John Huston
시나리오: 존 휴스턴, 글래디스 힐Gladys Hill
원작: 러디어드 키플링Rudyard Kipling의 단편
소설

외모와 미소 LOOKS AND SMILES
영국/1981년
감독, 시나리오: 켄 로치Ken Loach
원작: 배리 하인스Barry Hines의 소설

외침과 속삭임 VISKNINGAR OCH ROP
(영어명: CRIES AND WHISPERS)
스웨덴/1972년
감독, 시나리오: 잉마르 베리만Ingmar Bergman

요람을 흔드는 손 THE HAND THAT ROCKS THE CRADLE
미국/1992년
감독: 커티스 핸슨Curtis Hanson

시나리오: 어맨다 실버Amanda Silver

요리사, 도둑, 그의 아내 그리고 그녀의 정부 THE COOK, THE THIEF, HIS WIFE & HER LOVER
영국, 프랑스/1989년
감독, 시나리오: 피터 그리너웨이Peter Greenaway

욕망 BLOW-UP
미국, 영국, 이탈리아/1966년
감독: 미켈란젤로 안토니오니Michelangelo Antonioni
시나리오: 미켈란젤로 안토니오니, 토니노 게라
Tonino Guerra, 에드워드 본드Edward Bond(영어 대사)
원작: 훌리오 코르타사르Julio Cortázar의 단편
소설

욕망의 모호한 대상 CET OBSCUR OBJET DU DÉSIR
(영어명: THAT OBSCURE OBJECT OF DESIRE)
프랑스, 스페인/1977년
감독: 루이스 부뉴엘Luis Buñuel
시나리오: 루이스 부뉴엘, 장 클로드 카리에르
Jean-Claude Carriére
원작: 피에르 루이Pierre Louÿs의 소설 『여인과 꼭
두각시La Femme et le Pantin』

욕망이라는 이름의 전차 A STREETCAR NAMED DESIRE
미국/1951년
감독: 엘리아 카잔Elia Kazan
시나리오: 테네시 윌리엄스Tennessee Williams
원작: 테네시 윌리엄스의 희곡을 오스카 사울Oscar
Saul이 각색한 것을 바탕으로 함

용서받지 못한 자 UNFORGIVEN
미국/1992년
감독: 클린트 이스트우드Clint Eastwood
시나리오: 데이비드 웹 피플스David Webb
Peoples

우리 아빠 야호 PARENTHOOD
미국/1989년
감독: 론 하워드Ron Howard
시나리오: 로웰 갠츠Lowell Ganz, 바발루 맨덜
Babaloo Mandel
원안: 로웰 갠츠, 바발루 맨덜, 론 하워드

우연한 방문객 THE ACCIDENTAL TOURIST
미국/1988년
감독: 로런스 캐스던Lawrence Kasdan
시나리오: 프랭크 갈라티Frank Galati, 로런스
캐스던
원작: 앤 타일러Anne Tyler의 소설

움베르토 D UMBERTO D
이탈리아/1952년
감독: 비토리오 데 시카Vittorio De Sica
시나리오: 체사레 자바티니Cesare Zavattini, 비토
리오 데 시카

워터프런트 ON THE WATERFRONT
미국/1954년
감독: 엘리아 카잔Elia Kazan
시나리오: 버드 슐버그Budd Schulberg
원작: 버드 슐버그의 소설

원초적 본능 BASIC INSTINCT
미국/1992년
감독: 폴 버호벤Paul Verhoeven
시나리오: 조 에스터하스Joe Eszterhas

월 스트리트 WALL STREET
미국/1987년
감독: 올리버 스톤Oliver Stone
시나리오: 스탠리 와이저Stanley Weiser, 올리버
스톤

웨스트 사이드 스토리 WEST SIDE STORY
미국/1961년
감독: 제롬 로빈스Jerome Robbins, 로버트 와이
즈Robert Wise
시나리오: 어니스트 리먼Ernest Lehman

웨인즈 월드 WAYNE'S WORLD
미국/1992년
감독: 퍼널러피 스피어리스Penelope Spheeris
시나리오: 마이크 마이어스Mike Myers, 보니 터너
Bonnie Turner, 테리 터너Terry Turner
원작: 마이크 마이어스의 TV 시리즈

위대한 개츠비 THE GREAT GATSBY
미국/1974년
감독: 잭 클레이턴Jack Clayton
시나리오: 프랜시스 포드 코폴라Francis Ford
Coppola
원작: 스콧 피츠제럴드F. Scott Fitzgerald의 소설

위대한 환상 LA GRANDE ILLUSION
프랑스/1937년
감독: 장 르누아르Jean Renoir
시나리오: 샤를 스파크Charles Spaak,
장 르누아르

위트니스 WITNESS
미국/1985년
감독: 피터 위어Peter Weir
시나리오: 얼 W. 월리스Earl W. Wallace, 윌리엄

켈리William Kelley
원안: 윌리엄 켈리, 파멜라 월리스Pamela
Wallace, 얼 W. 월리스

위험한 관계 LES LIAISONS DANGEREUSES
미국/1988년
감독: 스티븐 프리어스Stephen Frears
시나리오: 크리스토퍼 햄프턴Christopher
Hampton
원작: 쇼데를로 드 라클로Choderlos de Laclos의
소설을 각색한 크리스토퍼 햄프턴의 희곡

위험한 독신녀 SINGLE WHITE FEMALE
미국/1992
감독: 바르베 슈뢰더Barbet Schroeder
시나리오: 돈 루스Don Roos
원작: 존 루츠John Lutz의 소설 『SWF Seeks
Same』

위험한 아이 THE GOOD SON
미국/1993년
감독: 조지프 루벤Joseph Ruben
시나리오: 이언 매큐언Ian McEwan

위험한 청춘 RISKY BUSINESS
미국/1983년
감독, 시나리오: 폴 브릭먼Paul Brickman

유럽횡단특급 TRANS-EUROPE-EXPRESS
프랑스/1966년
감독, 시나리오: 알랭 로브그리예Alain Robbe-
Grillet

유언 TESTAMENT
감독: 린 리트먼Lynne Littman
시나리오: 존 세크렛 영John Sacret Young

원안: 캐롤 어멘Carol Amen

유주얼 서스펙트 THE USUAL SUSPECTS
미국/1995년
감독: 브라이언 싱어Bryan Singer
시나리오: 크리스토퍼 맥쿼리Christopher
McQuarrie

유쾌한 프로듀서 THE PRODUCERS
미국/1968년
감독, 시나리오: 멜 브룩스Mel Brooks

음식남녀 EAT DRINK MAN WOMAN
대만/1994년
감독: 이안Lee Ang
시나리오: 이안, 제임스 샤무스James Schamus,
왕휘린Hui-Ling Wang

의문의 실종 MISSING
미국/1982년
감독: 코브라 가브라스Costa-Gavras
시나리오: 코브라 가브라스, 도널드 스튜어트
Donald E. Stewart
원작: 토머스 하우저Thomas Hauser의 논픽
션 『찰스 호먼의 죽음The Execution of Charles
Horman』을 바탕으로 함

이것이 스파이널 탭이다 THIS IS SPINAL TAP
미국/1984년
감독: 롭 라이너Rob Reiner
시나리오: 크리스토퍼 게스트Christopher Guest,
마이클 매킨Michael McKean, 해리 시어러Harry
Shearer, 롭 라이너

이브의 세 얼굴 THE THREE FACES OF EVE
미국/1957년

감독, 시나리오: 너낼리 존슨Nunnally Johnson
원작: 코벳 티크벤Corbett Thigpen과 허비 M. 클레클리Hervey M. Cleckley의 논픽션

이 비텔로니 I VITELLONI
이탈리아, 프랑스/1953년
감독: 페데리코 펠리니Federico Fellini
시나리오: 페데리코 펠리니, 엔니오 플라야노Ennio Flaiano
원안: 페데리코 펠리니, 엔니오 플라야노, 툴리오 피넬리Tullio Pinelli

이스트윅의 마녀들 THE WITCHES OF EASTWICK
미국/1987년
감독: 조지 밀러George Miller
시나리오: 마이클 크리스토퍼Michael Cristofer
원작: 존 업다이크John Updike의 소설

이티 E.T.THE EXTRA-TERRESTRIAL
미국/1982년
감독: 스티븐 스필버그Steven Spielberg
시나리오: 멀리사 매티슨Melissa Mathison

인생 人生
중국/1994년
감독: 장이머우張藝謨
시나리오: 위화余華, 루웨이蘆葦
원작: 위화의 소설『산다는 것活着』

인톨러런스 INTOLERANCE
미국/1916년
감독, 시나리오: D. W. 그리피스D. W. Griffith

일렉트릭 호스맨 THE ELECTRIC HORSEMAN
미국/1979년

감독: 시드니 폴락Sydney Pollack
시나리오: 로버트 갈런드Robert Garland
원안: 셀리 버턴Shelly Burton

일식 L'ECLISSE
이탈리아, 프랑스/1962년
감독: 미켈란젤로 안토니오니Michelangelo Antonioni
시나리오: 미켈란젤로 안토니오니, 토니노 게라Tonino Guerra, 엘리오 바르톨리니Elio Bartolini, 오티에로 오티에리Ottiero Ottieri
원안: 미켈란젤로 안토니오니, 토니노 게라

일출 SUNRISE
미국/1927년
감독: F. W. 무르나우F. W. Murnau
시나리오: 칼 마이어Carl Mayer
원작: 헤르만 주더만Hermann Sudermann의 소설『틸지트로 가는 여행The Journey to Tilsit』

일 포스티노 IL POSTINO
이탈리아, 프랑스, 벨기에/1995년
감독: 마이클 레드퍼드Michael Radford, 마시모 트로이지Massimo Troisi(크레디트에는 빠짐)
시나리오: 안나 파비냐노Anna Pavignano, 마이클 레드퍼드, 푸리오 스카르펠리Furio Scarpelli, 자코모 스카르펠리Giacomo Scarpelli, 마시모 트로이지
원작: 안토니오 스카르메타Antonio Skármeta의 소설『파블로 네루다와 우편 배달부Burning Patience』

잃어버린 전주곡 FIVE EASY PIECES
미국/1970년
감독: 밥 라펠슨Bob Rafelson
시나리오: 에이드리언 조이스Adrien Joyce

(본명: 캐롤 이스트먼Carole Eastman)
원안: 에이드리언 조이스, 밥 라펠슨

잉글리시 페이션트 THE ENGLISH PATIENT
영국/1996년
감독, 시나리오: 앤서니 밍겔라Anthony Minghella
원작: 마이클 온다치Michael Ondaatje의 소설

자유의 환영 LE FANTÔME DE LA LIBERTÉ
프랑스, 이탈리아/1974년
감독: 루이스 부뉴엘Luis Buñuel
시나리오: 루이스 부뉴엘, 장 클로드 카리에르
Jean-Claude Carriere

작은 거인 LITTLE BIG MAN
미국/1970년
감독: 아서 펜Arthur Penn
시나리오: 콜더 윌링햄Calder Willingham
원작: 토머스 버거Thomas Berger의 소설

잔 다르크의 수난 THE PASSION OF JOAN OF ARC
프랑스/1928년
감독: 칼 테오도르 드레이어Carl Theodor Dreyer
시나리오: 칼 테오도르 드레이어, 조제프 델테유
Joseph Delteil
원작: 조제프 델테유

잘 가요 내 사랑 FAREWELL, MY LOVELY
미국/1975년
감독: 딕 리처즈Dick Richards
시나리오: 데이비드 젤라그 굿맨David Zelag
Goodman
원작: 레이먼드 챈들러Raymond Chandler의 소설

장거리 주자의 고독 THE LONELINESS OF THE LONG DISTANCE RUNNER
영국/1962년
감독: 토니 리처드슨Tony Richardson
시나리오: 앨런 실리토Alan Sillitoe
원작: 앨런 실리토의 자전적 단편 소설

장미의 전쟁 THE WAR OF THE ROSES
미국/1989년
감독: 대니 드비토Danny DeVito
시나리오: 마이클 리슨Michael Leeson
원작: 워런 애들러Warren Adler의 소설

재생자 CLEAN AND SOBER
미국/1988
감독: 글렌 고든 캐런Glenn Gordon Caron
시나리오: 토드 캐럴Tod Carroll

저수지의 개들 RESERVOIR DOGS
미국/1992년
감독: 쿠엔틴 타란티노Quentin Tarantino
시나리오: 쿠엔틴 타란티노, 로저 애버리Roger
Avary(라디오 진행자 대사)

저스티스 AND JUSTICE FOR ALL
미국/1979년
감독: 노먼 주이슨Norman Jewison
시나리오: 밸러리 커틴Valerie Curtin, 배리 레빈슨
Barry Levinson

적과의 동침 SLEEPING WITH THE ENEMY
미국/1991년
감독: 조지프 루벤Joseph Ruben
시나리오: 로널드 배스Ronald Bass
원작: 낸시 프라이스Nancy Price의 소설

전쟁 찬가 OH! WHAT A LOVELY WAR
영국/1969년
감독: 리처드 애튼버러Richard Attenborough
시나리오: 렌 데이턴Len Deighton(크레디트에는 빠짐)
원작: 조앤 리틀우드Joan Littlewood, 찰스 칠턴 Charles Chilton의 무대극

전함 포템킨 BATTLESHIP POTEMKIN
소련/1925년
감독: 세르게이 에이젠슈타인Sergei Eisenstein
시나리오: 니나 아가자노바Nina Agadzhanova, 세르게이 에이젠슈타인(이하 크레디트에는 빠짐), 그리고리 알렉산드로프Grigoriy Aleksandrov

전화의 저편 PAISÁ
이탈리아/1946년
감독: 로베르토 로셀리니Roberto Rossellini
시나리오: 세르조 아미데이Sergio Amidei, 페데리코 펠리니Federico Fellini, 로베르토 로셀리니, 로드 E. 제이거Rod E. Geiger
원안: 세르조 아미데이, 페데리코 펠리니, 클라우스 만Klaus Mann, 마르첼로 팔리에로Marcello Pagliero, 알프레드 헤이스Alfred Hayes, 바스코 프라톨리니Vasco Pratolini(크레디트에는 빠짐)

젊은 링컨 YOUNG MISTER LINCOLN
미국/1939년
감독: 존 포드John Ford
시나리오: 러마 트로티Lamar Trotti

정복자 펠레 PELLE EROBREREN
덴마크, 스웨덴/1987년
감독: 빌레 아우구스트Bille August
시나리오: 빌레 아우구스트, 페르 올로프 엔크비스트Per Olov Enquist, 비야르네 로이터Bjarne Reuter
원작: 마르틴 안데르센 넥쇠Martin Andersen Nexø의 소설

제5원소 THE FIFTH ELEMENT
프랑스/1997년
감독: 뤽 베송Luc Besson
시나리오: 뤽 베송, 로버트 마크 케이멘Robert Mark Kamen
원안: 뤽 베송

제7의 봉인 THE SEVENTH SEAL
스웨덴/1957년
감독, 시나리오: 잉마르 베리만Ingmar Bergman

제리 맥과이어 JERRY MAGUIRE
미국/1996년
감독, 시나리오: 캐머런 크로Cameron Crowe

젤리그 ZELIG
미국/1983년
감독, 시나리오: 우디 앨런Woody Allen

조스 JAWS
미국/1975년
감독: 스티븐 스필버그Steven Spielberg
시나리오: 피터 벤칠리Peter Benchley, 칼 고트리브Carl Gottlieb
원작: 피터 벤칠리의 소설

조이 럭 클럽 THE JOY LUCK CLUB
미국/1993년
감독: 웨인 왕Wayne Wang
시나리오: 에이미 탄Amy Tan, 로널드 배스Ronald Bass
원작: 에이미 탄의 소설

존과 메리 JOHN AND MARY
미국/1969년
감독: 피터 예이츠Peter Yates
시나리오: 존 모티머John Mortimer
원작: 머빈 존스Mervyn Jones의 소설

졸업 THE GRADUATE
미국/1967년
감독: 마이크 니컬스Mike Nichols
시나리오: 콜더 윌링햄Calder Willingham, 벅 헨리Buck Henry
원작: 찰스 웹Charles Webb의 소설

종합 병원 THE HOSPITAL
미국/1971년
감독: 아서 힐러Arthur Hiller
시나리오: 패디 체이예프스키Paddy Chayefsky

주말 LE WEEKEND
프랑스, 이탈리아/1967년
감독, 시나리오: 장 뤽 고다르Jean-Luc Godard

주홍 글씨 THE SCARLET LETTER
미국/1995년
감독: 롤랑 조페Roland Joffé
시나리오: 더글러스 데이 스튜어트Douglas Day Stewart
원작: 너새니얼 호손Nathaniel Hawthorne의 소설

죽음의 그림자 THE FIRST DEADLY SIN
미국/1980년
감독: 브라이언 허튼Brian G. Hutton
시나리오: 만 루빈Mann Rubin
원작: 로런스 샌더스Lawrence Sanders의 소설

중경삼림 重慶森林
홍콩/1994년
감독, 시나리오: 왕자웨이王家衛

쥐라기 공원 THE JURASSIC PARK
미국/1993년
감독: 스티븐 스필버그Steven Spielberg
시나리오: 마이클 크라이튼Michael Crichton, 데이비드 켑David Koepp
원작: 마이클 크라이튼의 소설

지난해 마리앙바드에서 L'ANNÉÉ DERNIÈRE À MARIENBAD
프랑스, 이탈리아/1961년
감독: 알랭 레네Alain Resnais
시나리오: 알랭 로브그리예Alain Robbe-Grillet

지배자들 THE RULING CLASS
영국/1972년
감독: 페테르 메닥Peter Medak
시나리오: 피터 반스Peter Barnes
원작: 피터 반스의 희곡

지옥의 묵시록 APOCALYPSE NOW
미국/1979년
감독: 프랜시스 포드 코폴라Francis Ford Coppola
시나리오: 존 밀리어스John Milius, 프랜시스 포드 코폴라, 마이클 헤르Michael Herr(내레이션)
원작: 조지프 콘래드Joseph Conrad의 『암흑의 핵심Heart of Darkness』(크레디트에는 빠짐)에서 착상을 얻음

지참금 2백만 불 THE IN-LAWS
미국/1979년
감독: 아서 힐러Arthur Hiller
시나리오: 앤드루 버그먼Andrew Bergman

차이나타운 CHINATOWN
미국/1974년
감독: 로만 폴란스키Roman Polanski
시나리오: 로버트 타운Robert Towne, 로만 폴란스키(크레디트에는 빠짐)

찬스 BEING THERE
미국, 서독/1979년
감독: 할 애슈비Hal Ashby
시나리오: 예지 코진스키Jerzy Kosinski, 로버트 존스Robert C. Jones(크레디트에는 빠짐)
원작: 예지 코진스키의 소설

천국보다 낯선 STRANGER THAN PARADISE
미국/1984년
감독, 시나리오: 짐 자무시Jim Jarmusch

천국의 이방인들 STRANGERS IN PARADISE
미국/1984년
감독: 울리 롬멜Ulli Lommel
시나리오: 울리 롬멜, 수잔나 러브Suzanna Love

철목련 STEEL MAGNOLIAS
미국/1989년
감독: 허버트 로스Herbert Ross
시나리오: 로버트 할링Robert Harling
원작: 로버트 할링의 희곡

청춘의 양지 DINER
미국/1982년
감독, 시나리오: 배리 레빈슨Barry Levinson

총알탄 사나이 THE NAKED GUN: FROM THE FILES OF POLICE SQUAD!
미국/1988
감독: 데이비드 주커David Zucker

시나리오: 제리 주커Jerry Zucker, 짐 에이브러햄스Jim Abrahams, 데이비드 주커, 팻 프로프트Pat Proft
원작: 짐 에이브러햄스, 데이비드 주커, 제리 주커가 쓴 TV 시리즈 「형사 기동대Police Squad」에 기초

침묵 TYSTNADEN
스웨덴/1963년
감독, 시나리오: 잉마르 베리만Ingmar Bergman

카사블랑카 CASABLANCA
미국/1942년
감독: 마이클 커티즈Michael Curtiz
시나리오: 줄리어스 J. 엡스타인Julius J. Epstein, 필립 G. 엡스타인Philip G. Epstein, 하워드 코크Howard Koch, 케이시 로빈슨Casey Robinson(크레디트에는 빠짐)
원작: 머레이 버넷Murray Burnett과 조앤 앨리슨Joan Alison의 미발표 희곡 「모두가 릭의 가게에 온다Everybody Comes to Rick's」

카지노 CASINO
미국/1995년
감독: 마틴 스코세이지Martin Scorsese
시나리오: 니콜라스 필레기Nicholas Pileggi, 마틴 스코세이지
원작: 니콜라스 필레기

칼리가리 박사의 밀실 DAS KABINETT DES DOKTOR CALIGARI
독일/1920년
감독: 로베르트 비네Robert Wiene
시나리오: 칼 마예어Carl Mayer, 한스 야노비츠Hans Janowitz

칼 COP
미국/1988년
감독, 시나리오: 제임스 B. 해리스James B. Harris
원작: 제임스 엘로이James Ellroy의 소설『달의 피
Blood on the Moon』

커다란 희망 HIGH HOPES
영국/1988년
감독, 시나리오: 마이크 리Mike Leigh

컨버세이션 THE CONVERSATION
미국/1974년
감독, 시나리오: 프랜시스 포드 코폴라Francis Ford
Coppola

케이프 피어 CAPE FEAR
미국/1991년
감독: 마틴 스코세이지Martin Scorsese
시나리오: 웨슬리 스트릭Wesley Strick
원작: 제임스 R. 웹James R. Webb의 1962년판
「케이프 피어」의 시나리오와 존 D. 맥도널드John
D. McDonald의 소설『집행자The Executioners』

코끼리 걸음 ELEPHANT WALK
미국/1954년
감독: 윌리엄 디털레William Dieterle
시나리오: 존 리 마힌John Lee Mahin
원작: 로버트 스탠디시Robert Standish의 소설

콰이강의 다리 THE BRIDGE ON THE RIVER
KWAI
영국/1957년
감독: 데이비드 린David Lean
시나리오: 칼 포어먼Carl Foreman(이하 초기 크레
디트에는 빠짐), 마이클 윌슨Michael Wilson
원작: 피에르 불Pierre Boulle의 소설

퀴즈 쇼 QUIZ SHOW
미국/1994년
감독: 로버트 레드포드Robert Redford
시나리오: 폴 아타나시오Paul Attanasio
원작: 리처드 굿윈Richard N. Goodwin의 『미국의
기억: 60년대의 목소리Remembering America: A
Voice from the Sixties』

크라잉 게임 THE CRYING GAME
영국/1992년
감독, 시나리오: 닐 조던Neil Jordan

크레이머 대 크레이머 KRAMER VS. KRAMER
미국/1979년
감독, 시나리오: 로버트 벤턴Robert Benton
원작: 에이버리 코먼Avery Corman의 소설

클레르의 무릎 CLAIRE'S KNEE
프랑스/1970년
감독, 시나리오: 에릭 로메르Éric Rohmer

키드 THE KID
미국/1921년
감독, 시나리오: 찰리 채플린Charlie Chaplin

탐욕 GREED
미국/1925년
감독: 에리히 폰 슈트로하임Erich von Stroheim
시나리오: 준 마티스June Mathis, 에리히 폰 슈트
로하임
원작: 프랭크 노리스Frank Norris의 소설『맥티그
McTeague』

택시 드라이버 TAXI DRIVER
미국/1976년
감독: 마틴 스코세이지Martin Scorsese

시나리오: 폴 슈레이더Paul Schrader

터미네이터 THE TERMINATOR
미국/1984년
감독: 제임스 카메론James Cameron
시나리오: 제임스 카메론, 게일 앤 허드Gale Anne Hurd, 윌리엄 위셔William Wisher(추가 대사)

텐 10
미국/1979년
감독, 시나리오: 블레이크 에드워즈Blake Edwards

텐더 머시스 TENDER MERCIES
미국/1983년
감독: 브루스 베레스포드Bruce Beresford
시나리오: 호턴 푸트Horton Foote

토요일 밤의 열기 SATURDAY NIGHT FEVER
미국/1977년
감독: 존 배드햄John Badham
시나리오: 노먼 웩슬러Norman Wexler
원작: 부분적으로 닉 콘Nik Cohn의 잡지 기사 「새로운 토요일 밤의 부족 의식Tribal Rites of the New Saturday Night」을 바탕으로 함

토탈 리콜 TOTAL RECALL
미국/1990년
감독: 폴 버호벤Paul Verhoeven
시나리오: 로널드 슈셋Ronald Shusett, 댄 오배넌Dan O'Bannon, 게리 골드먼Gary Goldman
원작: 필립 K. 딕Phillip K. Dick의 단편 소설 「도매가로 기억을 팝니다We Can Remember It for You Wholesale」에서 영감을 받아, 로널드 슈셋, 댄 오배넌, 존 포빌Jon Povill 등이 만든 이야기

톱 햇 TOP HAT
미국/1935년
감독: 마크 샌드리치Mark Sandrich
시나리오: 드와이트 테일러Dwight Taylor, 앨런 스콧Allan Scott, 카로이 노티Károly Nóti
원작: 샨도르 파라고Sándor Faragó와 알라다르 라슬로Aladár László의 희곡

투 다이 포 TO DIE FOR
미국/1995년
감독: 거스 밴 샌트Gus Van Sant
시나리오: 벅 헨리Buck Henry
원작: 조이스 메이너드Joyce Maynard의 소설

투씨 TOOTSIE
미국/1982년
감독: 시드니 폴락Sydney Pollack
시나리오: 래리 겔바트Larry Gelbart, 머리 시스걸Murray Schisgal, 배리 레빈슨Barry Levinson(이하 크레디트에는 빠짐), 로버트 갈런드Robert Garland, 로버트 코프먼Robert Kaufman, 일레인 메이Elaine May
원안: 돈 맥과이어Don McGuire, 래리 겔바트

트레인스포팅 TRAINSPOTTING
영국/1995년
감독: 대니 보일Danny Boyle
시나리오: 존 하지John Hodge
원작: 어빈 웰시Irvine Welsh

특공대작전 THE DIRTY DOZEN
미국, 영국/1967년
감독: 로버트 올드리치Robert Aldrich
시나리오: 너낼리 존슨Nunnally Johnson, 루카스 헬러Lukas Heller
원작: E. M. 네이선슨E. M. Nathanson의 소설

특근 AFTER HOURS
미국/1985년
감독: 마틴 스코세이지Martin Scorsese
시나리오: 조지프 미니언Joseph Minion

파리, 텍사스 PARIS, TEXAS
서독, 프랑스/1984년
감독: 빔 벤더스Wim Wenders
시나리오: 샘 셰퍼드Sam Shepard, 카슨 L. M.
Carson

파스칼리의 섬 PASCALI'S ISLAND
영국/1988년
감독, 시나리오: 제임스 디어든James Dearden
원작: 배리 언스워스Barry Unsworth의 소설

파시 POSSE
미국/1993년
감독: 마리오 반 피블스Mario Van Peebles
시나리오: 사이 리처드슨Sy Richardson, 다리오
스카더페인Dario Scardapane

패션 피시 PASSION FISH
미국/1992년
감독, 시나리오: 존 세일스John Sayles

패왕별희 覇王別姬
홍콩, 중국/1993년
감독: 천카이거陳凱歌
시나리오: 릴리안 리Lilian Lee, 루 웨이Lu Wei
원작: 릴리안 리의 소설

팻과 마이크 PAT AND MIKE
미국/1952년
감독: 조지 쿠커George Cukor
시나리오: 루스 고든Ruth Gordon, 가슨 캐닌

Garson Kanin

펄프 픽션 PULP FICTION
미국/1994년
감독, 시나리오: 쿠엔틴 타란티노Quentin
Tarantino
원안: 쿠엔틴 타란티노, 로저 애버리Roger Avary

페르소나 PERSONA
스웨덴/1966년
감독, 시나리오: 잉마르 베리만Ingmar Bergman

펠리니의 로마 FELLINI'S ROMA
이탈리아, 프랑스/1972년
감독: 페데리코 펠리니Federico Fellini
시나리오: 페데리코 펠리니, 베르나르디노 자포니
Bernardino Zapponi

포레스트 검프 FORREST GUMP
미국/1994년
감독: 로버트 저메키스Robert Zemeckis
시나리오: 에릭 로스Eric Roth
원작: 윈스턴 그룸Winston Groom의 소설

포세이돈 어드벤처 THE POSEIDON
ADVENTURE
미국/1972년
감독: 로널드 님Ronald Neame, 어윈 앨런Irwin
Allen
시나리오: 스털링 실리펀트Stirling Silliphant, 웬
델 메이스Wendell Mayes
원작: 폴 갈리코Paul Gallico의 소설

포스드 엔트리 FORCED ENTRY
미국/1976년
감독: 짐 소토스Jim Sotos

시나리오: 헨리 스카펠리Henry Scarpelli

포스트맨은 벨을 두 번 울린다 THE POSTMAN ALWAYS RINGS TWICE
미국/1946년
감독: 테이 가넷Tay Garnett
시나리오: 해리 러스킨Harry Ruskin, 니벤 부시 Niven Busch
원작: 제임스 케인James M. Cain의 소설

폭력 탈옥 COOL HAND LUKE
미국/1967년
감독: 스튜어트 로젠버그Stuart Rosenberg
시나리오: 돈 피어스Donn Pearce, 프랭크 R. 피어 슨Frank R. Pierson
원작: 돈 피어스의 소설

폴리스 아카데미 POLICE ACADEMY
미국/1984년
감독: 휴 윌슨Hugh Wilson
시나리오: 닐 이즈리얼Neal Israel, 팻 프로프트Pat Proft, 휴 윌슨
원안: 닐 이즈리얼, 팻 프로프트

폴링 다운 FALLING DOWN
미국/1993년
감독: 조엘 슈마허Joel Schumacher
시나리오: 에비 로 스미스Ebbe Roe Smith

폴링 인 러브 FALLING IN LOVE
미국/1984년
감독: 울루 그로스버드Ulu Grosbard
시나리오: 마이클 크리스토퍼Michael Cristofer

폼페이 최후의 날 GLI ULTIMI GIORNI DI POMPEI
이탈리아/1913년
감독: 마리오 카세리니Mario Caserini, 엘레우테리오 로돌피Eleuterio Rodolfi
시나리오: 마리오 카세리니
원작: 에드워드 불워 리턴Edward Bulwer Lytton 의 동명 소설

풀 메탈 재킷 FULL METAL JACKET
영국/1987년
감독: 스탠리 큐브릭Stanley Kubrick
시나리오: 스탠리 큐브릭, 마이클 헤르Michael Herr, 구스타브 해스퍼드Gustav Hasford
원작: 구스타브 해스퍼드의 소설 『숏 타이머The Short Timers』

품행 제로 ZÉRO DE CONDUITE
프랑스/1933년
감독, 시나리오: 장 비고Jean Vigo

프라하의 봄 THE UNBEARABLE LIGHTNESS OF BEING
미국/1988년
감독: 필립 코프먼Philip Kaufman
시나리오: 장 클로드 카리에르Jean-Claude Carriere, 필립 코프먼
원작: 밀란 쿤데라Milan Kundera의 소설

프로메제 LA PROMESSE
벨기에, 프랑스, 룩셈부르크/1996년
감독, 시나리오: 뤽 다르덴Luc Dardenne, 장 피에르 다르덴Jean-Pierre Dardenne

프리치스 아너 PRIZZI'S HONOR
미국/1985년

감독: 존 휴스턴John Huston
시나리오: 리처드 콘던Richard Condon, 자넷 로치Janet Roach
원작: 리처드 콘던의 소설

플레이어 THE PLAYER
미국/1992년
감독: 로버트 알트만Robert Altman
시나리오: 마이클 톨킨Michael Tolkin
원작: 마이클 톨킨의 소설

피셔 킹 THE FISHER KING
미국/1991년
감독: 테리 길리엄Terry Gilliam
시나리오: 리처드 라그레이브니스Richard LaGravenese

피아노 THE PIANO
오스트레일리아/1993년
감독, 시나리오: 제인 캠피언Jane Campion

피츠카랄도 FITZCARRALDO
서독/1982년
감독, 시나리오: 베르너 헤어초크Werner Herzog

핑크 팬더 2: 어둠 속에 총성이 A SHOT IN THE DARK
영국, 미국/1964년
감독: 블레이크 에드워즈Blake Edwards
시나리오: 블레이크 에드워즈, 윌리엄 피터 블래티William Peter Blatty
원작: 마르셀 아샤르Marcel Achard의 희곡 「어리석은 여자L'idiot」를 각색한 해리 커니츠Harry Kurnitz의 무대극

하나의 Z와 두 개의 0 A ZED AND TWO NOUGHTS
영국, 네덜란드/1985년
감독, 시나리오: 피터 그리너웨이Peter Greenaway

하버드 대학의 공부벌레들 THE PAPER CHASE
미국/1973년
감독, 시나리오: 제임스 브리지스James Bridges
원작: 존 제이 오즈번 주니어John Jay Osborn Jr.의 소설

하워즈 엔드 HOWARDS END
영국/1992년
감독: 제임스 아이보리James Ivory
시나리오: 루스 프라워 자브발라Ruth Prawer Jhabvala
원작: E. M. 포스터E. M. Forster의 소설

한나와 그 자매들 HANNAH AND HER SISTERS
미국/1986년
감독, 시나리오: 우디 앨런Woody Allen

한여름 밤의 꿈 A MIDSUMMER NIGHT'S DREAM
미국/1935년
감독: 막스 라인하르트Max Reinhardt, 윌리엄 디털레William Dieterle
각색: 찰스 케니언Charles Kenyon, 메리 C. 맥콜 주니어Mary C. McCall Jr.
원작: 윌리엄 셰익스피어William Shakespeare의 희곡

할리우드 스토리 POSTCARDS FROM THE EDGE
미국/1990년

감독: 마이크 니컬스Mike Nichols
시나리오: 캐리 피셔Carrie Fisher
원작: 캐리 피셔의 소설

해럴드와 모드 HAROLD AND MAUDE
미국/1971년
감독: 할 애슈비Hal Ashby
시나리오: 콜린 히긴스Colin Higgins

해리가 샐리를 만났을 때 WHEN HARRY MET SALLY…
미국/1989년
감독: 롭 라이너Rob Reiner
시나리오: 노라 에프론Nora Ephron

햄버거 힐 HAMBURGER HILL
미국/1987년
감독: 존 어빈John Irvin
시나리오: 제임스 카라바초스James Carabatsos

행운의 반전 REVERSAL OF FORTUNE
미국/1990년
감독: 바르베 슈뢰더Barbet Schroeder
시나리오: 니컬러스 카잔Nicholas Kazan
원작: 앨런 더쇼비츠Alan Dershowitz의 논픽션을
바탕으로 함

허공에의 질주 RUNNING ON EMPTY
미국/1988년
감독: 시드니 루멧Sidney Lumet
시나리오: 나오미 포너Naomi Foner

허리케인 HURRICANE
미국/1979년
감독: 얀 트로엘Jan Troell
시나리오: 로렌조 셈플 주니어Lorenzo Semple Jr.

원작: 찰스 노드호프Charles Nordhoff와 제임스
노먼 홀James Norman Hall의 소설

허슬러 THE HUSTLER
미국/1961년
감독: 로버트 로센Robert Rossen
시나리오: 로버트 로센, 시드니 캐럴Sydney
Carroll
원작: 월터 테비스Walter Tevis의 소설

허영의 불꽃 BONFIRE OF THE VANITIES
미국/1990년
감독: 브라이언 드 팔마Brian De Palma
시나리오: 마이클 크리스토퍼Michael Cristofer
원작: 톰 울프Tom Wolfe의 소설

헨리의 이야기 REGARDING HENRY
미국/1991년
감독: 마이크 니컬스Mike Nichols
시나리오: 제프리 에이브럼스Jeffrey Abrams

혁명아 자파타 VIVA ZAPATA!
미국/1952년
감독: 엘리아 카잔Elia Kazan
시나리오: 존 스타인벡John Steinbeck, 에즈컴 핀
천Edgecumb Pinchon(크레디트에는 빠짐)

현기증 VERTIGO
미국/1958년
감독: 알프레드 히치콕Alfred Hitchcock
시나리오: 알렉 코펠Alec Coppel, 새뮤얼 테일러
Samuel Taylor
원작: 피에르 부알로Pierre Boileau와 토머스 나르
스작Thomas Narcejac의 소설『죽은 자들 사이에
서D'Entre les Morts』

혐오 REPULSION
영국/1965년
감독: 로만 폴란스키Roman Polanski
시나리오: 로만 폴란스키, 제라르 브라흐Gérard
Brach, 데이비드 스톤David Stone(각색, 추가
대사)

형사 서피코 SERPICO
미국/1973년
감독: 시드니 루멧Sidney Lumet
시나리오: 월도 솔트Waldo Salt, 노먼 웩슬러
Norman Wexler
원작: 피터 매스Peter Maas의 논픽션

화이트 히트 WHITE HEAT
미국/1949년
감독: 라울 월시Raoul Walsh
시나리오: 이반 고프Ivan Goff, 벤 로버츠Ben
Roberts
원안: 버지니아 켈로그Virginia Kellogg

황금광 시대 THE GOLD RUSH
미국/1925년
감독, 시나리오: 찰리 채플린Charlie Chaplin

황금 연못 ON GOLDEN POND
미국/1981년
감독: 마크 라이델Mark Rydell
시나리오: 어니스트 톰프슨Ernest Thompson
원작: 어니스트 톰프슨의 희곡

흐르는 강물처럼 A RIVER RUNS THROUGH IT
미국/1992년
감독: 로버트 레드퍼드Robert Redford
시나리오: 리처드 프리덴버그Richard
Friedenberg

원작: 노먼 맥클린Norman Maclean의 소설

흡혈 식물 대소동 LITTLE SHOP OF HORRORS
미국/1986년
감독: 프랭크 오즈Frank Oz
시나리오: 하워드 애슈먼Howard Ashman
원작: 1960년에 찰스 그리피스Charles Griffith가
쓴 시나리오를 바탕으로 하워드 애슈먼과 앨런 멩
컨Alan Menken이 만든 뮤지컬, 그리고 로저 코먼
Roger Corman의 영화

희랍인 조르바 ALEXIS ZORBAS
그리스/1964년
감독, 시나리오: 미카엘 카코야니스Michael
Cacoyannis
원작: 니코스 카잔차키스Nikos Kazantzakis의
소설

희망과 영광 HOPE AND GLORY
영국/1987년
감독, 시나리오: 존 부어먼John Boorman

희생 OFFRET
스웨덴, 프랑스/1986년
감독, 시나리오: 안드레이 타르콥스키Andrei
Tarkovsky

JFK
미국/1991년
감독: 올리버 스톤Oliver Stone
시나리오: 올리버 스톤, 재커리 스클러Zachary
Sklar
원작: 짐 개리슨Jim Garrison의 『암살자의 흔적
Trail of the Assassins』, 짐 마르스Jim Marrs의
『집중 공략: 케네디 암살 음모Cross-fire: The Plot
That Killed Kennedy』 등을 바탕으로 함

M
독일/1931년
감독: 프리츠 랑Fritz Lang
시나리오: 프리츠 랑, 테아 폰 하르보우Thea von
Harbou
원작: 에곤 야콥슨Egon Jacobson이 쓴 잡지 기사
를 바탕으로 함

다큐멘터리

로저와 나 ROGER & ME
미국/1989년
감독, 시나리오: 마이클 무어Michael Moore

밤과 안개 NUIT ET BROUILLARD
프랑스/1955년
감독: 알랭 레네Alain Resnais
대본: 장 카이롤Jean Cayrol

북극의 나누크 NANOOK OF THE NORTH
캐나다/1922년
감독, 시나리오: 로버트 플라어티Robert Flaherty

웰페어 WELFARE
미국/1975년
제작, 연출: 프레더릭 와이즈먼Frederick
Wiseman

코야니스카시 KOYAANISQATSI
미국/1982년
감독: 고드프리 레지오Godfrey Reggio
시나리오: 론 프리케Ron Fricke, 고드프리 레지오,
미하엘 호에닉Michael Hoenig, 앨턴 월폴Alton
Walpole

후프 드림스 HOOP DREAMS
미국/1994년
제작: 프레더릭 막스Frederick Marx, 피터 길버트
Peter Gilbert
감독: 스티브 제임스Steve James
대본: 스티브 제임스, 프레더릭 막스

애니메이션

노란 잠수함 YELLOW SUBMARINE
영국/1968년
감독: 조지 더닝George Dunning
시나리오: 리 미노프Lee Minoff, 알 브로댁스Al
Brodax, 잭 멘덜슨Jack Mendelsohn, 에릭 시걸
Erich Segal
원작: 존 레넌John Lennon과 폴 매카트니Paul
McCartney의 노래

동물 농장 ANIMAL FARM
영국/1954년
감독: 존 할라스John Halas와 조이 베첼러Joy
Batchelor
시나리오: 로타르 볼프Lothar Wolff, 보든 메이스
Borden Mace, 조지프 브라이언Joseph Bryan
III, 존 할라스, 조이 베첼러, 로렌스 히스Laurence
Heath(이하 크레디트에는 빠짐), 필립 스탭Philip
Stapp
원작: 조지 오웰George Orwell의 소설

라이언 킹 THE LION KING
미국/1994년
감독: 로저 앨러스Roger Allers, 롭 민코프Rob
Minkoff
시나리오: 아이린 매치Irene Mecchi, 조너선 로
버츠Jonathan Roberts, 린다 울버턴Linda
Woolverton, 요르겐 클로비언Jorgen Klubien

밤비 BAMBI
미국/1942년
감독: 데이비드 핸드David D. Hand
시나리오: 래리 모리Larry Morey(각색), 펄스 피얼
스Perce Pearce(스토리 연출)
원안: 펠릭스 샐튼Felix Salten

벅스 버니 BUGS BUNNY
미국/1938년
감독: 텍스 에이버리Tex Avery 외

아서왕 이야기 THE SWORD IN THE STONE
미국/1963년
감독: 볼프강 리데르만Wolfgang Reitherman
시나리오: 빌 피트Bill Peet
원작: T. H. 화이트T. H. White의 소설

워터십 다운 WATERSHIP DOWN
영국/1978년
감독: 마틴 로젠Martin Rosen
시나리오: 마틴 로젠, 존 허블리John Hubley(크레
디트에는 빠짐)
원작: 리처드 애덤스Richard Adams의 소설

이상한 나라의 앨리스 ALICE IN WONDERLAND
미국/1951년
감독: 클라이드 제로니미Clyde Geronimi, 윌프레
드 잭슨Wilfred Jackson, 해밀턴 루스케Hamilton
Luske, 잭 키니Jack Kinney(크레디트에는 빠짐)
원안: 윈스턴 하이블러Winston Hibler, 테드 시
어스Ted Sears, 빌 피트Bill Peet, 에드먼 페너
Erdman Penner, 조 리널디Joe Rinaldi 외
원작: 루이스 캐럴Lewis Carroll의 『이상한 나라의
앨리스The Adventure of Alice in Wonderland』
와 『거울 나라의 앨리스Through the Looking
Glass』

인어공주 THE LITTLE MERMAID
미국/1989년
감독, 시나리오: 존 머스커John Musker, 론 클레먼
츠Ron Clements
원작: 한스 크리스티안 안데르센Hans Christian
Andersen의 동화

TV 시리즈

보난자 BONANZA
미국/1959~1973년(시즌 1~14)
크리에이터: 데이비드 도토트David Dortort, 프레드 해밀턴Fred Hamilton
감독: 윌리엄 F. 클랙스턴William F. Claxton 외
시나리오: 존 호킨스John Hawkins 외

스펜서 SPENSER: FOR HIRE
미국/1985~1988년(시즌 1~3)
크리에이터: 존 와일더John Wilder
감독: 윈리히 콜베Winrich Kolbe 외
시나리오: 로버트 B. 파커Robert B. Parker 외
원작: 로버트 B. 파커의 소설

온 가족 ALL IN THE FAMILY
미국/1971~1979년(시즌 1~9)
크리에이터: 노먼 리어Norman Lear
감독: 폴 보가트Paul Bogart 외
시나리오: 마이클 로스Michael Ross, 버나드 웨스트Bernard West 외

제시카의 추리 극장 MURDER, SHE WROTE
미국/1984~1996년(시즌 1~12)
크리에이터: 피터 S. 피셔Peter S. Fischer, 리처드 레빈슨Richard Levinson, 윌리엄 링크William Link
감독: 앤서니 펄린 쇼Anthony Pullen Shaw 외
시나리오: 피터 S. 피셔 외

퀸시 QUINCY M.E.
미국/1976~1983(시즌 1~8)
크리에이터: 글렌 A. 라슨Glen A. Larson, 루 쇼Lou Shaw
감독: 조지 페너디Georg Fenady 외

시나리오: 샘 이건Sam Egan, 제리 테일러Jeri Taylor 외

형사 콜롬보 COLUMBO
미국/1971~1978년(시즌 1~7)
크리에이터: 리처드 레빈슨Richard Levinson, 윌리엄 링크William Link
감독: 버나드 L. 코왈스키Bernard L. Kowalski, 하비 하트Harvey Hart, 제임스 프롤리James Frawley 외
시나리오: 리처드 레빈슨, 윌리엄 링크, 잭슨 길리스Jackson Gillis, 피터 S. 피셔Peter S. Fischer 외

소설

1984
조지 오웰George Orwell
영국/1949년

거미 여인의 키스 KISS OF THE SPIDER WOMEN
마누엘 푸익Manuel Puig
아르헨티나/1976년

네이키드 런치 NAKED LUNCH
윌리엄 버로스William S. Burroughs
프랑스/1959년

달콤 쌉싸름한 초콜릿 LIKE WATER FOR CHOCOLATE
라우라 에스키벨Laura Esquivel
멕시코/1989년

데이비드 코퍼필드 DAVID COPPERFIELD
찰스 디킨스Charles Dickens
영국/1849년

모비딕 MOBY-DICK
허먼 멜빌Herman Melville
미국/1851년

변신 METAMORPHOSIS
프란츠 카프카Franz Kafka
체코/1915년

보스턴 사람들 THE BOSTONIANS
헨리 제임스Henry James
영국/1885~1886년

빌리 버드 BILLY BUDD
허먼 멜빌Herman Melville
미국/1891년

사중주 QUARTET
진 리스Jean Rhys
영국/1928년

올리버 트위스트 OLIVER TWIST
찰스 디킨스Charles Dickens
영국/1837~1839년

위대한 유산 GREAT EXPECATION
찰스 디킨스Charles Dickens
영국/1860~1861년

율리시스 ULYSSES
제임스 조이스James Joyce
프랑스/1922년

이제는 존재하지 않는 사람 CELLE QUI N'ETAIT PAS
피에르 부알로Pierre Boileau, 토머스 나르스잭 Thomas Narcejac
프랑스/1952년

전망 좋은 방 A ROOM WITH A VIEW
E. M. 포스터E. M. Foster
영국/1908년

전쟁과 평화 WAR AND PEACE
레오 톨스토이Leo Tolstoy
러시아/1869년

죄와 벌 CRIME AND PUNISHMENT
표도르 도스토옙스키Fyodor Dostoevsky

러시아/1866년

쾨이강의 다리 THE BRIDGE ON THE RIVER
KWAI
피에르 불Pierre Boulle
프랑스/1952년

폭풍의 언덕 WUTHERING HEIGHTS
에밀리 브론테Emily Bronte
영국/1847년

희곡

끝이 좋으면 다 좋아 ALL'S WELL THAT ENDS
WELL
윌리엄 셰익스피어William Shakespeare
영국/1623년

로미오와 줄리엣 ROMEO AND JULIET
윌리엄 셰익스피어William Shakespeare
영국/1591년

리어 왕 KING LEAR
윌리엄 셰익스피어William Shakespeare
영국/1605년

맥베스 MACBETH
윌리엄 셰익스피어William Shakespeare
영국/1606년

미스 줄리 FRÖKEN JULIE
아우구스트 스트린드베리August Strindberg
스웨덴/1888년

블랙 코미디 BLACK COMEDY
피터 셰퍼Peter Shaffer
영국/1965년

상상병 환자 LE MALADE IMAGINAIRE
몰리에르Molière
프랑스/1673년

수전노 THE MISER
몰리에르Molière
프랑스/1668년

아마데우스 AMADEUS
피터 셰퍼Peter Shaffer
영국/1979년

오셀로 OTHELLO
윌리엄 셰익스피어William Shakespeare
영국/1603~1604년

인간 혐오자 THE MISANTHROPE
몰리에르Molière
프랑스/1666년

칵테일 파티 THE COCKTAIL PARTY
T. S. 엘리엇T. S. Eliot
영국/1949년

한여름 밤의 꿈 A MIDSUNNER NIGHT'S
DREAM
윌리엄 셰익스피어William Shakespeare
영국/1595~1596년

함께 즐겁게 구르며 MERRILY WE ROLL ALONG
조지 코프먼George S. Kaufman, 모스 하트Moss
Hart
미국/1934년

햄릿 HAMLET
윌리엄 셰익스피어William Shakespeare
영국/1603년

헛소동 MUCH ADO ABOUT NOTHING
윌리엄 셰익스피어William Shakespeare
영국/1598~1599년

서사시

길가메시 서사시 EPIC OF GILGAMESH
작자미상
바빌로니아/기원전 28세기

베어울프 BEOWULF
작자미상
북유럽/8~9세기

인명 원어 표기

D. W. 그리피스 D. W. Griffith

E. M. 포스터 E. M. Foster

T. S. 엘리엇 T. S. Eliot

게일 앤 허드 Gale Anne Hurd

군넬 린드블롬 Gunnel Lindblom

귀스타브 플로베르 Gustave Flaubert

그리핀 던 Griffin Dunne

글로리아 스완슨 Gloria Swanson

노라 에프론 Nora ephron

노먼 프리드먼 Norman Friedman

노아 테일러 Noah Taylor

노엘 카워드 Noel Coward

닉 놀테 Nick Nolte

다이앤 래드 Diane Ladd

다이앤 위스트 Dianne Wiest

다이앤 키튼 Diane Keaton

대니 드비토 Danny Devito

댄 오배넌 Dan O'Bannon

더스틴 호프먼 Dustin Hoffman

더크 보가드 Dirk Bogarde

데브라 윙거 Debra Winger

데이비드 린 David Lean

데이비드 마멧 David Mamet

데이비드 모스코 David Moscow

데이비드 웨인 David Wayne

데이비드 프라우스 David Prowse

도널드 서덜랜드 Donald sutherland

돈 어미치 Don Ameche

라우라 에스키벨 Laura Esquivel

라울 줄리아 Raul Julia

랠프 벨러미 Ralph Bellamy

레너드 슈라더 Leonard Schrader

레오 톨스토이 Leo Tolstoy

로데어 블루토 Lothaire Bluteau

로런스 샌더스 Lawrence Sanders

로런스 올리비에 Laurence Olivier

로런스 캐스던 Lawrence Kasdan

로런스 하비 Laurence Harvey

로만 폴란스키 Roman Polanski

로버트 듀발 Robert Duvall

로버트 드 니로 Robert De Niro

로버트 라이언 Robert Ryan

로버트 레드퍼드 Robert Redford

로버트 로젠 Robert Rossen

로버트 로지아 Robert Loggia

로버트 알트만 Robert Altman

로버트 타운 Robert Towne

로버트 프로스트 Robert Frost

로이 샤이더 Roy Scheider

롭 라이너 Rob Reiner

루스 고든 Ruth Gordon

루스 프라워 자브발라 Ruth Prawer Jhabvala

루이스 부뉴엘 Luis Buñuel

루이지 피란델로 Luigi Pirandello

룻거 하우어 Rutger Hauer

리 마빈 Lee Marvin

리처드 내시 Richard Nash

리처드 드레이퍼스 Richard Dreyfuss

리처드 벤처 Richard Venture

리처드 셰리든 Richard Brinsley Sheridan

리타 모레노 Rita Moreno

린다 피오렌티노 Linda Fiorentino

린다 해밀턴 Linda Hamilton

릴리아나 카바니 Liliana Cavani

마고 키더 Margot Kidder

마누엘 푸익 Manuel Puig

마르셀 프루스트 Marcel Proust

마르첼로 마스트로이아니 Marcello Mastroianni

마르틴 하이데거 Martin Heidegger

마리오 푸조 Mario Puzo

마이클 더글러스 Michael Douglas

마이클 매드슨 Michael Madson

마이클 빈 Michael Biehn

마이클 팔린 Michael Palin

마크 해밀 Mark Hamil

막스 폰 쉬도브 Max Von Sydow

말런 브랜도 Marlon Brando

메난드로스 Menandros

메리 타일러 무어 Mary Tyler Moore

메릴 스트립 Meryl Streep

멕 라이언 Meg Ryan

멜 깁슨 Mel Gibson

멜 브룩스 Mel Brooks

모니카 비티 Monica Vitti

모스 하트 Moss Hart

몰리에르 Molière

미라 소르비노 Mira Sorvino

미아 패로 Mia farrow

미켈란젤로 안토니오니 Michelagelo Antonioni

미키 루크 Mickey Rourke

밀로스 포먼 Milos Foreman

밥 호프 Bob Hope

버나 필즈 Verna Fields

버나드 쇼 Bernard Shaw

버지니아 울프 Virginia Woolf

베라 클루조 Vera Clouzot

베르톨트 브레히트 Bertolt Brecht

베아트리체 달 Beatrice Dalle

벤 존슨 Ben Jonson

벤 킹즐리 Ben Kingsley

벳 미들러 Bette Midler

브래드 피트 Brad Pitt

브루스 던 Bruce Dern

브루스 윌리스 Bruce Willis

블레즈 파스칼 Blaise Pascal

빌 머레이 Bill Murray

빌레 아우구스트 Bille august

빌리 밥 손턴 Billy Bob Thornton

빙 크로즈비 Bing Crosby

사뮈엘 베케트 Samuel Beckett

사튀야지트 레이 Satyajit Ray

새뮤얼 테일러 콜리지 Samuel Taylor Coleridge

샬럿 램플링 Charlotte Rampling

세르게이 에이젠슈타인 Sergei Eisenstein

셜리 매클레인 Shirley MacLaine

소냐 브라가 Sonia Braga

소포클레스 Sophocles

손턴 와일더 Thornton Niven Wilder

수잔 플롱 Suzanne Flon

스콧 글렌 Scott Glenn

스탠리 큐브릭 Stanley Kubrick

스티브 구텐버그 Steve Guttenberg

스티브 마틴 Steve Martin

스티븐 레아 Stephen Rea

스파이크 리 Spike Lee

스펜서 트레이시 Spencer Tracy

시드니 그린스트리트 Sydney Greenstreet

시드니 루멧 Sydney Lumet

시몬 시뇨레 Simone Signoret

시시 스페이섹 Sissy Spacek

실베스터 스탤론 Sylvester Stallone

아널드 슈워제네거 Arnold Schwarzenegger

아르민 뮬러슈탈 Armin Mueller-Stahl

아리스토텔레스 Aristoteles

아리스토파네스 Aristophanes

아우구스트 스트린드베리 August Strindberg

아이스킬로스 Aeschylos

아트 가펑클 Art Garfunkel

안드레이 타르콥스키 Andrei Tarkovsky

안제이 바이다 Andrzej Wajda

안톤 체호프 Anton Pavlovich Chekhov

알랭 레네 Alain Resnais

알랭 로브그리예 Alain Robbe-Grillet

알 파치노 Al Pacino

알프레드 히치콕 Alfred Hitchcock

앙드레 그레고리 André Gregory

앙리 조르주 클루조 Henri-Georges Clouzot

애거서 크리스티 Agatha Christie

앤드루 버그먼 Andrew Bergman

앤 라이스 Anne Rice

앤서니 셰퍼 Anthony Shaffer

앤서니 홉킨스 Anthony Hopkins

앨런 릭먼 Alan Rickman

앨런 아킨 Alan Arkin

앨릭 기니스 Alec Guiness

앨빈 사전트 Alvin Sargent

어니스트 헤밍웨이 Ernest Hemingway

에드거 앨런 포 Edgar Allan Poe

에드문트 후설 Edmund Husserl

에디 머피 Eddie Murphy

에른스트 톨러 Ernst Toller

에리히 폰 슈트로하임 Erich Von Stroheim

에밀리 브론테 Emily Bronte

에바 가드너 Ava Gardner

에우리피데스 Euripides

에피쿠로스 Epicouros

엘런 바킨 Ellen Barkin

오스카 와일드 Oscar Wilde

올리버 스톤 Oliver Stone

요한 볼프강 폰 괴테 Johann Wolfgang von
  Goethe

우디 앨런 Woody Allen

월도 솔트 Waldo Salt

월리스 숀 Wallace Shawn

월터 매소 Walter Matthau

월터 휴스턴 Walter Huston

윌 라이트 Will Wright

윌리엄 골드먼 William Goldman

윌리엄 버로스 William S. Burroughs

윌리엄 버틀러 예이츠 William Butler Yeats

윌리엄 셰익스피어 William Shakespeare

조너선 프라이스 Jonathan Pryce

윌리엄 아처 William Archer

조디 포스터 Jodie Foster

윌리엄 위철리 William Wycherley

조르주 폴티 Georges Polti

윌리엄 콩그리브 William Congreve

조앤 크로퍼드 Joan Crawford

윌리엄 포크너 William Faulkner

조엘 맥크레어 Joel McCrea

윌리엄 허트 William Hurt

조지 갤로 George Gallo

윌리엄 홀든 William Holden

조지 버나드 쇼 George Bernard Shaw

이안 홈 Ian Holm

조지 샌더스 George Sanders

잉그리드 버그먼 Ingrid Bergman

조지 오웰 George Orwell

잉리드 툴린 Ingrid Thulin

조지 코프먼 George S. Kaufman

잉마르 베리만 Ingmar Bergman

존 론 John Lone

자크 데리다 Jacques Derrida

존 세일즈 John Sayles

잔 모로 Jeanne Moreau

존 카사베츠 John Cassavetes

장국영 張國榮

존 카펜터 John Carpenter

장 뤽 고다르 Jean-Luc Godard

존 클리스 John Cleese

장 르누아르 Jean Renoir

존 터투로 John Turturro

장 아누이 Jean Anouilh

존 포드 John Ford

장이머우 張藝謀

존 포사이스 John Forsythe

장 콕토 Jean Cocteau

존 하워드 로슨 John Howard Lawson

장 폴 사르트르 Jean Paul Sartre

존 허드 John Heard

재닛 리 Janet Leigh

존 허트 John Hurt

재키 쿠건 Jackie Coogan

주디 갈런드 Judy Garland

잭 니콜슨 Jack Nicholson

주디 홀리데이 Judy Holliday

잭 레먼 Jack Lemmon

주디스 게스트 Judith Guest

저지 라인홀드 Judge Reinhold

줄스 파이퍼 Jules Feiffer

제러미 아이언스 Jeremy Irons

지크문트 프로이트 Sigmund Freud

제시카 랭 Jessica Lange

진 리스 Jean Rhys

제이 데이비슨 Jaye Davidson

진 파울러 Gene Fowler

제이미 리 커티스 Jamie Lee Curtis

진 해크먼 Gene Hackman

제이슨 로바즈 Jason Robards

진저 로저스 Ginger Rogers

제인 오스틴 Jane Austen

질 클레이버그 Jill Clayburgh

제임스 아이보리 James Ivory

짐 캐리 Jim Carrey

제임스 얼 존스 James Earl Jones

찰리 신 Charlie Sheen

제임스 조이스 James Joyce

찰리 채플린 Charlie Chaplin

제임스 카메론 James Cameron

찰스 댄스 Charles Dance

제임스 캐그니 James Cagney

찰스 더닝 Charles Durning

찰스 디킨스 Charles Dickens
찰스 리드 Charles Reade
찰스 브론슨 Charles Bronson
찰스 크릭튼 Charles Crichton
츠하비 비스와스 Chhabi Biswas
카를 융 Carl Gustav Jung
카를로 골도니 Carlo Goldoni
카트린 드뇌브 Catherine Deneuve
칼 웨더스 Carl Weathers
칼 테오도르 드레이어 Carl Theodor Dreyer
칼 포어먼 Carl Foreman
캐럴 오코너 Carroll O'Connor
캐리 그랜트 Cary Grant
캐리 헨 Carrie Henn
캐서린 헵번 Katharine Hepburn
케네스 로 Kenneth Rowe
케네스 버크 Kenneth Burke
케빈 베이컨 Kevin Bacon
케빈 클라인 Kevin Kline
콘스탄틴 스타니슬랍스키 Konstantin
   Stanislavski
쿠엔틴 타란티노 Quentin Tarantino
크리스토퍼 리브 Christopher Reeve
크리스토퍼 맥쿼리 Christopher Mcquarrie
크리스토퍼 워컨 Christopher Walken
크리스토퍼 프라이 Christopher Fry
크리스토퍼 햄프턴 Christopher Hampton
크리스티앙 메츠 Christian Metz
클라크 게이블 Clark Gable
클린트 이스트우드 Clint Eastwood
킴 그리스트 Kim Greist
킴 노박 Kim Novak
킴 베이싱어 Kim Basinger
탈리아 샤이어 Talia Shire
테네시 윌리엄스 Tennessee Williams
테런스 스탬프 Terence Stamp

테레사 러셀 Theresa Russell
토마스 만 Thomas Mann
톰 행크스 Tom Hanks
티머시 데일리 Timothy Daly
티머시 허턴 Timothy Hutton
팀 로빈스 Tim Robbins
패디 체이예프스키 Paddy Chayefsky
퍼트리샤 호지 Patricia Hodge
페데리코 펠리니 Federico Fellini
페이 더너웨이 Faye Dunaway
포레스트 휘태커 Forest Whitaker
폴 뉴먼 Paul Newman
폴 뫼리스 Paul Meurisse
폴 헨레이드 Paul Henreid
프란츠 카프카 Franz Kafka
프랑수아 트뤼포 François Truffaut
프랭크 시나트라 Frank Sinatra
프랭크 오즈 Frank Oz
프레드 아스테어 Fred Astaire
프레스턴 스터지스 Preston Sturges
프리드리히 빌헬름 무르나우 Friedrich Wilhelm
   Murnau
플라톤 Platon
피에르 부알로 Pierre Boileau
피에르 불 Pierre Boulle
피터 로레 Peter Lorre
피터 벤칠리 Peter Benchley
피터 셀러스 Peter Sellers
피터 셰퍼 Peter Shaffer
피터 포크 Peter Falk
필립 코프먼 Phillip Kaufman
하비 카이텔 Harvey Keitel
해럴드 핀터 Harold Pinter
해리 콘 Harry Cohn
해리슨 포드 Harrison Ford
핼리 버넷 Hallie Burnett

허먼 멜빌 Herman Melville

험프리 보가트 Humphrey Bogart

헨리 제임스 Henry James

헨리 데이비드 소로 Henry David Thoreau

헨리크 입센 Henrik Ibsen

헬렌 미렌 Helen Mirren

헬렌 슬레이터 Helen Slater

호메로스 Homeros

호세 페레 Jose Ferrer

호턴 푸트 Horton Foote

휘트 버넷 Whit Burnett

옮긴이의 말

이 책은 로버트 맥키가 쓴 『Story: Substance, Structure, Style, and the Principles of Screenwriting』을 완역한 것이다. 이 책은 1997년에 처음 발간된 이래 꾸준히 미국 내 시나리오 관련 서적 중 베스트셀러의 위치를 지켜 왔다. 무수히 많은 시나리오 창작론들 중에서도 창작 방법론치고는 꽤 버거운 분량의 이 책이 많이 읽혀 온 것은 우선 이 책이 잘 쓰인 실용 서적이기 때문이다.

지은이는 시나리오의 핵심이 이야기에 있다고 보고, 이야기를 이루는 구조, 설정, 장르, 인물의 성격, 사건 등을 빼놓지 않고 치밀하게 짚어 나간다. 그렇게 짚어 나가되 글 쓰는 사람과의 관계 속에서 짚어 나가는 데에 이 책의 매력이 있다. 글을 써 본 사람은 누구나 수긍하는 바이지만 글을 쓰는 일이란 자신의 아집과의 싸움이고, 독자의 취향을 따라가고자 하는 유혹과의 싸움이고, 일단 이야기를 끝내고 보려는 유혹과의 싸움이고,

중간에 포기하려는 유혹과의 싸움이고, 때로는 자신이 하고자 하는 이야기 그 자체와의 싸움이다. 이런 다양한 싸움들에서 어떻게 슬기롭게 살아남느냐, 또한 살아남을 뿐만 아니라 어떻게 탁월한 방법으로 이기느냐 하는 것이 이 책 지은이의 주된 관심사다. 지은이에 따르면 이런 싸움의 유형은 매번 다르게 변형되어 나타나고 따라서 구체적인 전술 역시 경우에 따라 달라질 수밖에 없다. 오직 중요한 것은 성실하게 물러서지 않고 하나하나의 싸움에 임하는 것일 뿐이다. 그런 까닭에 지은이는 상투성을 극도로 혐오한다. 모든 싸움에 두루 통하는 전술이란 없기 때문이다. 또한 저자는 한계를 받아들일 것을 권한다. 심지어는 스스로 한계를 설정하고 그 안에서 작업할 것을 권한다. 제작 예산 등 시나리오 외적 요인이 있는 경우는 물론이거니와, 무엇보다 잘 짜여진 이야기를 향한 첫걸음은 좁고 잘 알아볼 수 있는 세계를 창조하는 데 있다고 보기 때문이다. 좁고 완벽한 세계가 크고 허술한 세계보다 훨씬 낫다는 것이고, 한계 내의 공간을 최대한 활용하려는 노력의 과정에서 진정한 창의성이 나타난다고 믿기 때문이다.

이 책을 관통하고 있는 화두가 바로 이 '진정한 창의성'이다. 지은이에 따르면, 관객들은 작가가 만들어 낸 이야기의 세계가 가공의 세계이되 진정성을 가진 세계이기를 기대한다. 진정성이 없는 인간관계가 오래 유지될 수 없듯이 자신의 세계에 진정성을 불어넣지 못하는 작가는 관객으로부터 외면당하게 된다. 그러나 진정성은 관객과의 관계에서 필요조건이지 충분조건은 아니다. 관객들이 새로운 영화를 매번 찾는 이유는 새로운 이야기, 새로운 세계, 새로운 재미, 새로운 해석, 즉 새로운 창의성을 발견하고 싶어 하기 때문이다. 따라서 작가는 진정성과 창의성을 동시에 추구해야만 하며 작가가 작품을 써 나가는 과정은 곧 이러한 추구의 과정이라는 것이다. 그리고 이때 진정성이 모든 예술에 보편적인 요소라면, 창의성은 지극히 영화적인, 특수한 영화적 창의성이어야 한다.

이 지점에서 이 책은 단순한 실용 서적의 범주를 넘어선다. 지은이는 한 작가가 진정성과 창의성을 추구해 나가는 과정에서 필요한 도구들을 상세한 실례와 더불어 보여 주는 것 외에, 이 쉽지 않은 추구의 과정에서 독특한 유형의 작가가 탄생하게 된다는 점에 주목한다. 지은이가 보기에 시나리오는 문학의 부속 장르가 아니라 언어적 상상력과 음악적 상상력, 회화적 상상력을 동시에 갖춘 독특한 예술 장르이며, 따라서 시나리오 작가는 현실 세계와 동료 인간, 기존의 예술 형식들에 대한 이해를 두루 갖춘 일종의 르네상스형 인간이어야 한다. 지은이는 교향곡을 작곡하고자 하는 음악도가 거쳐야 하는 기나긴 훈련 과정을 예로 들면서 시나리오 작가 또한 그와 같은 엄격한 훈련을 거쳐야 한다고 강조한다. 그리고 그 과정에서 많은 것을 잃을 각오를 해야 할 것이라는 경고 또한 잊지 않는다.

결국 작품은 혼자서, 자신과 끊임없는 싸움의 과정 속에서 쓰게 되는 것이다. 이 책 속에, 또한 다른 어디에도 그 과정 모두를 미리 상세하게 그려 놓은 지도는 존재하지 않지만, 혹시라도 그 전쟁터의 전체적인 모습을 알고 싶다든가, 모든 싸움들에서 유용한 무기에 대해 잘 알고 싶다든가, 무엇보다 경험 많고 열정적인 야전 사령관의 조언을 필요로 하는 사람이 있다면 이 책은 그에 가장 알맞은 제안이 될 것이다.

—고영범, 이승민

옮긴이 | 고영범

연세대 신학과를 졸업하고 뉴욕공과대 대학원 Communication Arts 석사학위를 받았다. 다수의 텔레비전용 다큐멘터리를 제작, 연출, 촬영했으며, 단편 영화「낚시 가다」를 연출하여 2002년 오버하우젠단편영화제 경쟁 부문에 선정되었다.「태수는 왜?」,「이인실」,「방문」등의 희곡을 썼으며,「에어콘 없는 방」으로 6회 벽산희곡상을 받았다. 지은 책으로는『서교동에서 죽다』,『레이먼드 카버』등이 있으며, 옮긴 책으로는『로버트 맥키의 스토리』,『로버트 맥키의 다이얼로그』,『우리 모두』,『레이먼드 카버: 어느 작가의 생』등이 있다.

옮긴이 | 이승민

연세대 영문과를 졸업하고 뉴욕대 대학원에서 영화와 문학 학제간 연구로 석사학위를 받았다. 옮긴 책으로는『로버트 맥키의 스토리』,『로버트 맥키의 다이얼로그』,『로버트 맥키의 캐릭터』,『스토리노믹스』,『나와 타인을 번역한다는 것』,『먼길로 돌아갈까』,『돌보는 사람들』,『지킬의 정원』등이 있다.

로버트 맥키의 스토리 시나리오 어떻게 쓸 것인가 1

1판 1쇄 펴냄 2002년 8월 31일
1판 23쇄 펴냄 2009년 8월 3일
2판 1쇄 펴냄 2011년 9월 5일
2판 34쇄 펴냄 2024년 1월 15일
3판 1쇄 찍음 2024년 9월 12일
3판 1쇄 펴냄 2024년 9월 25일

지은이 | 로버트 맥키
옮긴이 | 고영범 · 이승민
발행인 | 박근섭
책임편집 | 강성봉, 김하경
펴낸곳 | ㈜민음인

출판등록 | 2009. 10. 8 (제2009-000273호)
주소 | 06027 서울 강남구 도산대로 1길 62 강남출판문화센터 5층
전화 | 영업부 515-2000 **편집부** 3446-8774 **팩시밀리** 515-2007
홈페이지 | minumin.minumsa.com

도서 파본 등의 이유로 반송이 필요할 경우에는 구매처에서 교환하시고
출판사 교환이 필요할 경우에는 아래 주소로 반송 사유를 적어 도서와 함께 보내주세요.
06027 서울 강남구 도산대로 1길 62 강남출판문화센터 6층 민음인 마케팅부

한국어판 © (주)민음인, 2024. Printed in Seoul, Korea
ISBN 979-11-7052-453-3 04680
ISBN 979-11-7052-373-4 04680(set)

㈜민음인은 민음사 출판 그룹의 자회사입니다.